中国社会科学院创新工程学术出版资助项目

Multicultural Model / and Cultural Tensions:
The Creative Sources of the West

多元文化模式
与文化张力

西方社会的创造性源泉

张旅平 著

社会科学文献出版社
SOCIAL SCIENCES ACADEMIC PRESS (CHINA)

目录 CONTENTS

第二部分　文化模式的转变（价值重估）与西方现代社会的重建

文化模式及其变化过程与趋势

一　文化模式及其意义

卡尔·雅斯贝尔斯（Karl Jaspers）在《历史的起源与目标》一书中透露出这样一种观念：人们要想真正理解西方，就应当首先从了解轴心时代的东方开始，因为西方的文化连续性首先是从东方开始的，西方人把本来是东方传统的一部分变成了自己的传统①。当然，这个东方不是遥远的中国和印度，而是它的近邻，即西亚–近东的巴比伦、波斯和希伯来（犹太）文明。正是这些文明孕育和创生了基督教，而基督教又与古希腊–罗马文化相冲突和融合，最终注入年轻而充满活力的日耳曼民族的身躯之中，共同创造了中世纪西方基督教文明和现代西方文明。因此，不难看出，西方文明或文化是一个由多元文化因子构成的文明或文化模式。而且，诚如哈罗德·J. 伯尔曼（Harold J. Berman）所言，"令人惊异的是"，这些文化因子从一开始就是对立和"不相容的"，它们在漫长的碰撞和互动过程中充满了冲突和内在张力②。然而，就是这样一些充满张力和矛盾的文化从 11 世纪后期开始竟然奇迹般地融合在一起，甚至一度达到古希

① 卡尔·雅斯贝尔斯：《历史的起源与目标》，魏楚雄、俞新天译，华夏出版社，1989，第 64、65、79 页（"Jaspers"，学术界现在习惯上译为"雅斯贝尔斯"，故笔者在文中都采用此译法）。

② 哈罗德·J. 伯尔曼：《法律与革命》，贺卫方等译，中国大百科全书出版社，1993，第 4 页。

腊哲人赫拉克利特（Heraclitus）意义的和谐——"和谐是对立物之间张力的结果"。这种既多元和谐又充满张力的文化模式，在前现代世界是独一无二的，西方社会的创造性和自主性的现代化就源于此（文化多元性与张力）。这应当是社会理论最值得探讨的方面之一：近代以来，为什么西方文化和社会曾经会有如此巨大的创造性？

本来，20 世纪上半叶从马克斯·韦伯学术活跃的年代开始，以文化模式的视角研究人类社会和历史，是一个日渐兴盛的事情，著名的"轴心时代"（Achsenzeit；axial age）的观念和思想也是从这个时期开始萌发的，然而，随着学术研究的政治转向（愈演愈烈的阶级斗争和意识形态斗争掩盖了文化或文明的博弈），"文化研究"一度被冷落。在许多人眼里，除了上述这种斗争之外，他们看不到潜隐的真正起作用的其他冲突和矛盾。不过，随着 20 世纪 70 年代（以伊朗"伊斯兰革命"为标志）的到来，尤其是冷战结束后，文化差异和"文明冲突"在当今世界的重要性较之以往更加凸显出来，学术研究工作也随之发生明显的"文化转向"（cultural turn）。于是，"文化史"或"文化研究"这一"被瞧不起的灰姑娘"在西方学术界"被重新发现"和"兴起"①。人们拨开意识形态的迷雾，对深藏于经济、政治、社会体制或重大事变背后起作用的文化因素（信念、价值取向、习俗等）或根基进行深入探讨。以往学者们更多的是主张不变的理性选择理论，然而现在他们则把更多的目光和兴趣转向文化模式。通过对特定群体在特定时代和地点具有的文化价值取向的研究，他们在相当程度上已经从有关人们行为和社会运行的经济解释（或政治解释）转向对它们的文化解释。因为在文化理论学者看来，经济活动方式，尤其是政治行动方式不过是某种"符号性的行为"或象征性行为，经济或政治问题相对而言则是潜隐在它们下面的文化碰撞或冲突的外部表现，许多问题看似是经济问题或政治问题，实际上是社会学意义的文化问题。因此在 21 世纪的今天，人们愈来愈认识到文化模式对经济、政治与社会的重要意义。

应当说，文化模式或者说社会学意义的文化模式的重要性，是随着以

---

① 参阅彼得·伯克《什么是文化史》，蔡玉辉译，北京大学出版社，2009，第 1～2、35 页。

往政治意识形态的"终结"和乌托邦的"解构"而凸显出来的。这种本来如此的现象只有在我们生活的世界回归常态，由某种"信仰、幻想和幼稚的偏见织成"并使世界笼罩上种种浪漫色彩的纱幕"烟消云散"之后，才能够被捕捉到和得以客观正确认识。上述言论本是雅各布·布克哈特（Jacob Burckhardt）形容意大利文艺复兴时期人们认识转变的话语①，但现在看来用于描述当今世界，尤其是"后现代转向"（the postmodern turn）的世界，似乎更为适用。在当代，各个文明体中不管是经济运行还是政治活动方式之所以存在较大差异，除了其本身的因素外，就在于它们都受各自文化模式，尤其是作为其核心要素的文化价值取向的制约。这种制约使得"理性选择"发生了顺从文化的变异（理性被带有文化的特殊性）。格兰诺维特（Mark Granovetter）认为，人们的经济行为是"嵌入"（embedded）社会网络中的②（实际上政治行为亦同），然而，如果我们深究的话，就会发现，社会的建构和社会网络的运行又是为文化模式的取向所引导的。在现实中，市场的运行或政治活动不仅是嵌入在社会结构之中的，而且是嵌入在某种文化化（culturalization）的社会结构中的。也就是说，经济行为或政治活动固然有其社会条件，但更有其文化根基，受文化价值取向和习俗深刻影响。马克斯·韦伯有关现代性为何只在西方自主产生的讨论，或新教伦理与现代"资本主义精神"之间关系的论述讲的就是这个道理。为什么"在西洋社会里争的是权利，而在我们却是攀关系、讲交情"，③费孝通先生道出的这一中西方差别既是社会性的，也是文化性的，而且归根结底是文化性的。同样，在经济上，现代西方多强调其法治下的自由市场成分，而东方（如东北亚国家）则更喜好行政干预和控制（尽管其程度不同）；现代社会重商，而传统社会重德；古代西亚－近东社会以宗教文本为取向，而古希腊－罗马社会则强调哲理和法理取向；传统中国重礼俗，而现代中国则事实上突出理性知识和功利主义，等等，

---

① 雅各布·布克哈特：《意大利文艺复兴时期的文化》，何新译，商务印书馆，2007，第139页。
② Mark Granovetter, 1985, "Economic Action and Social Structure: A Theory of Embeddedness", *American Journal of Sociology*, Vol. 91, No. 3, pp. 481－510, University of Chicago Press.
③ 费孝通：《乡土中国》，三联书店，1985，第25页。

所有这些都不是社会因素能够充分说明的。而要想对它们做进一步的深入解释，就必须加上文化的理解和说明，即韦伯强调的"价值分析"，或探讨社会现象的"文化意义"①。不同的文化模式取向造成了人与社会的活动方向和方式的差别。因此，正如韦伯所说："不是理念，而是物质和精神的利益直接控制着人的行为。然而，由'理念'创造出的'世界形象'（*Weltbildes*，world images）常常像扳道工那样，决定了行为沿着哪条轨道被利益推动向前。"②

因此，社会学在对人的研究上不仅重视社会关系和互动，而且也强调文化因素。不过，社会学意义的文化是一个十分宽泛的范畴，要想在纷繁复杂的文化现象中把握其实质，就必须采取一种"模式"的观察方式。那么，何谓文化模式？我们知道，任何文明的文化都是由某些文化特质和"文化丛"（culture complex）有机结合而成的一个富有特色的体系。这尽管涉及精神、规范（制度）和物质器用诸多方面，但其中重点当然是信仰、价值观、道德、规范、象征符号、习俗和生活方式（尤其是前两项）。文化模式就是指这些文化因子的稳定化和定型化。通过这些定型化的文化因子或整个文化模式，人们易于识别某种文化的主要特征及其与他者的根本区别，从而能够更深入地分析、理解和研究不同社会运行的文化意义特点和差异，以及从传统社会到现代社会的传承（共同点）与区别。因此，以文化模式观察和分析人与社会，是社会学研究最重要的方法之一。

文化模式是自然（自发）形成的，但同时也是人为建构的，它是两者共同作用的产物，即一种从自发到自觉的建构过程。不过，自生的自发性是首要的，它是文化演化中创造性的源泉③。这决定了文化模式具有多元或多样性。因为人类生存的条件、环境和禀赋存在较大差异，不同的人

---

① 马克斯·韦伯：《社会科学方法论》，李秋零、田薇译，中国人民大学出版社，1999，第76、21页。

② Max Weber, 1946, "The Social Psychology of the World Religions", H. H. Gerth & C. W. Mills ed. & trans., *From Max Weber: Essays in Sociology*, p. 280, Oxford: Oxford University Press. [韦伯使用的"Weltbildes"一词，英文译为 world images（世界形象）或 world picture（世界图像），但德语中该词本身还有"世界观"的含义，这一含义似乎更贴切一些。]

③ 弗里德里希·冯·哈耶克：《法律、立法与自由》第一卷，邓正来等译，中国大百科全书出版社，2000。

群对"存在"的理解与考究也不一样。在现代世界，随着接触和交往的增多和眼界的开阔，人们越来越懂得以多种文化视角看待社会现象，并认识到只有以此种方式分析和研究问题才能使其获得较为完整的理解。可以说，任何文化都是人类在适应环境中进行创造性活动的结果，因此每一种文化模式，不论是何种民族的，也不论是超越性的（或宗教的）还是世俗的，都是当时人们在既有条件下对他们所遇到问题的合理响应（回应），都是人类不同存在方式的恰当体现，即使是宗教文化也是如此。涂尔干就曾说："宗教的功能就是帮助我们生活下去。"① 弗洛伊德也认为，若没有宗教信仰和种种禁忌，人类可能早就绝灭了。因为这种与人类社会结成一体的宗教文化给人以统一的价值观和人生观，驯制人的炽情，把非理性力量引入对共同体或社会有益的管道，最终使世界成为人可以在其中生活的差强人意的世界②。在这个意义上讲，文化似乎只有模式或价值取向的差别，不存在"先进"与"落后"或"低级"与"高级"之分。工业社会的文化模式对非洲某些土著部落或爱斯基摩人不一定适用，西方现代文化模式的许多内容对于非西方而言，也是有问题的。文化模式的最重要方面，就在于它的适用性与效用，但首先是适用性，后者以前者为准绳。离开了适用性，文化模式不管其被认为多么优良，也都失去意义，而且也是难以持续的。因为其涉及价值，而这又是带有强烈主观性和相对性的，对于"理念价值"（ideal values）和"规范价值"（normative values）尤其如此（例如，基督教是一种客观实在，对于基督徒而言，它们当然具有很高的价值，然而对于无神论者或其他信仰者来说，则意义不大或者没有什么价值。可见，价值尤其是文化价值，因人或文化而异，具有多样性和特殊性③）。每一个文化模式的载体，都可能认为自己的文化模式是最好和最合理的，这尽管折射出其多少带有某种我族中心论或我族文化中心主义色彩，但却是真实的适应性和情感性反映。因此，一般而言，超越文化模式（或价值

---

① 涂尔干：《宗教生活的基本形式》，渠东、汲喆译，上海人民出版社，1999，第550页。

② Freud, Sigmund, 1957, *Future of an Illusion*, W. D. Robson-Scott, trans., p. 54, Garden City, N. Y.: Doubleday.

③ 关于这一点，参见张旅平《马克斯·韦伯：基于社会动力学的思考》相关部分，《社会》2013年第5期。

取向）认识世界或他者是困难的，在封闭的状态下尤其如此。

文化模式的形成，或者说文化从其产生到定型化，是有一个过程的。在这个过程中，特殊的圣者和社会的中心起着决定性的作用。也就是说，一种文化能否定型化，形成模式，除了自然演化外，最终离不开圣者、先知或使徒的威信和社会权力中心的权威决定作用（建构中的主导作用）。例如，作为一种文化体系的基督教，从一个源于犹太教内部分化出来的、形成于北加利利一带的名为拿撒勒派（Nazarenes）的新的小教派，发展到后来的定型化和形成庞大的基督教文化模式，是与耶稣、希腊化的犹太文士扫罗（即《新约》中的使徒保罗）等重要人物的努力以及罗马社会的中心（国家权力中心和中心教会）的作用分不开的。同理，中国儒家文化的许多要素起码在殷商时期，尤其是周代就存在了，作为有亡殷背景并认同周礼的先哲或"圣人"，孔子创造性地将它们综合化和经典化，并且最终是通过社会或国家中心的作用使其定型化和形成基本稳定的文化模式的——一种典型的从轴心时代的自发涌现到"后轴心时代"的自觉建构过程。

作为一个系统，文化模式有其内在结构，这也就是文化模式的分层①。其中，信仰、理念和价值观是最为稳定和核心的内容，也是文化模式中的最高层次，它们是国民性格、民族精神、文化价值取向的集中体现，在社会"大传统"中具有统领地位和导向性。因此，它们是支配性要素，统摄真、善、美的各个领域，是思维的基本方式和行为的根本准则，主导着伦理道德和法律规范的建构，并与之一起控制着社会成员的行为和社会的运行。社会文化的其他部分都是围绕这个核心来建构和展开的。离开了文化的核心要素和意义，社会的整合会大打折扣，社会组织的建构难以合法化，当然我们也无法理解社会行动和社会秩序的建构意义。例如，崇尚自由，视人的权利和尊严为最高价值的社会（"争的是权利"的社会），必然建立法治下的民主共和的规范和秩序，而不可能采用具有浓厚先赋性色彩的封建专制主义或极权主义文化模式。反之亦然。历史上多次出现因信仰、理念和价值观改变而使原来的文化模式衰落和社会发生变迁的现象。信仰、理念和价值观在某种意义上讲属于形而上范畴，合理性在自身，不假

---

① 参见苏国勋《社会理论与当代现实》，北京大学出版社，2005，第198～201页。

外求，无法也无须诉诸经验验证。

在信仰、理念和价值观这一最高层次之下的是规范或制度（包括成文或不成文法和制度）。它们是文化模式的中介层面。这一层面既受信仰、理念和价值观（核心部分）的强烈影响和限定①，又对文化的实用方面提供指导。因此它们具有形而上与经验两重性，也就是具有价值合理性与工具合理性两重性。文化模式的底层是文化的实用或器用方面。这是文化系统中最灵活、最不稳定、最易于变化的层面，即工具合理性层面。由于其相对远离核心理念和价值，文化乃至社会的变迁往往从这里开始。历史上由生产工具或技术变革推动的文化模式和社会秩序的变迁均属此类。

文化的这三个层次处于良性互动状态时，文化系统内部表现为和谐或协调关系，社会系统存在高度的整合，社会生活形成有序状态；反之，文化系统内部会处于失调状态，社会则因此出现"失范"或无序，甚至剧烈动荡。因此，高效的文化模式是一个整合的系统，用索罗金（Pitirim A. Sorokin）的话说就是一个"整体主义"的系统。这种整合性表现在：居主导地位的"文化意识"或文化核心价值在文化系统的多数层面（甚至各个层面）都得到不同程度的反映或体现，在文化的信仰、价值、道德、规范、象征、习俗、审美、生活方式等方面出现"意义与逻辑的一致性"。例如，就基督教文化而言，它有一套较为完备的信仰和理论体系——对超越性的神（上帝）的信仰、宗教世界观和价值观、经典、末世、"原罪"观念、恩典和救赎论等；与这些信仰和理论相适应的总体伦理道德要求，如侍奉上帝、仁慈、平等、博爱（圣爱）、济贫以及勿凶杀、奸淫、偷盗、重利轻义等；相关和适用的教会规范和制度（教会法、教阶体制、修道制度、裁判和审判制度、仪式等）。除此之外，它还包括圣人圣事、卡里斯玛事件发生地（西奈、耶路撒冷、加利利）、神圣遗迹、宗教活动场所和建筑（教堂、修道院、圣坛）以及各种宗教器物，如十字架等。所有这些宗教文化因素又渗透进学术（如经院哲学）、文学、艺术（绘画、雕塑、音乐、舞蹈）、历法以及日常生活和生产中。这

---

① Harold J. Berman, 1993/2000, *Faith and Order*, Ch. 3: "The Religious Foundations of Western Law", Grand Rapids, Michigan: William B. Eerdmans Publishing Co.

些显然具有意义、价值和逻辑的统一性和整合性。类似的，儒家文化（或"儒教"①）也是层次连贯和整体主义的。其核心（或最高层）是君臣、父子、夫妇、长幼、朋友五伦之序的人伦思想和仁、义、忠、孝等道德规范，然后是汉代"独尊儒术"后逐渐形成的，与核心价值相应的中国古代具有特色的礼俗性质的法律（"礼刑相为表里"②）或"儒家化"的法律规范③。作为国家意识形态或主导性的文化意识，儒家文化或儒教，尤其是南宋后随着程朱理学对儒学的意识形态性质的强化，以及在官方（社会中心）"教化"政策的推动下，通过官方和民间上下多种管道（科举制度、民间艺文、启蒙读物以及各种相应活动）逐渐浸润了士、农、工、商各个社会阶层以及群体和家庭，渗透到文化结构诸方面——理念、认知、制度、审美、器物、风俗和生活方式，形成作为中国古代主流文化的独特的儒家文化模式④，其中凸显整个文化系统的意义、价值和逻辑的一致性与整合性。

有效整合的文化模式对社会的整合具有根本的意义。索罗金说，一个现实的社会群体是否成为整合的社会系统，"这主要取决于它是否与核心的意义——价值——范围相互一致，这是因为或为了它们，人们才相互作用。这就意味着，在其它事物中，每个有组织的或无组织的现实的社会群体包含着一套文化的意义——价值——规范作为它的'核心和灵魂'，作为它们主要的统一纽带和它存在的原因本身，这个群体正是围绕它们才建立起来的。因此，在任何现实的群体中，……它存在的'社会'形式总

---

① 就"天"、祖先和孔子都有被当作崇拜的"神圣对象"之性质以及祭天、祭祖、祭孔显现出宗教性表征而言，从功能上看，儒家文化系统堪称儒教。就此冯友兰曾言，由于"哲学在中国文化中的地位，历来被看为可以和宗教在其他文化中的地位相比拟"，因此"在西方人眼里，中国人的生活渗透了儒家思想，儒家俨然成为一种宗教"（参见冯友兰《中国哲学简史》，赵复三译，天津社会科学院出版社，2005，第3页）。这与钱穆"中国之礼，即中国之宗教"的说法相似（钱穆：《现代中国学术论衡》，三联书店，2001，第11页）。当然，儒家文化实为伦理道德体系，而非基督教那种信仰性宗教。两者情感本质不同。

② 《后汉书·陈宠传》（卷七十六）言："礼之所去，刑之所取，失礼则入刑，相为表里者也。"

③ 参见瞿同祖《中国法律之儒家化》，载瞿同祖《中国法律与中国社会》，中华书局，1981，第328页。

④ 参见崔大华《儒学引论》，人民出版社，2001。

是与它的'文化的'意义——价值——规范不可分割的"①。在现代，尽管"社会整合"在相当程度上已多为"系统整合"所取代（只是部分取代），但索罗金的观点应当说依然基本有效。每一文明的社会系统都存在构成文化创造力的各个领域的"文化主题"，即居主导地位的文化意识，如果一个社会达到高度整合的程度，那么在组成这个系统的各种成分中就会出现"逻辑和意义上的一致"，这种一致性反映居主导地位的文化意识②。帕森斯在论社会系统的整合时也有类似的观点③（当然，这种一致并不意味着人们的社会行为总是与文化价值取向完全相符合，不一致的地方和时间或多或少存在。然而，社会的整合、人们行动的秩序要想持续，就必须至少保证最低限度的一致）。

二　文化模式的重建与社会变迁

迄今为止，大体而言，人类文明史上有过两次大的文化重建和社会变迁过程（颠覆性的重建和变迁过程）：一次发生在遥远的轴心时代④；另一次则出现在始于中世纪末期，目前仍在深入展开的"现代性"时代。两者既有明显的本质区别，又有潜隐的文化传承关系。我们先论述前者。

按照雅斯贝尔斯的看法，人类文明社会的文化模式的第一次重建与转型，发生在遥远的一个具有广泛性的轴心时代（与自然科学不同，社会理论谈及的概念或范畴难有普适性，但有广泛性）。所谓轴心时代是指公元前第一个千年，尤其是指公元前800年至公元前200年间一个具有"划时代"意义的历史阶段。这个时代是世界主要文明历史的"转折期"和文化的"断裂"时期，或汤因比（Arnold J. Toynbee）所说的"动荡时代"

① Pitirim A. Sorokin, 1966, *Sociological Theories of Today*, pp. 27 – 28, New York：Harper & Row.

② 参阅 Pitirim A. Sorokin, 1937, *Social and Cultural Dynamics*, Volume One：Part one, New York：American Book Company。

③ 参阅 Talcott Parsons, 1951, *The Social System*, New York：The Free Press；T. Parsons 1937/1968, *The Structure of Social Action*, New York：Free Press。

④ Karl Jaspers, 1953, *The Origin and Goal of History*, Ch. 1, New Haven：Yale University Press.（中文版见卡尔·雅斯贝斯《历史的起源与目标》，魏楚雄、俞新天译，华夏出版社，1989，第7~15页。）

(the Time of Troubles)①。在这个时代,世界主要文明的文化逐渐发生质的变化或飞跃,亦即沃格林(Eric Voegelin)所说的"存在中的跳跃"(leap of being)②。这种文化演进中的飞跃或"跳跃"的突出表现,就是它们差不多在同一时期都程度不同地发生了与原始"宇宙论神话"的"决裂"或"断裂"(即脱离宇宙论神话的文化模式)。不论雅斯贝尔斯、沃格林抑或艾森斯塔德(S. N. Eisenstadt)都认为,这是"开天辟地的大事"。其意义就在于"它打破了早期宇宙论神话的浑然一体性(compactness)"③,建构了与神话模式不同的文化符号和社会秩序[需要指出,尽管"轴心时代"概念是由雅斯贝尔斯于1949年提出的,此后,沃格林④、艾森斯塔德等人⑤对此又有深入探讨。但不容置疑,如罗伯特·N. 贝拉所言⑥,包括雅斯贝尔斯在内的许多后起之秀在这方面都受到韦伯的深刻影响。当然,雅斯贝尔斯也承认韦伯弟弟阿尔弗雷德·韦伯的文化 – 历史哲学也是其这一思想的重要源泉之一。马克斯·韦伯虽然没有创造出"轴心时代"这一术语,但提到"先知时代"(*prophetic age*)⑦,而且最重要的是其视野、

① Arnold J. Toynbee, 1947, *A Study of History: Abridgement*, 2 Vols., Oxford: Oxford University Press.

② Eric Voegelin, 2001, *Israel and Revelation* (*Order and History*, Vol. I), p. 48, Columbia, Missouri: University of Missouri Press; Eric. Voegelin, 2001, *The World of the Polis* (*Order and History*, Vol. II), p. 66, Columbia, Missouri: University of Missouri Press. "'存在中的跳跃'一词并非沃格林所创,但被赋予了新的广度。该词取自祁克果(Soren Aabye Kierkegaard,又译索伦·克尔凯郭尔),但该表达也要感谢黑格尔"(见埃利斯·桑多兹《沃格林革命》,徐志跃译,上海三联书店,2012,第131页注释3)。

③ Eric Voegelin, 2001, *The World of the Polis* (*Order and History*, Vol. II), p. 66, Columbia, Missouri: University of Missouri Press.

④ 尽管直到《秩序与历史》第二卷《城邦的世界》,沃格林才提及雅斯贝尔斯及其概念,但从内容上看,前者肯定受到后者的启发[参见 Eric Voegelin, 2001, *The World of the Polis* (*Order and History*, Vol. II), pp. 89 – 90, Columbia, Missouri: University of Missouri Press]。

⑤ S. N. Eisenstadt, 1986, *The Origins and Diversity of Axial-Age Civilizations*, Albany: State University of NewYork Press; J. P. Arnason, S. N. Eisenstadt and B. Witrock, eds., 2005, *Axial Age Civilizations*, Leiden, and Boston: Brill Academic Publishers.

⑥ Robert N. Bellah, 2011, *Religion in Human Evolution: From the Paleolithic to the Axial Age*, p. 271, Cambridge, Massachusetts: Harvard University Press.

⑦ Max Weber, 1978 [1921 – 1922], *Economy and Society*, Guenther Roth and Claus Wittich, eds., pp. 441 -442, 447, Berkeley: University of California Press. (中文版见马克斯·韦伯《经济与社会》上卷,林荣远译,商务印书馆,2004,第497~503页。)

思路和研究范围已经充分涵盖了这方面的内容，为后人深化相关学说开辟了道路]。

当然，伟大创造的发生是与当时群星灿烂的一批杰出人物或创始者——先知、圣人、贤哲或智者的涌现分不开的。他们是：中国春秋时期的老子、孔子（前551～前479）；印度文明中的《奥义书》作者（前800～前400）、尼干陀·若提子（大雄·耆那，前599～前527）、乔达摩·悉达多（乔达摩·佛陀或释迦牟尼，前563～前483）；古波斯的琐罗亚斯德（出生于公元前7世纪）；希伯来主要经典（律法书和先知书）的作者或"先知运动"的大先知（前800～前600）和巴比伦犹太学士（公元前6世纪），以及古希腊哲人毕达哥拉斯（前580～前500）、苏格拉底（前469～前399）、柏拉图（前427～前347）和亚里士多德（前384～前322）。这些富有创造性的伟人的思想和教导（有的是原创，有的是综合后再创造），绚丽多彩，光芒四射，构成各自文明的文化核心内容和价值取向，使各文化趋于重新定型化和模式化，并逐渐形成各种文化的"大传统"（在社会中长期居主导地位，享有最高文化权力，在正规教育系统中得到传授的文化传统，也就是使各个主要文明得以存在和延续的传统），起到轴心的作用，具有历史进程中"扳道工"的功能（韦伯语）。这也是人类主要文明或文化第一次大的转型和重建过程。以此为界，人类文明史在前现代大致可分为前轴心时期、轴心时代和后轴心时期三个阶段。

历史证明，雅斯贝尔斯的发现和解读是有充分依据的。我们知道，在前轴心时期，"神和人、世界和社会构成一个原初的存在共同体"①。其文化的符号表达，就是各种各样的宇宙论神话。这是人类社会创造出的第一种系统的文化符号形式。它们既是人们对"存在"认识、理解和把握的方式，也是他们参与自然和社会活动的秩序形式。这表明，在当时的人们那里，圣界与俗界之事浑然一体，没有明显的划分，"神灵"或者说"神圣"比后来任何时期都表现出是"意识结构中的一个元素"②，它们似乎

① Eric Voegelin, 2001, *Israel and Revelation* (*Order and History*, Vol. Ⅰ), p. 38, Columbia, Missouri: University of Missouri Press.

② 米尔恰·伊利亚德：《宗教思想史》，晏可佳等译，上海社会科学院出版社，2004，第3页。

总是人们日常生活的一部分。种种自然物和自然现象都被认为充满看不见但必须重视的神秘力量。这种力量在人们的朴素经验当中既是宇宙之神性本质的表现，也是包括人与社会在内的天地万物秩序的基础。人要存活，就必须使自身的活动（包括社会秩序）适应宇宙论秩序（人的秩序与充满神性的自然秩序"合拍"）。因此，诸多神灵不仅应当而且必须都得到不同形式的崇拜、安抚和"养活"。于是便有包括巫术、祈求、献祭等在内的诸多宗教仪式和活动。古人认为这些活动非常重要，尤其是献祭（如燔祭），因为只有通过这些活动，诸神才能永存不衰，否则，自己便会处于亵渎神灵和与之对立的不利地位，从而招致大灾大难。因此，那时的宗教本质上是"祭祀宗教"，"祭祀万能"是人们的信念。不仅婆罗门教、古犹太人的早期宗教（希伯来宗教）是这样，中国古代（尤其是周代以前）也是如此。《礼记·表记》言："殷人尊神，率民以事神"，其几乎达到"无事不卜，无日不祭"的程度①，人们终日沉浸在浓重而厚密的原始宗教意识的氛围之中②。在这种情况下，"日常的世俗生活和特别的宗教时刻之间没有区分，而宁可说是一个单一的完整的结构，在其中，被现代世界视为'自然'的东西处处充满着'超自然的'的临在和意义"③。人们的生产、生活（包括生老病死及性行为）、"娱乐"和"体育"活动都有神圣的价值存在其中（例如，著名的奥林匹克运动在古希腊就源于宗教活动）。

然而，从轴心时代开始，随着人们对"存在"的理解和参与经验的深化，宇宙论神话被打破了，世界主要文明的文化模式发生了质的变化或飞跃。从此圣事与俗事有了明显的界限，人类从古老原始的神话宗教桎梏中挣脱出来。不过，由于环境、条件的差异以及对"存在"的感受、认识、探究、理解和解释的向度与程度的不同，其飞跃的文化方向（取向）和意义则存在较大的区别。大体而言，这种变化分为两种类型。一种为印度和希伯来类型，另一种为中国儒家和希腊－罗马类型。在前一种类型中，人们从万物有灵，事事处处事鬼敬神的外在祭祀宗教转向内在的皈依和超越性宗教。"祭祀万能"观念被对主神或唯一神的虔信所取代。例

① 崔大华：《儒学引论》，人民出版社，2001，第6页。
② 参见牟钟鉴、张践《中国宗教通史》上，社会科学文献出版社，2003，第78～112页。
③ 约翰·希克：《宗教之解释》，王志成译，四川人民出版社，1998，第27页。

如，在印度文明中，早期（《吠陀》和《梵书》时代）婆罗门教中盛行的对外在祭祀仪式的信仰（只有通过献祭才能养活鬼神，保证人事平安的信念），在轴心时代便得到相当程度的破除，其结果是逐渐发展出以《奥义书》（Upanishads）为代表的，通过直观和冥思而了悟"梵我一如"① 的内在宗教途径，并以此为基础形成追求"解脱"（moksa）的印度教文化模式，或作为"异端"出现的追求平等（反种姓制度）、非暴力和"涅槃"（nirvāna 或 nivarna）的佛教文化模式②，以及追求"完全知"（kevala）的耆那教（Jainism）文化模式。此后，虔诚的信仰和皈依那种绝对的、超越的存在，被视为解脱的最根本和不可或缺的条件。《奥义书》（新时代开始的标志）、耆那教和佛教（新时代和虔诚运动产生的有力推动者）以及《薄伽梵歌》（The Bhagavad Gita，新时代尾声的标志）的出现是印度轴心时代的反映和标志。在这个时代，"祭祀仪式与内心自控这样两条道路交会了"③。一条途径变成了两条途径。虽然吠陀传统中众多神祇并没有被简单地一扫而光，但它们已变成独一无二的造物主的折光。外在的献祭方式仍然存在，但与内在的冥思证悟的方式相比已成为次要的途径。

类似的，源于闪族文化的一神宗教，如古代希伯来人的"启示"宗教（"古犹太教"或"早期犹太教"）④，也经历了虽形式不同，但实质接

① 指个体灵魂的"我"与唯一的神圣存在——梵，本质上相统一（参见任继愈主编《宗教词典》，上海辞书出版社，1981）。
② 远古印欧人（或雅利安人）于大约公元前第二千纪，从西北部到达印度河流域时已实行外在的宇宙献祭宗教，此后逐渐过渡到以《奥义书》为代表的，主要追求内在修炼的宗教文化模式。这种渐进的文化转型——从《吠陀本集》经《梵书》（Brāhmanas）和《森林书》（Āranyakas），再到《奥义书》，历经近千年之久。印度教和佛教都是这一传统的"同等继承者"，两者"都利用了那些经典"（阿马蒂亚·森：《惯于争鸣的印度人》，刘建译，上海三联书店，2007，第 43 页）。它表明这一转变同中国一样也是一种藕断丝连的过程。所谓"印度教"，指源于古婆罗门教，在"沙门（Sramana）运动"（反婆罗门教和种姓制度各派别出家者的思想运动）后，受到佛教和耆那教影响并与此进行某些调和而成的"新婆罗门教"。
③ 尼尼安·斯马特：《世界宗教》，高师宁译，北京大学出版社，2004，第 77 页。
④ 在此不说"犹太教"，是因为现在一般所说的犹太教通常指犹太人"世界性大离散"以后于公元三、四世纪重建的犹太宗教，主要以《塔木德》（Tal mud）经和《密西拿》（Mishnah，意为"重新阐述"）的诞生为标志（参见尼尼安·斯马特《世界宗教》，高师宁译，北京大学出版社，2004，第 215 页），它与此前的犹太教还是有区别的。若不严格的话，可用"古犹太教"或"早期犹太教"称谓。

近的变迁。希伯来人早先也有自然崇拜、祖先崇拜和多神信仰的历史。希伯来《圣经》或《旧约》中多次提到其先民对圣石、圣树、金牛、铜蛇的膜拜，对祖先的崇拜，以及对月亮和迦南地牧神"埃尔"（El）和农神"巴力"（Baal）的崇拜①。以大量的牺牲、谷物等食品献祭，这是希伯来先民赎罪的唯一方式。然而，与印度古代的祭祀一样，这些外在的成分不严格遵循内质的搏动（心悟）是不会很好地起作用的。因此，从原始宗教向一神论新的超越性的启示宗教意识（希伯来圣经或圣经旧约文化模式）过渡便有其必然性。当然，这种转变经历了一个漫长的过程。虽然出埃及，征战迦南，摩西定上帝雅赫维（或耶和华）②为唯一真神，标志着新的宗教意识的产生，但在"先知运动"前，这些并没有得到严格遵守。源自希伯来人的圣经文化的轴心时代是从先知运动开始的。在许多先知，如阿摩斯（Amos）、以赛亚（Isaiah）、杰里迈亚（Jeremiah）等的批评、抨击和反思下，尤其是有了"巴比伦之囚"和返回故乡的经历之后，苦难的历程推动希伯来人的宗教意识开始发生变化（这是一个漫长的历史过程）。他们呼吁把犹太国家的复兴不仅与祭祀礼仪简单地联系起来，而且更主要地与复兴和严格地信奉上帝唯一真神联系起来，与扼守同上帝的盟约，即以色列人应负的社会道德责任联系起来，以及与追求终极目的的内在价值、公义和弥赛亚（救世主）拯救联系起来。这样，我们看到，与古代印度一样，希伯来文化也在差不多同一时间从原始的祭祀宗教中走了出来。所不同的是，印度文化模式侧重于基于个人直观、冥思、了悟和修炼的"解脱"（印度教）或"涅槃"（佛教），而希伯来人文化则取向于共同遵守与上帝订立的盟约（基督徒称"旧约"），期盼救世主的"救赎"和"千禧年"的来临（稍后，希伯来文化与古希腊－罗马文化碰撞交汇又形成基督教文化模式。当然，古日耳曼文化以及所剩不多的凯尔特文化对基督教文化又有不同的影响。作为对基督教文化的反应和竞争者，

---

① 参见潘光等《犹太文明》，中国社会科学出版社，1999，第 20 页。

② 犹太教"唯一真神"（上帝）在希伯来文《圣经》中仅记录为只有辅音而没有元音的字母 JHWH，因而读法失传。近代学者推测其应读作"雅赫维"（Yahweh），而"耶和华"（Jehovah）则是基督徒对上帝的叫法，后来证明这是当时西方人（基督徒）的误读。

在西亚和中亚又形成伊斯兰教文化模式。它们两者都与犹太文化有着密不可分的联系，只不过，一个是种族上的远亲和宗教上的近亲，另一个是种族上的近亲、宗教上的远亲）。

中国和希腊－罗马走的是文化模式转变的另外道路。中国上古就存在自然"原始"崇拜，到了商朝，殷人的宗教氛围更加浓烈沉重，当时的人们不仅事鬼敬神，而且"先鬼而后礼"①，并且格外重视葬事和祭事，王公贵族常常屠杀战俘、奴隶进行葬礼和祭礼。周朝一改殷人的做法，如《礼记·表记》所言："周人尊礼尚施，事鬼敬神而远之。"周朝保留了许多殷人的宗教习俗，但不同的是，这时更主要是以"礼"（以祖先崇拜为基础的人伦道德），而非鬼神崇拜来规范和统合社会了。这反映出与商朝相比，周朝已有质的变化，文化模式从"原始"宗教中蜕变出来，产生了以世俗为主的礼乐文化。中国殷周之际文化模式的转变，没有像印度或希伯来人那样从原始的祭祀宗教走上对某种绝对的、超越的存在虔信和皈依的拯救（解脱或救赎和启示）性宗教的道路，而是转向人伦道德（礼俗）性质，这不能不说是一种奇迹，反映出我们祖先对"存在"有着与众不同的感悟和理解，其预示了中国文化发展道路和取向的独特性②（为什么会是这样，有的认为是殷商被周灭所致，有的认为是"方百里"小邦的周对"邦畿千里"的殷征服和统治的需要，还有的认为是对殷商灭亡的反思和道德觉醒的结果。而冯友兰则认为是古代中国哲学比宗教更发达的结果③。这也许与"横空出世"的谜一样的古希腊文明一样，是一个不断争论的问题）。

周为中国轴心时代文化的产生提供了一定的条件和准备。这一文化的大发展是从春秋战国开始的。儒家在"百家争鸣"中最终脱颖而出，与此相应，如"轴心时代"概念的创始者雅斯贝尔斯所认为的，孔子自然成为这一社会文化运动主要的"思想范式的创造者"④。其定型化和模式

---

① 《礼记·表记》。

② 参见吕大吉、牟钟鉴《概说中国宗教与传统文化》，载余敦康等《中国宗教与中国文化》卷一，中国社会科学出版社，2005，第126、140～143页。

③ 冯友兰：《中国哲学简史》，赵复三译，天津社会科学院出版社，2005，第5页。

④ 卡尔·雅斯贝尔斯：《大哲学家》，李雪涛主译，社会科学文献出版社，2005。

化在汉代基本完成。这种文化模式是世俗性的，从"敬神"转向"敬德"，"礼"从卜辞和《尚书》中的祭奠仪式的"殷礼"变成人的全部行为规范的周礼①，直至后来的儒学及"儒教"（孔制）。也就是说，中国文化的"跳跃"（飞跃）形成了突出人伦关系和重人文思想的儒家文化模式（此后又形成以儒家文化为主体，兼收道家、法家和佛学等内容的中国传统文化模式）②。从周开始，中国人由对"帝神"的崇拜转向祭天和祭祖，以后随着儒家文化成为统治地位的轴心文化又加上了祭孔，而祖先崇拜则是这一文化的核心。中国社会没有像印度或希伯来人社会那样走上纯粹宗教化的道路，但却走上极其独特的儒学崇拜和祖先崇拜的道路。表面上看它是非宗教化的，但从功能上讲又具有极强的宗教效应，它是一种对人伦道德关系的崇拜。就其有宗教功能而言，它也可以被视为准宗教或世俗性的"宗教"——孔圣人和祖先是超越者（因此，如冯友兰所言，国外学者把儒家文化称为"儒教"也在合理之中）。儒家文化是人伦道德（礼俗）与政治的合一，按韦伯的看法，也就是"政教合一"③，政治具有某种宗教性。

希腊和罗马文明社会存在主神辖制的多神崇拜（如奥林匹斯诸神崇拜）和多种在大系统中的子宗教和秘教［秘仪，如厄琉息斯秘仪（Eleusinian Mysteries）］。如果不是后来遇上基督教的话，其自身很难说能够自主走上希伯来那样的宗教化道路（毕达哥拉斯思想、柏拉图和新柏拉图主义虽有宗教倾向，但毕竟是哲学而非宗教，斯多葛主义也是如此）。希腊－罗马人在以宗教回应他们遇到的问题的同时，还用哲理、科学或理

---

① 崔大华：《儒学引论》，人民出版社，2001，第11、12页。
② 当然，中国文化的这种质的飞跃或"分离"是很不彻底的，其实际上是一个长期渐进的模糊过程。如葛兆光所言："如果西方曾经有一个人文思想、抽象哲学、实用科学从天地人神杂糅不分的体系中逐渐分化并远离了它们的土壤的'轴心时代'的话，那么，在古代中国，这一分离远不像希腊、罗马那么彻底，人文思想、抽象哲学、实用科学在相当大的程度上仍与民神杂糅时代的思想藕断丝连。"（葛兆光：《中国思想史》（上），复旦大学出版社，2009，第37页。）不过，从孔子开始，儒家理性主义对于"怪力乱神"始终采取"敬而远之"的态度。这表明，在古代中国，文化的这种飞跃和分离还是存在的，只不过，这种分离像一个连续统，乍一看模糊不清，但如果放ese远距离，尤其是从两端来看，区别还是显著的。
③ 马克斯·韦伯：《韦伯作品集Ⅴ：中国的宗教 宗教与世界》，康乐、简惠美译，广西师范大学出版社，2004，第169页。

性（希腊）以及法理（罗马）建构世界，也就是"跳跃"到凸显哲理文化或法理文化的模式。他们虽然没有摆脱早期宗教的束缚，但却开辟了另外一种世俗化的文化道路，孕育出一条非宗教化的但与中国儒家理性主义又不同的理性化世俗文化。它向世人宣告，"哲学在根本上开始于希腊人"①，或者如罗素所说，与神学相区别的哲学开始于公元前6世纪的希腊②，而"法学"则是"罗马人的学科"，它反映了罗马人的"一种对法律秩序的激情和崇拜"③。如韦伯所言："在罗马人的思维中，只有法律的格式——而非原罪、处罚、忏悔与救赎——才是中心问题。"④ 所有这些都是此类轴心时代文化的集中体现。这种轴心时代文化是现代西方文明的文化源泉之一。其发展道路尽管随着基督教在希腊－罗马世界的传播和西罗马帝国的灭亡在西方一时被阻断或"浸没于神学之中"（罗素语），但却留下了可供后人参照的"种子文化"。它在中世纪中后期又以某种不同的形式复兴起来。

与轴心时代文化转变相互动的是社会建构的重大变迁。中国由宗法－分封－贵族制社会逐渐转向与儒家文化相适应的半平民化官僚制社会（"士人政府"⑤ 统治的社会）。希伯来人的社会由部落－君王制曲折地转变为以《圣经》为准则的，温和而相对人性化的⑥"教权制"社会。希腊（多数城邦）和罗马社会由王权统治分别转变为奴隶制民主社会和共和制社会。即使是印度，在佛教兴盛时期，婆罗门至上和种姓歧视在一定程度上也得到抑制。这反映出，在轴心时代与文化变迁共振，社会也发生了实质转变。这些社会，随着等级和分封制度的崩塌，总体上看，变得比以前宽容和宽松了（有的甚至出现了"古代人的自由"，如古希腊－

---

① 科林·布朗：《基督教与西方思想》卷一，查常平译，北京大学出版社，2005，第3页。

② 罗素：《西方哲学史》上册，何兆武、李约瑟译，商务印书馆，1981，第13页。

③ 约翰·H. 威格摩尔：《世界法系概览》（上），何勤华等译，上海人民出版社，2004，第298、368页。

④ 马克斯·韦伯：《韦伯作品集Ⅷ：宗教社会学》，康乐、简惠美译，广西师范大学出版社，2005，第15页。

⑤ 见钱穆《国史大纲》上册，商务印书馆，1996，第一四八页。

⑥ 这一点可通过"以色列法律没有残酷兽性的刑罚"得到证明（参阅卡尔·白舍客《基督宗教伦理学》第一卷，静也、常宏等译，上海三联书店，2003，第23页）。

罗马)①。在这种条件下，官职不再为贵族所世袭和垄断而趋于半平民化（或平民化，如雅典城邦），民田"自由"买卖和"自由"经商日益兴起（甚至出现韦伯所言的古代"资本主义"②），而学术也由"贵族学"（如中国的"王官之学"）向"民间学"转化，遂有类似"百家争鸣"或玄学派别争论那样的社会现象出现。因此，在世界主要文明中差不多在同一时期集中出现一批杰出的圣徒、哲人和智者，并非偶然。他们及其极具感召力的思想是一个特殊而又伟大的时代的产物（尽管这些新兴文化的起因各不相同，但正如韦伯以及后来的雅斯贝尔斯、沃格林、罗伯特·N.贝拉等学者所言，它们有一点是共同的，那就是它们不可能出自某种一统天下的帝国或大规模的专制体制之内，而只能产生于某种文化多样性之中，以及社会环境相对宽松的条件之下。这也是后来"现代"文化为何只能首先在西方自主产生的原因之一。所有这些表明，真知是在"百家争鸣"中产生的，而不是权力精英认定的）。

所有这些转型主要是独自发生的，其差异决定了各自文明不同的历史进程、方向和命运。在此，就西方文明的形成和发展而言，我们对就此做出主要贡献的两种轴心时代文化给予特别关注。这就是犹太教文化与希腊理性主义文化（包括罗马法文化）。沃格林说："存在的飞跃，是开天辟地的大事。"除了另有一番截然不同景象的佛教的印度与儒家和老子的中国外，"须知人类历史上还有过两次这样的存在的飞跃，它们几乎发生在同一时间，一次在近东，一次在毗邻的爱琴海文明。虽然两者在时间上是对应的，并且都不约而同地反对神话，但它们又是相互独立的；况且两种经验之意涵存在天壤之别，它们分别以两种不同的符号体系来表达其旨

---

① 在佛教作为印度主要宗教的近千年历史中，尤其是其极盛时期（或者说印度被称为"佛国"的时代），社会的确种姓制度遭到顽强抵制而一度变得宽容。至于希腊和罗马，奴隶在自由民主的雅典和罗马帝国后期受到更加宽容和人道的对待以及法律的保护（参见狄金森《希腊的生活观》，彭基相译，华东师范大学出版社，2006，第93页；查士丁尼：《法学总论》，张企泰译，商务印书馆，1997，第17～18页）。

② 马克斯·韦伯：《经济与社会》上卷，林荣远译，第2章（31），商务印书馆，2004；理查德·斯威德伯格：《马克斯·韦伯与经济社会学思想》，何蓉译，第2章第Ⅵ节，商务印书馆，2007。

趣，一是启示，一是哲学"①。它们相遇之后存在巨大的文化张力，但却共同对后来的西方文明或文化的建构产生深远影响。

古代犹太教文化，相对而言，是一个屡遭欺辱的（以"埃及的奴"和"巴比伦之囚"著称的）小国寡民的文化。也许是屈辱和不幸经历的缘故，其文化的转向与所有其他文明相比是最为彻底的，也是与众不同的，甚至是"怪异"的（这一点从希腊化王国和罗马帝国人们起初的看法可看出）。然而，这样一种"二流小国"的宗教文化却具有非凡的感召力和影响力。它不仅引起了在文化上与其十分不同（甚至对立）的希腊化时期一些国家统治者和社会精英的关注②，以其变体形式——基督教最终征服了罗马帝国的中等阶级乃至整个社会，而且早在波斯帝国称霸时期（犹太人"重归故里"和获得高度自治时期），其上帝就为波斯王居鲁士（Cyrus）和大流士（Darius）所景仰③。那么，起初被希腊人视为怪异的这种犹太宗教为何有此种吸引力？毋庸置疑，这个魅力就在于该宗教创造性地建构出一个抽象的、无形的、超越性的"唯一真神"——上帝（雅赫维或耶和华)④。经由这个无处不在但又隐而不见的"全能的"上帝的恩典，不幸的人类世界有了启示、圣爱（agape，大爱或灵爱）、神圣的盟约、拯救的希望和美好的未来（宗教乌托邦）。这不是抽象的形而上学的分析的产物，而是特定人类深层经验的结果。它区分出神圣与世俗两个世界，把人类（如犹太人）以往的文化习俗明显置于与新的信仰上帝的张

---

① Eric Voegelin, 2001, *The World of the Polis*（*Order and History*，Vol. Ⅱ），p. 66，Columbia, Missouri: University of Missouri Press.

② 例如，最早的《圣经》译本（希腊文《七十士译本》），据说就是在希腊化埃及国王托勒密二世费拉德尔弗斯（前308～前246）的发起、命令和关照下，由希腊化的犹太学者翻译的（参见斯蒂芬·米勒、罗伯特·休伯《圣经的历史》，黄剑波等译，中央编译出版社，2008，第74页）。

③ 参阅保罗·梅尔编译《约瑟夫著作精选》，王志勇中译，北京大学出版社，2004，第184～186页。

④ 希伯来圣经（《旧约》）从来没有企图为上帝下定义。在犹太人看来，上帝是人类智慧无法通过抽象定义的方式进行分析和描述的，而只能用"讲故事"的方式来感受和体验。这表明从一开始，希伯来方式就凸显出与希腊方式（尤其是柏拉图方式）的明显区别（参见托利弗·伯曼《希伯来与希腊思想比较》，吴勇译，上海书店出版社，2007）。甚至有学者认为，希伯来方式更接近于"后现代方法"（约翰·德雷恩《旧约概论》，许一新译，北京大学出版社，2004，第253页）。

力之中。从此，循环的"宇宙论被打破了，[人类]在历史形式中的生存开始了"①，并在这种张力中获得无尽的能动性和动力（文化张力）。在此，最重要的是"恶根性"文化评价以及"超越性"和"拯救"的观念。所有这些为后来的基督教（圣经《新约》文化）有选择地吸纳和发挥。从早期基督教教父思想到奥古斯丁的"天城"（上帝之城）更是把这种启示宗教发挥到极致，使之成为"普世性的"宗教（实际上只能是广泛性的宗教）。它打破了犹太教保守、狭隘观念和实用-功利性幸福论（eudaemonism）思想，使此类宗教文化增添了更加丰富的道德内容（尤其是平等观念）以及张力、线性时间观念和历史性的动力学。由此，上帝转变成为一种更加彰显怜悯、慈爱而不再是一味令人畏惧，"尊而不亲"的神（超越者更加关心人类每个男女的根本福祉），相应的，敬神中"力"的功能也更多地转变为"善"和仁慈的价值。从旧约到新约的变化充分体现了这一点。这反映出人们意识的普遍觉醒，对现实生活第一次有了明显的反思和批判（这种情景，既可以在"沙门运动"中的印度佛教和耆那教中见到，也可以在"先知运动"后的犹太教、教父时代的基督教中见到，还可以在中国春秋战国"百家争鸣"时代中见到。当然，希腊-罗马以不同的哲学或法学方式探寻新的文化模式和生活方式）。用社会学话语说，这是人类，尤其是精英的一次广泛、深刻、多样的寻求新生活新方式的社会动员。其力度只有后来的现代性的时代才能与之相比。此种转变不仅是思想上的，也是实践和经验上的，它启迪了西方总体价值观的许多方面，并使其在未来能够成立和模式化。

这种文化最重要的意义在于超越性和拯救的思想。当然，超越性和拯救（救赎）的观念并非希伯来-基督教文化类型所专有，在佛教文化和儒家文化中也程度不同地存在。例如佛教徒谈及大慈大悲的佛、修行、觉悟（bodhi）与涅槃时，明显带有超越性。不过，与犹太-基督教相比，佛教主要是突出个体修道活动，缺乏"俗人的共同体组织"。尽管我们知道，它有"普度众生"的说法，但按照韦伯的看法，"在实践的态度上，

---

① 此话源于沃格林的思想，见埃利斯·桑多兹《沃格林革命》，徐志跃译，上海三联书店，2012，第134页；直接引文中［］里的内容为笔者所加，书稿中凡是直接引文中有［］的，若无特殊说明，均属此类情况，不再赘述。

佛教将救赎局限于真正走上究极之道而成为僧侣的人，至于其他人，亦即俗人，则基本上无所挂怀"。也就是说，"这是一个特别非政治的、反政治的身份宗教"①，或者用我们中国人的话说它是一种主张"无为""无心""无求"的宗教（与道家相近而与儒家相远②）。这种特点导致佛教在印度世俗社会缺乏持久的动员力和竞争力，其尽管兴盛若干世纪，但最终几乎在本土消失。佛教的特点决定了它一般在民间的社会政治上最终不会有所作为。与佛教不同，中国的儒家本是一种世俗文化。三、四世纪以后（尤其从宋代开始）随着与道家和佛教合流，它逐渐演变成一种"既是入世，也是出世"的文化。儒士讲天、孔圣人、先祖、修己和安人。冯友兰说："人不满足于现实世界而追求超越现实世界，这是人类内心深处的一种渴望，在这一点上，中国人和其它民族的人并无二致。但是中国人不那么关切宗教，是因为他们太关切哲学了；他们的宗教意识不浓，是因为他们的哲学意识太浓了。他们在哲学里找到了超越现实世界的那个存在，也在哲学里表达和欣赏那个超越伦理道德的价值；在哲学生活中，他们体验了这些超越伦理道德的价值。"③因此，在这个意义上讲，儒家文化存在一定的超越性和拯救观念④。然而，儒家毕竟不是启示和救赎性宗教。如韦伯所言，它没有关于"恶根性"的观念和评价，缺乏一个绝对神圣的神和与此相关的宗教乌托邦（尽管《礼记·礼运》中有"大同"之论）以及它们与凡俗世界之间的张力，因此，"儒者没有驱使他根据上帝的道德命令来改造世界的这种感情上的紧张性"，或者说，"儒教极度世界乐观主义的体系，成功地泯灭了存在于此世与个人超世俗的命令之间的、基本悲观论的紧张性"⑤。在这

---

① 马克斯·韦伯：《韦伯作品集Ⅹ：印度的宗教——印度教与佛教》，康乐、简惠美译，广西师范大学出版社，2005，第281、319~320页。

② 儒家主张"为而无所求"（见冯友兰《中国哲学简史》，赵复三译，天津社会科学院出版社，2005，第41页）。

③ 冯友兰：《中国哲学简史》，赵复三译，天津社会科学院出版社，2005，第5页。

④ 中国儒家文化的超越性表现在：强调"人禽之辨""义利之辨"的道德自觉，要求人们践履修身、齐家、治国、平天下的道德义务和社会责任，追求"仁"的境界，甚至做到"杀身以成仁"（《论语·卫灵公》），"舍生而取义"（《孟子·告子》上），最后入于"知命"的超越，至于"立德、立功、立言"的不朽。

⑤ 马克斯·韦伯：《韦伯作品集Ⅴ：中国的宗教　宗教与世界》，康乐、简惠美译，广西师范大学出版社，2004，第319、357页。

种情况下，存在的张力和超越性的力度都相对有限。它更多的是"理性地适应世界"而不是像基督教清教那样强调支配世界。因此，笔者认为，韦伯说"儒教是一种'宗教的'伦理，但丝毫不知所谓救赎的需求"①，还是言之有理的。

与希伯来启示宗教差不多同时脱离神话，但在意义上又存在天壤之别的希腊文化，是一种特殊的理性主义文化——世俗哲学符号体系（当然，这只是希腊文化的一种或主流向度，后面我们会看到，它还有其他向度，即潜隐的神秘主义宗教向度）。伯特兰·罗素说："希腊民族是非常充满青春活力的，它不能普遍接受任何一种否定现世并把现实的生命转到来世上面去的信仰。"② "灵魂与上帝的内部戏剧，如人反对他自己，忏悔，痛自责罚，解救，求恩——这些都是现在基督教中的重要教义，但是希腊人对此并没有一个清楚具体的认识。"希腊人也"不知道对神的精神关系，不知道罪恶是神圣权力的给予，忏悔是为赎罪的方法。良心的痛苦，恐惧与希望，灵魂的战胜与失望——这些都是清教徒的先见，而古代希腊人都不知道"③。这导致他们的文化本身没有印度类型的超越性和解脱或基督教超越性和救赎那样的观念④。不过，希腊人"爱智慧"（热爱哲学），他们对世界的符号表达逐渐从神话宗教（奥林匹斯诸神崇拜）过渡到哲学⑤。他们擅长哲学和科学，诉诸人类的理性，而不是权力之威。他们的哲

---

① 马克斯·韦伯：《韦伯作品集Ⅷ：宗教社会学》，康乐、简惠美译，广西师范大学出版社，2005，第186页。

② 罗素：《西方哲学史》上册，何兆武、李约瑟译，商务印书馆，1981，第46页。

③ 狄金森：《希腊的生活观》，彭基相译，华东师范大学出版社，2006，第23、52页。

④ 当然，希腊既有太阳神（阿波罗）崇拜，也存在酒神（狄奥尼索斯）崇拜和俄耳普斯教（前者是主流，属本土宗教，后两者是非主流，来自境外）。希腊人只有在俄耳普斯教狂欢的激情状态下或酒神崇拜时神醉魂销的状态下，借助"与神合一的天人感通"似乎才有暂时的解脱，但这起初只局限于狭小圈子和秘仪。

⑤ 需要指出的是，希腊在轴心时代产生了世俗哲学和科学，但我们应当了解其始终存在两种精神取向：一种是热情的、宗教的、神秘的和出世的；另一种是欢愉的、经验的、理性的和对获得事实的知识的兴趣。哲学的产生，并不表明宗教取向的衰落，只不过，从苏格拉底开始，加速了由土生土长的奥林匹斯诸神崇拜向外来的狄奥尼索斯崇拜和俄耳普斯教转变（后来在希腊化和罗马时期又逐渐转向基督教）。有时，这两种取向还交织在一起，即使是柏拉图和亚里士多德（尤其是前者）也是如此。

学和科学一度阻止了希腊像东方那样趋向于对某种超越性实在的虔信的宗教皈依。"美德即知识"的观念凸显了希腊人另一种自觉的特点。

顺便说一下，罗马人比希腊人更务实和理性（有些像当代美国与欧陆的区别）。他们虽然没有发明"罗马哲学"（其哲学主要源于希腊），但却有与众不同的罗马法和官僚系统。"在全世界中，只有西方的罗马发展出理性的法律并加以保持。"① 罗马人鄙视一些希腊人那种宗教迷醉的病态快感，将希腊的"忘我"视为"迷信"，元老院禁止对酒神狄奥尼索斯的迷醉祭典。公元前400年左右出现的首个罗马法——《十二表法》"主要是程序性的"②，这表明罗马法的理性传统由来已久。它与希伯来道德说教性质的《摩西十诫》和注重人伦关系的中国传统"礼俗"（法律的儒家化）形成鲜明对照。

我们知道，希伯来文化与希腊文化（或犹太－基督教与希腊－罗马文化）是西方文明两个基本的文化源泉。这两种文化的碰撞、冲突和融合及其与"蛮族"（日耳曼人）文化的再碰撞和融合，最终导致了西方文明的形成和发展。这里的问题是，"两希"文化的碰撞和融合，首先发生在远比中世纪（中期）西方发达的古希腊－罗马文明的成熟时期，但这并没有给希腊人或罗马人带来文化方面的质的提升或飞跃。其后来基本上只在"落后"的日耳曼人那里才产生了意想不到的良好后果。这究竟是为什么？希腊－罗马文化与希伯来－基督教文化的融合在古希腊和罗马那里只带来文化的横向变换，而没有导致升华，后期罗马帝国文化的没落，尤其是后来拜占庭（东罗马）的僵化，就是最好的证明。看来，文化融合的特点问题十分重要，它直接影响文化演化的质量。当希伯来－基督教文化传入希腊－罗马世界的时候，这些文明已趋于老化，具有不同文化心灵或教化背景的人们对两类文化的碰撞采取了消极、保守、被动的态度和解读。在这种情况下，两类

① 马克斯·韦伯：《韦伯作品集Ⅷ：宗教社会学》，康乐、简惠美译，广西师范大学出版社，2005，第220页。
② 约翰·H.威格摩尔：《世界法系概览》（上），何勤华等译，上海人民出版社，2004，第301页。

文化之间的爱恨关系较为纠结和持续对立（教父德尔图良的愤怒之情和名言表明这一点①）。其实质是，由于晚期希腊哲学日益被称为"异教"且具有宗教性（如斯多葛主义和新柏拉图主义等），因此"异教与基督教信仰之间的论争，实际上是两种宗教观的冲突"②。尽管许多基督教思想家自觉不自觉地也利用或挪用希腊哲学来阐述问题（即便德尔图良也是如此），但两种文化还是难以有效融合。以下我们会看到，中世纪以阿奎那为代表的教士兼学者和"经院哲学"所采取的态度则颇为不同（直到16世纪，教会都是包容科学的）。这既说明了古典世界的文化问题，也预示了西方对文化融合的态度和解读的合理性与优势。作为处于"青春期"的"新族类"和文明载体③，西方人（主要是日耳曼人）从自发到自觉以不同的视角成功地整合（或融合）了上述两大文明的文化（若细分出罗马法文化的话，是三种文化），结果获得了巨大的文化优势和社会效益。当然，这是后话。

由于文明进程的断裂（希腊被罗马吞并，西罗马又被"蛮族"所灭），我们无法见到古典文化后来自主演进的历史，但从后来拜占庭（东罗马，讲希腊语的"罗马"，或"另一个希腊文明"。——布罗代尔语）的状态看，很能说明问题。罗马自其重心转向东方以后，便变得日趋保守、专制和脱离希腊原有文化的本质。在拜占庭皇帝查士丁尼一世（Justien Ⅰ，483 – 565）统治时期，古老的雅典学园被强行关闭（与后来基督教教会开办大学形成对照），大量的希腊哲学家（包括科学家）不得不流亡底格里斯河畔的名城泰西封（Ctesiphon，今巴格达附近）。这尽管让阿拉伯人获得深入接触希腊哲学和科学的机会并使之继续发展，但却进一步促使拜占庭文化转入斯宾格勒所言的那种"费拉"

---

① 德尔图良说："雅典与耶路撒冷有何相干？学园与教会有何相和之处？异教徒与基督徒有何相干？……所有试图将斯多葛主义、柏拉图主义和辩证法与基督信仰混杂在一起的努力，都给我滚蛋！在拥有基督耶稣后，我们不需要出于好奇的争论。"（见 Tertullian，1950，"On the Proscription of Heretics"，Chap. 7，in Alexander Roberts and Sir James Donaldson，eds.，*The Ante-Nicene Fathers*，Vol. 3：246，Grand Rapids，Michigan：W. B. Eerdmans Publishing Company。）

② Ramsey MacMullen，1984，*The Christians as the Romans Saw Them*，pp. 200 – 201，New Haven：Yale University Press.

③ 大卫·瑙尔斯：《中世纪思想的演化》，杨选译，商务印书馆，2012，第126页。

（fellah）状态（一种文明长期停滞、僵化和刻板的状态），也就是说，拜占庭逐渐变成一个"费拉民族"（fellah-peoples）。当然，差不多在同一时段（所谓世界史的中古时期），不仅拜占庭如此，其他主要古典文明也是类似。中国在宋以后便逐渐进入此种状态（不是说没有量的增长，而是说缺乏文化质的创新和飞跃）。印度文明于佛教被排挤出本土后在"印度教"（新婆罗门教）主导时期也是如此（其他佛教国家亦同）。当时只有两大新兴文明——伊斯兰文明和西方文明在成长或部分成长。它们都属于"一种衍生的文明"（布罗代尔语①），或阿尔弗雷德·韦伯所说的"二级文化"②。这种情况决定了它们不同于以往的轴心时代文明或文化。阿拉伯伊斯兰文明（源于古老的巴比伦文明）在与犹太、希腊、基督教、印度、波斯文化的碰撞中焕发了文化青春。这导致阿拉伯人（包括伊斯兰化的波斯人和伊斯兰文明辖区的犹太人）把阿拉伯化的希腊哲学和科学（数学、天文学、光学、化学、医学、药剂学等）提升到前所未有的高度（有的方面，如天文学离哥白尼理论只有一步之遥③），并涌现出一大批杰出的人物，如数学家科斯拉宁（Chosranien），即默罕默德·伊本－穆萨（Muhammad Ibn Musa，其代数学拉丁译本成为 16 世纪西方的入门书）、天文学家伊本·阿尔－沙蒂尔（Ibn al-Shatir，其行星数学模型接近哥白尼的模型）、医学家伊本·阿尔－纳菲斯（Ibn al-Nafis，其发现肺动脉血液循环比西方的威廉·哈维早许多世纪）以及哲学家兼科学家阿维森纳（伊本·西拿）、阿维罗伊（伊本·路西德）等。这被称为阿拉伯伊斯兰世界思想和文化最活跃的

---

① 费尔南·布罗代尔：《文明史纲》，肖昶等译，广西师范大学出版社，2003，第62页。

② 阿尔弗雷德·韦伯：《文化社会学视域中的文化史》，姚燕译，上海人民出版社，2006，第174页。

③ 见托比·胡弗《近代科学为什么诞生在西方》，周程、于霞译，北京大学出版社，2010，第53~59页。此外，研究发现，所谓"古希腊代数学"，并非希腊本族人发明，因为总是以实体和在场视角看待事物的希腊人不可能有此种想象。它是到希腊化科学城（如亚历山大里亚等）学习的东方人（或希腊化的波斯－巴比伦人、迦勒底人、阿拉米人等）的杰作，因为只有他们才具有超越古典人（希腊－罗马人）那种"在场的"（"此时""此地"心灵感的）、半抽象的非在场能力（其抽象的宗教文化证明了这一点）（参阅奥斯瓦尔德·斯宾格勒《西方的没落》第一卷，吴琼译，第二章，上海三联书店，2006）。

时期。然而，由于宗教价值取向和社会因素的缘故，以及伴随神秘主义色彩浓厚的苏菲派的兴起和影响增大，阿拉伯－波斯伊斯兰文明最终远离了古典（或希腊）文化因素（离开地中海，更加转向东方），从而使得它未能把其所再创造的哲学和科学大踏步向前推进。由于难以深入创造性地把文化融合做得既好且合理，伊斯兰文明只属于半成长性文化。其结果是，它没有发生近代意义上文化的质的飞跃。伊斯兰文明在自主迈向近现代文化的门槛前实质上停下了脚步，而日益变得具有"费拉"特性（后起的来自中亚深处的突厥－伊斯兰文明——奥斯曼帝国也未能改变此种状态，因为它根本就不了解西方古典文化）。以阿维罗伊主义为代表的新兴文化在伊斯兰世界里几乎没有未来（上述名人在伊斯兰世界后来几乎不为人知，但其思想在西方中世纪大学却大放异彩），表明当时在伊斯兰世界最终缺乏其生存的条件和文化－社会氛围——缺乏科学理性和改造世界的普罗米修斯主义这样的内生性自主成长因素，而主流文化则是与之相反的另一种精神。因此，伊斯兰文明只能扮演古典与西方之间文化火炬传递手的中介角色①，成为加速西方觉醒和应对文化挑战的刺激之源。

西方人接过了阿拉伯人和伊朗人（包括伊斯兰辖区内某些犹太人）的希腊哲学和科学火炬。他们从西西里和西班牙伊斯兰辖区如饥似渴地引入和翻译古典希腊文化，尤其是亚里士多德的著作以及阿拉伯和犹太学者再创作的哲学和科学书籍。然而，他们并没有满足于此。他们先是在"基督教母体"内以不同于古典人的年轻心灵和视角认真解读、吸纳各种现有的文化元素——这使得 12 世纪的基督教发生了与以往不同的质的变化（尤其是起初由教会主导的大学的诞生，其意义、价值和影响难以估量），然后开始在这一基础上日益自觉地打造文化多元一体和充满文化张力与活力的西方文明。这主要有两个层面：一是对希腊文化进行创新性加工、融合和再创造；二是还把正在复兴的罗马法文化与之整合在一起。我们先来看前一个层面。也许是文化"有择亲和性"的作用，西方人酷爱，甚至痴迷于古典文化（这种情况易于让后人感到西方与希腊文明具有历史直

---

① 参阅 R. 柯林斯《哲学的社会学》（上）第七章，吴琼等译，新华出版社，2004。

接相继性，其实两者不是一回事①），努力在外来的希腊和希伯来－基督教文化之间根据自己的解读进行创造性地融合和整合。以对亚里士多德的解读为重要内容和以阿奎那的阐释为代表的经院哲学以及"基督教母体"的包容性充分证明了这一点。大阿尔伯特、阿奎那等西方中世纪著名基督徒学者，身处因希腊文化的再引入而造成的对西方基督教信仰世界冲击的年代（希腊因素与希伯来－基督教因素之间冲突和张力再次开始加剧的时代）。面对挑战和时代的要求，作为基督徒，他们有责任、有义务促使西方在这些文化之间取得合理有益和有效的平衡或协调。他们将一切文化严格地置于其详细考查的范围，对不同的真理予以应有的承认，不管它们来自何方；同时对每个问题也一一给出自己的评判和阐释。事实证明，他们不辱使命，做得较为成功。结果，基督教母体和经院哲学几乎像一个碧波万顷和丰富多彩的湖泊，在源于教会学校的大学的支撑下，百川流入其中，又从中流出许多河流。其作用和意义深远，超出了时代的想象力。所有这些为西方后来的理性与信仰的分离和互动，为文化发生质的飞跃以及社会变迁奠定了灵性、知识（理性）和伦理基础②。

差不多就在希腊文化与西方基督教文化再次碰撞、融合的同时（在思想上，第一次碰撞主要是基督教与柏拉图主义，第二次主要是亚里士多德思想与基督教），随着法学文献（《法理汇要》手抄本）的发现和城市社会的兴起及管理的需要，罗马法开始复兴了——正在西方兴起的"城市最终选择了罗马法"③。这是我们所要阐述的西方人打造其文明的第二个层

---

① 许多著作或教科书都有意无意地把希腊文明视为"西方"的古代，这易于造成混乱，实际上它们是两码事。如布罗代尔所言："任何想把当今西方与古希腊文明混为一谈的企图都只能是某种吉罗杜式的戏剧游戏。"［吉罗杜（Jean Giraudoux），法国作家，写作好追求新奇性并以荒诞的手法著称。］"真正把我们与希腊式思维连结起来的是脑子里固有的学识、理智和自尊。余下的事情靠的是我们的激情和幻想。"它是"对选择起源和虚构理想的祖先的需要"。（费尔南·布罗代尔：《地中海考古》，蒋明炜等译，社会科学文献出版社，2005，第197~198页及197页中译注⑤。）

② 参阅 David Knowles, 1962, *The Evolution of Medieval Thought*, London：Longmans。

③ 查尔斯·霍默·哈斯金斯：《12世纪文艺复兴》，夏继果译，上海人民出版社，2005，第169页。

面。起初，复兴只在意大利，然后它利用国际性大学①以意大利为轴心向整个西欧散播，先后逐渐渗入和应用到教会法、封建习惯法与英国王室的新型法律中（尽管罗马法在地方性日耳曼法系居于主导地位的英国遭到竭力抗拒，但英国还是潜移默化地受到一定影响）。这种复兴最重要的意义在于，罗马法，不是原本的查士丁尼法（拜占庭罗马法），而是自 12 世纪开始在西方基督教世界经过改造的西方"罗马法"，给西方带来了科学的法律规则、形式和方法，以及新的思维方式和根本的普适性。缓慢地，决定一切的主要不再是传统习惯，而是理性、反思和科学。也就是说，罗马法复兴带来的不仅是法律－社会效益，而且还有科学方法论的新发现和影响②。此外，伴随复兴的深入展开，西方出现了一系列世俗性专门的法律人才和从业人员，如专业的法律专家、立法者、法官、律师和法学者，专门的法律部门、评审机构、研究机构以及教学和培训机构。从此，法律之事全都交由这些专业人员和机构专门处理。久而久之，先是在理念上，然后在实践上，法律与政治、宗教等制度领域区别开来，获得相对自治。这意味着"自 12 世纪起，所有西方国家，甚至在君主专制制度下，在某些重要方面，法律高于政治这种思想一直被广泛讲述和经常得到承认"③。稍后，"国王和政府可以在任何人之上，但必须在上帝和法律之下"这样的民谚开始流行，表明此种观念在西方开始深入人心。也就是说，法治（rule of law）而非仅仅法制（legal system）（后者自古以来在任何文明中

---

① 如西方最早的大学——博洛尼亚法学院，其学生来自西欧的四面八方，保守估计人数千人以上，据说高峰时期接近 1 万人。他们毕业后把复兴的火种带回欧洲各地（见哈罗德·J. 伯尔曼《法律与革命》，贺卫方等译，中国大百科全书出版社，1993，第 151 页）。

② 伯尔曼认为，近代意义上的科学方法论特征是：（1）具有一种完整的知识体系；（2）此种知识是通过观察（或调查）、假设、证明以及与最大限度的实验相结合而获得的；（3）在其中各种具体现象要依据一般原则或真理（定律）被赋予以系统地解释。12 世纪法学家们的独创性工作已经具备了这些特点。它与罗伯特·格罗斯特斯（R. Grosseteste，约 1168～1253）和罗杰·培根（1214～1292）的实验方法差不多处于同一时代，早于文艺复兴时期的实验科学方法，是西方近代科学方法论最早的源泉，对后世影响深远。（哈罗德·J. 伯尔曼：《法律与革命》，贺卫方等译，中国大百科全书出版社，1993，第 187～192 页。）

③ 哈罗德·J. 伯尔曼：《法律与革命》，贺卫方等译，中国大百科全书出版社，1993，第 11 页。

就已存在，但前者并非如此），逐渐成为西方的核心价值和神圣理念（当然，这有一个漫长过程，欧陆与英国又有区别）。在此，法律的至上性与上帝的至上性是联系在一起的。

与此相关，法治也与上帝之治相关。亚里士多德很早就说过："法治比人治更好，……希望实行法治，就犹如希望上帝和理性的绝对统治；反之，希望由一个人来统治，就是同时想要一个野兽的统治，因为非理性的欲望恰恰具有这种兽性，而且情欲扭曲了领导者们的性格，即使他们是所有人中最有德行之人。"① 在此，亚里士多德为何要把法治定为神治？神在古人眼里是永恒和超越性的。这实际上是告诉人们，法治本质上是一种超越性的统治。作为一种永恒的善的体现，法律超越于任何个人（包括国王和教宗/教皇）、群体、等级、机构（包括政府）之上，他们和它们没有绝对权力（必须在上帝和法律之下）。亚里士多德的思想为阿奎那所吸收和加工。在后者看来，"我们必须接受上帝的统治，服从上帝而不是服从人"（《使徒行传》，5：29，阿奎那的思想源于此），国家（政府）非绝对自治，其统治（"人法"或制定法的统治）必须符合作为"永恒法"一部分的"自然法"，否则，人民有权拒绝和反抗②。也就是说，人民只有在政府行为符合上帝之声③的情况下才会因"良心的缘故""顺从"之（《罗马书》，13：5，阿奎那的思想还是源于此）。这样，阿奎那同样把法治抬到上帝之治的高度。一句话，在西方，上帝及其法律具有至上性（人法即国家制定法服从自然法，而自然法又是永恒法的一部分），人们难以接受任何人或机构拥有绝对权力的观念和做法。由此，我们看到，现实的西方法律（实在法）是基督教与罗马法部分融合的产物，或者说基督教信仰成为复兴的罗马法之魂。它含有上帝的权威，与此相关，法律源头具有超越性因素。它不允许任何人和群体凌驾其上。这尽管在罗马思想家西塞罗的《论共和国》中有所谈及，但只有从中世纪西方开始才发扬光大。

---

① Aristotle, 1981, *The Politics*, Ⅲ, 16, 1287a19 – 30, Harmondsworth：Penguin.（中译本见亚里士多德《政治学》卷三，1287a19～30，吴寿彭译，第16章，商务印书馆，1981。此处引文译文与中译本略有出入。）

② 参见韦恩·莫里森《法理学》，李桂林等译，武汉大学出版社，2003，第72页。

③ "人民之声就是上帝之声"（Vox Populi Vox Dei）是中世纪西方盛行的一句格言。

这导致自称代表上帝的教会（作为上帝与广大平信徒之间中介的教会）尽管试图垄断最高权力，但它还是由于被视为人间机构而在权力的合法性上不断受到质疑，更不要说世俗统治者或机构了。当然，起初这种质疑之声仍显微弱，但在中世纪后期则日趋放大。于是，法律至上原则和一切权力归全体基督徒（教会是全体基督徒而非主教们的教会，"所有信徒皆祭司"）的观念和呼声（对宗教领域人民主权论的呼声）应运而起——从帕多瓦的马西利乌斯（Marsilius of Padua）到后来的马丁·路德和加尔文等有良知的社会精英越来越有意识地推动这一原则和观念的发展。在经过革命和世俗化的蜕变后，作为上帝之治的法治开始向全体基督徒之治演变，直至过渡到人民（全体公民）之治（近现代的民主自由、法治和宪政）。这样，"人民"取代了上帝的位置，成为神圣的象征。当然，这是现代性社会的观念。其中有法文化，更隐含基督教文化。只不过，在现代社会，这种潜隐文化若不加以分析已难辨别。文化融合天衣无缝，因此也就被视为当然了。

如同儒家文化（"儒教"）目前仍在潜移默化地影响现代中国人的行为举止一样，基督教也隐含地奠定了现代西方的价值取向，这是不容置疑的。西方基督教（天主教，尤其是新教）倡导自由、平等（上帝面前人人自由、平等）①、博爱（大爱、圣爱、灵爱）、民主②、救世（救赎）、末世论和天国（上帝国或乌托邦）。这些都是宗教思想观念，但却教化了西方文明之子。它们融合了古典文化（希腊－罗马文化）并以宗教的形式使隐含在其中的价值观内化于人们的心中，从而形成文化习惯和生活方式。当然，基督宗教本身不能带来世俗的民主自由社会。从前者到后者需要一种根本性的转化。也就是说，尽管基督教创造了上述思想观念和理想目标，但要把它们变成世俗世界的现实，就必须通过某种意义上的世俗化

---

① 关于基督教意义的自由，黑格尔说："只有在基督教的教义里，个人的人格和精神才第一次被认作有无限的绝对的价值。一切人都能得救是上帝的旨意。基督教里有这样的教义：在上帝面前所有的人都是自由的，所有的人都是平等的，耶稣基督解救了世人，使他们得到基督教的自由。这些原则使人的自由不依赖于出身、地位和文化程度。"（黑格尔：《哲学史讲演录》第一卷，贺麟、王太庆译，商务印书馆，1981，第51~52页。）

② 基督教的民主表现为修道院和教会的程序性选举制度，以及教会共同体或主教会议高于教皇的文化（参见菲利普·尼摩《什么是西方》，阎雪梅译，广西师范大学出版社，2009，第205~210页）。

使之自我废除才能实现。因此，基督教脱胎换骨的蜕变是不可避免的。在西方，如韦伯所阐述的，这种痛苦的转型是通过宗教改革实现的（其更为基础的神学转变是以"自然神论"或"理性宗教"为中介实现的）。作为世俗化公认的载体，基督新教担当了此项重任。新教强调"基督徒的自由"和"良知自由"（路德语），解构了教会权力和教阶制存在的意义，把部分天主教日趋改造成个体基督徒自主直接面对上帝（自己解读《圣经》并与上帝进行心灵沟通）和诉诸良知的基督教"新教"（宗教生活日趋"私人化"，或成为"个人主义的宗教"①），从而不断消除宗教对政治等领域广泛干预的需要。受此影响，天主教也不得不进行某些实质性的调适或改革，以适应近现代文化和社会的变迁。从此，上述宗教理念和目标通过扬弃转变成世俗理念和目标，如自由、平等、博爱、民主、宪政以及各种世俗理想社会或乌托邦等。它们在现代社会革命和重建中发挥了充分的作用，加速了西方现代性进程以及西方文明的最终形成和定型化。以往人们常说，这些思想观念和目标是在近现代若干极具影响的大革命或变革（尤其是美国和法国革命）中产生的。然而，殊不知从价值取向上看，它们大多早已隐含在以往基督教文化之中。如黑格尔所认为的，法国大革命不过是基督教核心文化价值（自由平等）在现世人间的实践②（荷兰和英国革命中清教徒的言行，《美国独立宣言》和《法国人权和公民权宣言》充分表明了这一点）。没有宗教文化隐含的超越性和"集体无意识"（文化取向），可以有阶级冲突和革命，但不会有这种类型的文化张力和变革，更不会有此种文化取向的社会重建。这一点在世界其他文明或文化模式的社会史实中得以印证。千百年来，在这些文明中因社会矛盾和阶级斗争引发的起义或革命可谓不少，但由于缺乏多元文化的碰撞、文化张力及其导致的文化取向或方向的引领，其起义、革命和社会重建无一例外地陷入历史循环，直到它们遇到现代性文化（现代西方文化）或马克思主义文化（另一种西方的现代文化）并加以引进，形成张力和融合，才有不同程度的改观。文化的碰撞、冲突、张力和融合的作用尽显其中。

---

① 罗伯特·N. 贝拉等：《心灵的习性》，翟宏彪等译，三联书店，1991，第335、355页。
② 参见弗朗西斯·福山《历史的终结及最后之人》，黄胜强、许铭原译，中国社会科学出版社，2003，第227页。

　　需要指出的是，从社会学视角看，西方在现代化进程中有两大文化因素发挥着重要作用：一是理性（或理性化），一是良心或良知（synderesis 或 conscience）自由的观念。关于前者，韦伯曾给予了深刻而全面的阐述（总体而言，他认为，构成西方现代性的驱动力量本质上是背后起作用的日益增长的理性化，而且这种理性化是全面性的，资本主义只不过是理性赢得最后胜利的众多剧场之一），在此不再赘述。关于良知观念（或良知自由观念），韦伯似乎没有直接论述这一问题，但在其宗教社会学，尤其是关于新教伦理方面的阐述中也隐含了一些相关思想。韦伯之后，西方学术界对此给予了充分的研讨①。他们认为，"良心"或"良知"（现代汉语中，两者意思相同）本是源于古希腊的概念（斯多葛学派概念），希伯来圣典或《旧约》中并不存在此类术语②。正是对基督教初创具有重要贡献的保罗（St. Paul）开始把这一概念引入基督教文献（如新约《罗马书》，14；《哥林多前书》，8；等等）。此后，安布罗斯（St. Ambrose）、巴希尔（Basil）、奥利金（Origen）、哲罗姆（St. Jerome）以及奥古斯丁、波那文图和阿奎那，直至路德和加尔文都对这一观念进行了深入阐述，使之成为基督教重要的学说（"良心学说"）。在他们看来，尤其是在以阿奎那思想为代表的中世纪经院哲学中，良知不仅是"伦理本能"，而且是理性运行中的一种特殊力量，它暗示了一种内在的认知力量的存在，被认作是"实践理性"的一个判断。这样，西方基督教文化就把良知与理性力量联结起来，它们相互作用，彼此促进。此外，受西方哲学另一个相反学派的思想影响，良知观念还与意志论相关，其在中世纪的代表是奥古斯丁、波那文图、邓·司各脱和奥卡姆。这一学派（奥古斯丁主义学派）同样有很大的影响，尤其在打破传统束缚方面。总之，在阿奎那时代及其以后，西方基督教世界对于良知的讨论和争论随处可见，这形成一种观念：上

---

①　参见托比·胡弗《近代科学为什么诞生在西方》，周程、于霞译，北京大学出版社，2010，第 101~113 页；Eric D'Arcy, 1961, *Conscience and Its Right to Freedom*, New York：Sheed and Ward；Michael Baylor, 1977, *Action and Person：Conscience in Late Scholasticism and Young Luther*, Leiden：E. J. Brill；C. A. Pierce, 1955, *Conscience in the New Testament*, London：SCM Press。

②　有学者认为，《旧约》虽然没有"良心"这个概念，但存在此种思想。（见卡尔·白舍客《基督宗教伦理学》第一卷，静也、常宏等译，上海三联书店，2002，第 232 页。）

帝的子民既有理性，也有良知，而且日趋成为衡量道德和法律感知的标准并为整个社会所认同和实践。在宗教改革时期及其以后，随着路德倡导的良知自由深入人心，良心或良知完全获得了释放，这直接推动人们冲破古老基督教教会和专制主义的束缚。从此以后，人们凭借理性和良知就可以认识世界，获得真理（与此相应，良知中的"上帝之声"已经转化为涂尔干的"集体良心"）。这预示了"理性时代"以及后来的意志论思潮的来临。

理性时代和启蒙运动的来临，标志着西方文化和社会大规模重建的兴起——尽管我们知道，这一进程可以追溯到中世纪中期（12 世纪）。何谓重建？从本质上讲，重建就是原有最高价值（官方曾经认可的价值）不断被贬黜与新价值得到确立的过程①。西方近代兴起的文化重建本质上就是这样一种历史进程。从表面上看它求助于理性，要求"把理性当做一切现存事物的唯一的裁判者"②，而实质上，如文德尔班所言，却是"用发生发展观将这些利益［人们在启蒙运动中盼望得到的利益］当做形成上述组织［'普遍社会组织'］的动机和充足理由；与此同时，从批判观点出发将这些利益当做评定这些组织的价值的标准。凡是人们有意创造出来的东西都应该证明是否真正实现了他们的目的"③。当然，这种重建的外在表现是基督教的教会文化的衰落与理性科学的兴起，以及社会秩序建构的理性化、世俗化、现代化（自由、民主、平等、法治等）。所有这些用形而上的话语来概括便是价值转换的表现。因为价值取向发生变化，其他方面也随之加速转型。起初，这种变化和秩序建构，如哈耶克所证明的，既不反映一种预先存在的自然结构，也不是某个权力机构人为制定和安排的结果，而大体上一开始是由某些个体的自由创议综合起来自发形成的。用哈耶克的话说，它起初是一种自发的"偶和秩序"（catallaxy）④，即人们在互动中彼

① 对价值问题的研究始于德国哲学家洛采（Rudolf Hermann Lotze，文德尔班的老师），后来尼采、新康德主义哲学家、韦伯和海德格尔对此有更深入的分析。见文德尔班《哲学史教程》，罗达仁译，第七篇第四十六节，商务印书馆，1997；海德格尔：《尼采》下卷，孙周兴译，第五章，商务印书馆，2012。

② 恩格斯：《社会主义从空想到科学的发展》，中央编译局编《马克思恩格斯选集》第三卷，人民出版社，1974，第 407 页。

③ 文德尔班：《哲学史教程》，罗达仁译，商务印书馆，1997，第 710 页。

④ 弗里德里希·冯·哈耶克：《法律、立法与自由》（第二、三卷），邓正来等译，中国大百科全书出版社，2000，第 191 页。

此调适而成的社会转变和社会秩序建构，其典型的便是早期自由市场秩序或市民社会的形成。在这种自发状态下，国家只扮演"守夜人"的角色，消极地维护社会秩序。这种秩序之所以能够成长，就在于大约从中世纪末期开始，尤其是近代以来，理论家和改革家们发现它在促进社会发展和解决社会问题上比以往所知的任何秩序类型都更为有效，因此把它提升到理论和自觉实践的高度。16 世纪以来西方种种的变革无不是这种从朦胧逐渐走向清晰的提升过程。具体而言，在近代，这种启蒙和变革的理论源于霍布斯的在契约基础上实现国家专制制度的学说（"利维坦"），或"开明专制"观念，它经过多次政治事件之后越来越让位于"人民主权"原则。后者经历了洛克、孟德斯鸠和卢梭三个发展阶段，并在荷兰、英国和法国的新教徒心中深深地扎下了文化之根，而且带有宗教意识决定的信念。尼德兰起义以及英国、美国和法国革命是这种原则和信念起作用的反映。

启蒙运动和革命之后，面对现实，一部分社会理论家越来越认识到，人们的苦乐问题不仅是政治权利问题，而且主要是社会利益问题。边沁最先发现了这一问题，其试图以一种功利主义原则（最大多数人的最大幸福原则）解决这个问题（边沁不相信《美国独立宣言》和《法国人权和公民权宣言》所诉诸的自然法和自然权利能够决定人类的幸福①）。此后，正当政治经济学家和政治学家们讨论如何保护私人产权之时，以马布利、摩莱里和巴贝夫为代表的共产主义者挺身而出，谴责私有财产制度是万恶之源，并且号召铲除这种"原罪"（巴贝夫还举行了起义）。这种思想和行动范式直接影响了后世，直至后来发生了一系列社会革命。与此同时，这种革命还与浪漫主义和意志论搅和在一起。它们要同旧传统和旧观念彻底决裂。然而，不过两代人之后，这些革命"最终都以乌托邦图景和传统之间的和解而告终"②。不是革命者的观念为其对手所摧毁，而是其后代

---

① Jeremy Bentham, 1843/1976, "Anarchical Fallacies: Being An Examination of the Declarations of Rights Issued During the French Revolution", in John Bowring, ed., *The Works of Jeremy Bentham*, Vol. II, pp. 489 – 534, London: William Tait.

② 哈罗德·J. 伯尔曼:《法律与革命》（第二卷），袁瑜琤等译，法律出版社，2008，第 29 页。

自己解构原有的思想和理想，也就是自己解构自己。于是，人们所关心的自然不再是正义的远大理想社会的建构，而是现代化和功利性事物。

一般而言，以往的社会理论阐述主要是以传统－现代性范式或角度来说明问题的。与此不同，尼采以一种更深刻的视角，即"价值论"角度观察问题和阐述这种历史变迁。由于尼采的作用，如今文化"价值"概念及其研究范式已深入人心（在尼采之前，除了 R. H. 洛采外，此种概念在各种著作中的讨论十分鲜见，其研究范式也不存在）。通过尼采等人（如文德尔班、李凯尔特、韦伯、海德格尔）提供的价值视角，人们逐渐认识到，理性化和世俗化（包括启蒙运动）的进程（现代性进程）尽管导致文化－社会发生重大积极变迁，但也付出了沉重代价。这个代价就是随着"上帝死了"（理性的诚实或理性和良心自由杀死了上帝），古老的信仰价值沦丧了。与此相关，它还带来了神圣的"彼岸"的同时沦丧，以及彼岸与此岸的区分和张力的消失。这种沦丧和消失反映的是形而上学的解构（或终结），也就是说，在现代科学方法论面前，以往与理性的真理和感觉经验的真理比肩，甚至更高的"信仰的真理"（truth of faith）已经衰落，甚至退出真理的舞台。过去被认为是真理的信仰现在只是假设（可能是真，也可能为伪），在被以科学的方法验证以前只能是假设。在这种情况下，最终世俗乌托邦事实上也被解构了。

随着上帝、形而上学和种种远大理想或乌托邦的被解构，在当代（尤其是西方），虚无主义（Nihilismus）出现了。紧接着，末人（lastmen，最后之人）也登场了。"虚无主义"一词，按海德格尔的考证，在 18 世纪末可能首先诞生于德国哲学界，然后在俄国文学界流行，后经过尼采阐述而进一步为人们所知晓。虚无主义是指因最高价值的沦丧而导致的一种无价值感，一种在最高意义上一切皆空无的感觉。它是一种历史过程，即最高价值贬黜和丧失的过程①。其背后隐秘的原因在于形而上学的终结（解构）。这种终结或解构"揭示自身为一种沦丧，即超感性的领域以及从中产生出来的'理想'支配地位的沉沦"（海德格尔语）。虚无主义使人放弃一切远大的抱负、理想和努力，亦即失去最终目标，对未来无所欲求

① 海德格尔：《尼采》下卷，孙周兴译，商务印书馆，2012，第 731 页。

[第二国际领袖伯恩斯坦（Eduard Bernstein）的名言："最终目的是微不足道的，运动就是一切"，具有典型意义。当然，客观地讲，这是当时社会党人的主流思想，就好比利益远比灵魂重要是我们现在流行的观念一样]。在这种情况下，在信仰方面没有什么是真的，一切都是允许的。这种文化和思想状态在西方形成明显的趋势是从 19 世纪末叶开始的。这也是尼采写作的时代。伴随着此种状况和时代的来临，末人出现了。所谓"末人"（最后之人），在尼采那里（《查拉图斯特拉如是说》）是指那种只由对舒适的自我保存和此类幸福的欲望所驱使的人（主要受利益和坏境驱动的人），也就是在"信仰时代"受到鄙视的人。这种人在现代不仅不再受鄙视，反而成为人们向往和效法的榜样（在许多非西方国家近来也出现一些类似情况）。庸俗的享乐主义流行，人们不再鄙视自己："'我们创造了幸福'，最后之人得意地说。"① 不过，尼采认为，在 19 世纪末期，最后之人还属凤毛麟角，即他那个时代的人尚不是末人，但那个时代人们的理想是最后之人。由于 100 多年前尼采声明其写作是给未来两个世纪的人看的，因此其预示了未来人们变化的可能趋向。尼采是其自己时代的不幸者（"尼采和克尔凯戈尔都认为，一个人洞察自己和时代的深度与他所受痛苦的强度是成正比的"②），却是西方当代的"宠儿"。如今——尼采去世一个多世纪以后，如伯特兰·罗素所言，尼采的预言比自由主义者和社会主义者都更接近现实。西方，甚至世界其他地区许多人都成为或正在成为最后之人（尽管许多人嘴上并不承认）。

尼采的阐述归结于一句话就是，其预见到我们这个时代在文化、信仰和道德上的大危机。而且这种危机是一种长期趋势：许多人放弃一切高尚的人类抱负（现在还有多少人谈及卡尔·马克思的剩余价值学说？而这可是社会主义由空想转变为"科学"的两大根据之一③），在虚无和及时行乐之中没有理由为遥远的目标和困难而奋斗和牺牲。过去这主要是西方的

① 见弗里德里希·尼采：《查拉图斯特拉如是说》，杨恒达译，"开场白"，中国人民大学出版社，2011，第 10~16 页。
② L. J. 宾克莱：《理想的冲突》，马元德等译，商务印书馆，1983，第 196 页。
③ 恩格斯：《社会主义从空想到科学的发展》，中央编译局编《马克思恩格斯选集》第三卷，人民出版社，1974，第 424 页。

现象，现在在世界已广泛存在。因此，在当代，在许多人主要表现为最后之人的今天，功利主义成为人们普遍推崇的价值——尽管人们不愿意公开承认这一点。在这种情况下，社会秩序的建构自然也围绕其展开，因为价值是有功效和支配功能的。社会秩序的建构，也就是如上所说，最终要受到现实普遍价值的制约。尽管传统的或以前设立的高尚价值或"核心价值"表面上仍具有"上帝"的位置，但没有多少人理会死去的上帝。其实，功利主义早就流行了，但只有在今天（在上帝死了以后）才拥有合法的普遍价值的地位，因为"我们不再自己鄙视自己了"。在这种情况下，由于缺乏一个无时无刻在场的上帝，没有敬畏之心和罪感的忏悔，法治的功能便凸显出来。无奈，它是最后的防线。然而，法治毕竟是外在的，因此它对人的管理就远不如信仰、伦理和最高价值取向那样来得内在和深入人心。因此，今天的社会秩序的建构和社会管理在失去上帝的保证的情况下，只能依靠我们人类自己："人是万物的尺度"。这个"自己"不是某些个人、团体或世俗国家，而是全体人。因为在最高价值贬黜和丧失的过程中（虚无的时代），没有多少人不是以功利主义为原则的，即使是贤明的管理者也是如此。那么，在缺乏上帝，甚至诺斯替主义（灵知主义）者也被认为不存在的情形下，（全体）人如何管理自己？这就是权力制衡和社会制约的原则起主导作用。于是在当代西方便有代议制民主、自由普选、三权分立、独立的司法、趋于中立的行政、人权和多种自由权利（私有财产、新闻、出版、学术、结社等自由权利）的保护、宗教宽容和批评理性主义、自由契约精神、公民社会的发展，等等。通过这些方式使得西方在进入现代社会之时，基本保证了人自己管理自己的持续、稳定和创新。当然，斯宾格勒意义的"文化没落"的趋势还在，"费拉"状态（尤其是欧洲）似乎也在冒头，但人们生活得还算差强人意。既然幸福的含义已发生变化，因此借用海德格尔的话说，就是人们对"存在"也就不再追问和深问。有吃有喝有乐，你还要什么？最后之人没有别的要求，也不愿意为什么高尚的价值身体力行地付出努力和牺牲。当然，圣徒还有，不过凤毛麟角而已。更多的是口头上崇尚高尚的人，然而，他们在宣传圣徒的时候，并不真正希望自己和家人成为圣徒（明明是庸人，却装出高尚的样子）。西方启蒙运动的理性（最终是技术统治）和自由主义的充分实现，最终会给社会带来一种"无力感"（failure of nerve），即"文雅的虚无主义"。

面对这种文化与信仰和道德上前所未有的大危机，尼采之后，许多思想家都强烈地感受到并做出自己的反应，如孔德、涂尔干、韦伯、斯宾格勒、索罗金、汤因比、海德格尔等。应当说，尼采是乐观和积极的，是有使命感的人，因为他在指出最后之人的同时，还设计了"超人"，这个"超人"是具有基督灵魂的能做自己的主人的智勇双全者（似乎有些类似我们中国人所想象的"内圣外王"的大人物）。尼采幻想着通过这种超人拯救人类和世界（尼采似乎并未摆脱他所诅咒的基督教的影响）。除了尼采外，孔德、涂尔干、索罗金、汤因比、海德格尔也算是乐观派。孔德希望通过建立人道主义的爱的世俗宗教拯救人的道德，涂尔干则呼吁以社会学主义的"社会"（尤其是中间社团）拯救人。在索罗金看来，西方的这种没落现象不会持续很久，它终将为爱的共同体文化所取代，因为在他看来，历史的风水轮流转，当感觉－经验真理盛极而衰时，信仰真理会重新兴起①。相比之下，汤因比的观点稍微模糊一些，不过，总的来讲，他还是乐观的。他认为通过挑战—响应，某些僵化的文明（文化与社会）可以在文化的冲突与融合中获得新生，人类在罪人与圣徒之间最终会做出有效的选择②。海德格尔身体力行，他不仅通过著书立说号召人们勇敢面对虚无主义的来临，努力从虚无主义时代人的体验中获得新的存在的启示，从而拯救世界，而且还试图积极参与这个进程。当然，他寄希望于纳粹来实现改革显然是找错了对象。历史表明，纳粹也是虚无主义，其行为不过是以极端"野蛮"的虚无主义镇压"文雅"的虚无主义，"以堕落取代享乐，以恐怖取代平庸"③（尼采的思想被歪曲和利用以后加大了破坏力）。

至于韦伯，可以说，他在这方面是一个中性略偏悲观的理论家，或者说是一个中性偏茫然的思想家。从其《宗教社会学论文集》总导论等作

---

① Pitirim A. Sorokin, 1937, *Social and Cultural Dynamics*, Volume Four, New York: American Book Company.

② 阿诺德·汤因比：《历史研究》，刘北成、郭小凌译，上海人民出版社，2005。

③ 列奥·施特劳斯等主编《政治哲学史》，李洪润等译，法律出版社，2009，第901页。

品中的结论可以看出，他是憎恶当时西欧那种文化颓废现象的，但作为一个对知识、理性和实证精神有着坚定信念的学者，他不允许以"信仰"牺牲"理知"；他虽然出身"历史学派"，以促进民族国家的"总体性"为己任，但对历史及其独特性绝对不采取任何求取道德教训的态度，因此，他不会给出形而上学式的结论①。最后我们谈谈斯宾格勒。可以确定地说，他是以上提到的学者中最为悲观的理论家。不过，斯宾格勒的悲观是有其道理的。按其文化理论，文化是一种生命的过程，每一种文化（或文明）从起源到成熟（或者按照斯宾格勒的说法从文化到文明②），其自身伟大的"绽放"只有一次，伴随着"永恒规则"（或我们今天所谓的核心价值）的定型化或模式化，以前活生生的、富有活力的文化便变得刻板、僵化和冰冷了，在不与外来文化冲突和融合的情况下最终会形成"费拉"状态③。在这个意义上讲，斯宾格勒的理论是正确的，其悲观态度也是相对合理的（雅斯贝尔斯认为其理论"具有无法反驳的说服力"）。因为从人类最早的苏美尔（城邦）文明（约公元前 4000 年）到现代，尚未有一种文明在不与他者文化冲突和融合下自主发生过两次不同的伟大绽放。在此，关键问题在于文化是封闭还是开放和融合。封闭自然会僵化，开放和融合可以产生复兴或再生（当然，复兴与融合相关，但并非所有的融合都导致持续的复兴，在此关键是看如何融合，怎样创造性地选择）。因此斯宾格勒的观点只能说是相对正确和合理。它不是绝对的。如果人们看不到或不愿意进行文化融合，自然在文化上也就悲观起来。西方目前仍然自视极高并带有傲慢和偏见，因而还谈不上有文化融合的意向，长此以往"没落"似乎难以避免。所谓"西方的没落"，主要指文化没落，精神没落，也就是说在文化上找不到出路，其只能无历史地持续波动。尼采说他的书是写给其身后 200 年的人看的，看来西方这种"虚无主义"仍然路途漫漫。

需要指出是，西方的这种思潮不是孤立的，它逐渐影响到非西方世

① 参阅 H. H. Gerth and C. Wright Mills，1946，"Political Concern"，in H. H. Gerth and C. Wright Mills，trans. & eds.，*From Max Weber：Essays in Sociology*，pp. 32 – 44，New York：Oxford University Press。

② 斯宾格勒把成长着的文化称为"文化"，把发展成熟的文化叫作"文明"。这是当时德国语境下该术语经常被使用的方式。

③ 参阅奥斯瓦尔德·斯宾格勒《西方的没落》，吴琼译，上海三联书店，2005。

界，因为在后者中，诸神和各种乌托邦也正处于不断被解构的过程中。其背后的原因当然还是随着科学理性的传播，形而上学趋于终结或被解构的问题。科学理性杀死了上帝，也带来了精神空虚或虚无主义（尽管这不是直接作用的）。如今没有多少人信奉真正的形而上学和以此为基础的信仰。在前现代世界，真善美是统一的，上帝是真、是善、是美，现在，上帝仍然善、仍然美，但不一定真（乌托邦也一样），反之亦然，真的东西不一定就为善、为美，真、善、美分开了。当然，这并非完全影响人们的信仰。今天，仍有许多人信仰上帝或乌托邦（但深度和力度今非昔比），因为他们觉得其讲得有道理，也就是说，因为其善其美而信仰之，至于其是否为真，这不是最重要的了。在此，人们在科学与信仰上分道而行。科学属于理性－经验（实验）问题，而信仰属于理性－形而上学问题。当然在文化上，前者是强势的，后者是弱势的。这是现代人与社会的特征。

第一部分
西方文明的文化源泉和基础

西方文明有着多种文化的起源，是建立在几种不同，甚至对立的文化基础上的。它们是希伯来圣经文化（其中一部分演变为基督教文化）、希腊理性主义文化（哲理文化）、罗马法文化。这些文化，按伯尔曼的分析，是对立的，如"希伯来文化本来与希腊哲学和罗马法不兼容，希腊文化本来与罗马法或希伯来神学不兼容，罗马文化本来与希伯来神学不兼容，它与希腊哲学的大部分相抵触"。然而，"令人惊奇的是，这些对立的成分"在经过改造后"竟能综合在一起产生一种世界观"，形成新的文化模式或取向①。从几种不同的文化中选取优秀成分或成果，进行创造或再创造性的整合，形成有利的文化融合或杂交优势，这大概便是西方文化近代以来能够独占鳌头的深层原因。当然，除了上述几种文化因子外，日耳曼文化或精神（spirit，血气），尤其是其中的自由与意志观念也起到了重要的作用。也就是说，西方文化主要是由希伯来、希腊、罗马、日耳曼四种文化构成的，至少是四种文化融合的结果。不了解这些文化因子以及西方对它们的改造和融合，就不可能真正理解西方文化，从而也难以理解西方社会及其秩序的建构。因此，首先对此分别加以分析和论述，是完全必要的。

那么，我们的分析和阐述从何开始呢？东方！当然是东方——西亚－近东。雅斯贝尔斯说："西方有各种各样的文化连续性：首先是西亚古代文化……"，"那种本来是外来的传统，成了他们［西方人］自己的传统"；又说："只有当西方目不转睛地注视东方和面对东方时，它才继续存在。西方理解东方并脱离东方。它把东方文化的各项因素接受过来，将它们一直重新改造到成为它自己的文化为止。"② 雅斯贝尔斯是现代西方哲学家。一个西方人为何要这么说呢？他的这番论述绝不是随便说说的，而是有着深刻的内涵。这就是，人们要想真正了解和理解西方，就必须从东方（西亚－近东）——西方文化的源泉之一开始。

---

① 哈罗德·J. 伯尔曼：《法律与革命》，贺卫方等译，中国大百科全书出版社，1993，第4页。
② 卡尔·雅斯贝斯：《历史的起源与目标》，魏楚雄、俞新天译，华夏出版社，1989，第64、65、79页。

第一章
"恶根性"文化的起源

　　韦伯说不论中国还是古希腊都没有基督教西方那种"恶根性（radikal Böse）观念"①。这种观念是西方宪政、权力制衡和法治文化的根基之一（深层缘由）。因为按基督教思想人不仅是"圣徒"（saint），而且也是"罪人"（sinner），并且这种罪是"永远不变的"（雅斯贝尔斯言："人类中有永远不变的恶。"②），即"原罪"。那么这种"罪感文化"源自何方？

　　它来自希伯来文化。作为西方文化重要源泉之一的希伯来宗教文化，本质上是一种恶根性文化（罪感文化）。这种文化在西亚 – 近东地区源远流长。它起源于人类最早的（城市）文明苏美尔（Sumer）神庙文化，在巴比伦文明中成长，此后在轴心时代又受到波斯琐罗亚斯德教（Zoroastrianism，史称祆教、拜火教）的深刻影响，最终在希伯来文化中实现了质的突破或"飞跃"，并形成此类文化的基本定型化和独具特色的模式。而这种宗教文化模式后来又为基督教所创新和发扬光大。这是一个历经几千年漫长的成长过程，它由多种文化的涓涓小溪合流而成，是文化长期融合的产物。因此，它是丰富的、复杂的，具有极强的生命力。

　　在古代，宗教的发源地可谓多种多样。然而，能够像西亚 – 近东地区那样以盛产极具传播和渗透性的启示性宗教圣经文化而闻名天下的并不多

---

① 马克斯·韦伯：《韦伯作品集 V：中国的宗教　宗教与世界》，康乐、简惠美译，广西师范大学出版社，2004，第 311 页。

② 卡尔·雅斯贝斯：《历史的起源与目标》，魏楚雄、俞新天译，华夏出版社，1989，第 157 页。

见（大概只有古印度才能与之比肩，但那里产生的是另外一种类型的宗教经典文化①），尤其是美索不达米亚（Mesopotamia），按韦伯的说法，在古代"一直被视为世界的中心"②。在这一地区，差不多从轴心时代开始，先后出现了摩西、琐罗亚斯德③、耶稣等圣者或先知，在众多古老的多神和偶像崇拜中逐渐形成了极具影响力的末世论古波斯宗教（琐罗亚斯德教等）以及源于闪族的一神论古犹太教、基督教和伊斯兰教，诞生了一系列神圣的宗教经典，如《伽泰》（gāthās，意译《神歌》）和《阿维斯陀》（Avesta，意译《波斯古经》）、希伯来《圣经》（基督徒视角中的《旧约》）、基督教《圣经》（《新约》）和伊斯兰教《古兰经》。作为神圣的表象，它们不仅阐释世界，而且还建构文化心灵和人们的行为，因此在前现代，对世界、对这些地区文化模式和社会秩序的建构与演变产生深远的影响。

宗教文化的强盛与文明的成长密切相关。因此在我们论述宗教文化的发展以前，有必要对该地区文明的成长简略地交代一下。

在古代的前轴心时期，环地中海的西亚－近东地区先后大致出现过这样一些主要的文明或文化：美索不达米亚古文明系列——苏美尔文明、古巴比伦文明、亚述（Assyrian）帝国和赫梯人（Hittites）的亚文化以及后来通过冲突与融合形成的新巴比伦文化④；古埃及文明（它与苏美尔文明同时或稍晚些起源）；隔海相望的克里特岛米诺斯文明（后延伸至迈锡尼文化和希腊文明）；米底亚（Media）－波斯文明；处于巴比伦与埃及两大文明夹缝之间的小型亚文明，如迦南（Canaanites）文明、腓尼基－迦

---

① 闪族圣经宗教是一种通过对共同体的集体拯救而使个人得到救赎的宗教，印度类型经典宗教（婆罗门教、佛教、耆那教）则是通过个人修行进行拯救（"解脱"或涅槃）的宗教文化，亦即救赎是个体行为。

② 马克斯·韦伯：《韦伯作品集XI：古犹太教》，康乐、简惠美译，广西师范大学出版社，2007，第267页。

③ 琐罗亚斯德（Zoroaster）是西方（始于公元前5世纪的希腊人）对查拉图斯特拉［Zarathustra，古波斯语，即阿维斯陀语（Avestan）称谓］的讹称。我国古代文献则译为"苏鲁支"，如《大宋僧史略》（卷3）曰"火袄教法本起大波斯国。号苏鲁支"，便是如此。当代晏可佳等人在翻译伊利亚德的《宗教思想史》中对此也采用该译法。

④ 尤其是亚述，它虽然强大、强悍，带有野蛮的军国主义色彩，但在文化上是臣服于巴比伦文明的。新巴比伦实际上是米底人（Medes）和巴比伦人连手灭亡亚述后形成的亚述－巴比伦。它是亚述与巴比伦两种文化的融合（参见 A. K. Grayson, 1976, *Assyrian Royal Inscriptions*, 2 Vols., Wiesbaden：Harrassowitz）。

太基文明以及古希伯来文明（或古犹太文明）。

美索不达米亚文明系列，始于目前经考古证明的享有人类最早城市文明之称的苏美尔文明（约始于公元前 4000 年），辉煌于古巴比伦文明（约前 18 世纪～前 16 世纪）。古巴比伦于公元前 1595 年为赫梯国所灭，从公元前 1300 年开始亚述人又成为该地区的主导力量，并建立了庞大的亚述帝国。公元前 612 年，随着亚述国都尼尼微（Nineveh）落入米底人和巴比伦人联军之手，此后不久，从公元前 549 年至公元前 538 年，米底亚、吕底亚（Lydia）和新巴比伦又先后为波斯所灭，波斯人便成为该地区的统治者和霸主，其国家——波斯帝国成为人类历史上第一个真正的国际性或世界性帝国（东起印度境内，西到埃及并且直逼希腊本土）。这一态势直至马其顿－希腊亚历山大（前 356～前 323）大军攻陷波斯都城波斯波利斯（Persepolis）才告终。因此，我们看到，巴比伦文化并没有直接延续下来，而是被后来强大的波斯文化所覆盖和融合，以一种文化"假晶现象"（Pseudomorphosis）[1] 潜隐地发挥影响。波斯文化成为这个地区强势的显性文化。它"对西方宗教形成的贡献相当卓著"[2]，并通过自身的新宗教——琐罗亚斯德教"深刻影响了世界历史"[3]。

埃及文明在兴盛时期曾直达亚述的边界，气魄非凡，自然对这一地区，尤其是对迦南地区和克里特岛文明，具有一定的影响。但是，由于埃及的地理位置、文化封闭性和特殊性的缘故，以及先后为喜克索斯人（Hyksos，意指"异国的统治者"，被认为是闪族的一个分支）、波斯人、希腊人和罗马人所统治，文化形态日益变幻不定，其原有主流文化传统没有能够延续下来并且逐渐演变为一种没有深度、缺乏激情、丧失历史尊严

---

① 假晶现象，原为地质学用语，意思是火山爆发，山体爆裂，熔岩流入空壳内结晶，形成岩石内部结构与外表形状相抵触的结晶体假象。斯宾格勒借以用于历史社会学中，提出了术语"历史的假晶现象"，意指一种外来文化在某个地区是如此强大，以至于被覆盖地区的自身文化受到挤压而不得不采取许多外来的伪装形式，如希腊化时代受希腊文化覆盖的闪族地区文化是典型（参见奥斯瓦尔德·斯宾格勒《西方的没落》第二卷，吴琼译，上海三联书店，2006，第 167 页）。

② 米尔恰·伊利亚德：《宗教思想史》，晏可佳等译，上海社会科学院出版社，2004，第 258 页。

③ 阿尔弗雷德·韦伯：《文化社会学视域中的文化史》，姚燕译，上海人民出版社，2006，第 92 页。

的"费拉类型"（fellah type），因而影响是有限度的。它似乎只在早期希腊神话宗教文化中留下某些痕迹。

米诺斯文明先后为迈锡尼文明和希腊文明所覆盖，它对希腊文明有间接的影响，但因其封闭性而对这一广大地区似乎影响甚微。就地中海地区其他小文明体而言，本来，局促于大文明大帝国强权之间的以色列人，与迦南人和腓尼基人一样，是弱小的族群和亚文化载体，没有太大的文化影响，但某些历史的机运却使得其富有特色的宗教文化后来以另一种变异的形态——犹太－基督教形态脱颖而出，一度成为该地区文化的中心，人们的信仰和价值观聚集的焦点。

这样，我们看到，在这个地区对人们的信仰、价值观、伦理和道德规范能够真正起重大作用的精神因素，除了希腊文化外（关于希腊文明和文化问题，后面另辟章节论述），主要是波斯文化和闪族（Semitic）文化（其在源头上与苏美尔和巴比伦文化都有着千丝万缕的联系）。闪族文化的最终形态由以下两种分支亚种构成：希伯来文化与阿拉伯文化。因此其影响也呈现两种态势：在轴心时代（及其稍后），希伯来宗教文化的一部分（拿撒勒派）从弱势的边缘文化，通过分离、融合与变异，并借助新的担纲者（希腊化的犹太人）发展成基督教文化，逐渐成为强势的显性文化，发挥主导作用。而阿拉伯人的文化（前伊斯兰的阿拉伯文化），则受到压抑，处于蛰伏状态。它在后轴心时期，出于对基督教刺激的反应和内部发展的需要，最终以阿拉伯－伊斯兰教文化形态复活，成为地区主导力量，并与拜占庭和西方基督教文明形成三角对峙的局面。

因此，"波斯－犹太文化圈"（阿尔弗雷德·韦伯语）或"麻葛（Magi，magus）文化"（斯宾格勒语①）及其具体表现形式，如波斯文化

---

① "麻葛"，旧译"穆护"，古波斯语为 megush，希腊语为 magos，拉丁语为 magus，英语为 magian，指波斯祭司（冯承钧：《景教碑考》，商务印书馆，1935，第73页），或指古代伊朗一个祭司种姓或等级的称号，意为"从神那里得到恩惠或施恩的人"。他们最初源自古波斯西部靠近巴比伦的米底亚，后来遍及波斯全境，实行近亲婚配，控制波斯的宗教和文化－政治活动。麻葛文化，原指古波斯祭司文化。现代某些西方学者，如斯宾格勒，用以泛指古代西亚－近东地区巴比伦、波斯、希伯来、阿拉伯宗教文化以及早期基督教和希腊正教（东正教）文化，因为它们都含有东方和波斯元素，文化取向本质上近似，均具有唯灵论色彩。

模式、希伯来文化模式、犹太－基督教文化模式的建构特征，是我们要论述的重点之一。当然，分析这些文化模式对社会秩序建构的影响，也是这一部分所要强调的。

一　苏美尔：最早的神庙－城邦文化

《历史从苏美尔开始》，这是美国著名东方学家克莱默（Samuel Noah Kramer）非常著名的一本书①。实际上，按照克莱默在书中阐述的含义，应该是人类文明（以城市生活、文字记载、仪式中心∕神庙的出现为标志的人类文明）从苏美尔开始。考古发现，苏美尔文明是人类迄今为止已知最早的城市文明②（约始于公元前4000年③）。对西亚－近东文化具有主要影响的美索不达米亚文明始于苏美尔，辉煌于巴比伦，结束于古波斯帝国。波斯文化是巴比伦的文化继承、融合和覆盖者（在这期间，虽然有亚述和赫梯强权参与其中，但从文明和文化的角度来看，意义不大）。从苏美尔，经巴比伦，到（从居鲁士开始的）波斯文明和希伯来文明（古犹太文明），这是后来聚焦于圣经文本的社会，如基督教和伊斯兰教社会，形成的一条重要而古老的文化线索或来源。

苏美尔城邦文明的出现，体现了一种技术－经济－社会的变革。这种变革，按迈克尔·曼的说法，并非一般的进化过程，而是进化的积累达到一定临界点的"非常反常"的"突变"④，其本质上是与自然的隔离或划

---

① Samuel Noah Kramer, 1959, *History Begins at Sumer*, New York: Doubleday Anchor Books.

② 关于最早的城市，有不同观点。米尔恰·伊利亚德认为耶利哥（Jericho，今译杰里科）"可能是地球上最古老的一座城市（大约建于公元前6850年或公元前6770年）"。（参见米尔恰·伊利亚德《宗教思想史》，晏可佳等译，上海社会科学院出版社，2004，第41页及其注释②；还参阅 Kathleen Kenyon, 1957, *Digging Up Jericho*, London: Ernest Benn。）

③ 公元前6千纪苏美尔人已在两河流域定居，约公元前5000年他们已经修建了精致的灌溉网络。约公元前4000年随着人口的增长，经济、文化、宗教的发展出现了苏美尔城邦国家［参阅杰里·本特利、赫伯特·齐格勒《新全球史》（上），魏凤莲等译，北京大学出版社，2007，第36～37页］。

④ 参见迈克尔·曼《社会权力的来源》第一卷，刘北成、李少军译，上海人民出版社，2002，第52页。

分开来，如神庙是对未知的隔离，书写把时间有无明确记载划分开来，城市在空间上把周围大自然隔离开来①。最令人惊异的是，古代每一种这样的变革，"似乎都'伴生'某种宗教意义或价值"②。这种新的宗教或价值，就是沃格林在《以色列与启示》（《历史与秩序》卷一）中提到的"宇宙论神话"，它的产生彻底改变了人类"晦暗的"史前的精神世界和社会世界。

苏美尔人开创了人类系统性宗教文化与社会之先河。由于历史文献残缺不全，历史学家只能通过考古、神话传说和较为接近的后人的转述来重构苏美尔人宗教－社会的历史。通过他们坚忍不拔的努力，我们现在知道，苏美尔人是一个进入美索不达米亚后定居下来的农牧民族，大约从公元前 6000 年开始原始公社逐渐解体，随着土地和财产向少部分贵族集中，社会两极分化和等级化，于是终于在公元前 4000 年左右出现许多围绕神庙建构的城市，或神庙－城邦。在这些神庙－城邦类型的国家，法典逐渐认可作为统治者的国君和贵族实行一夫多妻制③，国王依靠在他周围形成的祭司等级或种姓组织进行统治。与后来的希腊城邦文明相近，苏美尔文明是由多个小政治实体即小城邦组成的，而与希腊不同的是，在这种类型的文明中，神庙的重要性更为普遍和持久兴盛，因此城邦是一个广阔的宗教－社会复合体，即"神庙国家"④。美索不达米亚居民往往把崇拜城邦之神的中心地区（以神庙为中心的地区）称为他们的国家，而城邦的威望完全可能是其神祇获得的尊敬的一种反映。后来巴比伦的塔庙（ziggurat，金字形神塔）被视为代表了"世界的中心"。巨大的神庙呈阶梯结构，每一次修缮都增加阶梯层数和高度⑤。

因此，苏美尔城邦社会是一个极具宗教文化取向的社会，"神圣"在

---

① C. Renfrew, 1972, *The Emergence of Civilization*：*The Cyclades and the Aegean in the Third Millennium B. C.*，p. 13，London：Methuen.

② 米尔恰·伊利亚德：《宗教思想史》，晏可佳等译，上海社会科学院出版社，2004，第 41 页。

③ 安德烈·比尔基埃等主编《家庭史》（1），袁树仁等译，第二章，三联书店，2003。

④ 参见迈克尔·曼《社会权力的来源》第一卷，刘北成、李少军译，上海人民出版社，2002，第 86~87 页；D. Schmandt-Besserat, ed., 1976, *The Legacy of Sumer*, Malibu, Calif.：Undena。

⑤ Robert N. Bellah, 2011, *Religion in Human Evolution*：*From the Paleolithic to the Axial Age*，p. 216，Cambridge, Mass：Harvard University Press.

人们的意识结构中愈加成为一种重要元素，社会成员具有高度的宗教性。"整个社会组织与宗教息息相关"①。当然，古人拜神是普遍现象，不仅素有"伊甸园"（"人间天堂"）之称的美索不达米亚两河流域的人们是如此，其他地方的也类似。然而，每一民族的禀赋和精神还是不一样的。古代中国、希腊、罗马城市大体上是源于政治的结果（尽管也存在宗教现象），西欧中世纪城市起初大多是贸易、市场活动的产物，而苏美尔城邦则倾向于出自宗教——"神庙作为历史中的第一个国家出现了"②。城市从宗教仪式中心——神庙演变而来，国家又从神庙－城市产生（作为国家的城邦以神庙为中心建构），这是苏美尔文化的特色，凸显这一地区宗教性的强度。苏美尔宗教是神话－祭祀宗教——与神进行外在的交易，因此宗教神庙起初主要体现管理意义，没有后来那种道德功能③。通过宗教来管理社会的这种特点，不仅表明了其社会管理的特色，而且也预示了该地区未来宗教的兴盛和持久性。

苏美尔文明的产生具有划时代的意义，是一个历史的黎明时分，但其宗教却非常古老，或者说是古老宗教的延续——这反映出宗教具有很长的演化历史。通过现代考古和对古老残篇和传说的解读，宗教历史学家已经多少有些恰当地重构了古老宗教的历史内涵。他们发现在苏美尔人的宇宙论神话宗教中已有宇宙创造论模糊的思想。例如，苏美尔人设想，太初之水是神圣的，大地坐落在海洋上，大海被认为是最初的母亲，她以单性生殖的方式产下夫妻天神"安"（An）与地神"奇"（Ki），他们夫妇通过"神婚"结合又诞出大气之神"恩利尔"（En-lil）。大气之神恩利尔将父母上下分开，天地分离，宇宙生成④。这种与大水相关的古老神话传说在古代广为存在，包括《圣经·创世纪》在内的近东－地中海版本可能就

---

① 费尔南·布罗代尔：《地中海考古》，蒋明炜等译，社会科学文献出版社，2005，第63页。

② 迈克尔·曼：《社会权力的来源》第一卷，刘北成、李少军译，上海人民出版社，第116页。

③ Thorkild Jacobsen, 1970, *Towards the Image of Tammuz and Other Essays in Mesopotamian History and Culture*, Ch. 8, Cambridge, Mass：Harvard University Press.

④ S. N. Kramer, ed., 1961, *Sumerian Mythology*, Philadelphia：University of Pennsylvania Press.

源自苏美尔①。希腊哲学鼻祖和米利都学派创始人泰勒斯（希腊化的闪族人）认为水是万物的"本原"（"始基"），很可能受到这种宗教神话启示。

"太初"时代完美而幸福或"天堂"美好的观念，在苏美尔人的头脑中是隐约存在的。在太古或某种被想象为天堂的国度里，"没有残杀的狮子，没有叼走羔羊的狼……，不再有人得眼病……，守夜人不再巡逻"②（有些类似我们《礼记·礼运》中的"大同"世界）。然而，天堂并非永存，它随着诸神的罪与罚，以及诸神在遭受命运折磨下逐渐哀号死去而没落。韦伯认为，这是人类宗教早期阶段的现象：不管是"神"是"魔"，并"非永存不朽"③。这种神也会死亡的想法是有意思的，它反映了圣界与俗界此时尚未分开。

与许多古老的宗教或神话传说一样，人的起源问题是必然要涉及的。关于这一点，苏美尔流传多种版本。有的说人像植物一样是土里长出来的，有的说人是女神创造的，有的说人是由被杀之神的血形成的，还有的说工匠神造人身、女神给其心脏、气神赋予其生命。总之，人是神造的。这实际上是说，人类的模式预存于天上，人类行为只是复制（或模仿）神灵的行为而已。对于这一信仰，后来希腊哲学家柏拉图的理念论——现实（现象世界）是理念（相）的模本，给予了著名的哲学表述。神造人是为了让人侍奉神，因此，设立神庙，举行各种仪式，向神献祭便是必须的。

此外，在苏美尔人的宗教中，人们还发现了有关洪水的传说（"第一个关于洪水的传说"）、地府的观念、宇宙秩序——"天命"的观念，以及世界退化或衰老，需要净化和周期性更新的思想（"新年"意味着更新，其伊始必须举行隆重的庆典，本身带有浓厚的宗教意义）。这在后来近东－地中海世界广为流行。不过，尽管苏美尔人已经朦胧地意识到人类

---

① S. N. Kramer, 1963, *The Sumerians*: *Their History*, *Culture*, *and Character*, p. 145, Chicago: University of Chicago Press.

② 米恰尔·伊利亚德：《宗教思想史》，晏可佳等译，上海社会科学出版社，2004，第53页。

③ 参见马克斯·韦伯《韦伯作品集Ⅷ：宗教社会学》，康乐、简惠美译，广西师范大学出版社，2005，第5页。

有罪，但尚未有犹太人那种深重的罪孽感和救赎的思想，因为宗教还是祭祀而非伦理类型，"宗教的发展还处于伦理范畴之外"①。

与后来西亚－地中海地区一样，宗教生活带有很大的巫术行为，它渗透到城邦统治、王室管理、经济活动、军事活动以及婚姻、生老病死、丧葬等人们生活的各个方面。例如，Atra-hasis 神话描写在订立婚约时，必须歌颂自然与丰收女神伊施塔尔（Ishtar）；还有神话说国王为了让妻子生子，呼唤诸神送药医病，后来又为分娩的女子举行适当的仪式，接生婆在助产前为她涂抹圣油②（涂抹圣油或圣膏表示祝圣或祝福，这个习惯经过变异后来传至希伯来、基督教等宗教）。

现在，我们可以从我们所关心的角度对苏美尔文明做一个理论总结。

（1）苏美尔文明不仅是已知最早的城市国家文明，而且是最早的宗教化城市文明，即神庙－城市文明。城市与神庙社区（共同体）一体化。城市被认为是通过宗教中心——神庙进行控制和管理的。在美索不达米亚，正如亨利·弗兰克弗特（Henri Frankfort）所指出的，"没有任何神与国家的肉体国王等同，神的世界与人类世界是不相称的"，"神庙被称为神的房舍"或"天与地之间的纽带"，神被认为拥有城市和城市中的人们，"城市被认为由神在统治"③。神庙是最宏伟辉煌的标志性（纪念性）建筑体现了这一点。它表明神、宗教在苏美尔人心中具有无与伦比的至上地位。这与后来某些文明，如印度文明（包括佛教文明）、希伯来文明、基督教文明、伊斯兰文明强调寺庙、圣殿或教堂建筑有些近似，但与埃及文明凸显陵墓建筑、中华帝国等突出宫殿建筑明显不同。因为它们诉诸的统治精神是不同的。在美索不达米亚，即使在后来的准帝国时代［从阿卡德（Akkad）到新巴比伦］，也总是存在一种教权趋于至上和自治的力量和倾向。

（2）苏美尔实际上是由多个神庙小区为特征的宗教公社（共同体）构成的（与后来的希腊文明有些相似，苏美尔文明没有统一的政治或行政中

---

① 亨利·富兰克弗特：《王权与神祇》下，郭子林等译，上海三联书店，2007，第405页。

② 安德烈·比尔基埃等主编《家庭史》（1），袁树仁等译，三联书店，2003，第168页。

③ 亨利·富兰克弗特：《近东文明的起源》，子林译，格致出版社、上海人民出版社，2009，第45页。

心，而处于多中心的城邦群落状态，它们"'百家争鸣，百花齐放'……相互竞争"①）。"神庙是生产中心"（这有些类似中世纪西方基督教或天主教修道院，只不过后者要复杂得多）。它们拥有土地（西方中世纪是教会领），形成"神所有者的地产"。每个成员——祭司、官员、牧人、渔夫、园丁、工匠、商人、奴隶都属于一个神庙，被看作"某神的人们"。他们所有人不仅在自己的份地上，而且为了服务于神还在"公共土地"（"神的土地"）上劳作。祭司作为官员监督、组织和管理劳动。在早王朝末期（前2425～前2340），神庙公社还多少保留了平等的残余，因为考古尚未发现存在有闲阶级、私人大地产、土著奴隶现象。与此相应，在政治上，也采取"相同的平均主义精神"。神庙似乎不是政治机构。政治权力可能归由所有自由成年男子组成的议事会，而议事会则由一群长老领导②。世俗统治者称号"卢伽尔"（Lugal，意思是"大人物"或"伟人"，习惯上翻译为"国王"）和宗教最高头衔"恩西"（Ensi，意思是"管理者"，即神的管理者），是后来经过多次反复才确定下来的。由此，在美索不达米亚形成宗教和世俗两种统治者③。

（3）苏美尔文化特色是，宗教促进了城市化和文明化，它既是文明统一的灵魂，又是社会整合的手段。通过宗教社会学已有成果④，我们知道，原始社会氏族的联合和团结不仅是通过血缘关系维持的，更主要的是通过共同的图腾崇拜实现的。所有氏族成员的完全平等也出于此（神灵面前人人平等）。原始氏族转变为地域共同体（城邦或神庙－城邦）只是在氏族结束其图腾崇拜性质之后，即必须在图腾制度消失或变化后才能实现。苏美尔城邦文明的出现，表明苏美尔人已经开始从氏族－部落血缘共

① 费尔南·布罗代尔：《地中海考古》，蒋明炜等译，社会科学文献出版社，2005，第62页。

② 这仍是推测。"议事会"和"长老"的词汇在原始文化末期的泥板上就出现了，但在早王朝时期并不十分清楚。这是一个过渡阶段（见亨利·富兰克弗特《近东文明的起源》，子林译，格致出版社、上海人民出版社，2009，第63页）。

③ 参阅亨利·富兰克弗特《近东文明的起源》，子林译，格致出版社、上海人民出版社，2009，第54～64页。

④ 参见涂尔干《宗教生活的基本形式》，渠东、汲喆译，上海人民出版社，1999；亚历山大·莫瑞、G.戴维：《从部落到帝国》，郭子林译，大象出版社，2010，第11～14页。

同体向地缘共同体过渡。新的社会整合和团结要求在文化上发生相应变化，于是便出现了城邦神。这是宗教的转型：由部落图腾崇拜转向地域宗教或宇宙论神话宗教。神是共同体身份的象征，每个城邦都有自己的保护神（我们看到后来的希腊、罗马城邦也是如此），市民通过把共同体（社区）或城邦主权投射给神，便在精神文化上解决了希尔斯所说的那种建立社会"中心"的问题。按他的说法，社会的中心"不是一个简单的空间区位现象，……与几何中心和地理中心无关"。"中心或中心圈是一个价值观和信仰王国的现象。它是主宰社会的象征、价值观和信仰的秩序中心。"因此"中心具有某种神圣性"①。也就是说，神具有"某种社会凝聚力"（布罗代尔语）。苏美尔人在文明之初正是通过这种神的中心性度过社会整合和团结难关的②。神权起初掌握在由共同体主控的祭司手里，后来，随着王权的崛起，神权又为世俗君王所控制（当然，控制程度仍相对受限）。从此，教权与世俗王权之争趋于淡化。这与我们中国有相似之处，但与犹太教社会存在较大差别。两权的问题在后来中世纪西方文明中更加突出。

（4）从现代西方学者已有的研究成果来看，尽管洪水的神话暗示了人类有罪的观念（洪水泛滥意味着人类有罪和"世界末日"的来临，以及此后的新生），但在苏美尔文献中尚未提到罪、赎罪的概念以及替罪羊的观念。当然，苏美尔文明晚期宗教文化中隐隐约约出现一些类似的话语，但一般认为这是其越发受到周边日趋强大的闪族文化影响的结果③。它似乎预示了恶根性或罪感文化的来临。

总之，宗教使城邦成为一个具有强烈宗教倾向的、通过神圣约束人们行为（包括统治者行为）的共同体。它通过提供价值和规范，对种种社会意向进行综合，促成人群的集中、整合和社会中心的形成，尤其是通过宗教仪式和节日庆典不断增加城邦的凝聚力。以宗教参与社会建构，并对

① 参见 E. Shils, 1975, *Center and Periphery: Essays in Macrosociology*, p. 61, Chicago: University of Chicago Press。

② 对此存在学术争鸣，涂尔干（见《宗教生活的基本形式》）和弗洛伊德（见 *Future of an Illusion*）相信古代宗教对于人类生存有积极意义，而布罗代尔（见《地中海考古》）则说尽管他在这方面不太擅长，但感觉上还应保持一份疑惑。

③ 参见米恰尔·伊利亚德《宗教思想史》，晏可佳等译，上海社会科学出版社，2004，第54~57页以及第54页注释②。

其实行宗教管理，苏美尔把社会统治宗教化的传统突出出来并持续下去，对该地区，乃至整个西亚－地中海地区产生深远影响。

二 巴比伦：罪感文化之源

古代西亚－近东文明的一个历史进程是，由神庙－城市到神庙－城邦（宗教城市国家），再到帝国。约公元前 2375 年，闪族人统一了苏美尔文明中诸神庙－城市国家，融合和继承了苏美尔文明，并最终缔造了所谓的帝国——阿卡德王朝（Akkadian dynasty），从此开启闪族人的文明辉煌时期。伊利亚德认为，这是该地区"帝国观念的首次显现"。而巴比伦（意指"诸神相会之地"——凸显苏美尔传统）则是波斯人到来之前美索不达米亚文明和帝国成就的最高体现。尽管这个文明不断受到其他后起的帝国强权或"化外之地"蛮族的侵扰和征服，但总体上巴比伦人的成就当时无人超越。

巴别塔（the Tower of Babel）[①] 顶天立地，女人轻佻艳丽，显示了巴比伦的强大、辉煌和富有。这个帝国及其前后与此相关的诸古代帝国社会具有如下特点。

（1）神的神圣性不断强化。这表现在神庙增加且宏伟辉煌，祭典增多，庆祝活动隆重喧嚣（后来的希腊城邦有些与此相近）[②]，祭司阶层越发占有重要地位（但希腊没有这个特征）。"神是管理国家的伟大之神"，"是一切王座的灌溉主管"[③]，但神终究要通过祭司来统治。因为他们不仅掌握权力，而且掌握文化。不过，与苏美尔一样，这时的神灵仍然是自然的，祭司是自然性玄思性格，而非后来希伯来先知那种预言性思维的历史性格[④]。

（2）宗教带有巫术的性质和神秘学的出现（可对比中国殷人甲骨文卜辞）。宗教行为并非"崇拜神"，而毋宁说是"强制神"，即不是祈求，

---

① 亦称通天塔，是举行官方宗教活动的场所，表示人与天堂诸神沟通的地方。据说塔身高耸入云，神灵居住其顶端。《旧约·创世纪》第 11 章有所记载。

② 庆典活动往往伴随戏剧展演，一般以古老的神话为基础，是神话－仪式的再现。

③ Thorkild Jacobsen, 1976, *The Treasures of Darkness*, pp. 110－116, New Haven, Conn. : Yale University Press.

④ 马克斯·韦伯：《韦伯作品集Ⅷ：宗教社会学》，康乐、简惠美译，广西师范大学出版社，2005，第 29 页。

而是以巫术的形式召唤神①。最初的献祭基本上是巫术性的。神秘学，如占卜、占星术发展很快，这种"学问"后来逐渐在亚洲和整个地中海世界散播开来。圣经《新约·玛窦福音》第二章开篇便有东方贤士根据星象推定耶稣诞生的叙述，可见其应用之普遍。

（3）这时的闪族宗教已强调宗教经验中的个人因素，亦即在崇拜仪式中突出个人的祈祷及悔罪。宗教不仅是集体活动，而且还有个体意义。这为以后非祭祀的启示性宗教的基督教奠定了某种基础。

（4）贬低人的能力。有数据记载②，著名而常用的祷文是："啊，主啊，……我的罪深重。……无知的人类，他甚至辨不清自己是在行恶还是在为善……我的主啊，不要抛下你的仆人。我的罪孽有七七四十九倍，请赦免我的罪吧。"祈祷者匍匐在地，或"以鼻触地"，大声忏悔③。这种描述试图揭示人类的根本的局限性，证明人神之间的距离是无法逾越的，对这种局限性的弥补，只能通过神庙、祭司与神的沟通，借助仪式和祈祷获得神的指引和赐福。

（5）关注现世的繁荣。埃及人主要关心死亡和来世的幸福④，相信灵魂不死的说法，认为灵魂进入阴间，作为来世统治者的神祇奥西里斯（Osiris）会根据他们在地上的生活方式来审判他们，灵魂终会回到身体里面。因此，埃及产生了木乃伊和豪华壮观的金字塔陵墓。与埃及不同，巴比伦更关心现世的生活状况，因此，巫术、卜筮和占星术比其他地方都要发达，同时也留给该地区一些接近科学的东西（巴比伦的天文学和数学是发达的，时间分、秒的 60 进位制被一直沿用至今）。

（6）对人类的存在抱有一种悲观的看法。《巴比伦史诗》（*Enûma Eliš*）谈到了宇宙的创造（或世界的创造）和人类的创生⑤。这部神话认为，宇宙或世界太初是一片混沌，年轻、强壮、智慧和全能的大神，即最

---

① 马克斯·韦伯：《韦伯作品集Ⅷ：宗教社会学》，康乐、简惠美译，广西师范大学出版社，2005，第 30～31 页。

② 米恰尔·伊利亚德：《宗教思想史》，晏可佳等译，上海社会科学出版社，2004，第 62 页。

③ 现在我们知道，对人的贬低是几乎所有宗教都存在的，但东方似乎更甚。祈祷的姿势有所体现。

④ 亨利·富兰克弗特：《古代埃及宗教》，郭子林、李凤伟译，上海三联书店，2005，第 66～80 页。

⑤ Alexsander Heidel, 1951, *Babylonian Genesis*, Chicago：University of Chicago Press.

终成为巴比伦保护神的马尔杜克（Marduk），在战胜常常是恶魔化身（狂怒的怪物、蛇、巨狮、冷酷的好战者）的先祖女神提阿玛特（Tiamat）后，用其尸体创造了宇宙世界（有的泥板记载，马尔杜克把提阿玛特的尸体"像一条干鱼一样"劈成两半，造成天地——此说似与苏美尔的宇宙创造论有明显的继承性，延续了苏美尔的传说；还有的泥板记载了宇宙星辰的组成、时间的确定、运行轨道的形成，以及地球是如何由提阿玛特的器官构成的，如幼发拉底河和底格里斯河被说成是从她的双眼流淌出来的①）。天是诸神居住的空间，地是人生活的地方。顺便说一下，巴比伦人认为，世界是以律法构成并运作的，巴比伦神学文化有一种把人与自然分离，从神法上区分出这两方面行为的倾向（与中国传统文化相比明显不同）。它通过后来的犹太教和基督教为欧洲中世纪后期出现的在人类自然法与非人类自然法之间做出明显区分开辟了道路②。

根据《巴比伦史诗》的叙述，在创造了天地之后，大神马尔杜克开始造人。他用被其征服和捆绑的神祇进行献祭并以此方式造人——将煽动提阿玛特叛乱和挑起战争的罪神金古（Kingu）献祭，用其血创造了人类。造人是为了服务于神。

在此，我们看到，宇宙世界是用恶神的尸体创造的，人类是恶神的血形成的。这反映了一种阴暗的宇宙起源论和悲观的人类来源学。因为它们都是妖魔的产物。人类的起源与宇宙的产生有一定的对称性。宇宙万物和人类具有两重性，体现源头就存在张力。一方面，宇宙和人类的创造与恶神——魔鬼的尸体（或血）有关；另一方面，它们又是光明之神马尔杜克按照自己的意志和形式创造的，存在质料与形式的矛盾性。尤其是人类在起源上就已被自身质料的性质定了罪，即所谓的"原罪"的雏形（许

---

① 米恰尔·伊利亚德：《宗教思想史》，晏可佳等译，上海社会科学出版社，2004，第64页。

② 这只是开辟道路，或者说这只是欧洲人后来在人类自然法与非人类自然法之间做出明显区分的一个文化终极源泉，要想发展到强调明显区分这一步，还需要许多其他条件。不过巴比伦这种文化倾向是重要的，李约瑟认为，是否具有这种倾向，是近代科学没有在传统中国文明和印度文明中得到发展，而只在欧洲文明中得到发展的原因之一（参见 Joseph Needham, 1969, *The Grand Titration: Science and Society in East and West*, pp. 310-311, London: Routledge）。

多宗教仪式和活动就是为了"赎罪"①）。这种原罪说虽然在形式上与后来同是闪族分支的希伯来人的《创世记》中的说法不一样（不是因偷吃智慧之果而有罪），但思考本质上却是相近的。我们看到这种文化突出人的恶根性的一面，它对后来宗教文化的影响极为深远。

（7）王权和法典的神圣化。在早期的"神庙共同体"（宗教社区）中，由于把权威投射在神的身上，那么成员之间便有平等的义务，这个社会最初并没有认可赋予单个人的权威，因此，如前所述，神庙－城邦起初实行一种"神权政治的共产主义"②。只是到了后来，才出现了权力局限的"恩西"（Ensi，"管理者"）——一个神庙－城邦的君主，再后来又出现权力较为广大的"卢伽尔"（Lugal，"伟人"或"国王"）——诸城邦的君主③。在美索不达米亚文明中，定期举行隆重浩大的庆典。在庆典仪式上，国王带领庞大的队伍进行战斗和游行，象征着与妖魔斗争和胜利。然后国王来到神庙举行盛宴，并与代表女神的神奴举行"神婚"（*hieros gamos*），以表示君权具有神性。国王权力的神化，表现在许多方面。如国王被称为"大地之王""宇宙四方之王""神的儿子"④，国王是神的代表，代表神祇建立公正与实现和平，以及在地上管理人类，即牧人⑤。

君权神授，国王享有神的模态，但国王并没有成为神，尽管在某些仪式上被认为实现了神与人两种形式的合一。也就是说，国王只是神的代表（某种神的代表），是神界与人间的中介，被看作是"一位被赋予了神圣职责的凡人"⑥，而不是万神殿中的一个新成员（不同于埃及的法老）。人们并不向国王祈求，相反，人们祈求神灵保佑国王。正因为国王是人而不是神，所以他必须在定期的祭祀节日后半段举行赎罪与净化仪式，以表示自我惩罚和忏悔，清洗过去罪孽的污点，从而重新获得神的支持。这种活

① 亨利·富兰克弗特：《王权与神祇》，郭子林等译，上海三联书店，2007，第403页。
② 亨利·富兰克弗特：《王权与神祇》，郭子林等译，上海三联书店，2007，第324页。
③ 亨利·富兰克弗特：《王权与神祇》，郭子林等译，上海三联书店，2007，第4、329页。
④ 如汉穆拉比就宣称他是神欣（Sin，乌尔城邦之神）所生（与中国古代君王"天子"比肩）。
⑤ 亨利·富兰克弗特：《王权与神祇》，郭子林等译，第5部分，上海三联书店，2007。
⑥ 亨利·富兰克弗特：《王权与神祇》，郭子林等译，上海三联书店，2007，第345页。

动是由大祭司引领完成的，它凸显了祭司的地位和作用，是苏美尔宗教文化的继承。这个社会是明显的宗教祭司性社会，国王的神化是有限的①。

君权来自天界，法典自然具有神圣性。在考古中发现的汉穆拉比石柱法典——《汉穆拉比法典》（*The Code of Hammurabi*）中，作为法律之神的太阳神沙马什（Shamash），坐在石柱的右上边，他的孩子是"正义"和"公正"。国王从沙马什那里得到法律，以此统治国民。汉穆拉比开创的君权和法典的神圣性一直持续到亚述－巴比伦（新巴比伦）文明崩溃为止，因为随着波斯人的到来，大神马尔杜克又要选择适合的他所喜欢的新国王了。

值得一提的是，美索不达米亚地区对女性性行为的控制越来越趋于强化，这与后来的希腊、罗马社会形成鲜明对比。为了保障家庭财产和继承人的正统性，为了防止男性社会成员的堕落，妇女被要求保持贞洁，外出受到严格约束。至少从公元前 1500 年开始，社会便规定妇女外出要佩戴面纱，这种控制方式在西亚－近东迅速广泛流行，并形成传统（对妇女的控制是出于社会控制的目的，实际上，关于家庭内部，《汉穆拉比法典》对妇女权益有许多法律保护措施）②。

此外，一般认为，美索不达米亚与古埃及"在精神领域存在深刻的区别"③。在埃及，如亨利·富兰克弗特所言："法老不是凡人，而是神。这是埃及王权的基本观念，法老具有神的本性，是神的化身；……说法老神化是错误的。……他的加冕典礼不是一次神化，而是一次神的显灵。"因此，"在埃及，社会已通过把统治者设想为神而使自己从恐惧与怀疑中解放出来了。埃及社会为了永远保持社会与自然的结合而牺牲了所有的自由"（因为自然与社会不可能遵从不同的过程）。由于埃及人认为宇宙秩序在创世时被一劳永逸地建立了，因此他们的文化中没有不安全感和人类虚弱感

---

① 例如，在仪式上，大祭司拿着国王的象征物（令牌等）打国王的脸。然后国王跪称自己是清白的："我没有罪，大地之主啊，我没有轻视你的神性。"大祭司以神的名义回答："不要害怕，……马尔杜克会听见你的祈祷。他会加强你的统治的。"（参阅米恰尔·伊利亚德《宗教思想史》，晏可佳等译，上海社会科学出版社，2004，第66页。）

② 参见 Charles F. Horne, 1915, *The Code of Hammurabi*, Law No. 128–143, Charleston, SC：Forgotten Books。

③ 亨利·富兰克弗特：《王权与神祇》，郭子林等译，"前言"，上海三联书店，2007，第2页。

（因为与神同在）。与此相反，"在美索不达米亚，社会保持着非常大的独立性，因为它的统治者只是一个人"，尽管在相当程度上是被神化的人（与犹太人和后来西方中世纪日耳曼人有些相近，但强调不同）。因此，美索不达米亚社会中永远存在不安全感和人类虚弱感，文化中永远隐含两种相互关联的焦虑——"神的愿望可能会被误解；灾难会扰乱人类与神两个阶层之间不稳定的协调关系"①。这种差异说明美索不达米亚文化中的内在紧张（张力）状态，而这在埃及是不存在的（在"天人合一"的传统中国也较少存在）。这大概就是该地区罪感文化形成的深层社会－心理机制，它经过转换对犹太文化产生很大影响，尽管后者有明显自己创新的特色。

从苏美尔经古巴比伦到波斯灭亡新巴比伦，这些时期是美索不达米亚前轴心文明时期。波斯人统治的到来和文化传播，标志着该地区文明开始发生转换，由此，一种不同以往的轴心时代文明逐渐降临了。

三 波斯：末世论与轴心时代文化的来临

公元前550年，本属低等部族的臣属小国波斯（有点类似中国殷商被灭前的周），征服了与之同生活在伊朗高原的邻居加宗主国米底亚（Media）（小邦灭大国，与中国的周灭殷，或清灭明有些类似）。然后，它挥师西进，从公元前546年至公元前525年又先后征服了吕底亚（Lydia）、小亚细亚希腊诸城邦、新巴比伦和埃及。庞大的波斯帝国诞生了。如果说阿卡德（Akkad，吞并苏美尔诸城邦的闪族第一个集权国家）、巴比伦和亚述国是准帝国或帝国的先驱，那么，波斯则是真正意义上的帝国。这个帝国在鼎盛时期东起印度，西至埃及，北起黑海，南至阿拉伯半岛北部，东西长3000公里，南北宽1500公里，面积超过了500万平方公里，囊括了整个西亚－近东－中东和部分中亚－南亚地区，形成了文化生态多样性，是名副其实的"第一个世界性帝国"②。

---

① 亨利·富兰克弗特：《王权与神祇》，郭子林等译，上海三联书店，2007，第2~4页；还见 Henri Frankort, et al., 1977, *The Intellectual Adventure of Ancient Man: an Essay on Speculative Thought in the Ancient Near East*, p. 215, Chicago: University of Chicago Press.
② 阿尔弗雷德·韦伯：《文化社会学视域中的文化史》，姚燕译，上海人民出版社，2006，第93页。

波斯人是个很特别或有民族个性的骑乘动物的民族。他们拥有牲畜，偏向游牧而不是农耕——起码原本在高原上是如此。他们具有某些游牧民族凶悍和不屈不挠的精神与独特的文化。这种文化尽管与古印度雅利安人文化有某种亲缘关系，但还是有很大不同。这也许是环境和压力不同所致。他们是一个富有使命感的民族。这种使命感影响到其民族感知的方方面面。他们神勇好斗，虽然出身低下（原是附属国之民），但内心深处却骄傲、优越和勇猛顽强，这从其故乡岩石坡上墓碑中所雕刻的主神阿胡拉·马兹达（Ahura Mazda）的名字表现出来①：身为"光明之神"并具有与魔鬼战斗形象的马兹达，预示了波斯的远大前途。他们向往文明，力图挣脱原始文化的羁绊和宗主国的统治。这使得他们从高原上驰骋而下，一路胜利向西，最终掌握了庞大的政权，形成了很有特点和影响的波斯文明。

波斯文明的意义就在于它属于轴心时代的文明②。这种轴心文明在文化上始于大先知琐罗亚斯德［Zoroaster，这是希腊和西方的讹称，波斯人称查拉图斯特拉（Zarathustra），旧译苏鲁支］的宗教改革。现在学者们大多承认"伊朗宗教对西方宗教形成的贡献相当卓著"。它通过犹太教成为西方基督教文化重要的来源之一，或者说，"它是众多影响了世界文化的主要宗教的策源地"③，属于有影响力的文化之一。

伊朗传统宗教文化在远古，亦即在公元前 2000 年代，处于伊朗–印度人的宗教文化圈。这是一种与印度祭祀宗教（古婆罗门教）相近的文化。古代传统伊朗文化与印度古老的吠陀（Veda）时期的雅利安文化有一定的亲缘关系。综合国外学者的看法④，其理由如下：（1）神歌《伽泰》（Gāthsā）所用的语言与印度古老的《吠陀》经典（约前 1500 ~ 前 1000）所用

---

① 阿胡拉（Ahura）是"主神"之意，马兹达（Mazda）则指"光亮、贤明"。该神象征光明与火。

② 作为这个概念的创始者，雅斯贝尔斯把波斯列入"轴心文明"范围。参见其著作《论历史的起源与目的》及艾森斯塔德主编的 The Origins and Diversity of Axial-Age Civilizations。

③ 参见米恰尔·伊利亚德《宗教思想史》，晏可佳等译，上海社会科学出版社，2004，第 258、225 页。

④ 参阅 Jacques Duchesne-Guillemin, 1958, *The Westearn Response to Zoroaster*, Oxford: Oxford University Press; Mary Boyce, 1975, *A History of Zoloastrianism*, Vol. 1: *The Early Period*, Leiden and Cologne: E. J. Brill; Mary Boyce, 1984, *Zoloastrians: Their Beliefs and Pratices*, London and Boston: Routledge。

语言相似。（2）古波斯的秘密宗教社团与印度武士团体"摩录多"（Marut）很相近。（3）琐罗亚斯德猛烈攻击以牛作为牺牲的血祭仪式，该教要求放弃屠牛献祭，对牛尊重，与印度教徒对牛的尊重是相近的。（4）为祭神并形成萨满式出神或致幻而饮用的"豪麻"（haoma）酒与印度的"苏摩"（soma）①酒近似。两地的萨满术和巫师相近。（5）伊朗古宗教中对超自然的神秘之光的出神，关于魔鬼的战斗的神话，在印度也可以看到有关类似的神秘之光、出神的"异象"体验的记载②，以及魔鬼大战的记载（两地神、鬼的类型也差不多。不过，有的方向、意义相反）。（6）两地都有"冥府之旅"的说法。琐罗亚斯德宗教通过神圣崇高祭祀仪式达到的末世论功能③，融合了《梵书》和《奥义书》中表现出来的思想和知识。（7）琐罗亚斯德教的主要崇拜对象至上神阿胡拉·马兹达起源于印度，是与古印度阿修罗（Asura，吠陀时期的恶神，但在伊朗没有被妖魔化）相应的伐楼那（Varuna，吠陀中的司法神）的变种。由此我们看到，对世界历史有影响的波斯文化，与印度有着千丝万缕的联系。这表明文化或文明发展是一种交流和融合的过程。

与印度婆罗门祭司种姓相似，伊朗的麻葛（祭司）在社会上有突出的地位。他们掌握着文化知识和权力，是传统雅利安宗教的护卫者，并以此统治和管理着社会④。这种社会与印度吠陀时期婆罗门宗教社会一样古老、保守，甚至野蛮⑤和呆滞。例如，当时流行与血腥的公牛祭和利用豪

---

① "苏摩"，原是一种蔓草，取其茎榨汁，与麦乳一起酿成苏摩酒。该酒用来祭神，有兴奋和致幻作用，饮之使人神勇。

② 当然，美索不达米亚地区也有关于"火焰般光辉"的观念和神性光芒说法（见 A. Leo Oppenhim, 1976, *Ancient Mesopotamia：Portrait of a Dead Civilization*, p. 176, Chicago：University of Chicago Press）。

③ 在仪式上，献祭者饮豪麻酒，发生致幻现象，超越作为人的处境，从而得以接近神灵（阿胡拉·马兹达），出现末世重建的期待。

④ 王朝或帝国必须靠麻葛来统治，因为出身游牧民族和善于骑射的政治权力精英没有文化，"甚至大流士〔波斯帝国最著名的国王〕也不能读和写"（见迈克尔·曼《社会权力来源》第一卷，刘北成、李少军译，上海人民出版社，2002，第327页）。打天下更多的是靠武力和"蛮"，如亚历山大、成吉思汗，而统治天下要想持续长久就必须更多靠文化。

⑤ 伊朗人此时仍在相当程度上保留了上古伊朗－印度雅利安文化。与后来的突厥－蒙古文化类似，其征服带有草原高级猎手的特征，对定居人口的入侵，犹如掠食动物的猎杀。他们的部落以掠食动物，如狼为名，其武士的动作模仿猛兽，在成年仪式上要象征性地化身为狼。千百年来由草原狩猎形成的神秘深层记忆是难以去除的。这在神话和庆典仪式中不断重复。我们在后来文明的希腊社会的狄奥尼索斯（酒神）崇拜者身上仍可见到。

麻酒致幻相关的战争宗教。与古印度人一样，古代伊朗人有游牧民族纵欲的特点，他们要借此与更强大的冥冥之力合而为一。此外，社会中萨满①和巫术盛行②，表明社会是一个巫师型麻葛统治的社会。

公元前 7 世纪下半叶，琐罗亚斯德（约前 628 ~ 前 551③）进行宗教改革，创立了所谓的琐罗亚斯德教（中国史称作"祆教""火祆教""火教""拜火教"）。琐罗亚斯德大概生于东伊朗或阿富汗境内，家境贫寒④，其活动的真实记录已无从可考。像印度的乔达摩·悉达多或耶稣基督一样，他逐渐变成某种伟大的原型，成为神话或史诗中的圣者或英雄人物。后人是从波斯古经《阿维斯陀》（*Avesta*），尤其是其中的神歌《伽泰》认识其宗教和他本人的。

琐罗亚斯德是轴心时代的第一个先知。关于先知的含义，韦伯在《宗教社会学》中有专门的论述。他说："'先知'一词实乃意指一个纯粹个人性之卡里斯玛禀赋的拥有者，他基于个人所负使命而宣扬一种宗教教说或神之诫命。"也就是说，先知是有极大魅力的宗教创始者或改革者。韦伯认为，先知与祭司不同。祭司因其神圣传统职务而获得权威，而先知则基于个人的启示和卡里斯玛。先知还与巫师有别。巫师施行的是巫术，而先

---

① 某些伊朗术士有吸食大麻致幻出神的习俗。伊朗的斯基泰人在仪式上将大麻的种子撒在火红的石头上，令人兴奋的烟雾会使他们"快乐得高声嚎叫"，出现出神的体验（参见米恰尔·伊利亚德《宗教思想史》，晏可佳等译，上海社会科学出版社，2004，第 275 页）。

② 波斯的巫师或术士因希罗多德著作介绍和在伯利恒（Bethlehem）到过耶稣诞生地（马厩）而闻名于世。

③ 关于琐罗亚斯德的生卒年月，学界有争论，有不少学者认为他生活在公元前 10 世纪（参见尼尼安·斯马特《世界宗教》，高师宁等译，北京大学出版社，2004，第 226 页；米恰尔·伊利亚德：《宗教思想史》，晏可佳等译，上海社会科学出版社，2004，第 259 页），本文采用任继愈主编的《宗教词典》（上海辞书出版社）上的说法。

④ 对此说法不一。伊利亚德等西方学者多数认为其来自东伊朗或阿富汗，理由是，语言分析的结果是琐罗亚斯德使用的语言与东伊朗或阿富汗境内的花刺子模（Chorasmia）或巴克特里亚（Bactria）人的语言相似，而出身贫寒则因为他曾祈祷："啊，智慧的神，为什么我是如此无能，那是因为我没有成群的牛羊和仆人。"（参见米恰尔·伊利亚德《宗教思想史》，晏可佳等译，上海社会科学出版社，2004，第 260 页。）不过，任继愈主编的《宗教词典》相关词条则说他来自波斯西北部米底亚，出身"骑士家庭"。韦伯也认为他"来自一个贵族祭司家庭"（参见马克斯·韦伯《韦伯作品集Ⅷ：宗教社会学》，康乐、简惠美译，广西师范大学出版社，2005，第 57 页）。

知是布道清楚确定的启示，传道的主题是宗教教义或诫命，而非巫术①。

作为先知，琐罗亚斯德创立琐罗亚斯德教是一场宗教－文化－社会革命。在宗教上，主要内容是他宣称的一神教②，将阿胡拉·马兹达尊为唯一真神：睿智之主、正义者、创始之神、光明之神。该神灵哺育了一对孪生精灵：善神斯班塔·曼纽（Spendas Mainyu）与恶灵安格拉·曼纽（Angra Mainyu）。两者象征善与恶。一个选择了良善和生命，另一个选择了邪恶和死亡。琐罗亚斯德把伊朗－印度传统宗教中的许多异教鬼神归入邪恶的范畴，要求人们不要崇拜他们。

根据此种宗教理论，由于选择的错误，邪恶来到了这个世界。它总是与善进行斗争。但是，先知毫不怀疑魔鬼终被消灭，正义终将战胜邪恶。人们期待着救世主的到来，通过火与熔化金属那样的末世考验，对世界做最后的审判，以达到世界的最后"改观"③。

因此，我们看到，琐罗亚斯德教具有划时代的意义和创造性。其主要方面是：（1）基本上主张一神论：阿胡拉·马兹达"是第一个也是最后一个"神，亦即他是开始也是结束。这与圣经（《旧约·出埃及记》，3：13）中如下讲法近似："上帝对摩西说，我是自有永有的。"（2）善恶之间的原始分裂是选择的结果，不是本性的使然（不同于巴比伦宗教人性恶的悲观主义观点，但接近犹太教圣典或基督教《旧约·创世纪》中亚当和夏娃的故事，暗示人虽有罪，但可以拯救）。（3）由于善恶是孪生的一对，且源于一神的创造，因此含有二元对立统一的思考。重要的是恶的始终存在，其似乎要表明恶的存在是人类得救和自由的先决条件。（4）救世神话凸显。这在古老的宗教传统中也隐约存在。但在此，琐罗亚斯德突

---

① 当然，韦伯也承认，先知与巫师有些是界限不清的。先知有时也被要求像巫师或术士那样有出神或忘我的能力，他们有时也执行巫术性的诊断和治疗。例如，耶稣就给加利利农民或渔民治过病，自身具有"巫术性的卡里斯玛"。不过，先知传道只是为了"道"本身，而非报酬，也就是说，其预言是不图利的（参阅马克斯·韦伯《韦伯作品集Ⅷ：宗教社会学》，康乐、简惠美译，广西师范大学出版社，2005，第57~58页）。

② 这个一神教，只能是宗教由多神向一神教发展的雏形（或者说准一神教），因为它仍迁就了一些古老的多神内容。但却开创了向一神教发展之先河。

③ 米恰尔·伊利亚德：《宗教思想史》，晏可佳等译，上海社会科学出版社，2004，第266~267页。

出其伦理意义。（5）明确了善终将胜利及普世救赎的乐观主义末世论。这对包括基督教在内的闪族渊源的种种宗教具有极大的影响。（6）对世界彻底的最后的"改观"这一思想，抛弃了以往传统宗教的周期或循环性更新（周而复始）的古老观念，暗含着人类历史在时间上呈线性推进和最终发生质的飞跃的观点（此种末世论和最后的"改观"不仅对后世宗教，而且对现代社会革命的思想也有潜移默化的范式性影响）。（7）宗教带有"哲学性"，如强调"智能"或理性的功能，主张以"善思"取代血腥而疯狂的传统祭祀仪式①（可与印度《奥义书》中的冥想与发现相比较）。（8）某些观念成为基督教直接来源，如灵魂不死的观念，过桥、审判、升天观念，恶灵下地狱观念以及肉体复活的观念（象征着有关的生命不朽）。不容置疑，这个宗教改革的重要意义就在于新宗教是一个伦理性极强的救世宗教（凸显近东宗教 - 文化观念的特点）。波斯民族在崛起和征服世界中于心灵上充分感受到了这个宗教的伟大和力量。这是其取得胜利的精神支柱和法宝，文化力量和权力之所在②。

一般而言，关于世俗社会的改革，宗教先知分为两种类型。一种是缺乏关注的，如佛陀或耶稣（耶稣并没有号召信徒推翻罗马帝国的统治）；另一种是有些直接或间接性关注的，琐罗亚斯德属于这一类型，犹太人的某些先知和后来的穆罕默德也是如此（按韦伯说法，前者是"模范型"的，后者是"伦理型"的）。当然，后者关注社会改革，只是作为手段，

---

① 韦伯认为琐罗亚斯德的思想是基于一种有秩序的劳动及饲养畜牧之上的农民理性主义，与游牧民族虐待动物的狂迷的仪式观点明显不同（参阅马克斯·韦伯《韦伯作品集Ⅷ：宗教社会学》，康乐、简惠美译，广西师范大学出版社，2005，第105页）。在这一点上，他与以色列先知摩西有相似之处（两人的思想都是基督教重要的来源）。

② 这种精神在波斯王大流士命人在圣都波斯波利斯附近岩壁上所刻的最早铭文中表现得淋漓尽致："一个伟大的神［阿胡拉·马兹达］，他创造了大地……天空，创造了人类，为人类创造了幸福，他还使大流士成为众王之王，众主之主。"（见 Roland G. Kent, trans, 1975, *Old Persian: Grammer, Texts, Lexicon*, 2nd ed., p. 138, New Haven, Conn: American Oriental Society。）铭文详细叙述了阿胡拉·马兹达的创造性，其作为反抗巫师的光明之神的伟大作用以及（由此推导出的）统治者的宗教 - 社会伦理职责。只有像神那样为光明而战，战胜巫师，确保神创造的世界和人类幸福，大流士才能成帝王，成为统治者。强调奋争、伦理责任、以善压恶、获得永久幸福，是这个宗教和波斯民族精神的宗旨（后面我们看到，犹太教中这种取向更加强烈）。

其最终关怀是宗教的。但这不排除后者对社会变革有客观作用。本质上讲，琐罗亚斯德的宗教改革客观上起到了促进社会变革的作用，是一场因宗教革命引起的社会变革。这种宗教－社会变革突出表现在消除（或削减）巫师势力，解放社会。

如前所述，传统伊朗社会是一个麻葛文化类型的祭司社会。在这个社会中，祭司是传统的祭司。也就是说，祭司带有很大的巫术性（巫师性祭司）。祭司与巫师是很难分开的，这来自原始的伊朗－印度文化传统。这种类似种姓制度的传统，不仅阻碍了宗教的理性化发展，而且极大地束缚了波斯社会的发展①。琐罗亚斯德开创和领导的宗教－社会变革，就是要力图消灭传统的祭司或巫师（他反对的不是理性宗教的祭司，而是祭司的巫术性。这一点，可对比犹太民族转而崇拜唯一真神上帝耶和华，反对丰产等巫术，以及摩西与巫师的对立）②，建立一种新的宗教文化（由于西亚－近东地区古代的文化更多是由宗教来表现的——宗教是文化的主要表现形态，因此，新宗教建立也就是新文化的建立）。也就是说，斗争的本质是以正教反对邪教。正如我们后面所要谈到的那样，与犹太民族一

---

① 传统祭司盘踞于某一崇拜核心和社会中心。他们规范着宗教祭典，统治社会。由于拥有巨大的物质和精神利益，因而构成了神圣世界与世俗世界发展（向理性的一神教发展和社会非种姓化发展）的主要障碍。当然，阻碍发展的另一方面，也与民间俗众的宗教需求有关［他们需要一个易接近的、直接的、具体的、熟悉的，与其日常生活或某人发生联系的崇拜对象。这种对象与上古祭祀宗教一样，易于受到巫术的影响，阻碍宗教和社会发展（参阅马克斯·韦伯《韦伯作品集Ⅷ：宗教社会学》，康乐、简惠美译，广西师范大学出版社，2005，第30页）］。

② 关于祭司与巫师的区别，韦伯认为，从社会学上看，可以根据"祭典"与"巫术"来划分，而祭典与巫术的区别又来自他们各自的对象——神祇与鬼怪的不同，因此，可把那些以崇拜的方式来影响神的职业人员称为"祭司"，而把用巫术性手段强制鬼神的自由职业者叫作"巫师"。当然，韦伯也承认，在包括基督教在内的若干大宗教中，祭司的概念仍保留了巫术残余。一般而言，祭司的训练带有理性，而巫师的训练则更具卡里斯玛式非理性。正如许多社会现象不易分辨一样，祭司与巫师区分的界限有时也不是很清楚的（参阅马克斯·韦伯《韦伯作品集Ⅶ：宗教社会学》，康乐、简惠美译，广西师范大学出版社，2005，第35～36页）。琐罗亚斯德既是先知，也是祭司，希腊人就称他为"大麻葛"（大祭司）。他身上有时表现出来的宗教出神或忘我现象，不一定是巫术或萨满因素。他是先知型祭司而非巫师。与某些书中观点不同，伊利亚德认为，琐罗亚斯德在灵视中的激动和忘我与巫术或萨满没有关系，而是与其宗教类型有关，以及由其末世论的希望所致（参见米恰尔·伊利亚德《宗教思想史》，晏可佳等译，上海社会科学出版社，2004，第264页）。

样，这是一种发自内心的自觉的呐喊，贯穿文化史的建构过程，它与犹太教文化一起对后世西亚－地中海和西方文化的建构具有深远的影响。

琐罗亚斯德与巫师是对立的。他与巫师型祭司斗争一生（据说他在77岁时，被他一生所反对的、以狼为象征的雅利安男性社团中乔装成狼的成员——传统祭司所杀）。这种斗争最终在一代名君大流士时代取得胜利。由于这一胜利，琐罗亚斯德宗教发展成为伟大的宗教，类似古印度雅利安种姓制度那样的社会制度，在伊朗遭到了削弱或破除①。质言之，大流士帝国的胜利在某种意义上是战胜巫师的胜利。没有从上至下扫除巫术性祭司和巫师的势力，波斯社会的发展是不可能的。波斯文化的一部分能够成为轴心时代文化，其国家能够从附属国成为第一个强盛的世界帝国，形成著名的波斯文明，是与文化与社会的变革分不开的②。

琐罗亚斯德的宗教改革也是一场文化"革命"。这场文化－社会变革，表面上看是两种宗教文化斗争的结果，或者如许多书中所说的是农业定居文明与游牧文明之间张力的产物，但深一步看实质上是两种文化——主张"善思"的理性的准一神教文化与古老原始而野蛮的伊朗－印度雅利安文化之间张力和斗争的结果（一神教的发展以及随着人们逐渐承认唯一神祇的力量和唯一神性格的人格化，非巫术动机便逐渐取得优势，宗教和社会中善、爱、仁慈的性质会增加，盖过野蛮和残忍的力量）。琐罗亚斯德一生都想要与这种古老文化决裂，创造新的符合时代潮流发展的文化。他反对原始的血腥的战争和屠牛献祭，厌恶以豪麻酒或大麻使人出神的疯狂状态和仪式，努力消除宗教和社会中的巫术或萨满现象。琐罗亚斯德强调以"思"代替血祭（突出智识性），以及善神战胜恶灵（强调伦理），呼唤以文明减弱源于游牧民族古老的纵欲行为和装神弄鬼的巫术或

---

① "直到很久以后，波斯人还把巫师被杀日当作民间节日来庆祝"，可见影响和作用之大（参见阿尔弗雷德·韦伯《文化社会学视域中的文化史》，姚燕译，上海人民出版社，2006，第94页）。

② 迈克尔·曼认为，波斯的胜利是"机会主义"的（迈克尔·曼：《社会权力的来源》第一卷，刘北成、李少军译，上海人民出版社，2002，第325页）。但实际上，不一定如此。因为波斯虽然利用了别国或地区的动乱，但这只起辅助作用，不是根本原因。一个国家的崛起，特别是像波斯这样的帝国的崛起，本质上是内因所致。

萨满行为（琐罗亚斯德把阿胡拉·马兹达神与传统印度的许多神鬼对立起来，把后者看成恶势力的代表。一神与古老万神殿的对抗，表面上是与传统祭司的对抗或两种宗教的对抗，实质是不同文化－社会类型的张力和斗争）。这样，他在净化宗教的同时也就净化了文化与社会。变革后的以琐罗亚斯德教为核心的波斯文化是一种不同于传统印度－伊朗的文化。没有这种变革，这个社会可能会持续印度那样的种姓社会类型①。这种文化变革，为基督教的形成提供了重要的思想来源和文化资本。

　　在希腊－罗马成为轴心文明以前，以巴比伦城邦文明为代表的美索不达米亚文明是近东－地中海地区人们关注和向往的中心。"琐罗亚斯德的视野似乎也同样是以西方（美索不达米亚）文明地区的观念为导向"②（后来死于巴比伦城的亚历山大大帝对这个地区也有特殊的兴趣）。到了大流士一世（Darius I）治下的波斯阿契美尼德帝国（the Persian Achaemenid Empire）时代，波斯人的眼光进一步向西（尽管他们征服希腊的计划和行动最终失败）。鼎盛时期的波斯帝国文明是一个文化创造和文化融合的产物。它源于伊朗－印度文化，琐罗亚斯德在此基础上又进行了原创性的文化变革，后来向西波斯文化又受到美索不达米亚文明的影响，甚至受到希腊文明的影响。例如，"位于苏萨（Susa）、波斯波利斯（Persepolis，帝国的圣都）气势宏大的宫殿及其精美的浮雕，都是巴比伦－亚述风格，后来则受到希腊影响"③。其文明发展成为第一个西亚－地中海"世界主义"类型，而这早于亚历山大带来的希腊化世界主义类型两个多世纪。相对而言，帝国的征服在近东是温和的④。由于种种条件

---

① "琐罗亚斯德……所传达的信息主题基本上还是宗教性的"（马克斯·韦伯：《韦伯作品集Ⅷ：宗教社会学》，康乐、简惠美译，广西师范大学出版社，2005，第64页），韦伯的这一论述是正确的。不过，鉴于那时宗教与社会的紧密关系和融合程度，琐罗亚斯德与巫术性忘我祭典的斗争，客观上起到了变革社会的作用。

② 马克斯·韦伯：《韦伯作品集Ⅷ：宗教社会学》，康乐、简惠美译，广西师范大学出版社，2005，第74页。

③ 阿尔弗雷德·韦伯：《文化社会学视域中的文化史》，姚燕译，上海人民出版社，2006，第92页。

④ 据说帝国的创建者居鲁士是踏着绿色的枝条，向巴比伦人挥手致意，和平进入巴比伦城的（参阅 J. B. Prichard, 1955, *Ancient Near Eastern Text Relating to the Old Testament*, Princeton, NJ: Princeton University Press）。当然，波斯人的宽容不是无限的，他们对希腊城邦就另眼看待，这凸显文明的差异和冲突。

的限制，帝国的统治是宽容的。它允许犹太人返回故乡高度自治，不排斥犹太人的上帝观念①（尽管有些是出于政治战略考量②），学习他国文化，广为招贤纳士，打击传统种姓势力，在使用多国语言的同时，以阿拉米语（Aramaic language，又译亚兰语）为帝国通用语（这也是希腊语流行前近东地区的通用语）。文明的融合达到了史无前例的高度。

琐罗亚斯德宗教文化的产生，标志着波斯类型的"轴心时代"文明的来临。这种文明的文化模式特点是：第一，信仰的一神化③。这种信仰把宗教从原始的、自然的、泛神的、特殊主义的性质基本上转向抽象的、超越的、人格化的、多少有些普遍主义的性质（有向世界宗教文化发展的苗头），从贵族（如印度婆罗门种姓或伊朗传统麻葛种姓）转向或多或少平等主义的性质，在宗教上从野蛮的、消极的、令人恐惧的、强调力的性质转向慈善的、激进的、拥有爱的萌芽的、伦理的和救赎的性质。第二，最重要的是超越性、人格化和伦理性（后面我们会看到这对犹太－基督宗教文化产生重大影响，但与印度和中国类型明显不同）。这是西亚－近东宗教与琐罗亚斯德教合流后突出的特点。在此，较为理性的宗教－文化价值取向出现。琐罗亚斯德对巫术或萨满式迷狂的愤怒，特别是他对酒神献祭中非人的、血腥的虐杀动物的迷醉祭奠深恶痛绝，要求以"善思"代替血祭，充分说明了这一点。第三，文化的批判性和救世的宗

---

① 帝王居鲁士（Cyrus）尊敬犹太人的上帝（大流士亦同）（见保罗·梅尔编译《约瑟夫著作精选》，王志勇中译，北京大学出版社，2004，第183页），批准犹太教《圣经》祭司本，资助犹太人重建圣殿，而犹太人则把居鲁士看成救世主"基督"[《以赛亚书》（Isaiah），45：1]。这是否意味着两者的宗教和信仰的神有一定的亲和性，都是抽象的、伦理的宗教和神的缘故？

② 出于战略考虑是许多学者的看法，实际上，事情超出这一范围。与以前的列强亚述和巴比伦不同，波斯是在一个新产生的世界主义观念萌芽状态下行事的。波斯王居鲁士相对而言是开明和人道的，他把政治与宗教多少区分开来。他公开参加马尔杜克（巴比伦主神）的敬拜，敬仰犹太人的上帝，允许各民族根据自己的意愿去崇拜任何神。不仅如此，他一改近东传统政策，给予不同民族居民同样的权利和选择居住地的权利，允许和鼓励包括犹太人在内的被掳到巴比伦的各族人民返回故乡。

③ 当然，琐罗亚斯德宗教还不是标准的一神教，它还保留了一定的上古印度－伊朗宗教文化内容或者说还受其影响（这也符合文化创造和发展的规律）。但是，它毕竟开创了一神教的道路。琐罗亚斯德死后，尤其是随着帝国的扩展，该教为了适应当地，逐渐容纳了更多的传统神祇内容，多少有些背离了琐罗亚斯德的初衷。

教文化初现①，责任伦理趋于增强。琐罗亚斯德对旧日流俗的批判，向往和期待世界的"改观"，拓宽了人们的视野，改变了人们的行为。这推动了一种多少有些清晰的救赎论的模式的产生，对后世产生极为深远的影响（这种影响甚至在某些近现代的伟大启蒙者或革命者身上仍依稀可辨）。第四，人类自我创造符号体系的能力进一步增强。此种能力后来在犹太－基督教中进一步扩展。第五，宗教乐观主义出现。此时西亚－近东那种宇宙和人类悲观主义仍然存在，但由于有了救赎论，这种直接的暂时性的悲观主义是与终极永恒的乐观主义相联系的。人性恶的一面可以在神的恩典下用信仰和善行来弥补，生活的苦难通过救赎的方式最终达到终极幸福的目标。

波斯文明终因亚历山大的征服而遭到毁灭（尤其是他把波斯圣都波斯波利斯移为平地，毁灭了大量的波斯文物和文献），但这只是文明灭亡的外因和文明史的最终结果。实际上，波斯远征希腊失败后就开始走下坡路。亚历山大对波斯不太费力的征服，表明波斯文明在亚历山大到来之前就已开始衰落了。其原因除了波斯帝国在近东地区文化方面没有形成统一的传统外（就此而言，波斯宗教远不如后来的伊斯兰教），更主要的是它越来越屈服旧的社会结构、传统势力和文化。其精神和宗教对"此在"力量逐渐过于顺应迎合，而不能像琐罗亚斯德教创始人那样在斗争中对其进行超越。它没有摆脱东方文明从崛起到衰落的古老循环法则。

以上我们看到，从苏美尔经巴比伦，再到波斯，西亚－近东地区宗教文化发展经历一种创生、积累、断裂和变化的过程（当然，下面我们将会看到，更大的"飞跃"还在后面，即古犹太教和基督教发展时代）。以宇宙论神话为代表，苏美尔和巴比伦是这一地区最早的系统性宗教文化符号的创造者和形成者。这种神话符号系统的创生当然不是美索不达米亚文明特有的，它是人类文明早期的一种普遍现象。那么其产生的意义何在？宇宙论神话是人类在刚刚脱离原始状态跨入文明之时为了能够生存下去所创造的第一种文化符号系统，它有助于人类在从血缘关系向地缘关系转变的

---

① 救世就是宗教对"此在"的塑造。这种救赎方式与印度的不同，印度是通过"自力"精神达到个人自我解脱的方式，而近东是通过神恩的"他力"获得自觉的方式（参阅约翰·希克《宗教之解释》，王志成译，第2章，四川人民出版社，1998）。

文明进程中顺利实现社会－政治重组，建构新的文明社会秩序。人类在每一次面临重大危机和变迁之际都需要建构新的文化模式（符号系统）以引领社会和秩序的重建。那么如何建构，这不是人类可以任意选择的事情，它只能根据人类在其"存在"中的感受和经验来完成。因此，按当时的情况和条件，与大自然相关的宗教便成为文化符号系统建构的主要因素。宇宙有序，这一自然现象逐渐为古人所感受和认识，在当时圣界与俗界之事浑然一体，没有明显划分的情况下，人们想象着通过宇宙秩序的符号化来使自己社会和政治秩序符号化，这也就是人类通过文化模式建构新的文明社会秩序的最早过程。对此埃里克·沃格林在《以色列与启示》（《历史与秩序》卷一）中给予了充分的论述：

> 严格意义上的宇宙论符号化可以定义为通过宇宙类比的方式对政治秩序进行符号化。人和社会的生活被体验为这样的情景：决定宇宙的存在力量同样决定着人和社会；宇宙类比既表达出这种知识，又将社会秩序整合入宇宙秩序之中。季节的节律、动植物生命中的繁殖力节律以及这些节律所依赖的天体运行，都必须被理解为类比的秩序。在这个意义上的宇宙秩序的知识，尤其是关于天文学知识，在苏美尔－巴比伦文明中得到高度发展。①

可以想见，天象的变化，对于当时的人们而言，充满了神秘性和神圣性，在深深的敬畏之心和宗教感的驱使之下，人们想象着宇宙之神的存在，力图以此证实和肯定自己。于是，他们便把其所在的城邦主权投射给某一或某些神灵，认为与宇宙秩序相符的神的秩序也就是城邦或帝国应当建构的秩序。当然，起初，如同早期苏美尔文明是由众多分立的（多中心的）神庙－城邦所构成的一样（文化统一，但政体分立），宇宙之序和神的秩序也是混沌不清的。不过，随着时间的推移，苏美尔诸多神庙－城邦在兼并中先后融入闪族人的各个帝国（如阿卡德、巴比伦、亚述等），被

---

① 埃里克·沃格林：《以色列与启示》（《历史与秩序》卷一），霍伟岸等译，译林出版社，2009，第82页。

诠释成反映了宇宙之序的神祇的等级秩序和地上人世间的等级秩序也同时出现了。也就是说，"将帝国视为宇宙及其秩序的类比物这种观念随着帝国的成长而逐渐发展"①。天上诸神有等级，地上人间也有等级；诸神之中有主神，人间则有作为神之模拟者的王；天上秩序有中心，地上秩序也有中心。天序（自然之序）、神序、人间秩序三者之间具有清晰的联想和对应关系，社会秩序的重建被视为诸神的宇宙秩序中的一个事件，地上的秩序是其在天上之原型的影像（趋近柏拉图的理念），也就是说，人间之事是宇宙秩序的模拟或类比表达。

由此可见，在巴比伦文明中，诸神的宇宙与人间之国同体同构。不过，假如故事到此为止，便显得文化符号系统的建构存在漏洞：天地之间（神人之间）虽然具有统一性，但毕竟是统一之中的两部分，它们是如何连接和联系在一起的呢？沃格林认为，只要在政治秩序以宇宙论的形式被符号化的地方，逻辑上就必须继续创设出一个符号来表达两部分之间的连接点，以完善符号系统。这个连接点的符号用后来希腊人的话说就是"脐点"（omphalos）。其意指世界的中心，神之力量流入社会秩序的入口和通道。在苏美尔，这个脐点位于尼普尔［Nippur，造物主之神——恩利尔（Enlil）所在的城邦］；在汉穆拉比王朝时代（或美索不达米亚文明），它在巴比伦；在亚述帝国时代，它在尼尼微（亚述都城）；在波斯，它在波斯波利斯（波斯圣都）；在希腊，它位于德尔斐（Delphi）；在罗马，它坐落在罗马城集会广场；在犹太人那里，它先是在伯特利（Beth-el，上帝之家，迦南之地），后在耶路撒冷②。通过这种建构，宇宙论神话符号系统便得到了完整的表述。依此，地上人间的统治者，即身处脐点之处者，也获得了超越他人的神性。例如，从巴比伦开始，国王不断被诠释为太阳神在人间的模拟者便是典型。太阳王（Sun-king）承担救世主、救赎者、大救星的角色，成为新时代的领路者。这种观念或传统甚至延续到现代（不论东方抑或西方都是如此）。

---

① 埃里克·沃格林：《以色列与启示》（《历史与秩序》卷一），霍伟岸等译，译林出版社，2009，第63页。

② 埃里克·沃格林：《以色列与启示》（《历史与秩序》卷一），霍伟岸等译，译林出版社，2009，第70~71页。

然而，宇宙论神话文化层次上的拯救或救赎经验（国王年复一年地在年关代替共同体受罪，以便通过此种既救赎人民也拯救自己的方式来净化和恢复王权统治），深藏于对宇宙运行节律（自然规律）的经验之中，因而是循环论的。它远不及后来启示宗教和救赎论文化上的末世论观念显得富有超越性和完美性以及文化张力（对现世的恶根性评价与宗教乌托邦的超越性之间的张力）。当然，从苏美尔到巴比伦文明，人们在"存在"中的认识、反思和经验不断加深，这导致在多神的宇宙论文化中理性化路径日益清晰可辨。通过对宇宙自然现象的观察和神话宗教，人们不仅获得了对最高神性之超验性的理解，而且还思辨地加深了对世俗世界之本性的理解。因此，人们在朦朦胧胧之中有了某种程度的罪恶之感、一神论倾向以及净化和救赎观念。然而，所有这些只是初期的萌动而已。其深层发展和最终突破（即沃格林所言的"存在中的飞跃"）在美索不达米亚文明中并未发生。大概在此还是斯宾格勒所说的文化演化定律在发生作用：一种文化，如苏美尔－巴比伦文化或美索不达米亚文明，只能有一次大的"绽放"，此后随着其定型化、成熟和形成固定模式，在没有外来文化冲击和融合的情况下只能是本质上进入停滞，甚至僵化状态。这种状况表明，人的潜能是无限的，但每一种文化的能量是有限度的。一个民族的禀赋是什么，它所得到的文化模式就是什么。因此，总体人类的文化或文明的演化是多元和多线的，它由多种支流汇合而成。每一种文化在绽放之后要想获得进一步的飞跃（实际上是大转型），必须在实现人或民族特性的转变的同时，走上文化融合的道路，否则，进入"费拉"（僵化）状态在所难免（历史上的文明无一幸免）。

因此，如果巴比伦不为波斯吞并，从而其演化线路不被打断，它自身也难以自主发生"存在的飞跃"。好在人类历史是以多元融合的路径演化的。随着波斯文明的兴盛，琐罗亚斯德教呈现在人们的面前。这种宗教文化与古老的巴比伦宇宙论符号系统融合（大流士一世时期的铭文明显体现了这一点），或者说后者偏离原有方向融入前者，使得这一地区的宗教文化发生一定程度质的飞跃。何谓飞跃？这里所言的飞跃就是文化的进一步理性化。它不仅仅是宗教文化的理性化，而且也是人的认识的理性化。而这是琐罗亚斯德教部分带来的。它使得波斯宗教在历史上获得了引人注目的一席之地。这种宗教文化突出一神论观念（尽管不十分彻底），重视启示的意义，强调末世论思想。通过它，人们第一次有了强烈的自觉的善恶对比和斗争观念，知道了天堂与地狱：恐惧邪恶之地，向往美好世界，尤其是超越性的神圣世界与人的世俗界从此隐隐约约开始区分开来（后来的奥古斯丁对此做了明确区分）。这带来了两个世界之间的文化张力，因此拯救或救赎的思想凸显出来。这强烈地影响了犹太人的宗教思想，基督教以及西方思想。

当然，以琐罗亚斯德教为核心的波斯宗教，尽管即将迈入轴心时代文明的门槛，但从历史的眼光来看，也是不彻底和不成熟的。作为轴心时代这一概念的发明者，雅斯贝尔斯虽然在阐述轴心时代文化时提到了琐罗亚斯德，但此后更多学者还是把他及其宗教看作是这一时代来临的重要而直接的推动者。其穿针引线地把巴比伦宗教文化与印度某些因素融合在一起并引向更高的境界。所有这些为犹太启示宗教的完善准备了条件，预示了此一地区轴心时代文明（轴心时代宗教文化）的来临。

第二章
作为轴心时代文明和"恶根性"文化的古犹太宗教文化

　　希伯来文明（或古犹太文明）从古代世界政治格局看是一个十分弱小的文明，然而就是这样一种文明却在文化上，尤其是在宗教文化上，孕育出"具有世界意义的最重要的部分"①，也就是现在人们通常所言的"轴心文化"之一。在历史上，它早于波斯文明，但对地中海–近东地区构成实质性文化影响显然要晚于后者。它是在其民族沦为"巴比伦之囚"之后，在波斯帝国，尤其是在希腊化条件的作用下逐渐扩大影响和声名鹊起的，后来又通过其一部分的变异的形式——基督教而大放异彩。尽管人们可以说没有基督教的兴盛和发展，便不会有希伯来文明的文化轴心作用，然而，反过来讲，似乎更恰当一些："如果没有以色列，或许就没有历史，而只有宇宙论形式的社会的永恒轮回。"② 至少，罗马帝国后期和西方的历史说不定会改写。

一　希伯来文明与启示宗教文化的兴起

　　希伯来文明与启示宗教文化逐渐形成于一种文明变动的时代。雅斯贝

---

① 阿尔弗雷德·韦伯：《文化社会学视域中的文化史》，姚燕译，上海人民出版社，2006，第80页。
② Eric Voegelin, 2000, *Israel and Revelation* (*Order and History*, Vols. Ⅰ), p. 168, Columbia, Missouri：University of Missouri Press. ［中译本见埃里克·沃格林《以色列与启示》（《历史与秩序》卷一），霍伟岸等译，译林出版社。引文翻译略有出入，2009，第192页。］

尔斯和罗伯特·N. 贝拉曾经强调①，没有一个轴心文明或轴心的"突破"（breakthroughs）是在大帝国的中心发生的。它们都是在相对宽松的社会政治环境和充满竞争活力的众多小国或城邦世界形成的，或者按汤因比的观点，是一个更大文明崩解的产物②。例如，中国一统天下的周王朝的瓦解，在列国竞争和"百家争鸣"中产生了最终成为文明轴心的儒家文化（尽管儒家文化此前有着深远的渊源）；叙利亚文明的崩解（前926～前538）产生了犹太先知和犹太教；希腊文明的崩溃产生了耶稣和基督教。推而广之，人们还可以说，中世纪统一的天主教母体或精神王国的崩解促进了西方资本主义和现代性文化的成长③。所有这些都与原有系统的解体、无序或"礼崩乐坏"相关。当然，这种新的突破和生成是一个历时若干世纪的过程。希伯来文明和犹太教也不例外。

古代以色列没有世俗的历史文献记载，而只有以希伯来圣经（基督徒所谓的《旧约》）形式表现的其民族与所崇拜之神——上帝雅赫维（基督教圣经或西方称耶和华）之间关系的历史。也就是说，这个民族的生存、凝聚和成长以及其文化在世界文明史中的突出地位始终与一种宗教密切相关。从进入"应许之地"（迦南），到成为"巴比伦之囚"，再到沦为波斯、希腊－马其顿王国和罗马的附属地的臣民，许多犹太人（或族群）甚至连自己的母语——希伯来语也逐渐丧失殆尽④，然而，不管遇到何种情况，他们都没有被同化，顽强地保持与众不同的民族和宗教本色。这显然归因于他们创立了一种完全不同于其周边世界文化传统（宇宙论神话传统）的一神论启示宗教。这种宗教文化尽管仍显示出与其经历有关的巴比伦和埃及两大文明的影响，但更多的是体现了一种文化的质的变化

---

① 卡尔·雅斯贝斯：《历史的起源与目标》，魏楚雄等译，华夏出版社，1989，第11页；Robert N. Bellah, 2011, *Religion in Human Evolution：From the Paleolithic to the Axial Age*, p. 269, Cambridge, Massachusetts：Harvard University Press。

② 参见埃里克·沃格林《以色列与启示》（历史与秩序卷一），霍伟岸等译，译林出版社，2009，第185页。

③ Jean Baechler, 1975, *The Origin of Capitalism*, Oxford：Blackwell.

④ 随着波斯帝国的征服，大约从公元前5世纪开始，犹太人逐渐使用波斯征服者的语言亚兰语（阿拉米语），而母语希伯来语慢慢地只在敬拜之时和圣经经文中使用，不再是一种活的语言（参见斯蒂芬·米勒等《圣经的历史》，黄剑波等译，中央编译出版社，2008，第24页）。

（"存在中的飞跃"），从而折射出其民族自身智慧、禀赋和非凡而超群的创造力（这一点甚至在现代还能感受到）。记忆和文献中的犹太民族的历史就是从这种宗教诞生开始的。

关于宗教对人类生存的意义，涂尔干认为："宗教的功能就是帮助我们生活下去。"① 弗洛伊德也认为，若没有宗教信仰和种种禁忌，人类可能早就绝灭了。因为这种与人类社会结成一体的宗教秩序给人以统一的价值观和人生观，驯制人的炽情，把非理性力量引入对共同体或社会有益的管道，最终使世界成为人可以在其中生活的差强人意的世界②。在历史上，宗教这一古人眼里的最高"科学"（"科学的女王"）确实有着这样的功能（尽管按照弗洛伊德的说法它实质上只是某种"幻觉"）。其实何止宗教，种种世俗或半世俗的意识形态和乌托邦都是如此。这表明，人类的生存和发展除了物质因素外，还必须有某种精神作为支柱和慰藉——无论是宗教的抑或世俗的都是如此。因为不管我们是否承认，人类尚未有从根本上克服外在自然和我们内在本性的能力。当然，应对自然与社会的文化是不同的。古代犹太人确实找到了一种"新的现实模式"③，一种新的生存方式。它不是传统的宇宙论神话宗教，而是一种具有强烈责任伦理取向的启示宗教，一种很可能是在与埃及和巴比伦宗教比较中形成的特殊宗教〔当然，犹太宗教与古巴比伦宗教在形式上仍保留了某些联系，如早期《创世记》文本、神庙的仪式与安排、摩西律法（the Mosaic Law）的某部分、法律词语"托拉"（torah）、"赎罪"，等等〕④。

犹太人的历史，或者确切地说，犹太民族与上帝雅赫维（耶和华）的关系史（以色列启示宗教史），始于其所谓先祖亚伯拉罕（Abraham）

---

① 涂尔干：《宗教生活的基本形式》，渠东、汲喆译，上海人民出版社，1999，第550页。
② Freud, Sigmund, 1957, *Future of an Illusion*, W. D. Robson-Scott, trans., p. 34, Garden City, N. Y.: Doubleday.
③ Arnaldo Momigliano, 1975, *Alien Wisdom: Limits of Hellenization*, pp. 8-9, Cambridge: Cambridge University Press.
④ 亚奇伯德·亨利·萨伊斯：《古巴比伦宗教十讲》，陈超等译，时代出版传媒股份有限公司、黄山书社，2010，第6、172页。

的传说（前 1900～前 1700?①）。按《创世记》（11：3～12：5）或约瑟夫《犹太古史》第二章的说法，族长亚伯拉罕在美索不达米亚的迦勒底（吾珥城）蒙上帝雅赫维的呼召和拣选，成为希伯来人的祖先，与此同时，亚伯拉罕也宣告上帝雅赫维是唯一真神和宇宙万物的创造者。这是古犹太教的创立或胚胎时期。此后随着摩西的出现，以出埃及史诗般的壮举（摩西在神的启示和恩典下引领以色列人摆脱法老魔掌的传说）和西奈山事件［摩西在西奈山借助神的启示颁布律法"十诫"（Ten Commandments）的情节］为标志，古犹太教正式诞生，逐渐定型化和模式化。从此希伯来人只敬拜上帝雅赫维并成为其特选子民。"圣约"和十诫奠定了犹太教的基础。在其作用下，一个新的蒙拣选的希伯来民族，即一个与上帝有着特殊关系的希伯来民族诞生了——以色列因约（Berith）而生。其命运与慈父般的神灵上帝紧密联系在一起。因此，出埃及和西奈山事件，对于圣约的强化和犹太教的最终形成具有重要意义，它们在犹太人神圣的历史中被置于中心位置。前者构成以色列民族意识的核心成分，后者则体现出以色列宗教观和信仰的关键。此后犹太人不管处于何种境地都要不断回溯到这一点上进行思考或反思。在以圣经（旧约）形式表现的犹太人的历史中，既有神的创造、拣选、立约、颁布律法和充满神的眷顾和救赎，也有人的堕落和作为考验的痛苦磨难。它暗示了上帝的超越性与世俗的恶根性这一充满张力的文化之形成。其实质就是以宗教思想形式反复讲述这样一个道理：以色列人只有不仅忠于上帝，履行应尽的宗教义务，而且还需不折不扣地遵守律法（尤其是十诫），才能向着基于圣约的理想不断迈进。因为希伯来圣经（旧约）的主题或者说这种宗教的思想核心，从上帝雅赫维角度看（或者从反映了基本道德要求的十诫角度看），诚信无伪和坚守公义比形式上的宗教礼仪重要得多。这是后来以色列民众生活的基础。道德重于宗教仪式，这反映了希伯来人创造出一种完全不同于美索不达米亚或埃及传统的新的宗教，体现出一种能够成为范式的新的宗教世界

---

① 关于《旧约》中事件年代的考证，参见 Harold Henry Rowley, ed., 1951, *The Old Testament and Modern Study*：*A Generation of Discovery and Research*, Oxford：Oxford University Press；W. F. Albright, 1949, *The Archaeology of Palestine*, Middlesex：Pelican Books。

观。所谓文化上的与众不同和质的"飞跃",尽显其中。当然,圣经中的事件或故事内容究竟是否属实,在现代颇存争议,也引得一系列考证。然而,无论如何,最为紧要的是被拣选的子民相信这是真的。它已深入其骨髓,融化在他们的血液中,成为"集体无意识"。因为他们的兴趣不在于其世俗历史情况到底如何,而聚焦在"神圣的历史",即他们与上帝的关系上。

希伯来文明的这种特点,导致希伯来人心向上帝远胜于国王(世俗统治者),因为远在王权出现以前或者说成为国王的臣民以前,他们已经是上帝雅赫维的"选民",甚至以色列民族共同体和国家的形成也与神的启示和圣约相关。在古代近东地区,他们的体制既与埃及不同,也不像巴比伦类型,而是一种"第三类"的特殊的神圣体制,一种在周边邻居或后来希腊和罗马人看来非常"古怪的"的体制。在这种情况下,希伯来君主的地位远低于法老、巴比伦之王或半人半神的希腊 – 马其顿和罗马帝国的统治者,其权力(王权)也缺乏神圣性。他只有有限的世俗权力,而不是宗教崇拜的首领。世俗统治者如若把自己抬高到神性地位,就是狂妄和渎神。也就是说,上帝是神圣的,一切价值都源于他,而具体的现世现象是贬值的,当然真理和思想的判定权也不在王权手里。先知们常常公开与国王发生冲突,并因为后者的世俗性而审查他。他们经常根据圣经的启示谴责世俗统治者所做的"恶"(上帝雅赫维眼中的"恶行")。超越性的秩序与世俗世界存在明显的张力。在这种条件下,人被视为软弱的,易犯错误的。希伯来世俗统治者与普通民众一样时时刻刻受到神的监督,并最终都要接受其审判(《撒母耳记下》,23:34)。正义的统治一定是在敬畏上帝中统治①。

以色列的国运在大卫(David)、所罗门(Solomon)时代(约前1010 ~ 前930)达到兴盛的顶峰,然后开始缓慢衰落。由于衰落首先出自所罗门的违约(所罗门晚年祭拜其他神),这被认为是对上帝不忠的开始。先是统一的希伯来王国(十二个部落)于公元前926年分裂为以色列(十

---

① 参见亨利·富兰克弗特《王权与神祇》,郭子林等译,"结语:希伯来人",上海三联书店,2007,第481 ~ 488页。

个部落）与犹大（两个部落）北南两个部分（国家），进入所谓南北朝时代，后来它们又先后于公元前 721 年和公元前 586 年为亚述和新巴比伦所灭（开始了古代犹太民族的第一次大流散）。前者因流散和被同化成为所谓"以色列十个失踪的部落"（Ten lost tribes of Israel）[①]，后者的一部分则沦为"巴比伦之囚"（Babylonian Exile）。他们（大约从此开始被称为犹太人）在度过 48 年寄人篱下的隔离生活后，大约从公元前 538 年开始在波斯王居鲁士下诏允许下分期分批陆续返回家园。在波斯统治下，回归的犹太人还能获得相对而言的整体高度自治。此后在希腊－马其顿和罗马统治时期，尽管犹太人进行过多次激烈反抗，特别是公元前 167 年发生的民族大起义还导致建立了独立的马加比犹太王国（前 164～前 63）[②]，但总体上其自治趋弱，人员不断流散（希腊化时期出现犹太民族的第二次大流散），直至公元 135 年因起义遭到罗马皇帝哈德良的残暴镇压而结束犹太民族主体在巴勒斯坦定居的历史（发生第三次大流散）。

自从沦为"巴比伦之囚"以来，犹太人便日趋陷入苦难之中。然而，这并没有摧垮犹太人的宗教信念和民族意志。直到罗马统治时期，一代又一代劫后余生的人们，尤其是犹太精英，从败亡的废墟中不断唤起民族及其宗教的生机。他们在深重的苦难中痛定思痛，不断反思、评判和检讨自己的信仰行为。在他们看来，其所遭受的不幸，从内部看归根结底是没有固守圣约，对神的律法置若罔闻，即离开上帝的结果。因此，要想维持民族生存和独立性，强化对上帝的忠诚是绝对必要的，他们甚至把这一次又一次的劫难视为上帝对他们的考验和计划的一部分。他们坚信，上帝并没有忘记他们最初的应许。一个新的更伟大的创举，一次新的出埃及行动，会以前所未有的规模再现。正是出于这种信念，犹太人在希腊化和罗马时代在文化上（尤其是宗教信仰方面）进行顽强的抵抗，甚至不惜付出惨重代价。这种抗拒不仅出于经济利益，而且更因由文化价值取向。应当

---

① E. M. Burns & P. L. Ralph，1974，*Burns World Civilizations：Their History and Their Culture*，Vol. Ⅰ，pp. 82－83，New York：Norton.

② Jonathan A. Goldstein，1976，*I Maccabees*，Garden City，New York：Doubleday & Company；Jonathan A. Goldstein，1995，*Ⅱ Maccabees*，New Haven：Yale University Press.

第二章 作为轴心时代文明和「恶根性」文化的古犹太宗教文化

79

说，在波斯统治时期，犹太人的宗教信仰基本得到保护（波斯统治者的宗教政策是宽容的，对犹太人的上帝同时具有敬拜之心）。在希腊－托勒密王朝，也还过得去（征服者毕竟支持希伯来圣经的希腊文翻译工作）。然而在希腊－塞琉古王朝时期随着希腊化政策的不断强化（试图把耶路撒冷变成纯粹希腊化城市），尤其是安条克四世（Antiochus Ⅳ）渎神事件（在犹太人的圣殿挑衅性地以猪献祭并要求全体犹太人在自己的社区依此法献祭）的发生，再加上征服者的军队士兵对不从者的屠杀，冲突变得日趋激烈。最终它演变为两种文明（希伯来文明与希腊文明）和不同价值取向的冲突。

然而，在基督教兴起以前，希腊化是主流并且处于强势。它必然在文化上影响了某些犹太人，尤其是流散在许多希腊化城市的犹太人。于是在严格的正统犹太人（特别是狂热的民族主义者）与一定程度上希腊化的犹太人［典型的如斐洛（Philo）和后来的保罗］之间便存在"巨大的鸿沟"（尽管这条分界线时常是模糊的）①。也就是说，犹太宗教文化在希腊化的影响下发生某种程度的分裂，从中缓缓淌出一支不同以往的涓涓细流。这是基督教的前身和源泉。它与"异教"存在冲突，但与正统的犹太教也有明显的矛盾和张力。由于这些希腊化犹太人的上帝日益成为一个被认为是普遍的人类之神，因此这种矛盾和张力便转化为普遍主义与特殊主义之间的矛盾和张力。普遍主义的上帝耶和华面向当时认为的全世界和整个人类，超越了传统犹太人的上帝雅赫维（作为犹太民族之神的上帝），因而对于希腊化和罗马地区的善男信女的吸引力越来越大。在这种情况下，即在上帝普适性的新举措中，以色列不再独享恩典和福音，而是"作为外邦人的光……施行我［上帝］的救赎，直到地极"（《以赛亚书》，49：6）。

公元前2世纪下半叶，在希腊化世界，随着散居的犹太人的剧增以及部分由于传教的缘故，犹太教的一部分开始向着普世宗教转变。这虽是希腊化的影响（特别是斯多葛主义的影响）所致，但更有其内因。这就是，

---

① 弗兰克·威廉·沃尔班克：《希腊化世界》，陈恒等译，上海人民出版社，2009，第221页。

如著名宗教史学家伊利亚德（Mircea Eliade）所言："从先知时代起，希伯来的宗教精神就受到普世主义和特殊主义之间的张力所激励。造成这种剧烈而颇具创造性对立的，基本上是因为启示思想本身的悖论。事实上，一种来自上帝的启示出现在历史里面，也就是仅限于犹太民族，却又宣称具有普世的价值，同时又仅为以色列民族所独享。"① 这就是说，犹太人作为上帝唯一拣选的民族（特选子民），独享上帝的启示，但上帝的救赎计划是全人类性的，他拣选犹太民族是要借其效力和范式，完成他的救赎计划。显然其中隐含和预示了普世宗教的产生。本来，按其内在的逻辑，这种宗教应该走向普世性，然而，犹太人要维护其民族性就不得不放弃普世的使命，这是保护其社团必须付出的代价。异邦统治者的渎神行为更加加剧了犹太人的反抗和对《托拉》（犹太经典律法）的偏爱和坚守。这阻碍了一种普世宗教的兴起。由于犹太民族是被神意神圣化的，民族的异化意味着背叛，因此他们保持民族性，就必须坚守律法和传统经典，维持其同一性。在这种情况下，普世使命的意识难以自由发展。其最终是以基督教形式实现的。当然这是后事。

二　希伯来宗教文化的基本特征

希伯来宗教文化源远流长。早在上古希伯来人便有口头传奇和神话故事。作为一种系统的书写文化经典的希伯来圣经或正典（《旧约》是从《新约》或基督教视角来看的叫法，希伯来人或犹太教则称"希伯来圣经"或"希伯来正典"），大概是在大卫（前1010～前970在位）、所罗门（前970～前930在位）统治时期开始收集的②，截止于公元前300年，历经六个多世纪（绵延犹太文明的轴心时代）。其中在初期，社会稳定，经济繁荣，国家昌盛，为文献的收集、整理和编纂提供了条件，中后期因众

---

① 米尔恰·伊利亚德：《宗教思想史》，晏可佳等译，上海社会科学院出版社，2004，第660页。

② 约翰·德雷恩：《旧约概论》，许一新译，北京大学出版社，2004。对此也有不同的说法，认为时间稍晚一些，如认为《圣经》最初的底本，即"J本"出现在公元前850前后（参阅潘光、金应忠主编《以色列·犹太学研究》，上海社会科学院出版社，1991，第20页）。

多历史事件（如统一国家的分裂、亡国、成为"巴比伦之囚"等）则促进了以色列人对其民族文化的自我意识、兴趣和伸张。希伯来圣经文化从产生到成熟是一个漫长的历史过程①。每一个作者只能写到自己的时代，一代又一代，记录、诠释以色列历史成为该民族持续不断的神圣使命。直到亚述势力入侵后，尤其是流亡以后，在吸收了巴比伦，尤其是波斯宗教 – 文化的基础上（希伯来宗教中的末世论从这时开始出现，凸显琐罗亚斯德教和波斯文化的影响），通过反思、重估自己的精神文化遗产，才最终基本上完成了创作和编撰，从而希伯来圣经才得以如今的形式出现②。这是希伯来人的伟大创造，但这种创造又是在埃及文明③、巴比伦文明④、波斯文明⑤的辐射下和作为"流奶与蜜"之地的迦南文明的滋润中完成的⑥。

　　以色列人的宗教完全是启示性"《圣经》宗教"。他们的社会是真正的启示宗教社会。如上所述，与近东许多其他民族不同，他们所撰写的民族历史是从一个与众不同的先祖亚伯拉罕开始的，也就是从上帝与其民族祖先的关系——上帝拣选亚伯拉罕为以色列人始祖开始的，而不是从宇宙创造和人的起源开始的。他们口头承传的神话起初没有这方面的内容。

---

① 比较而言，人们对于《新约》各卷的作者、写作缘由比较清楚。与《新约》不同，对于《旧约》，人们大多难以说出其作者确切的名字和写作日期。《旧约》基本上是一个由不同作者，在不同时代经过长期写作、编撰而成的文化典籍［希伯来圣经早期作品谈到一夫多妻现象，但到旧约时代尾声——以斯拉（Ezra）时代，作品反映出人们已要求实行一夫一妻制，时间跨度五六个世纪］。

② Richard E. Friedman, 1987, *Who Wrote the Bible?*, New York：Summit.

③ 有学者认为希伯来部族在埃及生活过，埃及宗教对希伯来人有影响。例如，"摩西"（Moses）是埃及人的名字。埃及的太阳神是有一神性质的，被说成"除此以外别无他神"（参阅《旧约·出埃及记》，2：1～10；还参见约翰·德雷恩《旧约概论》，2004，第 38 页；米恰尔·伊利亚德：《宗教思想史》，2004，第 153 页）。

④ 《创世记》里的故事与巴比伦神话范式雷同，摩西早年的传奇与巴比伦王萨尔贡、波斯王居鲁士的传奇相似，"《汉穆拉比法典》必为希伯来法律制度之直接或间接的渊源"［见 C·爱德华兹，《汉穆拉比法典》，沈大銈译，"摩西法律"，中国政法大学出版社，2005（再版），第 137、152 页］。

⑤ 琐罗亚斯德教的末世论对犹太教的末世论的影响是明显的。韦伯关于后者"受到伊朗观念的影响，是个极有问题的看法"（马克斯·韦伯：《韦伯作品集Ⅺ：古犹太教》，康乐、简惠美译，广西师范大学出版社，2007，第 303 页）一说，似乎证据不足，因为末世论的自然神话向伦理转化和救世主的出现在琐罗亚斯德教中也基本存在。当然韦伯认为，除犹太教以外末世论在其他宗教中没有成为中心的说法则是正确的。

⑥ Abram Sachar, 1968, *A History of the Jews*, pp. 9 – 12, New York：Alfred A. Knopf.

《创世记》和约瑟夫的《犹太古史》中从创世、洪水到巴别塔的传奇故事是后来编纂和加进来的，时间要晚得多①。这表明，希伯来人对讲述太初时期宇宙和人的起源的传奇和神话不是很感兴趣。他们真正关心的是民族的"神圣的历史"，他们与上帝的关系②（古老的美索不达米亚和迦南人，甚至所有农耕文明民族的宇宙创造和人类起源的神话是"宇宙论宗教"，而希伯来人以圣经形式体现的信仰是崇拜一神的"救赎宗教"。两种宗教体现两种不同的信仰和两种不同的文化。由于文化的差异，决定希伯来人侧重于不同的方面）。

作为古代巴勒斯坦地区（古称迦南地区）的"一个二流小国"或"贱民民族"（韦伯语），以色列的宗教文化为什么对近东、地中海和西方有那么大的吸引力，希伯来文化为什么能够脱颖而出成为轴心文化，它一定有某些令人震撼的独到之处。其具体特点如下。

（1）最早的彻底的全能的一神论宗教观。希伯来人的宗教，与所有人类早期宗教一样，最初也是多神论的③。经过漫长的演变，它从多神教信仰演化到一神论。从多神到一神论宗教，这不仅是宗教的转变，而且是文化形态或模式的转变。作为宇宙万物的造物主和唯一真神，上帝是独一无二的、永恒的和全能的。如《圣经》中上帝雅赫维说"我是自有永有的"（《出埃及记》，3：14）；"我是首先的，我是末后的，除我以外再没有真神"（《以赛亚书》，44：6）；"我是上帝，再没有能比我的"（《以赛

---

① 现代学者一般认为，这段传奇故事大概是在以色列人成为"巴比伦之囚"后（公元前597年以后）补入经典的。在这很早以前，相似的传奇故事在巴比伦和迦南流传已久，对亚述遗留下来的泥板楔形文字的破译和乌加里特要塞迦南宗教文献的发现，证实了这一点（参见约翰·德雷恩《旧约概论》，许一新译，北京大学出版社，2004，第294页）。希伯来人上古似乎没有这方面的古老口头承传的神话故事。当然，《圣经》（《旧约》）中有关叙述也不能说一点创造性没有（参阅 Roland de Vaux, 1961, *Ancient Israel: Its Life and Institution*, John McHugh, trans., London: Darton, Longman & Todd）。

② 米尔恰·伊利亚德：《宗教思想史》，晏可佳等译，上海社会科学院出版社，2004，第140页。

③ 希伯来人的原始崇拜也是自然崇拜。《创世记》记载希伯来人有圣石崇拜、圣树崇拜、金牛犊崇拜和新月崇拜以及祖宗崇拜的习俗。进入迦南后受当地民俗影响又信仰"埃尔"（El，又译"伊勒"）神（参见《创世记》，6：2~3；14：18~20；21：33；33：20）。

亚书》,44:9)。上帝是包括人类在内的宇宙万物的造物主,任何空间地理或人类民族的界限都无法阻碍上帝权能的行使。强调上帝对宇宙和整个人类的主权,这是超越了族群或邦国界限的帝王权力的象征,是古代近东精英的"天下"观(对比古代中国帝王的天下观①)。只不过,这种同万物万民的关系是以扭曲的形式体现出来的。它反映了任何有抱负的民族和统治精英的意识形态,是包括以色列在内的许多国家所向往的②。

(2)神的人格化。传统诸神,不是带有魔的特性,就是显示纯粹"力"的恐惧作用。对人类而言,它们是外在的。希伯来人的上帝雅赫维(Yahweh)——基督徒或西方称为耶和华(Jehovah)③,不仅具有上述特征,而且更重于彰显对人的关爱、厚待和恩典的一面,是一个人格化的神。对于犹太人(包括整个人类)而言,这个神是内在的、在场的、无时无刻不与人类生活在一起。难道他不是一种人格化的"命运"或"历史"本身?希伯来圣经中的上帝雅赫维(《旧约》中的耶和华),不完全像其他文化中的神那样,是一个令人恐惧、人们设法回避的神灵,而是一个以亲情关怀着世界和人类,挂念人们福祉的神灵。正如希伯来先知何西阿(Hosea)所说,他(上帝)是慈父,更像慈母,而以色列则是他备受关爱的婴孩:"以色列年幼的时候我爱他,就从埃及召出我的儿子来……我原教导以法莲〔Ephraim,约瑟(Joseph)之次子,其后代是以色列十

---

① 中国古代帝王是"天下"的最高主权者,所谓"皇天眷命,奄有四海,为天下君"(《书经·大禹谟》),其通俗解释"普天之下,莫非王土,率土之滨,莫非王臣",便是最好的表达。这种主权不可分割("天无二日,民无二主")并要求"尊王"。去掉圣经神圣的光环,这与希伯来人的表达是有相近之处的。不过,两者也有明显区别,中国的天下观是主权在世俗帝王,而希伯来人的则在上帝,上帝时刻评判世俗帝王。

② 《旧约》中,以色列人总是把自己看成享有特殊地位的民族,也就是一个"统治民族"。波斯帝王居鲁士和大流士也对以色列人的上帝感到"惊异"、敬仰或"感动"(参见保罗·梅尔编译《约瑟夫著作精选》,王志勇中译,第14章第4、5节,北京大学出版社,2004),这折射出他们的帝王心理和帝国观念,与这种意识形态是有亲和力的。

③ 希伯来圣经从始至终都对上帝的本名怀有极为崇敬的心理,尽量避免直呼其名。因此,人们不知其如何发音。希伯来文只有大写字母YHWH,而没有元音。后人以"Adonai"("我主")的元音用于YHWH的元音。于是,希伯来文写成"Yahweh"(雅赫维),拉丁文误称为"Yehovah"(耶和华)。

二支派之一的以法莲支派〕行走，用臂膀抱着他们……我用慈绳爱索牵引他们，我待他们如人放松牛的两腮夹板，把粮食放在他们面前"（《何西阿书》，11：1、3～4）。有时，上帝还被描绘成丈夫（《杰里迈亚书》，31：32；《何西阿书》，2：14～23），或部族的首领。《创世记》（26：24；31：5、29、32等）多次提到上帝是"我父亲的神"，凸显上帝参与人类的家庭生活。上帝帮他们找配偶、生孩子，和他们亲如一家，满足他们的生活和情感需要①。这种不仅仅靠礼仪来满足信仰的需要，而是把人的信仰与实际生活联系起来并在其中产生意义的宗教－文化模式，或使人类文明教化的模式（与希腊以"知识即美德"进行文明和教化的模式，中国以儒家伦序和礼俗进行文明和教化的模式，印度的巫术－祭仪－内心自控的模式形成对照），确实是希伯来人的一大发明，对犹太文明和西方文明有着深远的影响。

（3）宗教"神学的理性主义"②。西亚－近东地区，如巴比伦，不仅盛产多种宗教观念，而且创造各种巫术。然而，如韦伯所言"特别要提的是巫术在以色列并未占有如其余他处一般的重要地位"。这并非意指巫术在古代以色列民众实际生活中不经常存在，而是说其命运在希伯来圣经的虔信当中取决于律法书教师对它有系统地打击的程度。以色列有各式各样的巫师，但在圣经信仰活动中他们受到以利未人（Lēwî）为代表的"理性"的教师〔"拉比"（Rabbi）〕势力的抑制。在主导大局的上帝雅赫维信仰圈里，知识的担纲者"是利未人，而非巫师"③。这与另外两种轴心文化的主要载体——印度婆罗门和佛教徒与中国儒家的士大夫阶层是类似

---

① 希伯来人对神雅赫维（耶和华）的崇拜是在沙漠游牧民族中诞生和发展起来的（从与其有亲缘关系的部落借用来的），雅赫维原为沙漠部落神。作为游牧部落的神，他当然也体现其出身和来源的特性，即好战和暴力的非理性特性（人性的另一面）。这与某些印度的神灵（如湿婆）有些类似（区别在于印度的神是模范式的超越道德的，希伯来的上帝是伦理性的），《旧约》对此有多处描写。这种"负面特征"反映了雅赫维最原始的结构（也是人性的最原始的结构）。这也是后来基督徒最困惑的地方。《新约》的上帝便发生了变化。上帝的本性也是随着人性的演化而演化的。

② 马克斯·韦伯：《韦伯作品集 XI：古犹太教》，康乐、简惠美译，广西师范大学出版社，2007，第 293 页。

③ 马克斯·韦伯：《韦伯作品集 XI：古犹太教》，康乐、简惠美译，广西师范大学出版社，2007，第 285 页；马克斯·韦伯：《韦伯作品集 V：中国的宗教　宗教与世界》，康乐、简惠美译，广西师范大学出版社，2004，第 212、273、277 页。

的，只是他们的知识取向根本不同，但基本上都排斥巫术和狂迷，强调伦理和慈善是不容置疑的（需要指出的是，婆罗门原是巫师，后转化为一个掌握教权、有教养的种姓。他们虽然拒斥迷狂，但仍带有古老巫术痕迹，且慈善方面也与佛教和犹太教徒无法相比。中国的儒士反对狂迷，但对巫术持一定的容忍态度，即使对此怀疑也往往"无可奈何"）①。正是由于利未人的律法书精神在宗教文化中具有主导性，摩西才没有被塑造成巫师。

巫术是"强制神"，这是一切早期祭祀宗教的特点。希伯来宗教文化也曾经带有这种巫术现象，如早期战争神谕传说里的巫术性政治预言（《利未记》，20：27；《列王纪下》，23：24）。随着圣经宗教文化的发展，顺从上帝雅赫维（永远听上帝的差遣），无条件信赖他的旨意越来越居于主导地位，于是，以色列人越发变得与周边世界（尤其是巴比伦）不同，强调与周围文化的差异与对立：不想借法术解救国家，而是靠忏悔与赎罪、圣约、上帝的拯救和恩典这样的伦理性方式来解决问题，亦即"奇迹"（"源于神有意义的且可理解的意图与反应"）代替"魔法"（不可理解的）。这样犹太教文化便走上一条神学理性化的道路，它影响到以色列民众生活的方方面面。

（4）契约性宗教。希伯来圣经（希伯来正典）宗教的一个突出的特点是，其经典是一种契约，是上帝与人类祖先的盟约，即"圣约"（从基督教的角度看，称为"旧约"）。这是一种契约性宗教。本来契约是古代近东地区一种常见的制度文化，主要用于经济、政治方面。如强国赫梯与一些小国订立的条约，其中罗列了附庸国对宗主国的义务②。但这只是以法的形式出现的。希伯来人应当受其影响③。他们把契约用在宗教的形式上，实为罕见。上帝对以色列关爱、恩典和应许，以色列民在西奈山立誓只侍奉、敬拜这位唯一真神，这构成了一种契约关系。这种关系成为希伯

---

① 马克斯·韦伯：《韦作作品集Ⅹ：印度的宗教——印度教与佛教》，康乐、简慧美译，广西师范大学出版社，2005，第173～178、278～307页。

② C. E. Mendenhall, 1955, *Law and Covenant in Isral and Ancient East*, Pittsburgh: Presbyterian Board of Colportage.

③ 《圣经》中希伯来人与上帝立约在形式上与当时该地区流行的方式是近似的。例如，与当地的形式一样，希伯来的盟约也有通报姓名（《出埃及记》，20：2），背景因素（《出埃及记》，20：2），给对方要求、记录在案（《申命记》，27：1～8），见证人（《出埃及记》，24：4；《约书亚记》，24：25～28），诅咒与祝福（《申命记》，27：11～28），等等形式。

来宗教观的关键因素，也是以色列民族意识的核心，后来主导犹太人的民族生活。这就是圣经赋予盟约以"圣约"意义。如韦伯所言："以色列的独到之处，首先毋宁是在于，宗教性的'契约'普遍深远地延伸成为各种极为不同的法律关系和道德关系的真正（或思想上的）基础。"① 这就是为什么当某些犹太人因受迦南文化影响而同时崇拜其他神祇（如金牛等）时被认为大逆不道的根本原因。多神崇拜是破坏圣约的首罪（在犹太人那里此罪胜过偷吃智慧之果的"堕落"②）。一个盟约变成圣约，以色列宗教－文化的生命力也就在此。它后来通过新约的形式对西方的契约观念的形成和发展是颇有影响的。

（5）极强的宗教伦理性。希伯来圣经是"圣约"，"神话被扭转到伦理的方向"③。它形成的历史事件和过程表明犹太人的宗教具有强烈的伦理性，被称为伦理一神教（这是近东宗教的特点，由存在一个人格化的、超越的、伦理性的神所致）。韦伯在谈到先知预言时曾指出④，预言分为两种："伦理型预言"与"模范型预言"。前者要求人们把服从当作一种伦理上的义务；后者则诉诸榜样的力量，即先知以身作则，模范行动，明示他人的救赎道路。他在传道时不提神圣使命和伦理义务的服从，而是诉诸那些渴望得到救助的人的自身需求，推荐自己所走的道路。前者以摩西、琐罗亚斯德、耶稣和穆罕默德为代表，后者的典型是佛陀。两种宗教的力量明显不一样。希伯来圣经中叙述的"出埃及记"（身为奴隶的希伯来人在上帝雅赫维的神圣召唤和摩西的引领下逃离埃及）和西奈山事件（摩西在西奈山以神的名义颁布律法——"十诫"，并要求以希伯来人作为对神的报答而给予绝对服从），是圣经的核心，也是希伯来文化的核心。摩西十诫基本上是道德上的要求（"律法"一词大概是受外来影响的结

---

① 马克斯·韦伯：《韦伯作品集Ⅺ：古犹太教》，康乐、简惠美译，广西师范大学出版社，2007，第114页。
② 旧约对与救赎思想相关的"原罪"观念只是给予了个别暗示（《何西阿书》，6：7）。此一观念的盛行是从基督教开始的。
③ 马克斯·韦伯：《韦伯作品集Ⅺ：古犹太教》，康乐、简惠美译，广西师范大学出版社，2007，第295页。
④ 马克斯·韦伯：《韦伯作品集Ⅶ：宗教社会学》，康乐、简惠美译，广西师范大学出版社，2005，第71页。

果。按照圣经本义，它既不是法律的，也非是法则的，而是伦理的，因此，称"诫命"是最恰当的），而非仅仅关注逃出法老魔掌的犹太奴隶们是否履行对神崇拜等应尽的宗教义务。这反映出希伯来人宗教和文化具有极强的伦理道德取向。如前面所述，圣经的主题——也是希伯来文化的主题，在上帝雅赫维看来，或希伯来民族共同体认为（前者是以神的名义来表达的方式，后者是世俗的表达方式），诚信和坚持公平正义比形式上的宗教礼仪重要得多（充分显示犹太教是伦理宗教而非祭祀宗教，后来中世纪末期基督教宗教改革时，马丁·路德对罗马教廷批评和攻击的焦点也在于此）。这是希伯来社会－文化最核心的价值取向。十诫概括了这些价值观，它在许多关键方面，可以说为后来犹太人社会生活制定了原则。出埃及的混乱的奴隶是以此逐渐被教化和文明化的。

（6）宗教的救世性质。《旧约·申命记》（26：5～10）言：

> 我祖原是一个将亡的亚兰人，下到埃及寄居。他人口稀少，在那里却成了又大又强、人数很多的国民。埃及人恶待我们，苦害我们，将苦工加在我们身上。于是我们哀求耶和华我们列祖列宗的神，耶和华听见我们的声音，看见我们所受的困苦、劳碌、欺压，他就用大能的手和伸出来的膀臂，并大可畏的事与神迹奇事，领我们出了埃及，将我们领进这地方，把这流奶与蜜之地赐给我们。耶和华啊！现在我把你所赐给我地上初熟的土产奉了来。

在约翰·德雷恩（John Drane）看来①，没有什么语言，比这更能概括希伯来《圣经》的主要内容和救世性质了。这段古训以寥寥数语道出了犹太民族记忆中最为深层和至为关键的成分，讲述了上帝如何将受奴役的犹太人先辈——希伯来人救出埃及这个苦海，使他们成为受恩典的独立民族，也道出了犹太人为什么必须对上帝报恩、崇拜和顺从的根源。

除了出埃及外，后来作为"巴比伦之囚"的犹太人返回故乡也被视为很好的救世范例。两者构成了完整的救世和报恩观念，不论对古代犹太

---

① 约翰·德雷恩：《旧约概论》，许一新译，北京大学出版社，2004，第32页。

人的信仰，还是对广义的犹太文化传统都产生了深远的影响①。尤其是，《出埃及记》所表达和代表的意义如今已成为犹太文化的核心部分，是犹太民族意识的一个元素。一代又一代，每当在逾越节（Passover 或 Pesach）上犹太儿童问及为何要过这个节日，为什么要纪念出埃及事件时，大人都会以传统的方式告诉他们：我们的先辈在埃及受法老奴役，是我们的神雅赫维用大能的手和膀臂把他们带出埃及，若不是这位万福之源的圣者的救赎和恩典，我们世世代代还在受奴役，也不可能有独立的民族和国家。因此，不断地讲述这个故事便成为以色列人的使命和义务。

关于救世宗教，如前所述，在琐罗亚斯德教那里已经从另一个文化中有所萌芽。犹太人的宗教比它来得更强烈、更突出和更成熟。它强调以下几个方面。

第一，上帝的超越性和启示作用。按照《创世记》（1：10、21、26、31等）中的说法，上帝创世造人。起初，世界和生命都是"好的"，是得到上帝赐福的，人生活在美好的天堂里。这里没有任何前文提到的巴比伦文化中那种"悲观主义"因素（世界是由原始恶魔提阿玛特的尸体形成的；人是由"罪神"大魔王——金古的血所塑造而成的等）。因为人是"上帝的形象"（imago dei），即上帝按照自己的形象和样式造人。然而尽管如此，《创世记》很快便通过对亚当夏娃故事的叙述转向相对悲观，即由于人类祖先一系列错误和原罪，人堕落了，不能再居住在天堂里了。从此人类随着处境的改变开始了其作为一种生命的痛苦历程。这是人类自己行为的结果（上帝对此没有责任）。它标志着希伯来类型恶根性文化的产生（暗示人在世俗世界有根深蒂固的弱点）。众所周知，《创世记》这一部分的编撰在时间上出现得较晚，起码比《摩西五经》许多章节晚得多。后来之所以在《圣经》中要补上这一部分，其用意是为了说明人类堕落而不能自拔，只有信靠上帝并借助其启示和恩典，才能得救。也就是说人自身是无法自我拯救的。正因为如此，希伯来宗教文化通过对美索不达米亚古老神话传说的选择、批判、加工和再创造，形成一种新的范式，即超验性（超越性）秩序与现世秩序

---

① 《出埃及记》对后来流亡和移民美国的基督教新教徒也有着广泛而深刻的影响。这些曾在英国受歧视和迫害，后出走美国的清教徒常把其出走美洲新大陆与犹太人出埃及相提并论。

之间形成张力的范式①。通过这超越性秩序，人类秩序获得建构的启迪和改变的动力和方向。这也就是为何此种宗教文化成为著名轴心文化的缘由。它是犹太民族的，也是广大基督教世界的，就其影响而言，又成了一种世界性的范式，因而也是人类的。当然，在基督教形成以前，只能说该文化隐含此种价值取向，而非主流意识。对于民族主义的犹太人而言，他们只关心自己的拯救问题。正如《出埃及记》阐释的，作为奴隶的希伯来人不是靠自己的意识觉醒和努力逃出埃及的，法老的长期奴役已在他们心中深深内化和固化了。他们从来没有意识到能够摆脱它，是上帝的启示使他们醒悟，看清了解放的道路。这是不是暗喻人类需要超越性文化的启示或启蒙？

第二，神选（上帝拣选）的观念。希伯来《圣经》（《旧约》）上说，以色列人是上帝的"特选子民"［"耶和华从地上的万民中拣选你们特作自己的子民"（《申命记》，14：2）］，他们负有上帝委托的特殊使命。上帝之所以选中他们作第一选民，按其说法，是因为他们对神雅赫维（耶和华）最忠实以及具有最优秀、最圣洁和正义的素质，最能体现上帝的旨意。因此，上帝首先让他们得救，然后通过他们在全世界传播上帝的旨意，让世人全都像以色列人那样崇拜上帝，学习和遵守诫命，从而完成上帝的特殊使命，即通过上帝的仆人，上帝的旨意必将实现，他将为以色列带来祝福，同时也将其成为"外邦人的光"，施行上帝的救恩，"直到地极"（《以赛亚书》，49：6）。这是不是意味着救世需要榜样的作用和从人类最优秀者开始？（当然，所谓优秀者是轮流坐庄的，不断变换。）

第三，罪与罚、悔过与救赎的宗教和历史观。以色列是一个夹在列强之间多灾多难的小国。其国人的祖先远在形成民族或国家之前，便曾有在埃及备受煎熬几个世纪的历史，这在希伯来圣经中有被看作是苦行、赎罪（赎"原罪"）的意思②。后来，犹太人对成为"巴比伦之囚"和回归故乡的描写，更加丰富了这一思想。"加路特"（Galuth，放逐、苦行、赎罪

---

① Theodor H. Gaster, 1969, *Myth*, *Legend*, *and Custom in the Old Testament*, New York: Harper & Row; Yechezkel Kaufmann, 1960, *The Religion of Israel*, Moshe Greenberg, trans., Chicago: University of Chicago Press.

② 《创世记》（15：13、16）："耶和华对埃亚伯兰说，你要的确知道，你的后裔必寄居别人的地，又服事那地的人，那地的人要苦待他们四百年"，"到了第四代，他们必回到此地"。

之意）和"苟拉"（Geollah，从放逐中得到解救并回到祖先之地的意思）最能体现这一思想。每当以色列人处于苦难、放逐和被救之时，都被其看作是上帝雅赫维所做的工作。世界的创造和以色列的历史（犯罪、惩罚、悔过和救赎的过程）都不是偶然的，它被认为是上帝的安排和意志的体现。《圣经》（《旧约》）中从头至尾的讲述，归根结底是要向人们表明，上帝是一个时刻关照人类（首先关照以色列）命运的公义之神。他是至善的化身，也是恶的判定者和审判者。他严格按照善恶报应的原则（近东一贯的思想）治理世界。凡人类信奉、崇拜和顺从他即是善，而违背其意志和诫命，崇拜偶像或异教神祇（圣界），或道德败坏（俗界），则为恶①。以色列先祖受苦待，是因为有原罪。后来以色列人被掳为囚，是背信弃义（违背上帝之诫命）所致。然而，以色列与上帝是有神圣盟约的。只要以色列人受苦，认罪悔过，还会得到上帝恩典，救赎随之而来。受苦和救赎完全是上帝安排的历史过程。这实际上是以宗教的形式表达出人类社会变迁或发展中的历史辩证过程。

第四，救世主和末世论。犹太人与上帝有神圣的盟约。当犹太人在流亡中幡然认罪悔过时，上帝便会对其进行救赎："日后我必将从那里将他们招聚出来，领他们回到此地，使他们安然居住"，建立"公平和公义"之国（《耶利米书》，32：37；23：5~6）。但是，在拯救活动中，永远关爱人类（尤其是以色列人）但又隐而不现的上帝不会亲自出马，而会派遣一个弥赛亚（受膏者，意为救世主），以上帝使者的身份出现，拯救犹太人，完成使命。如马克斯·韦伯认为的，末世论与拯救观念在当时波斯统治的近东－西亚地区广泛存在，但由于与上帝的圣约关系以及当时的处境，这种对末世与拯救的期待在犹太人中更为强烈："预言的重大压力，使得以色列变成这样一个程度无与伦比的'期待'与'等候'的民族。"② 西方学者普遍认为，最能体现希伯来宗教意识的核心部分，就是对救世主弥赛亚降临和拯救世界的信仰，因为它与犹太人在人间最终建立

---

① 这是彻底的一元论的善恶观，不同于二元论的善恶观。前者出于一神的观念，是一神论所致，后者则把善恶分成两个本源（善神与魔鬼）。

② 马克斯·韦伯：《韦伯作品集XI：古犹太教》，康乐、简惠美译，广西师范大学出版社，2007，第304页。

天国（最后的公义社会）的信念结合起来，并找到如何建立的方式。这也是后来基督教继承和最为推崇的部分，成为耶稣是基督（救世主）这一基督教信条的有力根据（旧约对新约的暗示）和救世主必要性的原则。我们人类建立善或公义的社会或国家，总是需要救世主的观念，牢牢地印在包括希伯来人在内的闪族人民的心里。

那么救世主和救世方式是什么样的呢？关于这个问题希伯来圣经似乎给出了两种模式。一种是先知加上英雄的类型，即摩西模式：他领导人民以暴力和革命方式完成神雅赫维交付的使命。另一种是"仆人之歌"描绘的模式（见《以赛亚书》，42、49、50、52、53），即上帝的仆人（似乎暗示被掳到巴比伦的犹太精英）代替全民族受难，为全民族赎罪的模式："人打我的背，我任他打，……人辱我、吐我，我并不掩面。"（《以赛亚书》，50：6。）上帝的仆人——救世主"担当我们的忧患，背负我们的痛苦……他为我们的过犯受害，为我们的罪孽压伤。因他受的刑罚，我们得平安；因他受的鞭伤，我们得医治"（《以赛亚书》，53：4～5）。这简直就是后来基督教中耶稣的形象和方式，预示了基督教的问世，反映出希伯来宗教文化达至顶峰。在此，我们看到，作为轴心时代文化的希伯来文化，它给后世传递了两种不同的文化信息或模式。一种是英雄式的，以暴力和革命方式进行的救世文化。其在《圣经》中的体现者是摩西①（上帝雅赫维以战神的面目出现，引导摩西率领希伯来人重建社会和开辟新天地。这种方式也是后来许多基督徒讳莫如深的），后来为穆罕默德所继承，伊斯兰教是这种方式的最佳体现。另一种模式是和平的、非暴力的、仆人赎罪式的救世文化。其典型是后来基督教中的耶稣（某些方面类似佛教和耆那教文化，是否受其影响不得而知）。两种模式时间上相隔很远，反映了犹太人的心理变化和分化（希腊化和罗马时期犹太人的民族大起义与一部分希腊化的犹太人坚持走非暴力反抗的道路形成鲜明对比），它们都对后世有很大的影响。

从巴比伦返回家园被犹太人视为新的出埃及行动，犹太人和民族的又一次重生。不过，与上次不同，这次解放是与上帝建立"永约"，是永远

---

① 《旧约》中末世的弥赛亚并不是超自然的存在，有时被比喻为一个救世国王，有时又似乎指祭司或先知。这是古老东方英雄救世传统的延续。

的救恩（《以赛亚书》，55：3），重新建立的国家是人间的天国，永恒幸福完美的社会——"永乐必归到他们的头上"（《以赛亚书》，51：11）。从这时起犹太人思想中又一次有了乐观主义精神，末世论也第一次被勾勒出来（见所谓《第二以赛亚书》，即《以赛亚书》第40～50章）——反映了波斯文化和琐罗亚斯德教的影响（尽管末世论来自琐罗亚斯德教，但与此不同的是，它在犹太和基督教文化中远比在琐罗亚斯德宗教中占有更中心的地位）。末世论讲的是对新的完全不同的世界的期待，这对此后世界思想有很大的影响。凡是要求建立一个完美社会的思想都明显或潜在地受到其影响。例如，某些乌托邦思想以及《国际歌》中有关"这是最后的斗争"的歌词在本质上是不是有末世论的色彩？这反映出人类需要理性，但也需要信仰，而一切真正的信仰最终又暗含着宗教文化心理的古老渊源。希伯来启示文化（信仰）与希腊哲学（"智慧"和"理性"）一样，构成了西方文化的来源，并与此形成巨大的文化张力。

　　希伯来圣经文化虽然把犹太人作为上帝的"特选子民"，对犹太民族给予特别关注，但其终极目标并非只停留在此点上。《圣经》阐述上帝雅赫维对人的主权不受民族或种族的局限，它是以普世的观点观察上帝的作为的，认为信仰普遍适用于全人类。也就是说，上帝不单眷顾犹太人，而且对整个人类，甚至万物，都有着普遍的关怀，上帝介入以色列的历史是为了拯救地上的（现世的）人类万族。例如，希伯来《圣经》（《旧约》）故事一开始，上帝就应许以色列始祖亚伯拉罕及其妻子撒拉说，他们蒙召，为的是"你也要叫别人得福……地上的万族都要因你得福"（《创世记》，12：1～3）。人类是按照上帝的形象造的（《创世记》，1：26～27），他们之间形成亲缘关系，本是一家人，分裂不是上帝的本意。这样，希伯来圣经就暗含着一种普世主义的因素（这只是隐含而已，以色列民族并未意识到，正如前面所讲的那样，他们后来为民族生存所迫走向民族主义，甚至我族主义）①。

---

　　① 希伯来《圣经》（《旧约》）在这方面前后是矛盾的。以色列定居迦南后，《民数记》《申命记》（《约书亚记》和《士师记》稍逊）表现出对当地原住民的仇恨，对迦南人有计划屠杀的故事描写，与其他神灵残暴无常的宗教描写同样令人发指。雅赫维（耶和华）不仅许可这样做，而且还要求以色列人如此行事。神雅赫维在此成为战神形象，故事描写带有种族主义，似乎是与《圣经》总体含义相悖的。这也是后来信仰《新约》的基督徒每当读到此处便深感困惑，从而要从《旧约》中撕下这些篇章的原因。

这种因素在《旧约》后部分更加明显，这与一神论的发展过程、波斯帝国世界主义和亚历山大的希腊化世界主义（斯多葛主义）的出现是一致的。

三 犹太宗教文化的社会学意义

对于犹太人而言，其作为共同体的历史延续，不仅是"民族主义"问题，而且更是以"特选子民"观念为基础的宗教信仰和圣约问题。以色列是上帝雅赫维拣选的，是他的子民。在这种情况下，犹太民族是被神意神圣化的。也就是说，其民族性与宗教性大体一致。犹太人只有坚定信念，坚守神的圣约和神的律法，才能有效维持其作为一个民族共同体的存在，否则其社群（共同体）的认同、凝聚和延续是不可想象的。这也是他们的文化传统和抗拒各种同化的法宝。因此，他们的宗教对于社会具有强烈影响。这主要表现在以下几个方面。

（1）社会整体意识。犹太教归根结底"是一个少数族群文化识见的表现"①。因此，希伯来圣经非常强调以色列作为一个共同体的整体意识和经验。西奈山事件不仅仅是摩西本人的事情，它代表的是所有犹太人的经历，因而是民族共同体的事情。摩西是以民族的化身和被选子民的共同代表出现的，社群整体概念是通过"集合人格"来表达的。它与宗教信仰相关，而不仅仅是民族问题。现代西方人对于旧约和古代以色列社会中的这种思想是难以把握的。欧洲启蒙运动形成的传统已经使西方现代社会逐渐原子化（从"共同体"演化成滕尼斯所说的"社会"，"系统整合"的社会或"抽象的社会"），人们习惯和强调个人作用的思想和行为方式，社会被认为是个体的总和。这种广泛渗透的个人主义对于《旧约》作者或以色列（包括犹太人社群）肯定是陌生的。在以色列，家庭、村庄、部族和民族是最重要的，一个人只有在同他人享有良好的关系时（体现同是子民的互爱），才能找到成就感。快乐与人分享，痛苦与人分担，这是犹太宗教共同体的基本文化。反之，在这种社会，没有朋友，将受人唾弃，是最有伤尊严的事情。没有什么比孤立更令人可怕了。只有当一个人

---

① W. E. 佩顿：《阐释神圣》，许泽民译，贵州人民出版社，2006，第 38 页。

真正成为共同体的一分子时，其人生才最有价值（参见《耶利米书》，15：17；《诗篇》，102：6～7）。即使今天以色列人依然保有很强的共同体和社会整体意识。这种意识深深地贯穿于希伯来圣经和以色列社会的始终。犹太人的社会整体意识不仅来自血缘、亲缘、民族、法律和政治，而且最重要的是源自宗教，上帝的观念在其中起着首要的作用。上帝雅赫维是社会的中心、整合的源泉、凝聚的力量。因此，这种社会整体性带有神圣性。没有对雅赫维信仰的犹太教，犹太社会的共同体性和整体性是不可思议的。

（2）社会平等。上帝面前，人人平等。这是犹太圣经宗教社会的一个突出特点。圣经表达了这种信息和信念：上帝对以色列民族真正的呼召是，依照圣约（与上帝的盟约）彰显其自身的性格，构建一个平等的社会。这种社会平等观念是在"西奈之约"影响下形成的。它植根于对人类社会完全不同的认识，其中没有等级制度存在的余地。在一种以奴隶得救的故事为精神基础形成的国家或社会里，其集体身份和圣约理论本质上很难容许某个人或阶级享有高高在上的地位，形成等级尊卑文化。因为"上帝照着自己的形象造人"（《创世记》，1：27），而按照上帝原形造出的人不应有两样。因此以色列从轴心时代开始没有大规模的奴隶和农奴制度，更没有其他民族在古代普遍存在的兽性酷刑。

所有人都按上帝的形象所造这一说法意味着，每个人的存在都有同样的价值和重要性。这一原则不仅用于同一社会或民族，而且超越民族界限。圣经宣称我们同属于人类，这暗示不仅社会中没有哪一个或一群人比其他人更重要（甚至存在神性），而且也没有一个民族比另一个民族更重要。在上帝面前，所有男、女都是平等的，只有被拯救的先后次序之分，没有被拯救与不被拯救之别。上帝给以色列以特选子民的地位，最终是要通过这个上帝子民的风范作用拯救全人类。这样，圣经宗教不仅把平等信念给予一个社会或民族，而且给予世界和人类。这是隐含的普遍主义的又一种体现。

（3）社会救济与天下为公。仁义、公平和正直是以色列先知们讲道的主题（见《箴言书》）。先知们呼吁富人对穷人的救济，倡导发展慈善事业。"犹太律法是唯一一部要求人们帮助无助的人，尤其是寡妇和孤儿的律法。"[1] 不仅如

---

① 斯蒂芬·米勒等：《圣经的历史》，黄剑波等译，中央编译出版社，2008，第26页。

此，他们还主张把社会救济与社会公义联系起来，认为社会公义是人类的根本需要，而财富向少数人集中是社会两极分化的源泉。因此，重要的步骤是消除社会不公："你当为哑巴［不能自辩的］开口，为一切孤独的申冤。你当开口按公义判断，为困苦和穷乏的辩屈。"（《箴言书》，31：8～9。）这是把上帝仁爱的思想应用于世俗社会。

古代迦南城邦属于传统君主社会，有强大富有的统治阶级，土地为君王所有（《撒母耳记上》，8：11～17），这与以色列部族形成强烈对比。圣经一直把古老部族制度下的财产所有制度奉为理想社会。这种取向至少使以色列在古代没有形成封建土地所有制，即使在所罗门王国时期也是如此。社会平等要求所有以色列人享有同样的基本权利。在古代以色列社会，所有土地都被视为属于上帝的（上帝赐予以色列"流奶与蜜之地"），如韦伯所言①，"是神的资产，而以色列人不过是居住其上的神的寄居者"②，土地作为非交易品信托给家庭，让他们代代相传使用（《利未记》，25：23）。以色列希望以此种方式避免地主阶级的产生，维系全民平等。当然，以色列不断受到社会内部分化和周边社会，如迦南封建城邦的影响，聚敛财富的人大有人在。但他们经常受到先知以圣经的名义的谴责（《以赛亚书》，5：8；《弥迦书》，2：1～2），包括国王也难以避免（《列王纪上》，21）。律法禁止私自移动土地界碑、放高利贷等行为（《申命记》，19：14；23：19～20）。

古代以色列虽然没有大规模的奴隶，但是少量债务奴还是存在的。旧约社会伦理显示出对弱势群体的极大关怀。这在对待奴隶问题上表现得明显与其他社会不同。奴隶明显被视为人类和有个人权利的人（与希腊、罗马视奴隶为"会说话的工具"明显不同）。他们可以指望获得自由（《出埃及记》，21：1～6），而且从主人那里逃跑的人，仍被看成有同样权利的人（《申命记》，23：15～16）。主人必须定期让奴仆休息一天，还必须承认自己只能在有限的范围内支配另一个人的生活（《出埃及记》，23：

---

① 马克斯·韦伯：《韦伯作品集XI：古犹太教》，康乐、简惠美译，广西师范大学出版社，2007，第107页。

② "寄居者"（Ger），意为被"保护民"或"逗留者"，地位处于自由人与奴隶之间。虔诚以色列人有时自称是上帝耶和华面前的Ger（《诗篇》，39：12）。

12；《申命记》，5：12～15）。主人若使奴仆受伤，要给予其自由作为补偿（《出埃及记》，21：26～27）。倘若主人打死奴仆，被视为严重犯罪，共同体会出面替死者主持公道（《出埃及记》，21：20），给予犯罪者惩罚。如果一个以色列人不得不卖身给一个寄居者，他的氏族或他自己随时可以赎回（《利未记》，25：48），对负有债务责任的以色列人（债务奴）要给予自由民对待（《利未记》，19：13）。对奴仆的利益如此关注，在古代近东社会是绝无仅有的①。这同时也表明，对人的奴役和草菅奴仆性命与《圣经》中的意识形态是背道而驰的，被视为是对共同体信仰和社会伦理的挑战。上帝对奴隶的拯救（如出埃及等），不允许人对人奴役。以色列社会性质之所以与众不同，并不纯粹是出于人道主义，更重要的是宗教原因，是以色列在形成时认识了上帝雅赫维并与之订立盟约的结果②。以色列的民族身份和所有成员的地位都是建立在对上帝的本性的认识和盟约这一坚实基础上的：起初他们都是贱民，是上帝的慷慨恩惠使得他们有了国家和主人的地位，因此践行盟约是必须履行的义务。这种思想不仅在以色列形成时期，而且在此后从分裂到流亡和自治的整个历史时期，都产生深远影响。也就是说，他们不是对某个阶级或专制体制负责，而是对上帝负责。

（4）宗教、伦理与社会（社会的宗教伦理性质）。与古代其他社会一样，犹太社会十分强调伦理因素。但是，不同的是，犹太民族是把伦理置于一神论的宗教基础上。他们把绝对的善、正义、伟大、至上赋予了上帝。唯一的超凡的上帝为人类设立了评判善恶是非的标准。所有的伦理原则都是上帝的阐释和启示。公义被看作是上帝的属性，《诗篇》就曾有"耶和华啊，你是公义的，你的判语也是正直的"以及"公正和公义是上帝宝座的根基"这样的论述。因此，在犹太文化传统中，没有纯粹的世俗美德，美德都因上帝的缘故而是神圣的、宗教化的。通过上帝"做的工"和上帝与以色列民族的关系历史（上帝参与以色列人的实际生活），人们可以认识上帝，领悟到上帝的属性和美德。人类的善良在上帝的属性中找到根据和榜样，也受到激励。"人类如何举止的知识，决定于上帝

---

① 尽管《汉穆拉比法典》对债务奴有时间规定，对奴隶人身与财产有法律保护条款，但巴比伦社会对此缺乏以色列人那种上帝治下的共同体式的关爱。

② 约翰·德雷恩：《旧约概论》，许一新译，第11章，北京大学出版社，2004。

的举止如何。"① 它要求人们必须服从上帝的旨意。既然是上帝的子民，就要力争表现得像上帝一样——"你们要圣洁，因为我耶和华你们的神是圣洁的"（《利未记》，19：2。）在这种情况下，以色列社会充满了与众不同的伦理性质。这也是以色列社会关心弱势群体，具有强烈的整体性，相对平等，少有奴隶的原因。从本质上看，以色列人从来都把自己的社会视为一个由上帝引导的大家庭或家族共同体。每到家族的关键时刻，就会有神迹显现并被赋予宗教价值。长老、长老会议、士师（审判官）、君王、祭司都在圣约的权威下，按照上帝的旨意和宗教信仰所赋予社会的伦理行事。

这种社会是先知性的社会。先知与祭司不同，前者所传讲的是关系到民族生死存亡及活力的上帝的信息，而后者注重的是呆板、机械、空洞的礼仪。他们代表着不同的宗教文化模式。不止一位犹太先知将自己比作守望台上的守望者，当以色列民背离了上帝的道路的时候，就发出警示，对社会的恶行进行批判，呼吁人们回到上帝彰显的原则上来。先知极力反对空洞、形式化、没有道德内容的崇拜（参阅《弥迦书》，5：10；6：16；《以赛亚书》，2：12～17；10：5～15；3：12～15；1：2～3；28：14～22；《耶利米书》，7：1～15；26：1及以下；44：4及以下）。

（5）希伯来文化中的"历史"意识。古代犹太人没有世俗历史（和文献），而只有神圣的民族宗教历史，也就是上帝雅赫维拣选、恩典、惩罚和引导以色列民族苦难而神圣的历史。由于引进了琐罗亚斯德教的末世论，存在向往的终极目标和有意义的进程，这里便透露出一种时间上面向未来的"历史"观（动态的救赎史观），尽管是神学历史观。这与希腊人周期性的循环论和命运观念明显不同。犹太人的这种理论和观念对后来的基督教有直接影响，并以此间接地对现代世界给予启示。当然，现代世界史与救赎历史还是有本质区别的，正如卡尔·洛维特（Karl Löwith）所指出，"我们不可把自己现代的世俗思维穿凿附会地加进《旧约》和《新约》的'历史'意识"②。

（6）希伯来王权的非神圣性（统治类型的差异）。如前所述，在埃及，法老就是神或神的化身；在巴比伦，国王被神化，权力来自诸神。在

---

① 约翰·德雷恩：《旧约概论》，许一新译，北京大学出版社，2004，第325页。
② 卡尔·洛维特：《世界历史与救赎历史》，李秋零等译，上海世纪出版集团，2006，第220页。

以色列，王权是一种外来的体制，在外来侵略威胁下，以色列诸首领希望他们像其他民族一样也有一个国王。他们对老迈的撒母耳说："我们要一个王治理我们，使我们像列国一样，由王治理我们，统领我们，为我们争战。"（《撒母耳记上》，8：19~20。）然而，以色列人早已尊上帝雅赫维为国王——雅赫维是"大王"（《诗篇》，95：3），因此，他们许多人对立人为王持批评态度，他们认为雅赫维是以色列唯一的王。尽管《旧约》谈到耶和华（雅赫维）接受立王的举动，并称以色列王为其儿子［"我要作他的父，他要作我的子"（《撒母耳记下》，7：14）］，但由于上帝为王的意识已经深入人心，以色列人认为他们整体都是"神的儿女"（《申命记》，14：1~2）。因此，以色列人与他们的神之间这种密切关系"完全忽略了地上统治者的存在"。以色列人的国王不仅不可能被神化，而且也没有变成人民与神之间的"一个必要纽带"①。在以色列，荣辱与共的共同体与上帝的关系永远是第一位的，王权缺乏神圣性和绝对权威性。因此犹太人的王国存在的时间较短，而更多情况下是一个独特的神权体制（严格地讲是"教权制"）。原因是希伯来人在与上帝雅赫维相关联以前，各部落在通常意义的文化上表现为具有"异质性"，或缺乏同一性（认同）②。正是上帝的拣选和圣约使以色列人联合和凝聚在一起，成为统一的民族共同体。由于人民在作为国王的"臣民"以前，已经是上帝的"特选子民"，因此焦点是上帝雅赫维而非以色列王，所罗门死后以色列的分裂说明了这一点。在西亚－近东，没有其他地方像以色列那样，人民与神的关系如此紧密，与其世俗领袖之间的关系却如此松散，以至于国王的职能显得较为次要。亨利·富兰克弗特说："神的绝对超然性是希伯来宗教思想的基础"，神是绝对的、万能的、无条件的，"每个具体现象都是贬值的"，在希伯来宗教中，"人类与自然之间古老的纽带被破坏了"，不需要国王作中介推动自然的发展。"希伯来国王与每一个其它希伯来人一样处于遥远世界的神的审判之中。"③ 希伯来文化的这一思想通过基督

① 亨利·富兰克弗特：《王权与神祇》，郭子林等译，上海三联书店，2007，第340页。
② S. N. Eisenstadt, 1992, *Jewish Civilization: The Jewish Historical Experience in a Comparative Perspective*, p. 6, Albany: SUNY Press.
③ 亨利·富兰克弗特：《王权与神祇》，郭子林等译，上海三联书店，2007，第487~488页。

教对中世纪欧洲产生巨大影响。

以色列民族或国家是弱小的，但希伯来文化是强大的。以色列一直受到埃及、亚述、新巴比伦、波斯、希腊－马其顿和罗马的威胁、侵扰，甚至因此亡国和流散，但其文化却延续下来并显示了强大的生命力。之所以如此，是因为这种文化具有独特的文化价值。在西亚－近东多元的文化中，许多曾经非常强大的文明的文化都衰落了，但它却具有竞争力，脱颖而出，对后世两个圣经世界（西方与伊斯兰世界）都具有很大的影响。它得益于巴比伦文明、波斯文明与埃及文明的熏陶，与迦南文明的融合又不失自我，最后融合和创造出自己独特的文化。这种宗教－文化具有极强的范式作用，不仅为本民族，而且为人类很大的一部分民族提供了范式。

犹太圣经文化虽然暗示出（只是暗示出）一种普遍主义，但犹太人的实际做法却反其道而行之。从巴比伦返回家园的犹太精英看到许多犹太人与外族通婚，没有遵守传统律法，于是采取了宗教和种族自我隔离的政策。这是旧约历史中一大矛盾的地方。本来以色列民族最初形成的时候，曾经欢迎任何愿意接受立足于雅赫维（耶和华）崇拜的社会平等理念的人，成为合法的成员。而到故事的尾声，祭司以斯拉（Esdras）推行严格的民族划分和种族净化政策，迫使人们离婚，排斥那些无论用什么标准衡量都属于犹太人近亲的人，如撒玛利亚人（Samaritan）①。这种做法虽然使犹大自治体（犹大国的后裔）作为一个独特民族存在下来，但也使犹太人为他们民族的生存付出很大的代价。因为从深层上讲，强调种族纯正并坚持一丝不苟地遵守律例典章，虽是真信仰的关键，但也容易陷入自义、僵化的律法主义和伪善的泥潭，违背了文化进化的本质——过程和融合。犹太教和社会的这种状况也正是后来耶稣所多次谴责的（《新约·马太福音》，23：1～36）。使徒保罗后来认为（从基督教角度看），这是对真信仰的歪曲，同上帝与古以色列人之间建立的圣约关系的宗旨是背道而驰的（保罗的观点明显受到希腊化的影响，它反映出犹太人在希腊化挑战下正在发生分裂和转变的问题）。因此，到旧约时代的后期，希伯

---

① 保罗·梅尔编译《约瑟夫著作精选》，王志勇中译，六、"以斯拉"，北京大学出版社，2004，第187页。

来圣经与已经具有世界主义的近东地区的意识是如此不相符合，以致它对于广泛世界的历史作用逐渐终结了，如同希腊没有能力拓展其视野而需要外力转换一样，希伯来本身也没有这种能力。于是，更有普遍意义和适应新形势和意识的基督教文化取而代之则是自然和不可避免的了。

　　以上我们阐述了西亚－近东宗教从苏美尔经巴比伦和波斯，再到希伯来（犹太）的演化和发展进程。它们之间既有文化传承，又有显著区别。尤其是，从中我们可以看到后来深深扎根于基督教和西方文化之中的所谓"恶根性"文化在源头是如何一步步产生和形成的。这种文化，正如我们下面将要看到的，经过进一步变异在西方是如此根深蒂固，以至于成为人们的一种无意识，对西方文化和社会的建构产生巨大的影响。不过，为了更好地说明此一问题，在论述之前，我们不得不先阐述西方文明和文化的另一个重要源泉，即古希腊理性主义文化。

第三章
作为轴心时代文明的
希腊理性主义文化

轴心时代文明的形成，按埃里克·沃格林的说法，本质上是一次人类"存在的飞跃"①。其具体意指，人类从宇宙论"神话真理"破茧而出，转向"新的存在秩序真理"，并对此加以新的符号化。因此，轴心时代文化在不同程度上是以"反对神话"（"与神话决裂"）为特征的，其具有多元性（多样性）。就近东－地中海地区来说，它呈现两种在相互独立中形成的对立倾向。一方面是希伯来文化向启示宗教的转型；另一方面是希腊的哲学的出现。它们同属轴心文化，但在经验意涵上却存在天壤之别。希腊文明滥觞于《荷马史诗》产生的年代（公元前 8 世纪）。史诗主要讲述的是亚该亚人（Achaeans）②或迈锡尼（Mycenae）"希腊人"联手对付特洛伊（Troy，文化上与希腊稍有不同的一个小亚细亚城邦）的事业，这不仅把迈锡尼文化与希腊文明联系在一起，成为泛希腊的文化纽带，而且通过人的战争与神的争斗相混合的神话，为有着多种来源的所有希腊人提供了共同的民族意识［泛希腊主义（Panhellenism）］、宗教取向和政治团结的文化。如果说希伯来人的整合源于圣经（旧约），那么，整个希腊世界的文化认同起初则与《荷马史诗》及其宗教神话密切相关。尤其是其宇宙论神话宗教，即奥林匹斯诸神崇拜，是希腊人精

---

① 埃里克·沃格林：《城邦的世界》（《秩序与历史》卷二），陈周旺译，译林出版社，2009，第 69 页。

② 又译亚加亚人，古希腊四种主要居民之一，也是该地区最早的说希腊语的入侵者，他们创建了迈锡尼文明，故又称迈锡尼人。

神认同的焦点。因此，与其他文明一样，希腊文明也是在神话宗教——一种神-王-人复合体（the god-king-people complex）文化中启程的。然而，与他者不同，希腊在轴心时代的"飞跃"既没有像以色列那样转向一神论的启示宗教，也没有转向印度那种以"涅槃"／"解脱"为宗旨的宗教或中国那种以人伦关系为核心的礼俗文化，而是与众不同地转向了世俗哲学。人们常说或者如教科书所写的那样，古希腊文化是理性主义文化，其指的就是这种转型的结果。不过，实际上这是一种误读或误导。因为即使在哲学兴起的轴心时代，理性主义也只是希腊文化的一个方面。另外，在古代希腊，宗教始终存在和具有影响力①。也就是说，古希腊文化和社会始终存在两种突出的倾向。许多文化精英既是哲学家，又对宗教感兴趣，如哲学鼻祖泰勒斯②、毕达哥拉斯或柏拉图等人就是这方面的典型。大约从公元前 5 世纪起，传统的（荷马文化向度的）"奥林匹斯宗教就一直处于被责难之中"③。这种形势显然与智者运动（The Sophistic Movement）和人文哲学的兴起有关，但这并不意味着宗教本身的衰落。在奥林匹斯诸神崇拜开始逐渐式微的同时，许多原本处于边缘地位或隐晦状态的秘教，特别是狄奥尼索斯（Dionysus）崇拜（酒神崇拜）和俄耳普斯教（Orphism，又译奥弗斯教），便逐渐浮出水面。在基督教出现以前，它们越来越吸引人们灵魂的向往。于是希腊人在经历几个世纪的哲学熏陶后，兜了一圈其宗教氛围并未趋弱。只不过敬神活动从奥林匹斯诸神崇拜（宇宙论神话宗教）日益转向其他宗教。临终前的苏格拉底已俨如基督徒，这是否预示了希腊终归趋向基督教？在这种情况下，希腊人虽有爱智慧之学，但在心灵深处却另觅慰藉。最终，其理性主义文化与希伯来文化在冲突和张力中成为基督教和西方文明的建构元素。

---

① Eric Robertson Dodds, 1973, *The Greeks and the Irrational*, Berkeley：University of California Press.

② 泰勒斯的哲学是古希腊乃至西方唯物主义的源头，但他本人仍是物活论者。他曾宣称，世界充满着神（"万物中皆有神在"）。

③ 弗兰克·威廉·沃尔班克：《希腊化世界》，陈恒、菇倩译，上海人民出版社，2009，第 202 页。

一　希腊理性主义的社会起源

"古希腊人的历史是整个世界史中最不可能成功的成功史。"作为被两大文明——美索不达米亚文明和埃及文明裹挟其中的小国寡民的希腊人，"创造了世界上最了不起的文化"①。然而，把这种文化流传和发扬光大的却不是他们自身，而是别类文明中的人民。也就是说，古希腊文化是以遗产、解读和创新的形式在其他文明中延续其生命的。其中，西方自然在这方面独占鳌头。没有西方文明的辉煌，便不会有古希腊文化后来的出彩，尽管前者与后者存在"有择亲和性"。在古代近东 - 地中海诸文明中，对西方现代性，乃至世界现代性，能够在文化和思想方面给以直接灵感的，当首推希腊文明，确切地讲，是希腊文明的一部分，甚至是一小部分，即希腊理性主义（当然，基督教和罗马文明对西方也产生了较大影响）。

古希腊产生了伟大的哲学——一种在当时看来非常罕见，甚至是绝无仅有的世俗理性思想②，但它仍然是宗教社会，尽管其宗教类型与近东 - 地中海地区其他宗教不尽相同③，而且对现世的强调在一定程度上也是希腊人思想的一个突出向度（一个重要方面）。因为地处古代地中海大文明（文化带）中的希腊文明本身是难以完全超越其时代和地区基本文化特色的。在这种情况下，古希腊这一系列不断引起人们惊异的文明城邦，怎么会产生如此与众不同的世俗哲理思想呢？希伯来宗教文化颇具特色，但它的产生仍属近东思想脉络之内的事情（尽管有较大创新）。从苏美尔到巴比伦和波斯 - 琐罗亚斯德教文化，再加上埃及宗教（尤其太阳神一神教）文化和迦南文明的某些影响，最终融合和再创造出希伯来宗教文化，这看

---

① 萨拉・B. 波默罗伊等：《古希腊政治、社会和文化史》，付洁莹等译，上海三联书店，2010，第 3 页。

② 古代埃及、巴比伦、印度、波斯、犹太文明中的伟大思想都是以宗教体现的，只有中国、希腊和罗马文明产生了伟大的世俗思想，不同的是，中国聚焦在人伦关系和秩序上，而后两者则分别集中在哲理和法理上。

③ "尽管膜拜众神是古希腊生活的重要组成部分，但它从未成为权贵统治的工具"，如美索不达米亚和埃及那样（参见萨拉・B. 波默罗伊等《古希腊政治、社会和文化史》，付洁莹等译，上海三联书店，2010，第 18 页）。

上去似乎有水到渠成之势。然而，在那个时代产生希腊理性哲学和相应的社会－政治因素，似乎有些神奇，这究竟是怎么一回事呢？

1. 希腊人进入文明社会的模式

希腊从原始族群进入文明社会的模式是不一样的。马克思在《1857～1858年经济学手稿》中，区别了原始部落向文明社会过渡的三种形态：一是东方（埃及、巴比伦等）向专制主义过渡的形态；二是古代希腊、罗马的形态（古典形态）；三是日耳曼形态。这是马克思有关历史"多线论"观点较为明确的表述，尽管他没有使用这样一个术语[1]。马克思是从不同的生产方式分析问题的。东方的向专制主义转变的形态，是建立在"亚细亚生产方式"基础上的。这种生产方式的特点是，由于诸城邦（苏美尔、尼罗河沿岸）已经为暴力强制的帝国（埃及法老国家，美索不达米亚的阿卡德、巴比伦、亚述和波斯帝国）所取代，形成了凌驾于所有部落小共同体之上的统一体及其代表，也就是说，作为大一统"共同体之父的专制君主"，是国家共同体的最高统治者、最高或唯一的体现者和最终的所有者。例如，《汉穆拉比法典》碑文就宣称：汉穆拉比"为屹立于诸王之上之王"，"诚人民之父也"，是"诸大神祇所选之济世牧羊人"[2]。这多少有些类似中国的"皇天眷命，奄有四海，为天下君"（《书经·大禹谟》）的说法，或（其释义）"普天之下，莫非王土，率土之滨，莫非王臣"的说法。由于生产力水平低下，生产方式相对落后，生产往往是大规模的，如以大型水利工程为基础的农业生产。国王作为最高统治者通过徭役和贡赋的形式占有剩余劳动和产品，聚敛财富。为了维护大一统的帝国的稳定和秩序，统治者除了使用暴力外，还必须借助宗教的力量。因此君权神授，王权神化便不可避免，这也是大一统国家维持稳定的基本条件和方式（社会稳定总比战乱要好，因此专制帝国的建立者起初一般是受欢迎的）。于是就有金字塔、通天塔等这种既体现世俗统治，又彰显神性和

---

[1] 马克思关于历史呈现多线发展的观点，在马克思主义阵营内部一度未受到重视，甚至被歪曲。关于这方面的讨论，参见翁贝托·梅洛蒂《马克思与第三世界》，高铦等译，商务印书馆，1981。

[2] C. 爱德华兹：《汉穆拉比法典》，沈大銈译，中国政法大学出版社，2005（再版），第67页。

神威象征的建筑。这种文明形态反映出，君主既是世俗统治者，又是神的仆人——最大的祭司（在埃及，法老本身就是神；在美索不达米亚，国王是神的仆人——神挑选的统治世俗之地的仆人），并以神的名义和专制的方式对社会公共事务实行管理。王权与神权（政权与宗教）紧密结合，宗教集团与政治集团合一，教权缺乏独立性（与中世纪西方基督教相比而言），宗教政权化。大规模（或群体性）奴隶制而非个体奴隶制相对发达（与希腊和早期罗马相对而言），亦即奴隶更多是以氏族或部落整体为奴来体现的，如希伯来人在埃及或犹太人在新巴比伦那样。在这种情况下，原先氏族血缘关系未受到根本破坏，反而得到强化。各个作为小共同体的公社相对彼此封闭，但又没有最终的完全自主权力。个人和家庭被牢牢束缚于份地之上从事农业劳动，商品经济未能得到较大发展。这导致社会不宽容，单一意识形态化，社会缺乏活力和世俗思想创造性①。

日耳曼形态是一种原始公社制形态的变异。这种形态缺乏完全的自然历史过程，社会是在与其他更"高级"或发达的文明遭遇后引发急剧变迁的，变迁起初呈现一种非自觉的后发模式。由于日耳曼人（以及凯尔特人）社会在从原始状态向文明阶段进化中缺乏本来的缓慢的自然过程，而且是后发的，因而在经济上以公社（共同体）的形式保留了一定的变异的公有形式，在政治上保留了部分原始民主制"片段"②，在社会 – 文化上保留了部落共同体独立自治性的习俗。这构成西方社会后来不同发展道路的源泉之一。在此暂不多论。

作为古典模式的一部分——希腊文明，在某种意义上讲，也是一种后发模式（罗马文明亦同）。因为与日耳曼人吸收了所有遭遇到的先前文化

---

① 在美索不达米亚，作为人类最早文明之地的苏美尔，"说得夸张一点，和文艺复兴时期的意大利差不多"，"苏美尔也是'百家争鸣，百花齐放'，各城市相互竞争"（费尔南·布罗代尔：《地中海考古》，蒋明炜等译，社会科学文献出版社，2005，第62页），只是到了第一个帝国——阿卡德帝国的出现，那里才变得死气沉沉。

② 恩格斯在《家庭、私有制和国家的起源》中说："至少在保存着马尔克公社的各个国家——在法国北部、英国、德国和斯堪的纳维亚，氏族制度不知不觉地变成了地区制度，因此得以和国家相适应。但是，它仍保存了它那种自然形成而为整个氏族制度所特有的民主性质；甚至在它后来被迫蜕变的时候，也还留下了氏族制度的片断，从而在被压迫者手中留下了一种武器，直到现代还有其生命力。"（引自《马克思恩格斯文集》第四卷，人民出版社，2009，第171页。）

（犹太－基督教文化、希腊－罗马文化、阿拉伯－希腊哲学和科学）的优秀成果一样，这种文明也是在吸收先前地中海诸文明（克里特－米诺斯文明、迈锡尼文明、美索不达米亚文明、埃及文明、腓尼基和迦太基文化）的某些优秀成果基础上形成的，是"各种遭遇和变化的产物"①。当然，我们并不否认其自主的创新性和独特性。

美索不达米亚文明、埃及文明、克里特－米诺斯文明和迈锡尼文明是在青铜时代实现从野蛮到文明过渡的，这种过渡或文化－社会转型因生产工具和生产方式的落后而变得时间持久，自然平缓。因此远古的公社－城邦文化和制度在人们的记忆中逐渐淡化和消失了。与此不同，希腊人，尤其是多利安人（Dorian）、伊奥尼亚人（Ionian，又译爱奥尼亚人）、埃利亚人（Eleatic），是在铁器时代迈入文明阶段的②（罗马人也是如此。而再后来的日耳曼人则是在更发达的文化阶段跨进文明社会的，因而过渡时间一个比一个短）：他们与后来的日耳曼人一样，也经历了一段所谓的"黑暗时期"，两种文明之间虽有一定的延续性，但更有断裂性。由于生产工具和生产方式的改进与城邦的兴起③，他们的过渡相对短暂、迅速、剧烈和动荡（其益处是以往的文化特色，如公社民主制等，仍存留于民族的记忆之中）。这种条件优势使得希腊人和后来的罗马人能够在城市化（城邦化）和市民崛起的基础上同亚细亚生产方式（专制君主以"更高的共同体"名义占有原始公社财产的制度）相区别，发展出一种个体－家庭私有财产制度，尤其是个体－家庭工商财产制度。那种只有依靠大规模

---

① 参见马克思《1857~1858经济学手稿》，载中央编译局译《马克思恩格斯全集》第46卷（上），人民出版社，1979，第473页。

② 在希腊历史中，从青铜时代晚期（约前1600~前1200）到荷马时期或古风时期（Archaic perior，约前750~前480），中间隔有一个所谓的"黑暗时期"（Dark Age，约前1200~前700），这也是铁器时代，操印欧语系希腊语的新来者或入侵者（"印欧希腊人"）的文明，即以荷马文化或文明出现为诞生标志的古典希腊文明，就是从这个时期之末开始的。

③ 恩格斯说："发达的铁制工具、风箱、手磨、陶工的辘轳、榨油和酿酒、成为手工艺的发达的金属加工、货车和战车、用方木和木板造船、作为艺术的建筑术的萌芽、由设塔楼和雉堞的城墙围绕起来的城市、荷马的史诗以及全部神话——这就是希腊人由野蛮时代带入文明时代的主要遗产。"（引自《马克思恩格斯文集》第四卷，人民出版社，2009，第37页。）希腊人与后来的罗马人以及更为后来的日耳曼人在发展中都运气极佳。

共同劳动才能提高生产力水平和劳动效率，才能使上流社会积累个人财产的做法（如东方的大型工程那样），在此失去了必要性，因而古老的"共同体"逐渐向"社会"转变（尽管这种转变远不能与现代相比）。此外，随着大规模迁徙运动的进行，转型或过渡在迁徙中展开，以及受占领之地更发达文明的刺激，原始的纯粹自然形成的部落关系和性质便受到猛烈的冲击和破坏，血缘共同体相对迅速地转变为地缘（城邦）社会组织，从而使得个人在全新的条件下获得更大的发展①。

希腊人就是以这种不同的方式或模式进入文明社会的。不是因为他们具有特殊的"优等血统"（如"雅利安神话"所说的那样），而是由于他们遇到了较好的经济条件和社会环境并把握住了机会。其文明是幸运的产物，历史机遇巧合的结果，也就是说，是古代更发达的社会分工和商品经济发展在其中作用的结果，是城邦兴起和市民崛起所致。当这种过渡或转型接近尾声时，希腊人原有的氏族制度本质上瓦解了（尽管形式上还留有某些残余）：家庭和氏族成员关系逐渐让位于城邦公民关系，血缘关系让位于地缘关系，共同体让位于"社会"（相对而言），农村聚落变成城邦，农业经济转变为工商业占突出地位的商品经济，内陆居民（尤其是雅典人）变为航海民族。所有这些最终导致希腊产生了独特的、发达的、典型的工商奴隶制度，形成与众不同的哲理思想和国家（城邦）政治模式（雅典民主政制与斯巴达贵族共和体制是典型）。

希腊的城邦制度和工商奴隶制度是与殖民活动分不开的（后来的罗马也有类似之处）。这些制度首先是"在亚洲的希腊殖民地发展得似乎比较快，然后才向希腊本土及其它殖民地扩展"。"殖民加快了希腊的全面发展，商业创造了各种奇迹——或者至少创造了许多新机遇。"②再加上航海和贸易，希腊（尤其是雅典）也与腓尼基和迦太基一样成为航海和商业民族（斯巴达另当别论，它是希腊文明中的另类。它的作用是与"理想国"那样的思想相联系的），商业促进了希腊人的海外贸易的发展。

---

① 参见马克思《1857～1858 经济学手稿》，载中央编译局译《马克思恩格斯全集》第 46 卷（上），人民出版社，1979，第 474～476 页。

② 费尔南·布罗代尔：《地中海考古》，蒋明炜等译，社会科学文献出版社，2005，第 202 页。

他们将小麦——产自大希腊（Magna Graecia；Great Greece）殖民地、西西里、好客海地区或埃及的小麦，从海外运抵希腊大陆各港口，以满足各城邦的需要，而在城邦周围的农田改种更为合算的以贸易为目的的葡萄和油橄榄，并同时发展各种产业。这多少有些类似公元13世纪以后荷兰人重商主义的做法，荷兰人当年就是凭借这种经贸模式获得长足发展的（其结果，荷兰变成中世纪欧洲最早、最自由的国家，成为各国持不同政见者的避难所）。希腊的这种城市－商贸模式的社会学意义在于，它不仅改变了经济结构，而且改变了社会结构，为希腊理性主义的产生奠定了基础①。

一般而言，商贸模式的经济结构和以此为基础的社会结构有利于理性主义的形成，这只是一种可能性。实际上，问题没有那么简单。地中海地区许多城邦（国家）都具有商贸经济和以此为基础的社会结构，但不一定产生理性主义哲理思想。譬如，腓尼基和迦太基，如马克思所言，也是"商业民族"②，但它们就没有希腊那种理性主义。尤其是迦太基更能说明问题的复杂性。德国著名历史学家蒙森说，迦太基是古代经济十分发达的"商业城市"国家。在那里，"商业永远被视为高尚的职业，航运业和制造业都因商业而茂盛"，"由财政的观点来看，迦太基在各方面都居上古各国的首位"。迦太基城被现代学者称为"上古的'伦敦'"，"在上古大国中，我们仅在迦太基一地见到以后进步时代的经济原则"③。然而，就是这个迦太基，尽管具有发达的工商业经济，繁荣的城市生活和先进的造船和航海技术（在这方面胜于希腊人），但在宗教生活上"却倒退了许多世纪"④，仍然保留了人祭的风俗⑤，观念极为保守，摆脱不了闪族古老宗教文化取

---

① 参阅 John Boardman and N. G. L. Hammond, eds., 1982, *The Cambridge Ancient History*, Volume 3, Part 3: The Expansion of the Greek World, Eighth to Sixth Centuries BC, Cambridge: Cambridge University Press。

② 马克思:《〈政治经济学批判〉导言》，载中央编译局编《马克思恩格斯选集》第二卷，人民出版社，1972，第110页。

③ 特奥多尔·蒙森:《罗马史》第三卷，李稼年译，商务印书馆，2005，第6～17页。

④ 费尔南·布罗代尔:《地中海考古》，蒋明炜等译，社会科学文献出版社，2005，第171页。

⑤ 以人作为祭品，历史学家一般认为，"所有的原始宗教中都存在这样的做法"（费尔南·布罗代尔:《地中海考古》，蒋明炜等译，社会科学文献出版社，2005，第171页）。《旧约·创世纪》（22：1～12）中也有"艾萨克献祭"（The Sacrifice of Isaac，又称"以撒献祭"，希伯来人始祖亚伯拉罕试图以亲子艾萨克作为祭品）的故事。（转下页注）

向。在那里非理性氛围十分浓重，有的做法不仅让我们现代人吃惊和难以理解，就是同时代的罗马人也感到不可思议和厌恶。对此，法国历史学家布罗代尔不无讽刺地说"这是一种遵循'资本主义'思想的紧张的商业生活同落后的宗教观念相结合"，并且还多少有些挑战性地问道："马克斯·韦伯对此作何感想？"（布罗代尔是否曲解了韦伯？迦太基宗教与后来的基督教新教的区别还是蛮大的。）

迦太基的情况不应被视为特例，因为那时地中海地区城邦国家都在浓烈的宗教和迷信的阴云笼罩之下。非理性的观念（宗教迷狂或巫术思想）极易为一般社会居民所接受，用巫术性宗教观看待和解释世界、社会和人的方法，远胜于以理性的哲理思想看问题的方法。这反映出享有工商经济的社会不一定必然产生世俗的理性的哲理观念。

相比之下，希腊反倒是一个特例（"最不可能成功的成功"）。古希腊文明（尤其是其理性主义文化）实际上就是特殊的，是地中海地区的另类（希伯来宗教文化也是一种另类），而且就自我相比而言，这在历史上也绝无仅有。当然，如前所述，古希腊也是一个宗教社会，人们的宗教狂热程度决不亚于其他社会，例如希腊人对酒神狄奥尼索斯（Dionysus）[1]的崇拜，疯狂时能把野兽撕成碎片，"全部生吃下去"，有身份的妇女和少女，如希腊作家幼利披底（Euripides，又译欧里庇得斯）在《酒神》剧本中所描写的那样，在醉酒中彻夜欢歌狂舞[2]。然而，就是这样一个希腊却产生了对西方世界极具影响力的理性主义哲理思想。这究竟如何理解呢？因此，我们必须对希腊文化–社会作进一步的深入分析。

2. 希腊的宗教与社会

希腊属于地中海文明，除了本身具有从远古印欧民族承传下来的宗教习俗外，还受到美索不达米亚与埃及这两大极易产生宗教的文明的辐射和

（接上页注⑤）古人以此表示对神的最大虔敬之心。不过，这是原始社会的习俗，在文明时代它逐渐消失。像迦太基人这样把人祭保留到古代发达文明社会阶段，实属罕见。他们不仅用囚犯或俘虏作为祭品，而且还以儿童，包括某些名人家庭的儿童祭神。有时为了赎罪，宗教狂热时竟然屠杀 300 儿童祭神（费尔南·布罗代尔：《地中海考古》，蒋明炜等译，社会科学文献出版社，2005，第 171 页）。

① 罗马神话中称"巴库斯"（Bacchus）。

② 参阅罗素《西方哲学史》（上），何兆武、李约瑟译，商务印书馆，1981，第 38 页。

影响，因此，它不可能超脱整个文明地区的大环境，游离于该地区浓厚的宗教氛围之外。在这种情况下，希腊（包括罗马）无疑是宗教社会。在古代希腊，"城邦仿佛就是一个教堂，一切生活只不过是宗教"。"在公共生活中，没有一件事是神不参加的"①。因此，布罗代尔说："［希腊］城邦不仅是一个新型的政治或地理的政府形式，它同时也是一个信仰和偶像的集合体，一个……宗教社团。"② 例如，雅典人在开会前（包括我们知道的民主选举大会），必须先举行宗教仪式。祭司行祭献后，用圣水洒出一个圆圈，公民就在圈内开会。在某人进行演讲前，有人在静默的人群中进行祈祷。然后还有占卜，如鸟占，若空中出现凶象，人立即散去（不仅希腊人这样，罗马人也相近，只不过形式不同罢了）。这种宗教生活是全面的。一个人的生死、婚姻要有宗教参与，各种公共活动，如法院审判、节日庆典、公餐、体育竞赛、竞技角斗、元老院或议会活动、战争等，无不既是世俗活动，也是宗教活动，二者无法分开③（希腊进入"古典时期"以后，此种传统虽有所弱化，但仍然延续下来）。

古代希腊社会是一个宗教社会，这是它与其周边文明社会相同的地方。然而，不同的是，希腊宗教随着社会和文明的发展发生了巨大的变化，这导致希腊宗教极具多元性。它主要分为这样几种类型：①早期祖先崇拜（"某种原始宗教"）；②作为自然神的宙斯与奥林匹斯诸神崇拜（宇宙论神话宗教，曾经居于统治地位）；③狄奥尼索斯教（酒神崇拜）；

① 库朗热：《古代城邦》，谭立铸等译，"前言"，华东师范大学出版社，2006，第8页、152页。
② 费尔南·布罗代尔：《地中海考古》，蒋明炜等译，社会科学文献出版社，2005，第206页。
③ 在古希腊，法院"是个神圣的地方，辩论人上台时必须戴着花冠，在很长时期内，演说者在演讲前必先呼神到来"。"城邦审判事务须在宗教制定的日子里举行。审判在祭坛前举行，审判前先祭祀。""在荷马时代，审判官聚在'圣圈内'。"元老院"以寺庙为会场"，"会场中有祭坛和圣火。开会时先行宗教仪式。每个元老入场时，都要在祭坛前祷告"。没有宗教的认可，审判、契约的签订都是无效的（库朗热：《古代城邦》，谭立铸等译，华东师范大学出版社，2006，第152～153页）。此外，希腊的体育竞赛，亦即奥林匹克体育竞赛，实际上就是宗教活动的一部分（不仅是体育锻炼和竞技，更是为了"荣耀神"）。罗马的角斗竞赛则源于埃特鲁斯坎人，原本也是葬礼上宗教活动的一部分。至于战争与宗教更是关系紧密，从开始到结束，都有宗教主导其中。

④俄耳普斯教（奥弗斯教）①。我们先论述前两种。

以祖先为崇拜对象，以"家火"为主要象征，这是古代希腊人最早的宗教，布克哈特称之为"原始宗教"（第①种类型）。"在这种宗教中，把一块中央的地方用作父系和祖先崇拜，就像对灶台和家的崇拜那样。正是这种崇拜把家庭凝聚在一起，因而，这使我们不得不认为，它不仅是一个自然单位，也是一个宗教单位。"② 对此，马克斯·韦伯也指出，希腊城邦的内部划分至少与迷信膜拜共同体相关，而且往往与人为的"祖先"有关③。值得注意的是，不论布克哈特还是韦伯的解释都与我们中国人的看法明显不同，他们更看重宗教而不是自然血缘因素。

按照19世纪法国历史学家库朗热（Fustel de Coulanges）的说法，希腊语表示"家庭"的词语"$\varepsilon\pi\iota o\tau\iota o\upsilon$"，直译便是"环绕圣火的人"。也就是说，家庭是由"那些被许可崇拜同一家火并祭祀同一祖先的人"组成的④。对祖宗的崇拜是许多民族的习俗，因为这种行为是太自然不过的事情了。古人对先人的崇拜本质是对本家故人灵魂的信仰。"灵魂不死"，这是希腊人，乃至整个古代印欧人的普遍信仰。其最有力的证据就是葬礼。远古时代，葬礼决非告别礼，祭礼也不是纪念礼。各种各样的物品随死者一起进入坟墓或摆在坟前祭坛上，充分表明了古人对人死后生命的信仰。无坟墓者，意味着死后无居所，不得安宁，会成为四处飘荡的野鬼孤魂。因此，古人畏不葬甚于畏死。所谓"死无葬身之地"就是古代对一个人的最大的惩罚⑤。人们最不能接受的便是对亲人或同伴尸体的任意处置。雅典海军将领在海战之后，没能将战死的同胞尸首尽可能地收葬，结果被雅典民众大会一致同意诛杀不赦，这在当时没有什么好奇怪的。没有

---

① 参见 M. P. Nilsson，1949，*A History of Greek Religion*，Oxford：Clarendon Press。

② 雅各布·布克哈特：《希腊人和希腊文明》，王大庆译，上海人民出版社，2008，第86页。

③ 马克斯·韦伯：《经济与社会》上卷，林荣远译，商务印书馆，2004，第440页。

④ 库朗热：《古代城邦》，谭立铸等译，华东师范大学出版社，2006，第32页。

⑤ 这种观念只是在末世论出现后，尤其是在基督教时代，才有所减弱。奥古斯丁在《上帝之城》中以"死无葬身之地对基督徒也不会带来什么伤害"为名，专辟一章阐述这一观念的变化。只有在这个时代，厚葬才"是为了减轻活人的痛苦，而非对死者的安慰"（奥古斯丁：《上帝之城》上卷，王晓朝译，人民出版社，2006，第20页）。

坟墓的灵魂孤苦悲凉，有坟墓的灵魂永远快乐（在古希腊，早期的祭坛和圣所几乎无一例外的都是在墓地。在祭礼中，人们认为死者灵魂是在场的）。葬品和祭品都是最好的，葬礼和祭礼也是最隆重的。值得指出的是，早期希腊人对灵魂的看法是现世的、固定的，那时尚未有"转世"或"升天"之说。不要小看这种观念，因为直到现代以前，人类的思想一直受到它的左右。家庭、社会组织和制度的建构无不受其影响。

在这种类型的宗教中，除了祖先崇拜外，希腊早期还流行"英雄"崇拜。英雄的时代是军事贵族统治的时代。"英雄"意即"非凡的""强大的""高贵的""可敬的"超人。其行为往往又与神话中的诸神意志搅和在一起。在《荷马史诗》中，英雄是活着的强人，打仗时威力无比；在宗教崇拜中，英雄是已经去世的强人，被赋予更大的鬼魂般的力量①，实际上是部落祖先的灵魂，有时甚至是具有特殊功能的神灵。英雄不死，光芒四射。例如，那些在特洛伊打过仗的人，并没有真正死亡，而是被宙斯带到一个充满幸福的岛屿，在世界的边缘继续生活。有的英雄生活在远古，后来成为部落或城邦的保护神，并且也享受献祭，尽管仪式和程序有所不同。总之，不论是祖宗崇拜，抑或英雄崇拜，都与先前死者的灵魂和冥府神灵有关。这种宗教具有一种迷信的非理性的神秘主义倾向。

同任何其他古代民族一样，对自然力量的崇拜是希腊人宗教的另一个脉络（第②种类型）。初期的人类生活在大自然的怀抱中，那时还没有后来产生的作为"障幕"的文明习惯使他们与自然和动物彼此分隔，因此他们与自然和动物之间的界限浑然不清。自然的瑰丽使人心仪，宇宙的神奇使人眩目，动物的特殊本能和力量使他们羡慕。他们以光明为欢乐，沐浴于阳光（"圣光"）的恩泽。夜幕降临，繁星点点和野兽的叫声又使人们感到惊奇和恐惧。雨露滋润的大地给人们带来了丰硕的收获，江河泛滥和地震火山则让他们一年的辛苦和美好的希望化为灰烬。他们无时不感到自身的微弱与大自然的威力。对于强大的自然界，他们既爱又惧，敬而远之。在这种敬畏之情和物活论的促使下，在尚未有较明确的宇宙观和唯一

① 简·艾伦·赫丽生：《希腊宗教研究导论》，谢世坚译，广西师范大学出版社，2006，第306页。

主宰（上帝）观念的情况下，他们自然把各种自然力量想象成有思想、有意志的、活的行动，于是，自然神便产生了。

大约从青铜时代中期（约公元前 1900 年）开始，一批操印欧语系希腊语的游牧部落在武士的率领下开始入侵爱琴海地区，同时带来了他们那史诗般的父权神话。经过漫长复杂的激烈冲突和斗争，这种外来的父权神话与当地前希腊的各种古老的母权神话以及克里特 - 米诺斯文明中的女神崇拜文化，以不对称的方式结合在一起（北方的诸男神与古老的南方诸女神结为伴侣），并最终形成复杂的古希腊奥林匹斯多神宗教：天神是宙斯（Zeus，主神），大海归于波赛冬（Poseidon），地下冥府是哈得斯（Hades）的领地，等等，而大地、奥林匹斯山及其包括人类在内的地上一切则归众神共同管辖①。古人以天神与地母之神的冲突和结合的神话方式，再现了父权文化融合古老的母系社会文化的历史过程。从起源上看，"这个［神话］故事和美索不达米亚地区的传说非常接近，显然受过其影响"②。这表明希腊人在宗教方面的创造力是较弱的。大概后世的希腊人（古风时期后期和古典时期的希腊人）对这一宗教演化过程并非十分清楚。如公元前 5 世纪的希腊史学之父希罗多德所指出的，这些众神的产生、延续和形式如何，"是希腊人在不久之前才知道的……是［赫西俄德与荷马］把诸神的家世交给希腊人"③。

除了对外在自然力的迷茫和解释产生了神祇崇拜外，对人的内在天性的迷茫和解释也会产生神祇崇拜。人的自然生理现象，如人欲，按理说是人组成的一部分，但在古希腊人看来却是一样的令人神奇，总觉得有一种神秘力量在起作用（自然界的力量是外在的恐惧力量，人的生理现象是内在的天然神秘力量）。这种驱力出现时，往往由不得人自己选择，甚至违反其意志或理性，因而使人觉得不属于其自己，有时是个人无法控制的。因此，为了对这种神秘的内在经验给予解释，为了在内部管住人自身那些

---

① 参见荷马《荷马史诗·伊利亚特》，罗念生、王焕生译，人民文学出版社，1994；赫西俄德：《工作与时日 & 神谱》，张竹明、蒋平译，商务印书馆，1996。
② 萨拉·B. 波默罗伊等：《古希腊政治、社会和文化史》，付洁莹等译，上海三联书店，2010，第 78 页。
③ 希罗多德：《历史》第二卷，王以铸译，53（2：53），商务印书馆，2005。

既亲近又奇怪的力量，把这些力量弄成和他不同而又很熟悉的东西，把无形的恐惧变成有形可见的美，于是便造出相应的神祇来。例如，女神阿佛洛狄忒［Aphrodite，罗马神话中称维纳斯（Venus）］便是典型。"正是因为阿佛洛狄忒，才使希腊人重新发现了原始性冲动的神圣特性"①。人因为宗教不仅熟悉和亲近了自然界，而且对人自身的神秘力量也有所了解和不再恐惧了。当然，据史学家推测，爱神阿佛洛狄忒有可能也是从近东闪族文化引进的②。

这样，我们看到希腊的宗教首先来自两个方面：一种取自亲近的死者（祖先和英雄，二者有时同一）的灵魂（亡灵）；另一种取自自然界和自身奇怪的天然力量。两者是不同类型和形式的宗教，很难说何者更为古老。有可能同时产生③。一方面，人感到神圣的，是那些出自人自身的古老而无形的原则、理智和洞见，它们以神圣灵魂的宗教形式流传下来；另一方面，人们又将神圣的特征赋予外界自然现象，从而使他们获得生命、幸福、功利、恐惧和不幸。由于人类群体的众多和早期阶段的混乱，以及自然界在他们眼里是混沌和混乱的，因此神祇也是多样和混乱的。它们大多随着群体的部分融合或消亡而不复存在，或随着对自然认识的加强而消失。

雅利安人早期都是游牧民族，由于游牧生活的流动性，他们没有偶像崇拜的习俗，也不修建永久性的祈祷和祭祀场所，他们崇拜的是人格化的

---

① 米尔恰·伊利亚德：《宗教思想史》，晏可佳等译，上海社会科学院出版社，2004，第 241 页。

② 萨拉·B. 波默罗伊等认为，阿佛洛狄忒的原型是闪族的爱神阿斯塔蒂（Astarte/Ishtar）。阿佛洛狄忒的情人之一阿多尼斯（Adonis）显然来自近东（闪米特语是Adon，意为"主"）（见萨拉·B. 波默罗伊等《古希腊政治、社会和文化史》，付洁莹等译，上海三联书店，2010，第 76 页）。

③ 如果说就最原始的自然神宗教而言，它们同祖先崇拜可以说同样古老，但希腊的宙斯－奥林匹斯诸神崇拜似乎没有祖先崇拜古老，某种意义上讲是一个"新"的宗教。这些神祇很多是印欧民族共有的。它们是后来传入希腊的，或者说荷马和赫西俄德很有可能知道东方的传说，并据此总结创造的。希腊宗教古老的仪式也证明了这一点。例如，雅典宙斯节，在祭献宙斯的同时，还同时暗暗敬奉一条古老的冥界蛇形神（在古希腊，死去的英雄都被当作蛇来崇拜）。外来的宙斯压抑和挤走了土生土长的地方神的地位。欢快盛宴的理性的祭祀夹杂着迷信的巫术（敬鬼神），仪式的二重性充分表明了文化的覆盖和叠加，显露了先后次序（后来的强大宗教往往把先前的神灵变成魔鬼，基督教也是这样）。

自然神。然而，当他们迁徙结束，生活相对稳定和定居时，在与当地文化的接触和融合中多多少少也学会了偶像崇拜和神庙祭祀的宗教活动方式。希腊的自然神在转化过程中明显不同的是，它们没有像其他某些民族那样将其神形转向与鬼怪或动物相结合（妖魔化），形状怪异可怕，而是在保留人格化的基础上形成了与人体相同的人形神像，没有令人恐怖的特征。例如，被认为最能完美体现希腊主流精神特征的阿波罗（Apollo）神，就以理性、安详、遵法、守序、神圣、和谐的"阿波罗式"神态著称。不仅如此，宙斯－奥林匹斯神的活动，除了人力不及这一点外（因为它们毕竟是神），简直就是人活动的再现，反映的是人类各种关系（而不是自然关系），最能体现"人类按照自己的形象塑造了神"这一塞诺芬尼（Xenophánes）名言的含义①。神只不过是夸张了的人，这折射出一个与众不同的民族心理，是一种不同的社会－政治模式的反映。

一个民族，两种宗教（古希腊还有另外两种宗教类型——外来的酒神崇拜和俄耳甫斯宗教，放在后面论述）。它们在希腊社会内长期并存。它们是不同类型的宗教，分别产生不同的影响，但同时并不互相混合。它们在学说上不同，甚至常常彼此矛盾，在仪式和实践上也是风马牛不相及。比较而言，正如英国考古学家、古希腊研究著名学者简·艾伦·赫丽生（Jane Ellen Harrison）所指出的那样，以奥林匹斯众神为对象的宗教是"理性"的宗教，对这些神祇的崇拜，具有"敬奉"的性质，而对祖先或英雄的亡灵——常常以与人类格格不入的鬼神或蛇的形式来表现——的崇拜，具有"驱邪"的性质。前者的理论基础是"献出以便获得回报"，宗教本质上是神人"相互交换的一种艺术"，也就是苏格拉底所说的"交易"②，而且，由于这种宗教认为神祇比人伟大，因此总的来说，人会在这场"交易"中得到便宜。与此不同，后者的本质是迷信、巫术，举行祭祀仪式是为了"打发"神（驱邪）。由于宗教的宗旨不同，宗教活动的

---

① 简·艾伦·赫丽生：《希腊宗教研究导论》，谢世坚译，广西师范大学出版社，2006，第332页；埃里克·沃格林：《城邦的世界》（《秩序与历史》卷二），陈周旺译，译林出版社，2009，第245页。

② 简·艾伦·赫丽生：《希腊宗教研究导论》，谢世坚译，广西师范大学出版社，2006，第3、7页。

仪式也是不同的。对奥林匹斯众神，人们在圣坛上献上焚化的祭品（燔祭），在圣殿里进行祈祷，宗教活动是盛宴，是包括体育竞赛、戏剧演出和音乐会在内的赛会。而对先人亡灵（鬼魂）的祭拜，其仪式既没有焚化的祭品，也没有祈祷，更没有盛宴、赛会和艺术活动，举行仪式的场所是坟墓前，而不是祭坛和圣殿。只有那些名正言顺的奥林匹斯神才会给人以恩惠，而英雄的鬼魂（亡灵）只能给人以邪恶。希波克拉底（Hippocrates）说："要想获得恩惠，我们祈求众神，祈求赫利俄斯（Helios）、祈求宙斯·乌剌尼俄斯（Ouranios）……祈求阿波罗。但如果想得到相反的东西，那我们必须向大地、向英雄祈祷，这样，那些对我们怀有恶意的东西才会被消除掉。"① 显然，后一种神变成"令人厌恶之神"（the gods of Aversion）。它们成为恐惧的对象，而不是爱的对象，对它们的祭拜是一种"厌恶"，而不是"敬奉"。希腊人对先人或英雄的这种看法或偏见，其实不是指先人或英雄本身，而是指故人之亡灵，反映了古人对死人和阴间威力的恐惧，害怕冥府的鬼魂萦绕于活人身旁，对于做错事情者或亵渎者尤其如此（天下又有多少人没有产生过"坏"念头呢？）。所以柏拉图在《法律篇》里也劝告人们，若自己脑子里产生了什么卑鄙至极的企图，比如亵渎神圣的念头，"那就参加驱邪仪式吧，去到那些令人厌恶之神的祭坛跟前祈求吧，远离道德败坏的人，再也不要与他们为伍"②。

由此可见，希腊宗教包含了两种不同甚至对立的因素：一种是"敬奉"，另一种是"驱邪"。敬奉的仪式和古老的奥林匹斯诸神崇拜有关，驱邪的仪式跟鬼神、亡灵及阴间神灵有关③（两种不同的宗教最终集中体现在理性的"太阳神"与非理性的"酒神"上）。敬奉的仪式洋溢着一种快乐、理性的气氛，这里甚至没有触及后来基督教的任何一个更深层次的问题：没有原罪、忏悔、净化，用不着害怕末日审判的来临，更无须憧憬救赎和赐福的实现。而驱邪仪式的气氛是冷漠和压抑的，因为被崇拜的不

① 转引自简·艾伦·赫丽生《希腊宗教研究导论》，谢世坚译，广西师范大学出版社，2006，第9页。
② Plato, 1980, *Laws of Plato*, 854b, Thomas L. Pangle, trans., Chicago: University of Chicago Press.
③ 简·艾伦·赫丽生：《希腊宗教研究导论》，谢世坚译，广西师范大学出版社，2006，第9~10页。

是有理性、有人性、遵守法律的神，而是一些模糊的、不理性的、怀有恶意的超自然的东西（鬼魂等），因而具有迷信、巫术的性质。有时，这两种仪式是重叠在一起的。譬如，在宙斯节等宗教庆典上，显性层面上是纪念、敬奉、荣耀宙斯或其他奥林匹斯诸神，但暗地里人们又在驱邪（祭坛明显面向天神，但人们却暗中迅速往祭坛下面的洞里投掷祭品以安抚亡灵），实际上是"利用宙斯驱邪"。两种仪式重叠，形成一种张力的和谐。

库朗热认为："它们［上述两种宗教］并不相互冲突，而是和平相处。"① 应当说，库朗热的观点是不准确的。相对而言，宙斯－奥林匹斯诸神崇拜是一种相对新的宗教，并且成为"正统"（主流）的宗教文化。这些诸神的胜利，尽管没有使古代神灵和崇拜（有些源自前希腊时期）消失，但却使它们处于边缘状态：一部分远古遗产［主要是土著的泰坦（Titans）神系，包括爱琴宗教和克里特－迈锡尼宗教部分］被并入奥林匹斯宗教系列，另一部分属于灵魂崇拜的部分则处于被压制状态，并且遭到了贬斥②。有时两种宗教仪式在宗教活动中不均等重叠，实际上既反映出人们对先前的现已趋弱的宗教文化的留念，又体现出它们对正统文化的反抗。这是文化碰撞、冲突，甚至融合的正常现象。一种新的宗教，如奥林匹斯诸神崇拜，一旦在社会上成为主流或正统宗教，信仰这种新的正统宗教的人自然会把那些原有的旧秩序里的神祇，如希腊部落祖先崇拜中的英雄或圣人，加以贬斥，当作魔鬼（希腊原始宗教的命运是这样，后来，基督教时代到来之后，奥林匹斯诸神的命运亦然）。在这种情况下，一切美好神圣的事物都给予奥林匹斯诸神③，

---

① 库朗热：《古代城邦》，谭立铸等译，华东师范大学出版社，2006，第112页。

② 在宙斯节上，人们既敬奉宙斯，又安抚古老冥界的蛇形神（梅利克俄斯），这并非说作为奥林匹斯神的宙斯具有阴间神灵的一面，而是表明作为天神和"众神之神"的宙斯，挤走了土生土长、先于宙斯的蛇形神梅利克俄斯（人的亡灵），占有了本属于后者的宗教活动。两者的结合，最后出现了人形的宙斯·梅利克俄斯，其化身蛇消失了。此外阿波罗、阿西娜（Athena，又称雅典娜）等身边都有自己的蛇陪伴。这充分说明，奥林匹斯神占主导地位后，原有宗教处于边缘地位和压抑状态（参见简·艾伦·赫丽生《希腊宗教研究导论》，谢世坚译，广西师范大学出版社，2006，第10页）。

③ 欧里庇得斯说："如果神做了任何可耻的事，那他们就不配被称为神。"（Euripides, 1920, *Euripidean Fragments*, 292, Richard Johnson Walker, ed., London: Burns, Oates & Washbourne.）苏格拉底也认为神（宙斯）是至善至美的，"绝对不能有许多形相"。他反对对神给恶的一面的描写（柏拉图：《理想国》，郭斌和等译，商务印书馆，2002，第75～77页）。

而那些专门给人类带来灾难和惩罚的神则被给予丑陋的称呼。也就是说，尽管希腊主流宗教文化是宽容的，但凡是与新宗教不相协调的活动，一切黑暗的东西还是都被奥林匹斯诸神转嫁到他们已经取而代之的神祇身上，只有偶尔不经意间留下的残余（名称、变形的仪式、传说等）透露其中的实情①。

因此，公元前 5 世纪前后的希腊正统宗教（奥林匹斯诸神崇拜）最大的特点是，它让人感觉到宗教完全是一种让人快乐、让人充满信心的东西，对神灵的祭祀，如上所述，只不过是一种狂欢：盛宴、赛会、戏剧、舞蹈、音乐，等等。人们从中看不到任何关于斋戒、净化和赎罪的内容。修昔底德认为，宗教活动对他来说主要是"从劳作中解脱出来的一种休息"。要想为自己的灵魂提供许多娱乐的机会，"那就是一年到头都要举行许多比赛和祭祀"②。无神论使人失去许多乐趣，反倒是宗教给人以欢乐。实际上，在希腊，奥林匹斯诸神崇拜的作用确实演变成一种为普通公众提供娱乐的机会。由于人民懂得一般人自己不可能进行隆重的祭祀，举办宴会、体育、文学、艺术等盛会，也不可能拥有辉煌的神殿和漂亮富足的城市，因此他们找到了使平民或一般人享受这些权利的方式。这也是为什么"［雅典］庆祝的宗教节日比任何其它城市要多出一倍"的原因③。整个国家（城邦）由集体出资宰杀许多祭牲，在敬奉神灵的同时，使大众享受一次盛宴和盛会，确实体现了涂尔干所理解的那种宗教的社会性与功能（这种情况即使在今天的某些宗教盛会中仍依稀可辨）。别的民族——苏美尔、埃及、巴比伦、希伯来、波斯、迦太基人的智慧是从对神的畏惧开始的，而希腊民族，尤其是雅典人，主要是在对神的敬奉（"交易"）的喜悦中获得智慧的。他们的神话故事表现出：他们有悲伤和落寞，但没有恐惧，宗教活动是一种愉快和理性的过程（鬼魂祭拜、非理性的狄奥尼索斯崇拜和俄耳普斯宗教不是主流）④。

---

① 简·艾伦·赫丽生：《希腊宗教研究导论》，谢世坚译，广西师范大学出版社，2006，第 309 页。

② Thucydides, 1972/1954, *The History of the Peloponnesian War*, Book 2：38, Rex Warner, trans., New York：Penguin Books.

③ 简·艾伦·赫丽生：《希腊宗教研究导论》，谢世坚译，广西师范大学出版社，2006，第 2 页。

④ Walter Burkert, 1985, *Greek Religion：Archaic and Classical*, Cambridge, MA：Harvard University Press.

这种宗教的另一个特点是，拟人化的宗教使希腊人有了对人的发现。阿尔弗雷德·韦伯说希腊人是"第一个发现人的民族"，"这个民族将神真正人性化"①。他们在肯定神祇中肯定他们自己，并在这种肯定中获得了自由和从容的心态。"人是万物的尺度"，这句后来哲学家兼著名智者普罗泰戈拉的名言，既是此种精神的体现，也是其结果。

希腊的奥林匹斯诸神崇拜，反映那个时代希腊人的基本思想。这就是：（1）神是至善的。"神是善的原因，而不是一切事物之因。"② 做邪恶或卑劣之事者不会是神。因此神是正义的体现，宇宙秩序的体现。神将正义赐给了人类，所以人的行为与野兽不同，社会与自然有别。人类的首要责任是行事公正，实现神圣律法，并且向诸神表示敬意和进行祭献。（2）不论神的"正义"，还是人类的"命运"都是处于必然性之中。伊利亚德（Mircea Eliade）说："自荷马以来，带有必然性的神的'公正'以及相应的人类'命运'的问题，就占据着希腊人的思想。"③ 如果说在荷马等人的作品中还能看到神有卑劣的行为，那么经过几个世纪的演变，希腊人越发不容许神作恶了。神向绝对的善转变。神，如宙斯（奥林匹斯众神之首），成为正义的保护者。只要人类不逾越他们自己生存方式所规定的界限，诸神不会毫无原因地惩罚人类。与此相应，希腊人对人类自己的命运也有了不同的认识。人是渺小的，仿佛"被风吹落到地上的树叶"④，世间充满了贫穷、疾病、悲哀、衰老。人类是命定的。人是唯一知道生命在出生时就已注定要灭亡的动物。也就是说，人类知道他的生命已经为命运（moira）所决定，简言之，人知道人的生命是有限的、短暂的。人知道人类的存在是短暂且充满烦恼的这种观念，在许多宗教文化体系中都存在，但希腊人此时因尚未有转世说而在这方面似乎更强烈一些，尤其是从犹太教和基督教的视角来看，希腊的宗教似乎带有某种悲观主义色彩。希腊宗教

---

① 阿尔弗雷德·韦伯：《文化社会学视域中的文化史》，姚燕译，上海人民出版社，2006，第107页。

② 柏拉图：《理想国》，郭斌和、张竹明译，商务印书馆，2002，第76页。

③ 米尔恰·伊利亚德：《宗教思想史》，晏可佳等译，上海社会科学院出版社，2004，第220页。

④ 荷马：《荷马史诗·伊利亚特》，罗念生、王焕生译，第六卷第146行以后，人民文学出版社，1994。

（奥林匹斯诸神崇拜）没有末世论。死亡不是转世，也没有进入另一个美好世界的可能。对于那个时代的希腊人来说，死亡后进入哈得斯所辖的黑暗的阴间地府世界，处于一种被降低的、不光彩的、死气沉沉的状态。在这个宗教文化中，与犹太教、基督教等不同，人并非神的“创造物”，因此，人不敢奢望他的祈祷和献祭能与诸神建立起某种亲密关系（神与人之间存在不可逾越的鸿沟），使之能够在一定条件下最终来到神的周围过天堂的生活，或者说，人不可能像基督徒那样，感觉到神在其心中，有活在善的、美好的另外世界（天国）的感觉。希腊人不可能有千禧年革命和拯救的思想。任何人都无法抗拒必然性①，“必然性并不理会信念”②（在柏拉图那里，信念还指“意见”“决定”③），“甚至连诸神也不会与必然性作对”（not even the gods war against necessity）④。人生活的最佳模式就是懂得愉快地服从不会听从任何人、对一切都漠然置之的必然性（要乐于听凭命运的安排）。这是希腊思想与犹太－基督教思想最大的区别。

阿尔弗雷德·韦伯说：“尼采认为希腊民族的感觉中有一股消极的暗流，大概是有道理的。但这个民族却能够在暗流上架起一座桥，并在桥上创造出丰富的形象，几乎让人无法尽收眼底。这些丰富的形象包含两个意义：一方面，它让人觉得，人最好不要来到世界上；另一方面又让人感到没有什么比自己更强大。希腊民族精神中蕴涵着人对‘此在’的塑造能力，这种塑造能力是无可比拟的。”⑤ 这就是说，希腊人的宗教观念虽然是悲观的，有宿命论的色彩，但“此在”的生活并不消极。正如伊利亚

---

① 亚里士多德：《形而上学》，吴寿彭译，1015a30，商务印书馆，1981。

② 参见列夫·舍斯托夫《雅典与耶路撒冷》，张冰译，上海人民出版社，2004，第22 ~ 23 页。

③ 柏拉图：《理想国》，郭斌和、张竹明译，商务印书馆，2002，第125 页注释①、②。

④ Plato, 2009, *Plato's Protagoras*, Benjamin Jowett, trans., p. 74, Rockville, Maryland: Serenity Publishers, An Arc Manor Co.；中译本参见列夫·舍斯托夫《雅典与耶路撒冷》，张冰译，上海人民出版社，2004，第32 页；柏拉图：《普罗泰戈拉篇》，345D，载《柏拉图全集》第1 卷，王晓朝译，人民出版社，2002，第470 页［本文采取《雅典与耶路撒冷》中译本中的译法（与英译文相近），但与王晓朝的译法有较大出入］。

⑤ 阿尔弗雷德·韦伯：《文化社会学视域中的文化史》，姚燕译，上海人民出版社，2006，第106 页。

德所说："人类终究无法突破其自身的限制，而这种局限又是由人类的处境，特别是由人的命运所决定的。所谓智慧，便是从意识到人生命的有限性与不稳定性开始。所以，人要做的便是利用当下所能提供给他的每一件东西：年轻、健康、肉体的享乐，或偶尔表现出美德。荷马给人的教训是，高贵而完整地活着，就在当下（in the present）。"① "就在当下"，就是注重现世、现实、现时或在场。既然人类受命运和必然性限制，无法进入神圣的彼岸世界，那么，就应该在此岸世界欢乐地生活。后来的基督徒让人们把目光朝向彼岸世界、天城（The City of God，上帝之城），而希腊人则要人们眼光向下、向着现世和自身（前者在柏拉图主义中已经初露端倪，后者常常是亚里士多德津津乐道的）。希腊人这种从基督教视角来看甚为"悲观"的看法，不仅没有抑制希腊宗教中的创造性力量，反而导致了对人类处境一种悖理的重估。由于诸神迫使人不可超越他的局限，人才去专注自己的世界，才能认识到完美，从而了解到人类存在的重要性和神圣性。换言之，人重新发现了生命之价值、"生命之喜悦"（joy of life）的宗教意义，并以神圣的形式把它体现在人体、性经验的审美之中以及每一种欢乐的社会活动——游行、游戏、舞蹈、音乐、歌唱、戏剧、赛会、展览、盛宴之中。希腊人注重现时的世俗生活，行为有时似乎有些"放荡"，其原因就深藏其中②。

希腊人的现时和现实感、"活在当下"的行为是与宗教价值取向结合在一起的。也就是说，神圣性潜隐在实时的、"自然"的日常生活之中。因此，生命之喜悦不是亵渎性的，而是与宗教（奥林匹斯诸神崇拜）的价值取向一致的。奥林匹斯诸神是人的形象，其行为是人的行为的再现，体现了人的理性化的一面（与后面要讲到的非理性的狄奥尼索斯崇拜和俄耳普斯教/奥弗斯教不同），它所规范的世俗生活必然是理性的。希腊人的主流宗教的价值取向与注重现世和活在当下的态度，为希腊理性主义的形成和发展奠定了文化心灵基础。这也是理性主义为什么出现在城市－工

---

① 米尔恰·伊利亚德：《宗教思想史》，晏可佳等译，上海社会科学院出版社，2004，第 222 页。

② P. E. Easterling, J. V. Muir, eds., 1985, *Greek Religion and Society*, Cambridge：Cambridge University Press.

商化的希腊，而没有出现在城市－工商化的迦太基的文化原因。

3. 希腊理性主义产生的社会－政治因素

古代后来进入希腊半岛的雅利安人（多利安人等）是一个"年轻的民族"（阿尔弗雷德·韦伯语）。他们在从原始阶段向文明的过渡中尚未完成自发的自然演化阶段，便遇上了古代高度发达的地中海文明和文化（主要是克里特－迈锡尼文明）。如同后来的日耳曼"蛮族"遇上古罗马文明或希腊－罗马文化一样，这种自发的自然演化脉络的突然断裂也使希腊出现过一个类似欧洲中世纪早期的"黑暗时期"。然而，较早地与更发达文明的接触，使得希腊半岛上的新主人的社会发生了非常规的急剧变化（成为所谓的"后发者"）。这主要表现在。

第一，相对早地遇到发达文化和形成古代发达商品经济，降低了希腊人自身本有的自发的宗教想象力（与闪族，如阿拉伯和希伯来相比）。古代很少有像希腊人那样，在从原始阶段向文明社会过渡中便遇到了发达的商贸经济和先进的技术（如铁器等），并把之消化和变为自己的内在因素。这一点同古代与中世纪之交进入意大利的伦巴底人（Langobardi，日耳曼人的一支）的情况很有相似之处。这极大地影响了希腊人"此在"的形式，使得希腊古典社会具有较强的入世倾向，同时也使希腊宗教停留在神话水平，具有较低的宗教性。或者说，主流宗教的宗教性较不发达（从闪族系列的宗教视角看）。如前所述，希腊人的主流宗教是奥林匹斯诸神崇拜。这种宗教与其说是宗教，不如说是一种神话。宗教像人类的美梦，神祇像人类欢乐童年的玩偶，作为一种元智识（meta-intellectual），它为希腊人提供了无限的灵感和想象力，寓意了伟大的真理和现实意义，但不触及人道德心灵深层的一面。希腊的有深意的宗教或者说有末世论倾向的宗教几乎都是外来的，如狄奥尼索斯崇拜和俄耳普斯教（奥弗斯教）①。希腊人在尚未进一步从心灵深处想象神的时候，便遇到和形成发达的商品经济，改变了宗教发展的自然进程。没有令人恐惧的宗教，宗教

---

① Orphism 一词（源于 Orpheus），在我国学界翻译混乱，目前分别有"俄耳普斯教""俄耳甫斯教""奥弗斯教"或"奥尔弗斯教"几种译法。后面我们将会看到，狄奥尼索斯崇拜和俄耳普斯教与奥林匹斯诸神崇拜是不同和相排斥的，它们对希腊原有正统的宗教和生活方式构成了威胁，也引起了新的不同的创造。

性想象力的不发展，有利于产生世俗理性的哲理思维。

第二，城市的兴起与市民的崛起。希腊各国除了斯巴达外，基本上是一系列城市国家，即"城邦"（Polis）。十分明显，在这一地区（地中海世界），不论何处都没有"希腊世界"——希腊本土及其殖民地小亚细亚、西西里和意大利南部，即大希腊的城市密集。相对而言，这可以说是古代的一种城市化（"城邦的世界"）。城市是文明的产物，又是文明的载体。它对人类的发展具有决定性的意义。斯宾格勒说"所有伟大的文化都是城镇文化"，脱离了纯粹游牧或农业生活及其文明时代的"高级人类是一种被城镇束缚的动物"[①]。希腊人就是这种动物——城邦动物。人类文明的主要方面，如民族、国家、政治以及所有发达的宗教、艺术、哲学和科学，都依赖于一个基本的因素——城镇的兴起和市民的崛起，尤其是与此相关的个人灵魂或思想的解放（尽管当时个体远没有后来西方那种人格地位）。希腊人，作为城市居民的希腊人，在经历从臣民到市民（公民）的转变，以及从血缘氏族—部落到地缘—业缘共同体（社群）转变过程中，明显使个体获得相对"自由"（"古代人的自由"）并产生了不同的视角和知识，因而能够创造辉煌的理性主义文化。

第三，王权的相对短暂。强大的宗教往往是与王权联系在一起的，也就是说，在古代，宗教的强大最终是靠王权支持的（犹太和基督教部分除外）。埃及、巴比伦、波斯、印度、商代和周代的中国（以及"儒教"的中国）等都是如此，这些国家都有悠久的王权统治的历史。与此不同，希腊人在进入文明阶段后，由于自然发展的路线被打断，原始部落解体相对迅速，在"古典时代"到来之前王权存在的时间便较为短暂。虽然在黑暗时期逐渐发展起来的城邦也是宗教共同体，但由于政治的改革（如梭伦改革），贵族的权力被削弱以及不存在一个世袭或固定的祭司阶层，宗教没有成为王权的特权[②]，多少保留了远古的"民神相通""民神杂糅"的色

---

① 奥斯瓦尔德·斯宾格勒：《西方的没落》第二卷，吴琼译，上海三联书店，第79页。

② 在古埃及、巴比伦、波斯，宗教是王权的特权。中国也是如此。《尚书·吕刑》记载，中国在进入文明时代时曾发生过"绝地天通"的宗教改革，宗教成为王权的特权（参见牟钟鉴、张践《中国宗教通史》上卷，第二章第二节，社会科学文献出版社，2002）。卜辞记录的也是王室的宗教活动。

彩。这反映出希腊人（多利安人等）在进入文明社会后基本上仍在沿用以往时代流传下来的宗教和活动方式。比较而言，不太强大的官方宗教意识形态对人们的控制力的相对薄弱（尤其是希腊文明的古典后期），这就为希腊人用别的方式——世俗方式看待人与世界提供了有利条件①。

第四，没有固定的祭司阶层。"希腊人没有一个严格的、束缚他们的神，十分自由。"② 他们也没有祭司阶层（与巴比伦祭司和波斯麻葛相比）。因为在希腊，没有教会，公民在宗教上的权力和权利是平等的。古希腊虽然有祭司或僧侣，但"他们只是公共的职务官，被派出执行一定的宗教仪式"③。希腊在王权解体后是基于奴隶制的公民社会或公民宗教共同体。公民人人都可以成为祭司④（此种情况是后来马丁·路德所梦想的）。这一点与埃及人、巴比伦人、波斯人、印度人、商和周代的中国人，甚至罗马人是不同的。所有这些民族的祭司都成为一个特殊的族类或固定的阶层。因此，如启蒙运动时期法国思想家伏尔泰所言："智慧之物，只能归这一族类所有。他们的语言是神圣的，是人民所不知晓的，因此科学知识只能掌握在他们手中。但是在较为自由、较为幸福的希腊，理性之路向所有的人开放，每个人都可以充分发挥自己的才思，正因如此，才使希腊人成为世上最有创造才能的人。"⑤

第五，典型的奴隶制度。希腊宗教和公民社会的这些特点最终要归结到其奴隶制度上。世界上已知最典型的奴隶制度只在希腊和罗马存在过。东方虽然也有奴隶制度，但它不具有普遍性的社会存在方式的意义，也就是说，"奴隶制很少成为生活建构的成分"⑥。与此不同，希腊的奴隶制是

① 希腊人敬神的态度逐渐趋弱，以至于后来他们看到罗马人对待神的虔诚态度时表示"赞叹和诧异"（参见特奥多尔·蒙森《罗马史》第三卷，李稼年译，商务印书馆，2005，第346页）。

② 阿尔弗雷德·韦伯：《文化社会学视域中的文化史》，姚燕译，上海人民出版社，2006，第111页。

③ 狄金森：《希腊的生活观》，彭基相译，华东师范大学出版社，2006，第1页。

④ 布罗代尔说："城邦不再像埃及和巴比伦一样拥有自己的神职人员，任何一名希腊人都可以临时担当祭司之职，而且这种机会往往非止一次。"（费尔南·布罗代尔：《地中海考古》，蒋明炜等译，社会科学文献出版社，2005，第212页。）

⑤ 伏尔泰：《风俗论》上册，梁守锵译，商务印书馆，2006，第114页。

⑥ 阿尔弗雷德·韦伯：《文化社会学视域中的文化史》，姚燕译，上海人民出版社，2006，第105页。

作为社会系统或生存方式的主要的建构部分存在的。在这种情况下，"公民是贵族"①。正是因为有这种作为生活建构意义的奴隶制度，希腊公民（具有希腊本族血统和某一城邦身份的成年男子）才有了自身的政治和宗教平等——尽管这种政治平等是建立在整个奴隶社会不平等之上的。奴隶制使希腊人（"自己人"、公民）"获得了彻底的解放"②，从而才有了完全从事公共生活和各种知识（文学、艺术、科学、哲学等）创造和生产的可能性和条件。这些最终要归于奴隶制度。也就是说，整个希腊人的理性和创造性最终是建立在"外人"——被征服和俘获的"野蛮人"，即奴隶的供养的基础上的（全族男性都从事公共活动或精神活动，并且都由外人供养，这确实是不同的生存方式）。所以恩格斯说没有古代奴隶制，也就没有希腊文明③，其道理就在于此。希腊的奴隶制度是特殊的。这个特殊性在于，希腊民族在古典时期是一个"嗜权的民族"（阿尔弗雷德·韦伯语），他们怀有凌驾一切之上的优越感、种族纯洁的意识和排外观念。他们的奴隶制度完全是建立在通过战争掠夺人力资源基础上的，奴隶主要是战争俘虏或被征服民族人员。以文明人自居而把周围他者一律看成野蛮人的希腊人（尤其是民主制下的雅典人），在古典鼎盛时期是不会把本族人变成奴隶的（少数债务奴除外）。因为其观念不允许他们这么做。在他们（包括柏拉图和亚里士多德在内）的观念中，把本城邦族人变成奴隶与不让周边蛮族人作为奴隶同样是不自然的（或者说，不让本城邦族人变成奴隶和让周边蛮族人做奴隶同样是"自然"的）。不过，人们也许要问，罗马也是典型的奴隶制社会，为何没有希腊那样的精神原创成就？罗马之所以没有希

---

① 希腊的社会阶级主要分为：公民（成年男性）、没有政治权利的自由民和外邦人（主要为知识人或工商业者）以及奴隶。公民具有所有特权，实为贵族，但不是封建制度中那种有闲阶级，因为他们必须从事所有的公共活动和知识生产活动。

② 戴维·赫尔德：《民主的模式》，燕继荣等译，中央编译出版社，2004，第16页。

③ 恩格斯的原话是："没有奴隶制，就没有希腊国家，就没有希腊的艺术和科学；没有奴隶制，就没有罗马帝国。没有希腊文化和罗马帝国所奠定的基础，也就没有现代的欧洲。我们永远不应该忘记，我们的全部经济、政治和智力的发展，是以奴隶制既成为必要、又得到公认这种状况为前提的。"（恩格斯：《反杜林论》，载中央编译局编译《马克思恩格斯文集》第九卷，人民出版社，2009，第188页。）

腊那样的成就，除了其农民－士兵的元素质外，还在于它形成了官僚制与祭司阶层。因此，它的创造只能更多地体现在军事、政治和法律上。

第六，城邦社会－政治公共活动的民主化。希腊，尤其是雅典民主制是古代文明社会一种十分罕见的政治模式，甚至是唯一的历史现象。究竟是什么因素导致了这种民主政体的产生，这是一个非常棘手的学术问题，至今没有完全定论①。一般认为，它同后来的希腊人（多利安人等）的入侵、迈锡尼专制王权的崩溃、军事民主制变异性延伸、城邦的兴起等因素有关②。在此，首先要说明的是，希腊（雅典）民主制在古代世界实际上是一个特例或另类，不是那时文明世界的普遍现象（虽然在美索不达米亚等地区直到文明之初尚存古老的民众大会、元老会议和自治的残余），即使就希腊本身而言，民主在其历史上也是相对短暂的特殊现象。也就是说，民主，尤其是伯利克里式的平民大众民主，在古希腊历史上不是持续的主流政治文化，没有形成牢固的传统。如果没有后来西方因其需要而发掘的话，雅典民主不会有后来的名望（须知不论在柏拉图和亚里士多德那里，还是在欧洲中世纪，"民主"并没有得到很高的评价。因为民主制度在古代已发生蜕变。它在古代为什么易于发生蜕变，这是值得深思的问题）。其次，希腊人（多利安人等）在从原始阶段向文明社会过渡中，由于半路碰上地中海文明和铁器时代以及受"地中海世界一体化"发展的影响③，因而其过渡的时间相对短暂。这导致他们能够把传统的有关部落民主的记忆和经验带到文明社会。当他们把这种记忆和经验与城市的兴起、工商业的发展、相对独立的平民（中小工商业所有者阶级）的崛起，

---

① 因为希腊在"古风时代"（前750～前480）之前有一个所谓的"黑暗时期"（大约有400年之久），其多少有些类似日耳曼人入侵罗马帝国后出现的"黑暗时期"。对于希腊"黑暗时期"发生的事情，可利用的信息有限，学界无法深入了解，缺乏清晰的认识，多数结论仍属推测和重构。

② 让－皮埃尔·韦尔南：《希腊思想的起源》，秦海鹰译，北京大学出版社，2012；Moses I. Finley, 1978, *The World of Odysseus*. 2nd ed. New York：Virking Press；Lynette G. Mitchell and P. J. Rhodes, eds., 1997, *The Development of the Polis in Archaic Greece*, London and New York：Routledge。

③ 迈克尔·曼：《社会权力的来源》（第一卷），刘北成、李少军译，上海人民出版社，2002，第265页。

以及政治活动公开性地增加融合在一起的时候，刚刚冒头的王权便因此受到更多的限制而变得较为软弱，甚至衰落（工商业发展落后的斯巴达除外）。尽管相关信息有限，但希腊在这方面的演化过程仍然有迹可循。例如，通过对泥板书上残缺不全的线形文字 B（"迈锡尼希腊语"）的辨认①和《荷马史诗》的解读，人们对于发生在"黑暗时代"的政治变迁有了一些了解。人们知道，在前希腊的迈锡尼文明中，统治者是有着较大专制权力的国王/神王——"瓦讷卡"（wanax），这被认为是古代近东王权文化模式在西方的"唯一的延伸"（罗伯特·N. 贝拉语），而到了黑暗时代末期或在《荷马史诗》中，"'瓦讷卡'一词从纯政治词汇中消失，其技术性含义（指称国王的职能）则被'巴赛琉斯'（basileus）一词代替"②（《荷马史诗·伊利亚特》中阿伽门农的希腊王称谓偶尔参考了"anax"一词，它从迈锡尼王"wanax"一词沿传而来。后来希腊文中有关"王"的称谓，是"basileus"）。后者虽然算得上是一个小"国王"（荷马对此使用松散，往往仅指高贵的首领），但权力远不及前者。随着城邦的兴起，同后来的罗马城邦国王一样，这个"巴赛琉斯"最终被打发到没有政治权力的宗教部门，承担祭司职务。本来，王权的衰落可以有利于贵族发展，然而，贵族（放牧者兼军事首领——武士）很快受到新的城市 – 工商业生产方式和生产关系的抑制。古代"资本主义"（韦伯语）财富与出身形成张力，对门第差别产生冲击，贵族与自由民的界限弱化。罗伯特·N. 贝拉认为："轴心转型期的古希腊是唯一实际缺乏王的案例，尽管在文化想象上不缺乏。"③ 所有这些是在青铜时代跨入文明阶段的民族所没有的。他们自然的过渡漫长而持久，这不仅使得他们逐渐丧失有关原始或古老民主的记忆和经验，而且给予王权在落后的生产方式和关系中充分发展和发达的时间和条件。其结果，王权统治成

---

① John Chadwick, ed., 1967, *The Decipherment of Linear B*, 2nd, Cambridge：Cambridge University Press；John Chadwick, 1976, *The Mycenaean World*, Cambridge：Cambridge University Press.

② 让－皮埃尔·韦尔南：《希腊思想的起源》，秦海鹰译，北京大学出版社，2012，第 25 页。

③ Robert N. Bellah, 2011, *Religion in Human Evolution：From the Paleolithic to the Axial Age*, p. 327, Cambridge, Mass.：Harvard University Press.

为稳固的民族传统和习俗，以至于很难改变。再次，希腊城邦大多是一种小型共同体，或者说是一个面对面的小型社会（小国寡民）。城邦面积不大①，非奴隶人口多则几万人，少的也就是几千人，他们绝大多数是经济和军事上独立的公民。由于是小型共同体，人们之间比较熟悉，新闻传播较快，信息交流容易，政治问题和责任无法回避，政治参与相对直接和简单，避免了大型复杂社会的政治参与的难题。最后，也是最值得注意的是，后来的希腊是较年轻的民族，由于他们的过渡时间相对短暂，原始民主制度文化的记忆尚存，不像其他民族在漫长的过渡中已经消失。"自然长成的民主制"传统的惯性力量还在延续。在荷马时代，我们还可看到这种制度残余②。以后虽然民主制度受到王权和贵族统治的破坏，但经过从政治家梭伦开始的一系列改革或革命，希腊（雅典）又逐步走上减少诉诸亲缘关系和特权的民主化道路（从荷马时代到梭伦改革之间的政治情况，与作为日耳曼蛮族一个分支的伦巴底人进入北意大利后的情况似乎有些类似）。

　　总之，希腊就是在这样一种宗教、社会、文化和政治的特殊条件下产生与众不同的文明的。希腊民族创造了辉煌的"古典文化"，这个文化后来被西方称为"种子文化"。"西半球的思想建构，它的哲学、宗教、基督教以及被基督教取代的事物，都可以从希腊文化中追本溯源。西方思想后来所创造和发展起来的物质财富，也被塑注在从希腊人那里学到的形式里"。希腊人对"此在"理性的解释和内心的和谐规律（秩序或有序性），对后来的西方历史产生了深远影响③。

---

① 城邦"面积均在步行可覆盖的范围"，据说，苏格拉底与其弟子边走边谈，在不经意中便会跨过雅典平原。雅典城邦农民在看到雅典西端普尼克斯（Pnyx）山顶升起通知召开人民大会的黑烟时，便能徒步走向雅典城去履行公民职责（参见费尔南·布罗代尔《地中海考古》，蒋明炜等译，社会科学文献出版社，2005，第200页）。

② 舍曼在《希腊的古代》中说："当谈到一件须要人民协助来执行的事情的时候，荷马并未向我们指出任何可以违反人民意志而强迫他们来这样做的手段"。对此，恩格斯评论说，这是因为"自然形成的民主制还处于全盛时期"（引自《马克思恩格斯文集》第四卷，人民出版社，2009，第121页）。

③ 阿尔弗雷德·韦伯：《文化社会学视域中的文化史》，姚燕译，上海人民出版社，2006，第109页。

二 希腊理性主义文化

"理性是希腊文化的基奠。"（阿尔弗雷德·韦伯语）希腊在进入"古典时期"（前480～前323），便开始了其辉煌文化创造的历史。这个创造是建立在理性的基础上的。

1. 从"神秘哲学"向理性的科学和哲学转变

尼采把宗教或神话称为"神秘哲学"。大约从公元前6世纪开始，基于以上阐述的原因，希腊人的思维逐渐由宗教性的神秘哲学向世俗理性哲学转变（真正的本体论和认识论的雏形出现）。这种转变滥觞于希腊拓殖地小亚细亚的爱奥尼亚和南意大利。表面上看，这是思维和观念世俗化（摆脱超自然思维方式）的开始，但实质上是希腊文化摆脱古老近东－地中海文化，尤其是闪族文化影响的过程。这个过程是古希腊文化与古老的闪族文化碰撞的结果（或者说还处于相对弱小状态的希腊文化有意识抗拒强大闪族文化的结果），反映了两种文化的巨大差异（对东方宗教的反应，爱奥尼亚谱系与毕达哥拉斯谱系是不一样的。前者是要与东方宗教意识形态决裂，而后者则采取融合的方式，把宗教与科学合一。这引出两种不同的认识方式：试验性的观察方式与数学和形而上学演绎的方式）。这种文化差异尖锐对立，直到今天仍清晰可辨①。

从苏美尔、巴比伦，经波斯，到希伯来文化（核心是闪族文化或泛麻葛文化）的最大的特点是：无论从本体论抑或认识论角度看，世界系统都是以宗教形式建构的，也就是说，世界是神的造物（神是本原，文化有"神本主义"取向），宗教（或神话）是人们认识世界的方式。与此不同，希腊文化原本就没有明确的神创世界的宇宙论（主神宙斯不是宇宙的创造者，他是通过战胜泰坦等诸神成为新世界的统治者的），现在（古典时期）是要告别神话，以自然科学或世俗哲学另造一个世界符号系统和认识方式，亦即按照自然的（"自然法"）而不是超自然的原则解释宇宙。希腊

---

① 希腊不是典型意义上的西方，但其古典文化的某些部分为西方所发掘、利用和再创造（即以不同的方式被重估和吸纳），并最终成为西方文化的一部分。在这个意义上讲，希腊文化，作为西方文化的一部分，与闪族文化至今仍有尖锐的对立。

人开辟了通过把人类理性应用于自然界本身就能发现最终真理的道路。

这个过程是以一种怀疑论精神盛行开始的。信仰时代过后，紧跟着便是反思和批评的时代到来。公元前 6 世纪出现于小亚细亚的"米利都（Miletus）之思"（沃格林语），以及生于克洛封（Colophon）后来移民于意大利的塞诺芬尼（约前570～前470）对荷马和赫西俄德神话宗教文化的攻击和批评，便是这种时代精神的最初和最好体现①。塞诺芬尼说，如果马、牛或狮子有手并且可以跟人一样去创作，"它们也将画出像马像牛的神，各从其类"②。只有游历甚广的人，才会有此般评论。它反映出希腊轴心时代文化反思性的特征。希腊哲学始于以泰勒斯为创始者的米利都学派，后随着城邦被波斯毁灭，其重心便转向南意大利（"大希腊"）。在意大利它经历毕达哥拉斯学派与埃利亚学派（Eleatic School）——塞诺芬尼、巴门尼德和芝诺（Zeno of Elea）——思想的洗礼后于公元前 5 世纪中叶又转到雅典。正是在古典时代中期的雅典，随着经济－社会的发展，文明一步步向鼎盛前进，哲学理性主义思想随着人才辈出而达到辉煌成就，雅典也因此成为"全希腊人的学校"（伯利克里语）。它不仅推动哲学、科学、文学、艺术等文化欣欣向荣，而且促进希腊人文主义"启蒙运动"广泛发展。人们的思想终于在某种程度上开始"从天上走向人间"。

在这种情况下，希腊人在文化和智识上必然面临两种抉择：远古神的（尤其是荷马向度的宗教）符号系统，要么完全消除，以哲学或自然科学为基础另选一个新的世界系统；要么逐渐趋向于一神论，发展出具有道德

---

① 古希腊人智识的演化过程呈现这样一种顺序：先是荷马和赫西俄德一系列的神话，然后是包括七贤在内的诗人的抒情诗或格言，再后是米利都之思（自然哲学和早期科学）与戏剧（尤其是悲剧）并行，最后是人文哲学的出现（埃里克·沃格林：《城邦的世界》（《秩序与历史》卷二），陈周旺译，译林出版社，2009，第 238 页），用贝拉的话说就是首先为"模仿性文化"（mimetic culture），然后是"叙事性文化"（narrative culture），再后是"理论性文化"（theoretic culture）。需要指出的是，人类意识的演化在形式上不是一种纯粹的后者取代前者的过程，而是有主线突出的杂交系统（hybrid system）的变化。轴心文化的出现是人类最早的复杂文化系统（Robert N. Bellah, 2011, *Religion in Human Evolution*：*From the Paleolithic to the Axial Age*, p. 364, Cambridge, Mass.：Harvard University Press）。

② Arthur Fairbanks, ed. and trans., 1898 /2001, *Xenophanes*：*Fragments and Commentary*, 67：6, London：K. Paul, Trench, Trubner；黑格尔：《哲学史讲演录》第一卷，贺麟、王太庆译，商务印书馆，1981，第 261 页。

意义和更能触及心灵的启示宗教体系。前一个变化是外在性的和世俗化的，是思想发展的某种断裂，后一个变化是内部进化的结果，传统思想体系自我毁灭与转型的产物。希腊人的选择是矛盾的，充满了文化的内在张力。当他们以科学和自然法解释世界的时候，用形而上学取代神话的时候，却保留了潜在的向超验方向前进的取向或趋势（如柏拉图主义）。也就是说，他们没有创造出新的神，但却创造出具有活力的神性——理性的神（如柏拉图），给宗教的心灵以严格的智识内涵和形式，从而使这个人类心灵同样不可缺少的内在建构系统得以持续下去①。

我们先来看看第一个变化（或者说一种向度的变化）——由宗教和神话认识转向科学和哲理认识。希腊传统宗教或神话（奥林匹斯诸神崇拜）的最大的特点，是以象征的手法塑造现实。也就是说，这个系统更多地表现在宗教想象方面，而智识和理性推理方面相对缺乏。随着社会、自然科学与人的智力的发展，人类最终是要以知识和理性认识世界的。希腊人的心灵在一定程度上离开了宗教，按照自己的自然道路去解决问题（按照现实本身研究问题）。于是，便有了万物的本原是"水"（泰勒斯）、"阿派朗"（apeiron，意指"无定形"或"无定形"基质；阿那克西曼德）、"气"（阿那克西美尼）、"火"（赫拉克利特）等说法。以后又有世界的本原是"数"（毕达哥拉斯）、"努斯"（nous，意指"心"或"心灵"；阿那克萨戈拉）这样抽象的或精神的说法。总之，不管说法如何——本原是物质的抑或精神的，是一元的还是多元的，它都是在以世俗的、观察的、自然的、科学的或形而上的哲学推理的方式解决问题，用同以往根本不同的世界系统和范式理解和说明问题。换言之，在一定程度上科学和哲学取代了神学和神话，不受古老信仰控制的知识系统产生了。其宣告了人本身的理智能够理解和认识宇宙。这便是科学与前苏格拉底哲学（主要是自然哲学）的发展。以前，"一切都习自荷马"（塞诺芬尼语），

---

① 据说，在雅典，印度人遇见苏格拉底，向其询问哲学的含义。苏格拉底告诉他："哲学是对人类现实的研究。"对此，这位印度教徒却笑着反问道："如果一个人对神的现实一无所知，那么，他怎么才能研究人类现实？"（见费尔南·布罗代尔《文明史纲》，肖昶等译，广西师范大学出版社，2003，第42页。）这段精彩的对话，反映了人类关于信仰与理性知识之间张力的问题。这个张力至今仍然存在。

而现在，与神学相区别的哲学，则从此在希腊开始了①。

希腊理性主义文化，如法国学者韦尔南（Jean-Pierre Vernant）所言，主要有以下特点：（1）思维的世俗化，也就是形成了一个外在于宗教和神话的思想领域（韦尔南认为该领域与宗教无关，实际并非如此，当时人们尚不能完全割断与神学的联系。完全的世俗化是近现代的事情，不应以现代人的眼光看待古人）。这个领域滥觞于伊奥尼亚学派（Ionia school，又译爱奥尼亚学派），并在此体现得十分清晰。哲学家（兼科学家，即自然哲学家）们对包括宇宙起源在内的种种自然现象做出了充满实证精神的世俗解释。（2）提出了一种有关宇宙秩序的思想，即承认世界万物的运行呈现某种有序性。这种秩序与人类思想内部秩序是"相似的"②。它不像在传统神谱中那样建立在一个主神的威力或王权统治之上，"而是建立在宇宙的内在规律和分配法则之上，这种规律和法则要求大自然的所有组成部分都遵循一种平等的秩序，任何部分都不能统治其它部分"。（3）这种思想具有明显的几何学性质，即思维理性化和几何化。依据这种思想范式，宇宙是这样一种均质的空间，它不再由吉凶、天堂地狱等宗教性质来界定，而是由相互对称和可逆的关系组成③。当然，所有这些特点都是与日趋文明的希腊人的公民意识、公民平等思想、权力制约（或均衡）和做事适度的原则分不开的，是这些思想和原则在自然和宇宙观上的投射（当然，后者反过来对前者也有影响，它们是相互作用的）。希腊人的理性不仅体现在科学和哲学上，而且还表现在社会其他方面，如政治、历史、文学、艺术领域以及城市与港口的规划和建设等方面。

希腊的科学和哲学成就堪称奇迹，但是溯本追源，这个成就却与东方存在不解之缘。也就是说，结出的创造性硕果在希腊本土（雅典是中心），却孕育在东方。希腊科学和哲学起初主要源自闪族、埃及文化或两

① 罗素：《西方哲学史》上卷，何兆武、李约瑟译，商务印书馆，1981，第13页。
② 理查德·塔纳斯：《西方思想史》，吴象婴等译，上海社会科学院出版社，2007，第76页。
③ 让－皮埃尔·韦尔南：《希腊思想的起源》，秦海鹰译，北京大学出版社，2012，第7~8页。

者的融合，尤其是前者［甚至公认的希腊最早的哲学家兼科学家（天文学和几何学家）泰勒斯，传说也是希腊化的闪族人，即腓尼基人①］，这反映了文化碰撞与文化张力作用的重要性。我们从希腊远古的信息中看不出什么科学和世俗哲学成分，希腊的神话就是象征性思维和原始宗教思想。反倒是东方，尤其是美索不达米亚（闪族）文化蕴含着许多科学与自然哲学成分，例如，埃及的土地测量法和医学；具有庙宇顶层星象台、长期观测基础和严格观测规则的巴比伦天文学以及代数学、几何学和作为化学前身的炼金术，等等。所有这些都成为希腊奇迹出现的准备和起飞的基础。实际上，这些也可以说是近东－地中海地区所有文明发展的基础，但该地区其他文明民族在论述世界的时候，仍然是在宗教的框架内进行的。例如，我们前面提到的两河流域苏美尔人和闪族人的宗教神话中便有宇宙浮在水上的想象——大海被认为是最初的母亲（起源于水），马尔杜克（巴比伦主神和国神）从广阔无垠的原始水中获得淤泥和土壤，还有宇宙天地的合与分及对立统一、对抗与相互制约、平衡等思想。然而，在东方，不论是科学技术的发展还是对世界的看法，都是出于直接的生活使用目的和宗教的需要，尤其是后一个方面是主要动机和动力，因此，只停留在认识具体事物的阶段，无法摆脱宗教的本质和框架，以至于深化、上升为系统的、普遍意义的科学与哲学理论（知识）的任务便被宗教包含和代替了。东方，尤其是闪族人刚性的一元化宗教社会，没有科学和世俗哲学成长的社会和文化条件。

只有希腊人才创造出较好利用上述发展基础的社会和文化条件。希腊人追求现世的快乐，这使得人们能够获得更大的想象力和以此为基础的创造力，在减免宗教的直接影响中进行思维。希腊人，首先是爱奥尼亚人的"实证主义"，摆脱掉神学的论证，从自然中搜寻和思考，按照世界本身的自然状态和法则对其进行解释。当他们说水、气、火等元素是万物之本原的时候，"却忘记了马尔杜克"②。尽管希腊人相对缺乏现代科学的"实

① 参见费尔南·布罗代尔《地中海考古》，蒋明炜等译，社会科学文献出版，2005，第227页。

② 费尔南·布罗代尔：《地中海考古》，蒋明炜等译，社会科学文献出版，2005，第229页。

验理性"，其知识更多是依据"常识"的理论推理而非可靠经验和实验验证的真理性，但却是走向现代科学的第一步。因为，一方面，它探求一种理性的解释，用科学（物理学、力学等）的方法和范式阐述世界的本原和动因问题；另一方面，由于所使用的不再是只有神明才能解释宇宙的宗教方法，思维和思想的世界便是开放性的，世界被假设成多样化的。所有希腊思想家无不尝试对世界做出新的解释。百家争鸣，百花齐放，答案一个接着一个，一个学派反驳另一个学派，此城邦不同于彼城邦，争论十分激烈［不仅有同一或相近学派之争，如爱奥尼亚派关于本原是水、气、无定形、火等不同说法的争论，而且有对立学派之争，如毕达哥拉斯和埃利亚人学派的"空想主义"（演绎推理）对爱奥尼亚派"实证主义"的反对和回应］。争论促进了希腊人探究的深入，把从东方人那里学到的具体的实用科学技术知识发展到普遍主义的科学理论高度[1]，升华为探究世界自然本原和原因的哲学，寻求"逻各斯"，从看似荒谬的问题中得出了辩证法，实现了思想和"存在的飞跃"，开创了两种不同的基本的探究范式和论证方式。

对希腊人有利的另一个社会条件，就是其相对多元、宽容、民主和自由的社会环境。这是"一个没有王的社会"（罗伯特·N. 贝拉语）。黑格尔认为"思想的自由是哲学和哲学史起始的条件"，"所以在历史上哲学的发生，只有当自由的政治制度已经形成了的时候"[2]。民主制度讲求人类平等（在古希腊，确切说是公民平等，某些自由民没有公民权——主要没有参政权利，而奴隶被视为只是会说话的工具[3]），社会相对宽容（相对于王权的波斯，或寡头统治的斯巴达而言），允许竞争、争论和竞赛，

---

① 罗素说："埃及和巴比伦人已经有了算术和几何学了，但主要地是凭经验，从一般的前提来进行演绎的推理，这是希腊人的贡献。"（罗素：《西方哲学史》上卷，何兆武、李约瑟译，商务印书馆，1981，第24页。）

② 黑格尔：《哲学史讲演录》第一卷，贺麟、王太庆译，商务印书馆，1981，第93、95页。

③ 关于希腊城邦，尤其是雅典城邦社会的真实情况，存在不同的看法。有学者认为，雅典社会并非纯粹男性公民的天下，而是一个具有广泛包容性的共同体，其中不同人群各有其存在的意义（参阅 Edward E. Cohen, 2002, *The Athenian Nation*, Princeton, N. J.: Princeton University Press；狄金森：《希腊的生活观》，彭基相译，华东师范大学出版社，2006）。

领袖与大众在文明处于上升阶段（如雅典伯里克利时代）能够有机合作。在这种条件下，凡雅典城邦公民，人人都可以参与政事，发表自己的意见，不是靠出身、地位和权势，而是凭借意见正确（"知识"/真理）取得公众信任。虽然宗教和习俗仍有强大势力，但法律不再完全由神意所定，不再只是习惯法，而有成文法（制定法，城邦"宪法"①），人人得以在法庭上辩护，据理力争。生动活泼的智者局面带来了思想文化上百家争鸣、百花齐放的盛况。所有这些使得每个人（公民）都能把自己的潜能充分发挥出来，进行创造性的工作。希腊的这些条件是其他古代社会（包括斯巴达）所缺乏的。

2. 希腊理性主义的人文精神：从自然到人与社会的哲学转向

人类文明的较早时期，或轴心时代，只发生过两次伟大的人文主义思潮。一个是中国春秋战国时代的"百家争鸣，百花齐放"，它最终孕育出灿烂的儒家文化或文明；另一个是古希腊的智者运动及其之后达至巅峰的古典哲学思想（社会理论部分）。欧亚大陆的这一东西两极，是最早把思考的目光从天上转向人间的地区或文明体，开启了人类人文思想启蒙之先河，尽管它们的内容颇为不同。

希腊智者运动大体上始于公元前5世纪中叶。该运动的出现，标志着希腊理性主义逐渐从自然哲学向社会哲学（社会理论）转变。这个转变是由苏格拉底开始的，而苏格拉底的弟子柏拉图及其再传弟子亚里士多德则把这种社会哲学推向了最高峰。

智者运动是西方思想和社会史上最早出现的人文启蒙运动和人本主义思潮，它是希腊民主制全盛时期的产物。与后来欧洲中世纪文艺复兴时期的内涵有相近之处。智者运动以人与社会哲学为中心和底蕴，开始了某种程度的文化价值重估和重建的过程。这主要是世俗文化建构的过程，涉及语言学、论辩术、修辞学、政治、伦理、宗教、文学、艺术、史学等多个领域。它继续破除神主宰人的传统观念，认识到人是社会生活的主人，提出关于人类社会、人的本性、人的价值、人神关系、个人与城邦关系以及

---

① Charles Hignett, 1952, *A History of the Athenian Constitution to the End of the Fifth Century B. C.* , Oxford：Clarendon Press.

道德评价等一系列新观念，提高了公民的文化素养，促进了文化繁荣。尤其重要的是，其较浓烈的人文主义精神，促使希腊哲学开始将人和社会作为关注和研究的重要内容①。

智者运动发生在希腊（雅典）民主的全盛时期。民主制度下的希腊人不仅保留了从宗教角度认识自然和世界的传统，不仅在传统宗教不能解释的时候能够从科学理性的角度认识自然和世界，而且还把认识的视角转向人与社会本身。普罗泰戈拉的名言"人是万物的尺度"，德尔斐神庙铭刻的"认识你自己"的箴言，苏格拉底将此作为新哲学的宣言，都是这种创新性转变的最佳表达。这是民主社会文化多元性和相对宽容的结果，也是这种类型社会的特点或优点（与另一种体制的斯巴达形成鲜明对比）。

智者运动的兴起是希腊（雅典）民主制的精神产儿。它随着民主制度的发展而兴盛，又随其衰落而变质。后期的智者运动丧失了原有的人文启蒙精神，逐渐堕落为纯粹主观个人主义、怀疑主义（不可知论）和相对主义的思潮，蜕变为荒唐的诡辩术和获取个人私利的工具，对城邦社会秩序和道德风气的败坏起到了推波助澜的作用。这个运动的兴衰，反映了伯里克利时代希腊文明与民主制度文化的缺陷——缺乏更深层次的内在的文化心灵建构。城邦的无序始于精神失序。苏格拉底、柏拉图试图解决这个问题（如《理想国》和《法律篇》）。

希腊理性主义的人文思想的启蒙或真正转型是从苏格拉底开始的。黑格尔说，"他［苏格拉底］是精神本身的一个主要转折点"，"无限的主观性，自我意识的自由，在苏格拉底的精神中生长出来了"。"苏格拉底的原则就是：人……必须通过他自己而达到真理。"② 从苏格拉底经柏拉图到亚里士多德，是希腊理性主义与人文主义的辉煌时期。然而这却是希腊文明和民主制度的衰落时期以及宗教转向时期。智慧的思想总是来得很

① W. K. C. Guthrie, 1971, *The Sophists*, Cambridge: Cambridge University Press; Victor Ehrenberg, 1973, *From Solon to Socrates*, 2nd ed., London: Methuen.

② 黑格尔：《哲学史讲演录》第二卷，贺麟、王太庆译，商务印书馆，1981，第39、41页。

迟，密纳发的猫头鹰要等到黄昏到来，才会展翅高飞①。

在古希腊，尽管科学理性和人文思潮已经出现，但这种转变是艰难的，斗争十分激烈。苏格拉底的悲剧说明了这一点。苏格拉底被审判处死（其罪名是"不信城邦之神、企图引入其他新的神灵并毒害青年"②），表面上看，是民主暴政（多数人对少数人的暴政③）的结果，但本质上却是两种不同文化——希腊传统宗教文化（荷马向度的宗教文化）与希腊文明转折时期理性人文主义启蒙文化冲突的结果，以及以神话象征手法塑造现实与用哲学认识和塑造"此在"两者之间冲突的结果。如前所述，古希腊社会是一个具有悠久的宗教文化（荷马文化向度）的社会。在这个社会中，人们承认神灵决定个体，启示必须是官家的神谕，如出自德尔斐（Delphian）神庙的神谕，这种神谕被认为是非主观的，具有公共性。如果启示出自一个个人或公民，便被看作是不可信、不正确和亵渎神灵的。苏格拉底采用的方法是以世俗哲学认识世界和人自身，它使人自己知道什么是真理，人应当反观和反省自身。就人自己的自我意识以及每一个人思维的普遍意识来说，"这乃是一个变革"。这样，苏格拉底的方法就是一种异于希腊宗教或社会中通行的方法，他成为"提出原则来代替德尔斐的神的英雄"。由于走在时代的前列，苏格拉底与雅典城邦共同体和一般民众发生冲突是不可避免的，因为当时社会转变刚刚开始，多数人仍囿于传统习俗之中。因此，黑格尔说："雅典人民的精神本身、它的法制、它的整个生活，是建立在伦理上面，建立在宗教上面，建立在一种自在自为的、固定的、坚固的东西上面。苏格拉底现在把真理放在内在意识的决定

---

① 黑格尔的原话是："关于教导世界怎样，……无论如何哲学总是来得太迟。哲学作为有关世界的思想，要直到现实结束其形成过程并完成其自身之后，才会出现。……当哲学用灰色的颜料绘成灰色的图画的时候，这一生活形态就变老了。……密纳发的猫头鹰要等到黄昏到来，才会起飞。"（黑格尔：《法哲学原理》，范扬等译，"序言"，商务印书馆，1979，第14页。）黑格尔的话是有道理的。中国春秋战国时代的"百家争鸣，百花齐放"现象（东方最早的人文主义启蒙运动），便是在周帝国或文明衰落时出现的。

② Eric Voegelin, 2000, *Plato and Aristotle*, *Order and History*, Vol. Ⅲ, pp. 60－61, Columbia, Missouri: University of Missouri Press.

③ 关于民主制度下，"多数人暴政"问题（参见达尔《民主理论的前言》，顾昕等译，三联书店，1999）。

里面；他拿这个原则教人，使这个原则进入生活之中。因此他与雅典人民所认为的公正和真理发生对立。"苏格拉底悲剧性的命运具有"必然性"①〔实际上，苏格拉底并非像雅典人认为的那样是无神论者。苏格拉底的宗教信仰仍在，只不过转向当时属于非主流的俄耳普斯教（多少有些接近后来的基督教）——与奥林匹斯诸神崇拜非常不同的宗教，对此，囿于传统的雅典民众是无法理解的。在具有灵魂论和末世论的新的宗教信仰的支持下，苏格拉底面对死亡不仅是无畏，而且超然，俨然一个真正的圣徒，堪与后来的耶稣基督媲美〕②。

苏格拉底是改变希腊乃至西方文化进程的超凡人物之一。他一生（前469～前399）经历雅典帝国的兴衰以及我们今天已区分开来的哲学与诡辩术这两种不同的思潮。阿里斯托芬（Aristophanes）在其剧作《云》（Clouds）中把苏格拉底描写成一个典型的智者和修辞学教师，这实际上是一种喜剧性的误导。与自负的智者不同，苏格拉底自称无知，把自己看成智慧的探求者而非提供者。正如柏拉图在《申辩篇》（Apology）中所描述的那样，苏格拉底的优势不在其智慧上，而在于他懂得他缺乏智慧。那么苏格拉底究竟缺少何种智慧呢？这当然不是一般智者所说的那种获取个人名利的智慧。在苏格拉底看来，我们应当怎样关心我们的灵魂（souls），知晓什么是正确引导我们灵魂的善或美德（virtue），才是最重要的。因此奥古斯丁说："苏格拉底最先把哲学的全部努力引向对道德矫正和规范"，"因为他不希望看到心灵被尘世的欲望所玷污"③。在当时大多数雅典人处于精神麻醉、是非不明的情况下，苏格拉底指出不注意或不思考真理、理智和灵魂的完善，是可耻的。苏格拉底虽然遭到了雅典人的责难和审判，但如沃格林所言，后者"却遭到神的谴责"。对他的审判意味着，城邦秩序（kosmos；order）问题开始让渡于苏格拉底的作为新秩序载体的灵魂秩序问题。后来在柏拉图那里，社会"被理解为某种灵魂的秩

---

① 黑格尔：《哲学史讲演录》第二卷，贺麟、王太庆译，商务印书馆，1981，第90～96页。

② 柏拉图说，苏格拉底的论证"骨子里全是道理，而且是世上仅有的真理，……没有别的比他更像神明的人了"（柏拉图：《会饮篇》，222E，载柏拉图《柏拉图全集》第二卷，王晓朝译，人民出版社，2003）。

③ 奥古斯丁：《上帝之城》上卷，王晓朝译，人民出版社，2006，第309页。

序"，"灵魂是社会秩序之源"①。因此，城邦社会的失序归根结底是灵魂失序、内心紊乱的表现。建构新秩序首先是要解决灵魂问题（观念问题）。

如果说轴心文化意味着想象和创造出与现实存在不同的超越性思想和秩序，那么可以讲柏拉图便是这方面最突出的思想家。奥古斯丁甚至说："柏拉图对神的理解有许多方面与我们［基督徒］的宗教真理是一致的。"② 其一生最大的愿望就是把他老师提及的灵魂（精神）秩序变为现实。其《理想国》（*Republic*，又译《国家篇》《王制》）就是在这样一种背景和思考中产生的。就其内容多少有些源于斯巴达的做法而言，其似乎是保守的，然而鉴于《理想国》包含以下内容，你还能说柏拉图思想保守吗？这些内容是：理想国没有保留现存政治结构与惯习的道德信念及实践，其中包括男女共享卫士阶级（guardian class）的性别平等，最高管理者按任人唯贤的标准组成，统治者和最高管理者（哲人王和卫士）不允许拥有私人财产，对统治者的强制要远甚于被统治者，前者甚至没有私人居所和家庭（因为在柏拉图看来，财产和家庭为私心私物所寄托），等等。支撑柏拉图进行此种思考的便是善、美德、正义的理念，因为理想国是这一理念的具体展开。柏拉图同情斯巴达，对雅典民主制度大加诘难，但也强烈反对寡头制和暴政。他试图通过理想国模式（斯巴达的某种理想化）避免城邦民主制与专制暴政两者的缺陷。这不能不说是一种伟大创新，对后世西方有着深远的影响。

希腊文明的顶峰与悲剧的诞生不期而遇，而希腊文化的顶峰就是在悲剧时代到达的。先是以柏拉图和亚里士多德的出现为标志（前 400～前 320），哲学得到了最充分的发展；接下来，便是随着希腊化时代亚历山大里亚文化名城的出现（前 320～前 120），科学进入了所谓的"百科全书时代""概论时代"和"《教程》时代"。也就是说，理性文化的代表哲学和科学先后进入总结时代。一般而言，每一种文化之花本身只有一次伟大的绽放（关于这一点后面还会详细论及），此后便是其凋谢的过程。按照

---

① Eric Voegelin, 2000, *Plato and Aristotle*（*Order and History*, Vol. Ⅲ）, pp. 63, 65, Columbia, Missouri: University of Missouri Press.

② 奥古斯丁：《上帝之城》上卷，王晓朝译，人民出版社，2006，第 321 页。

此法则，这种总结的时代就是到达顶峰的体现，是不可避免的停顿的预兆或征兆。

从远古神的概念和符号系统的逐渐衰落或消除，到根据自然科学或自然法的基础另选一个有关世界的新的解释系统，再到以形而上学取代神话，产生不受古老信仰控制的人与社会的知识，希腊人走出了一条与众不同的文化理性化道路。这在当时的轴心时代是非常罕见的。除了中国某些方面（指产生非宗教的世俗哲学）与之表面相近外，所有其他轴心文明对此是缺乏的。然而，希腊理性主义智识发展的道路是不平坦的。它在消除古老宗教观念的同时，也在向另一种绝对信仰潜隐地趋近。理性主义哲理与这种宗教信仰是交融在一起的，充满内在的文化张力。这反映出人类文化、社会、思想演化中的矛盾性。

3. 希腊理性主义思想的变异

伯特兰·罗素认为，由于智慧在人类社会发展中具有重要作用，"假如希腊人的智慧能在最优良的阶段继续下去，工业革命很可能在古代即已发生"[1]。罗素的观点很有典型性，代表了那个时代许多人的观点。他们相信希腊人"'正像我们一样'执着于现代的科学文明"[2]。对于科学革命没有在当时的古希腊或罗马产生，有的人，如被誉为"原子弹之父"的罗伯特·奥本海默（J. Robert Oppenheimer），甚至感到"似乎很奇怪"[3]。这种观点曾经流行并引发争论，反映出许多人对希腊社会似乎缺乏整体认识。希腊社会即使在科学与哲学发展的鼎盛时期，也没有像今天西方这样打破神的权威，出现韦伯所说的"理性的躁动"（rational restlessness），从而使宗教相对边缘化和私事化。古典时期的希腊社会仍旧是一种宗教社会，只不过，宗教在潜隐地发生转向。

希腊人在走上与众不同的文化理性化道路的同时，宗教本身并没有衰落，衰落的是传统主流的荷马文化向度的宗教的形式，但其他非主流宗教

---

① 伯特兰·罗素：《如何阅读历史》，载田汝康、金重远选编《现代西方史学流派文选》，上海人民出版社，1982，第 211 页。

② 迈克尔·曼：《社会权力的来源》（第一卷），刘北成、李少军译，上海人民出版社，2002，第 288 页。

③ 转引自费尔南·布罗代尔《地中海考古》，蒋明炜等译，社会科学文献出版社，2005，第 239 页。

的形式又兴起了。也就是说，宗教逐渐发生变异并趋向于一神论（确切地说，神的观念转变为一个永恒的和道德的"势力"），发展出具有道德意义和更高层次心灵的弱神话性的宗教体系。如前所述，希腊社会主要存在四种类型的宗教：早期祖先崇拜和英雄（亡灵）祭拜、宙斯－奥林匹斯诸神崇拜以及狄奥尼索斯（酒神）崇拜和俄耳普斯（奥弗斯）教。前两种宗教是较早出现的宗教。宙斯－奥林匹斯诸神崇拜是所谓"理性"的宗教、阳光的宗教。它在希腊文明走向鼎盛时期是国家宗教或主流意识形态，而祖先和英雄灵魂崇拜是民间宗教、非主流宗教。前者压抑了后者，使后者多少处于潜隐状态。随着经济、社会的发展，尤其是科学和哲学的兴起，原来盛行的奥林匹斯诸神崇拜衰落了。在原有祖先和英雄灵魂崇拜的基础上，希腊人在相当程度上逐渐接受了曾经处于边缘的、外来的、同样是神秘主义的宗教——狄奥尼索斯崇拜和俄耳普斯教（柏拉图显然是典型）。

正当奥林匹斯诸神崇拜愈来愈脱离生活现实，因而像美梦一般逐渐消亡之际，一些稍后出现和外来的宗教思想——宗教社会学意义上的真正的宗教，开始在希腊由潜隐状态转变为显性状态，并慢慢兴盛起来。这是一些充满神秘主义色彩的宗教，其代表就是狄奥尼索斯崇拜和俄耳普斯教。这类宗教在传入希腊时曾一度招致敌视、抵制，甚至迫害，因为它们激发的宗教体验和宣扬的宗教思想可能让人否定和放弃希腊的整个生活方式和普遍价值①，不论是内心平静、人格、意识，还是理性，等等。下面就此展开进一步的讨论。

狄奥尼索斯亦称酒神，也是战神，在希腊宗教中是一个晚期才出现的神，一个来自希腊北方野蛮之地色雷斯（Thrace）或小亚细亚的佛里吉亚（Phrygia）的外来神祇。对该神祇的文献记载少之又少，但国外学术界认为这是真实的，因为他的名字（"狄奥尼索斯"）在线形文字 B 泥板（文本）中作为迈锡尼人的诸神之一出现过几次。一般而言，对他的崇拜是神

---

① 参见米尔恰·伊利亚德《宗教思想史》，晏可佳等译，上海社会科学院出版社，2004，第307页；简·艾伦·赫丽生：《希腊宗教研究导论》，谢世坚译，广西师范大学出版社，2006，第334页。

秘主义、野蛮和疯狂的体现①。酒神崇拜是以"秘仪"形式显现的。仪式在远离城市的山林和夜间举行。崇拜者，尤其是妇女（女祭司），因醉酒而进入出神和发狂状态。她们将祭祀的牺牲（羊或牡牛）撕成碎片，生吞下去，以此实现与神的沟通，获得神灵附体的宗教体验②。由于神的莅临或在场（the presence of the god），崇拜者获得了超常的力量。这是一种神秘的力量，一种非理性的力量。希腊悲剧作家欧里庇得斯（Euripides）的《酒神的伴侣》对此有精彩描写。

狄奥尼索斯式的出神和发狂状态意味着一种超越性状态。在希腊雅典城邦，尤其是在奥林匹斯诸神崇拜处于兴盛时期，人们的各种观念已经习以为常，在思考与行动上总是受到基于荷马文化向度的法律、秩序、理性、限度等观念限制。然而，人不仅仅是理性动物，也是非理性动物（如后来弗洛伊德所阐释的那样）。当他们对原有的奥林匹斯诸神感到厌倦时，他们便开始一场"回归自然"的运动。人们希望挣脱束缚、限制，摆脱具体的东西，渴望富于情感的生活而不是过于理性化，似乎想重新发现一种野性的激情。而狄奥尼索斯宗教精神正好满足这一需要。在这种崇拜仪式或狂欢中，人们完全的释放，获得一种人类日常难以达到的自由与自在，一时摆脱了古老伦理与社会秩序的禁忌、规则和习俗（这也是对此为什么会有如此多的女性信徒的原因）。尤其重要的是，正如 W. R. 康纳（W. Robert Connor）所言，狄奥尼索斯崇拜的兴起为公元前 6 世纪雅典政治家克里斯提尼（Cleisthenes）领导的改革和民主制的建立提供了一种宗教准备（精神准备）③。因此，城邦政治改革同时也是宗教变迁。一个外来的酒神（狄奥尼索斯）颠覆了旧城邦，消灭了反对者，给接纳他的民众带来了新的团结和社会整合（酒神宗教精神氛围下新的共同体，对所有人开放，身份地位之别消除了，言论是真正自由的）。这也就是马克斯·韦伯所说的，宗教不仅能够提供不同于现实社会存在的超越性观念，使它

① 狄金森：《希腊的生活观》，彭基相译，华东师范大学出版社，2006，第 24 ~ 25 页。
② 因为人们认为他们撕碎和吞食的动物是狄奥尼索斯的化身或他的显现物，如同基督教圣餐中面包与葡萄酒的象征意义一样。
③ W. Robert Connor, 1996, "Civil Society, Dionysiac Festival, and the Athenian Democracy", in Josiah Ober and Charles W. Hedrick, eds., *Dēmokratia: A Conversation on Democracies, Ancient and Modern*, pp. 217 – 226, Princeton, N. J.: Princeton University Press.

多元文化模式与文化张力

们形成张力，而且有助于把这种观念变为现实。说来颇为有意思，改革后的雅典人有民主，但没有撰写民主的理论。罗伯特·N. 贝拉说他们是通过城邦酒神节（the City Dionysia，酒神狂欢节）和酒神像（Dionysus Eleuthereus）来演示或展现（enact）民主的①。此外，酒神崇拜仪式还涉及一种最深层次的东西——人们重新恢复了一种被压抑了万年之久的行为，人性的"自然"方面（回归生命的本质）。他们在醉酒中感到的不仅是一般的陶醉，而且被认为是受到神的感应的陶醉。他们心中充满了无比的喜悦和激情，觉得自己体内涌动着一种新的、特殊的、奇特的力量，具有神圣的东西。他们疯狂了，但这是神圣的迷狂，有时甚至迸发出难以理解的想象力和创造性。酒神是灵感之神，没有酒神，就没有灵感。这也是为什么尼采在《悲剧的诞生》中推崇酒神狄奥尼索斯精神的缘由。

狄奥尼索斯神之所以在希腊逐渐占有重要地位，征服许多崇拜者的心，是因为狄奥尼索斯是酒神②——其隐含的意义是非理性、神秘、神圣、陶醉、创造力。这反映出希腊人不仅要过太阳神阿波罗式的理性、透明、秩序、适度的生活，而且还有想要打破成规和压抑的愿望。两种力量形成的强大的文化张力，最终达于赫拉克利特所言的"和谐"。对此尼采曾给予深刻的论述："日神只承认一个法则——对个人界限的遵守，即希腊人所说的适度。但酒神冲动不断打破这一法则，将过度显现为真理。这两种冲动尽管长期斗争，终于达成和解，在希腊悲剧身上庆祝神秘的婚盟。"③

酒神狄奥尼索斯崇拜是真正的宗教，因为作为不断显现与隐匿之神，它启示了生死相连的奥秘与神性，涉及神的真实降临而带来的启示。不过，尽管狄奥尼索斯崇拜隐约闪现出灵性再生的愿望与希冀，但尚未有明确的末世论说法。古典时期希腊人的神秘主义氛围在加重，但尚未曾被天堂地狱之观念所封锁。他们大概知道天堂地狱观念④，但可信的是这种观念在柏拉图以前，即希腊文明鼎盛时期，还没有支配他们的心灵。他们有

---

① Robert N. Bellah, 2011, *Religion in Human Evolution*: *From the Paleolithic to the Axial Age*, p. 352, Cambridge, Mass.: Harvard University Press.
② 狄奥尼索斯还是树神——葡萄树神。他借助葡萄树及葡萄酒（希腊主要酒类）的引进而家喻户晓。
③ 弗里德里希·尼采：《悲剧的诞生》，周国平译，译林出版社，2011，第17页。
④ 狄金森：《希腊的生活观》，彭基相译，华东师范大学出版社，2006，第32页。

时固然产生恐惧心理，但经过相当的古老仪式即可化解；他们也有热切的希望，但只是在秘仪狂欢之际；他们生活的普通取向很少受来世观念影响，因为他们眷恋生与现世生活的快乐，而没有深入思考死的问题；他们不是没有痛苦，但总是以现世以往的成功与未来的希望安慰自己。

俄耳普斯教是希腊文明后期盛行的另一种神秘主义宗教①。该宗教一般认为其非常古老，肯定出现在"荷马之前"，但在希腊的时间则较为靠后。沃格林在《城邦的世界》中说，公元前6世纪俄耳普斯运动（Orphic movement）以灵魂净化之神秘席卷希腊，影响了部分哲学家（如塞诺芬尼、赫拉克利特）的作品。大概它就是从此时起不断影响希腊的。与狄奥尼索斯崇拜一样，它也产生于希腊文明不及的"野蛮"之地（尽管无法知道确切地点②），是外来的神话宗教，因此，既不属于荷马传统，也非地中海文明的文化遗产。其创始人俄耳普斯原本"是人而不是神，有萨满的魔力"③。他是神奇的乐师、祭司、巫师，其琴声使野兽和野蛮人如痴如醉并支配它们。由于崇拜太阳神阿波罗，此举得罪了阿波罗的对手酒神狄奥尼索斯。后者派一群神魂附体的疯女前去阻挠，于是这位奇人便被撕成碎片。俄耳普斯死后被神化，出现了许多版本的宗教神话，如"冥界之旅""灵魂不灭""转世轮回"等说法。这种新的神祇和宗教的独特之处就在于，它有一个"灵"，即鼓励苏格拉底去死的那个"灵"，或解决了人们生死问题的那个"灵"。这个灵与后来的基督教所宣扬的三位一体的上帝（尤其是"圣灵"）似同出一辙。因此俄耳普斯成为宗教运动的象征和保护神。

俄耳普斯教徒及其崇拜仪式，与狄奥尼索斯教有许多相近的地方，本质上是一类宗教。它们相互关联④，都诉诸非理性，皆有类似的秘仪和人

---

① 关于俄耳普斯教，参见 W. K. C. Guthrie，1935/1952，*Orpheus and Greek Religion*，2nd ed. pp. 59 ff.，137ff.，London：Methuen；Vittorio D. Macchioro，2003，*From Orpheus to Paul：a History of Orphism*，Whitefish，Montana：Kessinger Publishing。

② 也有学者认为来自色雷斯。参阅简·艾伦·赫丽生《希腊宗教研究导论》，谢世坚译，广西师范大学出版社，2006，第419页。

③ 简·艾伦·赫丽生：《希腊宗教研究导论》，谢世坚译，广西师范大学出版社，2006，第418页。

④ 要了解狄奥尼索斯崇拜的全部意义及其在精神上的更高发展，只有借助俄耳普斯的教条，而离开狄奥尼索斯崇拜，俄耳普斯教则变成一种没有生命力的宗教（参见简·艾伦·赫丽生《希腊宗教研究导论》，谢世坚译，广西师范大学出版社，2006，第418页）。

类参与神性的教义，同样与奥林匹斯诸神崇拜的文化取向大相径庭。然而，两者又有很大的不同，甚至存在精神对抗。狄奥尼索斯的疯狂是酒神附体之人，特别是此种女人（女祭司）的疯狂（野蛮、暴力、放纵、超越），而且是在意识程度相对低下的情况下发生的。与此不同，俄耳普斯教的疯狂不是追求肉体上的醉，而是精神上的迷狂。为此，它所采取的方式不是醉酒，而是包括戒酒在内的种种节制和净化仪式，也就是以"洁净"仪式取代了狂欢，主要表现为茹素、苦修、洁净礼、神圣化、宗教典章（教义）教育。

此外，俄耳普斯教已拥有更为明显的灵魂不灭、灵魂转世的概念，有一元论，甚至"一神论"的倾向①，以及"原罪"说和末世论观念（似乎受到过巴比伦和波斯宗教的影响）。俄耳普斯教在希腊的盛行，反映出希腊文化传统价值观（荷马宗教文化价值观）的没落，及其引发的宗教危机和观念转变。由此某种程度的文化价值重估开始了。也就是说，宗教愈来愈从祭祀宗教向伦理和启示宗教，从多神宗教向一神论转变（二者有演化联系），即向类似基督教那样的宗教转变。这种转变是不可避免的，因为社会的变迁（希腊文明盛极而衰）和意识的发展，需要高高在上的作为内心世界主宰的伦理之神（正义之神）的出现。因此，神的本性便有了本质的变化。荷马的宙斯，其最高性质来自物理的势力（力的表现），而俄耳普斯教在经文中或在某些诗人和哲学家的笔下，则渐渐变得与犹太教的上帝雅赫维（耶和华）相近（外部变化引起内部进化的结果）。既然承认宗教和神的观念为一个永久的和道德的势力，那么多神论的系统就没有必要存在了。希腊原有的宗教自我毁灭。变成上帝的宙斯得救了，"但牺牲了整个奥林匹斯山"②。

荷马的神话宗教价值观走向没落的同时，希腊城邦逐渐出现两种占据优势的文化思想：世俗哲学（以伊奥尼亚学派、亚里士多德思想为代表）及戏剧（埃斯库勒斯、索福克勒斯、欧里庇得斯的悲剧，尤其是后两者的悲剧）与狄奥尼索斯教和俄耳普斯教，包括毕达哥拉斯秘教与俄耳普斯教

① 据说，俄耳普斯教经文曰："宙斯，始也，中也，万物生焉。"（米尔恰·伊利亚德：《宗教思想史》，晏可佳等译，上海社会科学院出版社，2004，第596页。）

② 狄金森：《希腊的生活观》，彭基相译，华东师范大学出版社，2006，第43页。

的结合物①（苏格拉底和柏拉图则两者兼而有之②）。两者尽管有世俗与宗教之分，但却有密切联系，尤其是柏拉图哲学和欧里庇得斯的悲剧深受这些神学思想影响。他们对传统宗教的批评，不是完全信任神的信仰，而是使宗教与充足发展和变化的意识的需要调和起来。哲学家与戏剧家（诗人）不是要毁灭宗教，而是要改变之，充实之，使之适应时代的变化与发展。因此，希腊文明中的理性成分发展到这一阶段便出现了变异，理性的哲学融入某些非理性因素。俄耳普斯教、毕达哥拉斯学派、柏拉图不仅为世俗哲学做出贡献，也成为后来基督教那样的新宗教精神发展的另一个源头活水。

在文明巅峰渐渐过去的希腊社会，狄奥尼索斯崇拜、俄耳普斯教（包括毕达哥拉斯学派及其与它们的融合物）已经开始渗入人心，逐渐产生影响。苏格拉底只不过是较早接受这种文化的先行者。通过柏拉图，我们知道，述而不作的苏格拉底在法官和死刑面前之所以毫不畏惧，甚至表现出超然的态度，是因为他已经有了一种新的信仰——许多希腊人尚未了解和接受，但以后慢慢会了解和接受的新信仰③，也就是一种仿佛解决了灵与肉、生与死之关系的属灵的信仰。如果一个人真诚相信灵魂不灭，人死后会升入另一个美好世界，而且在这个充满正义和善的世界里，人们会更加幸福，不会因为提出问题而被处死，那么对死亡还有什么可畏惧的呢？苏格拉底就是这样的人。他做到了灵魂对肉体的完全驾驭。他最后的行为与其说像哲学家，倒不如说像后来基督教的殉道者。在基督教传入希腊以

---

① 在古希腊，与"灵"相关的宗教，除了俄耳普斯教外，还有毕达哥拉斯的宗教观念。毕达哥拉斯的"灵魂轮回""灵魂不朽"，神秘主义的"数字论"等学说，与俄耳普斯教和柏拉图神学一样，曾对基督教产生了深刻的影响。诚如罗素所言："有一个只能显示于理智而不能显示于感官的永恒世界，全部的这一观念都是从毕达哥拉斯那里来的。如果不是他，基督徒便不会认为基督就是道；如果不是他，神学家就不会追求上帝存在与灵魂不朽的逻辑证明。"（罗素：《西方哲学史》上卷，何兆武、李约瑟译，商务印书馆，1981，第65页。）

② Algis Uzdavinys, 2011, *Orpheus and the Roots of Platonism*, London：The Matheson Trust.

③ 反对和仇视苏格拉底的法官和希腊人认为苏格拉底渎神，是一个无神论者。无独有偶，罗马帝国初期，敌视和迫害基督徒的罗马当局和罗马血统的市民也认为基督徒是无神论者。这反映出希腊和罗马传统宗教文化相近，它们的价值取向与俄耳普斯教或基督教是不同和对立的。

前，希腊人，尤其是精英，已开始不知不觉地向基督教那样的文化趋近了，尽管他们好像更关注哲学。希腊在文明后期接受外来新的宗教，而部分放弃原有文化价值①，在这种情况下，即使具备其他因素，也不会像某些人认为的那样出现科学革命。希腊人正在慢慢向远离世俗理性文化的方向前进。

这样我们看到，希腊社会的这两种倾向——荷马类型文化价值取向，即欢愉的、经验的、理性的、现世的倾向与狄奥尼索斯或俄耳普斯教类型（尤其是后者）文化价值取向，即迷狂的、苦修的、宗教的、神秘的、出世的倾向，它们孰轻孰重，有一个变化过程。起初，荷马文化价值观占绝对优势，而与之对立的文化价值取向不是受到压抑，就是尚未传入和广为传播②。随着社会的转变，启示性伦理文化的加强，天平开始向后者倾斜，直到多年以后它以另一种形式——基督教形式在希腊世界获得胜利（当然，此种演化不是直线的）。

这种变化反映出文化张力已经出现。它集中体现在"美德即知识"（知识道德论）与追求内心纯洁（情感、意志道德论）的信仰的对立（后来基督教时代是所谓雅典与耶路撒冷的对立），代表了两种不同的文化价值冲突。在传统希腊文化中，知识对于一个人的德行具有最重要的地位，也就是说，一个人的德行的完美所必需的主要就是知识，苏格拉底甚至认为无人明知故犯（"无人自愿为恶或做他认为是恶的事"③），因此，追求

---

① 苏格拉底关心的是伦理学而不是科学。柏拉图学园门前"不懂几何学者勿进"的告示，并非像有些学者认为的那样，是重视自然科学的表现，而是表明在柏拉图等人那里，如同毕达哥拉斯及其学派一样，科学（几何学、数学）已成为诠释政治、神秘主义哲学和宇宙秩序的工具。因此，柏拉图才有如下批评："天和地、神和人相互联系，组成了一个共同体，它包含着友爱、秩序、节制和公正……卡利克勒，你如此渊博，竟没有注意到这一点。你忘记了，几何平等不论对人还是对神都具有强大的威力：所以你才轻视几何。"〔柏拉图：《高尔吉亚篇》，508A，载《柏拉图全集》第一卷，王晓朝译，人民出版社，2002（本译文稍有不同）。〕当然，早期伊奥尼亚学派、亚里士多德（在一定程度上）则与之不同。

② 在荷马文献中，狄奥尼索斯是一个受到压抑和边缘化的神，被排斥在奥林匹斯山外，它只是后来才勉强被接受进入奥林匹斯山的。而俄耳普斯教，荷马对此一无所知，它是较晚进入希腊的，并且一度受到激烈抗拒。

③ 见柏拉图《普罗泰格拉篇》358C–D，载《柏拉图全集》第一卷，王晓朝译，人民出版社，2002。

知识具有极大的重要性。也就是说，在希腊（雅典城邦），伦理道德是附着在知识上的。而在俄耳普斯教和基督教文化中（尤其是后者），内心的纯洁才是本质的最重要的东西（在哲学上表现为后期的斯多葛学派和犬儒学派①）。有学问、有知识的人与无知的人一样会作恶。因此，包括茹素、苦修、纯洁（净化）、神圣化等在内的内心世界信仰的建构，情感与意志的磨炼——宗教教育和修道是最重要的，在文明发达的社会尤其如此。如果说希腊文化是一种特殊的纯朴社会（奴隶制养活下的公民社会）的反映，那么，基督教文化则是一种普遍的成熟的文明社会的反映（古典文明晚期的普遍反映）。古代文明世界的堕落预示了启示宗教（如基督教）的兴起，反之亦然，基督教文化的兴起表明了古代文明社会的堕落。

美德即知识与内心纯洁或灵魂净化（希腊哲学－伦理学与启示宗教伦理学）之间的张力，在俄耳普斯教引入希腊后已经出现，后来在西方基督教社会继续强化（尽管形式和强度不同），直至今天。正如以后我们将要看到的那样，在西方如何处理两种文化的冲突与融合，是决定社会发展能否实现的关键因素之一。

三　希腊的两种理性文化与秩序模式：雅典民主与"斯巴达幻象"

理性主义是古希腊文化最突出的一种取向。不过，理性在不同的希腊人那里有着不同的表现。换言之，希腊人发明的"理性"是复数而非单数形式。"理性"不仅表现在哲学与神话、希腊与波斯文明的区别当中，而且反映在同一文明之内不同亚文化和政治模式的差异上。例如，雅典模式与斯巴达模式之间的对立便是如此。这两个城邦共享同一种文明和宗教，但在具体的生活方式和政治体制上却有很大的不同（这就好比第二次世界大战之前的西方，虽然都信仰耶稣基督，但其内部也存在英国模式与欧陆，特别是德国模式的明显区别）。一般认为，雅典的自由民主是理性

---

① 前者主张最高的善是德行，外部的原因不能剥夺内在的德行，后者鄙视世上的财货和享乐。

的，但对国家主义的斯巴达就难有同样的说法。其实这是一种误解。因为所谓"理性"，既有普遍性，也有特殊性。就后者而言，从当代社会理论上看其归根结底是文化的等价物，它背后隐藏着权力的支持和利益因素。因此，作为不同文化的载体，对理性会有不同的看法，笼统地以此理解和解释世界的意义易于得出歪曲的结论。比如在希腊人眼里（希罗多德似乎应当除外），波斯就是"野蛮的"（barbarian）和非理性的典型；在雅典人看来，斯巴达就是得不到认同的非理性的异类。所有这些都是在忽视文化取向潜隐作用的情况下看待理性的结果（现代人同样易犯这种错误）。关于这一点，马克斯·韦伯曾经说过，对于理性，因文化和视角不同会有不同的看法。"从一个视角看可能明显是'理性的'的事物，换另外一种视角看可能就是'非理性的'。""因此，我们必须指出的是，理性化以极其不同的方式存在于各种不同的生活领域（*Lebensspharen*），并存在所有的文化生活圈（*Kulturkreisen*）中。"由此可见，在韦伯看来，人们不应该在绝对意义上使用理性或理性化概念，相反，应当承认，世界各主要文明，按其自身的内在逻辑都是理性化的。只不过，各个文化理性的内涵各不相同。在此关键是要从文化史的角度搞清楚"这些理性化之间的差异"，了解"哪些领域被理性化？按照什么方向理性化？"①（韦伯的这种看法是与其最先意识到轴心文化的思想分不开的。他的这种思想早于雅斯贝尔斯，尽管他没有提出"轴心时代"或"轴心文化"这样的概念或术语）。

　　古希腊文明世界（城邦世界）尽管总起来讲是在同样的语言、民族、文化和宗教环境（即迈克尔·曼所言的"希腊集体同一性"）中形成的（这些共同因素是形成一个统一的希腊世界的基础），但在亚文化方面（经济结构、社会组织、政治体制、某些生活方式等）却有很大差异，甚至存在某种对立。在这方面最具代表性的便是雅典模式与斯巴达模式，它们是古代平民政治（民主政治）与寡头政治（国家主义集权政治）的典型。这两种模式存在于一个文明之中，形成很大的文化和社会张力，对后世西方影响深远，成为西方社会政治文化与秩序

---

① 马克斯·韦伯：《宗教社会学论文集·绪论》，载韦伯《新教伦理与资本主义精神》，斯蒂芬·卡尔伯格英译，苏国勋等中译，社会科学文献出版社，2010，第11页。

的两大传统。

1. 雅典模式

雅典政制中的民主模式是古典民主制度的代表，在西方社会政治思想方面具有深远的影响。对于今天多数国家和人民而言，尽管理解的意义不同，但都承认民主基本上是合法性的基础（它使现代政治生活合法化），没有民主，长期稳定有序的政治生活和社会秩序是不可想象的。然而，在古代，民主政治则是十分稀罕的事情（超乎寻常的事情），它只出现在极个别的文明之中，且持续的时间也相对短暂。民主模式在古代多数时间并不十分享誉希腊世界，在地中海周边地区并未引起广泛共鸣，而且即使在希腊文明内部它也常常遭到思想家的批评，甚至诘难（如柏拉图、亚里士多德)①。在历史上，民主成为人们的共识，成为国家的普遍的基本原则，成为共同的社会秩序形式，则是现代非常晚近的现象②。

雅典城邦早期近乎"王"者地位的"巴赛琉斯"为最高统治者（清晰的具体情况至今不详）。大约从公元前 8 世纪后半叶开始，城邦所在的阿提卡（Attica）地区的各部落首领取代了巴赛琉斯的地位，形成了由执政官（起初是 3 人，后扩大到 9 人）、元老院议事会（the council）和公民大会（由全体男性公民组成）三者构成的贵族民主体制。由于执政官均来自世袭贵族，而公民大会不过是对元老院把持的议事会所挑选出来的人选进行选举，因此实权操控在贵族手中。当然，无论如何，这毕竟是一种民主制度，它与巴比伦、波斯、迈锡尼王权统治还是存在明显区别的。此后，在日趋尖锐的社会矛盾的推动下，经过梭伦（Solon，约前 638 ~ 前 559）改革、僭主（tyrannos）庇西特拉图（Pisistratus，约前 600 ~ 前 527）

---

① 亚里士多德虽然大体上主张民主，但不赞成基于数量上平等而非个人能力平等的平民主义民主（"谄媚平民"的"极端民主"），因为他认为这种民主"违背"了良好政府的原则。因此，他的理想制度是中等阶级掌权的有限民主——中庸的共和宪政，在现实中似乎就是梭伦式的民主而非伯利克里式的民主（亚里士多德：《政治学》，1274a，1295b – 1296b，吴寿彭译，商务印书馆，1981）。

② 现代非西方世界，民主是很晚出现的社会政治现象，并且在认识和理解上各不相同。现代（modern）西方世界首先是"自由"的世界，只是后来通过广泛不断的争论和社会斗争，才成为既有自由又有民主的世界。应当特别强调的是，无论过去还是现在，并非所有的自由主义者都是民主主义的，反之亦然。

家族的专制①，以及克利斯提尼（Cleisthenes，约前570～前508）改革，雅典民主模式渐趋形成②。到了伯利克里（Pericles，约前495～前429）时代，这种民主制以平民大众民主的形式达到顶峰③。其主要特点如下。

（1）城邦的目的是实现最高最广的"善业"。城邦虽然由"品类相异的人们"组成，且"不同于民族（部落）"，但以现代眼光来看本质上还是保留了许多"共同体"（community）特征，而不像"社会"（society），因为"就本性来说，全体必然先于部分"④。在这种共同体中，涂尔干所说的"集体良心"（"集体意识"）占有决定性地位，私人生活隶属于公共事务和共同的善（common good），"公"与"私"没有现代这种明确的界限。公民美德就是个人美德（美德包含在公共活动中），人人（全体公民）都应该积极参与城邦事务。"那些喜欢私人享乐更甚于公共服务的人被视为白痴。这样的人也总是遭人鄙视"⑤。因此，"人类在本性上……是一个政治动物"，只有在城邦之内，才能实现自己的目的⑥。不难看出，公民共同参与国事是古希腊人，尤其是雅典城邦那样的公民的基本理念。他们之所以采取或不愿意放弃城邦制，也是基于这一理念。在当时的条件下（在尚未发明代议制的条件下——或许希腊人根本就不认为那是一种共同参与的形式），除了规模较小的城邦外，人们找不出其他更好的共同参与方式。因此，亚里士多德才会说，实现这一理念最好的、自然的方

---

① 早期僭主尽管专权，"但对于民主制度的发展的确具有推动作用：在庇西特拉图家族的绝对统治下，该家族以外的民众——无论贵贱——处境都极其平等"（萨拉·B. 波默罗伊等：《古希腊政治、社会和文化史》，付洁莹等译，上海三联书店，2010，第195页）。这多少有些类似西方近代早期君主开明专制的情况，客观上有利于打破贵族制。

② 参阅 G. R. Stanton，1990，*Athenian Politics c. 800 – 500 BC. A Sourcebook*，London and New york：Rouledge（书中较为详细地追溯了从梭伦以前的阿提卡到克利斯提尼改革的雅典城邦历史）；普鲁塔克：《希腊罗马名人传》，陆永庭等译，商务印书馆，1999。

③ 亚里士多德：《雅典政制》，日知、力野译，商务印书馆，1999；亚里士多德：《政治学》，吴寿彭译，商务印书馆，1981。

④ 亚里士多德：《政治学》，1252a – 5，吴寿彭译，商务印书馆，1981。

⑤ 杰弗里·帕克：《城邦》，石衡潭译，山东画报出版社，2007，第26页。

⑥ 亚里士多德：《政治学》，1253a，吴寿彭译，商务印书馆，1981。

式，便是城邦。于是，全体公民能否参政，便成为雅典模式与他者的根本区别。

（2）城邦是民主、平等和自由的。"民主"主要指公民的政治民主（非公民的自由民、女性和奴隶是不享有民主权利的①），其主要表现为主权在民（全体公民），即"权力不是掌握在少数人手中，而是掌握在全体人民［男性公民］的手中"②，公民共同承担公共职能，直接参与国家（城邦）事务的管理。"平等"基本上指"法律面前人人平等"（这是人类已知这方面的最早记录。它出自伯利克里之口——葬礼演说，可能是修昔底德"撰写"的③），实为公民的政治权利与义务人人平等。其含义是公民选举、被选举、参与国事和解决个人争端问题时，不会因为社会地位、阶级、等级、身份的高低和财产的多寡而受到特别限制（伯利克里时代）。因此平等既是自由的实践基础，也是自由的道德基础。

关于"自由"，主要指公民自由，它与城邦"宪政"相关。按照亚里士多德的解释，这也就是公民"轮流统治"的自由（公民"轮流地统治和被统治"或"每一个人对所有人的统治和所有的人对每一个人的统治"④）。当然，亚里士多德紧接着还提到，自由也指一个人应当按其所喜欢的方式生活（即人们有与奴隶截然不同的人身自由，能够按自己的意志生活）。伯里克利在葬礼演说中甚至宣告"对于我们的私人生活，我们持宽容态度"。在此我们看到，民主制盛期的雅典城邦在政治和社会方面确实存在不同于其他古代文明（巴比伦、波斯等）的地方，甚至与斯巴达也存在很大差异。这就是，雅典城邦是自由和宽容的。然而需要指出的是，这种自由，按照贡斯当的说法⑤，只是"古代人的自由"，而不同于"现代人的自由"。因为这种自由主要表现为"城邦自由"，即公民不绝对地被统治，其生活不受到奴役，并"以集体的方式直接行使完整主权"。

① 因此，希腊民主制也是"公民专制"和"父权制民主"。
② 戴维·赫尔德：《民主的模式》，燕继荣等译，中央编译出版社，2004，第19页。
③ Thucydides, 1972, *History of the Peloponnesian War*, pp. 145, 147, New York：Penguin Group.
④ 亚里士多德：《政治学》，1317b，吴寿彭译，商务印书馆，1981。
⑤ 邦雅曼·贡斯当：《古代人的自由与现代人的自由》，阎克文、刘满贵译，上海人民出版社，2003，第45~68页。

因此，它本质上是一种"集体性自由"，其类似于后来托克维尔①、韦伯②等人所说的共同体式的"自由"，或斯金纳③所言的"自由主义之前的自由"。换言之，它只是政治自由，不是"个人自由"。古代希腊人不仅没有现代西方人所享有的那种自由人权或个人独立性，而且所有私人行动和领域"都受到严格的监视"，甚至干预。在这种情况下，"个人以某种方式被国家所吞没，公民被城邦所吞没"④（苏格拉底被处死说明了这一点）。因此，西方关于人类是由享有各种"权利"的"个体"所构成的自由观是近代以后逐渐形成的，它不能直接追溯到古代雅典。

应当说，在雅典民主制中自由与秩序存在潜在的冲突。比如，个人按自己的意志生活对城邦秩序来说就构成某种潜在的威胁。因此要使一个公民的自由不会不正当地干涉另一个人的自由，就必须对选择的自由给予一定的限制。亚里士多德曾经批评"平民主义"的自由观，认为那种假定正义在于"平等"（数量平等，而不是基于个人能力的平等），进而把平等置于至高无上的地位，最后说"自由和平等"就是"人人各行所愿"或"人人各如其妄想"的自由观"是卑劣的"⑤，必须限"自由"于法律所许可的范围内。否则，城邦便会陷入无序。亚里士多德的这一观点，如《政治学》书中注释者所言，对近代孟德斯鸠、霍布斯等人产生深远的影响。

当然，雅典城邦的平等与自由是建立在奴隶制的基础上的：奴隶的劳动、无公民权的自由工商业者的活动⑥和妇女的家务劳动为公民平等和自

---

① 托克维尔：《旧制度与大革命》，冯棠译，商务印书馆，1992。

② 马克斯·韦伯：《韦伯作品集Ⅵ：非正当性的支配——城市的类型学》，康乐、简惠美译，广西师范大学出版社，2005。

③ 昆廷·斯金纳：《自由主义之前的自由主义》，李宏图译，上海三联书店，2003。

④ 邦雅曼·贡斯当：《古代人的自由与现代人的自由》，阎克文等译，上海人民出版社，2003，第48页。

⑤ 亚里士多德：《政治学》，1310b30－35，吴寿彭译，商务印书馆，1981。

⑥ 在古希腊，工商业活动与奴隶劳动一样遭到希腊人（公民）的鄙视，因为不仅从事这种工作的人"没有闲暇来照顾他的朋友或他的国家"（Xenophon，1994，*Oeconomicus*，Ⅳ.3.，Sarah B. Pomeroy, ed. and trans., Oxford：Clarendon Press），而且这些工作还损害身体，玷污灵魂（柏拉图：《理想国》，495D－E，郭斌和、张竹明译，商务印书馆，2002），从而使得他们不能达到"美的灵魂寓于美的身体之中"的标准，无法成为具有"全德"（excellence）的人。

由参与公务提供了财富和时间支持。也就是说，正是奴隶制使得具有雅典血统和身份的自由成年男性公民"获得彻底解放"[①]，从而实现民主、平等和自由。因此，雅典的制度是将政治平等和自由置于社会不平等和不自由之上。从另一个角度讲，雅典民主、平等和自由的制度本质上是本地男性公民控制妇女、外来人和大批奴隶的特权。公民实质上是贵族。

（3）城邦是一个法治（而非仅仅是法制）的公民共同体（相对而言）。这表现为整个城邦对法律的尊重（"法律应在任何方面受到尊重而保持无上的权威"[②]）。亚里士多德说"法律是最优良的统治者"，而要求法治，本质上就是"要求神祇和理智"，而不是某些或某个人来统治（"法律恰恰正是免除一切情欲影响的神祇和理智的体现"）[③]。古代雅典人较早懂得民主，背后的深层原因是避免个人或少数人专制。雅典城邦崇尚一种公民积极参与的自我管理的观念（人们尚不懂得现代出现的国家与社会、专业化官僚与公民、"人民"与政府之间的划分。这种划分起始于 N. 马基雅维利和 T. 霍布斯），在这种观念下，治人者也受制于人。全体公民聚集一处，讨论、决定和制定法律。由于存在公开性和共同参与性，法律的执行随时受到公民直接有效的监督，没有人能够凌驾法律之上。在此，最关键的是雅典有大陪审团制度（"民众陪审团审判无疑是他们市民生活最显著的特征"[④]）。此外，棘手的合法性问题得到较好的解决（民主制使统治的合法性得到普遍认可），因为法律的产生和执行都是合理地来自公共生活的结构之中（法律即公平，其一切必须与公平相符）。在文明时代，希腊人似乎最先发明和使用了以正式投票表决程序来化解危机的方式，以及使有分歧和争端的决定或面临冲突的决定获得合法化的方式。此外，雅典城邦法治的特点还在于，不仅公民得到法律保护，而且被压迫者（奴隶）也得到法律的保护。伯利克里在葬礼演说中谈到了这一

---

① 戴维·赫尔德：《民主的模式》，燕继荣等译，中央编译出版社，2004，第 16 页。
② 亚里士多德：《政治学》，吴寿彭译，1292a30－35，商务印书馆，1981。
③ 亚里士多德：《政治学》，吴寿彭译，1287a25－35，商务印书馆，1981。
④ 约翰·H. 威格摩尔：《世界法系概览》（上），何勤华等译，上海人民出版社，2004，第 233 页。

点："我们服从法律本身，特别是那些用于保护被压迫者的法律……"①

当然，希腊雅典法治是十分不完善的。它缺乏罗马法那种系统严密的法典，在审判过程中，法官和陪审团以及雄辩家的注意力和兴趣不在于分析和适用法律条款的内容，而是寻求所谓"公道"的抽象标准，并常常受共同体习俗影响。特别是决策人及其决策极易受到大会民众情绪左右（甚至谄媚民众），在这种氛围下，决策、决定或判决有时是简单化、非理性和违反程序的②。

（4）城邦的理想状态是均衡与和谐。希腊人（尤其是雅典人）在精神上突出理性，在审美上讲求均衡、和谐和秩序（"美的主要形式为秩序、匀称和明确"③），在生活中追求内心和谐统一和外部秩序平衡。这也就是亚里士多德所说的"中道""适度"，或德尔斐神庙上的格言"不偏不倚"。对于希腊人而言，善就是中庸，恶则是过于偏于一方。亚里士多德说"凡离中庸之道愈远的品种也一定是恶劣的政体。"④ 例如，勇敢即为强暴与怯懦的中庸，节制即为放纵与呆痴的中庸。在政治上，和谐是力的均衡。这种思想与民主、法治是相应的。因为在希腊人看来，民主的本质是平等（数量平等），法治的本质是强调法治的中道性而免于人的情感与欲望的干扰："要使事物合于正义［公平］，须有毫无偏私的权衡；法律恰恰正是这样一个中道的权衡"⑤。

希腊雅典城邦民主制度，尤其是伯利克里模式的雅典民主制度（所谓平民主义的民主），后来遭到柏拉图的严厉诘难和亚里士多德的温和批评。

---

① 奴隶经常受到虐待，是无疑的。但在民主制之下的雅典，情况相对好些。英国学者狄金森在《希腊的生活观》中说："雅典公民所有之自由与个性在奴隶地位的人亦可以有之。这些奴隶不仅有法律保护来反抗他们主人的淫威，他们并且在服制上得到一种容忍的特许，这在希腊任何别的国家是绝对不能容忍的。……在斯巴达奴隶怕自由人，在雅典则不然，所以在雅典喜剧中所引的奴隶并没有指出任何不正当的待遇。"（狄金森：《希腊的生活观》，彭基相译，华东师范大学出版社，2006，第93页。）

② 色诺芬（Xenophon）描述的公元前406年雅典公民大会对远征归来的几位将军的审判过程，就是如此。审判完全被某些人挑起的群众情绪所左右，事后证明判决是错误的，雅典人为此"感到愧悔"（参见戴维·赫尔德《民主的模式》，燕继荣等译，中央编译出版社，2004，第30～33页）。

③ 亚里士多德：《形而上学》，吴寿彭译，1078a36，商务印书馆，1981。

④ 亚里士多德：《政治学》，吴寿彭译，1296b8，商务印书馆，1981。

⑤ 亚里士多德：《政治学》，吴寿彭译，1287b4，商务印书馆，1981。

柏拉图对民主制度的批评主要在以下方面：其一是民主或平等的平均主义。作为一种社会管理体制的（雅典）民主，"不加区别地把一种平等给予一切人，不管他们是不是平等者"，这导致践踏由（经过良好环境培养的）善人（如哲人王）统治的理想，易于出现本质上是"无政府状态的花哨的管理形式"①或"党派统治"②。其二，领袖人物取决于人民（选民）的喜好，缺乏专门的领导阶层。纯粹的形式民主制度中，领导者过于讨好民众（投票者），成为马屁精（因为"只要他转而从政时声称自己对人民一片好心，就能得到尊敬和荣誉"），结果为了维护他们自己的名誉和地位，往往默许或迁就人民并非正确的要求或行为，从而把政治策略建立在可"销售"的东西之上，回避难以抉择的问题，削弱政治领导能力（在此我们看到，问题的实质是政治可否真正广泛参与?）。其三，民主（量的平等）使智慧边际化，这是平等的平均主义和迎合群众的必然结果，因为凡是不迎合的具有智慧和真理的人是被边缘化的。其四，直接民主的公民大会存在易于受一时情绪左右，从而出现多数人暴政的弱点。这在历史上屡见不鲜。其五，过度自由。柏拉图认为，民主主义所具有的自身善的依据是自由，"过分追求了这个东西导致了它的崩溃"③，因为过分自由会导致社会方方面面的去权威化，过多的党派纷争和无政府状态。其六，在民主制下，由于缺乏对情绪性行为的某些制约的制度机制而具有普遍的政治不稳定的潜在可能性。其七，在民主制下，无休止的党派纷争和玩弄阴谋诡计与花招，不仅使政治长期处于不稳定状态，而且发生"民主政治的无序性和民主品行的道德腐败堕落"④（应当说，柏拉图的观点是

---

① 柏拉图：《理想国》，郭斌和等译，商务印书馆，2002，第333页。
② 柏拉图：《法律篇》，张智仁等译，上海人民出版社，2001，第256页。柏拉图晚年在其《法律篇》中还说："对一切人的不加区别的平等就等于不平等。"量或形式的平等不是真正和最好的平等。除了这种平等外，还应注重质的平等，这是考虑到每个人质量和美德的平等，是"公正的"平等，也就是"给予那些不平等的人以应得的'平等'"。（柏拉图：《法律篇》，张智仁等译，上海人民出版社，2001，第168～169页。）因此平等有两种，柏拉图更强调后一种平等。罗马共和国后期政治家及理论家西塞罗也有类似思想，他说全民平等"本身也是不平等的，因为它不允许有等级区别"（西塞罗：《国家篇 法律篇》，沈叔平等译，商务印书馆，2002）。
③ 柏拉图：《理想国》，郭斌和等译，商务印书馆，2002，第339页。
④ P. E. Corcoran, 1983, "The Limits of Democracy", in G. Duncan, ed., *Democratic Theory and Practice*, p. 15., Cambridge：Cambridge Univeristy Press.

非常有远见的，后人难以超越）。因此，民主的无序与人的内心的无序是相关的。合理的状态，如柏拉图所认为的，应当是城邦由具有美德和智慧的哲人王（及卫士阶层）来统治。在这种制度下，每个人都根据自然的劳动分工给予的适当角色发挥适当的功能，城邦和统治者的任务就在于保证每个人的这种功能的发挥，实现社会正义和美好生活。

与柏拉图相比，亚里士多德对雅典民主社会秩序的批评要温和许多。其看法主要有四个方面。

第一，最好的社会政治体制应当是混合类型的立宪政体，它行于中庸之道，是力量的均衡和理想的制度。亚里士多德认为，"善德就在行于中庸"（"节制和中庸常常是最好的品德"），"最好的生活方式就应该行于中庸，行于每个人能都达到的中庸"①。"正义以公共利益为依归"②，中庸有助于以公共利益和平等原则为依归，最终是实现正义，因而有助于政治的安定。那么如何获得政治上的中庸呢？亚里士多德认为，要想做到这一点，就必须由中产阶级执政（"最好的政治团体必须由中产阶级执掌政权"），因为中产阶级的主张最能体现公共利益和平等原则（照顾到各方利益）。亚里士多德甚至认为，"最好的立法家都出自于中产家庭（中等公民）"，如政治家梭伦便"是其中之一"。与柏拉图不同，亚里士多德并不一般反对民主（他认为"自由人政体比任何专制统治为较多善德，也就是较为优良的政体"③），而是反对"极端民主"——平民主义的大众民主。在现实中，他推崇梭伦式的民主（有限民主），不赞成伯利克里式民主（大众民主），认为后者过于极端，偏离中庸的政体都是不良体制。亚里士多德明白，中产阶级执政的中庸民主政体在当时希腊只是一种理想（现实中至多只是一种短暂的闪现，如梭伦时代），因为各城邦缺乏占优势的强大的中产阶级，社会现实是最终走向两极分化的。而两极分化难以使公益为依归。

第二，社会稳定的基础在于多数社会成员对现行制度的认可。亚里士

---

① 亚里士多德：《政治学》，吴寿彭译，1295a40、1295b3，商务印书馆，1981。

② 亚里士多德：《政治学》，吴寿彭译，1282b16，商务印书馆，1981。

③ 亚里士多德：《政治学》，吴寿彭译，1295b35、1296a18、1333b27，商务印书馆，1981。

多德说，城邦长治久安得以"保全的重要办法在于保证一邦之内愿意维持这一政体的人数超过不愿意的人数"①。民主的价值就在于它恰恰能够满足这一条件。实际上，民主不一定是最有效最好的制度，而是使所谓"多数人统治"得以实现的制度（如柏拉图认为的：能保证量的平等，而无法保证质的平等）。由于采取"轮流执政"被视为（就所谓多数人统治而言）最合理的形式，它便封杀了人们对其他制度具有合理性的想象力。一旦多数人不再想象其他制度，甚至想象不出其他更好的可代替制度形式，社会自然是最稳定的。

第三，警惕乌托邦。亚里士多德认识到理想与现实的差距。他说："最良好的政体不是一般现存城邦所可实现的，优良的立法家和真实的政治家不应一心向往绝对至善的政体，他还须注意到本邦现实条件而寻求同它相适应的最良好政体。"②

第四，法治优于人治。法治就是要求理性统治，理性则是自然法的体现并最终是神性的体现。因此，亚里士多德说法治本质上就是要求神祇和理性的统治。柏拉图也非常强调法治，晚年还专门写了《法律篇》以弥补《国家篇》（《理想国》）的不足，认为在法治上，不应是"人是万物的尺度"（普罗泰戈拉语），而必然是"神卓然地是'万物的尺度'"③。在此，对神的统治不应给予流行的贬义的误解。古人（如古希腊人）对神之地位与作用的理解与现代对科学的地位与作用的理解存在近似之处。正当的（合法的）社会统治离不开合理的基本原则，这个基本原则在古代被认为是恒定不变的，也就是说，它是自然的而非人为和主观的，因为人为和主观的东西都具有随意性和易变性。因此，作为一种标准，法不能建立在易变的人的基础上，而只能建立在相对不变的自然法则的基础上。然而，自然秩序或自然法又是如何形成的呢？希腊人认为这个秩序或法则的建构动力来自神（神圣和神秘的逻各斯），如柏拉图所说的宇宙或人的灵魂来自神，或亚里士多德所谓上帝是动力因的说法便是如此。神是自然法（自然法则）的本源，而理性、法律、正义又依次是对自然法的体现

---

① 亚里士多德：《政治学》，吴寿彭译，1309b18，商务印书馆，1981。
② 亚里士多德：《政治学》，吴寿彭译，1288b25，商务印书馆，1981。
③ 柏拉图：《法律篇》，张智仁等译，上海人民出版社，2001，第124页。

（正义来自法律，法律来自理性，理性来自自然法，自然法则出自神或永恒法的一部分）。因此，自然法则、理性、法律、正义的统治就是神的统治，在古希腊人眼里，它们本质上是一类东西。没有比这种把统治建立在被认为是自然、"客观"而非人为的标准上更稳定和合理了，古人心中理想的社会统治就在于此。就寻找确定性而言，这种思维方式在现代仍然得到延续，只不过神的位置被科学所取代（科学实质上被认为是现代的神）。古人对待神在某种意义上讲与现代人对待科学（20世纪中叶科学范式变革前）是有近似之处的。因此，从柏拉图到亚里士多德，再到西塞罗，都把法治与神性联系起来（中世纪的阿奎那也是如此），就如同我们今天把法治与科学联系起来一样。如果说在古代，违背与自然法相连的神性的统治是不合理的，那么在现代，与科学背道而驰的统治同样被认为是不合理的，其本质和深层意义就在于它们都想避免统治中的主观人为因素、随意性、非公益性和非理性因素。在这个意义上讲，古今变化不大。大的思想家都明白这个道理（近代以来，还有一种说法，即将上帝与人民整体等同起来，上帝之治就是人民之治）。

雅典民主模式在古代既受到称赞（伯利克里的葬礼演说词最具代表性），也受到批评（以柏拉图最为激烈与深刻）。无论赞扬抑或批评，其都对现代西方，甚至世界社会思想产生持久的影响。一方面，这种模式为后来的社会秩序提供了可参照的样板，成为许多思想家灵感的源泉；另一方面，对其批评又为后人指出了这种民主社会秩序的缺陷和危险，向人们提出警告。在古代，雅典民主模式只在希腊城邦及与其相近的文化范围内（如罗马）有一定影响，总体而言，人们对其评价并不是很高（柏拉图、亚里士多德是代表）。超出这个文化范围，影响甚微。古人广泛向往的模式并非民主秩序。这也是这种秩序衰落不可避免的缘由（特别是它只适用于小国寡民，难以适用帝国模式和有效抵抗外部侵略）。对这种秩序的重新引入是在中世纪城市兴起的，尤其是欧洲文艺复兴时期，然而直到18世纪初期以前，很少有人认为这种秩序是理想的模式。

除了雅典模式外，在希腊，还有一种当时比雅典模式更著名的模式，这就是斯巴达模式。它与雅典模式形成文化张力，并且同样具有深远的影响，构成了西方文化和社会秩序的另类传统——斯巴达式传统。

2. 斯巴达模式及其幻象

斯巴达与雅典，就社会性质而言，没有本质区别，它们都是奴隶制国家（尽管它们的奴隶制存在较大差异）。然而它们的统治和管理形式却存在极大的不同（政体不同）。它们最大的区别在于，斯巴达不像雅典那样是一个具有"古代自由"的社会（共同体），而是实行集权主义的国家。这种集权制，就公民而言，多少又具有某些类似现代国家社会主义的内容。例如，除了少数贵族的领地之外，土地以"公共土地"的名义由国家在普通公民中进行分配，使每一个公民获得自己的份地，份地可以继承或赠予，但不能买卖和转让。国家的精神是不让一个公民匮乏，也不让一个公民富有。斯巴达人的生、养均为国家所管制。孩子一出生，不分男女，留强汰弱，从小就要离开父母，过集体生活（被送到国家设立的学校进行抚养和严格训练），直到成年为止。在30岁之前，男子还必须在"男子之家"过集体生活。婚姻受到国家干预，到法定年龄不结婚者被视为"违法"，生育子女不是私事而是国事。家庭生活为公共行为所牺牲，大家在公共食堂吃饭（所谓公餐制）。个人行为受到国家严密的监控，没有人私有金银（斯巴达的货币为铁制），奢侈行为严为禁止，生活简朴而军事化（"把……国家组织得像座军营，而不是一个居住在城镇里的人民的社会"[1]）。斯巴达人承认他们的生命不属于自己，而属于国家，维持国家强盛是其唯一目的和义务，人人都有生于斯、食于斯、老于斯和死于斯的气概。他们提倡勇敢和英雄主义，著名的温泉关之战的壮举和事后对个别被误认为是"懦夫"的惩罚，是最佳体现。斯巴达是封闭的国家，不允许国人外出旅行，也禁止外人因私进入，以免外部文化败坏社会风尚和拉西第蒙人（Lacedaemonian，斯巴达人核心）的德行。因此，斯巴达人在希腊被认为是希腊最有组织纪律性和集体主义的，但与雅典人相比，他们没有一个人能自由自在地生活[2]。

斯巴达的情况，表明在古代文明发达之地希腊还有古风尚存的地方

---

① 柏拉图：《法律篇》，张智仁等译，上海人民出版社，2001，第57页。
② 参阅普鲁塔克《希腊罗马名人传》上册，"吕库古传"，陆永庭等译，商务印书馆，1999。

（斯巴达与古老的克里特岛社会文化模式更为接近）。如同中国远古时代的"大同"世界（《礼记·礼运》）受到后人的敬仰一样，斯巴达的社会也受到许多希腊人的称赞。人们钦佩那个社会（兴盛时期）的公民勇敢、善良、纯朴、守纪律、不曾为财富所动和腐化，有统一的观念和更强烈的集体主义精神。在人们眼里，斯巴达国家成为一座严肃、纯朴、美好、高贵的殿堂。也正因为如此，它成为西方文化中最早出现的理想社会——乌托邦的本源。它首先对差不多同时代的柏拉图有巨大影响（《理想国》或《国家篇》证明了这一点），然后又对远离这个时代的罗马帝国时期的希腊作家普鲁塔克（Plutarchus，约 46～120）产生同样巨大的影响（《吕库古传》等对斯巴达浪漫和神话般的描写是证明）。此后，通过这两者，尤其是后者，被夸张和浪漫化的斯巴达模式，最终受到伊拉斯谟、卢梭等近代诸多仁人志士（包括某些空想社会主义者）的欣赏与推崇，形成西方另外一种文化传统（恩格斯在《社会主义从空想到科学的发展》中称"斯巴达式的共产主义，是这种新学说的第一个表现形式"①），对近代社会革命产生重大的精神推动作用（此外，此种模式对近代强调国家主义的普鲁士也有较大影响，普鲁士曾被称为"北方的斯巴达"②），甚至在今天仍有不小的影响③。

柏拉图的理想国源于斯巴达，它是西方历史上"一长串的乌托邦中最早的一个"④。理想国的设计目标，一是反对极端，主张中道（亚里士多德后来在这一点上与其相近）。国家应当"把权力限制在更合理的比例上"，使权力成为"一种正确要素的混合物"⑤。柏拉图认为，最高度的独裁与极端的自由这两种制度和秩序都是不正确和无益的，因为前者是被统治者过于屈从权势，后者则超越自由的限度，两者都把事情推向极端，在

---

① 恩格斯：《社会主义从空想到科学的发展》，载中央编译局编译《马克思恩格斯文集》第九卷，人民出版社，2009，第 525 页。
② 巴克勒、约翰等：《西方社会史》第二卷，霍文利等译，广西师范大学出版社，2005，第 292 页。
③ 参见 Elizabeth Rawson, 1969/1991, *The Sparta Tradition in European Thought*, New York: Oxford University Press。
④ 罗素：《西方哲学史》上卷，何兆武、李约瑟译，商务印书馆，1981，第 143 页。
⑤ 柏拉图：《法律篇》，张智仁等译，上海人民出版社，2001，第 91～92 页。

这方面波斯帝制与平民主义大众民主的雅典被认为是两个相反的典型。实际上，中等程度的独裁与中等程度的自由就结果而言是最好的，一是人民能够从中得到"很大的福利"①；二是国家不追求某个阶级单独的幸福，而是为了全体人民（公民和自由民）的幸福，是为了"铸造一个整体的幸福国家"②（在此，整体指全体公民和自由民，这是希腊思想家的共同观念）。为了实现这个理想和目标，国家就必须建立在"正义"的理念基础上（柏拉图的理念论是其理想国的哲学和社会－政治伦理的基石）。所谓"正义"，按《理想国》中苏格拉底的说法，有大小之分，大正义是国家正义，小正义是个人的正义。柏拉图认为，国家正义就是指在理想的国度中，社会成员按照严格的（被认为是以自然法为基础的）社会分工原则实行社会分层（当然，在柏拉图那里分工的基础只能是个人的禀赋和贤能），每个人都执行一种最适合其天性的职务（"每个人都作为一个人干他自己分内的事而不干涉别人分内的事"）③。当各个层次的人都按自己的禀赋和能力各做各的事而不相互干扰时，便有了城邦的正义。这也是一种社会有序与和谐，反之，如果破坏了分工原则，相互干扰，则意味着无序和不正义，国家（城邦）的毁灭。

为了保证国家的正义（大正义），社会还必须实现个人的正义（小正义），尤其是统治者（卫国者）的正义。也就是说，在理想之国，人们必须强调个人的心灵美德和道德情操，对于最高层次尤其如此。因此，国家必须实行"贤人政制"，统治者要由最有智慧、美德和能力的人组成，他们可按照德才兼备的原则在一定程度上进行撤换。贤人统治，国家兴盛，"铜铁当道，国破家亡"④（尽管此处流露出某种理想的贵族思想的影响，但古人对"贵族"的理解和要求与我们现代是不同的）。

国家正义与个人正义保证了国家的善。柏拉图的这种正义观既暗示了

① 柏拉图：《法律篇》，张智仁等译，上海人民出版社，2001，第105页。
② 柏拉图：《理想国》，420B－C，郭斌和等译，商务印书馆，2002。
③ 柏拉图：《理想国》，433D，郭斌和等译，商务印书馆，2002。
④ 在希腊传统思想（如赫西俄德）和柏拉图那里，人分为"金种、银种、铜种和铁种"四个等级，统治者和辅助者（军人、卫士）被誉为金种和银种，普通技工和农民被视为"铜铁"，但在理想国中没有血统论，高等身份、地位不可世袭（见柏拉图《理想国》，415A、547A，郭斌和等译，商务印书馆，2002）。

城邦奴隶制国家等级社会秩序具有天然合理性，又是对这种秩序的理想化。从社会学角度讲，以斯巴达为蓝本的理想国给后人留下了许多全新的和值得反思的文化内容。

第一，如罗素所言，这是西方"历史上最早的乌托邦"，而且是世俗的乌托邦，不同于后来稍晚些的宗教（基督教）乌托邦（如"上帝之城"）。它首次提供了一种世俗的超越性文化和秩序以及可供人类反思的参照系。柏拉图的理想国明确强调正义不是强者的利益（柏拉图揭露当时希腊流行的所谓"正义"观念和做法隐含着"强者的利益"），而是老百姓的利益（"一个真正的治国者追求的不是他自己的利益，而是老百姓的利益"①）。这是西方历史上最早的系统化和理论化的"民本"思想，尽管这里百姓指的是公民和自由民并且是以奴隶制为前提的。

第二，理想国开创了治国必须由一个专门的职业阶层（等级）来进行的理论。起初，治国者（主要是卫国者）似乎是由具有神性特点的立法者所选定，此后他们通常是可以世袭的，尽管在一定程度上可以根据选贤的原则实行个人等级的变换（含有金、银成分的治国者等级的后辈如有变成"废铜烂铁"者要降级，而铜铁身份的平民百姓若有禀赋杰出者则可升级）。柏拉图的这个治国等级在某种意义上讲，有些类似后来罗马教廷国的教士，只不过后者是在宗教而非世俗领域，而且也无法世袭，但等级的相对封闭性是大体相同的。这样，理想国便使权力变成特权，让权力不平等，但并非不正义，并非没有合理性和正当性（在柏拉图看来，给德才兼备的重要人物多一些权力，给受教育较少的小人物少一些权力，是实现质的平等，因而是恰当的、公正的），尽管这个合理性和正当性是建立在"贤人政制"基础上的，并且有些理想化。

第三，理想国试图割断私有财产与权力的联系。"正义是强者的利益"，权力与强者的利益相关，多少年来，这是社会现实。但是，强者极少赤裸裸地宣布他们所说的正义其实是他们自己的利益，也不会承认掌权是为了自己所得。人总是有办法在观念或文化上施放烟幕（马克思所言的"虚假意识形态"），用意识形态粉饰权力的现实。这样，谁在统治，为谁

---

① 柏拉图：《理想国》，347D－E，郭斌和等译，商务印书馆，2002。

统治这一根本问题，往往变得模糊不清，认识起来十分困难。柏拉图设计的理想国就是将权力的种种现实摊开讲明。理想国由卫国者（卫士）统治，但他们掌权和统治，简单透明，与人的禀赋、美德、才能有关，而与个人利益无涉，因为财富以及与此相关的地位、等级、身份、声望、影响力在理想国中没有位置。统治国家的卫国者两袖清风，是高贵的无产者（或无产的贵族）。柏拉图深知，私有观念、追逐名利对权力的腐蚀性，受财富和望族挟持的权力会对国家造成危害。因此，理想国的社会－政治设计就是要化解这个问题。这有两个方面：其一是拥有私人财产者不得进入统治阶层（哲人王和卫国者阶层），不能从事政治活动，而治国者一旦从事谋取私人财产的活动（个人经济与商业活动），则必须放弃统治者和卫国者的地位和职位，离开政治领域和管理职位；其二是统治者或身为管理者的卫国者不能有私人财产，甚至不能有（以财产表现的）私人居所和（通常意义的）家庭，统治者阶级实行财产公有制（在理想的社会和国家，"'私有财产'观念是千方百计地从生活中彻底根除了"[1]），过妇女和子女共有的共同体生活（只限于统治者阶层）。柏拉图的设计，即有限的共产主义，尽管充满理想或空想色彩——柏拉图承认他"不知道，这种情况（一个共妻、共儿童和共产的社会）是否事实上在今天的某个地方存在着，或者将来什么时候会存在"[2]，但却道出了，要想实现社会真正的正义，割断私有财产与权力联系的必要性（当然，他没有想到权力绝对化带来的问题。实际上，人类的问题比这要复杂得多。例如，基督教教会，多少有些类似卫国者共同体，实行一种"公有制"，教士基本上是独身，但在合法化后没有很好地解决权力问题和腐败问题）。

第四，理想国开启了国家干预和安排个人生活（被认为是私生活）的先河。在理想国中，与斯巴达近似，配偶、婚姻、生育受国家调控，人们从小到大要接受国家安排的教育和训练，个人的生活与个人愿望鲜有关联，而是服从国家的需要和安排。一个人是否有才能，是否符合层层晋级的标准最终是由国家判断和决定的，个人能否进入最高层次工作，主要取

---

① 柏拉图：《法律篇》，张智仁等译，上海人民出版社，2001，第150页。

② 柏拉图：《法律篇》，张智仁等译，上海人民出版社，2001，第150页。

决于政府的意图。这是柏拉图所说的培养作为统治者的"哲人王"的思路。它的好处是可以培养一批国家需要的"人才",但这样的人才是否有创造性,就值得怀疑了。

第五,与古代某些文明体相近,理想国非常强调德化的重要意义,主张实行人治,因为柏拉图希望国家是"哲人王之治",也就是说,治国是建立在统治者个人品格和才能的基础上的(这与我们中国文化有近似之处。中国传统文化强调"内圣外王",具有高尚心灵的圣人不一定非要成为最高统治者,但统治者应当具有这样的圣人的心灵。按照冯友兰的说法,中国的圣人、佛教中的佛陀、基督教中的圣徒、柏拉图的哲人王是相当的①)。它的优点是突出社会的政治伦理控制,即强调德治,而且是非常理想化的德治。然而,在包括斯巴达在内的林林总总的希腊城邦中,何处寻觅所谓智慧和道德高超的"哲人王"呢?除了不知身处何方的至善至美的上帝外,人间还不曾有过这样的人。这也是在古代和中世纪的人们为什么想象着要把统治权交给神的缘故(神是完美的,"善的原因",邪恶只能出自人而不是神②)。随着一系列政治试验的失败,晚年的柏拉图又想到了"法治"(74岁开始写《法律篇》),从天上回到人间。柏拉图在晚年试图把德治与法治结合起来。理论上讲,这两者相辅相成,但实践上,往往并非如此。历史上大体而言,大凡侧重以伦理道德治天下的时候,至多有"法制"而无"法治",而法治突出之时,伦理道德往往是衰落的(恰恰是因为道德开始沦丧,法治才日益兴起——事实上的文化之悖论)。

柏拉图强调法治的特点是主张法律高于政府。柏拉图说,统治者是否成为"法律的仆人",关系到国家的兴衰。"在法律服从于其它某种权威,而它自己一无所有的地方,我看这个国家的崩溃已为时不远了。但如果法律是政府的主人并且政府是它的奴仆,那么形势就充满了希望,人们能够享受众神赐给城市的一切好处。"③ 在此,我们看到,柏拉图晚年的思想与壮年时期写《理想国》时的思想已有明显的差异。此时最大的权威不是哲人王,而是法律——与自然法、逻各斯、理性、神相联系的法律。法

① 冯友兰:《中国哲学简史》,赵复三译,天津社会科学院出版社,2005,第8页。

② 柏拉图:《理想国》,380D、391E,郭斌和等译,商务印书馆,2002。

③ 柏拉图:《法律篇》,张智仁等译,上海人民出版社,2001,第123页。

治与德治并举。社会的统治和国家的秩序不仅依赖于个人美德、知识，而且更依赖于法律，不以人为尺度的法律高于一切（有些接近阿奎那所说的制定法必须符合自然法及更高的永恒法之思想）。柏拉图这里在某种意义上讲，似乎已经有了宪政的思想，尽管不是十分明确。

理想国源于斯巴达。这类社会 - 文化模式的优点是，国家军事力量强大，国民（公民）勇敢、守纪律，具有凝聚力和战斗力，打仗战而胜之（斯巴达打败雅典是证明），国家干预和安排人们的生活，社会具有刚性的相对稳定性。然而，正是由于这个优点，这种国家似乎缺乏弹性和创造性。在作为理想国本源的斯巴达，人们轻视哲学、文学、艺术和自然科学。城邦几乎看不到一座宏伟的建筑物，他们也没有一件制作精致的艺术品传到后世。刚性的稳定性和自由度的降低抑制创造性。斯巴达与雅典两种模式在文化上的不同结果对比鲜明。

从现实的斯巴达国家到浪漫的理想国，最终形成历史的"斯巴达幻象"（the Sparta mirage），其影响颇为深远。如果说柏拉图的理想国主要是对斯巴达模式的理论升华和哲学理想化，那么，普鲁塔克的有关作品便是对斯巴达浪漫的神话化。如前所述，理想国后来影响了许多中世纪和近代的青年志士，特别是空想社会主义者，如托马斯·莫尔（《乌托邦》）、康帕内拉（《太阳城》）等。普鲁塔克的作品（《希腊罗马名人传》相关部分）对 18 世纪欧洲部分思想家，尤其是卢梭，和浪漫主义运动产生深刻影响。法国历史学家布罗代尔说，把现代西方人与希腊式思维联结起来的除了学识、理智和自尊外，"余下的事情靠的是我们的激情和幻想"①。以斯巴达模式为原型的柏拉图和普鲁塔克的思想恰好为这种激情和幻想提供了源泉。尽管亚里士多德等人都提到，在真实的斯巴达，其实社会是存在许多腐败现象的②，并且斯巴达在打败雅典而称霸后，随着自肥的机

---

① 费尔南·布罗代尔：《地中海考古》，蒋明炜等译，社会科学文献出版社，2005，第198 页。
② 参见亚里士多德《政治学》，1269b - 1271b，吴寿彭译，商务印书馆，1981；柏拉图也提到斯巴达妇女"水性杨花"（柏拉图：《法律篇》，张智仁等译，上海人民出版社，2001，第 18 页）和"奢侈"（柏拉图：《理想国》，548A - B，郭斌和等译，商务印书馆，2002）；还参见罗素《西方哲学史》上卷，何兆武、李约瑟译，商务印书馆，1981，第 137 ~ 138 页。

会的增多，最终也没有能够抵御权力和财富的腐蚀而崩溃、衰落（共患难易，同享福难）。然而，思想家们总是有意无意地美化现实，按照他们心中的愿景去建构理想文化，甚至产生所谓的乌托邦。普鲁塔克甚至不相信斯巴达社会在盛期有不良因素。其结果，如罗素所言，流传在人们记忆中的不是亚里士多德笔下的斯巴达，而是普鲁塔克神话般的斯巴达和柏拉图的理想化的斯巴达①。这是理想化与浪漫化结合的产物。柏拉图，尤其是普鲁塔克，对斯巴达只有赞扬而无异词的做法，在近代信息不完全和缺乏源于经验的反思的情况下，对思想家和人们造成片面而巨大的影响。

卢梭是受理想化的斯巴达影响很深的思想家，一个浪漫主义的先驱，法国大革命思潮最有影响力的人物（借助卢梭的思想，法国大革命成为一个以意识形态之名发动的革命，革命的社会动员与鲜明的意识形态联系起来）。卢梭的本意是想要建立这样一种社会，在该社会中，人们接受统治和管理的时候，实质上是在自己统治和管理自己。这里的关键是自我统治或自我管理。他说："要寻找出一种结合的形式，使它能以全部共同的力量来卫护和保障每个结合者的人身和财富，并且由于这种结合而使每一个与全体相联合的个人不过是在服从自己本人，并且仍然像以往一样地自由。"②

显然，卢梭心中的这个社会是理想的，充满了浪漫色彩。作为民主主义者，他的思想确实含有"古典精神"（城邦民主精神，来自其家乡日内瓦加尔文派新教共和国），并且似乎想把它与近代自由主义的权利保护思想（"消极自由"）结合起来③。然而，现代国家或社会毕竟不是小国寡民的古典城邦（也非日内瓦城邦），难以实行直接民主。因此，在浪漫之中，也有理性和冷静的一面。他看到了古典秩序的缺陷，要在人民主权原则的指导下寻找一种立法与行政功能既得到明确分工又能够结合的社会管理方式。遗憾的是卢梭在这方面的论述往往是矛盾和模糊的。他一方面，强调立法功能与行政功能的分离，另一方面，又坚决反对人们在马基雅维

---

① 罗素：《西方哲学史》上卷，何兆武、李约瑟译，商务印书馆，1981，第138页。

② 卢梭：《社会契约论》，何兆武译，商务印书馆，1982，第23页。

③ 卢梭的《社会契约论》中确实有个人自由和个人权利保护的脉络可循，参见该书第二章第四节："主权权力的限制"。

利之后（尤其是霍布斯以后）对国家与市民社会、政府与人民所做的区分；一方面，他有要求对个人自由、权利和财富给予保护的模糊的思想，另一方面，又承认人们究竟应当保有哪些个人自由、权利和财物，或应当向公共全体让渡哪些权利、自由和财物，"唯有主权者才是这方面的裁判者"①。这里，按卢梭的思想，可推知主权者是一种"公共人格"，实际上指国家或公共权力。其实，卢梭最想说的是"人民主权"，主权来自人民，应该由人民掌握。因此，"主权是不能转让的"，"也是不能代表的"，"人民的议员不是，也不可能是人民的代表"，"他们只不过是人民的办事员罢了"②。人民主权就是人民自治。卢梭还嘲笑当时英国议会民主制度（代议制）的欺骗性，认为英国人民只有在大选时才是民主自由的，选举一过，人民还是奴隶。可见，现代自由主义民主制度并非卢梭心中理想的民主社会制度。古代希腊没有国家与（市民）社会之分，其直接民主不存在政府的"形式"问题，政府的"形式"应该如何是在现代成为问题的。可是，现代社会的民主秩序的建构究竟无法返回到古代城邦制度中去。那么在现代应当如何进行民主政治活动呢？卢梭开出的药方是以"公共利益"为基础的"公意的最高指导"，也就是人民创造"公意"，并通过国家或政府接受公意的指导和约束，而什么样的政府才能作为公意的代表，卢梭语焉不详，留下危险的模糊性。须知，所谓"公意"（"普遍意志"），在现实情况下往往是包括投票在内的各种各样的机制下形成的多数人的意志，而且在意识形态烟幕（虚假意识）掩护下经常成为强权者，尤其是政府操纵的"公意"。塔尔蒙（J. F. Talman）在《极权主义民主的起源》③一书中视卢梭为极权民主派的道理就在于此：公意或普遍意志一旦被操纵，无事不能假其名而行。在这种情况下，民主就会转变为专制，"人民主权"可以轻易摧毁"个人主权"④，没有自由的民主之路易于成为"通往奴役之路"⑤。而这已经远离了卢梭本人的初衷和本来的精神。

① 卢梭：《社会契约论》，何兆武译，商务印书馆，1982，第42页。
② 卢梭：《社会契约论》，何兆武译，商务印书馆，1982，第125页。
③ J. F. 塔尔蒙：《极权主义民主的起源》，孙传钊译，吉林人民出版社，2004。
④ 以赛亚·柏林：《自由论》，胡传胜译，译林出版社，2003，第235～236页。
⑤ 弗里德里希·奥古斯特·哈耶克：《通往奴役之路》，王明毅等译，中国社会科学出版社，2012。

卢梭没有正确考虑"公共权力"对"私人生活"（个人正当自由权利）的威胁的问题，似乎主要与他的经历和所处的时代有关。卢梭来自加尔文主义统治的自由市日内瓦，这种自由市（受加尔文新教教派和社团影响和控制）某种意义上与古代斯巴达（贵族共和制）较为相近。它们尽管都是统治严明的社会，但却是民主共和的城市（自由市或自治市）。当18世纪法国大革命前许多欧陆思想家谈论自由的时候，他们心中的自由还没有完全超脱"古代人的自由"的概念（贡斯当所言的自由主义产生之前的自由概念），多多少少还停留在共同体自由的范围内（英国的洛克显然与之不同）。他们所说的自由也就是与"人治"相对的集体性"民主"，人民自定法律，自我服从这个法律，就是自由。这也就是以赛亚·柏林所说的"积极"的自由（不同于自由主义的"消极自由"观①），它要人们追求自己选择的理性原则所规定的行为。"爱上帝，然后从心所欲。"（有些类似马丁·路德所说的"基督徒的自由"。）如果自由是指每个人都是在人民自我创造的公意或普遍意志下行事，那么对自由的追求就变成一项集体事业。这种积极的自由在团体中比以个人身份更容易获致。问题是，为了共同体的自由，必须放弃多少消极自由（个人的权利）？

卢梭的人民主权论也是乌托邦。批评他的人每每指出其内心所想绝非雅典，而是斯巴达——某种理想化和浪漫色彩的斯巴达，这种斯巴达是他的精神故乡，当然也是柏拉图的精神故乡。然而，在对各自时代的影响上，卢梭与柏拉图是不同的。柏拉图的理想国在古代希腊城邦世界并没有引起太大的共鸣，而卢梭制造的意识形态，却推动了法国大革命，影响了罗伯斯庇尔和雅各宾专政。他力图使人们把乌托邦付诸实践，开浪漫与权力结合之先河。

卢梭的思想是矛盾的。其一部分（非主流部分）与古典（经典）自由主义汇合，向洛克思想发展，另一部分（主流部分）和乌托邦传统一起似乎对卡尔·马克思产生影响（就某些思想相近而言），并在巴黎公社和后来的斯大林模式中得到部分认同和体现。其特征是片面集权和诉诸道

---

① 参见以赛亚·柏林《自由论》，胡传胜译，译林出版社，2003，第189页及其以下。

德。此种模式多多少少实现了柏拉图所说的哲人王统治，只不过是以不同的形式实现的，甚至是以某种扭曲的形式实现的（如苏联肃反扩大化时期。无法实现的乌托邦理想一旦被强行付诸实践，往往是扭曲的）。在这种情况下，哲人王则为某种偏见的意识形态家所取代。它所诉诸的力量主要不是"神是万物尺度"的法律，而是"人是万物尺度"的道德和偏颇的意识形态，并且都试图消灭市民社会，把权力凌驾于法律之上。统治是人治而非法治。

卡尔·马克思的思想多多少少受到卢梭的人民主权论的影响，他所设想的后资本主义社会是一个自由人联合体，本质上是人民自我管理。然而，一旦人们试图把理想付诸实践，问题便随之而来。例如，其一，这个联合体将如何按照人民主权（人民自我管理）原则建构和发挥作用呢？如果有人看出公社中央的问题而坚决反对其决定（人无完人，都有弱点，难免出错），会发生什么情况呢？假如持不同政见者是少数人，而事后很久才能证明真理在他们手里，他们当时有捍卫自己的观点这样的权利吗？如果在现代社会，真理具有相对性，人们只是对最佳的行动路线意见不一致，会发生什么呢？若社会分层存在，人民之间继续存在较大的利益差别，会发生什么呢？消除了市民社会，必然不再有真正争论的空间和从制度上鼓励和容忍对公共事务的意见分歧，不再有不同的声音和公开批评的平台。任何专政的唯一"正当"理由是，统治者拥有潜隐的（未言说的）神性力量（人被神化），其合法性来自被神化的永恒的正义。因为只有神才不会犯错误。把自己说成是真理的化身，本质上就是把自己摆在神的位置上，在现代就是把自己摆在（经典）科学的位置上。然而，自尼采宣布"上帝死了"和乌托邦被解构以来，以及随着爱因斯坦广义相对论的产生而对科学的意义重新加以理解以来，如韦伯所说，随着现代社会的"脱魅"（世俗化）、理性化和文化多元化，只允许一维或一种取向的生活态度的传统的基础从根本上遭到削弱，不再有任何"世界观"能够真正命令集体一致同意。因此，在彼此不同，甚至冲突着的诸神中应供奉哪一位，已不存在任何终极的正当理由，而是个人的选择之事。不仅神的权威地位得到动摇，而且在现代具有神之地位的科学在 20 世纪出现范式革命和"复杂性理论"以后也受到不断的反思和质疑（即不再有不被随时质询和证伪的科学)①。在这种情况下，自由民主的保护，变得尤为重要。

---

① 20世纪中叶随着科学范式革命的产生，认识论和方法论上的"复杂性思想（理论）"逐渐形成。这种思想是随着相对论（否定时空绝对性）、量子力学（测不准原理或不确定关系），尤其是混沌理论（Chaos theory）、模糊集论（Fuzzy Theory）的发展，建立在新的科学范式基础上的，其主要内容是：（1）科学是一个演化的过程，并具有复杂性。（2）复杂性与研究对象的多维度、多样性、多因素、多基源、多中心或多元决定论有关，这导致认识方法上的多视角、多原理、多观点。正如法国学者莫兰（Edgar Morin）所说，"复杂的东西不能被概括为一个主导词，不能被归结为一条定律，不能被化归为一个简单的观念"（参阅埃德加·莫兰《复杂性思想导论》，陈一壮译，华东师范大学出版社，2008，"译者序"第3页，正文第1页）。（3）复杂事物是多样性与统一性之合，偏向一方都是错误的。（4）事物是有序性与无序性的统一，前者反映事物的稳定性、规则性、确定性、必然性以及事物之间的相关性和统一性等，后者反映事物的变动性、不规则性、偶然性、不确定性、随机性以及事物彼此之间的独立性和离散性等。（5）无序性与有序性一样占有同样根本的本体论地位，两者都是实在，都发挥双义性作用（都有正负功能）。（6）在事物的运行和发展中适当强调主体的作用和自主性，反对没有主体、没有意识、没有自主性的决定论。复杂性思想对经典科学的批判（经典科学的决定论导致其不能理解何为主体，否定偶然性、随机性和个别性，因而不能认识自组织系统的能动性实质），使人们认识到主体的目的的存在要求世界不是严格地按照因果链条决定的，也就是说，事物的发展同时包含无序的存在，事物的发展常常面临着多种可能性而不是唯一的可能性，主体的目的就在于在客观世界的因果链条的缺口中根据自己的需要进行合乎或接近自己目的的连接，出现多样性变化。这种科学范式的变化，影响着本体论、认识论、方法论、逻辑学的变化，从而最终影响社会、政治现实的实践。如今，复杂性思想已经影响到社会科学方面。人们在反思经典科学的认识论和方法论的同时，自然也会对身处同一时代并受当时科学方法论影响的思想家的方法进行反思。从复杂性理论看，它们都有受上述决定论影响的缺陷。对于最富有智慧的伟大思想家而言，同样难以例外。从学理上讲，马克思的理论比其同时代的任何其他理论都具有更大的精准性，但是实事求是地讲，其思想尽管充满辩证法，但其预见性与当时自由主义者一样也发生较大偏差（只不过方向不同）。其原因主要是科学范式所致。马克思的优点是笃信科学，深受他那个时代科学（范式和方法论）的影响。然而，如上所述，他那个时代的科学是"古典科学"（"经典科学"），这种科学的范式主要是一种分离的、还原性的"简单化范式"。如上所述，它否弃了偶然性、随机性、不确定性，在经典力学决定论的基础上不能真正理解何为主体，不能认识自组织系统的能动性实质，在透过纷繁的现象去发现和掌握事物本质的规律性的同时，不能注意规律链条上的开口、缺口和内在随机过程，不能认识到事物的有序与无序的统一，无序与有序一样占有根本的本体论地位，因而最终无法应付事物的复杂性和多样性变化，当然预见性就会打折扣（当然，马克思也有某种历史"多线论"的观点，但并未就此深入探讨）。20世纪中叶随着科学范式的变化，人们的认识也在加深，对于受经典科学决定论影响很深的这些理论推论（预测）发生较大偏差，已不足为奇。当今世界各种自认是马克思主义信徒的社会主义实体都在根据变化而修正自身的实践便是这种变化的反映。B. 罗素说，尼采"关于未来的种种预言至今证实比自由主义者或社会主义者的预言要都接近正确"（转下页注）

其二，理想社会本质上是道德共同体（其根基不在法而在道德，"君子"有德无须法，法是针对"小人"世界的。或者说，按照《礼记·礼运》的说法，"大同"世界是不需要法的，只有"小康"社会才需要法），马克思认为在公有制下人们工作更加勤快和富有效率也是出于此理。莫尔在《乌托邦》中也认为如此。不过，与马克思有所不同，他认为，在乌托邦中是这样，但在现实社会中并非如此。在现实中，公有制往往使人懒散和低效。莫尔的话似乎是正确的，因为小人非君子，利益动物非圣徒。其三，马克思虽然创立了剩余价值学说（恩格斯认为，这是社会主义从空想发展为科学的条件和根据之一），看到了所有权对占有的主导性，发现了资本家剥削的秘密，但却没有像韦伯那样认识到权力来源的多样性（所有权只是权力之一），分配权和支配权对占有同样具有重要意义（甚至比抽象的所有权更有实际意义），以及不同于私有制剩余价值剥削的剥削形式（以国家或集体的名义通过权力和再分配进行剥削的形式）。在现存的"理想"社会，官僚不占有任何生产资料和工具，但利用手中的权力通过包括国民财富再分配在内的各种方式照样能够占有别人的劳动，获得"剩余"价值。换言之，人类至今即使在某些公有范围内可能只是改变了剥削形式，而没有完全消灭剥削本身①。庞大的公共财富在不同利益群体中如何进行分配，越来越成为一些国家的焦点问题。

社会主义在实践上遇到的问题，从历史上看，在某种意义上讲是马克思理论的理想化与现实矛盾的反映，当然在某种意义上也是卢梭思想的理想化与现实矛盾的反映，归根结底是柏拉图乌托邦思想与现实矛盾的反映。柏拉图的《理想国》中体现的政治思想是向上升华和超越性的（绝对理念性的）。也就是说，它是哲学（政治哲学）性的，而非政治学的，

（接上页注①）（罗素：《西方哲学史》下卷，马元德译，商务印书馆，1981，第319页），这是因为尼采早就发现了接近当代复杂性思想的方法，尽管他是从一种不同的人文科学的角度表达的（马克斯·韦伯通过"价值论"视角，即因果性说明与意义理解两种研究进路，也对一元的因果决定论进行了近似批评，有助于复杂性思想和方法的发展）。

① 恩格斯虽然认为由于剩余价值学说的发现，社会主义从空想变为科学，但他与马克思一样还是未认识到另外剥削形式在社会主义社会（公有范围）的存在。这使得此种学说的价值至少目前在弱化。

因此尽管寓意深刻，但难以用于指导现实政治生活实践。或者反过来讲说，一旦按照这种哲学来实践政治，便会带来许多问题，甚至出现社会无序。因此，亚里士多德根据经验对比和反思，对其老师的思想进行批评和修正，把超越性的政治下降到现实的政治生活，把政治哲学下降到政治学，或者说把哲学变成政治学。在亚里士多德那里不谈哲人王和乌托邦，而主要讲基于中道的具有现实可行性的均衡适度的政治生活（在社会政治上不求难以实现的乌托邦式的最佳或完美，而只主张适度和较好）。也就是说，在现实社会可能实现的最高理想与只在理想社会才可能实现的最高理想不是一回事（存在较大距离）。在这种情况下，最佳理想的政体只是长期追求的方向和标准，但不是立即要完全付诸实践的方案。当然，亚里士多德并未放弃对城邦善业和正义的道德追求——没有放弃政治哲学，只是认为这些都是声誉卓著的思想家的"理想型"，在现实中并不完全适用。那么，如何弥合理想型与现实之间的裂隙和冲突呢？对于亚里士多德来说，最好的方式就是：在哲学（理想型）面前为政治（现实政治生活）辩护——政治上的适合和适度才是最好的；在政治面前为哲学辩护——理想型是政治的终极方向和目标。两者密切相关，但又有明显区别。如果在实践上不明事理和不加区别地应用（无知），势必导致混乱（"文化大革命"的实践就属于此类）。

从被理想化的斯巴达，即"理想国"，经卢梭的人民主权论和莫尔等人的乌托邦，再到后来的社会主义，西方在拥有从雅典（古典民主精神）到现代自由主义文化脉络的同时，还形成与此对抗的另一种文化脉络。尽管它在西方仍不是主流文化，但它的存在同样具有重大意义。这种文化带来的社会秩序也是人类内在的需要，但是不应对此神化。西方的这两种文化都是重要的有价值的。它们形成文化张力，应当是互补和彼此制约和促进的。没有德治，法治和自由会是什么样？而没有法治和自由，德治是不是也很可怕？柏拉图先是写了《理想国》，晚年又从天上回到现世人间，写了《法律篇》。这应当是一种很好的启示。

雅典模式与斯巴达模式形成西方社会思想与秩序两大传统。在古代希腊世界，这两种模式都具有某种影响，但谁都不具有压倒优势的地位。雅典模式虽然在现代具有较大的名气，但在古代并不为整个希腊世界普遍推崇。雅典民主制巅峰时期的政治家伯利克里在其著名的葬礼演说中认为，雅典是"希腊的学校"，希腊"史学之父"希罗多德和修昔底德对雅典模式也推崇备至，可顶级的哲学家及思想家却不以为然。如前所述，对于雅典模式，柏拉图根本就是"厌恶"的（以赛亚·柏林语），反倒是斯巴达模式对他极具吸引力。亚里士多德虽然赞美梭伦模式，但对伯利克里（"极端民主"）模式则持批评态度。在古代希腊，斯巴达模式甚至比雅典模式更有影响。这对于我们今天的人而言，似乎有些不可思议，这到底是为什么呢？

以柏拉图为代表的希腊思想家，追求的最高宗旨是实现与自然法相联系的国家正义。这个正义，如前所述，就是指在（理想的）城邦中，社会成员（公民和自由民）按照严格的（被认为是以自然法为基础的）社会分工原则实行社会分层，每个人都担任一种最适合其天性和能力的职务（用柏拉图的话说便是"每个人都作为一个人干他自己分内的事而不干涉别人分内的事"），它保证社会有序与和谐。在这种秩序中，关键的问题是，最高层次——统治者的位置被认为是应当由享有最高美德与知识的人，即哲人王来拥有，这与中国古代儒家和道家关于"国家首脑应当是一个圣人，唯有圣人才能担当起治国的重任"的主张是相近的①。这种圣人（哲人王）是培养和修炼出来的，而不是普通平民大众选举出来的。古人永远追求质的合理性，而不大重视量的平等。平民主义的民主秩序是量的平等的一种形式，显然在柏拉图看来，它是不合适的，无法保证古人对质的追求。此外，古希腊思想家（如柏拉图、亚里士多德等）主张中庸之道（与中国儒家思想相近），因此更赞同反映了此中道原则的混合制宪政模式，这与雅典模式还是有区别的。他们认为，大众民主制度是不稳定的，易于出现无序状态（事实也证明了这一点），而混合制度易于稳定，因为它反映了恰到好处的照顾各方利益的行事方式。民主最大的局限性，就在于它的退化导致的道德腐败。社会没有了最高的善业和正义，或"正义成为强者的利益"，民主就会变成无原则的党派之争，社会政治堕落和无序便是自然的。雅典民主最终结果便是如此。

---

① 参见冯友兰《中国哲学简史》，赵复三译，天津社会科学院出版社，2005，第93页。

斯巴达模式既是民主的又是专制的社会秩序模式①，本质上与后来卢梭的思想——统治者由选举产生，统治既要反映人民的要求，但又意味着人民对作为"普遍意志"之体现的统治者要绝对服从，是接近的。这种模式对希腊思想家有很大影响，但思想家们并不满意斯巴达原型或本身，他们看到了斯巴达模式的缺陷，即其固有的寡头和专制倾向，尤其是当这种模式发生退化时此种倾向更加突出。因此，他们要创造性地改造和设想出一种理想的共和国或混合体制（哲人王制）。这种共和国或混合体制应当是靠近后来历史中出现的宪政制度的（《理想国》中的王制还没有这种倾向——重德才之治，而不重法治，但在《法律篇》中，已向这方面靠近），尽管希腊人并未明确区分国家与市民社会。柏拉图指出，波斯与雅典是两个极端的典型，它们都"把事情推向极端"：一种是专制与屈从，另一种是其反面，过度自由。它们两者"都毫无益处"，只有把权力限制在更合理的比例上从而避免两个极端，人们在"中等程度的独裁和中等程度的自由"的秩序模式中，才能得到很大的福利②。如果说在《理想国》中柏拉图还未感到这种模式的危险——哲人王或哲学家集团统治的片面性：只强调德化的作用，忽视法治的作用，那么在其暮年的作品《法律篇》中，这位思想家已较充分地认识到这个问题，因此有朝向宪政和法治秩序迈进的意向。遗憾的是，古人的思想并未为后人充分理解和认真对待，近现代凡是沿着斯巴达模式或路线前进，又没有限制其极端倾向的国家都没有避免柏拉图后来已有所认识、亚里士多德明确指出的危险和错误，从而在不同程度上身陷灾难。柏拉图曾有的偏见发生在思想领域，而这些国家的偏激却出现在从思想到实践的领域，这难道不应当引起人们认真的反思吗？

最后需要指出的是，作为西方两种社会政治文化的传统，雅典模式与斯巴达模式始终存在对立和张力。它们相互作用，彼此制约，不论在当时的希腊抑或现代西方世界都是十分突出的——尽管经过不同程度的变异。其因由不仅是利益之争，更有价值取向的冲突。说到底是文化心灵建构逐

---

① 参见柏拉图《法律篇》，张智仁等译，上海人民出版社，2001，第 118~119 页；亚里士多德：《政治学》，吴寿彭译，商务印书馆，1981，第 202 页。

② 柏拉图：《法律篇》，张智仁等译，上海人民出版社，2001，第 91、105 页。

渐出现巨大的差异的结果，本质上是个人与共同体、权利的伸张与"规训"以及自由与秩序之间矛盾的反映。如果说西方文化模式只有这种差异、矛盾和张力，那也不为复杂和特别，因为它们主要还是在同一文明和文化内发生的。然而，历史的机遇是，西方偏偏遇到了异样的犹太－基督教文化，这不仅给它带来更复杂的文化多样性，而且导致其文化模式存在更大的内在张力、动力和活力。

第四章

基督教文化的兴起：
价值重估的一种形式

　　作为一种文化，基督教在古代世界的胜出，反映的是文化价值取向的
变化，借用尼采的话说，本质上是价值重估的结果：基督教结束了古代世
界，创造了一个属灵的生命世界。辉煌的希腊－罗马文化与"古怪的"
希伯来文化于巅峰时期在罗马帝国范围内不同程度地受到冷落，遭遇价值
的重估和再造，这究竟是怎样一回事和具有什么意义呢？

　　按照伯特兰·罗素的说法，基督教的圣史（sacred history）"是犹太
的，它的神学［宗教理论］是希腊的，它的政府和教会法至少间接地是
罗马的"①。众所周知，基督教脱胎于古犹太教文化。两者的一个主要区
别是，前者为相对普世性的（普遍主义的，即"公教"的），后者是极
端民族主义的，甚至是种族主义的。因为犹太人不仅排斥所有异族，期
待着主（上帝）彻底毁灭外邦人那一日的到来，而且还对未成为"巴
比伦之囚"的、留在耶路撒冷并与外族通婚的以色列后裔不予承认。他
们墨守成规（律法），反对创新，因而其宗教文化难以走向世界。正是
看到这一缺陷，基督教在希腊化的犹太裔罗马公民（保罗是其典型）的
推动下摒弃狭隘性，对所有个体开放。于是，经过从旧约到新约的转换
和价值重估，基督教逐渐成为世界宗教。正如贝拉所言，从这一新的世
界宗教观点看，"主要不再根据他来自什么部落或氏族，或者他侍奉哪个
特定的神，而是根据他作为一个能够拯救的人来定义，也就是说，第一次

----

　　① 罗素：《西方哲学史》上卷，何兆武、李约瑟译，商务印书馆，1981，第19页。

有可能想到人本身"①。

当然，希腊－罗马世界能够皈依基督教，也是有其深层的内在缘由的。在古代世界，先是从古典时代后期的希腊开始，以后又扩展至罗马（帝国），人们的生活日益"堕落"（黑格尔语）。尤其是精神上的空虚一方面成为荷马（宗教）文化衰落的推手，另一方面又为非希腊宗教的渗入提供了适合的土壤。苏格拉底和柏拉图的出现便是这方面的征兆。此后罗马帝国时期的新柏拉图主义和斯多葛学派（Stoics，又译廊下派）更是加速了这一进程。其思想虽然各异，但有一个共同点，这就是它们在深化理性的同时，又通过不断升华的途径使其趋于"净化"和神秘化（俄耳普斯宗教化）。也就是说，古代世界后期的文化在勉强维系理性化的同时，却日趋"道德化"。而"古代文化的道德化"，如尼采所言，便"成了基督教得以主宰古代文化的前提。道德狂热（简言之，柏拉图）毁灭了异教［哲学和科学］，因为它重估了异教的价值"②。这种对于希腊文化价值重估的结果，便是基督教的兴起。因为对于普遍感受不到当下人生乐趣的人们而言，启示和"福音"的魅力远胜于哲学和科学。

不过，晚期的古代世界，启示和福音铺天盖地。要想在文化竞争中胜出，需有理论支撑。于是，从另一个角度看，便有了基督教的希腊化（希伯来文化的柏拉图主义和斯多葛主义化）。"两希文明"（希伯来文明与希腊文明）的碰撞、冲突和融合始于希腊化时期，亚历山大里亚的希腊化犹太人斐洛（Philo Judaeus，约前 15～40/50，耶稣和保罗同时代的人）的思想，是已知这种冲突和融合的最早体现③，此后约翰福音和教父的思想更深入地反映这一点。应当说，希腊化犹太人、基督徒对于希腊理性主义文化多少是有些服膺的。不管人们如何抗拒，他们都难以摆脱希腊文化的强烈影响，何况这又是在希腊－罗马文明之地。在这个文明

---

① Robert N. Bellah, 1970, *Beyond Belief: Essays on Religion in a Post-Traditional World*, p. 33, New York and London: Haper & Row.

② 弗里德里希·尼采：《权力意志：重估一切价值的尝试》，张念东等译，商务印书馆，1998，第604页。

③ 参阅罗讷尔德·威廉逊《希腊化世界中的犹太人：斐洛思想引论》，徐开来等译，华夏出版社，2003。

的中心，你不可能只以情感和直觉面对上帝。除此之外，作为希腊或罗马人你还必须尝试以理性、知识、逻辑（逻各斯）阐释上帝。如果说纯粹的希伯来/犹太人可以不这样做（可以单纯地以"希伯来方式"面对上帝），但希腊和希腊化的人（包括希腊化的犹太人）只能如此（无法避免"希腊方式"），否则便不是希腊－罗马文明之子。事实上，基督徒的抗拒是艰难的（或者说希腊文化的诱惑是巨大的）。正因为如此，保罗告诫信徒："你们要谨慎，不要被虚妄的'哲学'迷住，这种学说是人所传授的，根据尘世的原则，并不出于基督。"（《新约·歌罗西书》2：8。）于是，基督徒们不得不像奥德修斯（Odysseus）明智对待海妖塞壬（Siren）凄美动听的歌声那样来对待哲学，这是既保证精神安全，又获得（希腊）理性主义文化的最佳方式（尽管是不易做到的方式），否则难以两全其美。从基督教的角度看，两希文明的碰撞，处于一种矛盾着的张力之中：双方互相鄙视，又谁都离不开谁（有点像今天的东方与西方）。因为基督徒们明白，要想战胜诸多异端，就必须以理服人，而要做到这一点，除了以希伯来向度进行文化建构外，还必须以哲学（如柏拉图的"理念论"／"相论"）进行解释（求助于柏拉图等的哲学，看起来十分吊诡和矛盾），而这是其他被视为异端的宗教体系或"邪教"所缺乏的。基督教的优势，从理论上讲，就在于此。它体现出文化融合（杂交）的演化优势。此外，基督教的另一个优势，是它的组织化（尤其是合法化后的教阶制）。这种组织化是通过模拟罗马共和国体制（君主制、贵族制、民主制的混合体）而得来的。其特征是半专制、半民主和半法治的。这既是后来西方文明的来源之一，也是其最初得以养育的母体："基督教母体"。

一　基督教的产生及其原因

公元 37 年（耶稣受难后 6 年），保罗改宗，此后在其推动下基督教由一个乡村宗教转变为"城市宗教"①，并沿着水、陆通商大道向罗马帝国

---

① 汤普逊：《中世纪经济社会史》上册，耿淡如译，商务印书馆，1997，第 69 页。

城市迅速蔓延。大约公元 49 年的时候，罗马帝国统治者朦胧地意识到，在罗马城的中心地区似乎出现了一个人数日渐增多、组织不断扩大的新的秘密社团，并不时伴有群体性行为。为了城市安全和防止骚乱，罗马皇帝克劳狄（Claudius）命令把所有犹太人都"赶出罗马"①。公元 64 年，一场大火席卷了整个罗马城，联想到在这之前发生的一系列"暴乱"，罗马政府将这场灾难归咎于这个新出现的神秘宗教运动。尽管罗马当局把这一系列事件说成是一些不法之徒的"阴谋"，但对这个群体是干什么的却几乎一无所知。他们只是听说一个被称为"基里斯督"（Chrestus），或"基督"（Christus/Christós）的神秘人物是问题的关键。那么，基督是谁，这个群体究竟是干什么的，他们并不清楚。

几十年以后，罗马舆论界和历史学家塔西佗（Cornelius Tacitus）都对当时的事件进行了详细的说明。他们都提到了"基督徒"（the Christians），并且说基督徒名字来源于一个被称为耶稣"基督"的人。这个人作为罪犯在提比留（Tiberius）当政时被犹太行政长官本丢·比拉多（Pontius Pilate）处死。这些基督徒被认为是"无神论者"②，"存在于法律之外"，进行带有庄严仪式的秘密聚会（尤其是晚间聚会），他（她）们放纵狂欢，蔑视罗马传统诸神和神庙，嘲笑罗马神圣的礼仪，崇拜一个被钉死在十字架上的罪犯，并把十字架立为圣坛或作为圣物。显然，"基督徒"一词当时是一个贬义的侮辱性用语。罗马政府对此的认识是混乱和令人迷惑的。它虽然感到这个运动对官方秩序有影响，并且也对基督徒进行了迫害和驱逐，但基本上还是认为它不过是一种"有害的迷信"活动，不会持久，至多像其他外来宗教一样，只是对传统崇拜的一种威胁③。

---

① Gaius Suetonius Tranquillus，1957，"Life of Claudius"，25：4，in *The Twelve Caesars*，Robert Graves，trans.，Harmondsworth：Penguin.（中文版见苏维托尼乌斯《罗马十二帝王传》，张竹明等译，商务印书馆，1995，第 260 页；《新约·使徒行传》，18：2。）

② 当时罗马当局和公众囿于诸神偶像崇拜之成见，不理解无形无像的崇拜，因而认为基督徒行为怪异，是不信神者（参阅布鲁斯·雪莱《基督教会史》，刘平译，北京大学出版社，2005，第 46 页）。

③ 参阅麦格拉斯《基督教概论》，马树林等译，北京大学出版社，2003，第 1 页。

然而，谁能料到，差不多三百年后，这种受尽迫害的宗教却成了罗马帝国的国教，并且最终成为西方文明的重要文化基础或源泉之一，成为西方社会的主要教化方式，西方人意识结构和心灵建构的某种元素，被认为具有非凡的价值。

当然，这都是人们后知后觉的认识和回顾。不管怎样看，起初基督徒和基督教的处境都是极端险恶的。他们成为许多灾难的替罪羔羊。如"拉丁神学之父"德尔图良在《辩护辞》（*Apology*）中写道："如果台伯河淹没了这个城市，或者说，如果尼罗河不再涨水，或者说，天不再下雨，如果发生了一场地震、饥荒、瘟疫，叫喊声马上就出来了：'把基督徒扔给狮子'。"① 若按照正常标准，也就是从罗马一般人的视角看，很显然，基督教的成功在当时绝对不可预见。基督教的核心人物耶稣及其最初的门徒，是犹太人。他们来自罗马帝国东部边境巴勒斯坦加利利（Galilee）偏远乡村，文化水平不高，社会地位低下，处于强烈的反犹太主义的氛围之中，受到罗马人的普遍鄙视，被视为不可理喻的、狂热的、不稳定的、怪异的族类。对于这样的一些人来说，他们甚至很难有机会在自己的宗教中心耶路撒冷听道，更不要说在一个远远超出自己经验范围的更广大世界与博学机智的希腊 - 罗马人在文化和思想上较量了。然而，他们确实是这样做的，并且勇于这样做。一场肇始于罗马文明世界边缘乡村、起初微不足道和默默无闻的自发性弥赛亚运动，历经磨难，突然变成了罗马帝国生活中心的一股重要的社会和宗教力量。那么，他们的秘诀是什么？为什么有这么大的吸引力？他们为什么不待在自己的土地上，却要变革犹太教，把这场宗教运动扩展到整个文明世界（将耶稣的福音传到地极）？这场运动为什么能够驱逐古典异教，打败另一些在罗马帝国境内广泛传播的、多少也带有一点世界性的、来自波斯 - 巴比伦文化或受其影响的密特拉教、摩尼教和诺斯替主义等竞争者，并最终胜出，成为西方文明的主导信仰？

答案是复杂的。对于这些问题的解答，如同罗马帝国为什么会衰亡这个问题一样，西方学界至今众说纷纭，争论不休。这涉及方方面面。综合

① 转引自布鲁斯·雪莱《基督教会史》，刘平译，北京大学出版社，2005，第47页。

而言，学术界以及笔者的观点主要有以下几点①。

首先，希腊化和罗马世界性帝国的出现为基督教的传播创造了客观条件。众所周知，亚历山大大帝征服的一个直接后果便是地中海地区的希腊化。尽管这个统一的大帝国的生命是短暂的，但它却使希腊文化深入地中海周边各个国家或民族地区。当罗马人继亚历山大后又一次建立世界性帝国，把地中海变成"我们的湖"的时候，他们发现他们所占领的世界几乎已经具有了广泛的文化统一性。虽然这个世界具有不同的民族文化传统，但整个地中海地区人民却深深意识到他们是一个更广大统一世界的一部分。在地中海的西部和东部，人们（公民）的希望相同，受教育的机会趋近，对生命的理解大同小异，他们甚至使用通行的语言：希腊语或拉丁语。许多城市建设都采取了希腊式的风格，有希腊式的庙宇、剧院和竞技场所②。"希腊方式"的普遍存在，尽管只是一种文化覆盖——犹如斯宾格勒所说的文化"假晶现象"（见第一章相关术语注释），但却打破了城邦或民族界限，并且在罗马一统天下的管制下，形成了"个体－帝国大世界"的社会格局，从而有助于人们世界主义或普遍主义观念的形成（斯多葛主义的相关观念便是其反映）。在这种状况下，在希腊化和罗马化的世界，或在希腊－罗马文化主导的帝国世界里，传扬基督福音是比较容易的，因为语言上不存在问题，心理和文化障碍也较小，原有民族藩篱被打破，交通便利，沟通形成网络，文化相对融合开放，环境较为宽松，漫游帝国十分方便，所有这一切都有利于基督教作为一种文化广泛传播。保罗的传教活动证明了这一点。

其次，希腊化和罗马帝国造成的犹太人大流散为基督教的传播和扩散提供了必要的文化载体和传播媒介。如前所述，历史上，犹太民族曾发生

---

① 参阅米尔恰·伊利亚德《宗教思想史》，晏可佳等译，上海社会科学院出版社，2005；尼尼安·斯马特：《世界宗教》，高师宁等译，北京大学出版社，2004；罗格·奥尔森：《基督教神学思想史》，吴瑞诚等译，北京大学出版社，2003；王美秀等著《基督教史》，江苏人民出版社，2008；Paul Johnson, 1995, *A History of Christianity*, Charlotte, N C: Baker & Taylor Books；T. R. Glover, 1965, *The Conflict of Religions in the Early Roman Empire*, London: Methuen.

② 希腊化文明的影响甚至波及亚洲腹地阿富汗。20 世纪 60～70 年代在阿富汗东北边境，临近帕米尔高原处，考古发掘出希腊式城市遗迹，城内希腊风格的神庙、宫殿、剧院、竞技场布局秩序井然，错落有致。

过三次大流散①。多次征服、亡国和流散，使得犹太人遍及整个地中海世界。这些犹太人的特点是，他们虽然失去了祖国，但并未失去对上帝的信仰和对救世主的期盼。随着耶稣及其犹太教拿撒勒分支（从正统犹太祭司角度看是"异端"）和犹太－基督教的出现，他们许多人，尤其是受希腊文化影响的人，纷纷转而信仰耶稣基督，最终使得基督教脱离犹太教而独立成为一门新宗教。从犹太教的分支到基督教的转变，起关键和核心作用的社会力量便是这些处于希伯来文明与希腊文明之间的、跨文化的流散在外邦的犹太人，即集希伯来文化、希腊文化和罗马公民身份于一身的犹太人（保罗是典型）。他们熟悉希伯来宗教传统，掌握希腊文化和思想材料，既可以保持对耶稣基督的信仰，又可以在希腊文明的影响下不遵守狭隘的犹太律法，从而最终使基督教独立（这表面上呈现为是否遵守律法的问题，实质上是文化冲突和宗教世界观差异问题，也是对文化价值的重估问题）。此外，他们许多人掌握两种以上语言（亚兰语、希腊语或拉丁语），既与本族人有联系，又能够与外邦人沟通。因此，在转向基督教的同时，他们便把这种新宗教带到了整个罗马帝国世界，甚至更远（罗马世界以外）。基督教的诞生可追溯到耶稣，但其早期的成长却与这些希腊化犹太人分不开。他们是基督教成长的最佳起点。没有他们作为中介力量，基督教的最初成功是不可想象的。

第三，希腊化世界与罗马社会的精神状态有利于基督教的成长与传播。基督教诞生于东方的巴勒斯坦，始于异端的犹太人，继承了西亚－近东文化传统。这样一种宗教为什么会在希腊－罗马文化主导的帝国传播、流行，帝国社会为何在公元1世纪出现新的"属灵大爆炸"，是和当时社会的精神状态分不开的。这些精神包括：罗马的希腊哲学、秘教（主要是密特拉教）和巫术。

---

① 在这三次大流散之前，还有过一次犹太人"失踪"的历史过程。公元前930年所罗门王死后，由12支部落形成的统一的希伯来王国内乱，分裂为南北两朝。北部以以法莲为首的10个支派部落成立以色列国，南方的犹大和便雅悯两只部落以耶路撒冷为首都形成犹大国。公元前721年，亚述帝国灭北方以色列国，掳走国王和大部分国民，他们成为"失踪的以色列十个部落"（可能被同化）（参见 E. Burns and P. Ralph, 1974, *World Civilizations: Their History and Their Culture*, vol. 1, pp. 83 – 84, New York: W. W. Norton & Company, Inc.）。

古代希腊精神文化的突出特点是，它崇仰理性和人自身的本质力量，热爱智慧，强调人的自我意识觉醒，充分运用理智探求宇宙、社会、人的知识，因此，它是欢愉的、经验的、理性的和对获得事实的知识感兴趣的。哲学是这种理性主义与人文精神的集中体现。然而，如前所述，这只是希腊文化的一种向度——传统向度（荷马文化向度，阿波罗精神、某些哲学是其代表）。除此之外，它还有另外一种文化向度——主要为外部文化传播形成的向度，即激情的、非理性迷狂的、神秘的和出世的文化层面，酒神狄奥尼索斯崇拜和俄耳普斯教是其代表。也就是说，正如前面所阐述的，希腊文化是两重性的，它不仅有"理性"的奥林匹斯诸神崇拜和爱奥尼亚学派的哲学一面，而且还有非理性迷狂的酒神崇拜和俄耳普斯教的另一面（包括毕达哥拉斯和柏拉图的神学）。前者在前苏格拉底时代居于主导地位，是这一时期希腊的主流文化和显性文化，后者从柏拉图开始逐渐占据上风，并对哲学产生重大影响。苏格拉底－柏拉图哲学的兴起发生于城邦文化和荷马向度文化衰落时期（所谓密纳发的猫头鹰在黄昏时才起飞，指的就是这一矛盾状况）。它是矛盾的，既继承了理性主义的传统，同时又带有明显的非理性层面。它不仅为后来的西方理性主义文化有选择地吸纳和发展提供了参照材料（文化资本），而且也本质上为希腊文化最终部分融入基督教打开了大门。历史发展到希腊化和罗马帝国时期，社会精神文化发生更大变化，哲学日益脱离传统而发生后希腊哲学转向。这主要表现为斯多葛派、伊壁鸠鲁派、怀疑派和新柏拉图主义。其中与基督教直接密切相关的是斯多葛学派和新柏拉图主义①。

斯多葛哲学是希腊化和罗马帝国时期最有影响力的哲学。其创始人是芝诺（Zeno，约前 333 ~ 前 262）。他原是塞浦路斯闪族人，后来到雅典，在斯多葛走廊（*Stoa Poikile*）建立自己的学派，斯多葛学派（廊下派）的名字由此而来。

斯多葛学派的思想时间跨度很长，存在 600 余年，是希腊化和罗马文

---

① 参阅 Anthony John Patrick Kenny, 2004, *Ancient Philosophy*, Oxford: Clarendon Press; F. C. Copleston, 1947, *A History of Philosophy*, Ⅰ: *Greece and Rome*, London: Burns, Oates & Washbourne。

明中官方支持的主导思想。总体而言，其特征是：它在一定程度上继承了希腊理性主义原则（尽管对此有所嬗变），强调自然、理性（逻各斯）和神的同一性，认为世界本身是按照理性这一原则运行的（世界是神，即逻各斯或理性所设计的和谐有序的整体）；宣扬人应该"与自然和谐相处"，只有顺应自然的天命，才能达到善与幸福；承认源于复杂实际生活的多神崇拜现实，但又倡导"理性神"；适应希腊化和罗马帝国大世界现实和统治的需要，既提倡个人自我保存、自然人性、注重良心（受理性启发）的、有德行的自尊和"自足"式生活，更重在建树万邦一统大世界（"世界城邦"）和"世界公民"的社会伦理－政治秩序，形成自然主义伦理和世界主义政治学说①。

斯多葛学派思想分为早、中、晚三期。早期学派代表人物克律西普（Chrysippus，前 280～前 207）和中期学派代表人物帕奈提乌（Panaetius，约前 185～前 110）、波西多纽（Posidonius，约前 135～前 51）、安提俄克（Antiochus of Ascalon，前 125～前 68）、西塞罗（Cicero，前 106～前 43），确保了斯多葛学派作为一个主要思想流派传播下来。晚期（早期基督教时代）学派的代表人物是塞涅卡（Lucius Annaeus Seneca，前 4～65）、爱比克泰德（Epictetus，约 55～130）以及马可·奥勒留（Marcus Aurelius，121～180）。如果说早期学派还重视鼎盛时期希腊哲学的主流传统，强调理性思辨和对逻辑学的研究，那么，从中期开始，该学派吸收了许多东方思想和观念，更强调自然哲学的伦理目的，注重社会政治伦理学的实践，突出与自然秩序相应的生活方式和法哲学。晚期的斯多葛学派思想除了继续使哲学和社会高度伦理化外，更加强调与帝国相应的世界主义政治伦理，宣扬"人人皆兄弟"的世界大同主义。其思想明显带有折中主义、宿命论、禁欲主义的特点，并汲取占卜和星相学内容，神学色彩愈加浓烈。该学派认为神即自然理性，"服从神就是自由"。也就是说，人应当顺应神所确定的因果关系，达到道德自律，从而获得自由②。

---

① 姚介厚：《古代希腊与罗马哲学》（叶秀山、王树人总主编《西方哲学史》第二卷，下），第十四章："斯多亚学派"，凤凰出版社、江苏人民出版社，2005。

② 姚介厚：《古代希腊与罗马哲学》（叶秀山、王树人总主编《西方哲学史》第二卷，下），凤凰出版社、江苏人民出版社，2005，第 990 页。

这种思想提倡以理性克制情欲，修身养性，磨砺德行，强调顺从忍耐，内心宁静，避免冲动，听从命运安排，在人世苦难中反省、忏悔灵魂的罪孽。这些思想行为与基督教已经有异曲同工之妙。因此恩格斯说，斯多葛学派的思想家是"是基督教的叔父"①。

新柏拉图主义是罗马帝国时期另一个重要的思想。如果说斯多葛学派的世界主义（"世界城邦论"）、大同思想（理性面前人人平等）、顺应忍耐和克己禁欲的伦理为基督教的传播提供了社会、心理和伦理方面的准备，那么，新柏拉图主义则为基督教的重构和传播奠定了深层的哲学和神学基础（宗教理论基础）。

公元 3 世纪后，罗马帝国危机四伏，社会道德风气败坏，文明开始走向衰落。伴随着罗马文明的衰落，其在精神文化上也没落了。这表现在文学、艺术、科学等文化失去以往兴盛时期的奋发进取精神，而呈现出平庸、僵化、鄙俗、消极状态，甚至趋于悲沉、退化。与此相应，社会上巫术、星相学和占卜等神秘主义和迷信活动盛行。在这种情况下，作为希腊文明基础和标志的哲学，自然不会不受其影响。哲学失落了理性精神，趋于宗教化，同神秘宗教合流，追求神性的神秘体验。新柏拉图主义便是在这样一种文化危机环境中产生和发展起来的。它是暮气沉沉中尚呈色彩斑斓的回光返照，试图取代趋于颓势的斯多葛学派，为希腊－罗马文明再造文化生机。

新柏拉图主义是一种东西方文化融合的产物，就其理论方法渊源而言，可追溯到亚历山大里亚的希腊化犹太学者斐洛，而其主要创立者则是罗马帝国后期神秘主义哲学家普罗提诺（Plotinus，约 205 ~ 270）。不同的是，斐洛信仰希伯来圣经，尽管他十分欣赏、佩服和精通希腊文化，讲希腊语，但其落脚点仍是希伯来信仰。也就是说，他的"寓意解经法"、对上帝的希腊方式（哲学式）的解释、对逻各斯神性化的解释以及赋予摩西十诫普遍价值，最终是要落在信仰上帝的宗教上。他是以希腊哲学（变异的柏拉图哲学）说明希伯来宗教，或者说把希腊哲学纳入希伯来经典的框架之内（把希腊哲学嫁接在希伯来一神论宗教上）。他坚持的是古老的

---

① 中央编译局译《马克思恩格斯全集》第 19 卷，人民出版社，1963，第 328 页。

希伯来传统，是希伯来式的柏拉图主义①。与此不同，普罗提诺的新柏拉图主义虽然受东方文化影响，迁就或向东方宗教妥协（哲学体系具有浓重的神秘主义和宗教色彩），但它的主干仍在希腊哲学（主要是柏拉图主义）上，是希腊式的柏拉图主义。它试图在比传统柏拉图学说更高层次上创立一种与其说哲学的宗教化，不如说是宗教的哲学化的综合思想体系②。它兼容理性神与道德律令，融合理性与信仰，克服多神宗教混乱，试图最终达到对抗基督教，凝聚和安定人心之功效。

斐洛的哲学和神学思想（希伯来式新柏拉图主义）对犹太教本身没有多大影响，但对西方发生新柏拉图主义与基督教哲学和神学却具有巨大的影响。它为希伯来文化与希腊－罗马文化融合，基督教如何在希腊化和罗马文明世界立足、传播开辟了道路（具有示范效应）。同样，普罗提诺的新柏拉图主义尽管扼守世俗阵地，坚持希腊哲学的特性，标榜"回到柏拉图中去"，形成对抗基督教的思想体系，但其实质却是在神化柏拉图思想，扩大柏拉图学说中的神秘主义成分，使希腊哲学宗教化。他的"太一"与"流溢"说、对灵魂上升之路的解释，与基督教哲学和神学思想本质上区别已经不大，至多只有一纸之隔③。因此，奥古斯丁认为，"没有人比柏拉图主义者更接近我们了"④。实际上，罗马帝国后期异教与基督教思想家发现他们都在同样的竞技场上表演。双方都诉诸和使用理性，以捍卫各自的世界观，但这些世界观最终又都是宗教性的。双方的争论本质上是两种宗教观的冲突⑤。

除了斯多葛主义和新柏拉图主义这种主流哲学思想外，罗马帝国还略为流行伊壁鸠鲁学派和怀疑论学派这样的非主流学派文化。伊壁鸠鲁学派

---

① 纳尔德·威廉逊：《希腊化世界的犹太人：斐洛思想引论》，徐开来等译，华夏出版社，2003。

② 普罗提诺：《论自然、凝思和太一》（《九章集》选译本），石敏敏译，中国社会科学出版社，2004；Dominic J. ómeara, 1995, *Plotinus: An Introduction to the Enneads*, Oxford: Oxford University Press.

③ Lloyd P. Gerson, 1996, *The Cambridge Companion to Plotinus*, Cambridge University Press.

④ 奥古斯丁：《上帝之城》上卷，王晓朝译，人民出版社，2006，第312页。

⑤ R. L. Wilken, 1984, *The Christians as the Romans Saw Them*, pp. 200 - 201, New Haven: Yale University Press.

富有科学与伦理启蒙精神，起初是一个朝气蓬勃的哲学流派（马克思称它为"披上芬芳的春装"①）。该学派主张人生追求"快乐"的伦理，强调希腊化新世界背景下的个人本位和科学自然观基础上的人生观，突出一种个人心灵自由以及和谐结成社会的理论。因此，伊壁鸠鲁主义被称为是希腊人的"福音哲学"②。不过，这只是早中期（公元1世纪以前）伊壁鸠鲁学派的思想。从公元1世纪开始，随着社会的腐败，伊壁鸠鲁学派思想逐渐被曲解和篡改。晚期（公元1世纪至4世纪，即新约时期和帝国衰落时期）的伊壁鸠鲁学派曲解了早期创始人关于幸福生活在于远离死亡，追求"快乐"的思想，宣扬一种无节制追求享乐的论说，结果获得放纵生活的名声。这样从另一方面为基督教的扩展提供了借口。

怀疑论（scepticism）与独断论（dogmatism）相对，其本意指一种深究、探察、思辨、揭示理论上的矛盾的哲学。怀疑论对独断论的批判切中了那些哲学的薄弱环节和问题，但它在批判的同时往往走过了头，自觉不自觉地动摇、消解了希腊与罗马哲学传统的理性主义精神，破坏了希腊哲学的一些基本原理。它虽然不认可非理性主义，但客观上却为宗教和迷信盛行开辟了道路。它自身的不可知论特点也在信仰领域为宗教留出了地盘。在这种情况下，它自然有助于带有非理性色彩的新柏拉图主义和基督教的传播。

以上是罗马帝国时代流行的主要世俗哲学思想，其中尤以斯多葛学派哲学和新柏拉图主义为主流。它们在社会上与包括基督教在内的许多宗教呈平行状态，基本上在知识分子和社会上层拥有更多的信徒。其最大的问题是：（1）这些哲学对生命理解的方式和力度不足以使绝大多数的人信服，尤其是似乎无法解释当时的社会现实。如果斯多葛主义所说的"理性"是人共同的本性，它充满着并启发和支配着一切（都受一个宇宙理性支配），那么为什么人们的处境却如此各不相同？说是人人皆兄弟，世界是大同的，为什么有那么多的奴隶不得不挣扎在死亡线上？斯多葛学派可能回答说，奴隶与帝王在心智上是平等的，理性产生自爱，并提升和扩

---

① 中央编译局译《马克思恩格斯全集》第40卷，人民出版社，1982，第136页。

② 姚介厚：《古代希腊与罗马哲学》（叶秀山、王树人总主编《西方哲学史》第二卷，下），凤凰出版社、江苏人民出版社，2005，第862页。

大为普遍的爱，奴隶也有其应得的权利，不应对他们过于酷虐。但这对于那些奴隶和受歧视的人以及关心他们生活状况的人来说没有力量，起不到任何安慰作用。伊壁鸠鲁学派弘扬科学理性，主张人生追求"快乐"的伦理，但对于普通广大老百姓来说没有什么吸引力。人们挣扎在生存死亡线上，连起码的自由和权利都没有，如何有条件、有机会悠闲地追求快乐？这种哲学思想同样很少能够解决劳动阶层的忧虑。（2）希腊哲学毕竟是一种高深的学问（特别是新柏拉图主义），常常是玄而又玄，它需要受很高的教育并具有很高的文化才能领会和掌握，对于广大没有文化的社会下层人民而言，作为意识形态是不实际的，它与广大民众几乎是脱节的，远不如基督教那么易于理解和领会（基督教是柏拉图主义的通俗化。理解柏拉图难，但理解耶稣和基督教易）。因此，帝国衰落时期的哲学作为一种精神慰藉和意识形态在力度上是远远不够的。在这种情况下，它最终无法与宗教力量抗衡而败下阵来。对价值进行重估的结果是，宗教的力量压倒了哲学的力量，新柏拉图主义作为古典哲学最后的一个体系，尽管有反基督教倾向，但最终还是被并入其体系之中。

第四，基督教是在同诸神（多种宗教）的斗争中成长起来的。基督教的产生和早期传布时期，罗马世界大体上存在这样一些宗教：希腊－罗马传统多神宗教、诺斯替主义（Gnosticism，又译灵知主义）、摩尼教（Manichaeism）、密特拉神秘宗教（Mithraism）、犹太教和基督教。它们竞争激烈，都试图博得罗马世界人们的认同。因此这种斗争归根结底是一场文化取向的竞争，一种自觉不自觉地争得天下人心的斗争。

希腊－罗马本土自古以来就有其传统的多神祭拜（希腊和罗马神话内容相近，只是神祇的名称不同）。这种宗教的特点是：（1）多神祭拜。在万神殿里有多个各司其职的神祇。它们的重点在于力量，而非心灵的感化。在灵魂和伦理道德上并不敌对和冲突。（2）神的拟人化。（3）一些被认为是伟人者也被当作神来崇拜，尽管其地位低于传统的神。不仅伟人死后受到神化和崇拜，而且某些在职的君主也被要求作为神来崇拜。（4）神祇基本上是城邦之神或民族之神，神的文化范围相对狭窄。（5）希腊－罗马宗教没有组织化的中心机构（教会），各地神庙也不进行统一的宗教活动。虽然诸神都有自己的祭司，但祭司不是专职的，国家不是祭司统治的世界。（6）这种宗教是古老的仪式性宗教。其主导因素源于这样一种需要：人们希望其生活的方方面面得到神的保佑而安全顺利，而非像基督教那样出于对神的信仰，或对世界和人类本质的认识。因此，它不是真正的信仰体系，而是一种公共生活（公共祭祀），从社会学角度看其目的在于维持社会的安宁。一般而言，希腊－罗马的灵性不是个体性的，与某位神祇建立个人关系是不常见的。家长或官员常常代表全家或全城敬拜神祇①。

希腊－罗马的传统宗教是城邦文化的产物。随着理性哲学的发展，受过教育的知识人自然对传统宗教崇拜提出质疑。特别是随着希腊化和罗马帝国时代的到来，国际贸易和人员交往的增多以及人们的眼界扩大和文化的交融，希腊－罗马本土居民逐渐意识到罗马帝国东部地区也有许多其他神灵，它们的存在与希腊－罗马城邦的生活又有什么关系呢？原本在狭小地域认为是绝对的东西，现在发现它们变得相对了，其意义远非从前（以往的价值被贬黜）。于是传统宗教文化被解构。这种相对性和意义的模糊性最终导致在希腊化和罗马文明世界出现所谓的无力感（failure of nerve）。本来自苏格拉底开始，日益受俄耳普斯教影响并伦理化的希腊哲学（尼采言："自柏拉图以降，哲学都处于道德的统治之下。"②），在摧毁传统宗教后，是有可能取而代之的。但是由于上述种种原因，希腊－罗马哲学家在怀疑寻找生命意义的传统方式时，未能建立一个看似合理的被大众接受的备选方式。许多人发现，在传统宗教衰落的同时（罗马共和制最后2个世纪里，传统宗教逐渐丧失其地位，许多祭司的职能被废置③），自己处于一个灵魂与道德的真空当中（酒神崇拜和俄耳普斯教只能潜隐地发挥作用而难以走到前台）。于是，通过希腊化和帝国的扩张，许多东方宗教大量渗入希腊－罗马本土（不仅是宗教，还有巫术、占星术也跟着进来。它们引起包括斯多葛学派哲学家在内的许多人的广泛注意），试图填补渐渐出现的空白。而那些对希腊－罗马本土宗教失去信心的人也开始

---

① 狄金森：《希腊的生活观》，彭基相译，第一章，华东师范大学出版社，2006；M. P. Nilsson, 1949, *A History of Greek Religion*, Oxford: Clarendon Press; H. J. Rose, 1948, *Ancient Roman Religion*, New York: Hillary House.

② 尼采：《权力意志》上卷，孙周兴译，商务印书馆，2007，第299页。

③ 奥古斯都统治时代及其以后，传统宗教多次被恢复，祭司职位被重新建立，但元气远不如从前了。

多元文化模式与文化张力

尝试能够在这个不确定不太平的世界能带给他们新希望的任何事物。他们把目光转向东方，越发对东方宗教感兴趣。社会上到处流传许多源于东方的启示，在希腊－罗马世界，一场新的价值重估与精神生活（宗教）的重建运动开始了。

这里所要回答的问题是，在众多的宗教中为什么只有基督教胜出？为此，我们不得不对当时与基督教形成竞争（或对其构成威胁）的主要宗教给以简略的阐述。

诺斯替主义（灵知主义）是新约和教父时期诸宗教中最有力的竞争者之一。诺斯替主义的起源和时间难以确定。有人认为它早于基督教，但记录上没有发现非基督教的诺斯替主义。它应该是基督教的异端（基督教秘宗）。其主要的一些内容在古代伊朗和《奥义书》时期的印度、俄耳普斯教和柏拉图主义中都有文献记载，另一些内容与希腊化时期秘教、新旧约之间的犹太教和早期基督教相关。诺斯替主义者没有统一的机构，内部意见纷纭，活跃期为 1 世纪至 3 世纪。其主要观点是，存在二元的两个世界，一个是属灵的世界，纯净而圣洁，是神所在的地方；另一个是物质的世界，邪恶而败坏，是人所在的地方。世界的创造是邪恶力量的创作，是太初的黑暗入侵光明的后果（凸显印度－伊朗传统），是偶然事件，而不是对上帝全能的一个证明。包括肉身在内的物质是灵魂的监狱，人的"堕落"就是灵魂之化为肉身（灵魂沉沦在物质里面），灵魂被幽闭在肉体的坟墓里。诺斯替主义者认为，世界被魔鬼统治，圣洁的神不参与物质世界的事情。因此，救恩只能是脱离物质世界，进入属灵世界。然而，并非每一个人都会自动获得进入属灵世界的资格。要想进入属灵世界，获得解脱，一是人必须在其本性中注入"火花"，二是要能够通过有满怀嫉妒的恶魔把守的进入属灵世界的入口。而要满足这两个条件，人就必须获得一种"诺斯"（Gnosis），即"灵知"（灵性知识）。这种"灵知"既不是指对宗教教义智力上的认识，也非指对事物的科学认识，而是指一种对至高无上之神的神秘体验，因而有更多的非理性因素①。

---

① Giovanni Filoramo, 1992, *A History of Gnosticism*, Anthony Alcock, trans., Oxford, UK; Cambridge, Mass.: B. Blackwell.

显然，这种"灵知"不是普通人能够获得的。没有灵性的人或团体，在任何情况下都无法拥有"诺斯"，即使在"古鲁"（guru，宗教领袖）指导下也是如此。它是针对少数精英分子的特殊知识，是所谓高级的"秘密福音"。诺斯替教师也认为他们拥有特别的、高等的灵性知识或智能，远优于基督教教会领袖或主教拥有和教导的真理。他们教导的是宗教精英分子，培育其属灵的精英主义和神秘主义，而不像基督教神父那样教导的对象是"肮脏的大众"，他们的教导比主教教导大众的知识更高、更好、更属灵。诺斯替主义者认为，只有像他们这样的精英才能得救，如同印度的仙人、苦行者和瑜伽行者一样。这样，他们便脱离了广大普通的信众。

诺斯替主义往往导致两种截然相反的极端结果。一种是严格的禁欲主义和禁欲生活，因为这样可以有效地否定肉体存在，使灵魂从物质世界获得解放。另一种是无政府主义和放纵行为。诺斯替主义者认为他们因有神秘知识而获得内在自由，超越善恶，不受现世法律约束，因此与所属文化相疏离，拒绝其一切规范制度和伦理标准，甚至出现悲观主义的放荡行为。诺斯替主义的这些特点决定了它虽然在一部分人中受到关注，但在整个社会中难以广为传播。

摩尼教与诺斯替主义有些相近，也是基督教有力的竞争对手。其创始人摩尼的父亲就是诺斯替教徒。在这种环境下长大的摩尼不能不受其影响，但他两次受到神的启示之后便被要求与父亲的宗教团体决裂，创立自己的宗教①。摩尼教也是一种获得神秘知识的宗教，被认为是"诺斯替思潮的一部分"②。也就是说，某种意义上它也是基督教的另一种"异端"。不过，摩尼毕竟出生于波斯［巴比伦尼亚的塞琉基亚－泰锡封（Seleucia-Ctesiphon）］，游历过印度并与印度宗教领袖接触，因此其宗教也有受琐罗亚斯德教和印度宗教影响的痕迹。实际上，摩尼教是伊朗在宗教融合时期

---

① 摩尼 12 岁和 24 岁两次受神启，第一次被要求与父亲的团体决裂，第二次启示命令："时候到了，你要公开展示自己，大声宣传你的教义。"（米尔恰·伊利亚德：《宗教思想史》，晏可佳等译，上海社会科学院出版社，2005，第 742 页。）

② 米尔恰·伊利亚德：《宗教思想史》，晏可佳等译，上海社会科学院出版社，2005，第 744 页。

的一种诺斯替主义的表述。宗教融合是这一时期的特征。摩尼教一方面保留了光明与黑暗二元论这一琐罗亚斯德教的核心观念和末世论神话，另一方面，又把不同于伊朗文化起源的因素，如印度的、犹太－基督教的以及诺斯替主义的因素，整合进他的体系。

摩尼教的基本观点是二宗（光明与晦暗）、三际（初际、中际和后际）。光明与晦暗（善与恶）本质绝对不同。初际，光明与晦暗两分，天地尚未成形；中际，晦暗入侵光明的境界；后际，两宗再度分开。摩尼教认为，世界是由诸魔鬼的身体创造的，而人类是魔鬼最可憎的化身的产物（这是前面提到的美索不达米亚古老宗教文化的一贯传统和悲观主义的体现）。灵魂堕落于物质之中，人类成为恶魔的猎物。与诺斯替主义一样，摩尼教也认为，只有通过神秘的知识，即"解脱的知识"，才能获得拯救或解脱。这个解脱之法就是直接体验灵光，通过对灵光的体验，信徒才能完成重生的轮回而升至灵魂之源的灵光中（灵修主义）。与诺斯替主义一样，摩尼教也主要对知识人有吸引力。

摩尼教主张禁欲主义和非暴力，虽然 3~4 世纪在西方和北非一度广为传播，如奥古斯丁就曾经是摩尼教徒，但 5 世纪便大为衰退，到了 6 世纪在欧洲基本销声匿迹。历史表明，与希伯来传统对抗，试图本质上离开旧约文化者在罗马帝国难以持久①。

密特拉教是罗马帝国诸多（异教）神秘宗教中最为著名的一种类型，也是保罗时代罗马帝国内势力最大的神秘宗教，其文化源自波斯。据普鲁塔克《庞培》记载②，庞培（Pompey）征服和俘虏基利家（Cilicia，位于小亚细亚）海盗后，他们便把这个宗教秘仪传入西方世界。这种宗教是一种秘密崇拜仪式，成功地将波斯宗教遗产与希腊－罗马的宗教融合在一起，同时，还吸收和整合了帝国时期流行的占星术、末世论和太阳神宗教。其活动（如崇拜和献祭）的语言是拉丁语，长老由意大利人或罗马行省本地人担任。它尤其在军队中广为流行，以信徒的纪律、节制和道德

---

① 参见 Geo Widengren, 1965, *Mani and Manichaeism*, New York：Holt, Rinehart and Winston。

② 普鲁塔克：《希腊罗马名人传》中册，席代岳译，第十六篇第二章，"庞培"，吉林出版集团有限责任公司，2011。

令世人耳目一新，在一定程度上体现了古老的罗马精神。

密特拉教在罗马帝国广为流行，某些活动方式与基督教相近，与基督教形成竞争态势，并曾经对此构成威胁。甚至有学者认为："如果基督教在成长过程中因致命的疾病而受阻，那么整个世界就都是密特拉教徒了。"① 然而，密特拉教毕竟是秘仪，缺乏公开性和透明性，因而无法在社会上普及，形成广泛的群众性宗教运动。

在罗马帝国基督教崛起的时代，除了上述种种宗教外，当然还有作为基督教本源的犹太教。它与基督教形成紧密的亲缘关系，但又有激烈的竞争。由于前面已经有较多交代，这里不再赘述，只是强调几点。从罗马帝国西部居民的角度看，犹太教本质上是东方宗教。当它在帝国西部传播时，自然因其起源、神秘感和神奇性而吸引大量的居民关注，甚至使人们对其发生浓厚的兴趣。犹太教不是秘教，也不是灵修主义的宗教。它没有深奥而神秘的礼拜或崇拜仪式，也不要求难以理解的特殊"知识"（灵知）和神秘的直接体验，因此，对于外人而言并不难理解。希腊或罗马人往往从犹太朋友日常生活中看到犹太教的实用效果或价值。犹太教极其强调个人道德和社会伦理，对于那些对自己文化中的放纵主义十分不满的希腊-罗马人来说，这一点深受他们的欢迎。更重要的是希腊化和罗马文明时代，犹太教主要是以希腊文本传播的，人们可以直接阅读圣经教义，这非常有利于希伯来文化的传播。

此外，在希腊化和罗马化时代，因受帝国世界主义（或斯多葛主义）的影响，希伯来信仰一般而言还是对外开放的。在非犹太民族的人中间，部分犹太教师（拉比）主动利用犹太教这种开放性，翻山越海，以惊人的毅力和热情传播其宗教福音，与外邦人分享其信仰，富有传奇色彩②。在这种精神氛围中，有些人成为犹太教忠实信徒，他们不仅接受犹太教信仰，而且接受旧约律法全部命令和犹太习俗，成为从异教改信犹太教者，然而，犹太教社区一直十分清楚自己与外邦人的差异和区别，注意保持自己与外人的界限。尽管他们并非排外，但坚持把信仰与全部律法和习俗严

---

① 米尔恰·伊利亚德：《宗教思想史》，晏可佳等译，上海社会科学院出版社，2005，第699页。

② 参阅《新约·马太福音》，23：15。

格地捆绑在一起。也就是说，皈依犹太教不仅要接受信仰，还必须严格接受犹太教全部律法和戒令。这样，如前所述，犹太教便只能成为民族宗教，无法成为普遍主义宗教。在这种情况下，更多的人只是接受《旧约》中的信仰和道德教训，成为敬畏和信仰上帝的人，而无法皈依犹太教。他们成为非犹太基督徒。随着原本作为犹太教一个分支的基督教与其作为母体的犹太教的分离，以及基督教因自身的特点而崛起，犹太教在西方逐渐失去了竞争力，而变得越发具有封闭性了。

由此可见，基督教的产生是有多种原因的。其中它与其他宗教的斗争具有重要意义。也就是说，它是在文化斗争中成长的。不过，这些只是环境和外部条件因素。除此之外，基督教与众不同的自身因素也起着重要作用。它不靠刀剑，也非仰仗官方力量，但却能够星火燎原。那么它是如何成长的呢？

二 基督教的崛起

在君士坦丁一世（Constantinus I Magnus）313 年颁布有关宗教宽容的米兰敕令（Edict of Milan）① 以前，基督教总体上是受迫害和压制的。在这种恶劣环境中，基督教最终能以非暴力的方式胜出和崛起，除了前面提到的一些主要外在因素，肯定还有某些内在因素。以下我们将会看到，这些因素决定了基督教的未来。

首先，一神论和仁慈善良的上帝易于深入人心。历史发展到《新约》时代，近东 - 地中海世界在文化思想上逐渐形成"一种百川归海的潮流"②，即琐罗亚斯德教（祆教）和犹太教的传统，与日益受俄耳普斯教影响的希腊哲学，尤其是"单一原动力"观念和柏拉图"纯粹形式"概念趋于融合，从而导致宗教文化日益向具有强烈伦理和救赎性质的一神教

---

① 所谓"米兰敕令"，实为一种误称。它由君士坦丁和李锡尼（Licinius I）起草于米兰，后于 313 年 6 月在尼哥米底亚（Nicomedia）颁布（参见优西比乌《教会史》，保罗·L. 梅尔英译、评注，瞿旭彤中译，三联书店，2009，第 432 页）。

② 迈克尔·曼：《社会权力的来源》第一卷，刘北成、李少军译，上海人民出版社，2002，第 414 页。

方向发展。作为"大众柏拉图主义"，基督教是这种思潮的突出代表。它基本上继承了一神论的传统，把祭拜对象或祭祀－信仰对象的质量由人们眼中"力"的功能转变为基督徒心中"善"和"爱"的价值。也就是说，与其他宗教相比，基督教使宗教情感更加专一和仁慈。如前所述，从苏美尔到希腊、罗马的多神宗教，最大的特点是崇拜的对象十分繁多复杂。在这种情况下，从社会学和心理学角度看，拜神者往往对崇拜对象——神难以有专一的情感。因此宗教伦理情感是发散的、弱化的。这样的信徒对神主要是敬畏，而鲜于亲近。例如，苏美尔人、巴比伦人、迦南人或希腊和罗马人对其传统诸神的祭祀便是如此。他们如同中国的殷人一样对神"尊而不亲"，感到神祇主要表现为某种"力"的功能。诚然，琐罗亚斯德教和希伯来圣经宗教也是一神教（尽管琐罗亚斯德教的一神性程度不纯），情感同样专一，但人们所信仰的神（上帝）仍然保留了原始宗教的特点。神不仅有仁爱的一面（救恩），而且还留有残忍的一面和嗜血性（神有时变成愤怒之神和恶神），如发动战争等（《旧约》中有所记载）。这也是公元 2 世纪中期基督教教师马西昂（Marcion）为什么要求教会把《旧约》篇章从《圣经》中撕下，清除犹太教思想残余的原因之一（教会认为马西昂过于极端，因为在教会看来，《旧约》虽然存在问题，但"抛弃旧约无异于自杀。没有旧约，新约还有意义吗？"[1]）。诺斯替主义和摩尼教的神尽管是仁慈和平的神，但感受神的存在却需要特殊的"知识"或灵光体验，因此也是多数人望而却步的。只有吸收、改造和融合希伯来《圣经》和希腊哲学的基督教才把威严无比、好战的上帝，需要神秘知识或直接体验的上帝，换成仁慈、博爱和恩典的耶稣基督，呈现出绝对"善"的价值，而且通俗易懂和大众化。人们"不是通过供奉牺牲而是通过把自己的心灵奉献给神来进行忏悔"，忏悔取代了祭祀[2]。基督教更倾向于追求内心纯洁，突出博爱的情感（不仅爱上帝，而且爱邻人，甚至爱仇人）。这种改变使得基督教中的神与人的关系变得不再是外在的、生疏和

---

[1] 鲁斯·雪莱：《基督教会史》，刘平译，北京大学出版社，2005，第 67、68 页；罗格·奥尔森：《基督教神学思想史》，吴瑞诚等译，北京大学出版社，2003，第 128 页。

[2] 中央编译局编译《马克思恩格斯全集》第二十五卷，人民出版社，2009，第 593 页。

异化的，而是内在的、相对亲近的，罗马世界人与人之间的关系也因此得到不同程度的改善。更重要的是，通过一种"价值重估"，它给人们带来了新的社会关系和规范，使本就是社会动物的人在内心和世道都已混乱的情况下以"天城"（基督教共同体）的形式重回安定和有序①，并使人们在教会和团契中，体验到集体性、确定性以及同一感和幸福感，因为"宗教产生了所有社会最本质的方面"，宗教灵魂体现了社会观念②。因此，相对而言，基督教更能够深入人心（旧约强调外在的关系，新约注重内心的交流），有利于宗教情感的发展和传播。

其次，基督教本质上是普世性的（至少是广泛性的），这有利于基督教对所有个体开放。尽管希伯来圣经（《旧约》）中有"你［亚伯拉罕］也要叫别人得福……地上的万族都要因你得福"③，以及"施行我［上帝］的救恩，直到地极"④ 的说法，似乎有普世性的取向，但希伯来圣经中关于以色列人是上帝的"特选子民"的观念，以及只有先通过犹太人才能把福音传到全世界的想法（只有接受犹太教习俗，先变成犹太人，方能为上帝接受，得到救恩），多少暴露出犹太人狭隘的一面。到了基督教产生和《新约》时代，犹太教变得更加封闭，成为民族主义的宗教。

基督教力求摆脱犹太教这种狭隘性，成为普世宗教。不过这有一个过程。当基督教还孕育于希伯来宗教躯体中的时候（处于犹太－基督教状态的时候），它还不是普世性的宗教。人们只能说基督教文化的源头《旧约》暗含着普世性的意识，犹太－基督教有强化这种意识的趋向。因为耶稣还不是世界主义者，希腊化对出身低贱和文化程度不高的他似乎没有什么太大的影响。他虽属另类，但其眼光没有超出犹太民族的范围。他把传教的范围限制在自己的本土地域，告诫门徒要避开外邦人："外邦人的路，你们不要走，撒玛利亚人的城，你们不要进。宁可往以色列家迷失的羊那

---

① 奥古斯丁：《上帝之城》下卷，王晓朝译，人民出版社，2006。
② 涂尔干：《宗教生活的基本形式》，渠东、汲喆译，上海人民出版社，1999，第552页。
③ 《创世记》，12：1～3。
④ 《以赛亚书》，49：6。

里去。"① 耶稣只有在特殊的情况下，才会向外邦人宣教。他没有向外传福音的计划，似乎在上帝之国降临时才会接受"万民"②。耶稣还是部分保留了犹太中心主义。基督教主要是在耶稣死后成为普遍主义宗教的。例如，耶稣死后 20 年，作为耶稣基督十二门徒之一的彼得在耶路撒冷第一次公开讲道时，听众中有不同国籍的人，如"帕提亚人、玛代人、以拦人和住在美索不达米亚、加帕多家、本都、亚细亚、弗吕家、旁非利亚、埃及的人，并靠近古利奈的利比亚一带地方的人，从罗马来的客旅中，或是犹太人，或是进犹太教的人，克里特和阿拉伯人……"③《加拉太书》也说，基督徒"不分犹太人，希腊人，自主的，为奴的，或男或女，因为你们在基督耶稣里都成为一了"④。通过保罗等部分（希腊化）犹太人的努力⑤，基督教才破除希伯来人宗教传统清规戒律（如守安息日、割礼、饮食禁忌等），冲出犹太民族狭隘的我族中心主义观念的束缚，"在基督里"

---

① 《新约·马太福音》，10：5 ~ 6。

② 《马可福音》，13：10；《马太福音》，8：11。对于耶稣告诫门徒要避开外邦人的这段话，学界有不同的解释。德国哲学家雅斯贝尔斯和美籍罗马尼亚裔宗教思想史家伊利亚德（Mircea Eliade）认为耶稣的眼界基本上在犹太民族范围内（见卡尔·雅斯贝尔斯《大哲学家》，李雪涛主译，社会科学文献出版社，2005，第 177 页；米尔恰·伊利亚德：《宗教思想史》，晏可佳等译，上海社会科学院出版社，2005，第 709 页），而一些基督教神学家，如德雷恩（John Drane），则倾向于相反的解释，认为耶稣具有普世的思想（约翰·德雷恩：《新约概论》，胡青译，北京大学出版社，2005，第 289 页）。

③ 《使徒行传》，2：9 ~ 11。

④ 《加拉太书》，3：28。

⑤ 圣保罗（Paul，这是说希腊语的基督徒的叫法，犹太人称为"扫罗"）约生于公元 7 年（据叶秀山等主编的《西方哲学史》），来自罗马省份基利家的大数，属犹太社区中撒都该人（也有认为是法赛利人，见约翰·德雷恩《新约概论》，胡青译，北京大学出版社，2005，第 323 页），受到希腊化文明影响（能说一口流利的希腊语，掌握希腊思想和文献），有罗马公民身份。他从迫害信仰耶稣的人变成受迫害的基督徒。正是由于保罗的皈依和变革，才使基督信仰脱离了狭隘的犹太教，成为普世的基督教。原始基督教有两种倾向：耶稣的非暴力倾向（耶稣拒绝成为起义者之王）与受奋锐党人（Zealots）影响的暴力反抗倾向。保罗成功地使基督教摆脱了奋锐党人的影响成为非暴力抵抗的宗教。没有保罗等人的努力，基督信仰也就是犹太教的一个不同派别（拿撒勒派）而已（期盼和信仰救世主是当时那一地区的社会精神风气，耶稣并未意识到自己创立了新宗教）。因此，在某种意义上讲，真正的基督教是从保罗开始的，"是保罗才将基督纳入了历史领域。把基督教看成是始于耶稣这一历史人物的看法是不合实际的"（卡尔·雅斯贝尔斯：《大哲学家》，李雪涛主译，社会科学文献出版社，2005，第 177 页）。

超越了所有社会的、种族的、国别的、文化的和性别的差异①。基督的启示经历了从犹太教经犹太－基督教到基督教的演变过程，成为相对而言的普遍主义的宗教②，变成世界宗教，迅速在罗马世界传播。

第三，基督教福音的作用天下无敌。基督教产生的时代，既是诸多传统思想和宗教走向没落的时代，也是一些新思想新宗教产生并与其根源相脱离的时代。在这个时代，许多人都在寻求重新认识其生存的世界，因此，这还是一个信仰和意识形态充满冲突和纷争的时代。所有这些信仰和思想都声称能够解决当时的重大问题。

基督教在这场异常激烈的意识形态斗争中之所以能够崛起和胜出，一个最为关键之点就是它比别的思想或信仰能够更好地解决当时人们内心世界深深的忧虑，给一个悲观晦暗、对光明翘首以盼的世界带来了福音。先知和启示作品特别宣告上帝之国的来临："上帝的福音，'说日子满了，……上帝的国近了'。"③ 早期基督教不像其他宗教或"异端"那样，让人们去死和上天国，而是说上帝之国（天国）降临人间，强调"有人在没尝死味以前，必须看见上帝的国大有能力临到"④。上帝之国的降临意味着"上帝的国就在你们中间"⑤，它像芥菜种子那样生根、发芽和成长。这实际上是告诉人们，一个历史正在终结，新的世界即将到来。那些生活在永恒信仰中的人们就是生活在上帝之国。（想一想任何革命前夕人们对新世界期盼的心理和永恒信仰给人带来的幸福感，就可知道基督教

---

① 公元66年，犹太－基督徒拒绝参与反抗罗马人的弥赛亚战争，转移到外约旦佩拉（Pella）、叙利亚、小亚细亚和亚历山大里亚等地区和城市。他们拒绝参战的用意并非逃避起义，而是基督徒们要将自己与以色列民族的命运区分开来（优西比乌：《教会史》，瞿旭彤中译，三联书店，2009，第109～110页）。这一事件标志着教会与犹太教的决裂，使基督教加速走向世界和独立。

② 基督教起初在巴勒斯坦地区操阿拉米语（亚兰语）的农村人和部分城市人中传播，然后传播到说希腊语的犹太人社团，然后传播到希腊人城市社团，然后遍及各罗马市镇，直至罗马社会上层和偏远农村，最后北上进入受罗马帝国影响的蛮族地区。除了受罗马帝国影响的埃塞俄比亚和蛮族部落外，它几乎没有超出罗马帝国或希腊化范围之外。在古代，基督教向东（小亚细亚以东）"自然"传播是困难的。因此，它还是有特殊性的，普遍性是相对的，因为它也只是一种轴心文化。

③ 《马可福音》，1：15。

④ 《马可福音》，9：1。

⑤ 《路加福音》，17：21。

福音的作用和感召力了。对于罗马帝国而言，基督教的传播就是一种不知不觉的革命。）

基督教对人生的终极意义和目的给予乐观的启示。与大多数其他宗教不同，基督教福音最大的特点是，其本质上是乐观的（有着原罪的人在上帝的救赎和恩典下是乐观的）。它继承了希伯来宗教文化关于世界起源和人的本性的教义，不像其他宗教，如带有巴比伦传统的诺斯替主义或摩尼教那样，把物质世界与精神世界割裂开来，把物质或人类单纯地与魔鬼或恶联系起来，否定世界，而是赞美世界的创造，祝福生命、接受历史，乐观地肯定人类是有血有肉、有性欲、自由的人类，按照造物主形象受造的人类天生具有上帝的强大潜能（只要信仰耶稣基督的话）。基督教福音令人振奋地解释了生命的意义和目的，使人明白普通人在日常生活中应当怎样做就不再忧虑。人类充当一个学徒去从事上帝的事业，其被造的目的就是人性的神圣化。基督教不像诺斯替主义或新柏拉图主义那样要回忆或回归我们的过去、太初的状态，而是恰恰相反，要人们义无反顾地向前看，去追求即将来临的、正在形成的创造①。由于上帝的救赎和恩典，基督教对世界和人类的未来充满信心和希望。

这样，基督教便更加令人信服地解释了这个既有的世界中的生命问题。它不是鼓励人们选择和梦想到其他某个世界生活，而是把信心坚定扎根于发生在真实世界日常生活中的事件（令无数信徒感动的耶稣的故事），总是以这个世界的真实生活为基础（不是像诺斯替主义者等那样上天国，而是上帝之国降临人间，两者还是有很大区别的）。它不要求信徒脱离其所经历的生活，而是把这种物质的存在理解为上帝的作为，上帝在其中做工。通过这种做工，人可以认识上帝。尽管基督教声称人的理性自身无法辨别生命的意义，只能通过上帝的灵的作用来满足，但它并不贬低人的理性价值（与神秘宗教区别开来），认为在神的作用下（通过启示），理性可以使人在生活中创造美好的未来。基督教以特种方式成功地填补了

---

① 米尔恰·伊利亚德：《宗教思想史》，晏可佳等译，上海社会科学院出版社，2005，第752页。

希腊化和罗马世界的精神真空，越来越受到人们的欢迎，是在人们于精神上最需要的时候到来的（是基督启示与皈依者动机和需求之间的契合①）。它虽然开始十分弱小，是一种弥散性而非权威性的思想意识，但最终成为广泛而深入的占统治地位的意识形态。

第四，耶稣的启示具有简单、自然和平等的特性。基督教传播初期，罗马帝国世界各种其他宗教和崇拜繁多杂乱，基督教本身还分裂出许多教派（包括各种各样的诺斯替主义）。它们或是强调一种体验性的，甚至是直觉和更非理性的"知识"——灵知，或是更接近较早的宗教崇拜类型和神秘仪式，施用巫术。其表现出不是极度禁欲，就是放纵狂乱，而且设置种种限制和界限。许多人被排斥在上帝关爱和拯救的范围之外，如儿童、妇女、异教士兵、小税吏（常常被认为是罪人）、罪人和罪犯以及麻风病人，等等。与此不同，基督教在宣布上帝之国即将来临时，传递给世人的信息是，任何人只要净化心灵、相信唯一超越的上帝，都能进入上帝之国②。这里唯一的条件就是信仰，而不再有其他限制。因信称义，为此不需要任何社会身份或资格、神秘知识、仪式和体验。皈依本身就是净化，不需要预先的道德行为。显然没有比这更简单、更自然、更平等的了。当基督教福音在罗马帝国本土境内传播，与社会各个阶层接触时，必然逐渐在广大居民中引起不同程度的呼应，耶稣基督的启示具有普遍的感召力。

第五，耶稣基督论具有独特方式和积极意义。基督教是在受压迫和受迫害中传播和兴起的。在几百年的传播过程中，它既不通过武力，也非凭借国家权力，更少使用经济诱惑。它的成功除了福音的积极意义外，自然有与众不同的特点，即独特的耶稣基督论。基督教创造出耶稣诞生、受难和复活的神话故事，把耶稣从人变成神，或成为"神人"（God-human）。这个故事突出基督的种种奇迹和神奇因素。耶稣成为基督的神话以及耶稣的范式构成基督教的基本要素。这些神话和范式把拿撒勒的耶稣投射到各

---

① 迈克尔·曼：《社会权力的来源》第一卷，刘北成、李少军译，上海人民出版社，2002，第411页。
② 福音书说："神爱世人，甚至将其独生子赐给他们，叫一切信他的，不至灭亡，反得永生。"（《约翰福音》，3：16。）

种原形和超越形象的神庙里面去了，而且就像他的言行一般"真实"。耶稣这个神人"呈现了一个与希腊－罗马世界非常相似的主题"①。希腊－罗马世界是一个具有多神论文化传统的地区，神祇往往更直接地表现出人的行为②。希腊－罗马人甚至崇拜半神半人的"英雄"。在这种情况下，希腊－罗马人对于希伯来文化中那种过于抽象和没有直接表现出人性的上帝是较难以接受的。他们需要一种文化融合和转换。把犹太人对上帝的崇拜变成对有血有肉的上帝之子（"道成肉身"的耶稣）的崇拜，再加上一个令人感动的、为人类赎罪的、受苦受难的仆人和弥赛亚（救世主）形象，这样在普通百姓心里就把希伯来文化与希腊－罗马文化联系起来了，从而使得希腊－罗马人易于接受一个来自东方不同的宗教文化。正是由于耶稣的神话和象征作用，基督教的宗教语言才能够走出其家乡或外部犹太人的社区，在希腊－罗马世界的中心地带广为传播，成为相对普世的语言。

第六，犹太人的弥赛亚运动与希腊思想和精神呈现相互激荡之势（存在"有择亲和性"）。基督论起初是在散居的希腊化犹太人中间发展起来的。后来在安提阿（Antioch）、叙利亚，形成了异教徒改宗基督教信徒的早期重要的社团。正是在这些地方，最早使用了"基督徒"这个名称③。正是希腊化的犹太人把希伯来文的"弥赛亚"译成了希腊文的"基督"（Christos），并把基督教传入希腊化地区的。这反映出基督教的传播和发展离不开希伯来文化与希腊文化的共同载体，离不开两个文化的冲突与融合。启示文化与理性文化的碰撞和相互激荡，促进了基督教的大发展。人是理性动物。希腊－罗马社会是有极强理性主义文化传统的世界。作为一种（希腊－罗马人眼里的）非理性文化，早期基督教启示文化，要想在

---

① 尼尼安·斯马特：《世界宗教》，高师宁等译，北京大学出版社，2004，第257页。从纯粹的意义上讲，基督教还不是完全的一神教，它多少保留了多神教残余和神人合一的文化因素（耶稣是从最初的"人子"转变成后来的"神子"的）。这是希腊－罗马宗教文化残存影响的结果。

② 现代社会科学认为，神是人造的。神性归根结底是人性的表现。不过，在犹太教或基督教那里，人性以非常间接的难以觉察的形式折射出来，而在希腊－罗马宗教那里则较为直接地表现出来。

③ 《使徒行传》，11：26。

希腊－罗马本土上传播和发展，不仅要忠实于《旧约》——希伯来传统的本质因素，而且还必须抗拒过分的神话想象和杂乱无章的解释（如诺斯替主义或摩尼教那样），使自己理性化（理性向度的希腊化）。也就是说，它必须重视系统的思想，强调理性的解释①，使自身理论化和系统化。而希腊精神的哲学思想，恰恰能够满足这一点。希腊哲学对宇宙世界系统、有序、合理的解释，使得吸纳希腊哲学思想的基督教变得相对理性起来。正是由于竭力抗拒和否定了玄秘、古老仪式和巫术，基督教才成为诉诸一定理性的信仰方式。作为两种轴心文化融合之载体的基督教，用韦伯的话说，是一种"有择亲和性"（elective of affinity）的结果，凸显杂交优势，因而变得很有说服力、吸引力和渗透力。在这个意义上讲，基督教是借着希腊哲学发展起来的。宗教的（希腊）哲学化，这是它不同于其他宗教的最大特点（罗马基督教能够获得所谓正统地位，是因为该教会始终坚持希伯来圣经信仰传统与部分希腊哲学的结合，使基督教有了新的内涵，形成前后一致、相互协调的思想体系。这种结合不过分而恰到好处，否则就会像"异端"那样变成思想的大杂烩）。以罗马基督教为代表的正统的胜利，就是体系的一致性胜过不一致性，确定的逻辑性胜过浮想联翩的神秘"知识"，理论化的论述胜过杂乱无章的教义，总而言之就是宗教的哲学化。

第七，基督徒殉道的榜样和团结互助精神发挥了重大作用（殉道者的鲜血成了"教会的种子"——德尔图良语）。早期基督教是非法的，基督徒为此受尽苦难，其程度是我们今人难以想象的。他们经常不是被钉在十字架上，就是被抛向凶残的狮子。而且，这种迫害受到敌视基督教的罗马公众舆论的鼓励，变得异常疯狂。然而，信仰的力量是伟大的。早期教会简直就是一支高贵的殉道士军团［西方历史上"第一个教会史家"优西比乌（Eusebius）曾撰写《殉道集》对此给予详细记载②］，不知道究竟

---

① 我们现代往往习惯于把信仰与理性对立起来。但前现代基督教时代不是这样，希腊化的犹太人和其他知识分子能够把两者结合起来，或者说用希腊哲学思想解释基督教。在这种情况下，他们虽然感到有很大张力的存在，但仍处于可承受的范围。因为两种文化都有极大的吸引力。希腊化犹太人被希腊－罗马文明征服了，而希腊－罗马人对希伯来文化中的信仰和道德情感在心灵中感到强烈的震撼。

② 优西比乌：《教会史》，瞿旭彤译，三联书店，2009，第205页。

有多少基督徒为传播信仰付出生命。基督徒们的坚定信念和道德力量，他们面对残酷折磨、面对凶猛的野兽和死亡时的勇气与超凡的气度，甚至连他们的敌人——罗马统治者，如萨摩萨塔的卢西安（Lucien de Samosate）、马可·奥勒留（Marcus Aurelius）、加瑞安努斯（Galienus）、塞尔索（Celsus）等人，也为之震惊和赞叹不已。基督徒的执着和大无畏精神最终极大地震撼了希腊 - 罗马世界，博得人们的尊敬①。

　　基督教团契（fellowship）使得基督徒有着非同一般的凝聚力。他们不仅通过共同的礼拜仪式聚集在一起，而且通过一个共同的生活方式聚集在一起。他们互助友爱。基督徒几乎没有真正的乞丐。如美国宗教社会学家道兹（E. R. Dodds）所说："教会提供了社会安全的基本保障，但是更重要的是，我认为，比这些物质利益更有意义的是基督教团契可以给参与者的那种归属感。"② 这个团契和归属感的核心是神职人员与普通教众之间

---

① 基督徒在殉道时表现出的勇气和精神在人类历史上是罕见的。例如，小亚细亚西部士每拿（Smyrna）的高龄主教波利卡普（Polycarp，约69~155）被带到喧闹的斗兽场上，执政当局要求他放弃基督教信仰，否则，就把他抛给野兽。而波利卡普却说："将你的野兽带来吧。""如果你不在乎野兽，我就烧死你"，总督说。但波利卡普仍然以蔑视的态度对应。最后，在民众的呼叫和发泄中他被绑在柱子上烧死（鲁斯·雪莱：《基督教会史》，刘平译，北京大学出版社，2005，第41页；优西比乌：《教会史》，瞿旭彤译，三联书店，2009，第178~180页）。类似的壮举还有：当审判官告诉在安提阿被捕的教士罗慕斯（Romanus）他将被叛火刑时，他脸上显露出愉悦的表情，并呼喊道："火在哪里？"于是，他的舌头被割下（Eusebius，1850/1991，*The Ecclesiastical History of Eusebius Pamphilus*，*Bishop of Cesarea*，*in Palestine*，Ch. 2，Christian Frederick Cruse，trans. ，Grand Rapids，MI：Baker Book House）。优西比乌记载了大量基督徒受难和殉道的史实，包括野蛮的刽子手对基督徒妇女实施前所未有酷刑的场面（优西比乌：《教会史》，瞿旭彤译，第五卷：1；第六卷：5，等等，三联书店，2009）。基督徒在面对死亡和经受折磨时表现出非凡的镇静、高贵和尊严。这是基督教兴盛的发动机和火种。然而，现代不少学者却认为这种牺牲精神完全是不可思议的，把这种行为看成是一种非理性的精神病症的症状，甚至是"受虐狂行为"（Donald W. Riddle，1931，*The Martyrs：A Study in Social Control*，p. 64，Chicago：University of Chicago Press）。这完全是对基督徒的现代的外在理解。如果人们从其内在心灵和历史背景去理解他们，便会发现他们的行为不仅是信仰的力量所致，而且也是一种价值理性选择的结果（参阅奥古斯丁《上帝之城》，王晓朝译，人民出版社，2006，第1099页）。这与萨满式的出神或其他癫狂状态有本质区别。

② E. R. Dodds，1970，*Pagan and Christian in an Age of Anxiety*，pp. 136 – 137，New York：Norton.

的紧密联系，产生巨大的力量①。

此外，要"爱你的邻居"本身并非一个只有基督教才强调的美德，但在基督教兴起时期，与任何其他宗教或团体相比，基督教社团显示出更强而有效的爱邻居的实践功能。这种社团照顾孤寡鳏独，赎回被海盗劫掠的人。每当瘟疫流行，城市被围，唯有基督徒在看护病人或伤员，掩埋尸体②。对于罗马帝国大量无家可归的人们、众多孤独无助的人、文化和社会异化的牺牲品，教会共同体都是他们的家，使他们创伤的心灵得到抚慰。他们从中获得文化认同和希望，发现和探索生命的意义。基督教社团的平等、行善和友爱，使从未见过此般情景的罗马居民耳目一新，导致基督教对希腊－罗马世界产生越来越大的影响。

---

① 与所有的专制统治者一样，罗马当局也十分害怕普通民众自己的集会和结社，甚至连民间的消防队也不许建立（H. Jonas, 1970, *A History of Rome Through the Fifth Century, Selected Documents*, Ⅱ, pp. 244－245, London：Macmillan.）。统治者排斥任何非官方的公共结社，剥夺一切民间公共集体生活的做法，使得基督徒感到他们被排斥在帝国系统之外。也就是说，帝国不是他们的社会，他们在此没有自己的"家"。因此，在这种情况下，他们越发团结和富有集体性或具有共同体特征。他们要寻找自己的家，过自己的集体生活。因为人是群体动物。很早便失去家族共同体传统的希腊化和罗马世界的人是不能不过另外共同体生活的。基督教的团契恰好满足了这个要求。统治者往往因自身的缘故把希腊化和罗马世界出现的一些城市暴动视为"政治的"。实际上，基督徒所追求的不是政治参与，而是一般的社会学意义的参与，也就是过有意义的集体生活。他们在教会中找到了所追求的这种东西。在早期基督教时代，他们总是把耶稣与恺撒分开，关注精神的拯救，而把恺撒的事务留给恺撒（"恺撒的当归恺撒"）。

② 在基督教尚未合法的时期，罗马帝国遭遇过若干次瘟疫大流行，如公元165年和251年的大瘟疫。瘟疫往往持续几年，甚至十几年，横扫整个帝国，人口迅速减少近1/3，甚至连皇帝（如奥勒留）也未能幸免于难。瘟疫流行时，非基督徒与基督徒的表现迥然不同。亚历山大城主教狄奥尼修斯（Dionysius）记录了这一点：异教徒的表现与基督徒截然相反。瘟疫刚一传开，"他们推开刚有疾病端倪的人，逃离至亲至近的人，更有甚者，将半死不活的人丢在路边，像对待垃圾那样对待那些未得埋葬的尸体，希望藉此逃避致命的瘟疫……"与此相反，"我们绝大多数教友［基督徒］都活出了爱与忠诚。他们不遗余力。单单为对方着想，不顾个人安危地照料病患，……很多弟兄在照顾、医治别人的过程中，以自己的生命换来了他人的康复。我们最好的几位弟兄就是这样离开了我们。他们中间有长老、执事，还有广受赞誉的平信徒"（优西比乌：《教会史》，瞿旭彤译，第七卷：22，三联书店，2009）。基督徒的慈善事业几乎"在普遍缺乏社会服务的罗马帝国之内，创造了一个小型的福利国家"（罗德尼·斯塔克：《基督教的兴起》，黄剑波等译，上海古籍出版社，2005，第103页），名震帝国。为此，罗马统治者感到不安，曾模仿基督教发起慈善运动，想在美德上赶上基督徒。然而，异教徒团体的慈善行为远逊于基督徒。

第八，宗教制度化、法治化。基督教从规模较小的集体行为逐渐发展成为广泛的社会运动，并最终能够持续定型化和形成庞大组织，是与其在走过原始阶段后越发重视自身的制度化和法治化建设分不开的。起初基督教与许多异端一样，带有偶然性和盲目性，不仅思想混乱，而且组织无序。正是一些使徒和富有远见的教士不断四处宣教，在地中海周边地区广泛建立教会，并通过与异端斗争以及逐渐明晰"正统"与"异端"的区分，基督教才最终形成较为一致和相对统一的组织机构，建立有效的监督制和主教制①。制度化和法治化的出现为基督教提供了稳定持续发展的组织条件。此外，3世纪后期发展起来的修道制度对基督教的成长也有着现实的促进作用和深远影响。基督教，一方面越发世俗化，使其牢牢扎根于社会之中，另一方面又逐渐修道制化，以抵制和平衡世俗化的负面作用。这两者是基督教壮大的保障机制（现代的具有救世信仰的政党，缺乏后一种机制，因而有不断被腐蚀的危险）。基督教的法治化体现了罗马法文化的传统（中世纪中期以后更是如此）。

以上笔者论述了基督教为何在希腊 – 罗马世界取得成功的种种主、客观因素。这也是综合了国内外学者有关论述的主要答案。尽管如此，我们还是觉得基督教在罗马帝国的传播和成功充满了神奇性，事情仍有不解之谜。迈克尔·曼在《社会权力的来源》（第一卷）中认为，基督教是解决罗马帝国矛盾的出路，这也许是对的。

基督教产生之时，罗马已进入强大的帝国时代。罗马在吸纳部分希腊文化要素（或者说两者在某些方面本来就有一定的亲和性）的基础上已

---

① 相对而言，原始基督教是一个混合体，思想和组织都较为混乱。"其实最早的基督教反而比较接近后来所谓的异端"（米尔恰·伊利亚德：《宗教思想史》，晏可佳等译，上海社会科学院出版社，2005，第752页）。基督教在最初的2个多世纪里，曾有若干重要的中心，如埃德萨（Edessa）、亚历山大里亚、小亚细亚和罗马，没有统一的组织机构。可以说，这些中心都可以认为自己是"正统"，把别的中心视为"异端"。早期基督教有许多变化形式和不同的思潮，它们彼此斗争，相互排斥。在这种斗争中，罗马教会成功地确定了一种更有影响力的形式，在西方逐渐占据上风并取得所谓"正统"地位。基督教从此有了正统与异端之分。正统思想的胜利就意味着罗马基督教的胜利。基督教的制度化和法治化是在同所谓的异端的斗争中形成的，教会组织的制度化与思想体系的特点是相互关联的。罗马教会的既深入社会又有政策和法治化的组织最终胜过散乱集体行为，这大大促进了基督教的发展。

成为强势文化的国家。也就是说，希腊－罗马世界在地中海地区绝对是一个强势文化的世界。与此相比，地中海地区其他社会和文化都是相对弱势的。文化进化的法则一般是，文化的进化往往是以压抑，甚至牺牲弱势文化为前提的（虽然残酷，但却是真实的）。希腊－罗马文化是一种强势轴心文化，它在地中海世界受到普遍的仰慕，人们为希腊－罗马文明所征服。波斯文化与希腊城邦文化尚能抗衡，但在普遍性的希腊－罗马文化面前则显得软弱无力。希伯来文化在其走出巴勒斯坦地区以前和以后的一段时间内肯定是弱势文化（尽管是潜在的轴心文化），它在希腊－罗马本土世界曾遭到鄙视，甚至蔑视。然而，恰恰是在这个地区，它的变异体（基督教）却上演了一场弱势文化逐渐渗透、蚕食并最终覆盖强势文化的一幕。或者说，两种轴心文化相争，强者一时败给了弱者，启示文化"战胜"了理性文化。当然，这种战胜只是一种覆盖或吞噬，而不是毁灭或牺牲，并且与希腊－罗马文化内部演变有关。理性文化与启示文化处于张力之中，它的重新兴起，则是中世纪后期，甚至是近代以后的事情了。

希伯来文化与希腊－罗马文化的冲突和较量，最终前者胜出。这不仅反映出希腊－罗马文化发展到帝国时代缺少一种人的内在道德和情感向度——而这恰恰是当时希腊－罗马社会所需要的，而且反映出希腊－罗马文化在基督教兴起的时代已经进入发展的高原区，并开始趋于老化。其标志就是这种文化在自己民族心理范围内得到最充分的发掘和绽放，已失去其隐喻和想象力。而"一个世界的隐喻一经消失，这个世界便告灭亡"，或者说"这些想象一旦消失，目虽可视，所见万物已不复具有意义"①。

文化失去想象力，进而失去创造力并老化，其直接表现或后果就是希腊－罗马社会在帝国时代出现了越发强烈和普遍的危机以及对解脱的需求。我们知道，希腊－罗马社会也是一种具有轴心文明的社会。自远古以来它们就是在自己的文化脉络中演进的：它们有自己的家族、氏族、部落和城邦共同体，有自己的生活方式和习俗，有自己的宗教和公共活动传统，有自己的精神世界和文化想象力。然而，随着亚历山大大帝的征服而

---

① 哈罗德·J. 伯尔曼：《法律与革命》，贺卫方等译，中国大百科全书出版社，1993，"序言"第 I 页。

来的希腊化，尤其是罗马帝国世界的出现，希腊－罗马的传统文化便逐渐走到尽头，它再也不能适应这个急剧扩大和多样性的世界，出现了一系列危机：传统的城邦社会解体，共同体破裂，原有的宗教边缘化，哲学兴起又变质衰落（哲学宗教化），大量外来文化的进入使得人们在文化上无所适从并出现精神空虚，种族、宗教、地域、家庭、阶级、邻里等共同体的联系日益分化为抽象而肤浅的帝国世界主义。这种现象是帝国的成功带来的，是其文化发展到极致的结果。物极必反。成就越大，危机就越大①。这就如同当年所谓"日不落帝国"或现代西方文化的"危机"那样，完全是其获得"成功"之最的结果。发展到顶端会走向没落，这就是历史的辩证法。不过，在基督教兴起的时代，所谓出现危机，根本就不是在经济－政治意义上讲的，也就是说它绝非现代人们通常所认为的那种革命前夕的危机。如果说有危机的话，那也是一种不同意义的危机。这种危机，如迈克尔·曼所言，"是一种社会认同危机"②。"我是谁？""我属于哪个

---

① 参阅迈克尔·曼《社会权力的来源》（第一卷），刘北成、李少军译，上海人民出版社，2002，第416页。

② 许多教科书和学者都把基督教的兴起与罗马帝国的政治压迫和经济剥削联系起来，认为老百姓的生活"苦难"是基督教成功的主要原因。这种解释不能说没有一定道理，但事情还有另外的说法。迈克尔·曼等人认为，基督教兴起的时代，罗马帝国并不存在严重的经济危机，人们的生活水平与以往相比没有特别重大的变化。"早期基督徒是一批比较幸福和富裕的人"，他们没有物质生活的苦难。如果说他们需要解脱的话，那也不会是在物质生活方面，"他们的'痛苦'仅限于规范领域"［迈克尔·曼：《社会权力的来源》（第一卷），刘北成、李少军译，上海人民出版社，2002，第420页］。无论耶稣还是早期基督徒从来没有在政治上推翻罗马统治者的意图。也就是说，他们的危机感在社会建构方面，是社会的解体和社会关系的混乱（包括文化的混乱），人们缺乏归属感促进了基督教的兴起。通过基督教，人们（尤其是希腊化、罗马化和城市化过程中的新移民）找到一种不分民族、城邦（国家）、种族、地域、传统共同体、阶级的组织形式，即超越性的规范共同体——一种"信徒世界"。至于为何要以宗教形式出现，除了当时的环境外，是因为只有一神论宗教才能跨越许多藩篱和障碍，才能有普遍的世界主义。以寻求参与有意义的集体或共同体生活的方式解释问题，这是涂尔干理论模式的运用。涂尔干认为"宗教表现是表达集体实在的集体表现"，"它集中表达了集体生活。如果说宗教产生了社会所有最本质的方面，那是因为社会的观念正是宗教的灵魂"（涂尔干：《宗教生活的基本形式》，渠东、汲喆译，上海人民出版社，1999，第11、552页）。人们在追求真正的社会或共同体关系和意义的时候，除了"家"的观念和形式外，最好的就是宗教观念和教团形式（在古代，这两者是融合在一起的）。然而，家和传统宗教形式太过于狭窄，无法适应罗马大世界的需要，而普遍主义的基督教恰好满足了这一需要。

社会或文化?"这是当时罗马帝国多元文化社会人们常常提出的问题。许多人离开了自己的家乡或共同体,如城邦或村社,来到更发达或新建的城市。人群的多样性、无组织性和杂乱无章,迫切需要更广泛或普遍意义的组织或共同体方面的重建和整合①。

这个问题的提出,不仅反映出帝国时代社会认同的危机,而且还反映出一种文化认同的危机(当然,这两者是有密切联系的)。如前所述,与现代西方类似,罗马的问题是其成就带来的。罗马帝国把地中海变成"罗马的湖""我们的海",真正成为世界性帝国。然而,罗马所达到的政治上的成就——政治上的统一,是以文化上的多元和无序为代价的。帝国的希腊-罗马社会充斥着各种不同的语言、宗教、世俗思想观念和文化传统。这种社会的统一体只是政治权力架构意义上的,按照索罗金的理论,根本就不是文化整合的社会系统,而是一种多元的文化聚集现象②(大量的文化和社会要素没有得到系统性整合,没有形成意义和逻辑上的一致性)。帝国缺乏一以贯之的国家意识形态和文化的基本统一。例如,在宗教上,除了传入的诸多东方宗教外,官方既有传统的多神崇拜,又推行半人半神的皇帝崇拜,而军队中又盛行密特拉教,人们不知道如何是好(当然,这反映了罗马社会和宗教上相对宽容的一面)。在世俗思想上,帝国

---

① 古代希腊-罗马的扩张和城市的发展,导致城市人口的相对缺乏,尤其是基督教产生和兴起的时代,更是如此。为了维持城市的人口和正常运行,希腊-罗马城市需要源源不断地输入新移民。"因此在任何时刻,城市里都有相当高比例的新进城的移民,而这些人对城市都是陌生的"(罗德尼·斯塔克:《基督教的兴起》,黄剑波等译,上海古籍出版社,2005,第188页)。实际上,他们自己也是彼此陌生的,人口成分相当复杂。如帝国第三大城市安提阿,在希腊化时代的塞琉古统治时期人口已经多元化,其中,有马其顿军队退役士兵——分别为克里特岛人、塞浦路斯岛人、阿哥斯人(Argives)、赫拉克莱代人(Herakleidae),有雅典人,来自巴勒斯坦的犹太人,还有本土是叙利亚的人和一些不同渊源的奴隶。罗马统治后,城市扩大,随着罗马人的到来,犹太人激增,高卢人、日耳曼人等"蛮族"人也以退伍兵或奴隶的身份加入这个民族大杂烩(参见罗德尼·斯塔克《基督教的兴起》,黄剑波等译,上海古籍出版社,2005,第189页)。同样,罗马变成"希腊人的罗马",而这里的希腊人实际上是希腊化的希腊人,他们有不同的种族来源。总之,人员混杂,文化和社会认同度低,制度缺失,城市经常发生骚乱。人们迫切希望以更大规模的、包容的共同体形式整合和拯救社会。

② Pitirim A. Sorokin, 1966, *Sociological Theories of Today*, pp. 27 – 28, New York: Harper & Row.

精英的观念是多元化的。斯多葛主义曾经占主流地位，那也是相对而言的，何况一般社会阶层根本无法懂得这种深奥的玄学。人们更多的是受各种宗教信仰、仪式和集体活动的影响①。我接受什么文化？我该朝拜哪一位神？我应当采取何种生活方式？这一系列问题在这个社会迅速变迁和城市大发展的时代不断地萦绕在人们的心中（其他古代文明鲜有此类现象）。帝国的成功使得罗马和其他大城市涌入一波又一波移民，他们人员混杂，各有其文化渊源，来到新地方使其文化与本土发生断裂，面对文化冲突和融合不知所措。同样，希腊－罗马本土原住民面对外来文化和宗教的冲击也颇感茫然，不知如何应对。尤其是基督教的异军突起，常常引发不同群体之间的紧张和社会骚乱。因为基督教是一神教，具有强烈的排他性。它对信徒的要求是绝对的，不会接受一种与当时任何其他宗教共处的地位，难与其他宗教文化兼容。这样，基督徒不仅与地方当局发生文化冲突，而且与非基督徒民众也发生宗教矛盾。帝国内部出现国中之国的现象，统一受到威胁。这最终引起罗马统治者的关注和忧虑。这个问题的实质是，在一个多元文化的国度里如何实现社会和文化认同，从而真正实现国家统一的问题。

自公元 3 世纪开始，随着不同社团和文化冲突的加剧，罗马统治当局极为关注国家的统一问题。然而，在一个多元的帝国大世界里，如何维护国家的统一，防止其日趋走向破裂的境地？这不是靠权力意志和法律就能够解决问题的②。因为维护国家统一的最深层和最强大的力量是来自文化

---

① 罗马帝国的这种特点恰与其他民族共同体形成鲜明对照。古代希腊城邦和印度各邦在文化认同上有着隐隐约约的自觉（尽管各邦之间仍有细微的文化差异），但它们鲜有政治上的统一。它们的基本一致性在多数情况下是以一种文化或文明而非政治的形态表现的。古代大国只有中国表现出政治统一与文化统一的一致性（尽管也有地区文化差异）。因为中华文明的政治权力拓展基本上是伴随着文化浸染和认同进行的，一统天下的政治系统具有同一的实在的文化基础。这是罗马帝国所不能比的。

② 罗马虽然有强大的政治权力和军事力量，但其社会－文化却是相对宽容和"自由"（libertas）的，因而是相对弹性和发散的。它在很大程度上抵消了政治－军事集权的作用，破坏了政治－军事权力带来的统一性。这是与现代社会不同的特点。现代社会允许政治统一与社会－文化多元性和发散性共存，但在古代社会这是难以维持的。在法律上，随着罗马帝国的发展，212 年颁布《卡拉卡拉告示》，向帝国境内所有居民（自由民）授予罗马市民籍（公民身份），结束了公民身份作为特权的时代，但这也未能改变文化多元的状态，从而从根本上遏止帝国分裂的潜在趋向。

的认同和以此为基础的社会整合。那么，罗马靠什么文化去实现其目的呢？罗马具有一种与众不同的"罗马精神"（Romanitas），它原本就是靠着这种精神，从一个弱小的城邦，经过不断的搏斗，发展成一个世界帝国的。"罗马精神就是农夫加士兵的精神；但既非农夫，亦非士兵，而是农夫－士兵（farmer-soldier）的精神。"① 这种精神的一部分——农夫精神表现为朴实无华、诚实和节俭、筹划和耐心以及不懈的劳作；而另一部分——士兵精神则有遵守纪律、坚忍不拔、勇猛顽强以及自信、忠诚的美德。前者体现一种"生命意志"，后者意味着"权力意志"（它的负面作用是残忍和不道德）。此外，罗马人是一个非常敬神的民族（这种敬神的程度与希伯来人敬神的程度几乎是同等的，而不同于希腊人）。西塞罗曾说，罗马的力量的诞生、成长和维持均得归因于罗马宗教；诗人贺拉斯（Horace）也曾言道，对神的服从给了罗马人以帝国②。在神的力量的驱使下，他们富有极强的使命感。这样，我们看到，与希腊人不同，罗马人是一个更重于实践和勇于实践的民族（"出类拔萃者行重于言"③）。罗马人的实践的天赋，使得他们坚信源于实践的知识比沉思的理论更有价值④。这种实践态度自然还导致罗马人成为"有法律灵感的民族"（a law-inspired nation），使他们的法文化较为发达（这也是重视实践的体现）。总之，罗马人的特性是更讲究实际。这种特性使他们只能走种田、打仗、

---

① R. H. 巴洛：《罗马人》，黄韬译，上海人民出版社，2000，第 3 页。

② 参阅 R. H. 巴洛《罗马人》，黄韬译，上海人民出版社，2000，第 7 页。

③ R. H. 巴洛：《罗马人》，黄韬译，上海人民出版社，2000，第 141 页。

④ 罗马人的这种特点把他们与希腊人明显区别开来。罗马人是实践者而不是理论家。他们不可能产生希腊那种哲学家、艺术家和科学家。他们喜欢行动，较少沉思冥想（有点像今天的美国人），因为他们是农夫，是战士，是政治家，听命于生命意志与权力意志。尽管在与希腊文明接触后，罗马也出现了西塞罗和塞涅卡那样的哲学家或理论家以及李维和塔西佗那样的史学天才，但仅此而已，无法具有希腊人（如柏拉图）那样的更高的精神生活。希腊人能言善辩，而罗马人则善于行动和战斗。能言善辩不是后者珍视的价值和荣誉。他们甚至认为以希腊哲学和文学充斥罗马，将毁掉自己的国家。公元 150 年元老院通过一项法令，禁止外地哲学家和演说家出入罗马（奥托·基弗：《古罗马风化史》，姜瑞璋译，辽宁教育出版社，2000，第 150 页）。帝国后期的罗马人由于日益受到斯多葛主义的影响而有较大的改变。即使在这种情况下，罗马人仍然对理论不感兴趣，他们不想解决理论问题。他们对哲学感兴趣纯粹是为了寻找克服生活中困难的方法，同时保持自尊和不牺牲内心自由。

建筑罗马大道和当官（建构政治权力框架）的道路，从而创造了极其辉煌的业绩——罗马帝国和文明。问题是这种以农夫加士兵加传统宗教加政法文化为基础的罗马精神或罗马性（Roman-ness）（虽然在接触希腊文明后也加进了一些理论深层内容，但仍然缺乏真正的、有独创性的东西），能够充当整合多元性帝国世界的文化熔炉吗？它能够使加入帝国的各个民族真正罗马化吗？或者说，通过罗马法（主要是市民/公民法和万民法）使加入罗马人行列的过去的敌人——犹太人、西班牙人、高卢人、阿非利加人（Africans）、小亚细亚（闪族）人等能够真正具有罗马性吗？答案是否定的。

现代，在一定程度上能够与古罗马相比的多元社会是美国。美国是一个移民国家，社会－文化呈现多元性，历代管理者都重视这个新大陆的社会－文化认同问题。他们不断地以现代性美国西方文化（先是 WASP 文化——白人盎格鲁－撒克逊新教文化，后又融合了现代欧洲大陆部分文化）使各种移民西化（美国特色的西方化）或文化化，不仅同化了欧陆人，而且还同化了许多非西方人，素有"熔炉"之国称号。200 多年来，就是凭借这种熔炉（白人主流文化）的作用，使得美国社会尽管多元，但基本融为一体（当然，随着人口成分比例的变化，文化成分比例的变化，文化质量的优劣不同的变化，这个熔炉的火力在不断减弱，越来越难以熔化各种成分了）。与欧洲相比，美国是一个没有古老文化传统的国家，因而也是一个文化底蕴相对不足的国家，但其熔炉之所以有强大的熔化力，除了其政治、军事强大和经济发达外（这一点与罗马帝国相似），还因为其文化在当时正是在蒸蒸日上的现代性文化，一个把基督教新教的某些取向与现代性融合在一起的有进取性的文化（既有科学精神，又有新教伦理——一些著名科学家和企业家的精神是其体现），一个在全球多少获得认可的"发达"文化，因而是所谓的强文化，具有某种文化穿透性。直到今日，尽管有种种问题，但基本上保持了这种态势。

与美国不同，罗马帝国的主流文化（罗马精神）却不具有这种特点。首先，罗马的农夫加士兵的文化尽管有其优点（如上所述），但从一开始就有肤浅之嫌，何况到帝国时期，这种优点开始减少。与此同时，人们的道德堕落了，对传统神祇的敬畏程度下降了（这并非是与希腊文化接触的结果，因为它本身有这种基因，一旦条件适合，文化的负面东西便会泛滥起来），文明没落的征兆有所闪现。其次，罗马民族有政治实践的能力，但缺乏文化想象力。这个民族的经历（祖祖辈辈与种地和畜牧拴在一起，后来成了粗野的士兵，其中最有天赋和最优秀的成了军事家和政治家），决定了其不会产生柏拉图式的想象和幻觉，不会对哲学、艺术和科学真正感兴趣，因而不会有高度的精神生活和升华。虽然后来与希腊文化接触使自身文化有所提升，但由于赶上希腊文化精神衰落时期，更多的是接受了希腊文化不良的方面（包括希腊文化中消极的一面和放荡的一面。当然它自己也有这方面的亲和力），因此其文化鲜有创造力。由此可见，作为一个熔炉，罗马精神本来火力就不够，加上后来变质和道德堕落，其始终缺乏现代美国那种能够真正占优势，甚至占统治地位的文化意识形态，无法形成真正的文化的大熔炉（更不要说中国那种文化同构类型了）。罗马精神、罗马性（罗马人视之为当然的东西，罗马人的视角和思维）尽管有一定的作用，但始终没有成为熔炉。它甚至在罗马本土居民中都难以维持，更不要说外邦人了（基督徒圣保罗有罗马公民身份，但他并未认可罗马文化）。

罗马传统的世俗和宗教文化在帝国时代不仅不能发挥熔炉的作用，而且还日益衰落。引进和接种的希腊哲学（主要是斯多葛学派和新柏拉图主义）也不能成为熔炉，因为罗马人的斯多葛主义和新柏拉图主义尽管能够在一定程度上避免罗马人的堕落，但它们毕竟是世俗文化，缺乏信仰维度，何况它们主要在知识分子中间传播，对于具有敬神传统的罗马民族来说，这种教化的力度是不够的（虽然斯多葛主义和新柏拉图主义在某些方面已经接近宗教）。罗马缺乏统一的强有力的国家意识形态和文化核心，那么出路何在？基督教是罗马帝国社会的出路吗？

罗马帝国意识形态争夺的实质不是简单的民族文化之争问题（在帝国框架内采用罗马本土传统文化还是外邦文化作为主流文化的问题），或世俗文化与宗教文化之争问题（以世俗哲学还是宗教作为主流文化的问题），而是以什么性质的文化模式——罗马精神（古老的祭祀宗教及其相关文化），还是其他什么文化，如以基督教文化进行社会教化，阻止帝国分裂和衰败的问题。换言之，罗马精神（广而言之希腊－罗马文明）是自足的吗？仅仅以它们本身能够挽救已露颓势和分裂征兆的帝国世界，或改变其命运吗？也就是说，希腊－罗马文明试图从内部挽救帝国或改变世界，这能够成功吗？这个问题更深一步讲则是（在某一限定的文化时空范围内）人类是自足的吗？① 在一个残忍和不道德已经成为社会风俗和时尚的社会里②，人类何以自救？是依靠现有体制和文化从内部拯救这个世界，还是从这个世界和文化之外引入拯救的方式，如基督教，这正是基督徒与罗马人（异教徒）争论之所在。后来，帝国晚期基督教北非希波主教奥古斯丁与罗马异教徒的激烈争论充分说明了这一点。

基督徒认为，异教思想将人类看作是自足的，世事可由世事本身来解释的观点是有问题的。人类自身存在弱点（人都有弱点，即所谓"原罪"），除非求助于外在于其本身的某种原理（精神文化），否则将无法解决其自身的问题。奥古斯丁说："……永恒的生命是最高的善，永恒的死亡是最大的恶，我们必得正义地生活，以把握其一，避开另一个。有人曾写道：'正直的人依信仰而生活'，因为现在我们看不到自己的善，由此我们必得在信仰中找寻它，仅藉自力，我们不可能正确地生活，除非上帝助长我们的信念，襄助我们的祈祷，以给我们信心相信：救助可得自于上帝。"③ 奥古斯丁话语中潜隐的含义是说，这个正义、真理是一种永恒的存在，具有普遍性，它不以人的意志或意愿为转移。希腊－罗马文明在其特殊的文化模式或"思想范式"之内，对人类的种种需要做出了终极回

---

① 尽管今天人们认为，上帝是人造的，人类世界就是人活动的产物，人应该，也能够对自己的行为负责，但人们还是要问，世俗的人是自足的吗？没有上帝，人负得了责任吗？

② 罗马文化有许多如前所述的优点，但也具有许多恶和不道德的方面，比如罗马人在征服中对其他民族大规模的野蛮杀戮，对奴隶非人的虐待行为，残忍血腥的人兽（奴隶或罪犯与野兽）之斗或人与人的角斗。问题是这些不仅为贵族津津乐道，而且也成为普通公民的乐趣，甚至成为妇女和孩童的喜好。激烈残酷的搏杀场面为年轻人热烈谈论，著名的角斗士像现代歌星一样成为妇女追逐的明星（贵妇甚至与之偷情），孩童们玩耍角斗游戏。更有甚者，民众不爱看受过训练的角斗士之间的比赛，因为结局不一定死人和不够刺激，而更喜爱非专业角斗士的血腥无情的杀戮。自从罗马人从埃特鲁斯坎人那里学会了角斗后便逐渐成为一种习俗，人们的道德和心理已经麻木。这使我们从中看到罗马文化罪恶的一面（参阅奥托·基弗《古罗马风化史》，姜瑞璋译，第二章第六节，辽宁教育出版社，2000）。

③ 转引自 R. H. 巴洛《罗马人》，黄韬译，上海人民出版社，2000，第223页。

答，这就是"永恒的罗马"（Aeterna Roma）一词所表达的含义①。以奥古斯丁为代表的基督徒对希腊－罗马文明的成就，包括古典思想和罗马精神，基本上是仰慕的，但对希腊－罗马文化和特性中的另一面，如物质主义（materialism，唯物主义）、放荡、残忍和不道德无法容忍，持批判态度。具有终极意义的"永恒的罗马"概念，反映出希腊－罗马文明的局限性和人类自身的非自足性（在基督徒看来，在神的恩典之外，若是让人类自由发挥，他们的作为常常都是邪恶的）。尽管罗马人通过祭祀、敬神指望诸神带来繁荣，这好像是在向外在于它的某种事物请求，但实际上这种请求只是为了让诸神按有利于实现罗马人自己意图的方式行事。因而这本质上还是从希腊－罗马文明内部解决问题（即缺乏真正的超越性）。基督教是一种从希腊－罗马文明外部（当然，不管基督徒怎样意识，基督教都不可能完全离开古典思想），求助外在于（世俗）人类本身的原理解决问题的方式，即超越性的方式。这样，问题就不再是如何确保诸神的善意，以成功实现某种人类的意愿，而是如何在上帝（善的、爱的、美的、道德的永恒原则）的恩典和拯救下，实现时常与人类自由意志不同，甚至相反的上帝的意愿（或者如奥古斯丁所言，人类只有分享上帝的神性，即在上帝之城中才有意志自由，真正的自由）。罗马毕竟是世俗之城，城中充满罪的力量，这导致世俗的罗马不会永恒，等待它的命运只有衰落和崩溃（如果我们不从奥古斯丁的视角，而从现代人的视角看问题，同样会发现文化的局限性问题。特定时空中的文化都存在很大的问题，因此在特定文化时空中的人类也存在相对的局限性，在这个意义上讲，特定的文化或人类是无法自足的。他们都需要在文化的冲突、张力与融合中转变）。罗马的问题实质上是说，人类的秩序不仅需要外在的法制，而且更要诉诸内在的信仰和伦理。不过，伦理总是嵌入一定文化建构中的，对此，希腊人是知识（美德即知识）、犹太人是上帝、中国人是礼俗（人伦之序），那么，罗马人是什么？多元的罗马社会迫切需要价值重估以及信仰和伦理重建。

因此，罗马统治者最终不得不"放下令牌"，选择了曾长期被视为

---

① 参见 R. H. 巴洛《罗马人》，黄韬译，上海人民出版社，2000，第 222～224 页。

敌对势力的具有相对普遍主义的基督教。基督教在经历了历史上最后一次大迫害后从一个非法的饱受屈辱的宗教组织成为帝国精神的统治者①。不管出于何种动机，罗马统治者选择基督教似乎是一种出路。当代某些学者也是这样认为的，指出基督教是解决帝国矛盾（普遍主义与特殊主义、平等与等级制、社会－文化整合与多元性以及文明与尚武等矛盾）的出路②，尽管这不是完美的解决办法。也就是说，基督教通过一种统一的"信徒世界"（ecumene）的形式，为日益趋于四分五裂的帝国提供了一个普遍性的、相对平等的、分权的、文化认同的、文明教化的共同体。罗马帝国世界有了强有力的、伦理性的统一文化——基督教文化，罗马世界成为统一的基督教文化世界，它超越了狭义的文化传统、民族、族群等范围。统治者试图以此整合社会，强化文化认同，挽救罗马帝国。

就帝国而言，采纳基督教确实不是最好的出路，而是无奈之举。因为上述的帝国后期种种主客观因素决定了统治者别无选择，只能走这条道路③。然而，必须指出，逐渐采纳基督教作为国教——主流意识形态，是罗马帝国世界人民的出路，但不是帝国的出路——这一点笔者与上述学者不同。基督教的理想与罗马精神是不同的，因为价值取向不同，采纳基督教实质上就是重估价值或做出另一种价值选择。在这里人们的目光不是朝向文化上的雅典－罗马，而是朝向精神上的（属灵的）耶路撒冷（上帝之城）。因此，基督教不可能与罗马帝国这样的政权真正结盟（西部教会尤其如此），它起着一种不同文化熔炉的作用，实际上只能是从内部破坏这个政权，是加速帝国走向崩溃的因素之一（当然，东西部的情况是不同

---

① 从罗马皇帝戴克里先（284～305 年在位）执政最后两年（303 年）开始至加勒里乌斯（卒于 312 年）311 年颁布《宽容法令》（在君士坦丁和马克西米安联合威胁下），罗马帝国统治者对基督徒进行了历史上最严重的一次，也是最后一次大迫害。大概是物极必反的作用，基督教在遭受最大的迫害后便迎来了史无前例的"大解放"（优西比乌语）。

② 迈克尔·曼：《社会权力的来源》（第一卷），刘北成、李少军译，上海人民出版社，2002，第 418 页。

③ 当然，君士坦丁大帝的作用也是不容抹杀的。他顺应了历史潮流，促进了社会变迁。他在临终前接受了主教优西比乌的施洗，拒绝再穿皇袍，而是穿着白色的受洗袍离世的。

的，东西部基督教存在文化差异）。因为"希腊和罗马的社会，是以个人屈从国家的概念作为基础的；它把国家安全，作为行为的最高目的，放在个人安全之上……所有这一切，由于东方的宗教［基督教］传布而改变了；东方宗教灌输了灵魂和上帝间的感通的思想，而灵魂的永生作为唯一值得争取的目的了；与此相反，国家的盛衰兴亡都降到了微不足道的地位"。爱教会胜过爱国家（对天国生活的心驰神往代替了旧有的英雄和爱国主义的理想），家庭的意义也变得不如从前重要。不可避免的结果是"信徒越来越多地脱离了公共服务"，把目光转向精神领域和天国而轻视现世生活，也就说，生活的重心，可以说"从现世移转到来世了"。于是，国家衰败，家庭关系淡漠，"人们拒绝了保卫祖国，甚至拒绝了继续生育"。一旦人们将现世世界视同罪恶的本原，那么逃遁这个世界（遁世）便是人们所追求的①。传统异教挽救不了罗马，基督教从罗马的角度看同样挽救不了罗马。被视为永恒之城或永恒之国的罗马不可能永恒，这个世界正在发生根本的转变。正是看到了这一点，奥古斯丁才作《上帝之城》一书，给彷徨之中的人们（不仅是非基督徒，而且还有基督徒）指出一条特殊的出路，也就是看问题的新视角和新方式。一个伟大的文明，希腊－罗马文明正在破碎、衰落，另一个伟大的文明，基督教文明正在成长、崛起。

这就是文明发展的法则。罗马的衰落是一个文明单线发展的必然结果。世界上古老文明没有一个能够逃脱这一法则的作用。西罗马在外力的冲击（"蛮族"的入侵）下崩溃了，但现代已有的研究成果表明，外力只是加速了西罗马的灭亡，不是根本原因。没有外力的入侵和打击，这个文明就其本身潜能而言已经发挥尽致（这也是为什么君士坦丁要把晚期罗马的重心向东转移的原因），不借助外力，接种新的文化，它是没有前途的。东罗马（拜占庭）后来的历程证明了这一点。东罗马虽然抵御住外力的冲击和入侵，凭借着部分融合东方文化因素继续存在了千年，但在总体单线脉络的延续中它是趋于萎缩和衰落的。如果没有后来发生的被外力摧毁的事件，在单线状态下它也会处于僵化状态（"费拉"状态），

---

① 参阅汤普逊《中世纪经济社会史》上册，耿淡如译，商务印书馆，1997，第 92 页。

成为典型的活化石。如前所述，文化进化的一个法则是，每一种文化只有一次伟大的绽放，此后在发展的单线脉络中最终会趋于稳定和停滞，甚至没落——东西方无一幸免，要想有阶段性的更优质的转变，就必须有文化的碰撞、冲突、张力和融合。文明的再造辉煌是在多线曲折的脉络中进行的。

多元文化模式与文化张力

结　语

一　宗教与社会

以上我们论述了从美索不达米亚苏美尔宗教到基督教的发展情况。与古代世界其他地区，如中国和印度一样，古代近东－地中海地区的文明是在宗教的参与下形成的，也就是说，宗教在很深的程度上参与了社会文明的建构。这种建构分为前轴心文明和轴心文明两个阶段。苏美尔、巴比伦、波斯（一部分）宗教文化是前轴心时代的宗教。它们参与社会文明的建构，主要是通过神的力量使新的社会秩序定型化。与此不同，轴心时代的宗教，在近东和西方则是犹太－基督教和希腊－罗马文化。前者具有很强的伦理性，主要通过启示宗教对人实施教化的功能；后者突出理性主义文化，通过哲学和法文化使人与社会理性化。前轴心文明和文化往往使人间与神界之事界限模糊不清，靠占卜和神谕预测未来，相对而言更多带有迷信（巫术）或神话性质，其历史观是悲观和循环论的。希伯来轴心时代文明和文化在神与人的关系上受律法界定，有清晰的界限，其中一部分在吸收希腊－罗马轴心文化成分后，则以西方基督教的形式具有更多的"理性"因素和超越性（当然，在这方面，东西部教会存在较大差异①），其历史观基本上是乐观的并指向未

---

① 韦伯在分析基督教时，认为"罗马教团从来没有主导性地将非理性因素加入到宗教或文化里"，罗马基督教"灵"的发现也不如东方，因而具有"实际的、冷静的理性主义"（马克斯·韦伯：《韦伯作品集Ⅶ：宗教社会学》，康乐、简惠美译，广西师范大学出版社，2005，第222页）。

来（这是基督教与其他宗教或文化之间难以逾越的鸿沟）。

人类文明的建构一开始就有宗教参与其中。宗教使人类社会从原始状态向文明过渡中形成新的结构和法律的神圣化，从而使人类新的社会组织秩序化和保持相对稳定性。在这种文化和社会变迁中，一方面，人类共同体延续逐渐形成的习惯法，也就是"自然"法，如"你不应当偷盗或杀害他人；你应对生你养你者恭敬服侍；你不应破坏你兄弟妻子的贞操"，等等。这一类法律，如伏尔泰所言，因为是"自然法"，适用于所有的人，对谁都有好处，成为已铭刻于每个人心中的真理，因此用不着神在雷声隆隆中来宣示这些真理①。亦即这些原则或法律易于得到广泛的认可，无须神化（即便如此，希伯来人还是借助了神的力量）。它们作为"永恒真理"在新社会自然得到执行。然而，变迁产生的种种新的社会因素，如新的社会结构、政治和法律权力关系、经济秩序和组织形态，则是人类进入有着阶级划分的文明社会才有的，是"人为"建构的，不论是表现为奴隶制、王权制度（君主制），还是民主制。它们都是统治者为维护自身的既得权力和利益而建构的。这些原则和法律只对一部分人最有好处，因此起初不会为多数人所认可。例如，在苏美尔文明中最初对于王权的认可（社会对赋予单个人权威的认可）就"是成问题的"②。巴比伦社会对法律的认可也该是如此，否则，《汉穆拉比法典》石柱上方为何要雕刻太阳神（法律之神）沙马西向国王汉穆拉比授法的图景呢（为何要君权神授呢）？对新制度的认可存在问题，在这种情况下，王权、秩序、法律的神化就是必要的了。不仅王权需要这样，古代民主制度也是如此。古希腊雅典人举行城邦公民大会的地点起初在宗教场所，会议的第一项任务就是宗教活动（仪式）③。这

---

① 伏尔泰：《风俗论》上册，梁守锵译，商务印书馆，2006，第227页。

② 亨利·富兰克弗特：《王权与神祇》，郭子林等译，上海三联书店，2007，第317页。

③ 库朗热在《古代城邦》中描绘了这一过程。他说，在雅典，"会场就在宗教祝圣过的场所内。清晨祭司在会场内举行宗教游行，杀牺牲并求神的保佑。人民坐在石凳上。主持大会的人员则坐在高坛上。大众坐下后，祭司便大声说：'请大家静默，现在是宗教静默时间；请你们向众神祈祷（他于是咏念本国主要的神名），使这次为雅典的兴盛和公民的福祉召开的大会顺利举行。'民众，或民众代表答说：'我们求神保佑我邦，使贤明的意见胜出！凡提坏意见的，欲变法令的，或将秘密告于敌人的，都请神降罚于他。'"（库朗热：《古代城邦》，谭立铸等译，华东师范大学出版社，2006，第309页）。宗教仪式结束，国事议程才会开始。

不仅是希求神明保佑，而且是以神的力量强化制度。在古代社会，权力的神化不可避免，尽管其形式各不相同①（其实在现代也是如此。只不过换了花样，不是以纯粹宗教，而是用近似宗教功能的意识形态和仪式罢了）。

库朗热说："［在古代］国家与宗教密切相关，国家出自宗教，并与之合若符节。"② 如何理解"国家出自宗教"这句话？国家是阶级冲突和社会政治斗争不可调和的产物和表现，但是，没有宗教的参与，国家是难以形成的。库朗热这句话的含义就在于此。国家产生的历史进程证明了这一点。例如，在美索不达米亚（已知国家最早的诞生地），宗教中心先于政治中心而存在，国家（城邦）都是以神庙为中心建构起来的，那里的居民"把国家神受到崇拜的中心地区称为他们的国家"③。因此，"在最初的城邦中，政治制度与宗教制度并没有根本上的分别，在那里，节日即是祭祀典礼；法律即是神圣的祷词；君主或执政官即是祭司"④。无论对于王权政体中的苏美尔人还是民主政体中的希腊人而言，没有神和宗教，国家的形成是难以想象的。"在希腊和美索不达米亚，圣所都象征着并有时挽救一个国家的统一，后者是政治制度所不能体现出来的。"⑤

为什么世俗权力要与神祇联姻？古人为何要把王权神化？学界一般认为，这是统治者自身出于实用的功利主义目的。统治者借助宗教意识形态

---

① 在古代近东，各个民族对统治者神化的方式和程度不尽相同。在埃及，法老本身被认为就是神（神的化身）。严格地讲，"说法老神化是错误的"，他的加冕礼不是一次神化，而是一次神显。在美索不达米亚，国王是人，而不是神，他们至多是苏美尔语所说的那种"卢伽尔"（*Lugal*，"伟大的人"）。国王的加冕礼有时被视为一次神化活动，但这并不意味着他是神的化身，国王永远是众神选出来统治美索不达米亚的仆人。与这两者不同，在希伯来，国王是在神雅赫维（耶和华）面前与众长老立约，并由他们涂膏的受膏者（参见《撒母耳记下》，5：1~3）。这表明，"希伯来人的王权缺乏神圣性"。希伯来文化的人与神之间的关系"完全忽略了地上统治者的存在"（参见亨利·富兰克弗特《王权与神祇》，郭子林等译，"引言"和"结语"，上海三联书店，2007）。希伯来人把神的力量和恩典更多地给予了整个共同体。

② 库朗热：《古代城邦》，谭立铸等译，华东师范大学出版社，2006，第329页。

③ 亨利·富兰克弗特：《王权与神祇》，郭子林等译，上海三联书店，2007，第319页。

④ 库朗热：《古代城邦》，谭立铸等译，华东师范大学出版社，2006，第329页。

⑤ 亨利·富兰克弗特：《王权与神祇》，郭子林等译，上海三联书店，2007，第319页。

维护其既得利益，大概很少有人反对这一观点。然而，问题没有那么简单。这不仅仅是国王出于实用的功利目的喜欢与神祇拉扯关系的问题。如果仅仅是这样的话，事情倒易于理解了。这个问题的难点在于，由于最初的统治者在给自身罩上神圣的光环时，并没有留下任何在场的记录和解说，人们无法知道统治者使自己神化的初衷是什么，但通过对现代社会发生的统治者被神化或准神化过程（个人崇拜现象）的分析，我们还是可以推知当初神化的情况，找到近似的答案。问题的实质是，谁在造神（进行神化）？造神是个人（或小部分人）的行为抑或集体行为？现代社会政治上的准造神运动（个人崇拜现象）的事实告诉我们，个人和权力被神化之所以发生，除了领导人物自身具有韦伯所说的那种权威和卡里斯玛因素，政治领导出于维护权力和自身利益而有意进行意识形态宣传外，更多的是共同体或普通民众需求的结果。每当共同体遭遇危机需要救世，或普通民众特别需要拯救的时候，如果政治领导及其权力制度能够满足这种需要，并使拯救运动带有神奇性，使原本一般认为难以，甚至无法实现的事情成功变为现实，超乎想象，那么事情的最终结果往往易于出现神化现象。这是社会正常的现象。因为不论统治者还是一般俗众总是存在"宗教需求"（"'神圣'是意识结构中的一种元素，而不是意识史中的一个阶段"①），不论这种需求是潜在的，还是现实的。由于人自身的局限，即使在现代社会，宗教需求也是广泛现象。许多人都有宗教心理，这种宗教心理平时一部分通过教徒的活动表现为显性存在，而对于其他许多人而言，则处于潜隐状态，一旦条件合适，便会被诱发出来，从而会强化神化运动，这在社会政治运动中表现得十分明显（如诸多大革命中的情况便是如此）。尽管并非所有提供救赎的人皆成为神或救世主，但这种现象还是"相当普遍的"②。值得注意的是，救赎或拯救分外在（物质）的与内在（内心）的两种类型。尽管从长期和根本上讲，任何拯救最终脱离不了物质基础，内心的救赎最终必须与外在救赎相关联，但两者常常存在时间差

① 米尔恰·伊利亚德：《宗教思想史》，晏可佳等译，上海社会科学院出版社，2005，第3页。
② 马克斯·韦伯：《韦伯作品集Ⅶ：宗教社会学》，康乐、简惠美译，广西师范大学出版社，2005，第56～57页。

距。由于对于普通民众而言外在的或物质的救赎不能马上实现，成为未来的目标（甚至演化为遥远的目标），因此内心的救赎便往往成为直接现实的。而救赎者（拯救者）所能提供的一般更多是内心而非外在或物质的救赎（后者总是少于前者）。这也是为什么下层民众在外在物质条件没有得到根本的改观的情况下，而能够把国王、英雄、政治领袖神化的原因。事情的结果常常是，满足精神需求要比满足物质需求具有更大的能量，更易于导致神化运动。当然，内心的救赎最终不能长期脱离外在或物质的拯救，否则自下而上的神化运动会逐渐趋弱和被解构，甚至消失。

根据以上论述，我们不难理解，在远古文明之初，王权的神化不仅是统治者实用的需要，而且还是共同体和民众的需求。当国王带领国民（早期的国王或贵族几乎都是亲自冲锋陷阵的勇士）打败外来侵略者，避免了一次屠城杀戮或贬低为奴的厄运之时，或者实现了"伟大"的征服，使原有国人成为"上等"民族的时候，举国上下把成为"英雄"的国王或部落首领神化，甚至视为神本身，便不足为奇了。苏美尔、古埃及、巴比伦、波斯、马其顿、古罗马的统治者被神化的过程证实了这一点。

宗教参与文明建构的意义在于，它是作为世俗世界的对立面——神圣的方面，如上帝之城（国）来发挥功能的。由于它有神圣的超越性质（尽管程度不同），便有了古代特点的法治的可能性。如前所述，亚里士多德曾说："要求法治的人是在要求上帝和理性（Reasou，理性神）而不是别人来统治。"① 神的统治怎么是法治呢？亚里士多德的意思是说，对于法治而言，最重要的就是治理的客观性和确定性，它拒绝任何人的主观任意专断。由于古老的宗教律法（自然法－神法/永恒法）能够满足法治的这一特性，因而采取神的治理相比人治要有更大的客观性和确定性。神的治理与人治相对，它拒绝人治，尤其是排斥王权和贵族的胡作非为。众所周知，宗教产生在原始社会，即产生在王权或君主制度之前。虽然它后来被统治者所利用，有时成为其统治的工具，但它对统治者也同样具有很大约束性。例如，埃及法老是国家的统治者，但"这并不意味着法老可以武断

---

① Aristotle, 1920, Aristotle's Politics, Benjamin Jowett, trans., p. 140, Oxford : Clarendon Press.

地行事"。太阳神之女玛阿特女神是"真理""正义"或"正确的秩序"的体现,国王要在维持玛阿特的责任下生活,就像原始时代人们依靠玛阿特的计划行事那样①。近似地,美索不达米亚的统治者,从苏美尔到巴比伦诸国王,也必须按照既定的神赋予的秩序进行统治。"巴比伦"本身就有"诸神之门"或"诸神相会之地"的意思②。《汉穆拉比法典》碑文昭示,国王(汉穆拉比)要以太阳神(法律之神)沙马西给予的"正义"进行统治,"支持弱者""使强不得凌弱""以公正引导其人民"。尽管这些有时只是理论上的说法(或者说包括亚里士多德的说法在内往往只是一种理想化的想法),在实践上未必都是如此,但一般而言宗教对王权还是有一定的制衡和约束力的(当然,在不同的文明中存在明显差异,似乎是在西方,宗教对世俗统治者的制衡或约束更强而有力,因为存在相对实在而有效的制度和组织)。盛世王朝反映出,就当时这一地区比较而言,统治基本上体现了神的"正义"和"仁爱"的法则③,否则何来盛世?

在古代,法律是宗教的世俗体现,这意味着即便是统治者也不能任意制定法律,尽管他是法律的制定者。也就是说,大家相信神是秩序的体现,是最高的公正的法官。法律的制定要符合已存在的宗教基本价值取向,不符合宗教伦理或不道德的法律在良心上并不认为具有拘束力,而且,很可能不服从它乃是一项绝对的义务。世俗的规则可以有具体的变化,但神的基本原则以及体现这一原则的圣经本质上是不可改变的。宗教的这种"神本主义"和神治而非人治的特点,对古代社会秩序的形成,对社会的正义的实施在一定阶段还是有积极意义的,尽管神归根结底也是人造的,宗教对社会有消极作用。实际上,对古代文明社会的宗教不能一概而论。像印度婆罗门教那样的宗教肯定更多是统治工具和鸦片(不过印度人并不一定予以认同),但基督教就应该一分为二:其教会或社团总体向善,尽管也干过许多蠢事和恶事(事实上,世上没有不带消极作用,没

---

① 亨利·富兰克弗特:《王权与神祇》,郭子林等译,上海三联书店,2007,第75页。

② C. 爱德华兹:《汉穆拉比法典》,沈大铥译,中国政法大学出版社,2005(再版),第14页。

③ C. 爱德华兹:《汉穆拉比法典》,沈大铥译,第三章"碑文",中国政法大学出版社,2005(再版),第66~72页。

有不干过蠢事的意识形态，因为人都有无知的时候，特别是无知加无耻或无知者被无耻者利用之时）。

宗教体现出某种非人治的特点，它们中的一些类型，主要是犹太－基督教，在轴心时代及其以后逐渐转变为一种超越者对社会的批判和救赎文化。有关世界不完美（人的"恶根性"）的看法，光明与黑暗、善与恶的划分，人与社会需要拯救和恩典的观点，如前所述，在琐罗亚斯德教、犹太教和基督教（尤其是后者）中体现得十分明显。不管这个神的名称怎样，或宗教的类型如何，它都永远作为真理和正义之光，成为人们最终的参照系。"上帝之城"是世俗之城反思的源泉和镜子。尽管宗教的拯救方式各有不同，今天在许多人看来也有些难以理解而不适用，但人类需要不断的反思、批判和拯救是无法避免的。希伯来与希腊两种轴心文化在充满张力的碰撞中最终融合成一种新的宗教文化，即基督教（尤其是西方基督教）。其价值就在于，它不允许统治者这个人成为神，人间的统治或治理要符合善、正义和仁爱之神的要求，而不能任由个人专断行事（任意裁量）。希伯来共同体和基督教国家的统治者与普通希伯来人和基督徒一样，同处于遥远宇宙之神的审视和审判之中。当一个人成为统治者之时，统治人民的他必须是正义的，必须在敬畏和恐惧神（上帝）中统治。在这种文化氛围中成长的人看来，心中没有上帝的人是不能成为统治者的。

"千禧年的追求"，最能体现琐罗亚斯德教、希伯来宗教，基督教（尤其是后者）的精神。伯尔曼说："西方历史每次重大革命的一个重要因素是它对未来预言式的幻想。每一次革命都不止是一种政治计划，甚至不止是一种充满激情的改革世界的斗争。每次革命还代表了对末世论（eschatology）——一种关于末日的救世主的梦想，一种关于历史正向最后结局行进的确信——的信仰和信奉。在罗马天主教革命、路德革命和清教革命的场合，曾以圣经的词句表述末日论。基督教的革命者们预言'一个新的天堂和一个新的尘世'。他们预想在基督再临和最后审判之间实现尘世一千年的和平。"① 宗教对社会的这种作用，在美国、法国和俄国革

---

① 哈罗德·J. 伯尔曼：《法律与革命》，贺卫方等译，中国大百科全书出版社，1993，第 30 页。

命中表现得十分明显。尽管这个末世论是世俗的，但本质相同，它都昭示了一个新的和最后的自由平等时代的来临，从这个时代开始，人类长期受压迫的历史将会结束，公正和正义的阳光将充满人间。《国际歌》中讲的"这是最后的斗争"也是这个意思。因此，没有对千禧年的追求，不求助于以超验的标准评价和批判当时现世的问题，就不会有西方那种模式的革命，而只能有改朝换代的社会－政治循环。当代，某些后现代理论对革命的解构也主要是从对末世论和信仰的消解开始的。

二　作为西方文明源泉的古典文化

对于西方来说，古典文化同样具有决定性的意义。它是西方得以教化、文明和发展的最重要的源泉之一。那么古代世界都给西方留下哪些有价值的遗产或文化资本呢？

首先是宗教，当然是宗教，没有被摧垮的也是宗教。西方后轴心文明史就是从基督教（大公教）的传入开始的。基督教，就其本质而言，在相当程度上源于闪族－希伯来文化。而闪族向度的宗教文化，如前所述，则是一种对人类（现世）给予"恶根性"评价的文化。恶根性与拯救的想法是此后西方文化和制度建构的深层基础。这种观念源于苏美尔和巴比伦宇宙论神话宗教，后经波斯宗教和希伯来宗教文化的升华和创新成为轴心文化。它在基督教中尤其获得明显的发展（西部教会更为显著）。其核心思想是要说明，人性有弱点（"原罪"），人的生存和向善需要神的天佑。不过，早期文明与轴心时代文明在这方面存在明显的质的区别。在前轴心时代，也就是说在苏美尔和巴比伦宗教文化中，恶根性文化呈现为人性恶的特征，因此观念上是悲观宿命的。从轴心时代开始，人类发生"存在的飞跃"（沃格林语），也就是说，当历史从巴比伦宗教文化演进到波斯，尤其是希伯来－基督教文化的时候，恶根性文化发生变异和改观。此时，如圣经所再现的，人性恶的观念弱化了，代之以"原罪"文化（"罪感文化"）。奥古斯丁曾就此总结道："没有人的本性是恶的，恶之所以为恶乃是由于某些过失。"① 人性的

---

① 奥古斯丁：《上帝之城》，王晓朝译，人民出版社，2006，第588页。

弱点由性本恶转到了（社会学意义的）文化－社会建构的缺陷方面。也就是说，人的罪恶不能归结于人的肉身或本性，而是同生活方式或习性相关。"按肉身生活"（"照着世人的样子"生活）与"按灵性生活"大不一样。前者无法使人摆脱罪恶的一面，后者则引导人们向善。人"若是按上帝生活，自己也会成为神"（奥古斯丁语，这与人人皆可成尧舜，人人皆可成佛的道理是一样的）。于是，人类观念从此由悲观转向乐观。然而，不论圣经抑或奥古斯丁都认为，人仅凭自身难以做到这一点，因为人的自由意志总是把人引向前者（追求肉身生活）。因此，要想改变人的弱点，减少罪恶，就必须信靠上帝〔邪恶是欲念的产物，善和德行来自内心神圣精神（灵）的恩宠〕。奥古斯丁以"属地之城"与"天城"（上帝之城）对比说明人类的处境和出路。

属地之城与上帝之城呈现两种各不相同的人际关系。前者主要是基于欲望和利益的统治，后者完全体现为以爱为本的平等——上帝面前的人人平等。这意味着，上帝是立法者，而国王、贵族没有这方面的权力。从希伯来先知到基督教圣徒始终都在宣扬上帝的律法高悬于地上的统治者，力图唤醒人间的拯救力量。于是，希伯来－基督教以恶根性文化为基础提出了一种平等观念、依照理想之国进行变革和检验的原则、上帝之法（至善原则）高于人法的原则。所有这些对后世西方文化的建构给予了极大的暗示和影响，并成为西方人的无意识。

除了犹太－基督教文化这一源泉外，在古代世界，古典文化（希腊－罗马文化）应当是西方更为直接的源泉，因为两者存在种族血缘关系和文化"亲和性"，因此人们很容易想到轴心时代的希腊城邦与罗马法（关于罗马法和西方法治问题将在后面阐述）。就前者（希腊城邦文化）而言，其魅力在于，自"米利都之思"产生以来（从轴心时代开始），人们的文化建构日趋理性化，即文化建构的基础不依赖先知、启示性的神圣法典及圣贤宣扬的教义，而是诉诸哲学和法理。这使得它逐渐摆脱传统的印欧文化和早期地中海文化的影响，走上一种独特的文明之路。正是基于这种理性化的观念，在社会政治方面，希腊城邦（以雅典为典型），自梭伦改革以后也趋于实现一种新的社会秩序，即政治平等。这种平等是属地之城的平等，基于民主的平等，法律面前的人人平等，即公民平等。尽管它不同于上帝之城的平等，因为它还保留了奴隶制（社会不平等），然而，它却首次提供一种可供实践的民主和自由形式。自人类文明产生以来，对付社会－政治动荡的方法一直就主要是集权和暴力，而现在希腊人（特别是雅典人）懂得了以分权和选举的方式对付社会政治问题。或者说人们找到了一种以民主维系城邦和谐的方式，也就是依靠选举正直而智慧的当选者来维系城邦良性运行的方式。在此重要的是，雅典人强调城邦最高目的就是"善业"，政权应与服务公众相一致，人民（公民）是权力的基础，权力对所有人（公民）开放和提供保护及服务。这样，城邦的统治/管理不仅建立在公共服务上，而且更为重要的是，如阿克顿勋爵所言，"彻底颠覆了人类的权力观，揭开了道德影响主宰人类的序幕：一切政治权力皆依赖道德力量。基于同意的统治取代了基于强制的统治，矗立于尖端之上的金字塔，又被安放于它的地基"①。所有这些都是了不起的发明，为后世留下极富价值的文化遗产。

然而，民主是一把双刃剑。在法治不健全的情况下，平等一旦以平民大众民主的形式实现（如伯利克里时代），人们发现多数人的统治与君主制一样会作恶（多数人的暴政）——苏格拉底的殉难和海军将军被草率处死是典型。对此亚里士多德在《政治学》中给予鲜明的批评和说明。而其恩师柏拉图更是予以大加诘难。于是便有了共和国（Republic，理想国）的设想，并寄希望借此真正实现社会正义。对于他们来说，为了正义，不仅君主专制要受到限制，而且民主也要约束自己。平民大众有统治的权利，但也缺乏独自统治的能力，因此两位顶级思想家都赞成混合体制。宪政在近现代是用以限制君权的手段，而那时的雅典思想家却要以此限制大众民主。应当说，亚里士多德的"中道"思想更为恰当一些，而柏拉图的共和国则有些理想化。这种理论源于斯巴达，是其升华和理想化的产物。它在文化上提供了一种不同于雅典民主的社会－政治模式，并同后者一样留下富有价值的遗产，至今仍值得回溯和探讨。

理想国以正义为原则，其本意既拒斥专制和寡头政治，也对可能带来

① 约翰·艾默里克·爱德华·达尔伯格－阿克顿：《自由与权力》，侯健等译，译林出版社，2011，第32页。

灾难性后果的过度自由和权力滥用加以防范。然而，以后的实践证明这种模式在现实中并不令人满意，它往往导致偏激和矫枉过正。晚年的柏拉图虽未亲眼看过其实践，但对此缺陷却能做到有所觉察，因此作《法律篇》以便给其所宣扬的理想国补上法治的一课。而这在相当长的时间内并未引起后人高度的关注。

古典世界的理性化在某种意义上只是一种尝试，或者说只是一种创新的开始。一方面，由于雅典模式难以适用于更大的国度，因而难以推广和持久。让人们（尤其是掌权者）习惯于"理性"在当时是一件难事。历史证明，运用强力比依靠劝说和同意更容易设置限制。另一方面，源于斯巴达的理想国模式更多地诉诸伦理（"美德"）。然而，不管怎样诉诸伦理，它都局限于哲学范围，远非像神圣启示那样纯洁崇高和富有力度。因此，古典世界的命运沿着一种矛盾和对抗的情势演化：帝国无可救药的腐败、专制与社会抗拒性地伦理化。这种伦理化先表现为与神圣只有一步之遥的斯多葛主义和新柏拉图主义的传播，后又转变为基督教福音的广布天下。差不多从此时开始，从基督徒的角度看，古典世界的主要事情就是对人与社会的救赎。这种拯救在罗马帝国的东西部存在明显差异：在东部，由于实行政教合一的体制，人们习惯于接受私人美德和义务的教化，在政治上采取无为的态度（political quietism）；而在西部，人们宁愿将耶稣有关"恺撒的当归恺撒，上帝的当归上帝"的教诲解释为一种分权的隐喻。这为后来精神权力的独立，把世俗政府置于天城之下以及对专制的否定打下坚实的基础。

第二部分
文化模式的转变（价值重估）与
西方现代社会的重建

随着蛮族的入侵和西罗马的崩溃，西方基督教世界在文化"断裂"和苦难中逐渐迎来了新生。对于这块土地上的新来者而言，一切都是那么陌生和新奇。也许是多少有些同根同种的缘故，几乎与昔日后迈锡尼时代的希腊人（多利安人等）一样，他们也在经历几个世纪的"黑暗时代"之后加快了发展的进程。在这一进程中，受其文化价值取向的驱使，他们将不得不面对和处理如下问题：属地之城（世俗社会）如何统治（或管理）的问题，它与上帝之城（基督教会）的关系问题，理性与信仰的关系问题，包括奴隶解放在内的社会平等和自由问题，良知自由和法治问题。对这些问题的处理如何，将决定西方文明的前途和命运。

第五章

拉丁基督教母体与社会
权力的二元结构

西方（西欧）世界的文化与社会在中世纪经过漫长的演化和发展，于中世纪末期（13～15 世纪）在基督教母体与封建秩序中日臻成熟和富有成效。所谓成熟是指，此时的西方在文化上的发展（即宗教的、哲学的、心理学的、科学的、法学的、政治学的和艺术的发展）以及在社会系统和秩序方面的建构（即市镇、行会、同盟、国家、等级、市民社会和经济活动的成长）达到饱满的程度，以至于若不进行质的变革和转型，不打破原有母体或秩序（制度）的束缚，便无法继续下去。换言之，这种发展和成长已达一种文化模式所允许和容纳的最大或最高值，进入上升的高原区而趋于饱和，而要想改变现状，获得重大突破，就必须进行文化模式与社会的重建，也就是建构新的轴心时代文化——现代性文化（雅斯贝尔斯甚至认为，人类，至少是西方，从 1500 年开始似乎正进入"又一个轴心期"）。至于说富有成效，是指此时的西方文化与社会在发展中出现了与以往（原有文化模式）不同的崭露头角的复杂性、多样性和新特点，其中大多是人类第一次经历到的，如现代性观念（或意识）、理性化的商人阶级雏形和资本主义的萌发，新兴的以契约为基础的法人机构、承办机构、世俗法律机构、市民社会以及处于萌芽和不稳定状态的议会、立宪政府和代议制政府，等等。尽管这些新的因素一开始就表现出强大的生命力，但它们仍然与旧的文化要素混合在一起，被包裹在基督教母体和旧秩序之中，尚未独立。然而，富有生命力的新生事物最终是要展现自我意志和风采的。随着经济的发展和文化、社会活力的增强，它们开始向基督教母体与旧秩序发起挑战。西方世界站在新时代的门槛上。

　　众所周知，现代西方世界的明显转变和重建始于文艺复兴，历经宗教改革、启蒙运动以及社会和工业革命这样一些阶段，其成功的标志便是新的轴心文明（以科学理性和工业化为核心的新型文明）的形成。不过，需要指出的是，在文艺复兴之前，"教皇革命"（主教叙任权之争①）、城市的兴起和市民阶层的崛起、阿拉伯－希腊哲学和科学的翻译与引进热潮、源于教会学校的大学的兴起、罗马法复兴以及航海事业的发展等因素，实际上已为未来的文化和社会转变提供一定的准备。因此，转变是一个非常漫长的渐进过程。历史社会学家迈克尔·曼认为（Michael Mann），其持续800年左右，即约10至18世纪②。它在前现代社会较早时期就已发轫。后来被某些西方学者称之为现代性"断裂"的说法似乎过于简单了（并不是西方学者都同意"断裂"一说的，如历史社会学家 M. 曼、法学史家哈罗德·J. 伯尔曼就是如此）。历史上，受文艺复兴和18世纪启蒙运动熏陶的历史学家和哲学家，对中世纪西方文化往往采取更多的，甚至极端的批判态度。在他们那里，"中世纪是被厌恶的"，"对产生现在的过去充满了蔑视与嘲弄"，"宗教，尤其是基督教变成了最猛烈打击和羞辱嘲笑的目标"③。这种情况一直延续到19世纪上半叶，例如，黑格尔便是如此。

　　如果说由于历史资料收集的缺乏和情感问题，他们在认识上确有偏颇，那么现在随着资料积累的丰富和探究的深入，人们的认识更加接近全面、客观和真实。于是中世纪文化－社会被作为现代性的孕育者而非一味的阻碍者或羁绊来对待。这样，宗教（基督教）文化与社会之间关系的研究便受到格外的重视。尽管就近现代一系列变革活动而言，每个因素都十分重要，但鉴于基督教在西方世界的独特地位与作用，学者们还是把热

---

① 哈罗德·J. 伯尔曼：《法律与革命》，贺卫方等译，中国大百科全书出版社，1993，第28页；J. A. Watt：《精神权力和世俗权力》，载 J. H. 伯恩斯主编《剑桥中世纪政治思想史》（下），郭正东等译，三联书店，2009，第510页及其以下。

② 迈克尔·曼：《社会权力的来源》，刘北成·李少军译，上海人民出版社，2002，第511页；M. Postan, 1975, *The Medieva Economy and Society*, Harmondsworth, England: Penguin Books.

③ 参见贝奈戴托·克罗齐《历史学的理论与实际》，傅任敢译，商务印书馆，1982，第191~209页。

烈的目光投向宗教社会学研究，强调宗教改革对现代性兴起的特殊意义。英国19世纪的历史学家阿克顿勋爵说过，"宗教是历史的钥匙"①。今天，我们看到，通过一种无意识——由弗洛伊德或荣格（Carl Gustav Jung）所解读的无意识或集体无意识力量，宗教对人类行为所产生的影响已远远超出阿克顿的格言所涵盖的意义与范围，因为在以往的历史过程中，宗教与它所处社会的成就之间明显有着一种内在的关系。近现代明显改变人类生活与行为的伟大社会变革，乍一看似乎纯粹是世俗社会和经济的原因导致的结果，然而，在这些原因中，恐怕没有一个足以解释西方何以能够取得如此巨大的成就，何以独立自主地进入现代性。这也是以韦伯为代表的西方一些学者与卡尔·马克思对话的原因（特别是韦伯，承认马克思的某些观点，但认为那只是必要的条件，要想得到更为满意和令人信服的解释，还应当加上充分条件。这个条件就是文化价值取向，而宗教则是这种取向的最佳体现者②）。因此，他们更加重视在现代化过程中宗教文化（大传统）对社会变迁影响的研究。由于把宗教在一定时期作为自变量来对待，因此他们便找到了理解历史的钥匙。譬如，"基督教［就］是一种富有创造力的宗教文化"③。它内含多种亚文化，而这些文化既彼此矛盾和冲突，又相互作用和融合，并在张力中逐渐形成新的取向，对西方社会的演变产生巨大影响。对它的研究有助于人们理解西方现代性兴起的问题。这对新教的关注而言尤其如此，因为宗教改革以后的基督新教，尤其从客观上看，打开了西方通往现代性世界的大门。

西方社会从传统向现代性转变是一个独立自发的过程——显然与其他文明体不同。知其果实，便知其木，叶茂是根深的最好证明。这种与众不同的转型所呈现的独立自发（自主）性，折射出西方社会在前现代处于内在的"躁动"状态，也就是说它在构造上是充满张力、活力和动力的，那么，人们不禁要问，这种能够导致社会自主发生转型并充满活力和动力

---

① 转引自克里斯托弗·道森《宗教与西方文化的兴起》，长川某译，四川人民出版社，1989，第5页。

② 参阅韦伯《社会科学方法论》，李秋零、田薇译，中国人民大学出版社，1999；韦伯有关作为价值论之解释的宗教社会学著作。

③ 奥古斯丁：《上帝之城》，王晓朝译，"中译本序"，人民出版社，2006，第25页。

的结构和因素又是什么呢？一般教科书中的解释是，建立在一定经济条件和社会秩序之上的生产力与生产关系的矛盾以及与此相关的阶级斗争是转型的主要原因，这种说法虽然能够说明一些问题，但并不令人满意。同样有前现代的发达经济，同样存在这样的矛盾和斗争，为什么在其他文明国家或文化社会却没有因此而自主产生现代性？显然，问题比上述看法要复杂得多，除了经济、社会因素外，向现代性转型还需要其他重要因素。也就是说，导致转型实现的活力和动力因素还有更重要的方面①。那么，这些因素是什么？这是本章所要回答的问题。此外，转型的实际过程是什么样的？它与传统一般教科书所说的情况有哪些明显不同？为什么现代西方学者在研究这一过程时总要把这一转型与宗教联系起来（如"宗教与资本主义的兴起""宗教与现代性的兴起"等这样的命题所表明的）？作为一种信仰体系和伦理要求，宗教在西方现代性兴起的过程中到底起了什么样的作用？除了韦伯所说的"新教伦理"的作用外，涂尔干意义上的宗

---

① 显然，当人们把视线转向非西方的时候，便很快会发现仅仅以上述观点说明这些地区或文明的情况，在学理上还略显不足。比如，诚如韦伯所言，古代东方中国、印度等诸文明中早就存在"资本主义"［韦伯认为，有繁荣的商业活动，就会有一般意义的资本主义。他把资本主义分成若干类型，如政治资本主义和传统商业资本主义等（马克斯·韦伯：《经济与社会》上卷，林荣远译，第 2 章（31），商务印书馆，2004；理查德·斯威德伯格：《马克斯·韦伯与经济社会学思想》，何蓉译，第 2 章第Ⅵ节，商务印书馆，2007）］，然而，这些因素并未在任何一地促成其自主向现代理性化的资本主义类型转变，韦伯认为这恰恰是西方文明所独具的特色。再比如，在近代以前，像中国和印度这样有着发达手工业经济和生产力的文明古国，直到 1800 年工业生产在世界的份额仍分别占到 33.3% 与 19.7%（这远比西欧中世纪末期手工业经济发达），而同期整个欧洲这方面的占比只有 28.1%（保罗·肯尼迪：《大国的兴衰》，蒋葆英等译，中国经济出版社，1989，第 186 页）（尽管后者是建立在工业革命基础之上并且很快会超越前者），但是，这种差不多在前现代更发达一些的经济和生产力并没有导致这两个国家像西欧国家那样自主实现向现代性转型。东西方中古时期在生产力（经济和技术）方面差不多（东方实际上更强一些），但发展结果却大不相同，其中必有超出已有理论解释范围的其他重要因素。此外，在非西方社会，同样存在因经济利益引发的冲突和矛盾，尤其是阶级斗争，尽管它们对社会变迁有一定的积极作用，但终未导致现代性革命和社会剧变的产生，无一例外地陷入"历史循环"。再有，即使是西方，拉丁或天主教地区与日耳曼或新教地区在这一问题上也存在较大差异（前者在"资本主义精神"方面远不如后者）。以上事例表明，事情远比人们认知和想象的要复杂得多。正是鉴于此，韦伯才另辟蹊径，在基于前人已有的成果之上寻找一种更能够具体合理解释此类现象的理论和方法。

教是否也起到了作用？尽管这两种作用存在张力。所有这一切也是下面需要回答的。

一 拉丁"基督教母体"与社会多元性

众所周知，中世纪的西方世界（基督教的欧洲）是在所谓的"蛮族入侵"下形成的。经过约500年的动荡不宁（军事征服、"蛮族"帝国的兴起与解体）和文化化（文明的认同和整合），到公元1000年左右，也就是"黑暗时代"结束，这个融合的新世界大体上稳定下来，其标志就是西方世界基本的基督教化［蛮族由基督教阿里乌教派（Arianism）转向天主教。当然，北欧斯堪的纳维亚地区的基督教化直到12世纪晚期才完成］与封建主义的兴起①。稳定下来的西方世界的特征是：文明体中世俗世界群龙无首（由一系列小规模自治体的交错互动网络组成），社会结构相对松散和多样化，没有统一发号施令的中心，虽然基督教在精神世界具有文化的认同和整合作用，但仍然难与绝对主义的帝国相比。西方中世纪的这种情况（文明体由多元、相对独立的数个主权单元组成），历史上我们在美索不达米亚的苏美尔（诸多自主神庙–城邦时期）、古希腊城邦发展时期、中国先秦战国时期、印度古代列国时期见过，其共同点是它们都处于本质上具有文化同构型的文明体中，但在社会–政治上却是发散的（"封建自由"）。除了苏美尔和中国外，其他文明的发散状况在前现代是常态。文明是认同的基础，如苏美尔文明、儒家文明、希腊文明等。文化圈的边界就是认同的边界，它与其他文明或所谓"化外之地"形成差异与对峙。凡是在缺乏统一政治基础的地方，文明或文化便承担了整合的主要功能。然而，与这些文明不同，中世纪西欧的情况更为复杂多样。这突出地表现在，其他文明中散在的自主单元不过是"国家"（不是城邦便是

---

① 一般认为，西方中世纪（405～1450），以11世纪为界限，分为两个阶段。前五百年为所谓的"黑暗时期"，后一半是社会稳定与加速发展时期（参见马克·布洛赫《封建社会》上卷，张绪山译，第四章，1，商务印书馆，2004；佩里·安德森：《从古代到封建主义的过渡》，郭方等译，第二篇第一部分，上海人民出版社，2001）。

规模较小的王国）而已，而西方则存在许多相对独立、大小不一的自主单元，如公国、采邑、城堡、自治市镇、教会领、修道院、村社（或公社，如法兰克公社）以及经济共同体（如汉撒同盟）、兄弟会。它们大到拥有几百万人口的国家，小到只有几百人的市镇或公社，大体上都是具有独立自主性的①。此外，在这个文明世界，还存在一个精神权力广泛而统一的教会和教阶体制。它给西方世界带来文明的同时，也掌握了教化的权力。基督教（天主教）在欧洲广泛传播的最终结果是使西方社会呈现二元结构：在世俗世界之上，同时还存在一个同样具有实体性的"信徒世界"，上帝之国叠加在属地之国之上，这标志着西方进入所谓的"信仰时代"。

一般认为，西方世界在中世纪前半期处于所谓的"黑暗时代"。话虽然有些说得过头，但大体上还是反映了当时的状况。粗犷、野蛮、无知、暴力、无序的日耳曼人需要文化化（culturalization）或文明的教化，而这，如黑格尔所言，主要是通过希腊文化、基督教和罗马法来实现的②。不过，在中世纪前期，日耳曼人世界并不清楚希腊文化，罗马法尚未发现与复兴，因此，文化化或教化的任务主要落在基督教身上，它是通过教会（教堂）的布道、修道院的修道及其开办的学校来实现的。即使在中世纪的盛期，教化也主要是通过基督教和教会来完成的，因为文化与社会尚包裹在基督教母体之中。

以"基督教母体"（Christian matrix，教会是基督的躯体，涵盖了僧俗两个领域）一词形容中世纪西方社会，再贴切不过了。美国思想史家理查德·塔纳斯说，中世纪，"天主教会作为一个整体，……扮演了一种包罗万象的精神的、智力的、道德的、社会的母体的普遍文化角色，孕育了开始形成的基督教社会，即基督的神秘躯体"③。因为西方文化虽然

①　参见沃格林（E. Voegelin）《宗教与现代性的兴起》，霍伟岸译，华东师范大学出版社，2009，第24页。

②　黑格尔说："今生，现世，科学与艺术，凡是满足我们精神生活，使精神生活有价值、有光辉的东西，我们知道都是从希腊直接或间接传来的"；又说："日耳曼人粗犷的性格，必须通过来自罗马的教会与法律的严格训练，受到磨练。通过这种训练，欧洲人的性格才成为柔韧，担当得起自由。"（黑格尔：《哲学史讲演录》第一卷，贺麟、王太庆译，商务印书馆，1981，第157页。）

③　理查德·塔纳斯：《西方思想史》，吴象婴等译，上海社会科学院出版社，2007，第186～187页。

源于希腊文化、基督教和罗马法三个方面，但此时西方世界的方方面面还包裹在基督教母体之中。本来，基督徒中就有把教会比作"多产的"、"不断孕育新生命"的"神圣母亲"的说法①，何况中世纪又被视为"信仰时代"，希伯来－基督教精神是主流文化。然而更重要的是，一方面，自古典时代末期以来，尤其是在中世纪，民众中逐渐兴起对圣母玛利亚异乎寻常的信仰与崇拜（"神圣的母教"）。这似乎与地中海地区远古时期女性崇拜的记忆、异教的大地母神的信仰有关，同时也是人们感情的自然流露。女性向来是纯洁、高雅、温柔、谦恭、简朴、温顺的象征，母亲仁慈、善良、博爱、无私奉献的形象和内在的美易于引起想象、神化和深入人心，其缓和了原有基督教中男性上帝（耶和华）严厉的家长专制主义倾向。在这种情况下，圣母玛利亚的慈母特性与基督教会经过想象而同一化了。这意味着与希伯来文化本身及早期基督教相比，西方基督教存在某种程度的女性化趋势。于是，与圣母同一化的基督教会便成为包容、爱护和引导所有信徒并不断给予其精神营养的母体。另一方面，社会虽然被划归于政治、法律、经济、哲学、科学、艺术等诸多领域，但它们却被包容于基督教之中，尚未分离开来。教士就是"知识分子"，而且是近乎唯一的知识人，他们承担着几乎所有知识的承传②、创造、生产与传播工作；教士又是一种权力精英，控制着人们的精神生活并借以不同程度地干预世俗社会的运行。此外，教会和修道院还是巨大财富的所有者，控制着广阔的领地、田产、手工业和商业③。从文化类型看，西方文化尽管主要源于希腊、罗马、希伯来、日耳曼四种文化元素，但此时仍融于基督教之中，

---

① 参见 J. H. 伯恩斯主编《剑桥中世纪政治思想史》上，程志敏等译，三联书店，2009，第355页。

② "在西方，……只是通过教会，特别是通过修道僧，古典文化的传统和古典作家的著述即所谓'拉丁古典作品'才得以保存下来"（克里斯托弗·道森：《宗教与西方文化的兴起》，长川某译，四川人民出版社，1989，第41页。）

③ 中世纪，"教会也享有很大的物质利益，远不是一个单纯的精神机构"。随着基督教封建化，有的寺院曾"领有一万五千处庄园"，并拥有养殖业和种植业以及大量的葡萄酒作坊和其他磨坊。当然，对于教会占有大片土地要有正确理解。其大多是教士带领信徒在无人的湿地、沼泽、森林进行垦荒的结果。"在垦荒方面，寺院制度在中世纪比起任何别的力量有着更大的影响"（见汤普逊《中世纪经济社会史》下册，耿淡如译，商务印书馆，1997，第2、210、215~260页；汤普逊：《中世纪经济社会史》上册，耿淡如译，商务印书馆，1997，第183页）。

日耳曼元素尚处于萌发状态，希腊－罗马文化基本上是作为基督教神学的解释性因素存在的。除了希伯来－基督教取向外，其他文化各自的取向尚未独立凸显出来。这反映出希伯来－基督教精神"对希腊精神的胜利"①以及在中世纪处于上风地位。因此，以基督教母体概括西方中世纪文化形态是恰当的，这与以"希腊化母体"的说法概括亚历山大征服之后地中海世界的文化状态是近似的。以一种文化母体形态包裹其他文化，以至于其他文化受到压抑而蛰伏，出现"历史的假晶现象"（斯宾格勒语），这是西方中世纪文化历史的突出特点。

西方中世纪基督教母体的形成不是自然而然的事情。它有一个曲折的历史过程。"蛮族"入侵，西罗马帝国灭亡。如同奥古斯丁所预见的那样②，虽然罗马人的"属地之城"（世俗国家）最终会崩溃（这被认为是尘世堕落的自然结果），但"上帝之城"将延续下去——"上帝必竖立这城，直到永远"（《诗篇》，48：1、2、8），教会就是这座圣城的影子或象征。作为"永恒之城"，它不受尘世及其历史难以预测的情况的支配。因此，在"蛮族"入侵的世界中，基督教成为文明孕育的母体和教化的温床，特别是从西罗马帝国灭亡至 12 世纪大学和新型城市自治联盟（commune，公社）的兴起，六七百年间修道院一直成为西方中世纪文明和文化的中心，承担着教育、教化与城市的功能③。基督教面对的教化任务是艰巨的，因为当时大量城市遭到破坏，文明生活的结构已经崩溃，新的入侵者处于未开化状态，西方世界充满野蛮与暴力，"恶棍在半野蛮的法兰克国家里，在新兴的统治阶层中比比皆是"④。入侵者尽管最终皈依了基督教（天主教），但教化是一个漫长的过程。在这个过程中，不知有多少教堂或寺院被摧毁，有多少教士或修道僧人被屠杀［经过长达几百年的两次蛮族入侵、加洛林帝国的解体和北欧海盗（维京人）的入侵，教

---

① 参见马修·阿诺德《文化与无政府状态》，韩敏中译，三联书店，2002，第 112 页。
② 参见奥古斯丁《上帝之城》，王晓朝译，人民出版社，2006，第 632～633、948 页。
③ 这一时期的修道院，像古代社会的神庙－城邦一样，是一个文化－社会复合体或共同体，拥有规模庞大的建筑群，如教堂、学校、图书馆、作坊、工厂（工场）、打谷场、仓库、办公室、住所、客房、医院、救济院、墓地等。
④ 克里斯托弗·道森：《宗教与西方文化的兴起》，长川某译，四川人民出版社，1989，第 26 页。

会多次受到毁灭性的破坏]。然而，尽管如此，基督教还是顽强地发展起来了。特别是"从7世纪起修道院的数目以惊人的速度增加"① （有些类似佛教在中国魏晋南北朝和隋唐时期的迅猛发展）。这主要是通过对其超自然威力的敬畏以及对教会奋力抗争的精神、一批批圣徒榜样的敬仰与崇拜实现的。其中对弱者和受压迫者的保护和对社会上层邪恶无畏的揭露也起到了重要的作用。没有这种充满神迹的新型的超自然力量和神圣精神（圣徒的故事），桀骜不驯的蛮族入侵者是不会屈服的。因此，如道森所言："西欧的改宗基督教，更多是通过一种新型力量的证实，而不是通过一种新型教义的教诲获得的。"② 作为一种新兴的文化，基督教充分展示了其神圣魅力和同化的力量。它过去曾征服过罗马帝国，现在又在征服蛮族世界。而且更重要的是，它主要是以非暴力手段而非刀剑或血与火征服的。

不过，在西方基督教教化和基督教母体形成过程中，基督教始终面临世俗统治精英权力的挑战。在前现代其他文明体中，如在儒家（儒教）文明、伊斯兰文明、拜占庭文明中，宗教与世俗政治权力是合一的，前者基本上屈服于后者。西方在基督教教化之初也呈现类似倾向，而且具有历史渊源。马克·布洛赫说："将选择灵魂指导者的职责交给世俗势力的做法，并非源于封建时代。对于乡村教士职位，或多或少可以自由安排，这种做法可以追溯到教区制的源头。那么，主教或修道院院长的职位怎样安排呢？按照教规，惟一的程序就是选举：主教由教士和城市居民选举产生；修道院院长则由修士选举产生。但是，远在罗马帝国末期，皇帝们已经毫不迟疑地将自己的意志强加于城市的选民头上，有时甚至直接任命主教。蛮族王国的统治者们步其后尘，统治者任命主教的情况普遍存在，甚至比以往有过之无不及。不直接依附于国王的修道院院长常常由修道院的建立者或继承人任命。""因此，国王和诸侯习惯于要求他们提名的主教或修道院长向自己行臣服礼；乡村领主有时也要求教区祭司行臣服礼。……臣服礼是一种服从仪式"，通过这种仪式，"精神权威的代

---

① 亨利·皮雷纳：《中世纪的城市》，陈国樑译，商务印书馆，1985，第28页。
② 克里斯托弗·道森：《宗教与西方文化的兴起》，长川某译，四川人民出版社，1989，第28页。

表对世俗权威的从属关系不仅被赫然展现出来，而且还得到强化"。因为此时"教会大部分成为'领主自己的教会'"①，"任命主教和较大修道院院长的权利，实质上是王权的象征"②。这是一种基督教封建化的趋势或帝国政教合一的趋势。前者，基督教为大小不同的贵族所控制；后者，国王是政教的绝对统治者。这突出地表现在加洛林帝国（Carolingian Empire，约752～843）身上。加洛林帝国（查理曼王朝）是西欧历史上唯一一个实现政教合一的帝国。该帝国尽管给西方世界带来政治统一、稳定、和平与正常秩序，但它模仿拜占庭③，试图建立一个东方式的统一而包罗万象的神圣秩序，通过制定法规和神权政府的监察，控制整个基督徒臣民的社会生活与思想细节，直至教会圣歌的演唱和演奏方法以及修道院的规则④。但这只是短暂而不成功的插曲。随着加洛林帝国的解体，世俗政权对教会便失去了绝对控制。尽管其后在德意志和洛林地区仍或明或暗地保留了这种政治权力压制精神权力的倾向，但终未形成固定的政教合一政权。

当代以乔治·H. 萨拜因（George H. Sabine）和伯尔曼为代表的西方学者认为，导致西方中世纪文化－社会没有向东方（如拜占庭、伊斯兰）

① 参见马克斯·韦伯《经济与社会》上卷，林荣远译，商务印书馆，2004，第357页。

② 马克·布洛赫：《封建社会》（下卷），李增洪等译，商务印书馆，2004，第569～571页。

③ 英国伦敦大学国王学院荣休教授 D. M. Nicol 指出，拜占庭常常被指责为"政教合一主义"（Caesaropapism）。"现在人们却普遍认为，这一指责是不恰当的。"因为即使像查士丁尼那样的绝对主义君主也"建议在帝国与教会之间、君主绝对统治与圣职的统治之间给一法定界限"（他是第一个这样建议的君主）。尽管这两者之间的差别微乎其微，但他"感到仍有确定的必要"（见 J. H. 伯恩斯主编《剑桥中世纪政治思想史》上，程志敏等译，三联书店，2009，第91～92页）。笔者认为，加洛林帝国似乎也是如此。两个绝对主义帝国虽与东方政教合一体制略显不同，但也明显区别于西欧中世纪后期的政治体制。

④ 查理大帝（Charles the Great 或 Charlemagne，又译查理曼大帝）强化王权对教会的控制主要表现为：首先，查理大帝以王权对教会圣职的任免取代宗教法规规定的教会选举权，随时罢免他认为不称职、不符合王权利益的主教和修道院长。推选教皇的权力原在罗马城教士和教友手中，但在查理大帝统治时已为世俗政权控制。在德意志地区，圣职的授职权一直为王权控制。其次，王权还控制着教会对内对外的立法。再次，为了防止主教因地产和权势的增长而危害王权，查理大帝以教会法规来束缚教士的生活。

倾斜的重要契机是 1075 年由教皇格列高利七世发动的"教皇革命"（争取"教会自由"的斗争；主教叙任权之争）。这种"革命"或"自由"强化了基督教（天主教）和教会的作用。用迈克尔·曼的话说，西方的"政治和阶级斗争、经济生活乃至战争，在某种程度上都受到一只看不见之手的调节，但这不是亚当·斯密所说的那只手，而是耶稣基督的手"①。尽管我们国内教科书和学术界对于教皇革命或教会自由在西方历史上的特殊作用很少论及，但在西方学术界，近几十年对此却越发给予特别重视。如中世纪史学家卡莱尔兄弟（R. W. Carlyle，A. J. Carlyle）在其六卷本的《西方中世纪政治学说史》中，乔治·萨拜因在其《政治学说史》中，文化和历史哲学家 C. 道森在其《宗教与西方文化的兴起》中，法学史家伯尔曼在其《法律与革命》中以及 J. H. 伯恩斯主编的《剑桥中世纪政治思想史》都特别强调了这一点。教皇发动的运动被认为是"革命性的"，其意义是"异常深远的"，目的在于突出教会具有独特性质和重要精神使命的特点，力图把教会从世俗政权控制中（对世俗权力的封建依附中）解脱出来，避免西方基督教世界拜占庭化。这种对政教合一的神圣王权观念和基督教臣民只能被动服从的观念的抛弃，确实强化了基督教世界的统一感，突出了西欧作为一种文明整体的概念。拉丁/西方基督教（与希腊正教或东正教相对）的明确形成就是由此开始的。东西教会的最终分裂发生在这一时期绝非偶然的巧合②。其中不仅有民族差异，而且更有价值取向的不同。

教皇革命的目的是企图将世俗政权在灵魂拯救的伟大事业中变成教会的辅助力量，使之小心翼翼地发挥次要作用。然而，这只是企图而已。与西方一些学者不同，马克·布洛赫认为，教皇的改革的作用起码在开始阶段是十分有限的。尽管教会"向世俗权力表示臣服的最令人感到可耻的形式已被消除。再没有修道院被地方统治者公开'占用'；再没有军事贵族自命为修道院院长或是修道院的'总院长'；授职礼也不再以宗教权力特有的标志来进行。令牌代替了教皇的牧杖和指环，而且，宗教法规原则上规定，仪式的惟一目的是授予应享有的物质权利，这些权利附属于独立授

①　迈克尔·曼：《社会权力的来源》，刘北成、李少军译，上海人民出版社，2002，第537 页。
②　马克·布洛赫：《封建社会》（上卷），张绪山译，商务印书馆，2004，第 192 页。

予的宗教职能的行使权"。但是，"格列高利的改革证明自己完全无力从强大的世俗权力中争得这种控制手段"①。世俗权力与教权之争硝烟弥漫于整个天主教世界。虽然13世纪中叶后形势逐渐有利于教会方面，但直到16世纪，法国仍不时地发生世俗权力对教权的压制情况——当圣路易（St. Louis）要求一位主教遵守规则时，竟毫不犹豫地对他说"你是我的仆人"。在英国，"王权扮演着主导作用"②，由此发生大主教托马斯·贝克特（Thomas Becket）殉教事件③。至于德意志地区，这种现象还要保留到更晚的时候。这表明，与一般教科书上的教士高于世俗贵族精英的说法不是十分相同，西方中世纪历史是非常复杂的。如下面将要阐述的，西方社会实际上是一种不断斗争着的具有张力的二元结构，而这种二元结构中的张力则是其充满活力与动力的源泉之一。

西方基督教世界的统一性因十字军运动和对外围诸文明（尤其是伊斯兰文明）的压力的抗争而得到加强。这也是天主教教会权力获得合法性的一个基本因素（另一个基本因素是灵魂拯救的要求）。文艺复兴对此虽有侵蚀作用，但都不能撼动其基础。这种态势的明显变化大体上是从宗教改革开始的。宗教改革不仅意味着西方统一的基督教世界（因天主教而来的统一世界）的解体，意味着"中世纪政治知识和经济思想被砸得粉碎"④，而且意味着拉丁文化占优势的局面开始被日耳曼文化的兴起所压倒。

二 西方中世纪基督教社会的二元权力结构与张力

社会的变迁和发展，按照马克思的理论，是由生产力与生产关系之间以及经济基础与上层建筑之间的矛盾推动的。这是人类社会演变的基本动

---

① 马克·布洛赫：《封建社会》（下卷），李增洪等译，商务印书馆，2004，第572～573、574页。

② J. H. 伯恩斯主编《剑桥中世纪政治思想史》下，郭正东等译，三联书店，2009，第538页。

③ 1170年12月29日，即教皇革命后约一个世纪左右，托马斯·贝克特大主教因反对王室剥夺教会权利和王权专制，在教堂的东北翼部被国王的骑士谋杀。鉴于其反专制义举和殉难，1173年被教廷追封为圣徒。托马斯·贝克特的殉教激起世人同情，其直到今天在英国仍备受尊敬。

④ 维克多·李·伯克：《文明的冲突》，王晋新译，上海三联书店，2006，第129页。

力。在阶级社会，这又是通过阶级斗争开辟道路的。毫无疑问，马克思的这一理论属一般性概括和总结，它鲜明而正确地指出了人类社会发展的根本动力和原因。不过，社会的发展虽不能超越基本动力和规律的范围，但在不同的文明或文化圈中，社会的变迁却有着极大的差异。有时在某种情况下，后者往往起着重要的，甚至是决定性的作用。因此，仅仅以基本动力和一般规律的原理解释东西方社会的发展问题，易于得出错误的看法。社会的变迁与发展除了存在一般性（共性）外，还有其各自的特殊性（个性）。正是这种特殊性把西方与东方社会发展特点区别开来。所谓"轴心文明"的概念和理论也源于此。而这则是马克斯·韦伯所关注和所要说明的问题（韦伯虽然不是这一概念的发明者，但却是这种理论的最早阐释者）。因此，笔者的关注点不是社会发展的一般动力和规律，而是聚焦在其特殊性上，具体而言是放在文化和价值取向的特殊性上。其理由很简单，从基本动力和一般规律来阐释问题，教科书上已经说得很多了，人们对此已十分了解。然而，一碰上特殊性问题，人们还是感到模糊不清。既然人类社会普遍存在上述矛盾和斗争，为什么理性资本主义或现代性只在西方中世纪社会后期自主产生，而在其他文明社会并无此类明显的现象。这说明，现代性或现代资本主义的兴起，除了上述一般（共性）原因（基本条件）之外，还需有其他重要因素（充分条件）——马克思似乎已发现这一问题，但未来得及加以解决①。

　　换言之，理性资本主义或现代性不仅是一种经济现象，而且更是一种社会－政治现象，也就是一种社会学意义的文化或文明现象。面对这种现象——作为一种社会－文化意义的现代资本主义或者与某种文化价值取向相关的现代性，马克思理论似乎没有太多阐述。丹尼尔·贝尔认为："马

---

① 马克思反对把他的一般类型当成适用于各个历史时代的药方和公式。他在回答俄国民粹派主要发言人米哈伊洛夫斯基对其思想歪曲时指出："他一定要把我关于西欧资本主义起源的历史概述彻底变成一般发展道路的历史哲学理论，一切民族，不管它们所处的历史环境如何，都注定要走这条道路，——以便最后都达到在保证社会劳动生产力极高度发展的同时又保证每个生产者个人最全面的发展的这样一种经济形态。但是我要请他原谅。（他这样做，会给我过多的荣誉，同时也会给我过多的侮辱。）"（马克思：《给〈祖国纪事〉杂志编辑部的信》，载中央编译局编译《马克思恩格斯文集》第三卷，人民出版社，2009年，第466页。）

克思主义思想体系的最大弱点在于没有文化理论。对马克思来说，文化只是'上层建筑'的一部分，他从来没有详细说明——几乎没有任何一个马克思主义者说明过——经济基础（主导的生产方式）到底是如何产生出截然不同的文化模式的。"他还说："马克思主义不能解释为什么伟大的历史宗教——佛教、印度教、儒教、犹太教、基督教和伊斯兰教——能历经几千年保留到现在，而伟大的政治王国和大型经济体系——如果每种模式都产生了可以被截然不同的时期划分开的不同文化风格和历史——却瓦解了，崩溃了。"① 马克思关注的是人类社会发展的基本动力和一般规律而非特殊现象（"历史的个体"——李凯尔特语），因此没有贝尔所说的那种视角是完全可以理解的。除了神之外，人不可能是全能的。从该角度进行观察和研究的任务是由马克斯·韦伯完成的（也只能由韦伯完成，因为只有他首先发明了这种方法论②。当然，韦伯在方法论上受到文德尔班和李凯尔特的影响）。韦伯被认为看到了马克思理论没有顾及之处。他从社会学的文化视角（"价值论"视角），尤其是宗教社会学的角度（把现代性的产生不是仅仅看作经济现象或一般意义上的制度现象，而是把它放在诸多主要文明中来比较研究），对于上述问题给予了与众不同和富有创造性的论述。韦伯倾其毕生精力要说明的是现代性资本主义的产生是一种特殊的文化现象——一种只有在西方才独立自主产生的、西方文化特有的现象（当然他并不否认经济基础的重要作用，也不怀疑现代性文化在其他地区的传播），而导致这种现象产生的重要因素则是一种社会 – 文化张力，即一种与众不同的西方社会 – 文化特有的张力③。本书下面所要阐述的就是这种特殊现象，亦即西方中世纪社会特有的社会和文化张力。在此

---

① 丹尼尔·贝尔：《资本主义文化矛盾》，严蓓雯译，江苏人民出版社，第 349～350 页。

② 马克斯·韦伯：《社会科学方法论》，李秋零、田薇译，中国人民大学出版社，1999。

③ 韦伯深受尼采和新康德主义影响，采取的是一种相对主义的方法。这导致他拒绝所有的基础性终极原因，或者说这种方法不允许他找出单一的作为绝对主因的自变量。他只在次级变量上说明问题。对他来说，在历史发展中不存在单一的自变量。读者发现，有时某个因素，如新教伦理，被认为是最具决定性的，另外时候别的因素，如法律体系的理性化或与马克思相近的经济的合理化，又被视为主要原因（参见阿格尼丝·赫勒《现代性理论》，李瑞华译，商务印书馆，2005，第55页）。

我们将会看到，正是这种与众不同的西方特有的社会－文化张力导致了现代性的兴起。

1. 二元权力结构与张力的形成

塞缪尔·亨廷顿在《文明的冲突与世界秩序的重建》一书中，谈到西方社会的独特之处或言及西方文明的核心内容时，强调的因素之一就是"精神权威和世俗权威的分离"。他认为，正是这种分离导致的西方社会－文化二元结构的形成，并最终"极大地有利于西方自由的发展"①。亨廷顿的论述反映出西方学术界近几十年来对这方面因素的作用越发关注。例如，伯尔曼在其阐述西方法律传统的著作中就突出了这一点。1988年出版并由 J. H. 伯恩斯主编的《剑桥中世纪政治思想史》也专辟章节论述此一问题。当然，早在这之前，卡莱尔兄弟在其《西方中世纪政治理论史》中，乔治·萨拜因在其《政治学说史》中都有深刻阐述。以下是A. J. 卡莱尔的精辟结论：

> 对于西部教会而言，显然世界上存在着两个伟大的权力，而不是一个。教会权力在其自身的范围内独立于世俗权力，而世俗权力在其自身的范围内无疑也是独立的和至高无上的……在人类社会中存在着两个自治权力的观念——每一个都是至高无上的，每一个又都是服从性的，此乃教父们交给中世纪社会的原则，这种观念决不是任何奠基于这种或那种至高权力之上的统一体的观念。②

卡莱尔的这一段著名的论述，正如我们在后面即将看到的，源于教皇格拉修斯一世（Gelasius I）的观点，常常作为经典被有关学者引用，清晰地指出了西方中世纪"社会权威的二元性"（duality of authority in society）特点。这一特点在西方中世纪被认为是政治学的公理之一，在现

---

① 塞缪尔·亨廷顿：《文明的冲突与世界秩序的重建》，周琪等译，新华出版社，2002，第61页。

② Carlyle, R. W. and A. J. , 1903 – 1936（repr. , 1970），*A History of Medieval Political Theory In the West*, 6 Vols. , Vol. V, pp. 254, 255, Edinburgh and London：William Blackwood and Sons. ［此处译文转引自 J. H. 伯恩斯主编《剑桥中世纪政治思想史》（下），郭正东等译，三联书店，2009，第510页。］

代则成为分析现代性在西方独立兴起的源泉和社会文化资本之一。

关于西方的这种二元性，可以说由来已久。我们知道，古罗马共和国时期，社会－政治结构出于权力平衡的习惯和需要（西塞罗观点），就有二元结构的性质，如执政官与保民官（护民官）制约体制。他们的权力来源不同（前者由贵族和巨室望族占优势和掌控的百人团会议任命，后者最终定型为由平民会议选出①），分别对不同的社会－政治实体负责（前者对国家最高权力机构——百人团民众会议负责，后者对平民会议负责），从而形成一种张力和制约的格局。尽管这种二元结构都属于世俗层面，与后来中世纪基督教社会那种精神权威和世俗权威的分离状况不同，但已经凸显出西方社会强调二元权力结构的特点（权力与权力相互制约或制衡的特点）。

西方社会真正的二元权力结构观念，始于基督教兴起之后。众所周知，基督教在罗马帝国传播的最初几个世纪，尽管谨小慎微地回避帝国现世和现实政治，但仍不断受到罗马当局的迫害。基督徒们历尽艰辛，常常过着屈辱的生活。直到公元 313 年颁布《米兰敕令》（*Edict of Milan*），君士坦丁大帝明确支持基督教后，基督教才开始逐渐合法化。由此，在西方世界拉开了"恺撒是主"，抑或"耶稣基督是主"这一教权与皇权/王权之争的序幕，并导致基督教世界权力二元结构观念的形成和相关张力的持存。这种二元社会政治观念和主张始于耶稣，经由米兰主教安布洛斯（St. Ambrose，约 340～397）和奥古斯丁等教父的发展，到教皇格拉修斯一世（Gelasius Ⅰ，492～496 年在位）才正式形成，并经过格列高利七世（Gregory Ⅶ）发动的"教皇革命"最终在整个中世纪得到基本贯彻。

一般认为，作为基督教的基本信仰，二元权力观的思想基础是由耶稣奠定的，其主要理由源于《圣经·新约》记载耶稣的这样一句著名训诫："恺撒的物当归给恺撒，上帝的物当归给上帝"②。耶稣的这条圣训尽管是指纳税之事，但被认为揭示了基督徒对待教会权力与世俗权力之间关系的根本态度。在此，耶稣首次在圣事（"上帝的物"）与俗事（"恺撒的

---

① 参见弗朗切斯科·德·马尔蒂诺《罗马政制史》第一卷，薛军译，北京大学出版社，2009，第 303～373 页。

② 《马太福音》，22：21；《马可福音》，12：17。

物")之间做出了二元分割，明确了各自的范围。对于耶稣的话，应当给予恰当的理解。耶稣承认权力的双重分有，其目的在于强调基督教的自治。因为在当时帝国强大的权势面前，自治是基督徒和教会的生存法宝。至于现世社会的事情，如韦伯所说，与佛陀类似，耶稣对此"毫无兴趣"①。因此，耶稣采取的是真正具有绝对意义的二元主义而非一元主义的立场。对于王权，耶稣虽然予以认可，但那不在其所关注的范围。他更没有那种基督教教会干预俗世之事的想法。

无论如何，耶稣的这条训诫，经过扩大的解释，构成了西方基督教世界二元权力观的教义基础。它被视为"表达了基督教首要的政治原则"②。然而，耶稣只是在原则上区分了"上帝的物"与"恺撒的物"，耶稣的训诫需要后世神学家们的阐释、引申和发挥，而且经过激烈的斗争以后，方可成为基督教关于神权与俗权关系的普遍原则。

这一普遍原则的贯彻充满了激烈的斗争。君士坦丁大帝皈依基督教后，基督教会获得合法地位。与此同时，教士们也敏锐地感觉到，基督教虽然摆脱了受迫害的状况，但也面临受皇权统治的潜在威胁（由受迫害转为被统治）以及被俗世化或滥用于政治目的的危险。事实上，作为"半神半人"的皇帝，如君士坦丁，就常常"像统治其市政公务员一样统治着基督教主教"。例如，在公元325年召开的教会史上第一次基督教全体主教大会——尼西亚大公会议（The First Council of Nicaea）上（实际上出席的多为东部主教），"君士坦丁显然高高在上，坐在主教会议大厅的宝座上。……有些出席的主教想要反对皇帝的这种监视行为，但是在皇帝与他的守卫制止下都变得鸦雀无声。君士坦丁在开幕致辞中，清清楚楚地打开天窗说亮话，他要作'众主教的主教'，并指导和指挥这个会议……"③。有时，他命令主教们"无条件地服从官方的各项

---

① 马克斯·韦伯：《韦伯作品集Ⅶ：宗教社会学》，康乐、简惠美译，广西师范大学出版社，2005，第63~64页。

② Alexander Passerin D'Entrèves, 1959, *The Medieval Contribution to Political Thought*, p. 11, Oxford: Oxford University Press.

③ 罗格·奥尔森：《基督教神学思想史》，吴瑞诚等译，北京大学出版社，2003，第150页。

决定，即使这些决定和纯粹的教会事务相冲突也必须如此"①。此外，随着抱着各种各样目的的人的大量涌入，基督教日益受世俗文化和习俗的影响并产生"消极的后果"（宗教圣礼越来越奢华，信仰的深度和教会的道德发生变化②）。因此，从君士坦丁时代到奥古斯丁时代，教会，尤其是西部教会及其思想家们关注的重心在于维护教会的独立性和自主性，强调信徒的精神事务和宗教生活免受国家控制的自由，抵制基督教的世俗化。

帝国时代最能体现教会捍卫其自治权利的榜样，便是圣安布罗斯（St. Ambrose）和圣奥古斯丁的言行。4 世纪末，米兰主教安布罗斯就曾说过"宫殿属于皇帝，教堂属于教士"③ 这样的名言。为了保卫基督教的自治，维护宗教信仰的纯洁和尊严，他就政教关系确立了这样几个原则：第一，教会理应独立于国家之外，在宗教事务上具有独立的管辖权，不受任何世俗权力的干预。第二，教会有自己的裁判权，所有的基督徒，无论其等级地位如何都必须服从，皇帝也不例外。主教是基督徒皇帝的法官，皇帝不是主教的法官。当世俗统治者严重犯罪时，教士必须予以谴责和制裁。第三，神职人员享有免于世俗司法权审判的特权（而在犯罪时受宗教法庭审判）。安布罗斯言行一致。他曾经就皇帝狄奥多西（Theodosius I）在希腊塞萨洛尼亚（Thessalonica）滥杀无辜一事致信皇帝，呼请他必须悔罪，并处以绝罚（开除教籍)④。直到皇帝在众人面前悔罪后，他才解除绝罚，并在圣诞节为其举行圣餐礼⑤。这表现出一个帝国西部主教非同寻常的勇气和主张正义的精神。它开创了西方教会不断试图使帝王变得谦卑和自律的模式以及保卫教会神圣而独立的模式。而这是东部（拜占庭）主教们所无法做到的。东西部教会对待皇权或王权不同的态度，预示了后

---

① 布鲁斯·雪莱：《基督教会史》，刘平译，北京大学出版社，2005，第 103 页。

② 胡斯都·L. 冈察雷斯：《基督教思想史》第 1 卷，陈泽民等译，译林出版社，2010，第 249 页。

③ 哈罗德·J. 伯尔曼：《法律与革命》，贺卫方等译，中国大百科全书出版社，1993，第 111 页。

④ Donald Attwater and Catherine Rachel John, 1993, *The Penguin Dictionary of Saints*, 3rd edition, New York: Penguin Books.

⑤ 布鲁斯·雪莱：《基督教会史》，刘平译，北京大学出版社，2005，第 105 页。

来东西方两者不同的命运。

如果说安布罗斯的目的是在皇权占绝对优势的条件下为教会争取宗教事务上的自治权利和维护基督教神圣正义精神的话，到奥古斯丁时代，面对西罗马帝国摇摇欲坠的局势，尤其是蛮族首领阿拉里克（Alaric，约370～410）于410年洗劫罗马城以后，他开始思考危机时代的帝国和后帝国时代的情况，从而提出著名的"双城"之说，著书讨论世俗之城与上帝之城的关系问题。这个问题在他的心中盘桓了16年，差不多直至生命终结他才完成其巨著《上帝之城》（*The City of God*）。奥古斯丁在书中认为，尘世与天国的根本区别在于：前者由于人性固有的弱点，像万物一样必有兴衰，因而有时日之限，而后者因充满真理和神圣之爱则是永恒的（两个世界有暂时与永恒之分）。由此我们看到，神圣世界与尘世在价值上是根本不同的："天国之城胜过罗马，无可比拟。"奥古斯丁贬低后者，抬高前者，其直接目的是要将基督教的未来与帝国的命运分开。这样，他就富有远见地指出了帝国西部世界未来的出路：罗马帝国正在走向灭亡，但通过唯一用来建造上帝之城的人类社团——教会的积极作用，基督教的国度将照旧持续下去。后帝国时代的西部世界将是在尘世保留有限自治的前提下在精神上服从教会世界。用现在的话说，帝国西部世界灭亡的只是部分现世社会制度与部分物质层面，而社会的精神层面和宗教组织将继续下去。当然，奥古斯丁的最终解释是末世论的。从这个角度出发他放弃了尘世领域，为苦难的世界提供了属灵的解释和出路。他坚信，由于光彩正在消退的世俗王国的崩溃，当下固然是糟糕的，但上帝已经击败撒旦，美好的事物、精神上升的黄金时代——信仰时代即将来临。

"西方基督教的感觉力主要是通过奥古斯丁的斡旋发展起来的。"[1] 支撑奥古斯丁观点的理由，一是基督教在古代（古典）世界和比邻罗马帝国的蛮族世界逐渐占据优势的现实[2]；二是基督教，尤其从保罗开始，日

---

[1] 理查德·塔纳斯：《西方思想史》，吴象婴等译，上海社会科学院出版社，2007，第175页。

[2] 西罗马灭亡之前，在靠近罗马帝国的蛮族地区，如哥特人地区，蛮族人已经开始皈依基督教。不同的是，他们皈依的不是罗马天主教而是基督教阿里乌（Arius）派。

趋突出的二元论思想（不同于摩尼教的善恶势力对等的绝对二元论①）。在奥古斯丁看来，日益崩溃的是世俗罗马国家，即"属地之城"（制度及部分物质层面），而非基督教共同体，即"上帝之城"（信仰和精神世界）。这恰好应了现代社会理论的说法：世俗社会与精神文化的深层结构之间不可能长期彼此不适应，最终出路不是前者为后者所修正，就是后者适应前者，从而达到新的和谐。当时的情况是，在罗马帝国东部（希腊人或说希腊语的"罗马"，拜占庭），由于国家控制改变了基督教（希腊正教）和教会（实现了政教合一），帝国因而得以保留下来（在西罗马灭亡后仍存在千年左右）。而在西部，教会与国家（世俗政府）不和，因而后者在得不到教会和广大基督徒支持下难逃崩溃的命运。索罗金依据历史资料从另一种角度也说明了这一问题。在他看来，人类世界可分为两个不同的层面，即"因果系统"（causal system）与"意义系统"（meaningful system），或"感知性文化"（Sensate culture，感觉论文化）与"理念或唯心主义文化"（Ideational or Idealistic culture，理念或理想主义文化）。这两种不同的文化层面在西方历史上具有不同的非线性的此起彼伏的交错变化过程。每当前者兴盛之时，后者便趋于衰落，反之亦然，它们对社会产生不同的影响。就古典世界而言，这种变化过程是，随着基督教的崛起，文化意义上的希腊-罗马世界"在 3 世纪以后迅速衰落并且在 6 世纪消失了；同样，科学发现也在减少……感知性文化精神及其真理体系衰落了，新的理念性精神及其真理的影响日益上升"。某种意义上，用索罗金的话说，这是一场"伟大的精神革命""人类历史上最伟大最有深度的精神转型之一"②。类似的，用尼采的话说，这是一场价值重估的过程。基督教及其之前的柏拉图和新柏拉图主义的兴起，尤其是它们的合流，是前者（感知性文化）衰落，后者（理念文化）兴起的推动者，或者说是属

---

① 与摩尼教不同，奥古斯丁认为，神创世界本来就有一个善良的本性，之所以出现邪恶，世界形成二元结构纯属人类因自由意志的滥用而堕落的结果。换言之，绝对的恶是不存在的。因此，人类应该能够得救，但只有信靠神恩才能得救。这样，尘世低于和服从天国或其代表（如教会）则是自然和必需的（参见 Augustine，1955，*Concerning the Nature of Good*，Washington，DC：Catholic University of America Press）。

② Pitirim A. Sorokin，1937，*Social and Cultural Dynamics*，Vol. 2，pp. 78，79，New York：American Book Company.

地之城衰落上帝之城兴起的动力。这种转变为一个广泛的"信众世界"的来临和西方二元权力结构的形成打下基础，同时也是奥古斯丁坚信世俗的（西）罗马崩溃之后信众世界仍将存在（甚至兴盛）的现实根本理由。其表明，尽管"因果系统"遭到破坏，"感知性文化"衰落了，但"意义系统""理念文化"，尤其是其信仰和伦理部分将持续下去。

奥古斯丁的"双城论"尽管在理论上意义深远，但它并不是对教权与王权关系做出的具体而清晰的界定。事实上，自君士坦丁一世开始，权力精英或统治者通过创造国家与宗教联盟的模式，有意模糊教权与王权关系的界限，甚至是"清除边界"（如后来的拜占庭皇帝查士丁尼便是如此）。他们认为国家是神法在世上的反映，皇帝起到联结神与世俗世界之间纽带的作用。例如，从325年尼西亚第一次大公会议或普世会议至787年仍然在尼西亚举行的第七次大公会议，都是由皇帝或其代理人召集和主持的，其决议也由皇帝批准。这样，帝国实质上成为宗教君主国（政教合一国家）。东部教会逐渐认可了这一点。本来帝国的绝对主义（专制主义）是由教会限制和调整的，现在却为教会（主要是东部教会）所认同（教会彻底与尘世和国家背道而驰的意识，即超越性，在东部弱化，甚至一劳永逸地消失了，两者之间的张力变得微乎其微）。对此西部教会（西方或拉丁基督徒）给予坚决反对，认为这种转变（政教合一①）是国家奴化教会的肇始，是教会丧失自治和"堕落"的开端。因此，保持教会的纯洁和独立性就成为西部教会的首要任务（西部教会多次拒绝参加由皇帝召集的主教会议）。由于东部教会已趋于与国家权力合一，这个任务自然落在抵制奴化的西部教会的身上，并且在5世纪末由教皇格拉修斯大体完成。至此，西方二元社会－政治权力理论便从奥古斯丁的"双城论"

① 这种"政教合一"（Caesaropapism），不同于非基督教的东方世界的政教合一。其区别在于拜占庭统治者在君主绝对统治与圣职的统治之间还是给出一定法律界限的。即使是像查士丁尼那样的绝无仅有的皇权至上的皇帝也是如此。例如，查士丁尼认为："上帝送给人类最伟大的礼物就是教会和皇帝的权威。前者以侍奉神灵为己任；后者以统治与关照人间事务为己任。"两者如果做得都完美的话，"就会产生清晰可见的和谐"（转引自 J. H. 伯恩斯主编《剑桥中世纪政治思想史》上，程志敏等译，三联书店，2009，第92页）。这是一种所谓皇帝与教长、教会与国家之间和谐共治的模式。

第五章　拉丁基督教母体与社会权力的二元结构

过渡到格拉修斯的"两剑"论（上帝之剑与国王之剑两种权力统治的理论）。

格拉修斯的理论主要体现在他于 494 年致罗马皇帝阿纳斯塔修斯一世（Anastsius I）的信中：

> 尊敬的皇帝陛下，这个世界主要是由两种权力 [Auctoritas, authorities，卡莱尔译为"两种权威"，萨拜因和伯尔曼译为"两把剑"] 来统治的，这就是主教的神权与君主的王权。在这两者中，教士的责任更为重大，因为在神进行审判时，他们本身将就人类国王的状况而向上帝有所交代。因为你这位极仁慈的子民知道，尽管你高贵地统治着人类，你仍然要对那些掌管宗教事务的人虔敬恭顺，从他们那里寻求拯救灵魂之道；你也了解，宗教法令是要求接受和正确实施天国的圣事。据此而言，你必须做的事是服从而不是命令。在这些事务上，你依赖他们的判断而不是使他们屈从于你的意志。因为，如果主教们视你握有的皇权为神所授，在世俗公共秩序中服从你的法律，那么请问，你应该以怎样的热诚服从那些负有管理神圣事务之责的人们呢？①

格拉修斯在 496 年针对两种权力作用的区别又写道：

> 基督……根据其各自适合的行为和特殊的尊严，将这两种权力区分开来……因此，基督教帝国的皇帝为获得永生需要求助于主教，而主教在处理尘世事务时也需要依靠皇帝的指导。按照这种安排，精神行为远离尘世的侵害，"上帝的战士"也不会卷入世俗事务，而那些从事世俗事务的人也不再掌管神圣事务。这样，两种秩序都保持着其谦卑，它们都不会通过使另一方屈从于自己而得到提升，每一方都履

---

① Brian Tierney, 1964, *The Crisis of Church & State*, *1050 – 1300*, *with Sselected Documents*, pp. 13 – 14, Englewood, Cliffs, N. J.: Prentice-Hall；还参见 Brian Tierney and Sidney Painter, 1978, *Western Europe in the Middle Ages*, *300 – 1475*, New York: McGraw-Hill。

行特别适合于自己的职责。①

　　伯尔曼认为，"这是最早的'两剑'说"②，《新约·路加福音》（22：
38）提到了"两把刀"，但意义不明，后人的诠释各异③。格拉修斯的理
论最重要之处，如都柏林大学中世纪史学家罗宾逊（I. S. Robinson）所
言④，就在于它厘清和界定了皇帝与神职人员的关系：基督教世界的统治
是通过作用不同的两个权力，即两把剑——宗教权威之剑与世俗权威之剑
实现的。教会拯救灵魂，皇帝"统治人类"。作为基督徒的皇帝在世俗方
面拥有管辖权，但在圣事方面却要受主教支配，因为这涉及其灵魂是否得
救（"获得永生"）的问题。也就是说，一方面，任何世俗之人（包括整
个皇室或王权在内）在接受帝国权力统治的同时，还必须在信仰上忠诚于
教会，做一名虔信上帝的子民（基督徒）。另一方面，教士的精神统治也
必须得到世俗权威的支持，或者说教会在世俗事情上依赖于皇帝的政府
（the ecclesiastic depends upon the government of the emperor in temporal
things）。这样，格拉修斯的理论实际上就包含了一种二元性，两者并肩共
治世界的原理⑤。

---

①　Brian Tierney, 1964, *The Crisis of Church & State 1050 - 1300*, *with Sselected Documents*,
　　p. 15, Englewood, Cliffs, N. J.：Prentice-Hall［以上两段引文译文参照了如下著作：
　　Carlyle, R. W. and A. J., 1903 - 1936（repr. 1970）, *A History of Medieval Political*
　　Theory In the West, Vol. Ⅰ, p. 190, Edinburgh and London：William Blackwood and
　　Sons；J. H. 伯恩斯主编《剑桥中世纪政治思想史》上，程志敏等译，2009，第401
　　页］.

②　哈罗德·J. 伯尔曼：《法律与革命》，贺卫方等译，中国大百科全书出版社，1993，
　　第112页；乔治·萨拜因：《政治学说史》上卷，邓正来译，第十一章"双剑论"
　　第一节，上海人民出版社，2008。

③　对于《路加福音》中"两把剑"一语的解释，中世纪学者多采用寓意解经法，认为
　　是指教会之剑（权威）与世俗之剑（权威），但现代解释者对此予以拒绝（见 J.
　　H. 伯恩斯主编《剑桥中世纪政治思想史》下，郭正东等译，三联书店，2009，第
　　514页）。

④　I. S. 罗宾逊：《教会和教皇制度》，载 J. H. 伯恩斯主编《剑桥中世纪政治思想史》
　　上，程志敏等译，三联书店，2009，第401～402页。

⑤　Carlyle, R. W. and A. J., 1903 - 1936（repr. 1970）, *A History of Medieval Political*
　　Theory In the West, Vol. Ⅰ, pp. 190, 191, Edinburgh and London：William Blackwood
　　and Sons.

对于格拉修斯理论的解读，历来争论颇多。争论的内容不外乎是，其理论的本义究竟是一种"平衡的二元主义"观点，还是另一种在确认两权分工的基础上强调"教权高于皇权"的观点①。这种争论不属于本书关心的范围。笔者只想指出，无论如何，格拉修斯的理论都进一步强化了西方二元权力结构观念，不管它是均衡性的还是非均衡性的，在中世纪及其以后都产生巨大的影响，在实践上导致西方社会－政治明显不同于其他文明社会而独具特色。

然而，理论上是一回事，实践上又是另一回事。基督教二元社会－政治观的实现，或者说西方中世纪二元权力结构的形成，是充满激烈斗争的，其波动的曲线摇摆不定。我们知道，蛮族在西侵过程中虽然掌握军队，但却逐渐交出了他们古老的神祇的权力，皈依了正统基督教。不过，民族性格暴烈、尚武、桀骜不驯的日耳曼人是不会轻易向文明的基督教教士屈从的。在 11 世纪后期以前，教皇往往从属于当地贵族（如罗马城市贵族），主教和一般教士大多也由国王或自治领头目任命。即使在所谓"双剑合璧"（王权与教权相对和谐）的加洛林王朝时期，国王们，如查理曼大帝，也只是把"罗马［教廷］当成了帝国的第一个宗主国辖区，和其它辖区没有任何不同"。同样，后来的奥托一世（Otto I）则把罗马教廷视为"自己的属地"。一旦教皇与皇帝/国王发生冲突，后者便会废黜前者。"教皇是在现世帝王的指令下就任的"观念在世俗统治者的支持者中相当普遍。对此，支持教廷的信徒给予坚决的批评。他们以格拉修斯的理论或原则为出发点，认为一切权力来自上帝。"教皇的尊贵更甚于国王，因为国王是由教皇祝圣才登上王权的巅峰的。"因此，不是教会存在于帝

---

① 关于这方面的讨论，参见如下书籍有关内容：R. W. Carlyle and A. J. Carlyle, 1903 – 1936 ［repr. 1970］, *A History of Medieval Political Theory In the West*, Vol. Ⅰ, Vol. Ⅳ, Edinburgh and London：William Blackwood and Sons; Brian Tierney, 1964, *The Crisis of Church & State, 1050 – 1300, with Selected Documents*, Englewood, Cliffs, N. J.：Prentice-Hall; Stephen M. Feldman, 1997, *Please Don't Wish Me a Merry Christmas：A Critical History of the Separation of Church and State*, New York：New York University Press; Walter Ullmann, 1970, *The Growth of Papal Government in the Middle Ages*, London：Methuen Publishing Ltd. ; Walter UIImann, 1979, *Medieval Political Thought*, Harmoundsworth：Penguin Books Ltd. ; Joseph Canning, 1996, *A History of Medieval Political Thought, 300 – 1450*, London and New York：Routledge。

国之中，而是帝国存在于教会之中①。鉴于社会广泛认为精神生活比世俗生活、灵魂比肉体更有价值，因而管理精神和灵魂的教权自然大于管理世俗事务的皇权或王权。教会有权对某些腐败的世俗社会进行审判，而教会的权力只能由上帝审判②。正是由于精神生活和灵魂的拯救在中世纪越来越具有重要地位，罗马主教从"圣彼得的代理人"逐渐变为"基督的代理人"，人们的基督教信仰越发深入和虔诚，在中世纪基督教文化巅峰时期，权力的天平一度由国王向教廷倾斜。

这种倾斜的表现就是 11 世纪后期在欧洲大陆发生的、主要由格列高利七世发动的、始于 1075 年的"教皇革命"，或要求"教会自由"的运动，即要求教皇不再由皇帝任命，而由红衣主教选举的教会自治运动③。在英格兰（和诺曼底），这种教会争取自治的权利，是大约 100 年后（1170 年）以大主教托马斯·贝克特殉难致使王权与教权最终达于暂时妥协来实现的。需要指出的是，"教皇革命"之后，两权的斗争无论在理论上抑或实践上并没有结束，而且有时还很激烈④。一般而言，在长时间的权力博弈中，斗争双方互有胜负，时而神权占优势，时而王权占优势，恶斗与妥协，狼狈为奸与和谐共治并存。波动的曲线是不规则的、不稳定的。二元结构在格列高利七世开创的"教会帝国主义"与世俗霸权之间摇摆不定⑤。前者（包括阿奎那在内）强调教皇同时拥有两把剑，教会有

---

① J. H. 伯恩斯主编《剑桥中世纪政治思想史》上，程志敏等译，三联书店，2009，第 412～413、414～415 页。

② J. H. 伯恩斯主编《剑桥中世纪政治思想史》下，郭正东等译，三联书店，2009，第 512～513 页。

③ 参阅乔治·萨拜因《政治学说史》上卷，邓正来译，第十三章，上海人民出版社，2008。

④ 关于两种权力在理论与现实上冲突与斗争的较详细论述，参阅 J. H. 伯恩斯主编《剑桥中世纪政治思想史》下，郭正东等译，导言"罗马教廷与世俗统治者之间关系"一节以及第十四章"精神权力与世俗权力"，三联书店，2009。

⑤ 一般而言，在欧洲大陆，从"教皇革命"（1075）到 13 世纪末，教廷似乎是胜利者。此后，从 14 世纪开始，双方又经历了中世纪最后的激烈冲突。其结果是教廷的主导权相对减弱，而帝国皇权在获得自治后逐渐丧失了其"世界性"，成为纯粹德国事务的管辖者。在英国，就两种权力的关系而言，王权最终扮演主导作用。尽管在英国中世纪历史上两次教会与王权的重大危机和冲突——国王亨利二世（Henry II）与大主教托马斯·贝克特（Thomas Becket）的冲突以及国王约翰（King Jonh）与教皇英诺森三世（Innocent III pope）的冲突中，国王都被迫做（转下页注）

权对包括皇帝或国王在内的世俗邪恶之人进行审判、绝罚和废黜；后者则认为，王权来自上帝而不是教皇，主张皇帝是"世界的主人"（如查理曼大帝或红胡子腓特烈一世那样），有权废黜敌视皇帝或国王的教皇或主教。双方相互指责对方违背上帝旨意和圣言，冲突从未解决。直到时代的主题发生变化，民族国家问题以及王权与市民之间矛盾问题的分量上升，这一斗争才趋于弱化和边缘化，或者说让位于新时代的其他斗争问题。叙述这场被西方学者非常推崇的"革命"或"第一次转折"的过程，不是本书的任务，在此，笔者只想指出其对西方文化、社会和政治的影响和社会学意义。

2. 权力二元结构的社会学意义

在前现代诸文明中，除了印度有些类似外，再没有其他地方像西方那样存在这种"双城"结构和权力冲突了。政教合一是那时的普遍现象。在巴比伦、波斯、中国，国王或皇帝"即上帝"；在伊斯兰文明中"上帝即皇帝"（哈里发制，教权制；苏丹制不属此类）；在拜占庭或东正教文明中"上帝是皇帝的小伙伴"（S. P. 亨廷顿语）。在这种一元而非二元体制中，人们很难看到社会文化精英不屈从于政治权力的现象（或精神权力本身就是政治权力）。这不仅导致与二元权力结构相关的张力、冲突和制衡几乎不存在，而且还造成社会精英缺乏"良知自由"，甚至在政治上道德沦丧（中国存在"道统"与"政统"之分，但由于缺乏相应的结构和

（接上页注⑤）出让步，但这两次冲突并没有严重削弱王权对教会司法权的控制。在法国，尽管像阿奎那那样的教士们坚持教权帝国主义，即纯粹的神权政治，但世俗的法国人在刚刚崭露头角的民族主义的推动下则扼守"法国的习惯"——国王命令下的合作的二元主义。法国王权在一定程度上控制了教会，但很少公开否定关于"两剑论"的神权政治解释。法国世俗舆论界认为国王有权用自己的剑抵制教皇的剑的暴行。在意大利，神权政治盛极一时。尽管民法教授以及以但丁和帕多瓦的马西利乌斯（Marsilius of Padua）为代表的二元论的拥护者坚持二元原则，对罗马教廷的行动和神权政治逻辑给予猛烈而激进的批评，但后者在理论与现实中仍居统治地位。中世纪西方世界的社会－政治二元结构在不同的时期和国度有所区别，它分布于教权高于王权的神权政治模式与世俗权力（后来是国家）高于教会的模式之间 [参见 Carlyle, R. W. and A. J., 1903 - 1936 (repr. 1970), *A History of Medieval Political Theory In the West*, Vol. I, Ch. 21; Vol. 2, Ch. 8, 10, 11; Vol. 3, "Introduction"; Vol. 4, Ch. 1, 4; Vol. 5, Part 23, Edinburgh and London: William Blackwood and Sons]。

制度，前者只是一种理论上的说法，事实上根本无法制约后者。所谓"有体无用"即此）。于是，要么万马齐喑，要么粉饰太平，除此之外，知识人便无其他大的作为。与此不同，西方文明中的权力二元结构充满了内在的文化张力和社会冲突，这在相应的制度和组织建构基础上极大地有利于自由的萌发和发展。其具体内容如下。

第一，二元权力结构的形成，总体上有益于社会自由的发展。1075年格列高利七世发动的西方历史上第一次争取"教会自由"的著名运动，即所谓的"教皇革命"，尽管其初衷仅仅是为了扩大教会权力，在整个欧洲建立起罗马教廷的一元化权威，但这一扩权改革却带来了政教相对分离的无意识后果，形成社会权力的二元结构。

如前所述，在格列高利七世的改革之前，各地神职人员（甚至包括教皇）及其权力都是由本国（或自治领）的皇室/王室任命和给予的，因此，各个世俗最高权力基本上在本国（或自治领）范围内垄断了属灵（精神）世界的控制权，包括罗马教廷在内的各个教会成为世俗权威的附属品。这种以皇权或王权为核心的社会政治体制自然是政教合一体制，在这一点上它与拜占庭，甚至东方世界的社会政治体制没有太多的区别。然而，"教皇革命"以后，西方世界的格局发生巨大变化。虽然西方各地区情况复杂多样，但经过斗争和妥协，大体上还是形成一种相对一致的社会发展趋向或文化取向。这就是，这场主教叙任权之争所宣示的教会权力自治——属灵或精神世界信仰权独立、人事权独立、司法权独立和财产权独立，在一定程度上得到落实。至此，教皇权力独立于世俗皇权或王权，对教会及属灵之事务拥有至高无上的权威。世俗权力被要求对于灵魂及其相关价值取向方面的事务上应该持中立立场，无资格指导教徒们的信仰；国王及其世俗政权无权干预教会事务，罗马教廷的最高权力来自教会内部的独立选举；教会具有独立于世俗法律的教会法，所有的神职人员和信徒皆要受到教会法的约束。当两种法律发生冲突之时，教会法高于世俗法；教会财产是不可分割的，世俗权力无权擅自征用教会财产。所有这一切最终导致政教相对分离，促成了西方权力上的二元结构的形成。这是全新的，也是其他文明中所看不到的（独特的）。它意味着教权与世俗权威之间彼此制约，相互制衡，没有任何一方能够获得绝对权力和优势。在这种情形下，它特别成功地抑制或推迟了绝对主义（专制主义）体制的全面扩张和强化，从而使得"封建自由"（liberties，种种特许权）获得发展。如多种单元的自治、一些残存的或正在形成的民主选举制度（教会选举制、修道院选举制、选帝侯制度、乡村公社选举制、自由市镇选举制）、等级代表制、法治和宪政的雏形（以英国的自由《大宪章》为典型）、社会契约观念及其实践、基督徒市民（公民）社会等的延续或创新发展。所有这些都构成未来现代社会和政治建构的文化源泉和资本。

第二，二元结构促进了基督教社团的独立自主意识的觉醒，间接促进了文化（知识）或精神领域的一定自治。我们知道，基督教自产生之日起便是以一种独立形态出现的，教士或修士社团（如著名的托钵僧团：多明我会与方济各会）的自我意识和独立自治意识（基督徒的文化自觉）在早期（教父时代）都十分强烈。获得合法地位并成为官方宗教后，基督教虽经历代圣徒的（理论与行动）抵抗，但也逐渐受到世俗权力影响，甚至部分被同化。其自我意识尽管尚能保持，但独立自治意识在中世纪前半期则淡薄下来。"教皇革命"以后，随着政教相对分离的二元结构的形成，尤其是在教皇格列高利七世的影响下，"积极的理念文化精神"（the active ideational culture mentality）① 日益兴盛，从而导致这些社团的独立意识和自治意识重新觉醒，教士们要恢复自身阶层和社团的独立和自治地位——不仅有精神或信仰上独立于世俗价值的宗教同一性意识（文化认同），而且还要有组织上和法律上独立于世俗国家组织和法律权威的教会统一性意识（社会认同）。此种事态发展的最终结果则是权威的分化，即精神权威与政治权威的相对分离。这实际上是在行动上复兴奥古斯丁的"双城论"和格拉修斯的"两剑说"。政治权力，如皇权或王权，属世俗世界。在这个物欲和肉欲横流的现世世界，世俗统治者因置身于其中而受到影响，往往更看重自己的利益而不是灵魂的成就，因此缺乏真正的神圣性，鲜有"超凡脱俗"的品质。与此相反，虔诚的教士（尤其是圣徒）置身于出世、圣洁的宗教世界，过着十分有节制的生活（教士虽有腐败现

---

① 参见 Pitirim A. Sorokin, 1937, *Social and Culture Dynamics*, Volume one, pp. 137 - 139, New York: American BooK Company.

象，但比世俗掌权者要好得多）。他们为上帝的神圣事业服务，心理上鄙视物欲横流的世俗生活，因而易于达到"超越"的境界，成为向善和正义的楷模或象征。显然，在这种情况下，精神权威自然落到教士而非世俗统治者身上。与此相关，评判真理的权力自然被认为应当掌握在前者而非后者手中。因此，随着时代的变化（从古代过渡到中世纪），至少精神权力和权威从世俗权力中相对独立出来并在信仰的时代和精神文化方面占有优势。它肩负拯救世俗世界的使命，因而要求"世俗之剑"服从"精神之剑"，强调不能超凡脱俗者要受超凡脱俗者制约。因为世界的拯救本质上是灵魂的拯救。一般认为（如许多教科书所言），在中世纪，教士的地位是最高的，这只是理论上的说法。实际上，在多数时段和情况下真正的统治者是王室（皇室）和贵族。在这种情况下，教会保持相对独立和自主性是非常难得的事情。由于教士同时又是唯一的知识分子，这种独立自主性更显难能可贵。这不仅直接推动欧洲第一批大学的创建和发展，而且通过教廷的保护（教皇学监制度）对大学免遭当地政府干预和保持其独立性（大学享有教皇赐予的特权），具有重要意义[1]。尽管此时知识人和知识界还不得不依附于教权（那时几乎没有不是教士或修士修女的知识人），但独立自主精神已在他们那里生根发芽，这对于近现代西方文化精英与知识界在思想、制度上独立和自治具有现实而深远的影响。

第三，二元结构为近代世俗国家的形成奠定基础。这不仅是指教会内部的教阶官僚制、公权性、选举制度（"天主教会的民主传统"[2]）和作为"第一个西方近代法律体系"的"教会法"（伯尔曼语），而且更主要指由于"教皇革命"撤销了皇帝或国王从前行使的精神权能，剔除或剥夺了世俗最高统治者的神性，使他们不再像昔日的皇帝或国王，如君士坦丁大帝或法兰克王（查理曼大帝）那样成为神圣或半神圣人物（统治者的神性或半神性第一次遭到剥夺），这就使得当时的西方国家日趋减少政教合一的成分，具有较大程度的真正世俗性。这种世俗性是近

---

[1] 希尔德·德·里德－西蒙斯主编《欧洲大学史》第一卷《中世纪大学》，张斌贤等译，河北大学出版社，2008，第18页。

[2] 菲利普·尼摩：《什么是西方：西方文明的五大来源》，阎雪梅译，广西师范大学出版社，2009，第205~210页。

代国家区别于古代国家和中世纪日耳曼帝国（法兰克－加洛林王朝）的主要特征。国家的世俗化，是向国家理性迈出了重要的第一步。尽管从现代眼光看，这种对王权神性的剥夺和国家的世俗性是相当不彻底的，但这种二元结构必定为近代世俗国家的出现奠定基础。这也是在政教分离、权力分化、国家理性上，现代西方为何比其他地方更为彻底的原因之一。

第四，教会内部的法治成为后来世俗法治的参照系。伯尔曼认为，教皇革命不仅"导致了近代西方国家的产生"，而且"也导致了近代西方法律体系的产生"。"第一个近代西方法律体系就是近代的教会法体系。"他还认为，"基督教与世俗司法管辖权的二元性是西方文化的一个显著的（如果说不是独有的）特征"，这使得"基督教给法律附加上一种积极的价值"[1]，它与后来的罗马法复兴共同促成了法律朝着相对自治、理性化（科学化）、系统化、多元化、法高于政治（即"宪政"）的方向发展，从而十分不同于早期日耳曼社会或非西方文明中那种法对礼或习俗的从属。除此之外，教会在其教团内部还发展了选举、司法以及代表权学说和制度，阐述和制定了程序和规则：地方教会何以能被法院传唤；教士团体能否向其成员和主教提起诉讼；怎样在教士团内部做出决定；主教能否决教士团的所有其他成员；选举中的"多数"由什么构成，以及其他涉及高级教士和教士团的共同意志的事务中的"多数"由什么构成。所有这些模糊的"民主"与"法治"的观念和结构，逐渐对中世纪后期和近代早期法律、政治理论和实践产生影响，成为后世西方民主法治的参照系和源泉之一[2]。

第五，二元结构导致西方社会和文化中存在独具特色的张力。这也就是韦伯所说的"宗教信念伦理与现世的紧张关系"[3]（或价值理性与目标理性的张力）。伯尔曼说："教皇革命留下了一份遗产，这就是在教会内

---

① 哈罗德·J. 伯尔曼：《法律与革命》，贺卫方等译，中国大百科全书出版社，1993，第52、100、141页。

② J. H. 伯恩斯主编《剑桥中世纪政治思想史》下，郭正东等译，三联书店，2009，第605~617页。

③ 马克斯·韦伯：《韦伯作品集Ⅶ：宗教社会学》，康乐、简惠美译，广西师范大学出版社，2005，第252页。

部、国家内部和一个既不全是教会也不全是国家的社会的内部所存在的那种世俗价值和精神价值之间的紧张关系。"① 精神价值与世俗价值之间的冲突和张力，在任何文明中都或多或少存在，即使在缺乏通常意义国教的中国儒家文化社会中也是如此。儒家追求"仁"的境界，强调"敬德"，向往"大同"，有"义利之辨"和成圣与凡庸之别，要求人们践履修身、齐家、治国、平天下的道德义务和社会责任，甚至做到"杀身以成仁"（《论语·卫灵公》），"舍生而取义"（《孟子·告子》上），最后入于"知命"的超越，至于"立德、立功、立言"的不朽。所有这些表明，中国儒家文化中也存在某种半"世俗性的"拯救观念和超越性（乌托邦）思想。不过，如韦伯所言，中国的儒家社会由于采取"政教合一"体制（实为政治与礼俗合一体制），"官僚阶级……对救赎毫无兴趣"，以至于"儒教"按近代变革的意义"丝毫不知所谓救赎需求"②，因此，"儒教……将与此一世界的紧张性降至绝对的最低点"，人们总是认为"这个世界是所有可能的世界中最好的一个"③，自然也鲜有变革的文化张力和动力。这一点几乎是非西方文明的共同特点。例如，韦伯就曾鲜明地指出，印度教社会尽管存在某种救赎观念（"解脱"），但在种姓制度、灵魂轮回信仰与业报的文化教化下，这只是个体行为，"革命的思想与'进步'的努力都是无法想见的"④，印度教社会 – 文化中缺乏对现世的直接的实质批判和压力因素。类似的，佛教同样具有拯救观念（"涅槃""普度众生"），但这也是个体行为，在"出世"的、"逃离现世"的、"非政治"的观念和屈服于世俗统治者的情况下，这种文化同样缺乏改变现世的强烈张力因素（除了拯救的方式不同外，中国道教也有某些类似的特点）。至于伊斯兰教文化，尽管如希克所言，其没有基督教那种"堕落"

---

① 哈罗德·J. 伯尔曼：《法律与革命》，贺卫方等译，中国大百科全书出版社，1993，第 141 页。

② 马克斯·韦伯：《韦伯作品集Ⅶ：宗教社会学》，康乐、简惠美译，广西师范大学出版社，2005，第 156、186 页。

③ 马克斯·韦伯：《韦伯作品集Ⅴ：中国的宗教 宗教与世界》，康乐、简惠美译，广西师范大学出版社，2004，第 311 页。

④ 马克斯·韦伯：《韦伯作品集Ⅹ：印度的宗教——印度教与佛教》，康乐、简慧美译，广西师范大学出版社，2005，第 157 页。

（原罪）与"拯救"观念①，但由于认识到人性普遍软弱，需要改变"加发拉"（ghafala，忘却真主）状态，因而可以说也存在某种拯救或解脱的思想（苏菲派尤其如此②）。不过，如韦伯所指出的，鉴于伊斯兰宗教与世俗之间没有区分［教权制（哈里发制）或政教合一（苏丹制）］，其"顺服"的观念（"伊斯兰"本意为"顺服"，指顺服唯一真神安拉的旨意），往往变成"顺应现世"。在这种情况下，"伊斯兰教从来就不是个真正的救赎宗教，伦理意义的'救赎'观念对伊斯兰教而言，实在遥远"，因此其文化张力和救赎的思想都极为趋于弱化③（早期阿拉伯伊斯兰教还有某种拯救精神和实践，但后期其逐渐丧失）。

历史表明，只有在西方那样的权力二元性的情况下，才有可能出现强烈的精神价值与世俗价值之间的张力以及救世的文化社会动力。这也是西方中世纪社会为什么逐渐出现较大张力和动力的文化和社会原因之一。在西方中世纪和基督教中，与神圣世界对立的"世俗世界"的含义往往与罪恶的源泉相联系（恶根性文化或罪感文化特征），灯红酒绿，声色犬马，尘世社会充满了腐败现象。对它的拯救成为教皇革命后"新时代"积极（或能动）的基督教之使命。这种使命不仅加大了社会冲突和斗争的深度和力度，而且还有助于演化出日益明确的新的文化价值观，如（基督教）平等观、救世观念（后演变为诸种社会革命或改革观念）以及历史"进步"观念（末世论线性发展观念）。它们在中世纪末和近代初期催生了一系列自由、平等、博爱（大爱、圣爱）思想。其分为两个层面：一是以社会契约论为基础的自由民主思想（以洛克和卢梭为代表，虽然二人有明显区别）；另一个是基督教人文主义乌托邦思想，如托马斯·莫尔的《乌托邦》、约翰·安德里亚（Johann Andreae）的《基督城》（*Christianopolis*）、康帕内拉的《太阳城》以及弗朗西斯·培根的《新亚特兰蒂斯》（*New Atlantis*）。这些崭新而完美的社会愿景与现实

---

① 约翰·希克：《宗教之解释：人类对超越者的回应》，王志成译，四川人民出版社，1998，第57页。

② R. A. Nicholson, 1963, *The Mystics of Islam*, p. 19, London and Boston: Routledge & Kegan Paul.

③ 马克斯·韦伯：《韦伯作品集Ⅶ：宗教社会学》，康乐、简惠美译，广西师范大学出版社，2005，第309~313页。

社会进一步形成巨大张力，最终为推动社会发生有意义的变迁起到巨大的积极作用。可以说，西方社会就是凭借着此种文化张力（动力）和取向（方向）从自发到自觉逐渐脱离旧有传统而迈进近代门槛的（当然，这需要一种从宗教改革到世俗化的转变过程）。没有这些，西方不可能成为世界的"例外"。韦伯以宗教为核心代表的有关东西方文化与社会的比较研究，对此给予了充分的说明。

总之，与所有的日益俗化的权力一样，天主教教廷和教会在未来的岁月中虽然不能避免腐败①，并成为改革或革命的对象，但教皇革命还是带来了重要的结果。这就是，如伯尔曼所言，"它把革命经历本身引入西方历史"，促使对政治社会的相对静止的看法向更为动态的看法转变："现世生活"不再被设想为必定堕落，直至最后审判之状，而是第一次被视为可以朝着为了来世灵魂得救所需要的前提进行改革和迈进。斯宾格勒以及伯尔曼从"观相学"的角度认为，哥特式教堂高耸入云的塔尖就是这种蓬勃向上的无限能动精神的象征。

---

① 关于西方中世纪天主教教会的两面性（圣洁与腐败），参见黑格尔《哲学史讲演录》第三卷，贺麟、王太庆译，商务印书馆，1981，第272~273页。

第六章

"封建自由" 秩序与理性
资本主义的兴起

　　法国自由思想作家兼评论家斯塔尔夫人（Madame de Staël，1766 - 1817）说："在法国，自由是古典的，专制才是现代的。"① 同样，托克维尔也说，"如果认为旧制度是个奴役与依附的时代，这是十分错误的。那时有着比我们今天多得多的自由"②。英国阿克顿勋爵认为"此言不虚"，"希腊的英雄时代验证过它，欧洲的条顿人对它的感受尤其真切。凡是在我们能够追寻到雅利安各族早期生活的地方，我们都可发现一些萌芽，它们有利于形成一种环境坚韧的文化，可以发展成为自由的社会"③。这就是说，与近代的绝对主义（absolutism，专制主义）和现代的极权主义（totalitarianism）体制相比，自由确实更为古老。在西方，"它植根于封建社会"④。正是在权力化整为零的封建"秩序"中（也只能在这种封建秩序中），自由作为某些特许权（libertise）才以诸多形态成长起来。它体现在教会、自治市镇、市民社会、等级代表制、商会、行会、乡村公社、大学（自治社团）、契约关系等之中。没有绝对权力的削弱甚至崩解，没有因外部袭扰而寻求共同体保护（安全）的需要，没有古典自由文化的遗

---

　① 转引自圭多·德·拉吉罗《欧洲自由主义史》，杨军译，吉林人民出版社，2011，第1页。
　② 托克维尔：《旧制度与大革命》，冯棠译，商务印书馆，2012，第159页。
　③ 约翰·埃里默克·爱德华·达尔伯格－阿克顿：《自由与权力》，侯健等译，译林出版社，2011，第30页。
　④ 圭多·德·拉吉罗：《欧洲自由主义史》，杨军译，2011，吉林人民出版社，第1页。

产和日耳曼部落从大森林中带来的自由传统（孟德斯鸠观点），没有这种自主性的文化和质量的培养，没有权力之间的相对均衡和彼此承认和制约，便不会有这种"封建自由"，即各种各样的共同体特（许）权（托克维尔称之为"集体个人主义"①）。从宏观和更大范围的公权力上看，封建格局就是一种无政府状态，这是它的致命的弱点。然而坏事也可变成好事。正如近代资本主义和欧洲文明扩张的起源和成长得益于政治上的无政府状态一样②，自由文化的创生和成长也是如此。它起初是不可能在绝对主义体制中成长起来的，正如轴心时代文化不可能在大一统的绝对帝制中产生一样。因此自由也好，现代（理性）资本主义也罢，都与西方中世纪的特殊秩序相关。

一 西方封建秩序与自由

西欧中世纪长期存在的特征是，世俗世界分裂成种种大小不一的政治自治体。本来，在中世纪前期，西欧在蛮族入侵过程中也曾出现过类似东方或拜占庭那样的大一统的帝国，如法兰克王国，它在加洛林王朝形成帝国并达到最高峰，此后帝国不断分裂和解体：帝国起初分裂为若干王国，后来诸王国内部又遭到削弱而瓦解为多个小公国或自治领，再往后部分小公国最终崩解为数个面积只有方圆几英里大小的城堡政治实体。这种现象成为中世纪西方基督教世界的常态。帝国瓦解与封建制度的兴起形成鲜明对比。

众所周知，分封制度是人类文明较早阶段，古代阶级社会较为常见的统治和政治形式。如中国周代便是如此③。这是官僚制发明前，帝国维持统治最简单易行和可靠的方式。它以建立在血缘与亲缘关系（宗法制度）之上的情感和信任为条件，作为社会精英的贵族阶层是其核心和保障。与此相应，单元相对自治和权力的分享及世袭构成社会根深蒂固的传统，这是家与邦的结合和放大，带有自然习俗的色彩。现代人对待封建或分封制

① 托克维尔：《旧制度与大革命》，冯棠译，商务印书馆，2012，第 136 页。
② Jean Baechler, 1975, *The Origin of Capitalism*, p. 77, Oxford: Blackwell.
③ 参见瞿同祖《中国封建社会》，上海人民出版社，2003。

度多以贬义视之，然而，须知这是古代广土众民之大国的无奈之举（因为当时古代官僚制尚未发明，人们不懂得如何理性处理大国的权力）。既然是分封制度，就存在离心倾向。不过，在强大皇权（或王权）权威的震慑下，离心倾向得到压抑。虽然犯上作乱之事不时发生，但封建秩序也能得到维持。然而，随着代际的变化，帝国中心权威的弱化，单元自治利益和欲望的膨胀以及情感的疏远和信任的破坏，自主的封建主义逐渐兴起并且最终占据上风。在这种情况下，分封制最终演变为封建无政府状态。中国春秋战国时代和西方加洛林帝国崩解后的状况均属于此类。两个帝国的解体大体上都遵循上述法则。只不过中国从秦朝开始又恢复了统一（尽管此后多有混乱时期），而西方便没有这么幸运。加洛林帝国后期，随着自主封建主义的兴起和整合性文化的式微（缺乏政教合一的文化），统一的国家逐渐为分封、采邑、"恩地"、豁免权制度引导到毁灭的结局①。尽管此后多有各种兼并战争发生，但终未恢复原有的统一。

因此，纯粹地讲，典型的"封建主义是欧洲的一种现象"②。西欧在11世纪进入成熟的封建时代，并在1150至1250年间达到了最高峰③。所谓封建体制，按其本意，一般与采邑相关④，主要指在某一文明中，天下呈现分裂而多元的自治格局。单凭这一点还不能把封建主义类型区分开来，因为如古希腊那样的文明世界也是分裂而多元的，但它不是封建社会而是城邦奴隶制社会。故除此之外，还需要其他因素才可说明封建一词的含义。这就是：在政治上，文明是按照各自为政的（缺乏统一中心性的）等级分封制度（采邑制度）形成秩序的，这"可以被理解为一种依附关

---

① 参见汤普逊《中世纪经济社会史》上册，耿淡如译，商务印书馆，1997，第302～303页。

② J. H. 伯恩斯主编《剑桥中世纪政治思想史》上，程志敏等译，三联书店，2009，第274页。

③ 佩里·安德森：《从古代到封建主义的过渡》，郭方等译，上海人民出版社，2001，第194页。

④ "封建"（feudality）一词，本意指"封疆土""建诸侯"，以等级分封和领主－农奴依附关系为基本特征，体现欧洲中世纪实行采邑制时期的一种特定社会秩序。后被泛用，如把秦汉以来的传统社会也称为"封建社会"。这多少有些"属于滥用"（J. H. 伯恩斯主编《剑桥中世纪政治思想史》上，程志敏等译，2009，第268页），如不加区分，易于导致误解。在此，本文是在本意上使用这一术语的。

系网"①；在经济上，它实行庄园制度，形成农奴对领主的人身依附关系而不同于传统官僚制下农民与地主的一般租佃关系。在这种情况下，真正意义的"国家"（政府或公权力）部分消失了，取而代之的是"地区封邑"、小公国、教会领、小城堡等诸多政体。它们由那些有势力的、行使着通常属于国王政治权力的家族或教会（及修道院）所控制。因此，如汤普逊所说，"封建制度即由个别私人在或大或小的领土范围内，在或高或低的程度上，代表或占有，夺取或行使公共权力的制度"②。它是由各种爵位的贵族、各种等级的领主或堡主以及处于教阶中上层地位并掌握自治领或教会领的主教或修道院长对其臣民实行行政、司法和征收赋税的制度。

对于西欧封建主义社会，我们的关注点是什么？以往教科书更多关注的是农奴（农民）与领主（地主）的阶级斗争，认为这种斗争是推动封建社会进步的根本动力。这种观点不能说没有道理，但在解释上总觉得不那么尽如人意。原因是农奴或农民起义对领主或地主统治阶级虽然给予沉重打击，甚至推翻某个王朝或领主的统治，但最终无不是落得改朝换代的结局。这在东方社会尤其如此。即使像中国太平天国运动那样的农民起义，最终也是重蹈覆辙。太平天国领导精英只坐了半壁江山，就已显露出旧有的改朝换代的迹象。其原因在于农民与地主统治阶级在文化和思想意识方面本质上是同构和同质的，前者一旦掌握权力，即刻变为后者。他们反对某一王权或贵族专制统治，但不反对这种专制统治制度本身，一旦成为统治者，便会延续旧有传统。当然，农民起义对地主阶级的统治多少给予了打击，致使后者的力量被削弱，客观上有利于其他不同的新兴力量的崛起，推动社会前进。在这个意义上讲，农民起义还是有积极意义的。然而，仅此而已。它不能从根本上改变历史的进程，使社会发生价值取向和质的飞跃。

因此，关于西方前现代（中世纪）社会，本书的关注点不在上述方面。它要探讨的是，作为一种独特的历史现象，西方现代性文化在中世纪

---

① 马克·布洛赫：《封建社会》（上卷），张绪山译，商务印书馆，2004，第288页。
② 汤普逊：《中世纪经济社会史》上册，耿淡如译，商务印书馆，1997，第302页。

后期即封建主义盛极而衰的时代是如何兴起的？为什么现代性首先独自出于西方中世纪封建秩序之中？这个封建秩序究竟有什么不同特点？它与现代性的萌发与成长有着何种关系？或者说它为韦伯所言的理性资本主义的成长提供了怎样的条件？因此，本书的关注点自然主要集中在封建秩序上。这个封建秩序与众不同的特点是我们理解历史、解决问题的钥匙之一。

如前所述，西欧中世纪在统一的加洛林帝国解体之后，便逐渐进入封建主义的鼎盛时期。除了帝国崩解外，西方中世纪这种状态的出现还与伊斯兰文明的扩张、古典世界和地中海文化终结（地中海由"罗马湖""变成了一个穆斯林湖"）、西方"重心北移"有关①。此时的西方世界"就像被堵塞在瓶子中"（亨利·皮雷纳语），自身的特性，即以日耳曼为主体的特性表现出来了。

这个时代的特点是，除了精神领域存在一个想象上近乎统一的天下——基督教世界（"信仰世界"）外，在世俗领域不存在一个大一统而整合的实体。文化和社会的认同主要在宗教领域（以罗马教廷为中心的具有一定教阶制度的基督教世界）。也就是说，通过基督教（天主教），西方文明有了根基和大致较为固定的范围。［因为如道森（Christopher Dawson）所言："伟大的宗教是伟大的文明赖以建立的基础。"②］人们有了一种区别于他者的文化认同感，有了不同的特有的道德和文化价值取向。这是西方文明圈形成的重要标志。由此他们开始以"西方人"的身份，自觉地把自己的文明与其他文明，如拜占庭、伊斯兰等文明区别开来。然而，这种统一性只是在出世的精神文化领域。在世俗领域，西方世界是四分五裂的，其标志就是无政府主义的封建秩序和"封建自由"。

无政府主义封建秩序的特点是：第一，公共权力的分裂和私有化。封建主义时代，权力从最高统治者（国王及其宫廷官吏）那里转移至大大小小的自治体领主手中。对此，韦伯曾说"封建制度意味着'权力分

---

① 亨利·皮雷纳：《中世纪的城市》，陈国樑译，商务印书馆，1985，第15、16页。

② Christopher Dawson, 1956, *The Dynamics of World History*, p. 128, New York: Sheed and Ward.

割'，只不过不是像孟德斯鸠的那种权力分割"，并认为这种分割是由于权力持有者之间对立的主观权利相互制约造成的①。其实质，在某些西方学者看来，则是"公共权力的私有化"②（权力被各个领主瓜分）。不过，对于这种说法，也有另外一些学者不予认同，如比利时历史与法制史学家卡内冈（Raoul van Caenegem）便是其中之一③。他们认为，这是将现代的认识投射到中世纪（尤其是中期）的结果，很可能出现"时代错误"④。同样，布克哈特也不同意以近现代的标准评价过去，比如中世纪，并认为这种评价"都是错觉"⑤。其理由是，中世纪前、中期人们并没有罗马法中，尤其是现代那种严格区分公权与私权的观念。加洛林帝国解体后和民族国家出现以前，各自治领也是一种政治实体。武士与领主们通过统治和治理逐渐带来当地社会的安定，通过法律形成秩序并最终使统治合法化（伯尔曼说，1050 至 1150 年，"封建主义在西方得以合法化"⑥）。因为这种秩序是符合当时人们生活习惯的。当然，从现代或罗马法系观点看，封建统治似乎有些"私权"性质，但这只是相对于皇权或王权以及帝国或王国而言的。自治领，包括自治的城镇共同体（公社），无论大小，毕竟也是地区政治实体，因此，不能说其统治者权力完全没有公权性质（因为有立法、司法、行政和公共安全秩序），只不过其"权力机构"与民族国家的政府无法相比，且公私之间界限不是那么分明。这里关键是如何认识在"没有"民族国家的情况下，社会生活是如何照旧进行的。

第二，整个文明世界因帝国解体而缺乏统一的中心，即存在多中心性。欧洲的特点是，即使在大一统的查理曼大帝的帝国时期，集权的王室

① 见马克斯·韦伯《经济与社会》下卷，林荣远译，商务印书馆，2004，第411页。
② 汤普逊：《中世纪经济社会史》上册，耿淡如译，商务印书馆，1997，第302页；还参见 J. H. 伯恩斯主编《剑桥中世纪政治思想史》上，程志敏等译，三联书店，2009，第240页及其注释15。
③ J. H. 伯恩斯主编《剑桥中世纪政治思想史》上，程志敏等译，2009，第240页。
④ 参见 David J. Herlihy, ed., 1970, *The History of Feudalism*, p. 79, New York: Harper and Row.
⑤ 雅各布·布克哈特：《历史讲稿》，刘北成等译，三联书店，2009，第30页。
⑥ 哈罗德·J. 伯尔曼：《法律与革命》，贺卫方等译，中国大百科全书出版社，1993，第368页。

权威也"从来没有获得稳固的确立"①,更不要说帝国解体后的情况了。因此,迈克尔·曼才说,"欧洲没有发号施令的中心",它由一系列小规模的交错互动网络组成②。尽管基督教作为规范体系提供了广泛性权力(西方社会在精神上受到一只无形的手,即"耶稣基督之手"的"规范调节"),但封建格局从宏观上看多少还是无序的,也就是"无政府主义的"③。当然,韦伯说过,采邑关系的(封建性)结构因契约因素和个人权利的定型化在权力地位上是稳定的,封建实体因权利与义务的综合"构成一个'法制国家'"④。这里应该是指采邑的内部关系。就此而言,封建链条是有序的。但西欧中世纪基督教世界像蜂窝一样存在许多这样的链条,"权力分割",群龙无首,因此,说封建主义具有无政府主义性质还是合理的。特别是在 11 世纪中期以前,由于封建法体系尚未形成,"公共秩序已经衰落到这样的地步:只有农民受领主和采邑的纪律约束。所有其它人,包括自由的土地所有阶级成员和所有那些拥有自己城堡的人,他们的行为随心所欲,不承认高于自己的权力。他们是'和平和战争的主人',是'不受任何约束的骑士',世界上没有任何人能够惩罚他们","国家的无秩序状态达到了最低点"⑤,用克里斯托弗·道森的话说则是"混乱不堪"⑥。

第三,封建体制的经济基础"是地产"⑦,尤其在 8 世纪到 13 世纪。

---

① 哈罗德·J. 伯尔曼:《法律与革命》,贺卫方等译,中国大百科全书出版社,1993,第 381 页。

② 迈克尔·曼:《社会权力的来源》,刘北成、李少军译,上海人民出版社,2002,第 509 页。

③ 在西方学术界,尽管一般认为封建体制是"无政府主义的"(J. H. 伯恩斯主编《剑桥中世纪政治思想史》上,程志敏等译,三联书店,2009,第 268 页),但也有学者,如迈克尔·曼不同意此种说法,他认为封建时代的欧洲因基督教的调控是"秩序而非混乱占据主导地位"(迈克尔·曼:《社会权力的来源》,刘北成、李少军译,2002,第 510 页)。本书认为,曼对秩序的强调有些过头,基督教的控制主要在精神领域,故同意前一种说法。

④ 马克斯·韦伯:《经济与社会》下卷,林荣远译,商务印书馆,2004,第 396、432 页。

⑤ J. H. 伯恩斯主编《剑桥中世纪政治思想史》上,程志敏等译,三联书店,2009,第 241、242 页。

⑥ 克里斯托弗·道森:《宗教与西方文化的兴起》,长川某译,四川人民出版社,1989,第 157 页。

⑦ 亨利·皮雷纳:《中世纪的城市》,陈国樑译,商务印书馆,1985,第 26 页。

这一时期，由于穆斯林的扩张和封锁，主要港口（如马赛港）"一片孤寂"，最富庶的普罗旺斯变得最为贫困，垄断商业并在西方商人阶层中占有绝大多数人口的东方商人（如叙利亚商人、希腊商人等）被禁止进入西欧，从9世纪开始西欧商业经历了长期的衰落时期，西欧（加洛林帝国辖区）很少对外交往，几乎没有出口，成为与世"隔绝"的"封闭"的"内陆"世界①。在这种情况下，农业自然成为主要收入来源，因为商业微不足道，除了地产外，"人们不知道有其它财产"；除了农村劳动外，"不知道有其它劳动"。亨利·皮雷纳的话尽管似乎有些夸张，但还是反映了那一时代西欧的社会－经济状况。这是封建主义的基础。直到11、12世纪，这种状况伴随着新商业和新商人阶层的兴起才有所改观。

第四，封建秩序是建立在效忠和契约基础上的，而且是得到法律（封建法和庄园法）保证的。这导致西方特有的封建主义与其他国家的传统社会状况十分不同。当然，封建秩序和庄园关系的法制化是有一个形成和发展过程的。以11世纪为界，中世纪前后两个时期具有不同特点。这里有一个从封建习惯转变为封建法律体系的问题。在封建时代第二个时期（中世纪后半期），尽管封建主对被统治阶级的压迫依旧，但恣意妄为、任意专断而不受法律约束的行为相对减少。

从以上分析中可以看出，封建格局，一方面，从微观方面或各单元（自治领）内部看，其大体上是有秩序的，尤其在1050至1150年间封建法、庄园法形成和教会发挥较大作用以后更是如此（伯尔曼观点）；另一方面，从单元外部或宏观（封建割据的格局）上看，这个格局又是相对无序的。马克·布洛赫以11世纪中叶为界限把西方封建主义时期划分为两个前后相继发展的阶段，即8世纪到11世纪中叶的第一阶段与11世纪中叶至15世纪的第二阶段，并指出这两个时期在性质上是"不同的"②。关于微观方面，伯尔曼认为③，这种本质的变化主要表现为封建设置和制度越发具有：（1）客观性和普遍性；（2）契约性以及领主权利与封臣权

①　亨利·皮雷纳：《中世纪的城市》，陈国樑译，商务印书馆，1985，第17～18页。
②　马克·布洛赫：《封建社会》（上卷），张绪山译，商务印书馆，2004，第122页。
③　哈罗德·J. 伯尔曼：《法律与革命》，贺卫方等译，中国大百科全书出版社，1993，第376～411页。

利或领主权利与农民（奴）权利的互惠性；（3）参与裁判制性质。这被认为是自由的某种初步萌发和体现。应当说，伯尔曼的观点是有道理的。例如，在第一阶段，领主各行其是。尽管存在封建习俗，但这毕竟是不成文习惯（法）。领主对封臣（统治阶级内部关系）或领主对农奴/佃农（阶级关系）的管制常常任意专断，不按规则行事（规则模糊不清）并且带有明显的差异性和歧视性。而从 11 世纪中期开始，随着法制的发展（包括教会法的作用），统治阶级下层的重要性增加以及被统治阶级的斗争展开，统治阶级不断做出有限让步，结果在采邑和庄园的管制上逐渐变得更加具有客观性和普遍性，亦即法治加强，权利义务明确，统治者比以前受到更多的法律约束，不再能够主观任意专断①，封建法和庄园法本质上得到较为广泛的认同，成为普遍的规范。当然，对待封臣与对待农奴是有很大差异的。由于农奴的被统治地位和阶级斗争的尖锐性，庄园法没有获得近于封建法、城市法，尤其是教会法那样高度的客观性和普遍性，但在大环境的影响下，它也获得了比以前对农奴和农民更有利的发展。比如，对农奴或农民的人身束缚程度，对劳役种类和数量以及其他义务、负担、税费予以更加明确的具体限定和规范，并且得到西方世界广泛的认同和接受。有的地区或领地还给予农奴"特许权"②。在这种情况下，领主权利与封臣权利以及领主权利与农民（奴）权利的契约性互惠产生了。关于前者，互惠性主要表现为，从以前封臣对领主（封建主）极不平衡的效忠转向两者之间接近平衡的相互忠诚，双方近于互惠。这是西方社会－文化中平衡性（或制衡性）观念的又一种体现，即西塞罗推崇的均衡论文化遗产在中世纪的一种体现。当然，天平还是有一些向领主一方倾斜的，但倾斜的程度比以前要小得多。在日耳曼自由文化因素保留较多或较少受古代专制影响的英国尤其如此。11 世纪中叶英格兰法学思想认为，一位封臣对他的领主并不比一位领主对他的封臣承担更多的义务。如果领主违背忠诚的义务，那么封臣就得以免除服务的义务（其实在苏格兰和爱

---

① 马克·布洛赫认为，义务固定化或稳定化的思想与奴隶制特有的概念是绝对抵牾的，主人权力专断是奴隶制概念而非封建制度的本质要素［马克·布洛赫：《封建社会》（上卷），张绪山译，商务印书馆，2004，第 407 页］。

② 马克·布洛赫：《封建社会》（上卷），张绪山译，商务印书馆，2004，第 434 页。

尔兰也是如此①）。大约从 11 世纪开始，若违反"契约"，"撤回忠诚"（*diffidatio*，又译"解除服从关系"②）便是西方封建关系的法律特性的一个关键（在此基础上，后来在英国发生争取制定自由《大宪章》的运动并不奇怪）。当时居住于阿尔萨斯（Alsace）的劳腾巴赫的曼尼戈德（Manegold of Lautenbach，约 1030～1103，奥古斯丁派神学家和论辩家）文笔犀利地表明了这一点：

> 没有人能够自立为皇帝或国王，人民提升某一个人使之高于自己，就是要让他依据正确的理性来统治和治理人民，把他所有的给予每一个人，保护善良的人，惩罚邪恶者，并使正义施行于每一个人。但是如果他妨碍或搅乱了人民建立其所要确立的秩序，也就是违反了人民选择他的契约（*pactum*），那么人民就可以正义而理性地解除服从他的义务。因为是他首先违背了将他们联系在一起的信仰。③

这是较早和典型的社会契约论话语。在这位教皇党派思想家看来，若掌权者像暴君一样行事，破坏了正义和善业，那么人民有权收回效忠誓言（oath of allegiance）。除此之外，12 世纪的宗教法学家鲁菲努斯（Rufinus）和 13 世纪的理论权威托马斯·阿奎那也有类似的思想。前者重申了曼尼戈德的观点："当一个国王即位时，他就和人民订立了一个潜在的契约，应允以一种人道的方式统治人民"④；而后者在《论王者之治》（*On Kingship*）中则认为，人民有权剥夺暴君的权力，因为他"理应受到其臣属不再服从与他订立的契约的惩罚"⑤。这些显然是站在教会立场上来发

---

① 约翰·埃默里克·爱德华·达尔伯格－阿克顿：《自由与权力》，侯健等译，译林出版社，2011，第 54 页。

② Walter Ullmann, 1967, *The Individual and Society in the Middle Ages*, p. 64, London：Methuen.

③ 迈克尔·莱斯诺夫等著《社会契约论》，刘训练等译，江苏人民出版社，2006，第 13 页。

④ Walter Ullmanna, 1967, *The Individual and Society in the Middle Ages*, p. 82, London：Methuen.

⑤ 转引自 Ernest Barker, 1947, *Social Contract*, pp. ⅶ - ⅷ, London：Oxford University Press。

表言论的，但却表达了基督教的平等思想或"人民的声音"，而按照中世纪后期的格言，"人民的声音就是上帝的声音"（Vox Populi Vox Dei）。

封建秩序就"是契约体系"［英国学者迈克尔·莱斯诺夫（Michael Lessnoff）语］。尽管这种关系并非平等，且上述观点一时间也不是主流思想，但随着时间的推移，其日趋得到广泛认可。当然，在权利互惠方面，领主与农奴（或佃农）之间不能与领主与封臣之间相比，因为阶级内部矛盾与阶级之间的对抗有着质的区别。不过，11 世纪以后，在教会的帮助下，庄园法并不意味着只是将义务强加于农奴，而不能保护他们的利益。如果说封臣对付无信不义之领主的方式是撤回忠诚，不履行义务，那么农奴（佃户）不忠和反抗的方式则是逃亡和起义。中世纪后期农奴大量的逃亡和有时的起义，迫使领主在法律上做出让步，限定义务，增加权利。西方的自由精神在中世纪乡村仍然可见。这主要源自法兰克人那样的古老传统。伯尔曼指出，"法兰克"（Frank）一词，与"奴隶"（Sklave）一词相对，本身就有"自由"的含义①。马克·布洛赫也说："libre（自由）和 franc（法兰克）这两个词可以互相替用。"② 作为日耳曼部落一支的法兰克人自由的历史证明了这一点。据文献记载，日耳曼人在入侵后建立最早的王国的时候，其国王是选举出来的。国王行事必须符合加冕誓词和古老的习惯（契约传统），否则人民有权反抗其统治③。应当说，日耳曼人祖先在墨洛温王朝前期通过部落民众大会制约国王的历史故事并不遥远，它还留在民族或人们的记忆中而尚未消失④。同样，这在苏格兰，尤其是英格兰也是如此。每当统治者不仁不义而没有遵守契约中的承诺时，

---

① 哈罗德·J. 伯尔曼：《法律与革命》，贺卫方等译，中国大百科全书出版社，1993，第 392 页。
② 马克·布洛赫：《封建社会》（上卷），张绪山译，商务印书馆，2004，第 406 页。
③ 格雷戈里：《法兰克人史》，寿纪瑜等译，商务印书馆，1981；R. W. and A. J. Carlyle, 1915, *A History of Medieval Political Theory in the West*, Vol. III, pp. 34 – 39, 150 – 152, London: Blackwood; R. W. and A. J. Carlyle, 1903 – 1936 (repr. 1970), *A History of Medieval Political Theory in the West*, Vol. I, pp. 240 – 248, Edinburgh and London: William Blackwood and sons; J. W. Cough, 1957, *The Social Contract*, 2nd ed., p. 24, Oxford: Clarendon Press.
④ 都尔教会主教格雷戈里（Gregory）在其《法兰克人史》中记载了当时法兰克人通过民众大会谴责国王行为不义，迫使国王屈服的情况（见格雷戈里《法兰克人史》，寿纪瑜等译，商务印书馆，第 131 页）。

臣民也力主撤回忠诚。而撤回忠诚，诚如奥地利历史学家弗里德里克·海尔（Friedrich Heer）所言，"表明了在欧洲政治、社会和法律发展中的一个基本点。有关反抗权的整个观念就是这种存在于统治者与被统治者之间、高贵者与低贱者之间的契约概念所固有的"①。

　　中世纪中期以后，随着法制初步向法治转变，制衡力量的增强，采邑或庄园法庭中的参与裁判制也大体形成。教科书上常说，领主是统治者，掌握全部司法权力；而佃户或农奴是被压迫者，无权参与法庭裁判。伯尔曼通过对中世纪庄园司法的研究告诉我们，这种说法是一种夸张的说法，起码在西方情况远非如此。他认为，许多历史学家忽视了庄园相当多地也是"社会共同体"或"经济公社"这一事实。它们需要合作。因此，"法庭本身由庄园全体成员组成，上至领主和管家，下至地位最低的农奴。他们全都是法官，被称作'诉讼参加人'"。"实际上，出席法庭和参与判决是一项义务"，尽管要向领主支付一定费用。"自由人与农奴参与裁判的权利和义务没有区别，当他们是争议的当事人时，对适用他们各自的诉讼程序也没有区别。"13 世纪以后，在英格兰，涉及庄园管理等事项时，发布的规定常常使用如下词语："自由的和受奴役的全体租户命令"，或"领主和租户命令"，等等②。这虽然强调保护领主的财产权，但也含有保护租户（自由人与农奴）的权益的意思。伯尔曼指出，或许有人认为，领主的权力和势力可能会对他所希望的裁判结果产生影响，但有许多不保护他利益的案件被记录下来，如有时农民对领主胜诉。伯尔曼的讲述得到了早先法国历史学家马克·布洛赫研究成果的印证。例如，在《封建社会》一书中，布洛赫谈到了如下情况：习惯法"将审判权扩展到依附者甚至农奴身上"，"高级司法权通常继续由领地上所有居民都要参加的民众大会行使"，"即使最专横的暴君也不可能废除集体审判"。他还认为，设想按民众法即公法行事的习惯"在封建世界没有流传下来，那将是严重的错误"③。同

①　Friedrich Heer, 1961, *The Medieval World: Europe, 1100 – 1350*, p. 37, translated from German by Janet Sondheimer, New York: New American Library.

②　哈罗德·J. 伯尔曼：《法律与革命》，贺卫方等译，中国大百科全书出版社，1993，第 403、405 页。

③　马克·布洛赫：《封建社会》（下卷），李增洪等译，商务印书馆，2004，第 596 ~ 598 页。

样，马克斯·韦伯也谈到类似情况："自由民可强迫领主及其隶属民联合组成庄园法庭，而由隶属民担任陪审员。于是领主即丧失对其隶属民所负担义务的绝对自由处分权，而且这种办法相沿乃成惯例（这与德国革命时，士兵组成委员会以对抗军官的情形相类似）。"① 在某些不了解西方历史的人或思想僵化教条的人看来，伯尔曼、布洛赫和韦伯的讲述多少有些天方夜谭，难以置信，但细想起来并不奇怪。因为文化取向和成见会影响人们的思维。他们不了解包括法兰克人在内的日耳曼人是一个崇尚自由的民族，一个年轻而尚未失去自由与民主信念的民族。虽然时过境迁，但他们仍然顽强地把他们并不十分遥远的早期习俗（如自由人的民众大会传统）部分带入中世纪封建主义时代②。正如基佐所言，"热爱独立"和"自由发展"的情操，"罗马社会和基督教社会都是不知道的。它正是由蛮族人带来并存入近代文明的摇篮里的"③。较早时候，孟德斯鸠也曾指出，"这种优良制度［自由民主制度］是在森林中被发现的"（亦即源于早期日耳曼人），后来为英国人所吸纳④。

不容置疑，西方的这种情况应当是真实的，它凸显了东西方社会的巨大差异［也凸显了时间差异。由于东方文明产生极其久远，其早期的自由文化（部落民主）——如果存在的话，随着时间消逝早已淡出人们或民族的记忆］。东方的低贱者一般是没有这种权利的。"到 1450 年，几乎在西欧的所有地区都废除了农奴制，但中欧和东欧却除外。"⑤ 与庄园法近似，在封建法方面，参与裁判制度在 11 世纪中期以后也有很大进展。在西方封建时代，王公贵族或领主和管家大多并不亲自断案和审判，他们通常只是主持法庭，审判由"诉讼参与者们"（封臣或佃户组成的诉讼团体）做出。它强调由"地位相等者"（"同等地位者"）进行审判或裁判

---

① 马克斯·韦伯：《韦伯作品集 II：经济与历史·支配的类型》，康乐等译，广西师范大学出版社，2004，第 78 页。

② 马克·布洛赫在《封建社会》中谈到蛮族王国在入侵罗马庄园过程中加速依法"释放奴隶"的事情［马克·布洛赫：《封建社会》（上卷），张绪山译，2004，第409～410 页］，因为法兰克人崇尚自由的民族精神与奴隶制观念是相抵牾的。

③ 基佐：《欧洲文明史》，程洪逵等译，商务印书馆，1998，第 38 页。

④ 孟德斯鸠：《论法的精神》上册，张雁深译，商务印书馆，1982，第 165 页。

⑤ 哈罗德·J. 伯尔曼：《法律与革命》，贺卫方等译，中国大百科全书出版社，1993，第 409 页。

的规则①，也就是一个人有权得到与他地位相等之人的判决的规则。这个规则在英格兰因 1215 年被写入《大宪章》而著名，在欧洲大陆一些国家的文献中也有记载②。这种做法是古老平等观念在封建时代的一种有限反映。有明确系统的封建法（内含一定成分的制定法）的封建主义与含有模糊分散而不成文的封建法（习惯或习惯法）的封建主义是不同的。1150 年后，整个封建等级制度被看作是一个完整的法律结构，其链条上的各个部分（等级）通过法律懂得了自身的权利义务及其重要性，西方人的权利义务观念以及权利义务在不同人之间的相互性观念就源于此；西方人好讼的习惯、重视契约的观念、不断增强的法律意识和法治观念也源于此。

以上我们是从微观方面或封建单元（自治领）内部谈及封建秩序的。下面再从封建单元外部或宏观上（封建格局上）看一看封建秩序的情况。中世纪西方从宏观上看是一个近乎无序的世界。日耳曼诸部落在摧毁西罗马帝国后进入相互竞争状态，通过残酷的争斗形成大一统的法兰克帝国，其巅峰是加洛林王朝，后由于内扰（统治者内讧和争斗③）又陷入分裂，再加上外患最终导致帝国崩溃④。也就是说，中央集权的帝国是在内忧外患的双重夹击下——用社会学术语而言便是在双重斗争和冲突的动力机制相互作用下覆亡的。由于中央王权的防御机制与功能被破坏，西欧土地贵族不得不凭借自身力量来抗击外部力量，尤其是北欧蛮族武士的入侵（地方贵族的自我保护机制被动员起来，以微观层面自治共同体的形式获得了较好的抗御和保护的结果）。这既导致了封建性的结构的进一步发展，也

---

① 参见马克·布洛赫《封建社会》（下卷），李增洪等译，商务印书馆，2004，第596～597 页；哈罗德·J. 伯尔曼：《法律与革命》，贺卫方等译，中国大百科全书出版社，1993，第382 页。

② 见 Walter Ullmann, 1975, *Law and Politics in the Middle Ages*, pp. 216, 219, New York：Cambridge University Press.

③ 先是加洛林王朝末代国王虔诚者路易（Louis the Pious）的儿子们与其父王作战，而后又是他们几个之间展开厮杀。

④ 美国学者维克多·李·伯克认为，同伊斯兰、拜占庭、斯蒂匹武士（Steppe Warrior）、维金人等诸文明的暴力冲突，最终"导致加洛林帝国的崩溃覆亡"。尤其是维金人的入侵，把加洛林帝国庞大的中央集权化的权力结构"炸成碎片"，促使人身依附与保护的封建性结构进一步生成（维克多·李·伯克：《文明的冲突：战争与欧洲国家体制的形成》，王晋新译，上海三联书店，2006，第25、48 页）。

助长了其相对孤立性和独立性的特质的深化。此时的西方处于文明的青春期，到处都是"政治的和个体民族的生命的再次自我肯定"和冲动①，但又根本不懂得后来在威斯特伐利亚和约中形成的、划时代的（作为近代标志之一的）那种强调主权和平等原则的思想以及基督教母体崩塌后产生的民族国家观念。因此，这个世界是在"没有国家的情况下"运行的。尽管在"教皇革命"后西方在一定程度上出现统一和中央集权的教会，但教皇毕竟不是世俗统治者皇帝或国王，教会也非集权的国家。宏观上的结构相对散乱并且充满激烈的竞争：不同领主之间的争斗、教会与世俗政治实体（王国、公国、自治领）的冲突、这两者与新兴自治城镇势力（市民社会）以及后来（中世纪后期）逐渐崛起的绝对主义王权的对抗和斗争。

西方这种宏观上的封建格局被某些学者，如迈克尔·曼，视为"秩序而非混乱占据主导地位"的互动"整体"②。维克多·李·伯克则称之为"松散的分权的政治邦联体制"③。应当说，这种看法反映的是 11 世纪后期以后的情况，而在这之前，封建体制大体上是无序的。不断出现的领主们之间恃强凌弱的兼并战争就是其证明。即使在 12 世纪以后，有序性也是相对的，而且（因宗教战争）存在反复。实际上，从宏观上看，中世纪后半期西方世界从相对无序到有序（封建体制从走向巅峰到衰落）是一个逐渐发展的过程，它是伴随封建体制的衰落、民族国家政权的复兴和中央集权的发展而来的（此长彼消的过程）。关于这段历史（封建时代），以往给予负面的评论较多。但随着"二战"后西方学术界对中世纪历史研究的深入发展（其实布克哈特早在 19 世纪后期就主张以历史的态度对待中世纪），特别是研究中世纪的专家就西方独特的封建主义对于西方后来社会－政治的发展给予一定积极褒奖的评价，甚至强调愈是封建主义（feudalism）的地方（如英格兰、低地国家、法国北部和中部、德国西部），后来反倒是愈加促进具有近代意义的社会政治发展，"那些最彻底

---

① 布克哈特认为，这种自我肯定是加洛林帝国崩溃的根本原因（见雅各布·布克哈特《历史讲稿》，刘北成等译，三联书店，2009，第 60 页）。

② 迈克尔·曼：《社会权力的来源》第一卷，刘北成、李少军译，上海人民出版社，2002，第 509～510 页。

③ 维克多·李·伯克：《文明的冲突：战争与欧洲国家体制的形成》，王晋新译，上海三联书店，2006，第 49 页。

封建化（不管按照何种定义）的欧洲地区最终建立了一些后来成为欧洲其它所有国家的典范的政府"①（与昔日轴心时代文明有些类似）。这种对于中世纪封建主义的另一种解读，不管观点如何，它都促使我们重新认真思考：这种从宏观上看存在几个世纪无序的西欧独特的封建主义，对于近现代经济、社会、政治的兴起和发展具有何种意义？为何在这种类型封建主义最兴盛的地区（西欧）现代资本主义反倒较为兴旺发达，而与此不同，在那些缺乏此类封建秩序或此类秩序程度较低的地区或文明，如西班牙、南意大利（包括西西里）、日耳曼（德意志）及其东扩部分②、拜占庭、伊斯兰、俄罗斯等，难以自主孕育近现代理性资本主义，或者现代资本主义仅仅停留在微弱的萌芽状态？或者换一种角度说，为什么在绝对主义（专制主义）体制中现代性或理性资本主义难以产生或成长？（为什么难以出现自主的创新性？）

由加洛林帝国解体与北欧人——维金人（Vikings，又译维京人）及其后裔诺曼人入侵共同造成的封建格局或封建主义的再次兴起，表面上看是"向野蛮的一个回转"，但随着同化和文化融合，它却带来了与加洛林王朝传统不同的、"最活跃最有生命力"的"新型生活"③，为有权力和有能力者的自治领的发展，尤其是集市、商业和城镇的恢复和发展，提供了得天独厚的条件（不应忘记，维金人既是武士，更是海盗兼商人，而且是9到12世纪北欧的"主要商人"④）。这些西欧的小公国或自治领较少受

---

① J. R. Strayer, 1971, "The Two Levels of Feudalism" in J. R. Strayer, *Medieval Statecraft and the Perspectives of History*, pp. 64 – 65, Princeton：Princeton University Press.

② 在德国中部，尤其是易北河以东地区，封建化和封建势力是在15世纪以后几个世纪才发展起来的（而此时正是西欧大部分地区的领主权日趋衰落的时期）。由于商业和城市发展相对缓慢、社会和法律结构与西欧"不同"（乔纳森·德瓦尔德：《欧洲贵族》，姜德福译，商务印书馆，2008，第79~80页），以及受东部专制文化影响，该地区虽有封建秩序，但在近代前期并未带来资本主义的迅猛发展，这是它与西欧的根本区别。

③ 克里斯托弗·道森：《宗教与西方文化的兴起》，长川某译，四川人民出版社，1989，第157、158页。

④ 在欧洲中世纪早期资本主义商贸活动中，"士兵、海盗和各种匪帮都具有与商人一样的作用"（维克多·李·伯克：《文明的冲突》，王晋新译，上海三联书店，2006，第51页）。亦即商人往往与武士、海盗分不开，否则，在无保护的情况下无法开展商贸活动。关于维金商人带来了商业取向（仅仅是取向），参见迈克尔·曼《社会权力的来源》第一卷，刘北成、李少军译，上海人民出版社，2002，第534页。

东方政治体制的影响而富有特色，它们彼此竞争而有创造性，所起的作用被认为是"类似于希腊城邦在古代所起的作用，或者意大利诸侯国在文艺复兴时期所起的作用"①。它们修建著名的修道院（如克吕尼修道院）并进行改革（不要忘记，西方中世纪修道院同时还是学校、研究机构、图书馆和各种知识的最早孵化器），把松散的个人契约、狭隘的道德戒律、相互的道德权利与义务、法治与更高的宗教动因结合起来，从而使封建体系的无政府状态为新型社会的生命力和复兴力量所调整。封建格局逐渐形成一种微妙而相对的权力均衡状态，权力参与的各种自主领域，如领主、封臣、自由城镇、教会和宗教社团、自治村社各显其能。后面我们将会看到，这种表面上外部无序而多元的宏观层面与上述内部有序的微观层面的结合是如何导致西方现代性自主兴起的（在此，关键是自主或半自主性，其易于打破"有组织的僵滞局面"②）。

二 自由市镇文化的兴起及其社会张力和结果

与东方相近，西方在中世纪前半期（约 6 世纪至 11 世纪）少有的一些城市也主要是作为行政和消费中心存在的。其为数不多，规模有限，大的一般不过几千人，小的也就是几百人（"在 1000 年，西欧只有约 24 个城镇居民超过几千人，可能只有威尼斯和伦敦有 1 万人以上的居民"，这与拥有几十万，甚至上百万人口的君士坦丁堡形成鲜明对比③）。它们或是王公贵族的所在地，或是主教驻节地，或是军事防御的堡垒——其名称各异，如 castellum（堡）、castrum（营）、oppida 或 oppidum（重镇）、urbs（城）、municipium（市）、civitas（9 世纪后主要指主教管辖的城市）、burgus（城堡，该词是从日耳曼语借用来的拉丁语）及其现代语言派生词 burg、borough、bourg、borgo（前两者是英语，第三个是法语，最后是意

---

① 克里斯托弗·道森：《宗教与西方文化的兴起》，长川某译，四川人民出版社，1989，第 159 页。
② 迈克尔·曼：《社会权力的来源》第一卷，刘北成、李少军译，上海人民出版社，2002，第 536 页。
③ 哈罗德·J. 伯尔曼：《法律与革命》，贺卫方等译，中国大百科全书出版社，1993，第 412 页。

大利语，都有城镇之意①），"但很少指商业中心"②。这是古代和中古前期城市与近现代城市的显著区别。著名比利时中世纪史学家亨利·皮雷纳说："九世纪时在西部欧洲那种基本上以农业为基础的文明中，是否有城市存在？对于这个问题的回答以所给予城市的含义而定。如果所指的是一个地方，其居民不是以耕种土地为生，而是从事商业和工业，那么回答应该是'否'；如果我们把城市理解为一个社会，具有法人的资格，并拥有自己特有的法律和制度，那么回答也是否定的。反之，如果我们认为城市是一个行政中心或者一个堡垒，则我们不难相信加洛林时代几乎与其后的数世纪有同样多的城市。"③ 这就是说，与世界其他文明一样，西方中世纪在日耳曼人入侵和逐渐文明化过程中也会保留和新建一些城市或城堡，因为定居的文明社会总要为其成员提供一些与宗教、政治、法律、军事防御、贸易集市相关的活动场所和中心，这些场所和中心自然慢慢地会形成城市。西方的这些城市与古代或东方的传统城市并没有什么本质区别。除了行政中心、宗教场所和堡垒的特点外，它们都同属于马克斯·韦伯所区分的那种"消费城市"而非"生产城市"。这种城市文明与后来中世纪末和近代的城市文明有联系，但相差甚远。在此，我们感兴趣的并非是这些城市如何形成的，而是更关心作为一种不同于传统的新兴自由城市文明或文化——具有空前不同的市民阶级和相对自治的城市组织这两个近代城市基本属性的城市文明或文化，是如何形成的，以及它们对西方社会发展的意义。

西方于 11 世纪晚期和 12 世纪，在北意大利（主要是伦巴第）、佛兰德（Vlaanderen）、法兰西、诺曼底、英格兰、德意志公爵领地、卡斯蒂尔（Castile）、阿拉贡（Aragon）等地先后涌现出数千个新兴城镇。这些城镇，无论新旧，都与传统的不同。这个不同点就在于它们许多都发展成商业或工业中心，而不仅仅是行政、宗教中心或消费城市（即使是从古代保留下来的旧城镇也实现了质的转型），并且，随着这种中心的发展，新兴

---

① 参见亨利·皮雷纳《中世纪的城市》，陈国樑译，商务印书馆，1985，第 39~45 页及其中文译注。

② 哈罗德·J. 伯尔曼：《法律与革命》，贺卫方等译，中国大百科全书出版社，1993，第 441 页。

③ 亨利·皮雷纳：《中世纪的城市》，陈国樑译，商务印书馆，1985，第 35 页。

阶级及其制度和文化也同时兴起。正如韦伯所言，"古代市民是政治人（homo politicus）"，而"中世纪市民的政治状态使他们走上经济人（homo oeconomicus）的道路"。①

关于这些城镇兴起或转型的原因，皮雷纳认为主要与西欧商业的复兴和商人阶层的崛起有关。他在著名的《中世纪的城市》一书中特辟两章阐述这个问题。后来，伯尔曼等学者对此提出了批评，认为皮雷纳忽视了以下事实：是生产者而非商人构成了那个时代大部分城市和城镇里居民的绝大多数，而且，这些多数主要是由源自乡村的过剩农业人口——逃亡或被解放的农奴和农民构成的，他们来到城市，在磨难中逐渐转变为工匠和手艺人②。在西欧封建主义从11世纪的扩张向13世纪的顶峰的发展过程中，西欧农业技术、劳动生产率、生产力、收获与播种平均比例、剩余产品、农村人口和平均寿命也随之有了迅猛的提高（9至13世纪收获与播种平均比例至少从2.5∶1增长到4∶1；950至1348年西欧总人口大约增长1倍多，从约2000万人增加到5400万人）③。所有这些发展表明农业经济增长为城市提供了食品、原材料以及劳动力和市场所需的前提条件。因此，近代西欧城市出现的经济原因不仅与商业的扩展和商人的崛起有关，还应归结于农业的发展和城市工业和手工业发展以及与此相关的资本与劳动阶层的兴起和分化发展。其实，皮雷纳并不像伯尔曼等人所说的那么偏颇，因为前者在书中曾讲到中世纪后期"城市在商业和工业的影响下不断成长起来"这样的话语，而且在"城市和市民阶级的形成"一章中，还特别谈到随着城市发展，"大批穷人涌入城市"的情况。只不过，他没有详细阐述城市扩张与农村发展以及当时社会流动之间的关系。此外，皮雷纳的观点讲的是城市在大量涌现时其起源与商业发展和商人崛起有关，没有商业发展的带头作用，工业是难以发展的。他说，"商业本身也刺激了

---

① 马克斯·韦伯：《韦伯作品集Ⅵ：非正当性的支配——城市的类型学》，康乐等译，广西师范大学出版社，2005，第199页。
② 参见哈罗德·J.伯尔曼《法律与革命》，贺卫方等译，中国大百科全书出版社，1993，第442页；Lewis Mumford, 1961, *The City in History : Its Origins , Its Transformations , and Its Prospects*, p. 253, New York：Harcourt, Brace & World.
③ 佩里·安德森：《从古代到封建主义的过渡》，郭方等译，上海人民出版社，2001，第200页。

工业"，正是"商业做了成功的努力，首先把［农村出现的］工业吸引过来，然后很快把工业集中到城市"。他专门谈到在佛兰德尔商人如何引导和组织呢绒工业发展的。商业较早发轫的北意大利和尼德兰是新兴城市最先大量涌现、最迅速成长的地区，充分证明了最初是商业促进了城市发展的观点。当然，一个城市只有商业或主要以商业为主，这样的城市在向近代新兴城市转型中最终是无法完全起到领头羊的作用的。在这方面，威尼斯是其典型。作为中世纪飞地和主要采取重商主义的城邦威尼斯，由于深受君士坦丁堡影响——其"一直沿着君士坦丁堡的轨道运转"①，结果，尽管其在中世纪较早就成为一个很大的商贸城市，商业资本主义十分发达，且也名震欧洲很长时间，但向近代化城市转型方面却最终落后于伴随工业发展起来的西北欧诸多重镇。

除了经济因素外，伯尔曼还指出了近代城市兴起的社会、政治、宗教和法律因素。其中，笔者认为最重要的是社会和政治因素，亦即乡村社会政治改革、社会流动和城市社会自治。关于乡村社会政治改革，主要指前面提到的，大约从 13 世纪开始兴起的"农奴解放运动"。这个运动明显带有近代价值观和伦理观的浓厚色彩，在当时西欧地区十分高涨。它甚至影响到拥有王室领和作为最大农奴主的国王。例如，法兰西国王路易十世和高个子菲力（Philip the Tall）于 1315 年和 1318 年就曾经以如下语言宣布释放某些王室领地的农奴：

> 根据自然法，人皆生而自由，但因本王国所保存的伟大时代的惯例和习惯……也可能因为他们前辈的不端行为，我们普通人中的许多人已经陷入奴役的枷锁之中，并处于颇令我们不快的各种状态中，鉴于本王国称作自由人的王国……我们已经命令……应恢复这些受奴役者的自由，对于生而受奴役、长期受奴役和最近由于婚姻和居住或诸如此类而沦为奴役状态的人们，应以良好和方便的条件赋予他们以自由。②

① 亨利·皮雷纳：《中世纪的城市》，陈国樑译，商务印书馆，1985，第 52、82、94 页。
② 转引自哈罗德·J. 伯尔曼《法律与革命》，贺卫方等译，中国大百科全书出版社，1993，第 410 页。

如伯尔曼所言，即使有人认为法兰西国王的行为只是一种伪善，但也不难看出，在这一农奴解放运动滚滚洪流的推动下，最高统治者们也不得不接受流行的理念和价值观，顺应历史潮流。到 1450 年，西欧几乎所有地区都废除了农奴制，这与东欧明显区别开来。农奴的陆续解放和农民摆脱了土地和封建枷锁的束缚，释放出极大能量，这与商业、工业和城市化发展不期而遇，两者结合给西欧地区带来巨大变化。这突出表现为社会流动日益加剧，阶层的分化和变化越来越大。一方面，伴随城市的兴起和扩张、商业和工业的发展以及对新生活新机遇的渴望，大量被解放或摆脱束缚的农奴、自由小农和没落的中小贵族纷纷离开庄园、乡村，向城市持续流动（或者说被城市的扩张囊括进来），成为市民①。他们的转变促进了城市化发展。另一方面，他们来到城市，不仅从乡民变成为城市居民（burgensis 或 burghers），而且从一个阶层跻身于另一阶层：从作坊的徒弟变成师傅，一部分成功的工匠又变成企业家、工场/厂主，成为第三等级的上层，即由 burgensis 或 burghers（市民）变为 bourgeoisie（"布尔乔亚"，即上层市民或资产阶级），形成古典中产阶级（早期的资产阶级）。尽管这种向上流动的成功者只是少部分人，但社会的分化和流动不仅促进了城市化发展，而且使社会充满生机和活力。城市作为在社会、经济的等级中向上流动的机缘宝地，为有能力者向上流动提供了有利的条件和广阔的空间。这最终形成一种意识和观念，对人们产生深远影响。

作为一种新型的文明，城市的发展一开始便处于张力之中，表现为新旧秩序的矛盾。新城镇形成或旧城镇转型之初，最大的特点是，它们是在原有领地之中成长的，原住居民必然带有原有领地的色彩，具有原有传统、观念和感情。此外城镇中社会是存在身份等级划分的，权利义务颇不

---

① 农奴解放是一个较长时间的过程，这与城市的影响肯定是分不开的。开始来到城镇的普通人一般多为附近逃亡的农奴。城市的自治和对他们的接纳也有一个过程。他们虽然在工作上已成为作坊或工场工人，是事实上的城市居民，但还不能抹掉农奴身份（用我们今天的话说是农奴工），在城镇实现强大自治和法律给予其保护以前，仍受原有贵族和领地法律辖制（农奴来自附近农村，乡里乡亲易于辨认，身份很难隐瞒）。他们新的事实上的社会地位与传统的法律身份极不兼容。这种矛盾的解决是随着资本主义和政治改革的深入发展以及城市自治和自我保护功能的加强而逐渐实现的。

平等。在许多古老城镇中，如在威尼斯，世代的老公民与新市民在贸易权上是不平等的。随着新兴商人和其他移民的涌入以及工厂的建立，这些新组织的制度以及人们的观念、情感和要求逐渐与原有领地传统文化发生摩擦，甚至冲突，在城市化和近代化基本完成之前长时间形成文化和社会张力。韦伯在谈到西方城市文明的文化取向时，指出了其最重要的特征，即城市是一个独特的共同体（皮雷纳称为独特的市民公社），市民兼有城市"共同体"性格与"市民"身份资格两种特点。因此其主要表现为拥有：（1）自己的法庭以及——至少部分——自己的法律；（2）自己的相对独立的市民身份团体，即市民社会（或市民公社）以及与此相关的自律性和自主性（自治性）；（3）强烈的"城市共同体"与"市民"观念。一句话，"城市意味着公民的自由，居民的豁免权"①。它表现为人们之间的社会关系逐渐向形式平等和自愿契约性质过渡，不仅受法律保护，而且为作为法律制度之深层结构的宗教誓约文化所支撑。所有这些把它们与东方城市社会明显区别开来。

就西方中世纪城市自治共同体（或自治公社）的来源而言，其一部分是通过暴力产生的（如某些佛兰德城市是通过"誓约公社"革命起义建立的②）；而另一部分则是通过"和平演变"（皮雷纳语）形成的。后者属于多数。西方城市之所以能够实现自治，是与当时西方文明大系统的社会政治环境的作用分不开的。市民阶级在中世纪后期形成和发展过程中主要面对主教（教权）、国王（王权）、封建贵族这三种社会政治力量。他们之间的关系十分复杂，在不同的地区和时期表现不一。例如，在北意大利（伦巴第）诸城市最终形成自治基本上是利用教皇与（神圣罗马帝国）皇帝的矛盾与冲突（教权与皇权的冲突）实现的，或者说它们借助教皇的需要和力量摆脱德意志皇权控制而自治。而在法兰西部分地区，市

① 马克斯·韦伯：《韦伯作品集Ⅵ：非正当性的支配——城市的类型》，康乐等译，广西师范大学出版社，2005，第23页；J. H. 伯恩斯主编《剑桥中世纪政治思想史》下，郭正东等译，三联书店，2009，第797页。

② 例如，法兰西的康布雷（Cambrai）市就是借"教皇革命"的东风，经过誓约公社两次起义才于1184年最终摆脱皇权及其支持皇帝的主教的控制而获得近代意义自治和特许权的（见哈罗德·J. 伯尔曼《法律与革命》，贺卫方等译，中国大百科全书出版社，1993，第450页）。

民阶级则依靠国王的支持（后者的目的在于削藩）摆脱教会领的统治者（主教）或世俗领地封建主贵族统治的。此外，在西欧，有相当多的身处领地中非行政中心的市镇，是通过发展商业与手工业并缴纳一定税金获得特许权和自治权的。在这样的市镇的所在领地，很长一段时间没有首府，封建主贵族经常在其领地内巡回，只是偶尔住在这些市镇，同时，他们对商业发展很感兴趣并支持其发展，因此"他们没有理由与市民们争城市的管辖权"①。一般而言，获得一定税金后，他们对这些城市予以保护，对其内部管理大体采取善意的中立或听之任之的态度（亦即哈耶克所说的呈现治理宽松状态）。久而久之，这些市镇获得相对自治。这与作为行政中心的大都市是不同的。例如，法国都城巴黎就是行政中心，从来没有享受过自治。国王对自己常驻地城市的控制非常关切，而基本上住在自己的庄园而非市镇的公爵、伯爵并没有这种关切之心。这就为这类市镇的自治和商业自主发展提供了条件［有的市镇，如法兰西的洛里斯（Lorris），即使没有自治权，也获得了国王给予的独特的特许权。其居民的特许权状况"颇为可观"，在经济和法律上是自由的，远离领主剥削的专横统治②］。

具有誓约公社特征的自治城市或享有特许权的城市共同体的持存，是西方社会文化特有的现象。这种文化，如前所述，是以不同的新兴阶级的产生（作为"第三等级"的城市平民的产生），市民社会的形成，以及新的生产方式和生活方式的形成为基础的。行会在其中起到了重要的作用。那么，何为西方的行会？韦伯将行会大致分为两种类型，即"不自由的行会"与"自由结合的行会"。前者见诸古典时代晚期的埃及、印度和中国，主要是用来监督对国家强制性的赋役（Liturgie）义务的组织，也就是说它们是为满足国家政治和财政的需要而建立的。后者主要是西方"中世纪的特色"。其萌发于古典社会（早期基督教的传播就利用了这一点，如使徒保罗便是如此），后来作为遗产流传到中世纪。不过，自由的行会在古典时代只是萌芽，只有在中世纪后半期才获得发展。它们与自由城市

---

① 亨利·皮雷纳：《中世纪的城市》，陈国樑译，商务印书馆，1985，第112页。
② 哈罗德·J. 伯尔曼：《法律与革命》，贺卫方等译，中国大百科全书出版社，1993，第454、480、481页。

一样，"或以革命的方式，或以购买的方式，而取得城市领主所有的一切特权"①。这种行会当时是建立在誓约公社基础上的（在此重点是誓约），用伯尔曼的话说，它们"是从一种宣誓的兄弟会起步的"，或"所有的行会都是兄弟般的联合"，会员喜欢"谈及他们的'永久兄弟关系'"②。这或多或少有些"帮会"的味道，但如果看到它们又是与基督教"普世价值"以及新兴市镇、市民权和自由（共同体而非个人自由）文化相联系的，那么，这种行会还是与封建誓约组织（帮会）区别开来。在中世纪后期，行会本质上是自治市或城市自治共同体的管理形式或体制，其目的是通过誓言及法律的约束使各成员受到相互保护和服务。这种行会带有强烈的宗教和伦理色彩，但却是世俗的、经济的组织。当然，除了物质方面，它们还要为其成员的工作和生活提供文化、思想、精神方面的行为准则，对违反准则的行为，如渎神、赌博、放高利贷、懒惰等行为进行处罚，同时，也为城市共同体守护圣徒，开展各种慈善事业。此外，西方的行会还是立法团体、政治团体、经济组织，它们根据行业种类制定自己的法律（法律千差万别，五花八门，如商人的、手工业的、专业的、银行家的、海员的等。而许多种类又可细分，如手工业可分为羊毛、蚕丝、皮革、银器等，专业可分为法律、医学等，法律还可分为法官、公证人或律师等不同方面），垄断经贸，保护成员的经济和政治权利。在某些城市，如 15 世纪的明斯特市（Münster），"没有任何人会在未得到行会的同意下遭到监禁"③。城市共同体一开始即利用行会组织来达成行政目的。所有这一切使得城市市民的生活方式与周围世界区别开来，形成一种强大的张力。

西方中世纪后期自治城市不仅与外部形成张力，而且其内部也随着工商业的发展而趋于紧张（等级之间的对立与制衡）。紧张或张力的根源，如前所述，在于伴随工商业发展而出现的城市平民的崛起和社会分化。所

---

① 马克斯·韦伯：《韦伯作品集 II：经济与历史·支配的类型》，康乐等译，广西师范大学出版社，2004，第 106 ~ 107、112 页。

② J. H. 伯恩斯主编《剑桥中世纪政治思想史》下，郭正东等译，三联书店，2009，第 796 页。

③ 马克斯·韦伯：《韦伯作品集 VI：非正当性的支配——城市的类型》，康乐等译，广西师范大学出版社，2005，第 127 页。

谓这一时期的城市平民（popolo），即早期市民社会成员。韦伯认为其不仅是经济概念，而且是政治概念，由他们组成的团体，即市民社会，实指"国中之国"，因此也是"非正当性的政治团体"。这种团体的特点是：第一，他们是"自觉的"（共同的自我意识），亦即城市平民或市民社会成员意识到其自身是一个阶级或等级，有自己的经济、政治组织（誓约团体和行会）和领袖（誓约团体或行会的领袖），形成自身的文化意识形态（在近代中后期分裂之前则具有统一的意识），有自己的法规，在城市的立法和管理机构有自己的代表并参与监督和管理。第二，他们是"非正当性"的，这在旧有的城市（如北意大利城邦，即伦巴第人的城邦）更为明显。作为平民的市民（手工业者和中等商人）与城市贵族门阀或骑士形成明显的对立，处于非平衡的权力关系之中。第三，共同体或明或暗以一种契约为根据（特许状在某种意义上也是一种社会契约），因而有成员之间参与关系的形式①。第四，城市共同体意识到自身的历史性。伯尔曼批评韦伯在阐述西方城市发展时没有注意到这一点。前者认为，"与罗马的、伊斯兰的和东方的城市相对比，西方城市相信其政治、经济和社会制度会世世代代有机地向前发展"②。这是发展的动力之一。第五，平民市民具有"革命性"。韦伯说："平民（popolo）的成果是历经激烈且血腥的长期斗争才获得的。"③ 它的高峰和标志性的历史事件就是法国大革命。然而，这是后来近代的事情。实际上，它在西方古代希腊－罗马城邦就有

---

① 伯尔曼指出，如同城市共同体的契约性不应当从当代契约观念的角度来理解那样，其成员的参与性也不应当从当代民主观念的角度来理解，因为在中世纪或者说在法国大革命后现代个人主义出现以前，西方的共同体主要不是以个人为依据，而是以所从属的社团为根据建立的共同体，即"社团的共同体"（community of communities），也就是说，这样的社会还是法国社会史家所说的那种"等级社会"（société des ordres），或德国学者所称作的"等级国家"（ständestaat），在这种状况下，共同体成员的参与和"民主"只是少部分人的事情（参与受到财产和知识限制），它与后来的大众社会和大众民主有很大区别。西方的自由有一个从团体（社团）自由向个人自由的转变、演化过程（参见哈罗德·J. 伯尔曼《法律与革命》，贺卫方等译，中国大百科全书出版社，1993，第484页）。

② 哈罗德·J. 伯尔曼：《法律与革命》，贺卫方等译，中国大百科全书出版社，1993，第491页。

③ 马克斯·韦伯：《韦伯作品集Ⅵ：非正当性的支配——城市的类型》，康乐等译，广西师范大学出版社，2005，第133页。

表现，在中世纪后期又再度浮现。平民借助自己的组织打破门阀的支配，甚至把贵族赶出城市，使他们退回到乡间古堡。这样，西方在中世纪后期许多工商业发达地区便出现城堡与自由城市的对垒。有时是贵族以其城堡为据点反攻城市，而随着时间的推移更多的是城市出兵攻克城堡，粉碎传统庄园领主制组织，透过立法有计划地解放农奴或农民。这可以使我们认识到，西方中世纪城市的兴起与农奴制的瓦解差不多同时发生并非偶然，两者具有密切的关联性（城市化的发展有助于农奴的解放，后者又给予前者极大的补充），而推动这种趋势向前的决定因素之一便是伴随着工商业较快发展而出现的新兴市民阶层的崛起。这种市民在明显分化和分裂以前还是团结的并带有革命性。

城市平民的崛起或市民社会的兴起，给中世纪后期西方城市社会带来了巨大的变化。这就是城市共同体具有自主和自治的特点，其表现如下①：其一是政治的自主性。因国度不同，自主的程度也不一样。一般而言，欧陆国家，如意大利、法国和德国，城市政治自主性更强一些，尤其是北意大利，它们把这种政治自主性大体上保持到绝对主义国家形成前夕；英国城市因中央集权（王权）较为强大，因而自主性较小。它们主要是通过较早存在的强大的国会从整体上维护城市和市民阶层的利益。其二是立法的自主性。城市本身自主立法，伯尔曼称之为"宪法特征"。北意大利最为典型，英、法、德和西班牙时而有之。作为近代资本主义萌芽的维护机构，城市法庭逐渐把非理性的巫术性取证手法，如决斗、神判、氏族宣誓，排除于诉讼过程之外，而代之以合乎理性和科学的举证方法（体现了罗马法复兴精神）。其三是租税的自主性。这方面的自主性在中世纪中期相对强一些，尤其在欧陆。它对于市民，特别是逃亡到城市的农奴或农民具有极大的益处，使他们对城市以外的、往日的司法领主与人身领主的一切义务逐渐得以免除。当然，随着中世纪末期和近代的到来以及民族国家的兴起和中央集权的加强，这种自主性逐渐趋弱。不过，没有经过市民的同意，王权（国家）不能任意增加征税的观念已经深入人心。

① 参阅马克斯·韦伯《韦伯作品集Ⅵ：非正当性的支配——城市的类型》，康乐等译，2005，第158～167页。

其四是市场权利和经济政策的自主性。经过多年的斗争和努力，市民从贵族门阀手中夺取和掌握了市场的权利、自主性的工商业管制权以及独占性的禁制权（Banngewalten，禁令权），并以一种经济文化的方式在民族国家兴起之后仍把它们不同程度地保持下来。这极其有利地促进了近现代理性资本主义的成长。历史证明，现代文明和理性资本主义是自由城市的内在属性，它只能在自由的市民（尤其是中产阶级，早期资产阶级）而非军阀、传统贵族、暴君统治下获得成长①。

所有这一切，特别是市民社会的形成，表明在中世纪后期个体公民的尊严、自由和权利已经开始萌发、成长。只不过，此时的这种个体尊严、自由和权利还潜隐于各种共同体或社团之中，即潜隐于自治市镇、誓约公社、行会、契约关系组织等实体之中，或者说，个体的要求权主要表现为自治单元的要求权，自由还是团体的自由。因为当时人们所讲的自由更多的是"libertates"（或 liberties，复数，指各种自由或各种特许权），而不是"libertas"（或 liberty，单数，指同一种自由或同一权利）②。因此，像今天西方这种个人主义的自由或自主性尚未明显存在。后者的突飞猛进在欧陆是从法国大革命以后开始的（在英国则是一种缓慢的渐进过程）。法国大革命在摧毁封建制度的同时也摧毁了各种传统共同体、社团的自治和种种特权（包括豁免权），加速了这些实体及其关系的消亡，促进了集权性的民族国家的兴起和统治，开始了社会原子化和大众化的趋势③。自由，诚如美国社会学家尼斯贝特（Robert A. Nisbet）所言，也从团体的自由向个人自由转变④，用托克维尔的话说，则是从"集体个人主义"向"我们熟悉的真正的个人主义"转变。

---

① 参见弗里德里希·奥古斯特·哈耶克《致命的自负》，冯克利等译，2000，中国社会科学出版社。

② 布罗代尔认为，在中世纪，"自由"（libertates）以复数形式使用时"在非常大的程度上相当于'privilegia'（特权）或'jura'（权利）"。自由实际上"指的是保护这一集团或那一集团、这一利益或那一利益的公民权（franchise）或特权"（费尔南·布罗代尔：《文明史纲》，肖昶等译，广西师范大学出版社，2003，第297页）。

③ 托克维尔：《旧制度与大革命》，冯棠译，商务印书馆，2012，第49、60~61、136~137页。

④ Robert A. Nisbet, 1986, *Conservatism: Dream and Reality*, pp. 35 - 36, Buckingham: Open University Press.

第七章

个体与社会：西方中世纪后期
人类组合中的张力与变化

　　从社会学的角度看，这一时期（及其以后）西方社会中最深层的文化张力是什么？表面上看，张力可以出自经济、政治等方面，但从更深一层次观察，其实质则是源于与社会分化和社会关系变迁相联系的个体与群体（共同体或社会）关系的变化①，即与远古和"信仰时代"的情形相比，这两者之间的关系变得日趋不和谐（更多的是"工具理性"或"功能合理性"，而较少"价值理性"或"实质合理性"②）。滕尼斯、涂尔干、韦伯、亨利·梅因等学者的有关著作想要说明的其实就是这个变化问题（表面上是经济和政治的变化，背后深层则是文化和社会关系的变迁）。当然，马克思也从另外的角度极具启发性地论及了这一问题。人类组合形式的变化，即个人与社会（近代后期以前表现为人与共同体，此后又表现为人与社会）关系模式的变化，两者的日趋紧张与不和谐，既是此后西方世界发展充满活力和动力的源泉，又是社会扰动、失序的根本原因。

---

　　①　索罗金认为，社会关系的变迁比经济、政治结构的变迁重要得多，后者是表面的，前者是深层的、基本的（滕尼斯在《共同体与社会》中表达的也是这种思想）。西方社会自中世纪后期以来，总体上经历以家庭关系、强迫/义务（compulsory）关系为主的社会关系向以契约关系为主的社会关系转变（参见 Pitirim A. Sorokin, 1937, *Social and Cultural Dynamics*, Volume Three, p. 43, New York: American Book Company）。

　　②　"功能合理性"与"实质合理性"，曼海姆用语，源于马克斯·韦伯的"工具理性"与"价值理性"（参见卡尔·曼海姆《重建时代的人与社会》，张旅平译，2002，三联书店）。

一　共同体与社会

"共同体与社会"的理论，为斐迪南·滕尼斯首创［当然，如他所言，其理论深受亨利·梅因、卡尔·马克思、托马斯·霍布斯、奥托·基尔克（Otto Friedrich von Gierke，1841–1921，德国法学家）等人思想的影响］，其成名和代表作《共同体与社会》之所以不断再版和成为经典，就在于它最先明确地道出了人类的"两种个人意志形态"、两种组织形态、两种类型的社会关系的鲜明区别，从纯粹社会学意义上（而不仅仅是意识形态角度）反映了人类结合（组合）形态和变迁的实质与矛盾，对于西方近代以来文化与社会的深刻变化尤其如此。

人类"共同体"历史悠久。它既是人类存在的条件，又是其结果，始终与人类相伴相随。然而，这只是人类的一种结合形态。除此之外，人类还有另外一种结合形态，这就是"社会"。两者具有本质差异，在诞生的时间上存在先后之别。按西方学术界严格的说法，近代以前，西方（东方亦然）只有"共同体"，没有"社会"。或者如滕尼斯所言："共同体是古老的，社会是新的，不管作为事实还是名称，皆如此。"① 社会理论家们为何要这么讲，其理由何在？为了弄清楚这一问题，我们必须首先理解什么是共同体，何为社会。所谓共同体，按照滕尼斯的观点，主要指建立在自然、亲密共同生活基础之上的人类"有机""结合体"。其既可以表现为家庭、宗族这样的血缘/亲缘群体形态，又可表现为村社、公社、历史上自然形成的小市镇这样的地缘联合体形态（甚至包括古代的城邦），还可以表现为某些以共同的情感、信仰、"精神"为纽带形成的人群组合，如伙伴群体、兄弟会/帮会、宗教社团等。其中血缘、地缘和宗教共同体是其基本形式。与此不同，社会则指众多个人为达到特定目的和从中获利而人为组成的"机械"联合体②，即建立在商业契约、工业和科学基础上的、法治化的人类相互关联，其体现在大城市、民族国家和国际组织

---

① 斐迪南·滕尼斯：《共同体与社会》，林荣远译，北京大学出版社，2010，第44页。
② 关于人类群体的变迁，涂尔干认为是一种从"机械团结"到"有机团结"的过程，而滕尼斯的看法正好相反，认为是从"有机"联合到"机械"联合的转变过程。

的各种制度格局和关系之中。

本质上讲，两者基本上是对立的：共同体是"天然的"或"本能的中意的"，社会是"文化的或人造的"；共同体与人的"本质意志"相关，社会与"选择意志"相关；共同体是通过习俗制约和适应的，社会是有思想、有计划、协调的；共同体是宗教或伦理化的（礼俗性的），社会是法治的并受公众舆论约束（法理性的）；共同体是特殊的、具体的和熟人的，社会是普遍的、抽象的和陌生人的；共同体是统一地对内对外发挥作用，社会是相互独立之个人各行其是；共同体是"亲密的、秘密的和单纯的"，社会是"公众性的，是世界"的；共同体是同质的、和睦的，社会是异质的对立的；共同体依赖集体记忆和共识（consensus，合意），社会依赖力量均衡和利益协调；共同体具有亲和性，是结合的，社会是疏离的和发散的；在共同体里人们从出生之时起就"休戚与共，同甘共苦"，在社会里"人人为己，彼此处于紧张状况"。总之，人们走进共同体会有一种亲切感和归属感，而"走进社会就如同走进异国他乡"（在急剧变迁的地方尤其如此）。

以上就是滕尼斯在《共同体与社会》中为我们描述的人类两种组合类型的不同特征和景象。当然，这只是韦伯所说的那种理想类型，因为现实远比其复杂得多，也没有这么泾渭分明（滕尼斯在《共同体与社会》"第 6 版和第 7 版前言中"也承认这两者是"标准类型"或"理想类型"①，认为"真正的社会生活介于这两种类型之间"）。不过尽管如此，它们还是为我们分析人类组合现象和变化提供了有益的指导。借此人们能够认识到"中世纪的固有特征是共同体占压倒优势，新时代［现代］的固有特征是社会占压倒优势"，而且更重要的是懂得了人类历史是"一种从共同体到社会的发展过程"②。不难看出，滕尼斯并非在通常意义上（一般话语上）使用"社会"这个概念，而是将其作为共同体的对立物来

---

① 滕尼斯在《我与社会学的关系》一文中又说，使用"理念类型"（Ideelle Typen）——由韦伯的理想类型改造而来，更合适（见斐迪南·滕尼斯《新时代的精神》，林荣远译，北京大学出版社，2006，第 232 页）。

② 斐迪南·滕尼斯：《新时代的精神》，林荣远译，北京大学出版社，2006，第 127 页。

阐释它的。在滕尼斯看来，在人类发展史上，社会类型晚于共同体类型。这实际上也就表明他所说的"社会"是指现代社会（modern 意义上的现代，在西方始于 16 世纪前后），尤其指他当时所处的西方社会——一种"全民皆商"的社会。这种西方现代资本主义社会（资产阶级社会）是"社会"的典型形态。在这种社会里，"社会的形态获得完美表现"。其核心价值取向就是基于商品交换和契约关系的个人主义和功利主义。

显然，这种社会形态在前现代是不存在的，起码是不占优势的。共同体才是那时人类结合的普遍形式。关于"共同体"，从概念术语上看，历史极为悠久。希腊古典文献中，尤其是亚里士多德的著作《政治学》和《尼各马可伦理学》中已经使用"共同体"（koinonia）一词①。亚里士多德用以意指"为了某种善业"而建立起来的人类组合。它既包括家庭（古代希腊由家长、妻儿和奴隶组成的家庭）、村社或部落，也指"城邦"。后者被视为"至高而广涵"的具有"最高善业"的共同体（希腊城邦是共同体而非社会）。在古典拉丁文献中，"共同体"（communitas）一词，较早见于罗马政治家西塞罗的《论义务》（De officiis）一书②。这一概念或术语与西塞罗在《论法律》（De legibus）和《论共和国》（De repulica）中频繁使用的"公社"（commune）一词十分相近。西塞罗对此没有明确定义，心中的样板自然指罗马共和国（尤其指罗马城邦），而共和国主要被界定为"公共事务"或"人民的事务"。在他看来，共同体就是通过持守同一法律和为了共同的利益而相互联系在一起的人类"集合体"（或"公民的集合体"），是人与神祇共同构成的群体。这种联合主要"出自自然植于人的社会精神"（合群性），是天性使然，即"人类是由自然联结起来的"③（这与亚里士多德在《政治学》中所说的"人在本性上

---

① 关于希腊文献中的"koinonia"，过去常常译为"社会团体"，如商务印书馆出版的亚里士多德的《政治学》和《尼各马可伦理学》的中译本就是如此。现在《剑桥中世纪政治思想史》等中译本对照拉丁文"communitas"（共同体），则译为"共同体"。

② J. H. 伯恩斯主编《剑桥中世纪政治思想史》下，郭正东等译，三联书店，2009，第 711 页。

③ 参阅西塞罗《国家篇　法律篇》，沈叔平等译，商务印书馆，2002，第 35、251 页。

是政治动物"的含义类似)。从 6 世纪到 9 世纪,"共同体"一词在当时的西欧逐渐被广泛使用,并且主要出现在受罗马法和教会法影响的地方。严格地讲,它既表示"具有公共性质的集体会议",也指一个由诸个体组成的、基于他们之间相互联系的、具有共同行为的团体、统一体、"人的联合",如采邑、村社、公社或作为主教驻节地而残存下来的市镇①。当然,除了世俗的共同体外,教会或教会领(包括修道院)本身就是一种共同体——信众的团体或"心灵共同体"。后者指人与其同类和人与上帝之间的紧密联合,既有上帝与子民的关系,又有人们的兄弟情谊关系。11 世纪以后,随着世俗政治和商业的发展,城市"公社"或自治市成为共同体的新形式并得到广泛发展。而这类公社或自治市的发展,又促进了其内部同业公会、行会、商会、协会等各种社团和行业团体的发展。14 世纪以后,随着共同体整体的分化以及因僵硬而缺乏适应性,原始的城市"公社"(城市自治体)逐渐为公会、协会和社团以及从商业公会分化出来的"会议"所取代,这种"会议"原本是商业公会中执行政治职能的机构,即商业基尔特(Guild)的政治管理职能单位。

中世纪论述共同体思想的教士、学者很多,著名的有索尔兹伯里的约翰(John of Salisbury)、托马斯·阿奎那、里修大主教(Bishop of Lisieux)尼科尔·奥雷姆(Nicole Oresme)、但丁(Dante)、帕多瓦的马西利乌斯(Marsilius of Padua)、邓·司各脱(Duns Scotus)、奥卡姆(Ockham, William of)以及库萨的尼古拉(Nicholas Cusanus)等②。他们大多是在解读相关古典文献(尤其是亚里士多德的著作)时阐发自己的(政治)共同体思想,并往往使之与基督教宗教学说融合在一起。他们探讨了共同体存在的缘由和必要性,沿袭亚里士多德思想传统指出了"自然与技艺(art)"是共同体的两个维度,认为(特别是驻节地的主教强调)趋向城市共同体是人的自然倾向,而离开共同体的孤独的冥想者或隐修者只是个案,有的(如马西利乌斯)甚至觉察到共同体的维系更在于情感、伦理

① J. H. 伯恩斯主编《剑桥中世纪政治思想史》下,郭正东等译,三联书店,2009,第 712 页。

② J. H. 伯恩斯主编《剑桥中世纪政治思想史》下,郭正东等译,第 17 章"学说维度",三联书店,2009。

价值、信仰和意志（在这个意义上讲，教士的存在具有正当性）①。但是，由于受时代的局限，他们不可能像后来的近现代学者那样从个体与社会的关系上认识共同体，洞悉其本质。中世纪末期，尤其是从近代开始，随着传统共同体的逐渐大量（只是大量，而非全部）解体和"社会"的出现，人们在变迁带来的新旧对比中才能够对共同体的本质有深刻的认识。社会学家们通过比较认为，所谓共同体，是指为追求共同目的而结合在一起的，以血缘（亲缘）、邻里和朋友关系或宗教－文化关系为纽带建立起来的人类组合。在西方中世纪，如上所述，其主要表现为家族、教会、修道院（包括教会领）、自治市（城市公社）、采邑、村社、誓约团体（包括市民社会）、行会等。随着时代的变化，除了家庭外，它们已演变成许多处于个体与国家之间或社会系统之中的各类社团。在传统的共同体中，人们具有基本共同的宗教信仰、文化模式以及生活方式、行为方式和思维方式，受共同的意志、价值观、道德、习俗、规范、准则等约束。前现代，以基本自然一致的情感、依恋、内心倾向和伦理等因素为基础的人类团结具有突出地位。换言之，共同体本质上意味着一种"自然而然"（滕尼斯语）或"不言而喻"（罗伯特·雷德菲尔德语②）的共同理解，它表现为人类群体深层的"内在于本体而存在"（海德格尔语③）的状态。一般而言，在一个真正的共同体中，人类组合和文化是同构型的，不存在模棱两可的情况和认识上的含糊不清现象，因而没有（现代社会那种）"身份认同"和"文化认同危机"问题④，也不存在反思、批判或试验的内在动力。这明显不同于近现代外在的、表面性的、异质的、私人化或个体化的、反思的、契约性的、建构的和作为某种"人造物"的"社会"。关于前现代与现代人类组合的本质，除了滕尼斯（《共

---

① J. H. 伯恩斯主编《剑桥中世纪政治思想史》下，郭正东等译，三联书店，2009，第726~727页。

② Robert Redfield, 1971, *The Little Community, and Peasant Society and Culture*, pp. 4ff. , Chicago：University of Chicago Press.

③ 转引自齐格蒙特·鲍曼《共同体》，欧阳景根译，江苏人民出版社，2007，第7页。

④ 这里所谓不存在身份认同问题，是指中世纪较为稳定的时期。实际上在蛮族入侵的中世纪早期和封建制崩溃、大量农民或农奴流入城市的中世纪后期，身份认同问题还是出现过。此外，在古代希腊化和罗马帝国时代，地中海－近东地区也曾出现过类似现象。这都是流动和迁徙的结果。

同体与社会》）的"共同体与社会"外，其他经典社会学家涂尔干（《社会的劳动分工》）、韦伯（《经济与社会》）、梅因（《古代法》）还分别以"机械团结"与"有机团结"、"传统"与"现代性"、"身份"与"契约"这样的范畴予以充分阐释，以示两种人类组合类型的区别。尽管他们所用范畴不同，角度各异，但结论本质上却高度一致（另外，马克思也以"封建的"与"资本的"两个对立范畴深刻揭示了人类社会近几个世纪变迁的本质）。

西方中世纪以后，人群的组合形态从前现代向现代性转变，反映的是西方世界旧有共同体（"礼俗社会""机械团结""传统社会""身份社会""封建社会"）的解体与新的"社会"（"法理社会""有机团结""现代性社会""契约社会""资本主义社会"）产生的状况以及西方社会世界的分化、特殊化和个体化倾向。这是社会动力和活力激增的开始，也是个体与社会张力加深的源泉。正如滕尼斯所言："在历史和文化里没有个人主义，除非它派生于共同体，并且仍然因此受到制约，或者它创造并支撑着社会。问题纯粹是个人同人类的这种针锋相对的关系。"[1]（托克维尔早前也有类似的看法："我们的祖先并没有个人主义一词，这是我们为了自己使用而编造出来的"，那时至多只有"一种集体个人主义。"[2]）滕尼斯看到了个人主义的"进步"意义，认为这是人类进步中的"非常健康和正常的发展"[3]，但也承认必须对它制约。最难能可贵的是他是从客观和纯粹社会学而非意识形态和伦理角度看待人类的这种矛盾的。

为了说明这个问题，我们必须首先理解西方中世纪作为共同体的人类组合本质。西方中世纪人群的组合处于何种状态？其本质是什么？英国学者布拉克（Antony Black）说："我们倾向于认为中世纪是一个公社的甚至集体主义的时代，其中有'群体的实在人格'，'共同体吞没个体'的含义。"[4] 现代西

---

[1] 斐迪南·滕尼斯：《共同体与社会》，林荣远译，第 1 版"前言"，北京大学出版社，2010，第 13 页。

[2] 托克维尔：《旧制度与大革命》，冯棠译，商务印书馆，2012，第 136 页。

[3] 斐迪南·滕尼斯：《新时代的精神》，林荣远译，北京大学出版社，2006，第 72 页。

[4] J. H. 伯恩斯主编《剑桥中世纪政治思想史》下，郭正东等译，三联书店，2009，第 793 页。

方中世纪思想研究家大体同意此种观点，但某些人仍有所保留。他们认为，主教、修士和官员的著作不可全信，中世纪共同体（特别是城市）的"意愿"与现代某一政党"精神"，如"工党精神"，有类似之处，并不能证明集体主义态度的存在。中世纪存在"发现个体"的过程①。我们认为，个体的发现（人类向个体的自我意识急剧增强以及自觉的个体与共同体关系过渡）主要是从中世纪中后期开始的，而且时间漫长，它在许多地区甚至延续到近代后期（托克维尔对此有许多描述）。"发现个体"本身就表明在这之前存在相反的情况。因此，说"共同体吞没个体"是中世纪西方礼俗社会或群体的本质，并不为过，学理上可以接受，史实也予以支持。

二 "共同体吞没个体"

中世纪拉丁语汇中，指代集合体的词汇非常丰富，如 *societas*（社会）、*communitas*（公社或城市自治体）、*universitas*（公会）、*collectio*（集体）等，安东尼·布拉克（Antony Black）在其论文中一连串点出了 9 个相关的词汇，"但没有指代'个体'的词"②。语汇本身就表明，中世纪，尤其是其中期的稳定时期（盛期）的基本状况是"共同体吞没个体"。何谓共同体吞没个体？简单地讲，就是个体处于一种较为刚性单一的宗教、伦理、道德、情感关系之中，受集体意志和统一价值取向、自群主义（Particularism，特殊主义）、先赋性等因素左右，因而没有多少个人要求的权利和选择的可能性。他（她）较少，甚至难以意识到其个人人格、个人价值和个人目的的存在，无法与众不同地突出个人意志、事务和利益。在这种真正的共同体中，个人标新立异的现象是难以出现和持续的。共同体作为"熟人"世界，也强化了这种状况。尽管中世纪不断有授予特许权的事情发生，但这只是给予共同体而非个人的。也就是说，在（中

---

① J. H. 伯恩斯主编《剑桥中世纪政治思想史》下，郭正东等译，三联书店，2009，第 794 页。

② 安东尼·布拉克（Antony Black）：《个体与社会》，载 J. H. 伯恩斯主编《剑桥中世纪政治思想史》下，郭正东等译，三联书店，2009，第 798 页。

世纪）那个时代，法律上的"自由"是某些共同体的权利（特许权、豁免权），而与普通个人大体无关。只有某些日耳曼骑士（武士）似乎有不受约束的"自由"，但这是建立在刀剑和暴力而非法律基础上的。类似的，某些游吟诗人也显得"自由自在"，但他们是无家可归的流浪者。因此，在中世纪，"生活是由固定的秩序所决定的"①。当然，如滕尼斯所言，在一般情况下，这种状况不是强制的，而"是得到赞同的，也出于自由的意志，尽管采取的方式不同于前面那些［指现代社会契约］关系和协议"②。

在西方中世纪，如前所述，共同体可谓多种多样，但就共同体吞没个体而言本质上是相近的。例如，采邑是一种共同体——"领地共同体"。中世纪遍布欧洲的这种共同体把公共权力与私人权力结合在一起，或者说，公共权力"分解"于私人生活的形式之中，使得权威之链（国家权力体系）发生断裂，形成许多"权力孤岛"，"呈粒状结构"③（"公共权力的碎化"、封建化），国家被分解和视为许许多多类型的"家庭共同体"。作为封建体制，它们"从根本上可以被理解为一种依附关系网"④。因此，在采邑这样的共同体中，主仆关系（常常是堡主与属民的关系）除了血缘、亲缘关系外，更多是建立在后者对前者的效忠，前者对后者的保护义务基础上（维金人或北欧海盗的侵扰强化了这一形式）。一旦公共（共同）和平受到威胁，而"城堡的呼唤"回荡整个乡村之时，共同体成员不分等级都会前来保卫城堡。采邑共同体表面上看是一种"契约"关系（保护者与被保护者的契约关系），但本质上更多表现为索罗金所说的那种"家庭关系"和"强迫性关系"（或"义务性关系"）的结合，契约关系只起辅助作用⑤。换言之，这种共同体关系主要

---

① 汉斯－维尔纳·格茨：《欧洲中世纪生活》，王亚平译，东方出版社，2002，第24页。
② 斐迪南·滕尼斯：《共同体与社会》，林荣远译，第二版"前言"，北京大学出版社，2010。
③ 菲利浦·阿利埃斯、乔治·杜比主编《私人生活史Ⅱ》，洪庆明等译，北方文艺出版社，2009，第448页。
④ 马克·布洛赫：《封建社会》上，张绪山译，商务印书馆，2004，第288页。
⑤ Pitirim A. Sorokin, 1937, *Social and Cultural Dynamics*, Volume Three, *Chapter One – Four*, New York：American Book Company.

既不具有古代罗马法的治理形式，也没有近代以来的法治意义（尽管都表现为契约），而更多是建立在传统家庭式的道德和情感基础上的（当然互惠的成分是存在的，而且随着时间的变化会趋于增强）。封建时代许多采邑类型的城堡领主对待被统治者的态度是双重性的，前者一方面把后者看作是统治和剥削的对象，同时另一方面又像家长一样把他们视为被保护的"家庭"成员①，对待自己的骑士就像对待自己的儿子、女婿或侄子一样②。除了世俗采邑外，西方中世纪还存在许多与教会相关的采邑，如教会领或修道院。其中，主教或修道院院长就是领主。他们给予领地的基督徒居民以宗教保护，以上帝的名义和力量维护和平，领地居民则因此为教会领主提供各种服务或服役。虔诚的人们在宗教意识下彼此团结，生活在教会"大家庭"中。"许多乡村在教堂的庇护下成长起来。"③ 在这种情况下，不论世俗还是宗教的共同体都是一个"熟人"世界。人们受共同的信仰、价值观、象征、伦理、道德、情感等文化因素约束。不仅下层民众中个体被共同体吞没，而且上层中的个体，如领主及其封臣也是如此。领主是统治者，在共同体（采邑）中享有最高权力。他们可以统治或管理自治、自主，甚至"自由"的共同体，但却较少有个人自由——近代以来的个人主义的自由。他们没有信仰的自由（即没有信教或不信教的权利以及信仰耶稣基督抑或其他神灵的选择权利），政治上受到先赋性条件制约，其言行举止、穿着打扮、婚丧嫁娶、生儿育女等不可能脱离其共同体赋予的身份和等级，处处受到习俗的束缚和共同体内部纠缠不休的干预，一般不会产生"错位""脱域""解脱"的现象。因为如滕尼斯所言，"退出等级或者阶级，被视为某种邪教"（只有到了19世纪后期，随着具有"贵族头衔"的家庭和共同体的没落和破落，其后

---

① "被组合在领地内的依附农也被看作属于领主这个家庭（familia）。他们是一个以领主为中心的、彼此休戚相关的结合体。"（参见汉斯－维尔纳·格茨《欧洲中世纪生活》，王亚平译，东方出版社，2002，第130页。）

② 据史料记载，中世纪西方主人常常把女儿嫁给包括骑士在内的仆人，通过姻亲关系与他们保持亲密关系。后者住在远离城堡的地方，经常将后代送回城堡，作为领主的"家小"。（见菲利浦·阿利埃斯、乔治·杜比主编《私人生活史Ⅱ》，洪庆明等译，北方文艺出版社，2009，第63页。）

③ 菲利浦·阿利埃斯、乔治·杜比主编《私人生活史Ⅱ》，洪庆明等译，北方文艺出版社，2009，第22页。

代才有不少人脱离等级或阶级)①。这里没有一件是绝对的私事。"私人生活似乎无处不在，然而，又似乎处处都不存在。"② 他/她身边的熟人总是要求其扼守和保持共同体传统。

除了采邑和教会外，西方中世纪还存在农村自治公社、自治市（"誓约公社"）、行会、商会、同业公会这样的共同体。它们不仅是利益共同体，而且更是情感共同体，因而同样具有共同体吞没个体的特点。农村自治公社，典型的如法兰克人公社或类似恩格斯所说的日耳曼人的马尔克公社，属于早期日耳曼原始公社的变体，是"蛮族"入侵过程中形成的一种村社共同体。蛮族入侵后，其首领把大量侵占的土地（包括部分教会土地）除留作自己领地的部分外，其余部分或是分给了功臣、亲兵随从，或是作为公地由公社共享。随着族群内部分化的加剧，由首领和部分功臣、亲兵随从构成的军事部落贵族逐步演化为领主与封臣（骑士）等级结构的采邑体制，它们与农奴（相当部分由罗马庄园奴隶转变而成）相结合同时又形成领主－农奴结构的庄园制。此时大多数法兰克族农民仍然沿袭传统过着农村公社生活，公社成员享有宅旁土地的个人所有权，在公地内耕种一定的份地，并共同使用森林、牧场和水源，享有相对民主平等的权利。6世纪末，法兰克族群内部分化加剧，相当多的土地变成商品和私有财产，因此，一些公社解体，公社成员（自由农）破产，耕地便更多集中于原有贵族或另一些成员之手，后者也成为大土地占有者并在身份上向上流动，变成新贵族或准贵族。而破产的农民，不得不投靠世俗或教会大土地所有者——领主，变成农奴或依附农，受其奴役，也受其保护。不过，并非所有公社都被瓦解。由于分化、发展的缓慢和滞后，在采邑制的许多缝隙间还残存着不少类似法兰克公社那样的共同体，它们一直延续到近代。滕尼斯就出生在这样的地区——石勒苏益格的奥尔登沃尔特（Oldenswort，Schleswig），属于费里斯兰（Frisia）古条顿人（Teutonen）农民的后代，对这一地区乡村状况有深入的了解。"这表明，他的共同体

---

① 斐迪南·滕尼斯：《新时代的精神》，林荣远译，北京大学出版社，2006，第47～48页。

② 菲利浦·阿利埃斯、乔治·杜比主编《私人生活史Ⅱ》，洪庆明等译，北方文艺出版社，2009，第79页。

的概念是其出生地滋养的产物。"① 关于这种乡村共同体的情况，滕尼斯在《共同体与社会》中已经阐述得非常清楚，这里不再赘述。在此只想指出，尽管这种共同体内部是相对平等民主的，但个人自由也是缺乏的，共同体吞没个体的情况是相近的。

关于自治市，不管它们是通过武力抗拒形成的，还是"和平演变"而来的，现代中世纪史学家亨利·皮雷纳和社会学家韦伯更喜欢称其为"公社"、享有特权的"集体法人"（皮雷纳）或"城市共同体"／"誓约共同体"（韦伯）②。例如，皮雷纳说，不管中世纪城市的形成如何，"其实都是公社。事实上在所有的城市中市民都组成一个社团——全城公会（universitas）、共同体（communitas）、公社，其全体成员相互依赖，构成一个整体中不可分离的各个部分。所有中世纪的城市，无论解放如何得来，都不是由一群乌合之众所组成。中世纪的城市本身是一个个体，但却是一个**集体的**个体［黑体系引用者所加］，即一个法人"③。近似的，韦伯也认为，西方中世纪的城镇最初大多是"他律性与他治性"的庄园领主或教会的领地，后来或是通过武力或是经由特许权转变为"自律性与自治性"的具有法律自主性的"身份团体"或"城市自治体"，并在这个过程中形成某些排他性，甚至"门阀"性。它们除了具有经济、政治、法律治权或部分主权外，更多是建立在（韦伯特别强调的那种）"兄弟盟约"基础上的，具有强烈的共同宗教、伦理、情感色彩④。"与别人生活在一起是你的责任"，这是中世纪的普遍观念，教会、伦理学家或共同体"都赞赏朋友关系和邻里关系的价值"，大家"总是高度热心于友谊的价值"⑤。总而言之，中世纪城市也是一种"领地"——不是教会领，不是世俗王公贵族的领地，也非法兰克公社式的村社共同领地，而是城市市民

① Fritz K. Ringer, 1969, *The Decline of the German Mandarins: The German Academic Community*, *1890 – 1933*, p. 238, Cambridge, Massachusetts: Harvard University Press.

② 在此，"公社""城市共同体""自治市"或"市自治体"，均出自外文"commune"一词，意义相同，它们的不同只是中文翻译不统一的结果。

③ 亨利·皮雷纳：《中世纪的城市》，陈国樑译，商务印书馆，1985，第111页。

④ 马克斯·韦伯：《韦伯作品集Ⅵ：非正当性的支配——城市的类型》，康乐等译，广西师范大学出版社，2005，第57～58页。

⑤ 菲利浦·阿利埃斯、乔治·杜比主编《私人生活史Ⅱ》，洪庆明等译，北方文艺出版社，2009，第138、144、145页。

的"集体领地"①。"集体的个体"或"集体领地"这样的术语本身表明中世纪城市与我们现代人理解的城市意义有本质的不同。既然是"领地",尽管与其他类型领地有区别,但本质上仍有相近之处。它们有相对的集体(共同体)的自治、自主,甚至自由(包括有限的民主),而缺乏近现代意义的个体自主性和自由(如合法的信仰自由、新闻、出版、结社、罢工等公民权利和包括生命、财产保护在内的种种人权)②。"党派"被认为不具有合法性(获得权力的统治集团会把自己表现为整体的唯一代表,如意大利的城镇就是如此③)。早期城市公社,市民之间常常称兄道弟。"像兄弟一样互相帮助吧!"这是 12 世纪一份佛兰德尔(Flanders)的特许状里的一句话④,皮雷纳认为,"这句话说的确实是真实情况"。每个宣过誓的市民(juratus)必须向求援的市民兄弟伸出援助之手,反之对违反共同体习俗、规则的市民则群起而攻之。共同体宣扬"共同的善"或"公社的善"("自治市的善")。正如 1279 年,根特的亨利(Henry of Ghent)所指出的那样,"人一起生活在市民社会和共同体中",除非有"至高的友爱"("每个人都把他人看作第二自我")、"至高的仁爱"("他们每一个人都像爱自己一样爱他人")、"至高的慈善"("他们每个人都像为自己祈愿一样为他人祈愿"),"把他们连接在一起,否则这不可能存在"⑤。在中世纪末期社会分化加剧以前,人们(市民)仍受身份、地位、等级(城市贵族、望族或"老市民"与普通或"新市民"的等级区分)等先赋性因素束缚,不能摆脱共同体熟人世界的墨守成规的限制。有的城市甚至出现封闭性(如威尼斯)。也就是说,那个时代,尚未有明确的

---

① 亨利·皮雷纳:《中世纪的城市》,陈国樑译,商务印书馆,1985,第 112 页。
② 英国历史学家斯金纳指出,即使在西方近代早期,许多作家关心的只是"国家的自由而非公民的个人自由"(昆廷·斯金纳:《自由主义之前的自由》,李宏图译,上海三联书店,2003,第 42 页)。这种情况直到法国革命后伴随着"自由主义"的兴起和个人主义的诞生才逐渐改观,也就是前面所说的从共同体的自由向个人自由转变。
③ 参阅 E. M. Peters, 1977, "Pars Parte: Dante and an Urban Contribution to Political Thought", in H. Miskimin, D. Herlihy and A. Udovitch, eds., *The Medieval City*, New Haven: Yale University Press.
④ 转引自亨利·皮雷纳《中世纪的城市》,陈国樑译,商务印书馆,1985,第 128 页。
⑤ J. H. 伯恩斯主编《剑桥中世纪政治思想史》下,郭正东等译,三联书店,2009,第 805 页。

"个人权利"和个人"权利保护"的概念和观念，作为共同体的一个成员，市民不仅在私生活方面——即使是合法的性生活方面，常常受到所有居民有意无意地窥测与监视，例如，教士和伦理卫道士们对于夫妇夜晚床前缠绵时刻和有意激发性欲的过程异常关注，对此提出了数不胜数的警示，颁布了许多细致入微的戒律（正如意大利人文主义作家乔万尼·薄伽丘在《十日谈》中所描写的，新婚妻子不是处女的流言蜚语一旦满布街头巷尾，其人其事总会遭到人们幸灾乐祸的耻笑）。而在其他方面当人们充分运用个人能力去追求其所向往的目标时不可能完全不受妨碍，尤其是宗教、道德、习俗、情感方面的妨碍以及与此密切相关的规范的阻碍①。在此"共同体吞没个体"的说法仍可适用。

在中世纪城市作为一种誓约公社的情况下，其行会、同业公会、商会等社团也必然带有领地、公社与兄弟会或帮会的特点。这些社团尽管以经济或某种专业为主，但仍是多功能的，社交、慈善和执行教规是其重要职能（有的社团，如商会，其内部某一机构还兼有政治职能）。它们许多是近乎封闭或半封闭性的，对要求加入者有十分苛刻的歧视性的条件，甚至具有某种排他性特点，如规定犹太人不能参加行会。因为当时的观念认为只有如此才能对共同体实行有效保护。正如某些现代中世纪史学著作，如本内特（Judith M. Bennett）、霍利斯特（C. Warren Hollister）的《欧洲中世纪史》②等所指出的那样，行会的主要目的就是为了限制竞争，保证质量。行会的师傅不仅提出很高的入会条件并对入会人数加以限制，而且还对价格、薪资、质量、数量和操作规范等提出严格要求（这与村社农民在农作物种植种类的选择、某块地是耕种还是留空/休耕上没有自主权，而须经村庄会议决定或由多个家庭的家长协商解决在本质上是近似的）。在此，我们仍然看到了共同体文化的同质构型，个体被束缚其中。当然，从 11 世纪上半叶开始逐渐形成的商人行会是种种共同体中最活跃的自治

---

① 这与文艺复兴及其以后的倾向明显不同。从文艺复兴开始，"上千的人物各自以其特别的形态和服装出现在人们面前……他们之中没有一个人害怕与众不同，害怕在穿着打扮上和在立身行事上是一个和他的邻居不同的人"（雅各布·布克哈特：《意大利文艺复兴时期的文化》，何新译，商务印书馆，2007，第 140 页）。

② 朱迪斯·M. 本内特、C. 沃伦·霍利斯特：《欧洲中世纪史》，杨宁等译，上海社会科学院出版社，2007，第 190 页。

社团，如著名的汉撒同盟。用皮雷纳的话说，这种共同体中的成员——商人，"是每个城市中最富有、最积极和最渴望变革的成分"①（马克思对此也有许多精彩论述）。这种"渴望"明显不同于农民或农奴的渴望，因为后者只是主张"平均主义"，并不想改变原有生产方式和生活方式，一句话，缺乏新的文化指向，因此在平均主义的乌托邦难以实现的情况下，农民运动或起义即使成功的话最终也难免重蹈覆辙。商人们要改变的是中世纪的生产方式和生活方式（改变流俗），形成一种新的文化。他们知道这种变革既不能指望领主（堡主）或贵族，也不能指望使用其土地的教会领或修道院的统治者以及采邑、庄园的领主。因此，他们在 12 世纪发起过"自治运动"或"自治公社运动"（communal movement），通过武装起义或集体赎买的形式，迫使最高统治者颁布"自由特许令"或"城市特许令"（urban charters），从而获得集体"自由"——共同体特许权（liberties），有的还能够与堡主达成协议，使商业行会成为非正式的公社（自治市）管理机关。不过，早期的商业基尔特（行会），只是获得集体自由，"这并不意味着中世纪的市镇保障了民主与平等"②，共同体里面仍保留了经济地位、性别、种族、宗教信仰等歧视。随着世代相传，一些富甲天下、权倾一方的商业巨室和望族演变为商业寡头和新贵族，如"汉撒伯爵"。这种共同体同样带有领地和兄弟会或帮会的色彩。在行会"长老"的带领、监督和维护下，商人同仁们自愿接受盟规和遵守纪律。他们设立共同的财库，建造会馆或基尔特大厅（guild-hall），定期聚会，结伴同行，一起饮酒吃肉，共同商议。在资本主义兴盛和内部急剧分化以前，个体商人难有与众不同的发展。

中世纪"共同体吞没个体"的倾向，是由当时的艰苦、恶劣的自然环境，落后的技术和生产力条件以及西欧文明世界动荡不宁的状况决定的。人们在与大自然的斗争中不得不采取这种共同体的人类结合方式。基督教教会的发展也促进了世俗共同体的发展。因为真正的（基督教）宗

---

① 亨利·皮雷纳：《中世纪的城市》，陈国樑译，商务印书馆，1985，第 114 页。
② 朱迪斯·M. 本内特、C. 沃伦·霍利斯特：《欧洲中世纪史》，杨宁等译，2007，第 188 页。

教生活被认为只有在基于共同体的制度范围内才有可能（这也是为何天主教教会长期以来倾向于采用修道院或教团内部共在形式的福音派生活方式的缘故），它影响了广大的平信徒，从而影响中世纪西方共同体的发展。中世纪兄弟会和社团的数量在一般信众中迅速增长证实了这一点。这种生活方式对于他们具有别无选择的吸引力。因为它使人们以共同体形式找到了归属感，满足了人们（尤其在市镇）自我管理、自治和联合起来的愿望（掌握自己命运），避免或减少了教会高层或王室的强权限制，促进了人类组合内在的团结与和谐，增加了共同体成员通过"协商"与依照"会议"程序行事的机会。总之，通过共同体的封闭、自足和休戚相关的结合，人们的生存得到有效的保护。

中世纪末期和近代之初，随着商业、城市的发展，社会分化和流动的加剧，个体的出现以及地理大发现影响的扩大，西方世界越发为隐隐出现的既为人们感受到又一时难以说清楚的力量——一种被称为"利维坦"的绝对国家主权（霍布斯）和理性资本主义（迈克尔·曼）的力量所支配。于是，传统的共同体开始没落、解体，新的人类组合，即社会学家所谓的"社会"逐渐形成。个体与社会之间的互动日益处于张力之中，但也推动新的调适与和谐的产生。

三 "个体的发现"与现代社会中的张力

滕尼斯将共同体与新的人类联合形式——社会相对应，创新出"共同体与社会"这一相互对立的概念（或范畴），尽管属于马克斯·韦伯所说的那种因分析需要而不得不采用的"理想类型"或"理念类型"（滕尼斯），但大体上还是反映了西方的实际情况，抓住了中世纪与近现代西方人类组合区别和变化的实质。（传统）共同体的关键问题不是要求个体权利，而恰恰是通过参与某一集合实体（collective entity）来定义个体（带有明显的先赋性），使人们获得个人存在及其相应的经济、政治和法律权利的正当性。与此不同，（现代）社会注重法律上的形式平等、"起点的平等"（"机会均等"）和自致性。由于社会的市场化和货币化，人们在社会方面不再强调质的差别（"因为货币趋向于消除质的差别"），而凸显量的多寡（重要的不再是你是什么、你是谁，而是你有什么、有多少），人的差别被量化后最终被还原成量的差别，信仰、灵魂、道德向金钱、财富低下了高贵的头①，价值取向和衡量标准都发生很多变化。或者说，与中世纪相反，价值再次被重估。在这种条件下，个体获得了前所未有的自由和发展。共同体吞没个体的情况让位于"新时代"个体与社会以及社会中个体与群体之间的某种张力或冲突。

西方中世纪后期开始的这方面的变化是以"个体的发现"为突出特征的。个体的发现或个体性的成长，西方学术界一般认为始于"文艺复兴"时期，其代表人物是著名史学家雅各布·布克哈特。在这之前，人们在基督教范围内可以发现上帝和普遍的教会与个人的关系。因为基督教认为，上帝是一切存在的基础和归宿，从其创始者（先知）开始一直就要求把价值的核心和关注的焦点放在神与教会方面，而不是家庭等世俗共同体上，宣扬上帝面前人人平等（实为救赎和恩典平等），既强调对神圣的爱的交流共享，又重视个体与上帝的个人联系："神呼唤每一个人的名字，像牧人搜寻其遗失的羔羊一样搜寻他"②。在这种情况下，教会共同体中基督徒的个体性在一定范围内易于凸显出来。12世纪，随着信仰虔诚和伦理日益内在化，基督教越发强调基督与信徒的个人关系和意图的道德重要性，"信徒更关心每个信仰者的命运而不是教会的命运"③。基督徒们要求基督徒的"自由"和"良知自由"，这种自由后来在宗教改革时期为路德所进一步阐发和发扬（见后面相关章节）。然而，这种自由只限于信徒个体与上帝的关系范围内，除此之外，信徒并无其他（思想）自由，异端更受到残酷的惩罚。在游吟诗人和骑士的浪漫传奇文学作品中，情感和性爱的自我意识和自我表达获得发展，多少反映了中世纪中期以后向自我认识和个人发展开放的事实。日耳曼骑士（封建武士）坚持自己有"不

---

① 参阅阿格尼丝·赫勒《现代性理论》，李瑞华译，商务印书馆，2005，第117～124页。

② C. Morris, 1972, *The Discovery of Individual 1050 – 1200*, p. 10, Toronto：Toronto University Press.

③ C. Morris, 1972, *The Discovery of Individual 1050 – 1200*, p. 146, Toronto：Toronto University Press；Alin Fumurescu, 2013, *Compromise：A Plitical and Philosophical History*, Chap. 4, "The Dialectic of the Individual", Cambridge：Cambridge University Press.

受约束的自由"，似乎也促进了个体尊严的发展。当然，不论游吟诗人还是骑士，或追求性爱自由的少爷小姐，要想获得个体自由，按自己的意愿塑造自己，就必须离开共同体，从传统束缚和归属纽带中解脱出来，然而这是极为困难的，因为在滕尼斯所言的"社会"尚未形成的情况下，个人一旦脱离无所不在的亲密的共同体而孤身独处，营造私人的小天地，那么他立刻会成为被猜疑的对象，被视为一个叛逆。"孤身漫游往往被视为精神错乱的表现"①（米歇尔·福柯在《古典时代疯狂史》中对此有精深的社会学阐述②），个性和自由受到沉重的压抑［阿伯拉尔（Pierre Abelard）与爱洛依丝（Héloïse）的爱情悲剧是典型］。

毫无疑问，12 世纪因"法学汇纂"的重新发现而引发的罗马法复兴开启了一个新时代。在这一复兴过程中，法学家不仅创建了罗马法学科，而且还发现了"第一个近代权利理论"，即以所有权为主的个人（自然）权利（*ius*）③理论，从而自然有助于个体的发现和成长④。13 世纪初（1215）英国《大宪章》（*Magna Carta*）的诞生及其发展具有同样的功能（尽管英国受罗马法影响有限）。在罗马法的影响下，教廷在居民接受罗马（教会）信仰的前提下给予"合法的人"以世俗"个人自由"⑤。中世纪后期，以奥卡姆等为代表的唯名论者在反对实在论（唯实论）和教廷的斗争中，由于强调每个个体信仰者的自主性和个人权利，多少也对个体主义观念的发

---

① 菲利浦·阿利埃斯、乔治·杜比主编《私人生活史Ⅱ》，洪庆明等译，北方文艺出版社，2009，第 448 页。

② 米歇尔·福柯：《疯癫与文明》，刘北成等译，三联书店，1999。

③ "*ius*"一词在罗马法中兼有"权利"和"法"的意思（相当于英文 right 和 law 的合意），指自然形成的习惯法、权利，如早期罗马城邦的市民法（*ius civile*）使用的就是该词（其不同于罗马法中的另一个法律用语"*Lex*"，后者主要指人定法或制定法）。中世纪罗马法复兴时期法学家在此处仍沿用 *ius* 这一词，表明他们把个人所有权等权利作为自然权利来看待。

④ 参见 R. Tuck, 1979, *Natural Rights Theories: Their Origin and Development*, pp. 13 - 14, Cambridge: Cambridge University Press; H. van Werveke, "The Rise of the Towns", in M. Postan, E. Rich and E. Miller, eds. , 1963, *Cambridge Economic History of Europe*, Vol. Ⅲ, pp. 3 - 41, New York: Cambridge University Press; Lauro Martines, 1979, *Power and Imagination: City-States in Renaissance Italy*, p. 108, New York: Alfred A. Knopf。

⑤ 参见 A. Harding, 1980, "political Liberty in the Middle Ages", *Speculum*, 55: 423 - 443。

展做出了贡献①。如果说以上事件只是个体发展的萌芽，那么真正对此有更大推动作用的则源于被视为中世纪与近代分水岭的文艺复兴。布克哈特说：

> 在中世纪，人类意识的两方面——内心自省和外界观察都一样——一直是在一层共同的纱幕之下，处于睡眠或者半醒状态。这层纱幕是由信仰、幻想和幼稚的偏见织成的，透过它向外看，世界和历史都罩上了一层奇怪的色彩。人类只是作为一个种族、民族、党派、家族或社团的一员——只是通过某些一般的范畴，而意识到自己。在意大利，这层纱幕最先烟消云散；对于国家和这个世界上的一切事物做客观的处理和考虑成为可能了。②

因此，从 13 世纪末开始，伴随着文艺复兴，"意大利开始充满具有个性的人物；施加于人类人格［个性］上的符咒被解除了"③。也就是说，大约从此时开始，人（至少在意大利）才成为了精神个体，并且认识到自己是这样的个体。相当多的历史学家总是以文艺复兴划界——这又是一种韦伯所说的理想类型，但问题并不像他们所认为的那么黑白分明。实际上，如布克哈特所言："远在很久以前，我们就能在意大利随处发现一种自由人格［个性］的发展，这种发展在欧洲北部或者根本没有发生，或者未能以同样方式表现出来。"④ 此外，加在人身上的符咒的解除，是一个非常缓慢的过程。文艺复兴中人们追求活生生个体主义的

---

① Arthur S. McGrade, 1974, *The Political Thought of William of Ockham: Personal and Institutional Principles*, Third Series, 7, Cambridge: Cambridge University Press; Arthur S. McGrade, 1980, "Ockham and Birth of Individual Rights" in B. Tierney and P. Linehan, eds., *Authority and Power*, Cambridge: Cambridge University Press; Arthur S. McGrade, 1982, "rights, Natural Rights and The Philosophy of Law", in N. Kretzmann, A. Kenny and J. Pinborg, eds., *Cambridge History of Later Medieval Philosophy*, pp. 738 – 756, Cambridge: Cambridge University Press.

② 雅各布·布克哈特：《意大利文艺复兴时期的文化》，何新译，商务印书馆，2007，第 139 页。

③ 雅各布·布克哈特：《意大利文艺复兴时期的文化》，何新译，商务印书馆，2007，第 140 页。

④ 布克哈特特别指出这种具有自由个性的人最初包括"一群大胆的犯罪者"（见布克哈特《意大利文艺复兴时期的文化》，何新译，商务印书馆，2007，第 140 页）。

冲动，最初是在"祈求神恩再现"背景下发生的。尽管这场运动最终走向"人的发展"，但在那个时代，人们不可能摆脱灵魂受上帝引导而保持自由的观念①。然而，尽管如此，文艺复兴带来的变化是明显的，西方历史从此不可避免地进入荷裔美国通俗作家房龙（Hendrik Willem Van Loon）在《人类的故事》中所说的那种"表现的时代"，即"表现自己"的时代。

从"个人的发现"到真正的现代"个人主义"的形成，是中世纪末期（传统共同体衰落时期）到法国大革命（被视为有助于现代个人主义形成的标志性事件）这段时间西方世界的主要走向之一。这也是由共同体的自由向个人主义的自由转换的过程。其中宗教改革在客观上也起到了某种推波助澜的作用。丹尼尔·贝尔在谈到个人主义起源时指出："个人主义的兴起有两个源泉，一个是神学上的，一个是制度上的。""前者是马丁·路德和加尔文的新教改革"，后者指"将私人企业的所有权——不是生来就有的——作为社会中地位和特权的基础"②。新教主张"因信称义"（路德）和回到《圣经》文本中去（把《圣经》作为信仰的唯一源泉），反对教会作为神龛看守人和灵魂拯救中介这样的权威，强调在上帝的恩典下将个人的理解和良知作为判断的源泉，这促使传统教会共同体去政治权力化和边缘化以及修道院制度的衰落，从而在客观上有助于世俗领域个人主义的发展［当然，在那个时代，宗教改革家们只是想摆脱罗马教廷控制，并不真正关心普遍意义的个人自由。新教领袖，特别是加尔文，在镇压持不同宗教观念者上绝不比天主教教皇手软。实际上，正如著名爱尔兰裔英国史学家伯里（John Bagnell Bury）所言，宗教改革只是为后来的宗教自由和个人自由在客观上提供了某种政治和社会条件，或者说，"新教

---

① 参阅 C. Trinkaus, 1970, *In our Image and Likeness*: *Humanity and Divinity in Iyalian Humanist Thought* (2 vols.), Vol. I, pp. ⅹⅹ - ⅹⅹⅰ, Chicago: Chicago University Press; R. R. Bolgar, 1958, *The Classical Heritage and Its Beneficiaries*, pp. 240 - 244, Cambridge: Cambridge University Press.

② Daniel Bell, 1996/1976, *The Cultural Contradictions of Capitalism*, pp. 286 - 287, New York: Basic Books. （中文本见丹尼尔·贝尔《资本主义文化矛盾》，严蓓雯译，江苏人民出版社，2007，第299页。）

成了通向理性主义的垫脚石，从而对思想自由运动起了作用"①]。只有启蒙运动，尤其是大革命才彻底摧毁了呈粒状结构的旧式的共同体和等级秩序，换来了绝对主权国家和满布社会之中的现代法人单位（组织），后者的所有权大多在法治中私人化且神圣不可侵犯。从此人们不再是国王、伯爵、领主等的臣民（奴仆）或各种自治领和自治体的人，而成为民族国家这一新型结合体的成员，其中大多数是以"私人"或个体身份来体现的。以往，共同体、大家庭内或熟人世界无个人隐私，有的似乎只是"集体的隐私"②，现在，个人隐私伴随传统共同体的消失和陌生人的"抽象社会"的形成而成为可能。在这个基础上，个人主义和功利主义也渐渐流行开来。对于许多人而言，尤其是对于功利主义者，如英国边沁（Jeremy Bentham）那样的人而言，共同体只是一种"假想"，个人才是实在的单位（实体）。然而，这却是新时代和不同于传统共同体的时代西方"社会"的真实写照。

在渐渐到来的"新时代"（滕尼斯语），个体的自我发展被西方社会世界更多人认可，并越发被提升为生活的首要目标和职责。"一个人不仅应该符合德性的种属模式，不论是斯多葛派的、亚里士多德的还是基督教的；还应该发展那些使每个个体区别于其它个体的独特性质。"③ 当一个人把自己不仅看作是共同体的一个成员，而且把自己和共同体的其他人区分开来时，自我意识就出现了。这也就是所谓的"主体性的出现"④。它的出现与个体的发现是一致的，其增强和发展与传统共同体的解体是同时发生的。在中世纪后期出现的"逃离"原有共同体的现象，愈来愈有蔓延之势。个体的发现与主体性的出现使得西方世界发生巨大的变化，导致隐隐约约出现的现代性"社会"充满张力、活力和动力。个人事业得到宽容、允许和鼓励，"赚钱"的字眼常常挂在人们的嘴边而不再被鄙视，

① J. B. 伯里：《思想自由史》，周颖如译，商务印书馆，2012，第46~49页。
② 菲利浦·阿利埃斯、乔治·杜比主编《私人生活史Ⅱ》，洪庆明等译，北方文艺出版社，2009，第448页。
③ J. H. 伯恩斯主编《剑桥中世纪政治思想史》下，郭正东等译，三联书店，2009，第815页。
④ 菲利浦·阿利埃斯、乔治·杜比主编《私人生活史Ⅱ》，洪庆明等译，北方文艺出版社，2009，第469页。

在立身行事上不再害怕与邻居不同或与众不同，个人首创精神和私人财产（权）的重要性得到空前的重视，人们对婚姻和家庭的看法发生明显的变化，个人传记开始流行，信仰越来越成为一件私事，异教徒和多元文化出现了，官气十足的训诫开始让位于学者和学理型的"辩论"，甚至连艺术和审美也发生个体主义的变化。例如，人物雕像和绘画被要求舍弃一般抽象的手法和刻板僵化的形象，而是赋予每个人物个性化的表情（其中眼神的变化尤为明显）。所有这一切大大凸显了个人的价值。在宗教、社会、政治、法律有利的条件下，人们更多凭借个人努力，依赖勤奋、天赋等因素的发挥而不是先赋性条件获得成功。

传统共同体崩溃，新的人类组合——"社会"出现了。从传统共同体的人到社会的人的转变，滕尼斯给予了如下精辟总结：

> 进步的社会生活的第一个和主要的运动是特殊化、分化和个体化，这种倾向必然产生于原来相同的和普遍的东西对于各自不同的生活条件的适应。在这种适应里，天然的关系、具有共同体性质的整体和团体的生存能力和生命本身经受着考验，但是也凸显出它们开始瓦解的种种征兆，以及显示出我们称之为"社会的要素"的社会生活的新要素的发端。"个人主义"就存在于这种事态发展之内，也就是说，单一的人愈来愈认识到他的个人人格、他的价值和他的各种个人的目的，即他的各种事务或者利益；因此，面对一般约束他的、束缚他的和限制他的一切东西，他都要争取更加独立自主一些和更加自由一些，而只要这一切约束和束缚了他的意志，这就是共同体。这样越来越是非共同体的个人，越来越是社会的个人在发展着，部分在共同体的状况、整体和团体之内，部分从它们超脱出来，从它们身上解放出来；部分与它们并行发展，因为他阐明着社会的状况、整体和团体。①

在此，滕尼斯是从纯粹社会学而非意识形态角度阐释个人主义的。其

---

① 斐迪南·滕尼斯：《新时代的精神》，林荣远译，北京大学出版社，2006，第19页。

观点与同时代的涂尔干等人的观点基本相似，只不过角度和表达方式不同。新社会生活的特殊化、分化和个体化是西方文明现代性的趋势，在这种趋势下，传统共同体，即"原来相同的和普遍的东西"或布克哈特所说的"共同的纱幕"或"一般的范畴"，再也不能适应分化的各种各样的生活条件，愈来愈成为个人意志——体现为个人的个性、价值、目的、事务和利益，受"约束和束缚"的东西。于是传统共同体逐渐瓦解，作为"新要素"的"社会要素"，即"社会"产生了，"越来越是社会的个人"而非共同体的人发展起来。个人主义的取向是背后的推手，这就如同韦伯所说的"理性化"是西方现代性的幕后助力一样。

从共同体的人向社会的人转变在西方是全面的。统治者不再是共同体意义上的统治者，而是向"社会意义上的统治者"过渡，也就是说，他们不再是"主人"——领主、堡主、教长、族长、帮主等，而变成作为"公仆"的公民（公务员），他们不能再像旧时家长那样实施强迫性的支配，滥用权力和暴力，而必须协调、照顾整个社会的各方利益，使国家统治权力变成社会权力，亦即真正的公权力，而不是没有公共性的"公"权力。在西方，这是一个漫长曲折的过程。与此相对应，民众也同样从共同体的人向社会的人转变，他们不再是臣民、仆人或"共同的纱幕之下"的市民，而是作为"主人"的公民，并且通过民主法治（而非仅仅法制）手段对公共领域的公权力进行参与、监督、管理。这与前者的转变一样也是一个漫长曲折的过程。成为社会的而非共同体的人，意味着人类组合不再呈（传统）等级性结构，而是平等的（法律上的、市场和货币交换意义上平等的），在这个意义上讲，阶级、阶级意识和阶级斗争尽管曾经因统治者权力的滥用而盛极一时，但必然随着权力受到社会有效监督和治理而日趋弱化。人类难以建立乌托邦式的无阶级的社会，但可以实现以市场和社会的人为基础的弱化阶级及其意识的和谐社会。在此个人的作用不是被否定，而是得到积极的协调。按照滕尼斯的观点，作为近代特征的"个人主义"，"无非是从共产主义走向社会主义、从共同体走向社会的伟大过程里的一个理念上的边界点"①（在滕尼斯看来，人类社会的趋势不是

---

① 斐迪南·滕尼斯：《新时代的精神》，林荣远译，北京大学出版社，2006，第224页。

从社会主义发展到共产主义，而是由"共产主义"发展到"理性的社会主义"，作为一个严肃的社会学家和晚年加入社会民主党的党员，他似乎预见到了社会主义国家今天的变化）。

"共同体与社会"是一种"理想类型"概念。实际上，西欧中世纪，就共同体而言并非铁板一块，只存在共同一致而没有个体性。中世纪史料也不支持纯粹的这种说法。然而，经典社会学家之所以这样运用概念无非是要说明，在前现代，尽管在法律和经济上存在个体性，甚至"有文化的上层阶级发展出了强意义上的个体人格"，但总体而言，"公共情感和个体情感之间的平衡比起今天来更偏向于公共一方"，尤其在地方层面，"存在着强意义上的共同体"①。在这种情况下，民族主义相对较少，人们的情感主要聚焦在各自的共同体而非后来那种民族国家上，因为在许多地方国家主权还处于朦胧之中，霍布斯所说的"利维坦"（Leviathan）才刚刚冒头。

罗马法复兴，尤其是文艺复兴和宗教改革既有助于提升个体的意义，也促使民族国家加速形成。伴随着传统共同体的逐步瓦解，西方世界的人类组合基本上是沿着三个向度展开的：一方面是逐渐形成个人主义的个体，另一方面是握有绝对主权的民族国家的广为形成和发展，与二者既有联系又形成对峙的则是"社会"，其源于在中世纪城市自治运动（公社运动）中形成的市民社会，也是对后者（早期市民社会）的改良。这种格局首先强调"个体的解放"。由于"各种共同体在人类共同生活的早期阶段即在历史上，对个人进行形形色色的约束和五花八门的束缚"，因此，"摆脱共同体的状况和团体，是发展个人的人格和自由的一个必要的附属部件"。在这个意义上可以说，"个人主义实现了进步"。西方现代性是资本主义的胜利，同时"也是个人主义的胜利"，它"是自从中世纪以来每一代人都以越来越惊讶的目光所亲身经历的胜利"②。直到19世纪末，西方世界一直沉浸在这种胜利的乐观主义之中。然而，个人主义的兴起可以

---

① J. H. 伯恩斯主编《剑桥中世纪政治思想史》下，郭正东等译，三联书店，2009，第818页。
② 斐迪南·滕尼斯：《新时代的精神》，林荣远译，北京大学出版社，2006，第38、52~55页。

说是以传统或"自然的"共同体的解体和信仰共同体的衰落为代价的，失去了这种共同体的个体尽管获得自由，但毕竟受私欲左右，因此，"私人的理性"（霍布斯）是靠不住的（远不如"最高统治者的理性"可靠），"选择意志"（滕尼斯）不一定都以"被善意理解的利益"为基础。当个人主义被过度发挥时，社会便会出现无序状态（人这种热爱自由的动物成为"类人狼"。中世纪末期和近代初期，即所谓"资本原始积累"时期，西欧的状况，例如北意大利和英格兰似乎就是如此）。霍布斯的"自然状态"其实不在遥远的过去，而是近在眼前，它是对当时现实的反映，诚如美国政治学荣誉教授谢尔登·S. 沃林（Sheldon S. Wolin）所言，对于那个时代的人而言，"自然状态传递了一种生动而远非虚构的意义"①。因此，许多仁人志士想要解决这一难题。他们多数的共识是，只有诉诸强有力的权威和强制性方能改变无政府状态和其带来的秩序的重大变化。对于路德、茨温利（Ulrich Zwingli）和加尔文来说，其"迫切任务就是要使新教徒在首先被激发起他的个人主义情感之后重新回到共同体的意识中来"。

然而，宗教改革后的西欧，教会已不再是原来那样的紧密结合的统一的共同体，那么如何回归共同体呢？加尔文在日内瓦的统治似乎是一种模式，但它能够不断持续下去吗？霍布斯没有这样思考问题，它把目光转向了"伟大的利维坦"（沃林认为，霍布斯"只不过是简短生硬地说出别人已经说出和做了差不多一个世纪之久的事情而已"），一种不是作为"自然"产物的共同体，而是凭借"技艺"创造出来的绝对主权国家。只有这样的国家主权才能制止混乱——结束"自然状态"，带来和平和秩序。然而具有讽刺意义的是，对于一切事物持有绝对权力和权利曾经是混乱的根源，现在把它给予统治者并以此来保证安全和秩序，那么当这种拥有绝对权的统治者超出道德界限对个人构成威胁时，是否又是另一种无序和不安全？任何权力和权利绝对化最终都会导致无序。在这种情况下，如后来洛克所担心的，谁来保护个体（权利）？保护个体的关键，如霍布斯所

① 谢尔登·S. 沃林：《政治与构想》，辛亨复译，上海人民出版社，2009，第256、257、259、277页。

言，就在于按照自然法中的公正原则使"统治者同他的人民中的任何一位最卑贱者一样，也受到制约"①（其实霍布斯也是同样担心的，只不过在这方面的思考远不如洛克）。而能够做到这一点的，唯有建构法治国家。不过，国家要想法治化，就必须建立公民社会（civil society），因为只有公民社会才能真正保证有法治的国家，这就是洛克那样的自由主义者的基本观点。

换言之，由于"国家理性"（通过分权而实现权力相互制衡的做法）并非完满和十分可靠，那么就必须在国家以外找寻有效的制约力量。这个力量便是上面提到的与国家既相对立又密切相关的公民社会。如前所述，现代西方公民社会起源于中世纪盛期的城市公社或市镇自治体。公民社会这一概念表明它们是城市"文明的结果"，而"非自然产物"②。韦伯指出，它们一开始就是在同王权和贵族封建权力的抗争中崛起的③。因此，自由对公民社会成员来说弥足珍贵。按照洛克等人的观点，社会与国家分属不同的领域，社会由于是"形成的"，因而丰富多彩和充满生机，而国家（state）因为是建构的，所以死气沉沉、单调乏味。也就是说，社会是自由和创造之所在，而国家是限制和卫护之所在。国家与社会相对分离是人们自由和保持创造力的基本保证。一方面，公民社会需要国家保护、提供秩序和服务，没有国家，人们就会回到失序的"自然状态"；另一方面，公民社会的有限的私化主权（相对自治）和自主活动领域必须得到充分尊重，因为"没有公民社会，民主和法治国家将顶不上多少作用"，"自由依旧是一根摇晃不定的风中芦苇"④。公民社会是法与自由的媒介物。因此，在西方人看来，重要的是在整个国家范围内允许很多不受政府干预、合法的（自生自灭的）社团的存在（它们也许看上去杂乱无章，但富有创造性）。只要是法律没有禁止而其行为又没有对他者构成妨碍的，

---

① 霍布斯：《利维坦》（英汉对照全译本），刘胜军等译，中国社会科学出版社，2007，第551~552页（引文翻译略有不同）。

② 拉尔夫·达仁道夫：《现代社会冲突》，林荣远译，中国社会科学出版社，2000，第36页。

③ 马克斯·韦伯：《韦伯作品集Ⅵ：非正当性的支配——城市的类型学》，康乐、简惠美译，广西师范大学出版社，2005。

④ 拉尔夫·达仁道夫：《现代社会冲突》，林荣远译，中国社会科学出版社，2000，第36页。

国家权力机构就不能任意干预。也就是说，公民社会有合法的自治性、独立性和自主性。一旦权力机构违法并侵害社会的利益，公民社会有权抗拒，并通过强大的社会力量和公共沟通领域合法地使之得到纠正，这也就是公民社会对国家的制约以及使善治得以实现的基础。国家与公民社会是在相互制约和互动中发展的①。

　　现代社会的产生源自个体的兴起，反过来也给个体带来了活跃和发展的广阔空间。它通过公民社会有效地保护了个体的安全，但却与个人的权利，并归根结底与他的私人本性相抵触（也就是说，现代社会处于自相矛盾之中，一方面它容忍和保护私权，另一方面又因其自身的公共性而与私权不相容）。由此在个人主义的"社会"而非共同体的时代，个人与群体（集体）之间的张力表面化和普遍化。人们正是在"社会"，在个人主义出现和得以兴起的现代社会，才真切地感受到个人与群体或个人与社会之间的矛盾和张力。而这一点，在过去的共同体占优势的时代是无法自觉和体会到的，就如同夏娃和亚当在偷吃智慧的禁果之前那样。在这种情况下，人们显得不太适应和有些彷徨。

　　于是，身处一个开始有些陌生和抽象的社会，面对逐渐失去归属感和充满异化劳动的世界，人们不免有些伤感和怀旧。传统共同体是在天真、单纯、蒙昧、缺乏知识和"吞没个体"的条件下生存的，而新时代社会的出现则是以这些因素的丧失为条件或代价的。人们在新的社会（"理性资本主义"社会或现代法理社会）里获得知识、发展、"进步"和"自由"，同时也失去了一个具有强烈归属感的温馨的"家"，一个在其中真情常在、彼此信任、互相依赖、休戚与共的共同体以及与此相关的确定性和安全感。英国社会学家鲍曼在其《共同体》一书中引用希腊神话坦塔罗斯（Tantalus）的故事和希伯来圣典（《创世记》）亚当、夏娃的故事对此给予了再好不过的诠释。他以希伯来方式（寓意解经法）指出神话故事传递了这样的寓意：

　　　　你可以沉浸在幸福之中，或是至少可以无忧无虑地幸福下去，只

① D. Held, et al., eds., 1983, *States and Societies*, Oxford: Martin Robertson; Z. A. Pelczynski, ed., 1985, *The State and Civil Society*, Cambridge: Cambridge University Press.

要你保持你的那份天真，也就是说，你只要享受快乐和幸福，而不用管使你快乐的事物的本质，不要试图愚笨地去改变它们，更不要说去把它们控制在你手里。因此，如果你竟然去控制它们，你将永远无法复活你仅仅在单纯天真状态下才可以享受的天堂之乐。你的目标将永远无法实现。①

坦塔罗斯（天神和主神宙斯之子）傲慢地获得了他与凡人不该拥有的知识，夏娃、亚当禁不住诱惑偷吃了不该吃的禁果——智慧之果，因而得罪了诸神或犯下"原罪"，遭到神或上帝的严酷惩罚。他们尽管获得自我意识，长了本事，但却从此失去原有的宁静、祥和和无忧无虑的幸福生活。单纯和天真的丧失与原有和谐之幸福的失去是同时发生的。对往事美好的回忆，将不断折磨亚当、夏娃的子孙后代。他们要不断在两者之间做出选择或尽可能取得平衡。个体与群体或者个体与社会处于一种带有张力的和谐之中（赫拉克利特意义上的和谐：和谐是对立面之间张力的结果）。

在西方，个体与群体之间的张力，在共同体与社会中是不一样的，这主要是由它们的区别决定的。滕尼斯说："共同体（Gemeinschaft）首先（本质上）是人身的结合，然后（非本质上）才是客观事物的结合。"与此不同，"社会（Gesellschaft）的本质单位被理解为社会或者是社会性质的。它们的本质毋宁说是客观事物的，它们在非本质方面才是人身的"。因此，共同体"是'优先'于各种个人的，也就是说，被设想和感到放在个人的'前面'，……它们也承载着或者制约着各种个人。与此相反，社会则以个人的人格为前提，它作为结合是'依照'各种个人而形成的，并且是受他们制约的"②。在"共同体占压倒优势"的时代，如中世纪，个人与共同体之间的张力，由于共同体的"人身结合"的本质，从潜在方面看是最强的，但在"共同的帷幕"的遮盖下，而且由于人的天真、单纯、幼稚和缺乏反思性，这种张力一般并不为人们所自觉或意识到，因而缺乏明显的显性特征。在"社会占压倒优势"的时代，随着人类组合

---

① 齐格蒙特·鲍曼：《共同体》，欧阳景根译，江苏人民出版社，2007，第1～3页。
② 斐迪南·滕尼斯：《新时代的精神》，林荣远译，北京大学出版社，2006，第126页。

本质上由人身的结合向着客观事物的转变，个人与群体在此种社会中的张力开始表面化、显性化和经常化，不过，强度却有所趋缓。这就是说，个体的出现和个人主义的兴起，导致个人与群体出现张力和冲突。而这种张力和冲突在法理社会中则得到宽容和认可。现代社会使这种张力和冲突凸显，但也容下了它们，因此充满活力和动力，当然也含有不稳定性和风险。如果我们像滕尼斯那样把中世纪向近现代过渡看作是"从共同体到社会的发展过程"，那么可以说，这个过程也是个人与集体之间张力逐渐释放的过程。在这个张力释放的过程中，西方世界在各个方面都表现出极大的活力和创造性。然而，一旦西方过渡到后现代时代，随着这种张力和活力降低到历史上的低点，出现无所适从的情况，即进入相对主义和所谓"末人"时代，他们的创造性也越发变得狭窄和弱化，耀眼的似乎只剩下金钱、商品、技术或技术科学了。

从中世纪后期开始是个人主义冒头和成长的过程。对于个人主义，西方社会的主流文化或思想界（除近代早期和极权主义时代外）不仅从不予以妖魔化，反而多持肯定态度（尽管是有限度有法度的肯定）。例如，晚年加入社会民主党的滕尼斯不仅把个人主义的发展视为"新时代的非常突出的特征"，而且还把其看作是"新时代的优越性的持久保障"。他甚至认为"个人主义的进步——这是必须着重强调的——是在一个民族及其成员们的成长和进步中的一种非常健康的和正常的发展：一种真正的和有机的进化"①（滕尼斯是从社会学意义而非意识形态上探讨问题）。为什么强调个人主义？因为它给西方带来"具有无可估量意义"的"精神的解放"，即"思想、认识和创作的自由"。然而，正如滕尼斯所承认的，甚至在自由的社会也不可能只谈及个人主义而不讲人的"联合"。对以往共同体的美好东西的伤感和怀旧始终存在。不过，现代人并不想也不可能完全恢复过去的传统，而更主要是重新建构人类组合。这种组合主要不是以往共同体性的，而更多是法治的契约社会性的。

因此，家庭以外的共同体元素仍然存在（在现代，共同体并未全都消

---

① 斐迪南·滕尼斯：《新时代的精神》，林荣远译，北京大学出版社，2006，第59、72页。

失，只不过不占优势罢了），对于尽管发生变异但仍然延传下来的宗教共同体来说尤其如此。这是信仰、伦理、情感和兴趣的需要，但它们只在较低程度上得到保留，因为灵魂被认为远不如利益重要（"触动利益比触动灵魂还难"）。而社会则是建构的主要方面和新的形式，它或多或少是功利性的、契约性的、科学或实证主义的。实际上，就具有现代性的人的眼光来看，个人主义与集体主义（或共同体主义）都是社会不可或缺的。后者创造出伟大的信仰、伦理、道德和共同情感及意志，前者则带来功能理性和法治（自由）秩序。两者的张力是必要和重要的——这是创造性的源泉，只不过现代西方更偏重于前者。西方是在传统共同体"非常残酷的瓦解过程"（鲍曼语）中，或者说"从共同体到社会的发展过程中"（滕尼斯语）释放这种创造性能量的。然而，令人感到吊诡的是，个人主义或者说理性的个人主义带来"精神解放"和创造性，但这是在共同体精神的底蕴上发挥作用的（亚当·斯密既强调市场功能也重视道德情操的作用反映这一点），一旦这种精神被过于破坏而所剩无几，个人主义的创造力反而下降了。西方社会今天似乎有这样的征兆。因此，纯粹个人主义的社会与纯粹集体主义的社会同样是可怕和缺乏创造力的。人们需要的不是任何一种主义的纯粹类型，而是两种或多元对立面之间张力的和谐或协调。

英国社会学家鲍曼说，在当今西方世界，人们"发现自己生活在一个没有共同体的不确定的世界，常常不会满意，有些情况下感到恐惧"。因此"共同体是人们最想念的东西"。"我们怀念共同体是因为我们怀念安全感，安全感是幸福生活的至关重要的质量，但是我们栖息的这个世界，几乎不可能提供这种安全感，甚至更不愿意做出允诺。共同体依然根本不见踪影，无法掌握或者离得远远的，因为世界促使我们去开始实现一种安全生活的梦想的这种方式，并没有让我们离它的实现更近一些；我们的不安全感不是减轻了，而是一如既往地在增加，因此我们就继续梦想，继续努力，继续失败。"① 今天西方确实已经从共同体的世界转变到"个体的世界"，在这种情况下，它受到现实价值观（个人自由）与在人们头脑里

① 齐格蒙特·鲍曼：《共同体》，欧阳景根译，江苏人民出版社，2007，第67、170页。

留下模糊记忆并已乌托邦化的想象的价值观（共同体主义）这两种因素的影响和制约。经过长期发展和演变，现在西方思想家比滕尼斯看问题要全面得多。他们深深地认识到，"自由与共同体可能会发生摩擦与冲突，但缺少其中一个或另外一个，都不会有满意的生活"①。要建构想象的共同体，使我们成为其中的一员，就要付出代价。共同体带来了确定性和安全感，但同时也剥夺了我们的某些自由——"社会"中呈现的个人自由。确定性与自由是同样弥足珍贵和令人渴望的东西。它们可以或多或少地达到平衡，但不可能永远和谐一致。确定性与自由、共同体与个体之间的冲突，可能永远也得不到完满的解决。这是西方社会的张力和动力的源泉之一，也是其风险所在。

① 齐格蒙特·鲍曼：《共同体》，欧阳景根译，江苏人民出版社，2007，第67、170页。

第八章
西方文明中的文化张力

西方文明主要是由希腊文化与希伯来－基督教文化叠加和融合而成的
（当然，罗马法文化和日耳曼因素也起到了重要作用，它们将另外论述）。
从中世纪开始至现代，这是一个漫长的碰撞、冲突、批判、吸收、融合和
反思的过程。其中的二元结构导致文化中长期存在两种明显不同的向度和
极强的张力。西方文化的自主性、动力和活力就源出于此。当然，西方社
会的与众不同的建构、变革和发展也与此相关。这是直到现代以前世界诸
文明中罕见而奇特的现象。一般而言，社会张力普遍存在，但它不一定自
主导致实质性变革（如东方那样）。只有在存在文化张力且此种张力成功
地推动文化实现新的方向选择的地方，实质性变革才有发生的可能。西方
中世纪以来的历史证明了这一点。它昭示了文化张力在社会发展中具有必
不可少的指向性的重要作用。

一　西方文明中第一个矛盾着的文化向度：
古典希腊文化的特点及其张力

古希腊文化是西方文明的第一个建构要素。长期以来，它一直是
西方真知灼见、灵感和文化复兴的源头之一。黑格尔曾经热情洋溢地
讲道：

一提到希腊这个名字，在有教养的欧洲人心中，……自然会引起

一种家园之感。欧洲人远从希腊之外，从东方，特别是从叙利亚获得他们的宗教，来世，与超世间的生活。然而今生，现世，科学与艺术，凡是满足我们精神生活，使精神生活有价值，有光辉的东西，我们知道都是从希腊直接或间接传来的。①

古希腊人思维明晰，极具创造力，为西方思想提供了许多有益东西。在现代，西方人的思维方式就其基本逻辑而言"仍然是极为希腊式的"②，尽管尼采以后，尤其是海德格尔以后，希腊传统受到深度怀疑和解构，有所摇摆不定。因此，要想抓住西方人的精神文化特点及其内在张力，就必须首先了解古希腊人的精神文化特点。

"对主的畏惧是智慧的开始"③，这一希伯来人的格言尽管用在古希腊人身上似乎并不是十分合适，但如前所述（见第一部分），同希伯来等古代诸民族一样，古希腊人起初也是通过宗教和神话来想象、认识和解释包括人在内的宇宙世界的。著名的《荷马史诗》（《伊利亚特》《奥德赛》）和赫西俄德（Hexiod）的名作（《神谱》《工作与时日》）的问世，表明希腊人至少在"黑暗时代"（Dark Age）/铁器时代（Iron Age）末期或古风时期（Archaic perior）初期，即所谓的"荷马时代"（公元前8世纪末或公元前7世纪初），已经有了初步的文明和宇宙论文化，尽管它们是以与宗教神话相混合的方式表达的，且带有一定的"东方化"色彩（希腊文化的创生曾受到美索不达米亚苏美尔－巴比伦宗教文化和埃及宗教文化强烈影响，"希腊宗教在东方模式启发下形成系统化的趋向"④）。

早期希腊精神文化是以宗教和神话为背景的，或者说古希腊世俗思想原则起初基本上是宗教神话原则的反映。如前所述，古希腊宗教来源是多重的，其结构自然也具有二元性。一方面，自荷马到苏格拉底，传统的正统宗教（公共宗教）是以天神宙斯为首的奥林匹斯诸神崇拜。这种宗教

---

① 黑格尔：《哲学史讲演录》第一卷，贺麟、王太庆译，商务印书馆，1981，第157页。
② 理查德·塔纳斯：《西方思想史》，吴象婴等译，上海社会科学院出版社，2007，第2页。
③ 《旧约·诗篇》，111：10。
④ 奥斯温·默里：《早期希腊》，晏绍祥译，上海人民出版社，2008，第74~93页。

第八章 西方文明中的文化张力

325

采取以下方式进行敬神活动，如隆重的燔祭仪式以及包括盛宴、赛会，还有戏剧、舞蹈、音乐表演在内的各种节日狂欢和娱乐节目。其最大的特点是，人们感到宗教祭祀完全是一种让人快乐、让人充满信心和喜庆的神圣活动，而不带有任何希伯来式的那种关于斋戒、净化和赎罪的特征。由于奥林匹斯诸神崇拜是拟人化的（"幻想和表象里，希腊的诸神诚然是有人格的"——黑格尔语），这使得希腊人有了对人的发现，懂得了生命之价值、"生命之喜悦"（joy of life）的宗教意义。因此，这种宗教最关注的是"今生"和"活在当下"，也就是注重现世、现实、现时，偏爱及时行乐的生活方式。借用索罗金的话说，这是一种"感觉论的文化"（Sensate culture）①。"直接、鲜活，一直以来就被激赏为希腊艺术与文化整体上的标志。"②

然而，这只是古代希腊宗教的一个方面。奥林匹斯诸神崇拜是希腊城邦的"官方"宗教（"国教"）。除此之外，另一方面，古希腊社会还存在酒神狄奥尼索斯崇拜和俄耳普斯（奥尔弗斯）教（对一个具有萨满魔力的、死后被神化的乐师兼巫师及祭司的崇拜）。这两种宗教都是神秘宗教，均来自近东或希腊北部的色雷斯。前者诉诸神灵附体的宗教体验，具有一种超常的、神秘的非理性激情和力量。通过这种宗教活动，人们完全的释放，获得一种人类日常难以达到的自由与自在，力图挣脱具体东西的束缚和限制，打破古老伦理与社会习俗的禁忌，趋向富于情感的生活，甚至是一种野性激情的生活，而不是过于理性化。后者同样诉诸非理性，其特点就在于它突出一个"灵"字。苏格拉底面对生死所表现出来的宗教殉道精神和超然态度就源于这个"灵"，希腊化时期人们解决生死问题靠的还是这个"灵"，这个灵与后来的基督教所宣扬的三位一体的上帝似乎同出一辙。因此，俄耳普斯教强调"冥界之旅""灵魂不灭""转世轮回"等说法。它已经表现出某种一元论，甚至"一神论"的倾向，有模糊的"原罪"说和末世论观念。

俄耳普斯教徒及其崇拜仪式，尽管与狄奥尼索斯崇拜的本质相近，彼此

---

① Pitirim A. Sorokin, 1937, *Social and Cultural Dynamics*, Vol. two, Chapter one, New York：American Book Company.

② 托马斯·A. 斯勒扎克：《读柏拉图》，程炜译，译林出版社，2009，第3页。

关联，相辅相成（见前面第一部分），但两者在某些方面又有区别，甚至存在精神对抗。狄奥尼索斯的疯狂是酒神附体者的疯狂：野蛮、暴力、放纵、陶醉和富于创造性。与此不同，俄耳普斯教的疯狂，追求的不是肉体上的醉，而是属灵的精神迷狂。为此，他所采取的方式不是兴奋——不是希腊酒神式的狂醉，也非波斯豪麻（haoma）酒或印度苏摩（soma）酒造成的萨满式出神或致幻，而是包括戒酒在内的种种节制和净化，以深沉的"洁净"仪式取代了狂欢仪式，突出茹素、苦修、洁净礼、神圣化、宗教典章（教义）教化。

希腊精神文化的进程或演化过程是，起初为荷马和赫西俄德向度的宗教神话思想和价值观占有优势（"荷马和赫西俄德是为希腊人制定神谱的人"，在这之前，希腊人对于神的情况并不了解①）。这是希腊文化理性与阳光的一面（阿波罗精神和逻各斯是典型）。它曾经既阻塞了原始的亡灵崇拜的发展，也割断了与神圣启示宗教的联系。与此同时，外来的神秘主义宗教——狄奥尼索斯崇拜和俄耳普斯教，尽管开始渗入希腊人的头脑之中，但在奥林匹斯诸神崇拜的盛期则处于受压抑和排挤状态。这是希腊文化的非理性与阴暗的一面。两种类型的宗教文化形成张力，此消彼长。前者孕育了哲学与科学的创生和发展，但自身也因此而遭到解体。随着前者的衰落，后者与意大利希腊宗教文化（毕达哥拉斯学派神秘宗教）结合，逐渐占据统治地位并从苏格拉底开始，经柏拉图和亚里士多德对希腊乃至西方精神文化产生深远影响。

荷马和赫西俄德向度的宗教文化精神兴盛于古风时期（前750～前480），并延续到古典时期（前480～前323）前期。如前所述，奥林匹斯神话形式上是宗教的，但本质上却趋向于"人本主义"和"世俗主义"，带有明显的自然主义和经验主义色彩。用沃格林的话说，"荷马创造了人的当下"，赫西俄德的《神谱》促进了形而上学概念的萌发②。于是，大约公元前6世纪初，希腊人在以原始的宗教神话想象和解释宇宙万物的同时，受该神话启发，也开始尝试一种新的探索形式。这就是通过对已有神

---

① 希罗多德：《历史》第二卷，王以铸译，第53节，商务印书馆，2005。
② 埃里克·沃格林：《城邦的世界》（《秩序与历史》卷二），陈周旺译，译林出版社，2009，第196～197页。

话中宗教性因素的剥离和对神话经验的升华并辅之以对自然现象的观察来重新解释世界。伴随着带有自然神性质的奥林匹斯诸神崇拜神话的发展，哲学（主要是自然哲学）也崭露头角。例如，哲学中的万物之本原（水）与神话创世纪中的大水联系在一起，宇宙的创生和秩序（宇宙论）与宗教神话和神灵的谱系相关联。具体的神话想象和经验被抽象、概括和升华为普遍的原理。（自然）哲学和科学更多的是宗教神话的理性化、世俗化和升华（如本原或本源之思就是如此）①。由此可见，在希腊的这一阶段，两种文化和解释方式并存，宗教神话模式与哲学和科学模式交相辉映。希腊哲学之父泰勒斯的经典之言"水是万物的本原，万物充满神灵"（人们常引用前一句，而忘记后一句），便是这种双重方式的最佳体现。不过，具有讽刺意味的是，希腊宗教神话促进了哲学和科学的创生和发展，但随着科学理性的进一步发展，这种神话宗教，用现代的话说，便遭到了解构（自然哲学使神话失去了意义和力量）②。于是自然哲学和科学发展起来。类似的现象也出现在近现代，尽管前者的程度远不如后者深入彻底。

把宗教与科学对立起来，主要是现代人的观念和现象。当然，古代世界也有类似情况。例如，古希腊雅典城邦伯利克里时代，前苏格拉底时期最后一位爱奥尼亚学派的自然哲学家阿那克萨戈拉（Anaxagoras of Clazomenae，约前500～前428）就由于对太阳做了自然主义的解释（认为太阳是一块炽热的金属，并非神圣的天体），便与当时宗教观念发生冲突而遭到迫害。这是已知这方面最早最著名的事例。类似的情况还有公元前3世纪萨莫斯的阿利斯塔克（Aristarchus of Samos）的事例，他因主张日心

---

① 早期的希腊"科学"，如宇宙论主要植根于神话思想之中，它与现代我们所说的基于经验和实验的科学有很大区别。关于早期希腊自然哲学的神话和宗教起源，参见英国著名古典学者康福德经典之作《从宗教到哲学》（F. M. Cornford，1912/1991，*From Religion to Philosophy: A Study in the Origins of Western Speculation*，Princeton，NJ: Princeton University Press），以及其逝世后出版的晚年的论文集（F. M. Cornford，1952，*Principium Sapientiae: The Origins of Greek Philosophical Thought*，W. K. C. Guthrie，ed.，Cambridge: Cambridge University Press）；让－皮埃尔·维尔南：《希腊人的神话和思想》，黄艳红译，七．"从神话到理性"，中国人民大学出版社，2007。

② "从公元前5世纪起，奥林匹斯诸神崇拜就一直处于被责难之中"（F. W. Walbank，1978/1992，*The Hellenistic World*，p. 209，Cambridge，Mass.: Harvard University Press）。

说而遭到指控。最令后人震惊的，则是古罗马女数学家、天文学家和哲学家，新柏拉图学派中亚历山大里亚学派的创始人希帕蒂亚（Hypatia，约370～415）的殉难——其意味着"古典世界的消亡"。然而尽管如此，古代所有这类宗教与科学的对立和冲突都是相对而非绝对的。也就是说，古人一般都有宗教倾向，他们崇尚理性的时候，从来没有从根本上抛弃神灵。当他们的所作所为不虔诚而与宗教发生冲突时，只是与某一类型宗教相冲突，而并不否定宗教或神本身。苏格拉底"不敬神"的行为只表明他怀疑荷马向度宗教神话传统（不信雅典城邦之神），而不等于他心中没有神（另外的神）。同样，柏拉图和亚里士多德心中都有自己的神，只不过这些神与传统的不一样罢了。因此，以爱奥尼亚学派为先导、起源于神话和宗教并辅之以经验观察的古希腊自然哲学和科学（理性）的兴起，只是解构了奥林匹斯诸神崇拜神话，但对宗教本身并没有根本影响。这一点与尼采所说的"上帝死了"和现代对基督教部分解构的情况有着本质区别。

从原始宗教神话向另外不同的符号建构系统转变或"飞跃"，是当时世界发生的广泛现象（甚至是普遍现象）。雅斯贝尔斯把这个历史阶段称为"轴心时代"（当然，如前所述，韦伯已经有了这方面的思想，但未能创造出这一概念)①。它产生了多元而伟大的新的文化符号系统。尽管都是与传统宇宙论神话系统发生断裂，但飞跃或转变的方向却各不相同：中国是从远古神话过渡到"儒教"（儒家人伦、礼俗文化）；印度是从吠陀神话转向佛教和多少有些受此影响的印度教（新婆罗门教）文化；希伯来是从巴比伦神话转向启示宗教；希腊是从宇宙论神话转向哲学和科学。驱散神话宗教的阴霾，理性思维获得突飞猛进的成长。然而，不同文明理性的发展方向和意义是不同的（韦伯曾经指出，所有的文明都有自己的理性，只不过内容不同罢了）。其中只有希腊创生出真正的科学（科学理论）而不仅仅是实用技术。为什么会是希腊？为何只有希腊？我们知道，

---

① 这种现象早在19世纪西方的东方学家就已观察到了，因囿于西方中心论思维，当时还以为是文化传播的结果。今天，雅斯贝尔斯以及汤因比厘清和修正了这种建构，并使之大放异彩［参见埃里克·沃格林《城邦的世界》（《秩序与历史》卷二），陈周旺译，译林出版社，2009，第88页］。

科学（而不是技术）本身意味着普遍性与抽象性（形而上学思考），它是一种源于特殊和具体，又超越它们的升华过程。古埃及人会测量土地（这是为解决尼罗河泛滥带来的土地重新划分问题而发明的一门技术），但没有把这种技术转变和升华为几何学原理或理论；巴比伦祭司（和波斯术士）懂得占星术，为此积累了大量的天文测量数据，但他们同样没有能够把之提升为科学——天文学。正是希腊人完成了这种转变和升华，创造出科学。希腊人利用别人的技术发明创造了科学。希腊人之所以能够做到这一点，如康福德所言，关键在于他们有着一种与众不同的文化取向："只追求知识本身，而不是为了对人有用的任何实用目的"。"理性探寻并发现，真理是普遍的，但是它对于生活的迫切需要而言，也许有用，也许无用。"① 总之，真理的探寻就是求真的过程，它与是否有用没有必然联系。希腊人对划分土地不感兴趣，但对这种原理很好奇。他们发现这种方法可以从那种特殊目的中分离出来，进而形成带有普遍意义的方法——几何学，于是具体的技术被转变成普遍的定理；同样，他们抛弃占星术的迷信结构和实用动机，结果就把巴比伦人出于宗教目的的占星术转变为天文学。求真和追求知识本身是希腊人的取向和兴趣所在，由此理性的头脑获得了难以形容的愉悦感。这是他们能够成为该地区古代唯一发明科学（理论）一族的根本原因。其所作所为主要是出于好奇、兴趣和对知识本身的追求，而不是某种实用动机。在这方面，西方中世纪后期也带有某些类似的特点。前科学时代常有的特征是：（1）万物有灵论充斥人们的头脑；（2）主客体的界限不明（不能把客体作为纯粹自然之物对待）；（3）无法摆脱与功利性需求相伴随而来的智力偏见和狭隘性。这最后一条是希腊一部分人所竭力戒除的，而且似乎只是希腊人特有的行为，当然也是环地中海地区其他文明在古代少有自主发明科学（科学而不是技术）的最关键因素。它甚至至今仍在左右许多现代国家人们的头脑。太过于强调眼前的实用性将妨碍人们在科学上的许多发明创造。

哲学和科学的产生来自对神话的扬弃与实际观察的结合，亦即它是从

---

① 弗朗西斯·麦克唐纳·康福德：《苏格拉底前后》，孙艳萍等译，格致出版社、上海人民出版社，2009，第4～5页。

神话导出的理性 – 形而上学与经验感受融合的结果。它与奥林匹斯诸神崇拜神话有着此消彼长的关系。然而，奥林匹斯诸神崇拜的衰落和被解构，并不意味着希腊世界变成一个纯粹的世俗化的世界，因为衰落的只是某一类型的宗教，而非宗教本身。事实上，伴随着宗教神话的式微和哲学的兴起，以前与荷马向度的神话宗教对立并受到压抑的神秘宗教——俄耳普斯教、狄奥尼索斯崇拜和兴起于意大利南部希腊殖民城邦的毕达哥拉斯派宗教，便有升温之势。特别是，以灵魂净化为宗旨的"俄耳普斯运动"（Orphic movement）席卷了整个希腊①。较早时期，俄耳普斯的灵魂知识充斥带有神秘主义倾向的哲学家塞诺芬尼（Xenophanes，又译色诺芬尼）和赫拉克利特（前540～前480）的作品，以后我们看到，柏拉图又深受此类宗教影响。古典时期后期，俄耳普斯教、毕达哥拉斯宗教，再加上狄奥尼索斯崇拜，逐渐占据上风（在文化精英中尤其如此），并与城邦文化传统形成对立。哲学不能与荷马向度宗教传统共生，但却与形而上的神秘主义宗教（主要是俄耳普斯教）结合在一起。理性与非理性形成某种张力，这正是古典时期希腊文明形式的特点。其创造力是否也出自于此？

希腊文明的文化形式为什么会是这样？古典时期希腊文明的问题出在哪里？后面我们将会看到，这也是西方文明再次出现的问题。我们知道，与希伯来启示 – 信仰类型宗教比较，荷马传统的宗教（奥林匹斯诸神崇拜）的问题，且不说诸神身上的毛病、性格和道德缺陷，甚至劣迹斑斑（如塞诺芬尼所批评的"偷盗、淫乱和相互欺骗"②），单就诸神以有形（人形）的方式存在世界之中，便缺乏形而上学的力量。尽管在这种类型的宗教中也可听到"缪斯，赐我启示（manteueo）吧"这样发自内心的呼唤，但与希伯来宗教文化相比还是具有本质差别。正如沃格林所言，"在以色列，超验的上帝借言［道］现身，而在希腊……［人形的神］发出的'言'是诗人的歌声"。当然，希腊有"逻各斯"（有些类似希伯来上帝的"圣言"或中国老子的"道"），不过，在荷马或奥林匹斯诸神崇拜

---

① 埃里克·沃格林：《城邦的世界》（《秩序与历史》卷二），陈周旺译，译林出版社，2009，第239页。
② 转引自埃里克·沃格林《城邦的世界》（《秩序与历史》卷二），陈周旺译，译林出版社，2009，第245页。

符号体系中，逻各斯还不起什么作用，只是随着哲学的兴起，"逻各斯才开始取代此前诸神的显灵"①。可是，一旦显灵，此时的逻各斯又成为神秘主义的载体②。真正的信仰需要形而上学。因为信仰本质上是超验的，它需要形而上学作为背后的支撑。没有形而上学，信仰无法持续存在（其实科学理论也是如此）。这就是为什么古代中国儒家碰上佛教（佛学）在理论上不得不退让三分的一个重要原因（宋代理学对儒学的重建也与佛学的传入、兴起和刺激有关）。而现代世界上帝之所以"死了"，也在于伴随着实验科学的发展形而上学遭到了无情的解构。荷马传统的神话宗教因其自身固有的特点和缺陷，必然要退出历史舞台。一方面，伴随着自然哲学和科学逐渐发展（爱奥尼亚哲学传统的形成是典型），这种宗教开始其漫长的解构过程；另一方面，荷马诸神也因自身的问题而遭到后人，如塞诺芬尼、苏格拉底、柏拉图等的攻击、批评和唾弃。奥林匹斯诸神崇拜遭自两方面打击而解体，与此同时，自然哲学和科学相应兴起。

然而，这种自然哲学和科学尽管似乎可以解释经验到的自然之事③，但对人间社会和心灵方面的问题却缺乏应付之力。希腊人（主要是爱奥尼亚学派）通过自然哲学的创生使得神话宗教中的宇宙论变成"科学的"

---

① 参见埃里克·沃格林《城邦的世界》（《秩序与历史》卷二），陈周旺译，译林出版社，2009，第143页。

② "'逻各斯'（Logos）是希腊日常用语，表示写作或言说的词语，但从赫拉克利特开始，几乎每位希腊哲学家都会赋予其一层或几层重要含义。翻译家经常将其释为'理性'（Reason），抑或是指人类个体的理性思考能力，抑或表示某种更高的宇宙秩序与美的原理。当《约翰福音》的作者宣称：'太初有逻各斯［道］，逻各斯［道］与上帝同在，逻各斯［道］就是上帝'［John（《约翰福音》），1：1］时，从而使逻各斯这一术语进入基督教的神学领域"（安东尼·肯尼：《牛津西方哲学史》，第一卷，王柯平译，吉林出版集团有限责任公司，2010，第16页）。"在新修订标准版《圣经》（New Revised Standard Version）里，'Logos'被英译为'Word'；'Word'被汉译为'道'。"（见安东尼·肯尼《牛津哲学史》第一卷，王柯平译，2010，第16页注释①。）实际上，大写的"Word"译为"言或圣言"更符合原义和西方传统，"道"只是符合中国人文化习惯的意译。故在此，"逻各斯""言或圣言"和"道"同义。

③ 爱奥尼亚自然哲学（和科学）是否为科学，是否有经验调查，在西方学术界存在不同的怀疑之声。重点参见 F. M. Cornford, 1942, "Was the Ionian Philosophy Scientific?", *Journal of Henllenic Studies*, Vol. 62, pp. 1 - 7。（中文见弗朗西斯·麦克唐纳·康福德，《爱奥尼亚哲学是科学的吗?》，载弗朗西斯·麦克唐纳·康福德《苏格拉底前后》，孙艳萍等译，格致出版社、上海人民出版社，2009。）

宇宙论（"天文学"），然而却不能解释和解决人类自身的问题。如前所述，本来城邦的秩序和人们的灵魂是靠着奥林匹斯诸神崇拜支撑的，现在，伴随着哲学和科学的兴起和传统诸神崇拜的式微，这个支撑物倒塌了。其直接的后果便是，城邦的秩序和人们的思想渐渐趋于混乱。如以雅典为例，伯利克里以后出现了汤因比所说的那种"文明自杀"现象，或黑格尔所说的"希腊生活之堕落"（道德水平趋降，社会无序）。柏拉图后来把城邦的这种乱象归因于"nosos"，即灵魂疾病，也就是内心无序。而此时（古典时期后期）智者派的登场，便是传统神话宗教被解构和这种乱象出现的一个突出标志。

智者（Sophists，亦称诡辩学家），大多为"异邦人"。他们分享希腊化文明的辉煌，丰富和增进了文明的知识，主张人本主义（"人是万物的尺度"），但也播撒混乱和无序的种子①。对于他们而言，似乎没有神存在。例如，著名智者普罗泰戈拉（Protagoras）就曾明确表示："关于神，我无法知道他们是否存在。"② 当然，智者之中也存在分歧。有的智者觉得神似乎存在，但他们同时又认为神即便存在，也不关心人，或者退一步说，神即便关心人，也可通过祭礼来告解。因此，他们采取不可知论（怀疑论）的态度和投机心理，传播相对主义以及某种程度的实用主义和功利主义。这就为俄耳普斯教在希腊世界的传播、渗透和填补空白提供了条件。因为思想灵魂是不能处于真空状态的。于是我们看到，在哲学和科学发展的同时，俄耳普斯教等神秘主义宗教文化也在发展。两种运动并存，形成一种张力。其标志便是从苏格拉底开始的哲学思想的转向。

苏格拉底为何要推动哲学转向？通过柏拉图、色诺芬和亚里士多德流传下来被认为是唯一可靠的信息，我们知道，苏格拉底在青年时期曾经探寻过自然哲学（科学）方法和问题，后来放弃了这一方面的探讨，而转向人与社会本身的问题。被称为"思想的一次重要革命"的爱奥尼亚自

---

① "智者运动（The Sophistic Movement）引发了对大多数人所接受信仰的怀疑情绪"（见 F. W. Walbank，1978/1992，*Hellenistic World*，p. 209，Cambridge，Mass.：Harvard University Press）。

② 转引自埃里克·沃格林《城邦的世界》（《秩序与历史》卷二），陈周旺译，译林出版社，2009，第 379 页。

然哲学，是欧洲科学发展的源头，思想理性化的标志，然而却不能满足苏格拉底的期望。其之所以如此，是因为苏格拉底生活在一个文明正在从巅峰滑落的时期。城邦社会（共同体）的无序和人们精神的混乱使他深深感到，爱奥尼亚哲学尽管可以对自然世界给予解释，但无法解决人们心灵或灵魂的问题。生命本身的价值是什么？何谓幸福？什么是美德？人们如何才能向善？等等，苏格拉底最关注和所要解释的就是"心灵完善"（精神完善）问题。因此，他在年轻时对希腊社会已有的思想理论幻灭以后，由外至内转向对人自身的思考，尤其是精神和道德哲学问题。苏格拉底的目的是增强人们的心灵洞察力，能够区分善恶，真正做到自觉、自省、自律和自治。而要做到这一点，苏格拉底自然要借助于俄耳普斯教类型的宗教和形而上学。前者是一种"心灵净化"的宗教（似乎与希伯来启示宗教有某种亲缘关系），后者有助于神圣精神（乌托邦）的形成。苏格拉底身体力行，临刑前俨然是一个圣徒（见柏拉图《申辩篇》），死后成为英雄，直到希腊化消失以前一直为人们所仰慕。

苏格拉底的未竟之业，由其弟子柏拉图完成并发扬光大。两者探讨的问题密切相关。苏格拉底曾提出著名的"美德即知识"的隽语，并认为"没有人存心做错事"（no one errs wittingly）。许多人对此不以为然，认为与基督徒（圣徒）相比，苏格拉底似乎有些幼稚浅薄。因为他们清楚某些人在做错事时分明是明知故犯。不过，对此按着苏格拉底的解释，实际并非如此。所谓坏和错都是别人、官方，或道德、法律告知的结果，而非犯错者自身的认识，一个人一旦自己从心灵上真正懂得那是坏事错事，他就不会如此去做。犯事者之所以做坏事，就在于他缺乏洞察力而没有洞见善，结果被非善之欲引入歧途。而一旦人们能够真正洞见善，便会追求它，照此行事。对善的强烈渴望会成功抑制非善的欲望，从而引导人们向善。在此，作为终极价值，"善"就是神，就是上帝（与基督徒的上帝似乎也就是一纸之隔）。当意志被导向善的时候，还有人会违背其真实的意志吗？"苏格拉底之死"就是这方面最好的诠释。他在狱中"虽百死而无悔"的告白和表现（见柏拉图《申辩篇》）就来自这种洞见善和向善的力量。在此，我们看到，苏格拉底所要解决的是"完善心灵"问题，尽管它还不能与耶稣"山上宝训"的"净化心灵"相比。而要做到这一点，就必须掌握"知识"，有了知识便有了美德。然而，这种知识既不是荷马传统的宗教知识，也非爱奥尼亚传统的哲学或科学知识，更不是苏格拉底的对手智者的知识，而是不同于以往的新的有关心灵发现和完善的知识（"渴望的道德"或道德哲学）。这样，"美德即知识"，苏格拉底这一看似悖论的名言，其实并无矛盾。然而，这只是苏格拉底先人一步，雅典民众并无此认识。正是由于雅典一般公民的无知，不仅导致苏格拉底"殉道"，而且希腊城邦社会也因此越发堕落和无序。由此，柏拉图开始了针对希腊城邦和人之灵魂的拯救工作。

柏拉图青出于蓝而胜于蓝，一生勤于思考，富有创见，涉及的问题多，贡献也大。然而，不管涉及多少问题，最核心的则是其一生念念不忘的"理想国"。而理想国的关键点（甚至是柏拉图整个政治道德哲学的关键点）就是备受推崇的"哲人王"。从本质上讲，尽管大有创新性，但理想国的基本原则主要是从苏格拉底的道德哲学演绎出来的（当然二者具有一定差异：苏格拉底的道德还是一种"人人皆可为尧舜"或"人人皆可成佛"的大众普世道德，而柏拉图则走精英路线）。柏拉图延续了苏格拉底关于如何将雅典的道德生活重新建立在一个新的基础上的探讨。只有深刻理解苏格拉底思想的人，才能写出《理想国》（《国家篇》）这样的作品。通过理想国，柏拉图终于找到了答案：一个社会除非由他所说的哲人王领导，或者出于某种神迹，政治家成为真正的贤哲，否则人类就不会有好日子过。这正是他成熟作品《理想国》的中心思想。与政治相关的德行自始至终都是柏拉图探讨问题的动机。

不论理想国抑或哲人王，柏拉图讲的本质上都是灵魂对完美理念的追求问题。柏拉图生活的时代是希腊日趋"礼崩乐坏"的时代（或黑格尔所说的"希腊生活之堕落的时代"），传统道德大厦的崩塌，导致人们思想混乱。此时的希腊城邦社会，人们强调"正义"或"正当性"，但不同的共同体或国度对此会有不同，甚至相反的理解，例如雅典与斯巴达就十分不同。同样，从另一个角度讲，统治者有统治者的"正义"，被统治者也可能有其自己的"正义"，稍后的亚里士多德在《政治学》开篇不久就说奴隶制是自然的、正当的，但造反的奴隶们会认同吗？正是觉察到这一点，还有"苏格拉底之死"的刺激，柏拉图才没有停留在政治和道德的表层，而是深入其背后，建构它们的哲理基础，为变动的日常经验的现象世界找寻到一个独立的、不受具体时空局限的、永恒、绝对和具有普遍意义的本质，或者说为价值标准确立一个绝对基础。这就是柏拉图著名的"相"论或"理念"说（theory of Ideas/Forms）①。

何为"相"（或"理念"）？尽管仍存含混之处，但按柏拉图之意，大体可以说相就是事物共有的原型，"存在者的存在"（存在者中潜隐着的实在）。作为原型的相，它固定在众多事物的本质之中，为它们所分有，构成一切有形体之物的无形的基质，因此它是外部肉体感官看不见的、超验的。对于柏拉图而言，相不完全是人们头脑中的主观观念或理念，而是纯粹客观的实在，甚至是实体（明显不同于后来的亚里士多德）。这个特性决定相是不以任何个人或团体的意志为转移的。与无时无刻不在生成变化的、源于相（理念）的个别事物相对，相是唯一稳定的不变实体（例如，现实的圆形物多种多样，而且只是近似圆形，但圆的定理只有一个，而且是唯一真正永恒的圆。后来基督教利用了这一道理）。作为终极实在的相/理念从本质上而言则是永恒不变的，在这个意义上讲，这种终极的相也就是柏拉图心中的神。在柏拉图看来，可感知的实在不仅是一个不断运动变化（不断生成和消亡）的世界，而且还是一个由相的参与所支配的运动的世界。因此，不是现象世界自成规则，而是相使它们有序（与基督教近似的客观唯心主义）（参见柏拉图《国家篇》《会饮篇》《斐多篇》《费得罗篇》《蒂迈欧篇》和《第七封信》）。

柏拉图这样阐述问题的理由，就在于他天才地认为，存在两个世界：

---

① 柏拉图哲学中，表示"原型"的概念或术语有两个：Idea 和 eidos。这两个词在柏拉图书中是互通互用的。Idea 被直接移植到拉丁语和英语中，而 eidos 引入拉丁语中则译为 forma，引入英语则译为 Form（见理查德·塔纳斯《西方思想史》，吴象婴等译，上海社会科学院出版社，2007，第 4 页）。关于柏拉图的这两个词，20 世纪以前，西方学术界一般认为它们是主观精神的东西，是概念、观念、理念，因此将之译为 Idea。20 世纪以后越来越多的学者认为它们在柏拉图那里不是主观的，而是客观实在，因此译为 Form。我国学术界过去最流行的译法是"理念"，现在又多译为"相"或"型"，以体现国内外这方面最新的研究成果（参见弗朗西斯·麦克唐纳·康福德《苏格拉底前后》，孙艳萍等译，格致出版社、上海人民出版社，2009，第 35 页注释③）。

"可见的世界"（可经验的现象世界）与"可知的世界"（超验的世界、相/理念的世界、精神世界①）。前者由稍纵即逝的事物连同它们的镜像和影像所构成，是可感觉的世界（"看见的对象"）；后者是相或型的王国，"可知的世界"，真正存在的实体。柏拉图的一个批评者曾经说："我见到某些马，却没有见到马性。"柏拉图反唇相讥："那是因为你有双眼却没有智慧。"对于柏拉图来说，原型、相的世界，如"马性"，与其说是呈现在外部感觉面前，不如说是呈现在内部知觉里面。因为它"是思想的对象，不是看见的物件"②。"马性"（知识）是通过思而非肉眼看得出来的。柏拉图的成就就在于他告诉人们，世界的真实内在结构是靠智力而不是外部感官来揭示的。处于最佳状态时的智力有机会接近支配现象世界的相，而这非贤哲（哲人王）莫属。

如同柏拉图的现象世界是由个别事物及其镜像或影像两方面构成一样，其思想的对象（相的世界）也由两方面构成：底层是数学王国（数字、几何图形连同固有于其中的定理），顶层则是相/理念的世界——真正的"存在"。柏拉图在《理想国》中说："知识的对象不仅从善得到它们的可知性，而且从善得到它们自己的存在和实在，虽然善本身不是实在，而是在地位和能力上都高于实在的东西。"③ 这就是说，善的相/理念是最高的终极的相/理念，是没有言明的上帝。它是一切真正的存在的本原或源头。在此我们看到。道德哲学总会以"神"而告终。因此，在柏拉图看来，亲身体验这种超验的最高的相/理念乃哲学家的首要目标和最终目的。柏拉图始终不渝地坚持国家由贤哲掌权和领导，其理由应当源出于此。

柏拉图的相论（理念论）不仅出于苏格拉底，而且更受毕达哥拉斯学派影响。由于没有从当时开始流行的俄耳普斯教摆脱出来，这使得其相论与宗教神学纠缠不清。与其老师一样，他是在轻视爱奥尼亚学派和接受差不多同时兴起的毕达哥拉斯学派（包括埃利亚学派）中

---

① 柏拉图原话："有两个王，一个统治着可知世界，另一个统治着可见世界。"（柏拉图：《理想国》，郭斌和、张竹明译，卷6：509D，商务印书馆，2002。）
② 参阅柏拉图《理想国》，郭斌和、张竹明译，卷6：507C，商务印书馆，2002。
③ 柏拉图：《理想国》，郭斌和、张竹明译，卷6：509B，商务印书馆，2002。

成长起来的。因此，他与爱奥尼亚学派呈现认识过程的两极。而其弟子亚里士多德的思想则是这两极的结合与再创新的产物。亚里士多德使观察与描述的经验科学在他那里获得集大成式的发展，同时也对其老师的相论（或理念论）提出批评和修正。这恰好符合其推崇的中庸之道，或者说，知识和理论在此获得一种平衡。尽管如文艺复兴时期拉斐尔（Raphael）的壁画《雅典学园》（School of Athens）所展现的那样，年迈的柏拉图手指苍穹（超验世界），而年轻的亚里士多德则脚踏实地（经验世界），以此意寓两人思想的分野（心灵直觉与经验分析之间某种优雅的平衡与张力），但应当说，亚里士多德仍然深深带有柏拉图主义的影子。他的思想，像柏拉图一样，受道德观念支配，或者说，道德论仍然占据其哲学的中心。完全的"相""终极原因""至善"或作为"不动之动者"（unmoved mover）的神始终是其期望的最终目标。当然，这不只是柏拉图或亚里士多德的问题，而是近乎整个古希腊思想的问题。希腊哲学（尤其是柏拉图主义）本身的演变就是建立在宗教神话和神的想象力基础上的。这不仅指希腊哲学创生的时期，即使在哲学发展到顶点之时，也带有明显的神话或神学痕迹。宗教与哲学，非理性与理性，诗和宗教的想象力与纯粹逻辑的方法，在此形成张力。古希腊人的创造力和成就就源出于此。它表现出一种双重的充满张力向度或特性，其具体如下。

（1）世界的存在是自然的而非神造产物。随着自然哲学的兴起，从神到尘世，从神话到概念，从史诗与故事到散文与分析，自然主义与世俗主义发展起来。

（2）世界是"感觉论"的世界，亦即它是可感知和可经验的。知识源于经验和实验，也就是说真理的根据必须从人类经验的现实世界中，而非超验的非现实世界去寻找。真理是内在的而不是超验的。

（3）真正的人类知识只有通过实际观察、描述和严格的归纳推理才能获得（古希腊米利都学派、医学和亚里士多德经验科学部分是其典型）。这是最早的自然哲学和科学理性主义。

（4）自然现象是客观的、物质的（如原子论），其种种原因应该到看得见的自然领域去寻找。所有神话中的成分和超自然成分应该视为拟人的投射（如塞诺芬尼、安那克萨戈拉、德谟克利特、悲剧作家欧里庇得斯和喜剧家阿里斯托芬的看法），应该排除在因果性解释之外。

（5）理论的广泛性是建立在具体事例基础上的，对其理解必须在具体特殊事例的多样性、易变性和个性方面，与具体特殊事例的经验实在做一比较。

（6）人类知识是相对的，没有一种思想体系是终极的。对真理的探求是不断批判、自我批判和根据进一步的证据与分析进行修正的过程。

以上就是从米利都学派到亚里士多德（部分）的自然主义的、感觉论的科学理性的基本特征。这是希腊文化的一极或一个向度。除此之外，希腊文化还有另外的一极或向度，这就是从毕达哥拉斯学派、埃利亚学派经苏格拉底到柏拉图和亚里士多德（部分）的形而上的理性主义。其特征如下。

（1）世界是有序的（宇宙论）。其有序性源自神性，是神智天佑的结果，不论这个神是作为支配秩序象征的宙斯，神圣的逻各斯抑或最高的相或理念〔"世界灵魂"（anima mundi）〕。人是有序世界的一部分或中心，因此人类思想内部的秩序与世界秩序是相近的。

（2）宇宙是理性的，作为一个整体，它表现为一种无处不在的（pervasive）智慧，从而使大自然带有其目的性并成为一种设计装置，如果人类意识足够发达的话，这种智慧是人类的意识可直接接近的。因此，在一定意义上讲，人是理性动物。

（3）基于以上理由，人类对经验世界做理性的有逻辑的分析是可能的。

（4）世界秩序的永恒和终极方面属于形而上学范畴，是超验的。它存在于自身变动不居的具体现象之外，是事物的本质或共相。物质世界内部的意义虽然反映在经验秩序之中，但来自既是整个存在之根源又是整个存在之目的的一个永恒方面。因此宇宙是目的论的和伦理性的。

（5）要了解世界的深层结构与意义，不仅需要运用感觉论或经验性的方法，而且更应该采取（理念论和形而上学意义的）理性的、直觉的、审美的、想象的和伦理的方法。

（6）对世界更深层的实在的直接领悟，不仅使智力（心智）得到满足，更使灵魂（心灵）获得满足，本质上是一种救赎的意识或幻觉。这不仅提升智力，而且还使精神获得解放或解脱。①

以上两种文化向度（两重性）充满了张力和矛盾。除此之外，古希腊文化中还存在其他张力，如浪漫与理性、迷狂（酒神狄奥尼索斯）与秩序（日神阿波罗）、爱欲（Eros，厄洛斯）与理性以及灵与肉之间的张力。所有这一切又在雅典模式与斯巴达模式（自由民主与"理想国"）之间的张力中得到某种体现。它们不仅从现实性上推动人们对哲学、（自然）科学、政治、伦理、审美等领域进行考察和研究，而且还从形而上学和略微超验的角度深化了这些活动，并在更高层次上提出问题和假设，使思想更加得到升华和富有想象力及超越性（当然，后者的力度和深度远不如后来的基督教，尽管基督教融合和利用了希腊文化的这一点）。

大体而言，希腊思想文化就是在这两种颇有张力的向度——自然主义的经验主义理性向度与超验的形而上学理性主义的向度中相互作用发展的。前者始于爱奥尼亚学派（米利都学派是其发源地）。不过，严格地讲，关于这个学派，自然主义是真，但经验主义则有些模糊。因为万物的本原无论由水、由气、由火、由土，还是由四元素或原子构成的想法，除了部分受到宗教神话故事的影响外，基本上只是建立在零散模糊经验之上的猜测或想象。自然哲学家们既没有（事实上也无法）通过实验见证其生成的过程，也没有经过严格归纳，更不懂得分离某种元素的方法。在古典希腊早期，真正称得上"科学"的大概只有与具体实践（观察、记录、归纳、验证）相关联的医学和某些静力学（尽管它们也有一定的想象和艺术成分）②。然而，后人仍然认为爱奥尼亚学派的理论有科学因素，这主要强调这一学派的自然主义的经验主义文化取向，正是这一取向把后来的某些学者引向科学和经验（包括实验）研究之路，亚里士多德便是其

---

① 以上部分参考了理查德·塔纳斯的总结，见其著作《西方思想史》，吴象婴等译，上海社会科学院出版社，2007，第76~77页。

② 见弗朗西斯·麦克唐纳·康福德，《爱奥尼亚哲学是科学的吗？》，载弗朗西斯·麦克唐纳·康福德《苏格拉底前后》，孙艳萍等译，格致出版社、上海人民出版社，2009。

中之一。古希腊成熟的经验主义解释不仅是作为名医之子的亚里士多德"提出来的"①（亚里士多德之所以对生物学始终有浓厚兴趣，大概与他是御医之子有关②，而这一点能够促使他关注经验研究），而且也是由他集大成的（总结的）。因此，从爱奥尼亚学派，经部分智者思想再到亚里士多德（某些部分）形成了自然主义的经验主义的思想向度，这是科学理性的（主要是基于观察和归纳推理的），对后来西方（特别是中世纪现实主义）文化产生了深远影响（中世纪后期，亚里士多德受到许多学者的高度评价，其缘由也在于此）。

与上述文化取向或思想向度相对的是超验的形而上学理性主义。它源于毕达哥拉斯学派，经埃利亚学派刺激和熏陶，到柏拉图和亚里士多德完成（在亚里士多德那里表现为取向的两重性：既有验主义，也存在一定的形而上学的超验因素）。其中尤以柏拉图主义为代表。柏拉图承认感觉经验，但认为那是不稳定的，因而不相信其具有绝对真理性，也就是说，他认为那只是"意见"而非（真）知识或真理。通过"相"论（理念论），他指出如果一个人不知道超验的基础，没有完成对绝对实在的认识，他就无法做出正确的判断（例如，没有圆的相或理念，不了解圆的概念、定义和定理，就不可能对现实经验的某物是否为圆形做出正确判断和结论）。因此，对于柏拉图而言，灵魂高于肉体，精神高于物质，先在的理想的相/型（即理念）高于现象世界，绝对的东西高于相对的东西，普遍/一般高于特殊/具体以及哲学家高于普通人。这是柏拉图主义典型的思维方式和价值观二元论。与前面的向度（经验的向度）一样，这一理论因为是概念和演绎推理的过程，因而也是理性主义的，只不过不同的是，它是形而上学理性的。这一理论向度对西方文化的影响同样深远。

综上所述，古希腊文化是多元而复杂的。荷马和赫西俄德传统的宗教神话孕育了最初的精神文化与秩序，爱奥尼亚学派和毕达哥拉斯

---

① 弗朗西斯·麦克唐纳·康福德：《苏格拉底前后》，孙艳萍等译，格致出版社、上海人民出版社，2009，第85页。

② 乔治·萨拜因：《政治学说史》上卷，邓正来译，上海人民出版社，2010，第125页。

学派分别以不同的相对的方式（经验主义的理性与形而上学的理性）使精神文化从宗教分离出来转向哲学和科学（尽管神灵同在），智者带来了怀疑论、相对主义、人本主义和启蒙运动，苏格拉底开启了范式的转变，把哲学的对象从自然转向伦理（"人本身"），而柏拉图对已有的多元文化进行的综合，使两种相对的文化思想向度在其对话中得到"对位性的"生动体现，最后，亚里士多德的全面性的再综合与总结是一种充满智慧的富有影响的妥协与修正。柏拉图与亚里士多德都是集大成者，但两者的综合却有不同的倾向性。柏拉图强调形而上学的理性主义，而亚里士多德则较为偏向于经验主义的科学理性主义（尽管在某些方面仍带有柏拉图色彩）。两种倾向性相互矛盾，充满张力，预示了不同的思想路线和文化价值取向。先后对后世西方给予非常不同的影响。

古希腊文化的复杂性在于，起初是奥林匹斯众神（宗教）统治思想领域，用埃里克·沃格林的话说，荷马和赫西俄德用其分别关注真理和秩序。随着哲学和科学的兴起（"存在的飞跃"，轴心时代文化的兴起），这一向度的宗教神话思想开始衰落，人们逐渐以或多或少的自然主义眼光看待世界。然而，这只是一个方面。此时的希腊虽然正在告别神话宗教，但原来处于边缘地位的神秘而非理性的狄奥尼索斯（酒神）崇拜和俄耳普斯宗教又在希腊悄然蔓延（特别是在一部分知识精英中），它们带来激情、迷狂和心灵净化。毕达哥拉斯、苏格拉底和柏拉图的思想深受其影响。一方面，这些哲学大师的思想明显带有这种类型的宗教色彩和"非理性"，另一方面，这种宗教和"非理性"又推动此类哲学——如相论（理念论）的形成（在那个时代没有俄耳普斯宗教的影响，相或理念论是难以形成的），促成形而上学和理性的发展。没有这一方的发展，另一方（自然主义的经验探索）也难以深入（没有理性形而上学或基本范畴、概念的发展，便难以促成智识的突破，从而更有力地推动经验研究发展。西方近代的发展，虽有经验研究为先导，但那是建立在长期理性形而上学探讨的基础上的），事情就是在这种相互对抗、相互制约的张力中发展的（充满辩证法）。甚至像后来希腊化时期阿基米德那样的科学家的创造也是如此（重大的、基础的发明创造是经验研究与理性形而上学想象深度结合的产物）①。西方思想演化的运动就是这样一种矛盾和辩证的过程。即使在较为世俗化的现代也仍能略见一斑。

除此之外，希腊文化张力还表现为爱欲（厄洛斯）与理性、浪漫主义审美与逻辑理性的对立统一。柏拉图在《会饮篇》等对话作品中，就厄洛斯与对相（型/理念）的领悟之间的关系做过精彩的论述。他指出，作为相的（超验的）实体为真正的哲学家所直觉和亲身体验时（进入形而上的想象状态时），不仅会在情感上引起强烈的反应，而且甚至会招来不可思议的狂喜（按海德格尔的观点则是存在的神秘魅力及其唤起的奇思异想导致的）。作为"爱智慧者"，哲学家从智力和理性上对普遍主义的知识（真理）进行探求，这个过程同时也是一种（宗教性或超越性）浪漫主义渗透的过程。二者是对立统一的。理性推进的过程如果不能带来因神秘的魅力导致的情感的喜悦和浪漫，是难以深入和继续下去的。在柏拉图看来，真、善、美是通过最高创造性原则（即终极实在、相或理念——有些接近基督教的上帝）统一在一起的，同时这种作为最高相/型/理念的真善美也支配理智的忠诚、道德的肯定与审美的折服②。一般而言，对作为统一体的真善美的探求，往往从审美开始，因为美的相/型/理念是三者中最易接近的。它引导哲学家对真和善获得令人愉快的看法和认识，从而接近洞见其相/型/理念。因此，柏拉图指出，只有具备一个恋人性情的人（与研究对象达到一种类似真正恋情关系的程度），才有可能获得这种最高的哲学眼光。哲学家必须允许自己内心为具有最崇高形式的厄洛斯（统一的普遍主义的激情，如从纯真的爱欲转变过来的圣爱，即爱的本身）所抓住，而要做到这一点，就必须实现与神（终极的实在或最高的相/型/理念）合为一体（多少有些类似我们古人那种"天人合一"之感：融于自然与神的体验）。在此，我们看到，柏拉图的洞见不仅在于他道出了非理性与理性之间张力的作用关系（对立统一的辩证关系），而且

---

① 作为古希腊数学和力学泰斗，阿基米德是在把（欧几里得式的）严格的推理方法与（柏拉图式的）先验的丰富想象（形而上学的想象）和谐地结合在一起，才达到了其科学至善至美的境界。此后许多伟大科学家，如牛顿、爱因斯坦等也是如此。他们是理论天才与实验天才合一的理想化身。

② 参见理查德·塔纳斯《西方思想史》，吴象婴等译，上海社会科学院出版社，2007，第44页。

指出了两者的对立统一是在人对终极实在（神，最高最普遍的相或理念）的体验中获得的（凸显柏拉图不仅受厄洛斯而且还受狄奥尼索斯崇拜和俄耳普斯宗教影响）。大概真正的圣徒都有这种感受：从爱欲（厄洛斯）上升到圣爱（Agape）① 或大爱，普世之爱，博爱；从以"形体之美"为对象升华到"美的知识"，直至美的灵魂或"美本身"② （没有这种感受和体验也写不出伟大神圣的作品）。换言之，非理性与理性只有在最高实在——相/型/理念（神）那里才能获得张力中的和谐或对立统一。在此，柏拉图笔下的苏格拉底和"理想国"是最佳典型。苏格拉底是美德与知识的化身。与此相近，理想国的创生既是理性步步推进的过程，同时也充满浪漫主义激情，甚至是"宗教浪漫主义"激情。它是两者之间充满张力的结合与统一。这里关键是取得两者的平衡与和谐（在柏拉图那里还是处于某种平衡与和谐的）。一旦失去平衡与和谐，问题便随之而来［从古典的亚里士多德到近代的歌德和柯尔律治（Samuel Taylor Coleridge）都提出过警告，即文化的片面发展是危险和有害的。人类20世纪的历史表明，一方面，一味地过分依赖理性，理性主义失去批判性、怀疑性、反思性而教条和僵化，是极其危险的；另一方面，对非理性力量的让步同样危险。两者在西方历史舞台上经常互为因果地变换角色，当然，创造性与破坏性也尽显其中］。

由此可见，古希腊文化不仅如人们常说的是"自然主义的"，而且还是宗教性的；不仅存在经验性的，而且还有超验的；不仅是理性的，而且还有非理性成分。马克斯·韦伯在其《宗教社会学》中就指出过，与罗马相比，希腊文化具有更多的非理性因素。为此，正如英国著名古典学家多兹（E. R. Dodds）所言，罗马一降临希腊化世界，就试图给"狄奥尼索斯穿上一件紧身衣"③。后人之所以有前一种看法（希腊文化是理性主义的），是因为近代以来，西方从古希腊文明中更多地吸取了自然主义和理

---

① Agape 一词，也可译为"神爱"或"慈爱"（参见卡尔·白舍客《基督宗教伦理学》第二卷，静也、常宏等译，上海三联书店，2002，第104页注释①）。

② 柏拉图：《会饮篇》，211C-D，载柏拉图《柏拉图全集》第二卷，王晓朝译，人民出版社，2003。

③ E. R. Dodds, 1959, *The Greeks and the Irrational*, p. 276, Berkeley and Los Angeles: University of California Press.

性主义这一向度的文化。此外，尼采以前，西方学术界对希腊宗教文化的看法也存在片面性，缺乏上面所论述的那种两重性的清晰认识，这就加重了对希腊文化看法的偏颇（后人，普通人以为古希腊只有理性主义）。只有到了 19 世纪末和 20 世纪，随着考古发现和学术研究的进展，对希腊文明和宗教的片面认识才得到纠正，对希腊文明有了更完整的认识。然而，即便如此，由于狄奥尼索斯崇拜和俄耳普斯教等属于阴面的神秘主义宗教，因此在一般教育中大多只宣传希腊文化阳面的理性主义向度（日神阿波罗向度），回避文化的非理性方面。普通人受其影响，自然有此种相应的有违历史实情的认识，不足为奇。恰恰是尼采仿佛以先知的身份开启了这方面的文化解释：既指出了希腊文化中理性的一面——太阳神的面孔，也道出了其阴暗的非理性一面——酒神成分（见尼采《悲剧的诞生》和《权力意志》等）。可惜其理论一度被后人给予片面的解读和灾难性的运用。

总之，希腊文化（不论宗教抑或世俗的）具有两重性，存在几种文化张力：奥林匹斯诸神崇拜与神秘主义宗教之间的张力（尤其是宙斯－逻各斯秩序、阿波罗理性与酒神狄奥尼索斯的刺激及迷狂之间的张力，以及活在当下的荷马传统文化与强调灵魂不灭和心灵净化的俄耳普斯教之间的张力），自然主义的经验主义与理性形而上学（朴素的经验观察与理想的相/型/理念）之间的张力以及宗教与理性、意志与理智、厄洛斯－浪漫主义与逻各斯理性之间的张力。当然，与此相对应，雅典模式与斯巴达模式之间（自由民主与"理想国"之间）的张力也属于此列。所有对立面最终构成一个对立统一体，并在彼此紧张的状态中形成最美的和谐。在希腊，和谐就是对立面之间张力的结果，这是先知赫拉克利特的名言，柏拉图深受其影响。

以上就是希腊文化的基本特征，也是所谓的希腊方式。对此，理查德·塔纳斯（Richard Tarnas）在《西方思想史》中总结道：

> 这两组部分相互补充，部分彼此对立的原则，不断地相互作用，在希腊遗产内部确立了一种深刻的内在紧张状态；希腊遗产为西方思想提供了智力基础，这种基础对将要持续 2500 年以上的一种极为生

气勃勃的思想演变来说，既是不稳定的，又是具有高度创造力的。一种思潮的世俗怀疑论和另一种思潮的形而上学的唯心论，提供了彼此间一种决定性的平衡力；虽然各种都逐渐削弱对方欲形成垄断论的趋势，但双方又结合起来引出好多新的智力可能性……一种往往成问题却又极富成效的两极分化，由此在西方思想对实在的理解中出现，这种理解乃是两种截然不同的世界观的一道忠实的分界线：一方面，是效忠一种极为有序的宇宙，另一方面，是效忠一种不可预测的开放的宇宙。正是同这种在其真正基础上尚未解决的分叉一起，同这种伴随而来的有创造力的紧张状态与复杂性一起，希腊思想繁荣不衰。①

希腊文化的这种张力特点，为后来的西方基督教（只是西方基督教）所继承、强化和发挥。当然，在这种发挥中有着形而上学的变形或转型（transformation），即如果说在鼎盛时期，前者多多少少还是倾向于存在（Being）的自然性的，那么后者多多少少则趋于使存在"撤离自然而成为超越性的"（withdrew out of nature and into transcendence）②。

希腊思想的主要四项内容——对自然的经验观察、对自然的理性洞察（理性形而上学想象）、道德净化，灵魂（精神）拯救和上述两种文化价值取向的对立倾向，古典时期在柏拉图和亚里士多德那里还能达到近似平衡。然而，随着希腊化时期和罗马时代到来，天平愈来愈偏向一方，即朝向相论（理念论）一方倾斜。柏拉图不止一次说起，知识的目标就是向最后的超越原则上升。柏拉图主义的本质就是"上升"（Aufsteigen）与"超越"（übersteigen）的趋势③。其兴起反映出思想愈来愈向宗教抽象和形而上学思维倾斜，预示着希腊文化向一神教和启示宗教靠近，为后来犹太－基督教文化的兴起和传布铺平了思想道路。于是，便有了道德净化和

---

① 理查德·塔纳斯：《西方思想史》，吴象婴等译，上海社会科学院出版社，2007，第78~79页。
② 米歇尔·吉莱斯皮：《马丁·海德格尔》，载列奥·施特劳斯等主编《政治哲学史》，李洪润等译，法律出版社，2009，第897~898页。
③ 参见托马斯·A. 斯勒扎克《读柏拉图》，程炜译，译林出版社，2009，第73页。

灵魂拯救高于哲学和科学理性的价值取向，价值重估趋于被广泛接受。与此相应，社会和政治的模式也是如此。

二 西方文明中第二个矛盾着的向度：基督教文化因素及其内在张力

基督教文化是西方文明的第二个建构要素。其中希伯来/犹太文化与希腊文化两种不同的要素既相对立，又有内在联系，共同构成西方文化的重要来源（只是文化的来源，不是其本身，因为西方对希腊文化和基督教文化给予了不同于古典世界的解读，这本质上是日耳曼人文化心灵的反映）。尽管如前所述，西方人至今承认其思维方式就其基本逻辑而言"仍然是极为希腊式的"，但在信仰－伦理方面，其强势成分（某些大传统）则是犹太－基督教式的。英国著名古典学家康福德说："希腊人要人们多动脑子，基督教要人们多献爱心。"① 其意思便是如此。当然，基督教对西方文化的贡献不仅仅如此，它对现代西方科学的产生、"现代性"的兴起同样起着极其重要的作用。

1. 古典世界（the classical world）的神秘宗教转向

"基督教在本质上是犹太因素和希腊化因素相混合的产物"②，或者如罗素所言，其圣史是犹太的，理论（神学）是希腊的（主要是柏拉图的）。亚历山大大帝的征服，使欧亚非广阔地区在文化上多多少少连成一体（起码在文化表层上连成一片），形成一个以地中海为中心的广大的希腊化世界。尽管如斯宾格勒所言，希腊化实际上是一种文化"假晶现象"（外表一致，内层深处各异），但毕竟希腊文化处于强势地位，大体上覆盖这一整个地区，具有压倒的优势和影响力（近现代世界的西化与这种现象有些类似）。何谓希腊化？通常而言，希腊化就是指希腊文化或希腊方式在这些地区日益占据主导地位，非希腊族群的人不同程度地逐渐接受这一文化或方式的过程——有些类似人类学所说的文化的"被动涵化"或

---

① 弗朗西斯·麦克唐纳·康福德：《苏格拉底前后》，孙艳萍等译，格致出版社、上海人民出版社，2009，第62页。

② 沃尔班克：《希腊化世界》，陈恒、茹倩译，上海人民出版社，2009，第221页。

"消极涵化"（negative acculturation，又译"逆涵化"）。当然，如前所述，事情远非这么简单，因为希腊方式可以说是对立统一之物，它有几个不同的形成张力的向度：经验主义向度（如爱奥尼亚学派传统）与形而上的理性向度（柏拉图主义向度）、世俗化向度与趋向启示宗教的向度（如柏拉图式的"上升"与"超越"倾向）、理性的太阳神（阿波罗）向度与非理性的酒神（狄奥尼索斯）向度，以及祭祀的奥林匹斯诸神崇拜的神话宗教向度与伦理性的俄耳普斯宗教向度，等等。由此可见，在希腊化时期，一方面，纯科学（科学理论）和应用科学出现值得关注的发展，特别是在医学、生物学、数学、天文学、力学方面成果显著，诞生了欧几里得和阿基米德那样的伟大人物，甚至还出现了被称为"古代哥白尼"那样的"日心说"先驱——阿利斯塔克（Aristarchus of Samos）。不过，尽管如此，这一文化向度在希腊化时期相对而言还是相当模糊的，潮流是弱小的，影响有限——主要限于亚历山大里亚和帕迦马（Pergamum）那样的少部分大城市（它们都在马其顿－希腊新君主国而非希腊本土）和小范围的知识界（包括极少部分王室赞助者）。"希腊化世界像其它城市国家一样，在把科学发现应用到人类实践方面以及获得物质材料进步方面从没有采取决定性的步骤。"① 因此，爱奥尼亚传统的经验主义理性慢慢趋弱是希腊化时期的特征。（英国古典学家沃尔班克认为，除了技术落后、本身效用和价值不大外，这种情况主要是由于廉价劳动力的大量存在、对手工劳动和工匠的蔑视以及由此造成的对实践之事和满足生活需要的技巧的蔑视导致的。他指出，普鲁塔克甚至认为阿基米德也有鄙视机械师工作的观念，因而把工作放在迷人的不受需要推动的研究上。因此，"发明者本人也倾向于重视知识自身的价值而不是从中获益"。在古代，获得财富、地位和身份的最佳办法是拥有土地而不是其他。）②

希腊到了古典时期末段在文明上已处于巅峰过后的下降趋势之中。与此相应，理性与智识的发展总体上到达阶段性顶点。智者运动（The Sophistic Movement）和苏格拉底、柏拉图、亚里士多德三代名家的相继出

---

① 沃尔班克：《希腊化世界》，陈恒，茹倩译，上海人民出版社，2009，第177页。
② 参阅沃尔班克《希腊化世界》，陈恒，茹倩译，上海人民出版社，2009，第184～186页。

现就是证明。"密纳发的猫头鹰要等黄昏到来，才会起飞。"① 黑格尔这一用来形容身为理性代表的哲学总是落后于时代的名言，是恰当的、充满智慧的。因为哲人不是先知，其论说也非启示录。他们工作的特点主要是分析、综合和总结而非预见、启示——这也是希腊哲理文化不同于种种启示文化的根本所在。当这些大师们面对现实说出惊世之语或写出传世之作时，这个世界的青春早已逝去。紧接着，随着希腊化的到来，希腊文明的理性向度在他们身后也露出趋于衰落或将要变形（转型）的征兆。其实，这一现象早在奥林匹斯诸神崇拜不断受谴责的公元前 5 世纪就已初露端倪，在苏格拉底和柏拉图身上显山露水，而至斯多葛主义（廊下派理论）和新柏拉图主义的形成则开始与日俱增。苏格拉底、柏拉图的出现是转折点。伴随着文明的衰落，（自然或世俗）科学的理性主义也趋于弱化（理性本身并没有衰落，衰落的是世俗和自然主义的理性形式）。

希腊化时期，如前面第一部分所述，人们的心灵除了受伊壁鸠鲁主义、斯多葛主义和新柏拉图主义影响外，还为一些神秘主义宗教，如狄奥尼索斯崇拜、俄耳普斯教、厄琉西斯（Eleusis）秘仪等广为渗透。而且随着希腊化世界扩大，一方面哲学愈来愈为神秘主义所萦绕而趋于迷思；另一方面，随着希腊传统奥林匹斯诸神崇拜信仰的衰落，神秘主义宗教则越来越为人们感兴趣，新的宗教体验让人倍感新奇，心灵不断受到震撼和净化。二者相辅相成，彼此促进。人们愈来愈为灵魂的问题焦虑不安，越发关心天堂、冥府和拯救之事，亚历山大大帝征服后，希腊主要城市（城邦）在政治与精神上的无助也对此起到推波助澜的作用。于是，原本注重自然理性和"活在当下"这样一种文化的希腊化世界，却日益对启示和救赎宗教文化敞开大门。起初，如上所述，在希腊化世界流行的非理性的、情感的启示宗教种类繁多，但最终一个起先在希腊化世界名不见经传的陌生教派，一个在希腊人中原本被认为是怪异、具有强烈排他性的一神论宗教，则愈来愈引人注目和脱颖而出，这就是对西方后来影响深远的古犹太教。当然，希伯来/犹太宗教文化的声名鹊起是同后来与之有亲缘关系的基督教的兴起密切相关的（基督教是解放了的犹太教——尼采语）。没有

---

① 黑格尔：《法哲学原理》，范扬、张企泰译，商务印书馆，1979，第 14 页。

基督教的风行天下，便不会有希伯来/犹太宗教文化的高知名度。在此人们不禁要问，为什么一个原本更多崇尚自然、世俗理性的世界（尤其是希腊城邦世界）会向诉诸情感的非理性文化转变？在众多的启示宗教中希腊化和后来的罗马世界的精英为何最终选择了犹太－基督教文化？

这是两个既大且深的问题，因第一部分已经论及，故在此只能提纲挈领地做些补充。首先这有社会原因。希腊古典时代末期，传统宗教文化逐渐式微，智者（普罗泰戈拉）宣扬"人是万物的尺度"的观念。这一以感觉为基础、充满相对主义、"个人自由"和怀疑论的观念充斥社会，并搅动希腊进入汤因比所说的"扰动期"（the Time of Troubles）①。于是，以传统的荷马文化向度为基础的社会秩序趋于瓦解，滥觞于苏格拉底的人文哲学符号秩序出现了。不过，密纳发的猫头鹰虽已在黄昏起飞，但这种潜隐地受俄耳普斯教影响的、以人文哲学为基础的秩序似乎既不能满足当时人们的需要，也无法拯救失序的心灵。也就是说，它难以制度化和内化。在这种情况下，外来宗教四起，最终犹太－基督教脱颖而出，并在此后更加动乱的年代登上历史舞台。这表明：一方面，古典世界后期社会自由度在增加（城邦作为共同体相应衰落）；另一方面，希腊－罗马社会文化向度的秩序（不论神话宗教的还是人文哲学的）无法解决这种自由带来的问题。换言之，这种秩序本身无法解决希腊－罗马文明崩溃的问题。因为受种种条件限制人尚未进化到大致知晓如何较好规训自由的地步（撤离了传统宗教或神本主义，人类不知所措）。于是，物极必反，在混乱中秩序的建构便走向另一个方面，即救赎或启示宗教方面。汤因比认为，宗教是正在崩解的社会的"产物"。叙利亚文明的瓦解产生了犹太教，希腊文明的崩溃产生了犹太－基督教。一场肇始于希腊－罗马文明边缘乡村、起初微不足道的自发性弥赛亚运动之所以能够最终占领西方舞台，除了韦伯所分析的"超越性""救赎与再生"（"福音"）等因素外，更重要的是，通过一种"价值重估"（借用尼采的话说）和文化重建，它给人们带来了新的社会关系和规范，使本就是社会动物的人在内心和世道

---

① Arnold J. Toynbee, 1947, *A Study of History*: *Abridgement*, 2 Vols., Oxford: Oxford University Press.

都已混乱的情况下重新回归安定，回归以"天城"体现的共同体或社会，并在教会和团契中，体验到集体性、确定性以及同一感和幸福感，因为如涂尔干所言："宗教产生了所有社会最本质的方面"，宗教灵魂体现了社会观念①。

另外，这也存在文化缘由。如上所述，希腊化时期最大的特点是"希腊化母体"中存在两种基本相互对立的倾向（与后来基督教母体中存在两种对立倾向多少有些类似），这种具有张力的对立倾向的冲突、发展和消长是我们理解问题的关键。我们知道，希腊世界是理性主义的科学和哲学的诞生地。在希腊古典时期的大部分时间里自然理性主义达到阶段性巅峰并成为突出特征。大批哲人和雅典民主制（特别是伯利克里时代的平民民主制）的出现表明了这一点。在这一文明之地，人们第一次能够以自然、理性的角度看待世界，思考问题。然而，正如现代人已经明了的那样，人不仅是理性动物，而且还是具有情感和灵性（属灵）的动物。理性和科学所起的作用，并不能解决情感和精神（灵魂）问题。人只有不仅对自然界和神界，而且对人本身都加以了解，才能获得全面的知识。关于这一点，上文提到的从苏格拉底开始的转向多少已经予以证明。从苏格拉底到柏拉图，甚至到亚里士多德（尽管亚里士多德有更多的世俗科学经验一面），希腊思想一直都在转向，它们转到偏重伦理和灵魂拯救方面。尼采说"自柏拉图以降，哲学都处于道德的统治之下"②，指的就是这种情况。当然，这种转变深入心灵的深度还是不够的，尤其是与启示宗教相比。柏拉图对终极相/理念的世界的思考与体验，对太阳（神）的崇拜，似乎快要接近一神论宗教的程度，但这只是接近而已，本身仍属于世俗范畴（仍属哲学而非宗教）。他的主流思想仍是归纳和逻辑认识（从"目视"开始的、从个体到一般的、排序和发现终极相/理念的过程），而非启示的。在这方面，希腊人的逻辑思维无法达到启示宗教文化（如希伯来宗教文化）的心理理解所达到的内在深度。实际上，正如人们所见到的那样，创生理性哲学和科学的地方一般不产情感性的（伦

① 涂尔干：《宗教生活的基本形式》，渠东、汲喆译，上海人民出版社，1999，第552页。

② 尼采：《权力意志》上卷，孙周兴译，商务印书馆，2007，第299页。

理学的）启示宗教，反之亦然，圣经之地也不易生出哲理和科学。因为逻辑思考与心理理解是十分不同的文化类型和认识方式，需要不同土壤的滋养。

尽管希腊世界本身不断受到外来东方宗教的渗透，但没有外部推动，希腊人是难以自主创生出真正的启示与救赎宗教文化的。也就是说，希腊通过柏拉图的相/理念论有为启示宗教奠定知性、形而上学的条件，但自然、理性文化仍是其主流，毕达哥拉斯和柏拉图思想中的非理性成分只是支流和潜流，若不仔细解读，是不易悟出的。同样，非理性的狄奥尼索斯崇拜和伦理的俄耳普斯教虽然已渗入希腊社会和思想领域，但在希腊化时期到来以前，难以登大雅之堂。因此，人们常说希腊文化是自然、理性的，不无道理。然而，正如以赛亚·伯林所指出的，西方历史上不止一次发生文化转向现象。理性的单一强势发展，社会过于单一理性化，会导致理性主义的专制（或排他性），从而使得人类的情感维系受到阻碍。"在这种情况下，人类情感总要以某种别的形式爆发出来。当奥林匹斯诸神变得过于驯服、过于理性、过于正常时，人们很自然地就会倾向于那些较为阴暗的冥府之神。这种情形曾发生在公元前三世纪的希腊，到了十八世纪，又开始出现了。"[1] 对于此种从理性化向非理性转变的现象，卡尔·曼海姆针对 20 世纪 30 年代德国的情况也有近似的论述。他认为，功能理性的发展绝不会自动导致实质理性（价值理性）或道德的同步发展，其结果这样的社会易于造成非理性主义的兴起[2]。希腊古典时代后期的情况正是如此。苏格拉底和柏拉图似乎感受到这一点，因而发生他们文化思想的转向：转向伦理与拯救。他们强调"美德即知识"——自然不太同于荷马传统和爱奥尼亚学派传统的知识——的用意也在于此。由于他们的思想不可能超越希腊文化本身，在宗教伦理上的深度和力度都是有限的。比如柏拉图的 Eros（爱欲）与希伯来的 Agape（圣爱、灵爱、大爱和普世之爱）就无法相比。当然，希腊古典末期的转变还不止伯林所说的那样，仅仅是过于专制的理性主义压制的结果。正如现代社会理论已指出的那样，

① 以赛亚·伯林：《浪漫主义的根源》，吕梁等译，译林出版社，2008，第51页。
② 卡尔·曼海姆：《重建时代的人与社会》，张旅平译，三联书店，2002。

这种现象的发生最终也是理性化导致的相对主义和虚无主义泛滥的结果。面对目前西方后现代社会的相对主义和虚无主义，我们在古希腊文明后期和希腊化时期似曾相识。文明的没落、希腊化导致社会世界的突然扩大和伴随而来的无力感等都对此有所加重。在这种情况下，对情感、伦理和信仰因素的渴望，对作为这些要素之载体的共同体的向往（人毕竟是共同体或群体动物），与诞生于东方圣经之地的启示文化向西方精神空虚之地的传播和渗入恰好巧合，后者似乎能够满足前者的需求。在现代或后现代社会由于有压倒优势的科学理性主义和商业文明的保驾护航，相对主义和虚无主义可以相安无事，但在古希腊，科学理性不可能有如此强大的压倒优势。也就是说，尽管伯特兰·罗素称赞古希腊的科学和理性主义的发展高度可以与西欧现代性前夜的中世纪末期的状况相媲美，但自然的世俗理性主义在古代从未像近现代这样强大到足以对古典本体论、形而上学和旧宇宙论给予毁灭性的打击，达到解构的程度（也就是说，如海德格尔所言，后期希腊人，尤其是智者、亚里士多德，已经对"存在"的问题予以某种撤离和忘却①，但笔者认为其远非达到近代以来西方人那种程度）。因此，自然理性主义在希腊化－罗马时代虽然还在延续，但它在兴盛和巅峰过后最终难免衰落。这意味着，从文化上看，古典世界的消失，以及另一个时代——信仰的时代的来临（由于对自然的相对撤离，存在的问题以基督教的形式延续）。

2. 希腊方式与希伯来文化取向

从世俗的理性主义的文化强势向启示宗教的文化强势转变，经历复杂的过程。起初，在希腊化世界，希腊文明中的"智慧"与"思辨"传统——感觉论文化与理性主义文化是主轴，然而不久，随着哲学与科学的分化，希腊文化的一个向度——感觉论的经验研究（应用科学）向度便被降低到次要地位（尽管仍然出现了像阿基米德那样的伟大科学家），而另一种不同于感觉论的理性形而上学向度——分别源于柏拉图和芝诺及其新柏拉图主义和斯多葛学派（廊下派）思想向度逐渐占据上风。它们不

---

① Martin Heidegger, 1976, "On the Being and Conception of Physics in Aristotle's Physics B, 1", T. Sheehan, trans., *Man and World*, Vol. IX, No. 3 (August): 219–270.

仅对希腊人，而且对许多东方人，尤其是流散的犹太人，具有明显的吸引力，后者甚至多少有些为之倾倒。也就是说，东方人，特别是犹太人，在抗拒中被不断地希腊化。（就现存史料而言）最早尝试"两希文明"合璧的、亚历山大里亚犹太神学家和哲学家斐洛（Philo Judeaus）著作的问世，就证明了这一点①。虽然斐洛这位差不多与耶稣同时代和同族的思想家还是偏袒犹太方面，但已看出希腊文化的强大力量和覆盖能力。然而，随着希腊化进程的发展而导致的希腊文化最终被稀释和破碎，以及流散的犹太人把作为新宗教经验的犹太文化散播于希腊化世界，人们开始以一种不同于希腊方式（感觉经验论或理性逻辑思维方式）的希伯来/犹太方式，即心理理解的方式，认识世界，期盼神恩和救赎的情绪不断高涨。于是，希腊文化在希腊化世界越发成为"假晶"现象和被空壳化。希腊理性主义与犹太宗教文化开始此消彼长。希腊－埃及托勒密王朝国王托勒密二世（前308～前246）敕令下的希腊语圣经《七十士译本》（被认为是圣经首部希腊语译本）的诞生，是这种犹太文化兴起的最初标志。此后罗马帝国早期，犹太史家弗拉维斯·约瑟夫的名著《犹太战记》和《犹太古史》以希腊语问世，更是向希腊－罗马世界展现了犹太教古老、崇高、合理的信仰和伦理文化。当然，一开始，这些希腊语圣经译本和后来的犹太古史是给那些已希腊化并失去母语的犹太人读的，后来希腊化世界的许多非犹太人（精英）也加入这一读圣经的行列。要知道，在希腊化后期和罗马帝国初期，这些人是带着新柏拉图主义或斯多葛主义的文化底蕴来解读犹太文化的。他们解读的结果，或者说"两希文明"碰撞的结果，便是基督教的脱颖而出和发展。随着基督教兴起，以此为代表的犹太启示宗教类型的宗教文化逐渐由"隐学"和弱势文化向"显学"和强势文化转变。

希腊化和罗马时代的精英及大众为什么逐渐被犹太启示宗教文化所吸引和影响？希伯来文化与希腊文化碰撞为什么能产生基督宗教？或者说，柏拉图主义、亚里士多德主义、斯多葛学派、犹太宗教信仰四者中人们更

---

① 参见罗讷尔德·威廉逊《希腊化世界中的犹太人——斐洛思想引论》，徐开来等译，华夏出版社，2003。

喜欢何种？一般来说，在希腊化和罗马时代，被认为是"物质主义者"的亚里士多德起码是不受宠的。正如沃格林所言，亚里士多德把柏拉图城邦政治哲学转变成"一项伟大的知识成就，但是就灵魂的生活而言，这种转变就像在解剖僵尸"①。实际上，不仅如此，在其他方面，与其老师柏拉图以及其老师的老师苏格拉底相比，亚里士多德当时更像一个知识的"全科大夫"，而在精神方面的想象力远不如前辈。因此，在一个充满神秘主义宗教、拼命争取内心自由和情感自我满足的世界或极力渴望拯救和永生的世界，亚里士多德的著作确实没什么太大的吸引力和市场，这是非常易于理解的。在西方，亚里士多德的著作只有到了中世纪后期（13 世纪以后），科学知识向度或理性知识需求开始日益增长的时候才能发酵，而这则是千年以后的事情（如果不考虑 7 世纪至 12 世纪亚里士多德对阿拉伯和犹太学者影响的话）。

至于柏拉图主义，直到尼采宣称"上帝死了"以前或者说传统形而上学开始被逐渐解构以前，二千多年来它一直在西方思想领域占有优势或统治地位，在希腊化和罗马时代自然也不例外。柏拉图主义，尤其是作为其核心的相/理念论，宣称相或理念是绝对、永恒、唯一的真正实在和完美实体，而世界中的现象不过是其不完美和暂时的反映或"摹本"。这表明，尽管柏拉图所言仍限于哲学范畴，但实际上已暗示"神是万物的尺度"②（与著名智者普罗泰戈拉的"人是万物的尺度"明显不同）。由于强调最高的理智活动首要是认识本原，其目标是上升和最后的超越，强调相或理念只能为灵魂所认识，而被围于肉体中的灵魂必须从中解脱出来并达到净化，因此，柏拉图主义在希腊化和罗马世界十分受欢迎。后来以变异形式出现的、以柏拉图哲学为核心的新柏拉图主义在罗马帝国的流行便是证明。与柏拉图主义同时受欢迎的还有斯多葛主义（廊下派理论）。我们知道，亚历山大大帝及其将军们打出了一个广阔的希腊化世界，后来罗马帝国又把地中海变成"罗马的湖"。征服者打破小国寡民的旧有格局，在物质和制度上建立起一个范围广大的世界，但在精神上建立一个新世界

---

① 沃格林（E. Voegelin）：《希腊化、罗马和早期基督教》，谢华育译，华东师范大学出版社，2007，第 98 页。

② 柏拉图：《法律篇》，张智仁、何勤华译，上海人民出版社，2001，第 124 页。

却不像武力征服那么迅速、简单易行。也就是说，军事征服易，触动或俘获人们的灵魂难。因此，随着世界的视域被打开，摆在希腊化和罗马世界面前的迫切需要便是与新世界格局相适应的人们灵魂的转化（文化心灵的转化）。斯多葛主义便是适应这一强烈需要应运而生的。斯多葛主义是希腊化的产物，东西方文化交汇和融合的结果（包括创始人芝诺在内的早期廊下派成员几乎都是闪米特亚洲人）。其有关神圣"逻各斯""世界理性"或理性神（上帝）的思想，有关平等①、世界主义等观念，虽然有自然法色彩，但与犹太取向的启示宗教有相同之处（尤其是世界主义观念），自然为基督教的兴起和古代世界文化剧变铺平道路。

不论柏拉图主义、新柏拉图主义抑或斯多葛主义，尽管其最高部分已经接近宗教取向，但毕竟不是宗教（因为它们都是哲思而非启示，两种文化的本质区别也在于此）。无论如何，这种哲思和伦理与宗教本身之间还存在明显界限，虽然只剩一纸之隔。在这种情况下，身负希腊文明而又期盼神恩和救赎的人们当然不会满足和就此止步。他们要捅破隔纸，跨越雷池，迎接启示宗教。实际上，如果没有犹太宗教文化，他们也可能会转向来自巴比伦或波斯系列的其他启示宗教文化（比如奥古斯丁早年就信仰摩尼教）。恰巧，这时能够满足需求的犹太文化出现了。众所周知，对于西方而言，犹太思想观念是重要的，"但在古代东方的历史中"，正如沃格林所言，"它是不起眼的一页"②。确实，在巴比伦、埃及和波斯几大文明的夹击中，犹太文明当时实在是算不上什么。一般认为，希腊化初期，犹太人实际上仍然不为人知。沃格林认为，正是塞琉古帝国（Seleucid Empire，前 312 ~ 前 64）安条克四世，即"神灵显赫的安条克"（Antiochus Epiphanes）对他们的征服（公元前 198 年以后），他们才在希腊化世界第一次为人们所关注。但实际上，这只是塞琉古帝国的希腊世界的情况。在托勒密王朝（另一个希腊化王国），由于犹太人已被其统治

① 沃格林认为，斯多葛主义的平等观是由该派早期闪族成员带来的，反映的是闪族"母系教派文明"或"母系文明"的文化观念［参见沃格林（E. Voegelin）《希腊化、罗马和早期基督教》，谢华育译，华东师范大学出版社，2007，第 120 ~ 121 页］。

② 沃格林（E. Voegelin）：《希腊化、罗马和早期基督教》，谢华育译，华东师范大学出版社，2007，第 136 页。

（前320～前198），且托勒密王朝官方支持犹太经典的希腊文翻译工作，因此，在犹太自治体被塞琉古帝国从托勒密王朝手中夺走以前，犹太人及其宗教文化在亚历山大里亚已经为人们有所知晓。并且由于圣经《七十士译本》的翻译结果被认为带有神迹色彩（70个译者分别在封闭的环境下进行《圣经》翻译，结果译文的意思和希腊语词汇一模一样，这被视为上帝所为，即"神迹"），因此犹太文化也在人们诧异的眼光中开始崭露头角。此后随着耶稣基督（弥赛亚/救世主）的出现和基督教的兴起，希伯来圣典融入基督教共同体的经典体系（希伯来圣典变为基督徒的《旧约》，《圣经》分《旧约》与《新约》的叫法出现），犹太文化的重要性借助基督教开始凸显出来。

从希腊化末期开始，以希伯来圣典（《旧约》）为核心的犹太启示宗教文化与以柏拉图主义为制高点的希腊理性主义文化逐渐激烈碰撞。就"两希文明"冲突的结果来说，应当说前者似乎更胜一筹。因为随着犹太－基督教的兴起，源于犹太系的启示宗教文化日益成为当时文化的显性结构和主流意识形态，即强文化（当然，这经过一个苦难历程），而希腊向度则成为潜结构，并逐渐隐没于基督教母体之中。犹太系宗教文化的这种强势，是与其文化特点分不开的。我们知道，早在古代，那一地区的人们就感受到犹太人的"精神气质是反希腊的"。罗马帝国时代著名拉丁教父德尔图良（150～230）的名言"雅典与耶路撒冷有何相干？"，便说明了这一点。通过现代西方学术界已有成果，我们大体上已经清楚，犹太人在神、人和物的看法上，在时间与空间、历史和自然的观念上，在倾向于动态抑或静态、逻辑思维还是心理理解等方面，与希腊人具有明显差异，某些方面甚至相反。关于这方面的具体内容，感兴趣者可以去看著名挪威希伯来文化学家托利弗·伯曼（Thorlief Boman）的有关著作①，这里不必赘述。在此我所要简要说明的是，作为一个弱小的流散民族的文化，犹太宗教文化为什么会在具有强势文化的希腊－罗马世界为人们逐渐感兴趣和广泛接受，或者说，在一个具有大传统和众多小传统（宗教）文化的希腊化和罗马世界，为何希伯来/犹太系文化能够脱颖而出，受人青睐。

---

① 托利弗·伯曼：《希伯来与希腊思想比较》，吴勇立译，上海书店出版社，2007。

应当说，正是部分犹太人首先希腊化的。从历史上看，不论在巴比伦严厉统治时期（"巴比伦之囚"时期）还是波斯的温和监管时期，犹太人大体上比较完好地保持了自己的民族身份和宗教信仰（高度自治）。希腊人的到来起初也没有改变这种情况。然而，随着希腊化的深入，希腊文明的辉煌成就便使得犹太人眼界大开。他们中受影响较深的一部分人，尤其是社会上层或流散的希腊化犹太人开始跃跃欲试，试图在保持自己的历史文化之根的同时，把自己的传统宗教文化改良得与希腊文化相得益彰。这是一条充满危险的道路，但又是不得不走的道路。因为在文化上一贯自视极高的犹太人，此时碰上了尽管在文化上不同但同样自傲的强大对手。两者相争，极易互动生变。一般而言，正如现代西方学术界多少有些探明的那样，从认识论上看，希腊与希伯来/犹太是相当不同的。前者的思维方式是一种清晰的概念（或范畴）界定和"逻辑认识"，后者的则是一种寓意深刻的"心理理解"①。换句话说，前者探讨逻辑真理（不论是感觉论的抑或理念论的），后者追求"信仰的真理"（the truth of faith）——借用索罗金之语。前者强调"知之优先性"，后者突出信仰先于理解［后来奥古斯丁和安瑟伦（Anselmus）都遵循和强调这一原则，即"信仰了才能理解"］。因此，希腊人一般以静态的眼光，通过相/型对万物进行分析，而犹太人则往往以动态的心理在千变万化的生活经历中，在线性的神谕目的中感悟世界。也就是说，前者偏于诉诸理性，后者更多依赖情感、直觉和心理体验。例如，希腊文化与犹太文化都承认神或上帝的存在。然而，两者在对神或上帝的认识方法上大相径庭。希腊化和罗马世界，受希腊文化影响的《圣经》读者面对《圣经》时，总是试图给上帝下定义，冥思苦想地寻找应该如何描述和分析上帝的方法。他们认为，要想回答"上帝是谁"的问题，就必须回答诸如"上帝由什么构成"（本体论）、"上帝怎样存在"以及如何认识上帝一类的问题。对于他们而言，如能找到和借助某种类似数学方程式一样的东西，就可知晓上帝存在的奥秘，实在是再好不过了。这就是典型的希腊方式，即抽象的、推理的、形而上学的解释方

---

① 托利弗·伯曼：《希伯来与希腊思想比较》，吴勇立译，上海书店出版社，2007，第277页。

式。此种方式不仅体现了柏拉图式的理性主义，而且如托利弗·伯曼所言，体现了希腊人，乃至印欧人"关于现实本性的无意识"。柏拉图思想能够支配西方精神长达两千年之久，其秘密也在于此①（当然，如前所述，这只是柏拉图的一面，其还有因受俄耳普斯教影响而产生的体验和直觉的另一面，只不过这一面是暗流而非显性的主流）。

不过，对《圣经》及其作者而言，这是难以理解的。纯正的犹太人（活在希伯来圣典中的人）不可能像希腊人，如毕达哥拉斯或柏拉图那样把神或上帝放在几何学或数学中进行思考和分析。希腊人那种抽象思维和形而上学方法对于他们来说是相当陌生的，他们不可能提出上述希腊人那种有关上帝的玄学问题。他们不懂得进行抽象的概念定义与分析，但擅长讲故事——上帝与人类生活和经历相关的故事，并从中感受和体会上帝的存在。也就是说，他们对分析上帝的形态或存在方式不感兴趣，不探讨上帝是什么的本体论问题（因为他们认为上帝的智慧高于人类智慧的总和，因而是人类无法分析和描述的），而是更关心上帝与人类（《旧约》中首先是犹太民族）的互动关系，以及如何与上帝交往。总之，他们是在与上帝的交往或互动中理解上帝的："出埃及"被理解为上帝的显灵（神迹）和救恩，而成为"巴比伦之囚"则是上帝对他们违约的惩罚。因此，上帝是怎样的，可从中找到答案。与希腊人在客观意义上追问真理，一般只对与非个人化的客观存在相符的一致感兴趣不同，犹太人一般更倾向于追问主观上的确然和存在（existential）意义上的可靠性。也就是说，他们感兴趣的只是与他们所认为的重要事实相符的一致性。这表明，其思想指向的是事件、生活和历史。在这些领域，真理的问题不同于自然等科学领域的真理问题。希腊人的真实是现象背后的本质，是"相"或"理念"，而希伯来人的真实则"是完全确定的事、肯定的事、稳固的事、可靠的事"②。因此，希腊化之前的犹太人从来不会从形而上学的角度分析和描述上帝，而总是从互动和功能角度体现上帝的行为方式。这就是希伯

---

① 参见托利弗·伯曼《希伯来与希腊思想比较》，吴勇立译，上海书店出版社，2007，第275页。
② 托利弗·伯曼：《希伯来与希腊思想比较》，吴勇立译，上海书店出版社，2007，第275页。

来方式。它体现了希伯来或犹太人关于存在意义的无意识。与柏拉图主义相似，希伯来/犹太思想在西方世界也时起时伏地长期发挥重要影响，其之所以如此，原因就在于这种文化已经深入西方人的心灵，或多或少同样成为人们无意识的一部分（与希腊方式长期形成张力和互动），并以"超我"的形式发挥作用。当然，在希腊–罗马世界以及后来的西方世界成长起来的希伯来/犹太系文化是以基督教文化的一部分表现出来的。一般认为，基督教的文化故事（圣史）是犹太的，而理论（形而上的神学）则来自希腊，尤其是柏拉图主义（罗素观点）。面对强大的希腊文化或希腊方式，早期基督教"无法忽视这个巨大的文化与意识形态的上层建筑。教会的领袖最终发现他们自己不得不从希腊世界观的角度来说明，甚至重新界定他们的信仰，这样做的结果至今影响着基督教会"①。因此，基督教文化的兴起是希伯来文化与希腊文化碰撞的结果。其过程大体上是，起初是希腊化强势发展，随后进入希腊化与希伯来/犹太文化平行发展时期，再往后，由于在一定程度上接受了希腊文化，基督教便也随之扩大影响和强大起来。随着《新约》把《旧约》中以色列代为其他民族受难和赎罪的说法转变为耶稣基督代为人类受难和赎罪的神圣故事，以及福音、救赎观念、末世论、新纪元意识（神的国度即将来临）等的深入人心，希腊–罗马和西方世界最终基督教化不可避免。

3. 希腊文化与希伯来文化之间的张力与融合

希伯来文化与希腊文化的碰撞为什么能产生基督宗教？其秘密就在于希伯来《圣经》与希腊哲学的某些成分（主要是柏拉图主义、斯多葛主义）存在某种可比性，即两者都信仰类似的神祇。故希伯来文化与希腊文化的某一方面（向度）相接，便有一见如故之雅。柏拉图主义"上升"与"超越"的本质和二元价值观（灵魂高于物质、相或理念的世界高于现象世界、绝对高于相对、死后不朽的精神生活高于眼前的短暂的物质生活）本身就含有源自东方的成分。对此，学者们已经十分清楚。例如，沃格林认为："巴比伦的观念影响了赫拉克利特，波斯的观念后来影响了柏拉图和早期的亚里士多德，没有理由不相信，柏拉图哲学中的太阳符号体

---

① 约翰·德雷恩：《新约概论》，胡青译，北京大学出版社，2005，第7页。

系是源于东方的。在希腊有一个潜在的具有东方文化特征的部分，只要时机成熟，它就会浮出水面，成为一个新的体系。"① 实际上，如前所述，古代希腊文化（特别是哲学）越往后发展，其两重性也愈加明显，即理性越来越与朦朦胧胧接近启示的东西搅和在一起。尼采早就发现基督教与苏格拉底以降的希腊哲学的密切关系②。他甚至把基督教描述为"柏拉图哲学的通俗化"③。如果说这个"新的体系"在希腊古典时期还处于潜隐状态，那么到了希腊化时期便真的"浮出水面"。在希腊化世界，除了狄奥尼索斯崇拜和俄耳普斯教等神秘主义宗教盛行外，另一个显著的特点则是君主的神化——国王被看作是"救世主""施恩者""神之显现"，甚至"道成肉身"。这些因素在罗马帝国时代在遇到犹太启示宗教文化和恺撒主义（Caesarism）后自然最终并入君士坦丁大帝治下的基督教之中。当然，由此也埋下了基督教东西方分裂（希腊基督教与拉丁基督教分裂）的种子，拉开了西方基督教教权与世俗权力斗争的序幕。

罗马帝国时代，希伯来/犹太文化的一部分从《旧约》时代向《新约》时代转变是必然的。因为随着犹太国家被罗马征服而不复存在，其被解读为神已不再把犹太人作为其首要特选子民，而把神恩平等赐给更广泛的世界。在此种情况下，这种文化要想更好地延续下去，特别是在罗马帝国充分发展，就必须超越文化的民族性或种族性，由民族的希伯来/犹太宗教文化向较为普遍的（世界的）基督教文化转变，上帝也因此由犹太人的"雅赫维"（JHWH，Jahweh）变成西方世界的"耶和华"（Jehovah，Jehevah）。尼采有关基督教是"解放了的犹太教"的说法是正确的④。耶稣宣布了这一变化的来临："神的国必从你们（以色列）夺去，赐给那能结果子的百姓"⑤，保罗开辟了基督教在帝国发展的道路（《使徒行传》），

---

① 沃格林（E. Voegelin）：《希腊化、罗马和早期基督教》，谢华育译，华东师范大学出版社，2007，第132页。
② 尼采的原话是"苏格拉底以降的希腊哲学，作为病态的征兆，因而也是基督教的准备"（尼采：《权力意志》上卷，孙周兴译，商务印书馆，2007，第236页）。
③ 转引自弗里德里希·希尔《欧洲思想史》，赵复三译，广西师范大学出版社，2007，第5页。
④ 尼采：《权力意志》上卷，孙周兴译，商务印书馆，2007，第582页。
⑤ 《马太福音》，21：43。

奥古斯丁总结了基督教理论并最终完成了其构建。这样，基督教从诞生开始便面临三大难题：一是它与犹太文化（《旧约》）的关系问题，二是它与希腊文化的关系问题，三是它如何适应现实世界人与社会的实际情况问题。异教徒的文化、犹太人的文化、基督教世界这三大领域及其关系，直到19世纪西方逐渐融入人类历史以前始终占据西方思想的主流①。

基督教成长的困境在于：一方面，它要保持其独特性，另一方面又要适应一个广大而现实的世界。就当时（古典时代晚期）的情况而言，原本为加利利的一个小教派以惊人的毅力向希腊－罗马世界扩展的基督教，面临的最大威胁便是被它所身处其中的世界所渗透、融化和吸收。稍微了解这方面历史的人都知道，这不是几年、几十年的威胁，而是几个世纪的威胁。为了摆脱此种困境，基督教与其周围的各种社会文化因素进行了长期的斗争与磨合，其中既有冲突、排斥，又不乏融合。从西方基督教的角度来看，其主要包括以下几个方面：一是坚决反对和排斥与希伯来宗教向度不同的其他东方宗教文化，如源于波斯的摩尼教，特别是其善恶绝对二元论思想（摩尼教的影响直到中世纪后期仍然挥之不去）；二是与希腊化－罗马世界流行的各种各样的神秘主义宗教，如诺斯替主义（灵知主义）等，进行艰苦卓绝的斗争（尽管基督教自身也有神秘主义倾向）；三是对试图解构基督教的哲学演说家，尤其是塞尔修斯（Celsus），进行反驳和斗争（现代英国哲学家伯特兰·罗素被基督教教会视为"20世纪的塞尔修斯"②）；四是与其内部的各种"异端"〔如孟他努主义（Montanism）、阿里乌派和聂斯脱利派等〕和分裂活动，进行长期的斗争；五是自觉不自觉地对希腊哲学采取既斗争又包容的策略，实际上是一个剪不断理还乱的有限融合过程。这些互动表面上看是围绕宗教问题展开的，但背后的实质是文明或文化的冲突。尤其是"两希文明"的冲突与融合，大体上主导了基督教内在的成长过程。一般认为，自公元70年罗马军队捣毁耶路撒冷犹太圣殿，该地区基督教社会由此解体以后，基督教与犹太教之间最紧密的联系（由耶路撒冷基督徒来维持和代表的传统）便被切断了。"此

---

① 沃格林（E. Voegelin）：《希腊化、罗马和早期基督教》，谢华育译，华东师范大学出版社，2007，第213页。

② 奥尔森：《基督教神学思想史》，吴瑞诚等译，北京大学出版社，2003，第24~25页。

后，基督教与其说是一种巴勒斯坦现象，倒不如说是一种希腊化现象。"①
在这种情况下，源于希伯来/犹太文化的基督教不能不受到希腊文化（主
要是哲学理性主义）的冲击。两者都是内涵丰富的强文化，它们既是对
手，又是相互融合的对象。也就是说，"雅典与耶路撒冷""学园与教会"
"异教徒与基督徒"一方面代表了两种不同的文化，另一方面又有紧密的
关系。没有希腊文化，基督教难以获得理论素养，而不在基督教母体中，
在当时的情况下希腊哲学文化也难以生存和进一步发展（特别是在提高
哲学的抽象思维和形而上想象方面）。每一方的生存和发展都是在相互排
斥与吸纳的张力和矛盾中进行的。其实质则是哪一种文化取向——希腊方
式抑或希伯来/犹太方式更突出一些。这里不存在单方面发展的问题。拉
丁教父德尔图良的名言虽然表现出忧虑和愤怒，但情况毕竟不是按照他的
想象发展的。一般来说，两种文化的契合点主要表现在：希腊人的既是哲
学又是神学的"逻各斯"这一核心概念与基督教的"基督"这一核心概
念存在相似之处。圣经《约翰福音》的开篇之语——"太初有逻各斯，
逻各斯与上帝同在，逻各斯即是上帝"（其中"逻各斯"即指"道"或
"圣言"），充分表明了这一点。它使得基督被视为真正的"逻各斯"，两
种文化的关系由此被强势确立。

　　此外，希腊（和罗马）哲学中斯多葛主义有关平等、兄弟情爱和世
界主义（"世界城邦"观念）等思想（包括柏拉图哲学中有关爱欲或厄洛
斯观念）极大地丰富了基督教的相关内容，如基督教的平等观（救赎平
等）、源于犹太文化"灵爱"（圣爱、大爱）的博爱理念以及普世思想，
等等。当然，对基督教影响更大的则是柏拉图哲学。如前所述，希伯来方
式是一种在历史和现实体验中理解事物的方式，一种在与上帝的交往或互
动中理解上帝的方式，其中神迹是最重要的体验和想象。这种方式对于犹
太人而言是自然的，然而对于希腊和罗马世界来说却是陌生的，不易接受
的。希腊和罗马世界虽然早已流行外来的俄耳普斯、密特拉等神秘主义宗
教，但毕竟同时还有强大的希腊哲学存在。相比而言，人们更习惯于希腊

---

① 理查德·塔纳斯:《西方思想史》，吴象婴等译，上海社会科学院出版社，2007，第
　　113 页。

方式，希腊－罗马本土知识界尤其如此。此外希腊化也使得基督教感到以某些理论知识充实自己的必要性（这种现象在中世纪中后期将重复出现）。在这种情况下，基督教要想在这样一个世界站稳脚跟，获得竞争力，就必须在沿用希伯来方式的同时，引入希腊方式，这是大势所趋。因此，这些地区知识阶层中已皈依的基督徒们迅速觉察到了将希腊哲学与基督教信仰结合起来的需求。两者的结合既可使在精神上引起共鸣的柏拉图主义在基督教背景中得到印证，找到新的含义，获得更高的提升，又可强化、发展和丰富《新约》启示的一些基督教概念，从而有助于希腊－罗马世界理解基督教的奥秘。于是，在文化起源和传统上，柏拉图哲学尽管不同于基督教，但由于其本身含有神智的一种可信的表达（如相或理念论），因此能够给予基督教一些最深奥的奥秘带来清晰有力的形而上学见解。借助柏拉图哲学，基督教神学体系发展起来了。虽然这个体系中的神学内容大体上是基督教的（实际上是波斯－犹太－基督教的），但"其形而上学的结构在很大程度上是柏拉图的"①。通过早期基督教教会神学家——殉道者查士丁（Justin），后来的亚历山大的克雷芒（Clement）和奥利金（Origen）以及古代基督教世界末期承前启后者奥古斯丁等几代人的努力，基督教于古代世界末期在张力的紧绷中最终有选择地包容了希腊哲学，或者说两者借助上帝和福音这一神圣的平台有择亲和地融合在一起。这样我们看到，西方基督教文化，或者说西方中世纪基督教母体中的文化，自身便呈现两个矛盾着的向度（或两重性）：一方面是希伯来方式，另一方面则是希腊方式。其背后则是信仰与知识（启示与理性）的冲突、矛盾与张力。纵观西方历史，希腊方式的承传具有（印欧）族群无意识和亲和性的基础，因而是内在、固有和强有力的。希伯来方式源于闪米特，是外来的，但传播到西方世界以后，逐渐把希腊文化中本已存在的理性因素挖掘出来和调动起来，并最终结合在一起。对于这两种十分不同的文化的结合，西方人自己至今都感到不可思议。在前现代长达一千多年的历史中，从显性结构看，这一以基督教形式表现出来的希伯来方式却以强势特征成

① 理查德·塔纳斯：《西方思想史》，吴象婴等译，上海社会科学院出版社，2007，第116页。

为主流文化，而本是主流的希腊方式却以潜隐的方式和弱势特征寄生于基督教母体中，并与其中的希伯来方式扭结在一起。这种矛盾着的西方基督教文化在中世纪具有如下具体特征。

（1）基督教母体中的西方文化一方面具有清晰的逻辑思维和理性形而上学特征，另一方面又诉诸确定的宗教体验和具体的心理理解（非逻辑的、超验的）。中世纪基督徒们就是在这两种方式的张力中认识上帝和世界的。

（2）因此，在西方（拉丁）基督教文化中，一方面，存在希腊式那种对上帝的看法趋于认为智力（智性）居最高支配地位的观念倾向（如阿奎那等）；另一方面，在此等问题上又有希伯来那种特别强调意志或信仰居最高统治地位的观念倾向（如奥古斯丁派）。于是，基督徒们在现代以前始终在希腊式的"知之优先"抑或希伯来式的信仰先行的两个不同的向度中徘徊和挣扎：当他们面向科学和理性的时候，他们站在希腊方式一边，而当他们面对上帝、救赎和恩典的时候又站在希伯来方式一边，内心充满张力和矛盾。

（3）基督教中希腊方式强调逻辑的有效性，而这种有效性又是在外部建构的，因而是客观的，而希伯来方式突出内在心理，关涉人的内在状态和表象，因而是以人的心灵状态为转移的，即它是主观而非客观的。

（4）在基督教母体中，一方面，存在一种希腊式的静态特征：沉思（思想静止）、安详、中庸、和谐（阿波罗特征）；另一方面，也存在一种希伯来式的动感：行之在先、充满活力、富有激情，有时甚至是"爆炸性的"。对于柏拉图那样的希腊哲学家而言，真正的存在（"存在者的存在"）是静止的、不变的、永恒的，而变化的世界则是感性的、可视的，也就是说它们是现象或表象世界，因而是有限的、具体的、变化不定的、虚幻的、非最高的存在①。与此不同，在希伯来/犹太人眼中，一切都是生成和变化的，因此冲动、激昂、非逻辑是他们的风格。从消极方面看，前者被认为是与僵化、死板和无生命力相关，后者则被认为过于夸张、无

---

① 在古希腊，赫拉克利特是个例外。他对世界的动态看法，例如，"一切都在流动……人不能两次踏进同一条河"，明显不同于其他哲学家，然而，他的这一思想是非希腊的，作为以弗所（Ephesus，今土耳其 Efes）人，他精神上明显受到东方影响［参见埃里克·沃格林《城邦的世界》（《秩序与历史》卷二），陈周旺译，译林出版社，2009］。

度、不和谐、晦涩、原始。

（5）与此相关，从思考形式上看，空间更能体现希腊人的心灵本质，而对于希伯来人来说，时间则是其心灵建构的强势部分和文化无意识。因此，习惯于静态思想的希腊人的历史观通常是循环论的（如希罗多德），甚至是宿命的，而富于激情的犹太人的历史观则不容置疑地是线性的、渐进的，具有明确目的和方向，亦即历史是按照造物主上帝为人类制订的拯救计划按时逐渐展开的（《圣经》）。正因为如此，汤因比才说："至于我们西方幸运地未受希腊和印度教关于周期性学说的干扰，这得感激犹太教和袄教［琐罗亚斯德教］对我们的世界观所做出的贡献。"①

（6）在基督教母体中，希腊方式强调"古代人的自由"，即"集体性自由"（意指公民"以集体的方式直接行使完整主权"），甚至"集体个人主义"（托克维尔语）②，而希伯来方式则突出社会性（前现代的共同体意义上的"社会"）或"集体"性，因为希伯来－基督教总是体现出普遍性（因为上帝是普遍性的）。在古代，虽然不论在何种民族和文化中都不存在真正意义的"个人自由"，但它们两者还是有明显区别的。

由于以上种种对立和区别，导致西方基督教世界处于文化的内在张力之中。一方面，基督教中的希伯来因素的着重点尽可能地将人们的视线转向基督，转向未来（甚至来世），转向大爱和转向信仰；而另一方面，希腊因素则力主把人们的目光折回人本身，回到现世和当下，转向知识和经验。

---

① 汤因比：《文明经受着考验》，沈辉等译，浙江人民出版社，1988，第 14 页。

② 这种"集体性自由"本质上类似于后来托克维尔、韦伯、尼斯贝特（Robert Nisbet）等人所说的共同体式的"自由"，或斯金纳所言的"自由主义之前的自由"。换言之，它只是政治自由，不是"个人自由"。古代人不仅没有现代西方人所享有的那种自由人权或个人独立性，而且所有私人行动和领域"都受到严格的监视"，甚至干预。在这种情况下，他们"个人在公共事务中几乎永远是主权者，但在所有私人关系中却都是奴隶"（意即个人的主权是十分有限的）。因此，即使在政治自由的古典世界，其状况仍旧是"个人以某种方式被国家所吞没，公民被城邦所吞没"。（参见邦雅曼·贡斯当《古代人的自由与现代人的自由》，阎克文、刘满贵译，上海人民出版社，2003，第 48 页；托克维尔：《旧制度与大革命》，冯棠译，商务印书馆，2012，第 136 页；马克斯·韦伯：《韦伯作品集 VI：非正当性的支配——城市的类型学》，康乐、简惠美译，广西师范大学出版社，2005；Robert Nisbet, 1985, *Conservatism*, pp. 35－36, Buckingham：Open University Press；昆廷·斯金纳：《自由主义之前的自由主义》，李宏图译，上海三联书店，2003。）

以上就是古代末期和中世纪前期、中期西方基督教世界文化二元建构的奇特之处。它反映了该文化统一体内希腊因素与希伯来因素的区别。但希腊文化，尤其是柏拉图哲学，也存在某些与希伯来宗教文化相近（或有亲和性）的地方，这些大多是柏拉图等希腊哲学家受东方波斯、闪族宗教文化影响的结果（尼采调侃般地说过，"柏拉图，兴许曾在犹太人那里上过学校"①）。西方人——"以日耳曼种族为基础"②，不仅对希腊文化有亲和性，而且最终从柏拉图主义（包括新柏拉图主义）和斯多葛主义（两者都隐含东方文化影响的一定成分）角度接受了罗马天主教（即西方基督教）。从此，西方基督教文化，作为一种希腊－罗马化的希伯来文化，便在西方人的心中积淀下来，实现了文化的内化。其内部的两种因素——希腊与希伯来因素形成强大张力，成为西方文化和社会不断变迁的动力和源泉。中世纪后期以降，西方的文化和社会创新主要是从一次又一次的重新解读希腊因素或希伯来因素，以及对它们进行价值重估并重新协调两者关系开始的。

三　社会文化中的超越性与新取向

多元一体文化中的超越性和张力，是创生新的文化取向的源泉。在西方（欧洲），如上所述，这有两个层面：一是希腊文化中超越性、张力与创新；一是基督教文化统一体中的超越性、张力与创新。两者具有某种关联性，又存在较大区别。

从社会和政治文化的角度看（当然远不只这些方面），柏拉图的"理想国"可谓是古典时期希腊哲人当之无愧的一种理论创新。这种创新之处就在于它超凡脱俗地阐述了善人（the good man）、善的生活（the good life）同善国家（a good city-state）之间的关系以及如何达致善人、善的生活和善国家的手段或方法。简言之，它体现了一种超越性（秩序）。这种超越性使得理想国与希腊城邦的现实体制之间产生一种质的距离和张力，从而形成新的文化价值取向。而这些是前人所没有提出过的，对后人则具

①　尼采：《权力意志》下卷，孙周兴译，商务印书馆，2007，第990页。
②　沃格林（E. Voegelin）：《中世纪（至阿奎那）》，叶颖译，华东师范大学出版社，2009，第31页。

有指向性意义。

一般认为，柏拉图的这种超越性理念基于其老师苏格拉底"美德即知识"的论说①。本来，自执政官梭伦改革以降，雅典城邦公民的社会政治理念就一直是民主政制（constitution），他们也是沿着这个方向进行实践的，并使之在伯利克里时代（the Periclean Age）展现辉煌。然而，好景不长，随着城邦党派之争加剧和秩序混乱，民主体制暴露出根本弱点，再加上苏格拉底之死和柏拉图的政治经历都促使柏拉图这位思想家致力于想象和创造新的社会政治理论和秩序，即理想国。理想国本质上是伦理性的，也就是说它实质上是围绕着对柏拉图一生给予强烈影响的苏格拉底的道德观念展开的。在柏拉图看来，世界上存在客观实在的善，通过理性和逻辑分析人们能够获得此类认识。拥有这种善的"知识"是掌权的关键和唯一合法来源。因为有了这种知识，就等于有了这种领导国家的美德。美德是善行的基础。于是只有懂得有关最高善的知识之人才有权领导国家。而这非哲人王（the philosopher king）莫属，因为只有这种哲人才有洞见和掌握此种知识的能力，其他人只能获得与知识（真理）相对的"意见"（opinion）。因此不管从实践效果上还是从理论上看柏拉图都不赞成大众民主制度。这是一般政治思想史著作中常有的论点，似乎也算合理。不过，无论从苏格拉底临刑前（堪称圣徒）的表现，还是从柏拉图哲学理论来看，事情远非这么简单。"美德即知识"的论说是理想国信念的基础，这只是表面的看法。实际上，这个知识——作为真理的知识，是客观、永恒、最高的实在，也就是柏拉图所说的相或理念在社会政治上的体现，最高的善是以此为基础的。善具有理念或相的本性，对这种最高实在的真正认识只依靠理性和逻辑分析是不够的，它还必须有直觉、体验和了悟的参与，甚至是引领。人只有处于两者微妙冲突、张力与融合之中才能获得这种知识。如柏拉图在《蒂迈欧篇》中所言："理智不可能在缺乏灵魂的东西中出现。"② 再如，柏拉图在《会饮篇》

① 乔治·萨拜因：《政治学说史》（上卷），邓正来译，上海人民出版社，2008，第74页。

② 柏拉图：《蒂迈欧篇》，30B－C，载柏拉图《柏拉图全集》第三卷，王晓朝译，人民出版社，2003。

中就爱的问题说道，我们起先爱的是可见的肉身之美，然后爱美的法律和体制，再后爱的是不可见之美，即美的灵魂。由此我们继续爱美的思想和观念，在这种爱的影响下，我们借助"天梯"不断升华，"接近了终极启示"，美的灵魂会突然涌现神奇的美景。这样，我们在美的海洋中愈来愈接近美本身——"普世的爱"，最后察觉到那不存在于任何具体事物，但却又是绝对、永恒的美本身。通过这种观照，我们也就成为神的朋友①。这实际上是柏拉图再现了自身体验的过程（常人能否达到这一程度，则是个问题）。

显然，哲人王就属于这种人。他之所以能够了悟最高之善，是因为他能够允许自己内心为具有最崇高形式的相或理念所抓住，或者说其"灵魂会努力捕捉隐约显现出来的超验的实在"（《蒂迈欧篇》提要语），就此能够在认识的不断升华中做到在信仰中理解。要做到这一点，就必须实现与终极的实在或最高的理念（相/型）合为一体，而这似乎已经同启示宗教非常接近了。实际上，在某些时刻，苏格拉底和柏拉图就是这样做的［柏拉图大概常常处于此种状态，因为他曾经说过，一个人只有有时为了消遣才可"搁置对永恒事物的沉思，转而思考有关生成（现象世界）的真理"②］。那么他们是如何做到这一点的呢？这就是他们既是哲学家（和科学家），同时又都是不同于奥林匹斯诸神崇拜的另外一种宗教的信徒。这个宗教，如上所述，就是俄耳普斯教③（柏拉图在《蒂迈欧篇》中有时所提及的神为单数，指的是作为造物主的神，显然受到东方宗教的影响。《蒂迈欧篇》提要中说，这是柏拉图主义的一个方面，而人们对这个方面的重视是不够的）。这种宗教有助于他们在与神合一中对善进行分析和认识（《蒂迈欧篇》提要认为，在此"有关科学真理的阐述与神秘真理结合一起"），从而创造出超越性并引发张力。这种张力导致新的文化取向产生。在柏拉图（以及后来的西塞罗）看来，"创建和统治国家乃

---

① 柏拉图：《会饮篇》，210B－211C，载柏拉图《柏拉图全集》第二卷，王晓朝译，人民出版社，2003。

② 柏拉图：《蒂迈欧篇》，59C－D，载柏拉图《柏拉图全集》第三卷，王晓朝译，人民出版社，2003。

③ 柏拉图在《国家篇》《法篇》《会饮篇》《申辩篇》《伊安篇》《普罗泰戈拉篇》《斐莱布篇》《克拉底鲁篇》都提到俄耳普斯，可见受其影响之深。

是人类英雄表现其与神极其相似的活动和努力"①。换言之,只有心中有神(上帝)的人,才能创建和统治善的国家。

当然,柏拉图的理念论和理想国也是在这种状态中形成的,没有这种境界,他也无法创造出这样的理论和作品。然而,哲学毕竟不是宗教,其超越性远非启示宗教(如希伯来圣经宗教)那么富有力度、深邃和感召力。此外,柏拉图主义作为一种晦涩难懂的理论也不是一般民众所能理解的,能够在哲学和世俗范围内了悟和获得超越的大概也只有苏格拉底和柏拉图那样的理论家。因此,它难以满足古典世界民众的心理和精神需要。这也是柏拉图政治哲学当时"无论在实践上还是理论上都没有产生任何直接影响"的原因之一。事实上,如乔治·萨拜因所言,从这种"政治哲学在亚里士多德去世后两百年中所起的作用来判断,那只能说是一个壮丽的失败"②。古典时代晚期和中世纪,随着城邦共同体的衰落,人作为一种"政治动物"(即作为自治城邦共同体一分子)的理想式微以及社会和内心秩序的混乱,人们迫切需要心灵安慰,祈求更大范围的社会团结。晚期斯多葛主义可谓是应运而生(这突出表现为塞涅卡和马可·奥勒留的思想。如前面所述,他们的斯多葛主义实际上已是一种宗教信仰,与基督教思想存在某些惊人的相似之处)。在这种情势下,哲学愈来愈成为伦理教化和安慰的工具,并且随着岁月的流逝也越发带有宗教色彩。于是,宗教(尤其是启示宗教)在人们所关注的事务中越来越占有突出地位。它逐渐取代了哲学的地位,为人们提供更有力度的心灵团结和灵魂拯救方式,并成为一种新兴文化和社会趋势③。其最终结果是基督教和教会的崛起。

从"美德即知识"到塞涅卡和马可·奥勒留的斯多葛主义的兴起,再到基督教文化占据优势,反映的是古典时代晚期和中世纪早中期人们思想观念的变化——一种从乐观到悲观,再到乐观的变化。也就是说,在文化上,人们最终普遍地从希腊轴心转向希伯来/犹太轴心(至少后者在这

---

① 乔治·萨拜因:《政治学说史》上卷,邓正来译,上海人民出版社,2010,第221页。

② 乔治·萨拜因:《政治学说史》上卷,邓正来译,上海人民出版社,2010,第163页。

③ 参见 W. W. Tarn, 1952, *Hellenistic Civilisation*, 3d ed., G. T. Griffith, rev., p. 79, ch. x, London: Arnold。

方面更胜一筹）。苏格拉底和柏拉图相信，没有人会故意犯错误，错误是无知的产物。到了塞涅卡和马可·奥勒留时代（2～3世纪），已经没有多少人会相信这种观点了。随着基督教的崛起，古老的源于闪族的恶根性文化又占据了上风。与此相应的是基督教人道主义也同时兴起。前者，如前部分所述，强调人性中固有的恶：人有恶的一面，而且这种恶是无法根除的，没有多少人能够自主逃避这种恶（当环境变化时尤其如此）；后者则突出平等（上帝面前人人平等）、怜悯、慈善、仁慈、圣爱（大爱、灵爱、慈爱）的思想或道德。由于从前者到后者被认为没有自然的途径，因此人们唯有信靠上帝才能得以实现。上帝是超越性和拯救的唯一源泉。基督教的这种思想在承前启后式的人物奥古斯丁的理论，特别是前面提到的"双城"论中得到全面阐释。其核心是基督教共和国（联邦）观念（the conception of a Christian commonwealth）和历史哲学。在奥古斯丁看来，这种基督教共和国（或联邦）是人类精神发展的顶峰，人类历史就是从世俗国家最终达致这种共和国的过程。在这个过程中，虽然充满了世俗之城（国）与天城（国）的斗争，但充满欲望和占有冲动的前者通过拯救最终都将为后者所取代。那种认为没有上帝的救恩，国家也能有正义的观点是令人质疑的。这样，我们看到，奥古斯丁在人类世俗社会之上树立一个上帝之国，由此提供了超越性的秩序。它与世俗社会形成张力，为社会变迁指引方向。这种文化在中世纪起到重要作用，甚至在现代世界仍存影响。只不过"上帝"转换成"人民"。人民就是上帝，上帝之治就是人民之治。这是中世纪开始的文化—社会演化过程。

第九章
文化张力与西方社会文化的创新发展

公元 7 世纪以后，随着日耳曼人"入侵"的完成，伊斯兰世界的崛起，基督教的希腊化（拜占庭化）与西化或拉丁化（实际上应为日耳曼 – 拉丁化）的区分日益明显，以及斯拉夫人的西扩填补日耳曼人西进留下的欧陆空间，被围困和孤立的"西方"，此时才能作为一种独特的文明凸显出来。从西罗马灭亡到文艺复兴和宗教改革，西方中世纪长达千年之多（5～16 世纪）。学术界一般以所谓"黑暗时代"结束（9 世纪或 10 世纪）为标志，认为西方作为一种独特的文明是从此时开始崛起的。但是如果从思想文化上看，西方具有划时代意义的发展则是从 12 世纪中叶引入阿拉伯 – 希腊哲学和科学（经穆斯林和犹太学者撰写和注释的希腊哲学或科学文本，尤其是亚里士多德著作）开始的①。

一　西方中世纪文化建构中的合与分的转化

古代末期以降，"宗教战胜了世俗哲学"②，原本相互攻讦的异教徒与

---

① 西方中世纪和近代之初，知识潮流的演进方向是："13 世纪的亚里士多德主义、14 世纪的罗马法、15 世纪的人文主义和 16 世纪的宗教改革。"可见亚里士多德文本的引入是起点并具有划时代性质（参见希尔德·德·里德 – 西蒙斯主编《欧洲大学史》第一卷《中世纪大学》，张斌贤等译，河北大学出版社，2008，第 4、341 页）。

② R. 柯林斯：《哲学的社会学》（上），吴琼等译，新华出版社，2004，第 148 页。

基督徒知识分子在哲学宗教化和基督教哲学化（某种程度的理性化）的氛围下，最终走到一起。当时他们的世界观本来就都是宗教性的，他们对话、争论，最终"发现他们都在同样的跑马场上表演"①。由于古代末期和中世纪前期西方世界流行的哲学主要是新柏拉图主义和斯多葛主义，而基督教又与此融合在一起，因此，基督教与哲学融为一体②。虽然争论仍在继续（主要是唯实论与唯名论之争），但总体上相安无事。此时，新兴的修道院和大教堂成为文化和学问（知识）的中心，它们开办的学校，包括大学，起初也是宗教性的。在这种情况下，希腊方式仅仅是工具，理性在启示之下，哲学服务于神学（哲学成为神学的婢女），而神学成为"科学的女王"。安瑟伦的公式："我信是为了理解（*credo ut intelligam*）"或者"除非我信仰，否则我绝不能理解"③的表白，既重复强调奥古斯丁的观点，又反映当时基督教世界的思想现实。无论如何，人们此时总是把信仰与理性，启示与知识，看成一体的，因此，神学便成为科学的科学，亦即通过旧瓶装新酒的形式，基督教神学开始成为"一门系统的理性的学科"④。与此相应，社会，作为西方基督教文明的社会，自然也是宗教性的，两者尚未分离。因此，甚至"城镇其实［也］是世俗形式的修道院"⑤。西方人不仅在意识方面，而且在无意识上尚无朝着信仰与理性（启示与知识）、宗教与社会分离的方向迈出前进的步伐。也就是说，在中世纪中期，文化建构是以基督教为轴心统合在一起的。文化融合是这一时期的基本特征，西方基督教比以往任何时候都更加理性化和包容科学知识。

---

① 科林·布朗：《基督教与西方思想史》，查常平译，北京大学出版社，2005，第76页。
② 赫尔德认为"最初和最后的哲学，始终都是宗教"（约翰·哥特弗雷德·赫尔德：《反纯粹理性——论宗教、语言和历史文选》，张晓梅译，商务印书馆，2010，第64页）。
③ 科林·布朗：《基督教与西方思想史》，查常平译，北京大学出版社，2005，第73、88页。
④ 爱德华·格兰特：《科学与宗教：从亚里士多德到哥白尼（400B. C～A. D. 1550)》，常春兰等译，山东人民出版社，2009，第134页。
⑤ 弗里德里希·希尔：《欧洲思想史》，赵复三译，广西师范大学出版社，2007，第22页。

12 世纪以降，伴随阿拉伯－希腊哲学和科学的传入①，以及人们对引进的希腊文本的直接翻译和解读，特别是大学中对亚里士多德著作公开或私下的研讨，这种文化资本的输入在知识相对匮乏的基督教世界（先是在思想界，然后在社会界）引起了"轩然大波"（沃格林语），甚至是一种"革命性的影响"②，因为从穆斯林或犹太学者注释的希腊文本引进开始的这种文化资本的导入，不仅仅是古代知识的转运过程，而且是存在着移译和理解的社会学，亦即这是一种重新解读和价值重估的过程。它不仅"从根本上改变了自由学科（Liberal arts，七艺）的内容，扩大了它的结构，……而且它还向基督教关于世界和人的本质的许多基本概念发起挑战，相应地也涉及要重新界定与哲学（尤其是三种哲学，即自然哲学、道德和形而上学）有关的基督教信条"③。这导致文化建构中本已处于蛰伏状态的张力，即神圣与世俗、信仰与知识、神学与哲学、宗教与科学之间的张力，归根结底是希伯来方式与希腊方式之间的张力，再次浮出水面，信仰与理性关系问题的争论又一次升温。以阿奎那为代表的宗教和文化思想精英感受到这种冲突、张力和危险④。他们，如图尔的贝伦格（Berengar of Tours，约 999～1088）、坎特伯雷大主教安瑟伦（1033～1109）、彼得·阿伯拉尔（Peturs Abalard，1079～1142）、索尔兹伯里的约翰（John of Salisbury，约 1120～1180）、大阿尔伯特（Albertus Magnus，约 1200～1280，多明我会修士，阿奎那的老师）、托马斯·阿奎那（1225～1274，多明我会修士）等，全都参与了这场大辩论，努力应对挑战。尤其是阿奎那（《反异教大全》）⑤，好像在重要的历史时刻被有意安排出场，

---

① 尽管早在 11 世纪，欧洲人已经模糊地意识到，西班牙和西西里的阿拉伯人在科学和哲学专业知识方面达到了一个远高于他们的水平，但对这一问题的深入了解和认识，则是从他们于 1085 年和 1091 年从穆斯林手中收复托莱多（Toledo）和西西里之后开始的。对于亚里士多德的著作及其相关的阿拉伯学者的评注的大规模翻译一般认为始于 12 世纪。

② R. 柯林斯：《哲学的社会学》（上），吴琼等译，新华出版社，2004，第 476 页。

③ 希尔德·德·里德－西蒙斯主编《欧洲大学史》第一卷《中世纪大学》，张斌贤等译，河北大学出版社，2008，第 341 页。

④ 弗里德里希·希尔：《欧洲思想史》，赵复三译，广西师范大学出版社，2007，第 160 页。

⑤ Thomas Aquinas, 1991, *Summa Contra Gentiles*（《反异教大全》），Notre Dame：University of Notre Dame Press.

一生都在为解决这一矛盾问题而奋斗。他力图把因受到新文化取向冲击而有所开裂的基督教母体重新弥合起来。

应当说，起初，面对滚滚而来的潮流，教会在冲击中有些乱了阵脚，慌忙宣布查禁这一系列新引进的论著，特别是从 1210 年开始禁止在包括巴黎大学在内的各大学使用这些论著（阿奎那也因此被迫离开巴黎）。后来，教会看到此项禁令难以奏效，便改变了策略：采取疏导而非堵截的方式。具体而言就是，教会明智地对这些新文化（论著）进行重述和解释而不是查禁。当然，这一使命责无旁贷和历史地主要落在阿奎那的身上。阿奎那一生只活了 49 岁（暴病死于参加宗教会议的途中），但著作约有百部之多[1]。其思想极为复杂。一方面，其思想体系像一个湖泊，海纳百川，把当时西方存在的各种文化取向的知识尽收其中；另一方面，又强调神的启示至高无上。他试图建构一个普世的无所不包的综合体系，而这一体系的根本宗旨就是基于基督教文化的和谐（尽管这种和谐似乎仍属于赫拉克利特意义范围）。在这个体系中，种种拥有自身专门研究对象的知识或特定学科，虽然范围及其宽泛，但其概括却较为有限而难有高度；在这些具体学科之上是作为理性学科的哲学，后者为前者阐述普遍原则；在理性之上的是为之提供启示的基督教神学，这种神学是整个体系的顶峰，即科学的科学或科学的女王。在阿奎那的体系中，启示明显高于理性，但却绝不悖于理性。神学终结由科学和哲学开始的体系，但绝不会破坏其连续性。知识充实体系，而信仰使理性趋于完善。这个共同建立的庞大的知识殿堂，虽然内容复杂多样，但它们并不相互冲突和无序。与此相应，阿奎那有关宇宙和社会的阐述也是类似的等级分明的"和谐"体系。"和谐"不仅在他的体系中而且在中世纪文化方面都占有主导地位。

然而，不管怎样，阿奎那的思想还是显露出某种两面性："人间的亚里士多德主义"与"天堂上的柏拉图主义"[2]。从激进的角度看，这存在分化的取向。因为阿奎那以亚里士多德论著为媒介，力图把信仰与理性

① 科林·布朗：《基督教与西方思想史》，查常平译，北京大学出版社，2005，第96页。

② 安东尼·肯尼：《牛津西方哲学史》第二卷，袁宪军译，吉林出版集团有限责任公司，2010，第88页。

（知识）、启示与哲学进行明确划分（尽管启示高于理性）。这被认为允许哲学"宛如插上翅膀，脱离圣经，自由翱翔"①，使中世纪西欧思想界出现的某种"开放的理性主义"潜流变成显性的潮流。此外，阿奎那在阐释"宇宙论"秩序的时候，还谈到了基督教社会的"宪政"和基督徒公民社会的"自由"②。这甚至被解释为"他预见到了自由主义民主传统发展的核心——受限制的立宪政府的思想"③。不过，这可能更多的只是一种过度解释或误解。实际上，在保守者看来，这个体系以合为核心，更多是把知识的茂盛之树深深地扎根在神启上。无论如何，阿奎那都是以神或启示作为理性的保证的。在他看来，神是理性和秩序的化身和最终源泉，世界的秩序和人的理性归根结底都是造物主——上帝的反映④。即便如此，罗马天主教会还是对阿奎那予以谴责。不过，在他死后大约50年，教会终于接受了他的观点并对他进行平反和封圣。通过阿奎那，教会力图把本来是一种反基督教的革新思潮转变成其所希望的永恒的基督教哲学体系（经院哲学），使世俗的危险的亚里士多德基督教化和安全化。由此可见，阿奎那的体系确实是一种综合复杂体系。对于它可以有多种解读和解释。尽管教会掌握了解释权和控制了局面，但也不得不最终对新潮流做出某种让步。这就是基督教哲学的理性化和亚里士多德化（亚里士多德的基督教化与基督教哲学的亚里士多德化是并存的）。这在中世纪后期无形中促进了理性主义的成长。于是，我们看到，在中世纪再次崭露头角的理性主义起初是以不同于理性主义的宗教信仰来滋养的，并在基督教的庇护下逐渐成长（"直到1630年代，教皇宫廷是支持科学探索的，对任何的研究都抱欢迎的态度"⑤）。因此，现代性不仅与希腊向度有关，而且也与基督

---

① Francis Schaeffer, 1968, *Escape from Reason*, pp. 11 – 12, Downers Grove, Illinois: Inter Varsity Press.

② Thomas Aquinas, 1964 – 1980, *Summa Theologiae*（《神学大全》）, London: Eyre & Spottiswoode; Thomas Aquinas, 1979, *On Kingship*（《论王者之治》）, Westport, Conn. : Hyperion Press.

③ 戴维·赫尔德：《民主的模式》，燕继荣等译，中央编译出版社，2004，第49页。

④ Thomas Aquinas, 1948, *Introduction to Saint Thomas Aquinas*, pp. 5 – 6, 9, Anton C. Pegis, ed. , New York: Modern Library.

⑤ 彼得·李伯庚：《欧洲文化史》（下），赵复三译，上海社会科学院出版社，2004，第396页。

教联系起来。说来有些似是而非,"开放的理性主义"在某种程度上起初是在基督教的母体中,具体而言是在阿奎那等教士们的思想中兴起的。不过,此时的文化建构还是处于一种融合状态,其中张力和分化取向是存在的,但尚未趋强。

中世纪中后期这种显性变化不是孤立的思想运动。它与我们前述的中世纪中后期经济(工商业)发展、政治转型("教廷革命"或"教会自由",政教之间的张力——实质是文化领导权与政治权力之间的张力①)、城市自治体兴起和市民阶层崛起、大学的创建(大量新生代学生的出现)以及"个体的发现"等因素密切相关。前者尽管有自身的逻辑或运动规律,但归根结底源于这一系列后者,是后者状况的反映。从经济到政治,再到文化和宗教,内容可说是纷繁复杂,但正如马克斯·韦伯所言,其背后都有一个共有的朦朦胧胧成长的因素在起支配作用,这个因素就是"理性化"(见马克斯·韦伯的《经济与社会》)。也就是说,当时社会主要方面的发展方向基本上是趋向于合理性的。而思想界的种种新动向在一定程度上反映了这一特点。当然,这种社会、思想和神学的理性化只是刚刚开始。它随着社会文化的分化的加剧而强化。阿奎那之外和之后,包括罗杰·培根、约翰·邓·司各脱(John Duns Scotus,约1266~1308,方济各会修士)、奥卡姆的威廉(约1285~1349,又译威廉·奥卡姆,方济各会修士)及其弟子加布里埃尔·比尔(Gabriel Biel,约1420~1495)在内的一些教士和神学家(修士),尽管在启示与理性关系上尚未超越哲学和科学理性为宗教服务的范围(即代表理性的哲学和科学没有摆脱"婢女传统"),但在两者分化和分离的道路上则越走越远。也就是说,如果说作为多明我会托钵僧,大阿尔伯特和阿奎那仍然扼守天主教经院哲学(尽管阿奎那在《神学大全》第一部分谨慎细心地把通过理性发现的真理与只有通过启示才能获得的真理区分开来),那么同样是托钵僧(方济各会)的罗杰·培根、约翰·邓·司各脱和威廉·奥卡姆已经超越经院哲学。培根不仅注重形而上的推理,而且更强

---

① 克里斯托弗·道森:《宗教与西方文化的兴起》,长川某译,第一章,四川人民出版社,1989。

调"实验科学"（scienctia experimentalis）的作用和确定性（在这方面他有些像 17 世纪的弗朗西斯·培根）。司各脱"主张个体化的原则，认为共相是形式的"（黑格尔的评论），强调宗教的范围是信仰，哲学的范围是理性，故哲学不从属于神学而有自己的独立原则（尽管神学仍被认为是各科之冠）。他的这一思想显然不同于托马斯及其派别的唯实论和婢女论，从而得到主张唯名论的奥卡姆及其追随者的认同和发展。奥卡姆主张哲学的对象只能来自经验和根据经验的推理。其著名的"奥卡姆剃刀"（"若无必要，不应增加实体的数目"），更是要求把无现实根据的"共相"剃光。因此，他认为神学只能在"信仰领域"占统治地位而不能干预"知识领域"。司各脱和奥卡姆这一在当时看来非常新颖的思想的出现，表明天主教教会和经院哲学家内部非正统势力正在兴起。它在一定程度上反映了新兴市民阶级的愿望。所有这些不仅促进技术（如罗杰·培根对望远镜、显微镜、飞行机器的设想）和政治的发展，生活中自由成分的增加（如作为新的性爱观念体现的浪漫主义爱情的兴起），而且还推动基督教本身沿着理性化和"进步"的方向演化。中世纪视域在许多平面上即将迅速扩展。

中世纪文化上的这种从融合到分化的过程，影响深远。接下来的文艺复兴、宗教改革和启蒙运动无不是建立在这一分化和发展基础上的。这一系列运动是一个矛盾的过程。它们的最终方向是使社会生活和活动从中世纪基督教会母体中挣脱出来，使人类摆脱自我设置的被监护状态，获得自我解放（其本质是对作为一种"存在"形式的基督教，甚至是宗教本身的撤离，从神本主义转向人本主义。结果是，人最终取代死去的上帝而成为一切存在物的根据，成为一切本体论的中心，作为自我意识的主体而成为真正的存在）。这是康德在《答何谓启蒙运动?》一文中对启蒙运动的基本理解和主要观点①。然而，十分吊诡的是，这种始于中世纪后期的解放起初是在基督教思想指导下进行的，即使在启蒙运动完成以后较长一段时期（后启蒙时代），西方文明的发展和人的解放从本质上看并没有摆脱

---

① Immanuel Kant, 1991, "An Answer to the Question: 'What is Enlightenment?'", in Immanuel Kant, *Kant: Political Writings*, Hans Reiss, ed., H. B. Nisbet, trans., Cambrudge: Cambridge University.

基督教的内在意义和模式，只不过在变迁过程中把宗教本身的概念和观念，如自由、平等、圣爱、基督教宪政和基督徒公民社会等世俗化，把宗教原有的天国梦想降到地上，搬到人间和推向未来（后来理想模式的实现被不断推迟和转向次优模式）。基督教在把古希腊文化中的理想主义向度和方式向前深入推动的同时，最终本质上也使希伯来因素弱化，从而使自身陷入某种被解构的深渊。基督教本质上被解构了，希腊向度和方式的文化也变得缺乏方向感。这就是西方文明发展中的悖论。这一点可通过马克斯·韦伯有关价值理性与目标理性的关系来说明。按照韦伯的观点，目标理性的行动专注于"功利目标"，成为社会生活"常规化"的力量，而价值理性的行动具有革命性，成为打破传统、推进理性化进程的动力。后者对人类生活的升华起着"扳道器"一样的作用①，它使西方逐渐走上某种"理性化轨道"。一旦撇开价值理性化"有意识地凸显社会行动的终极基准点，并依据这一终极基准点来始终有计划地安排社会行动的取向"，韦伯所关注的各种"情势"的相互作用就丧失了真正的前提，"目标理性"也难以发展。因为社会秩序的所谓"分化"恰恰是价值理性"发展"的结果。

当然，基督教中的希伯来向度并没有因为希腊向度的迅猛发展、基督教和教会失去社会支配权力而销声匿迹。它通过形式和内容的某种变换，转变成世俗或人间的种种符号和乌托邦。不过，到了尼采思想被认同和活跃的时代，既然天上的上帝已经死了，地上的世俗上帝还能活多久？对世俗上帝（乌托邦）的解构是在宗教意识形态和形而上学被双重解构的基础上最终由实践经验完成的。

二　真理及其知识系统的构成和波动

本书的核心论点是，多元文化中的张力是社会创新和转变的一种重要

---

① 韦伯的原话是："不是理念，而是物质和精神的利益直接控制着人的行为。然而，由'理念'创造出的'世界形象'（Weltbildes, world images）常常像扳道工那样，决定了行为沿着哪条轨道被利益推动向前。"（Max Weber, 1946, "The Social Psychology of the World religion", H. H. Gerth &C. W. Mills, eds., &trans., *From Max Weber: Essays in Sociology*, p. 280, New York: Oxford University Press.）

动能。西方文明就是在这种张力和动能中获得新的文化取向和发展的。不过，就此可能有人会问，在东罗马帝国或拜占庭也存在希腊与希伯来两种文化向度，在长达千年左右的历史中为何没有产生西方那种创新和发展？难道这两种向度能否产生强大张力还因地而异？确实如此。"橘生淮南则为橘，生于淮北则为枳，叶徒相似，其实味不同。"同样是这两种文化，在拜占庭同在西方或者说在东方化的希腊人与在日耳曼人那里发生的作用显然不一样。就拜占庭而言，尽管它主要是希腊人（或说希腊语）的罗马国家，但因环境和文化的缘故本质上已经或多或少哈里发化或苏丹制化，并且更多受马其顿和西亚东方文化的影响。在这种政教合一（caesaropapism）的体制中，上帝成为皇帝的"小兄弟"，基督教完全成为世俗权力的附庸和工具，精神领域的领导权完全屈从于政治权力（道统屈从政统，不存在西方那种"两剑论"，没有教权与皇权之争，皇帝是宗教的最高主宰，实质上的最高祭司，甚至是半神），知识人缺乏必要的相对独立性和自主性以及应有的政治"良知自由"，从而文化上的超越性也颇为弱化。没有超越性，没有起码的精神自由，也就缺乏张力、想象力和新的文化取向。结果一切照旧，时间虽过千年，但在文化上却没有重大突破。与此不同，在这同样的千年之中（395～1453），特别是后500年，西方以城市和市民社会兴起为基础，以个体的发现和发展为突破口，以"教皇革命"和阿拉伯－希腊文化的再引进为契机，逐渐进入几种文化（希腊理性主义文化、希伯来启示宗教文化、罗马法理文化、日耳曼自由精神）相互磨合和融合的时期，或者说进入以日耳曼文化精神统领、选取和整合其他三种文化的时期。其中充满冲突和张力并最终撞击出新的文化火花和取向。其特色就是歌德在《浮士德》中所揭示和颂扬的"浮士德精神"。这种文化首先体现的是一种笃于实践的入世精神——现实主义（希腊向度），同时也不乏惩恶扬善，追求高尚道德的灵境——浪漫主义（希伯来向度）。此外，它还表现出一种不甘堕落、自强不息、永不满足、勇于自我否定和不断追求的精神。这实际上有些类似韦伯所说的新教徒精神，或"新教伦理与资本主义"的一种体现。两个文化向度在年轻的日耳曼"蛮族"身上相互矛盾和冲突，最终在张力中以"价值理性"引领"目的理性"向前发展。当然，在中世纪后半期，这只是刚刚开始，然而，趋势既已形成便一发不可收拾。

从文化上看，西方文明的这一进程，与其真理及其知识系统的变化有着密切关系。因此我们首先了解这一方面的情况。

1. 真理的三种类型

从文化思想上看，人类如何看待和认识世界，主要取决于人们接受何种思想形式。不同类型的思想形式，如宗教、哲学、科学等，存在明显差别，而它们之所以有差别，归根结底是因为它们所承认的真理及其知识系统的不同。当然，尽管只有或可能只存在一种真理及其知识系统，即"科学的"真理及其知识系统的观念在现代十分流行（或者说占有优势），但在前现代和近代，被人们广泛认可的真理及其知识系统却是五花八门和相当不同的。对于观念论者与感觉论者，或（非科学家的）宗教教徒与（不信教的）科学家来说，真理及其知识系统肯定是不一样的，即便是科学占有明显优势的现代社会也是如此。只不过其他被某些人仍然认可的非（自然）科学的（或非实证主义的）不同真理及其知识系统不占主流罢了。可以说，在不同的时代，对真理及其知识系统的承认或认可是不一样的。那么，在西方（自古典时代以来），主要的真理和知识系统是什么呢？索罗金在《社会和文化的动力学》（*Social and Cultural Dynamics*）巨著中认为，在西方，从古至今主要存在信仰、理性和感觉（经验）三种类型的真理及其知识系统，即：（1）"信仰的真理"（the truth of faith）；（2）"理性的真理"（the truth of reason）；（3）"感觉［论］的真理"（the truth of the senses）。它们分别以"纯理念的文化心智"（the purely ideational culture mentality）、"理想的心智和文化"（the idealistic mentality and culture）① 以及"感觉论的社会和文化"（the sensate society and culture）为基础，并分别与建基于这些给定文化之上的宗教、哲学和科学思想大体上相对应。

---

① 索罗金认为，"理性的真理"以西方中世纪 12 世纪到 14 世纪的经院哲学真理系统为典型。之所以把这种类型的真理看作是一种"理想性的"（idealistic）文化，是因为这种真理及其知识系统在理性的基础上既考虑到了信仰问题，又在一定程度上照顾到感觉经验，体现了"信仰真理与感觉真理的有机统一"。（见 Pitirim A. Sorokin, 1937, *Social and Cultural Dynamics*, Volume Two, 第 ix 页目录第一章解说，正文 p. 6., New York：American Book Company。）

这些真理系统的特征和内容，从它们所属的根由和验证真理的方法来看，是相当不同的，它们体现了十分不一样的文化心智。索罗金认为，假如各个文化在逻辑上是整合的，便可获得以下结论。

（1）假如共存于社会空间（social space）中的各个文化彼此不同，则它们的真理及其知识系统也是不同的，每一种文化都会有一个典型的居支配地位的真理和知识系统。尽管在封闭而专制的总体性社会，真理往往被认为只有一种且具有绝对性，但在开放且自由的多元文化社会，由于事物分化为不同的类型，因此真理被认为是多元的、相对的。不同的事物有不同的真理，即便是形而上的事物也是如此。比如，宗教的或理想社会的信仰被认为是一种真理，尽管它在经验上尚未得到或难以得到科学严谨的验证（比如"千禧年""大同世界"或某种善的社会思想就是一种信仰，被很多人视为"真理"，然而至今它并没有得到完全的验证）。

（2）真理及知识系统与文化类型有着密切关联性。韦伯说："对科学真理之价值的信仰并非源于自然，而是特定文化的产物。"① 在一个给定的文明或文化（比如西方文明或文化）中，如果其中占优势的文化成分从理念形式过渡到理想的形式或感觉论的形式，其真理及其知识系统的格局便不得不经历一个相应的变动：与原本占优势的理念文化相应的真理系统不得不衰落，而与原本处于边缘地位的混合型的理想性文化或感觉论文化相应的真理系统必然兴起并占支配地位，反之亦然。换言之，如果文化在形式上发生周期性波动，其真理及其知识系统也不得不经历类似的周期性波动。

（3）在信仰性真理或感觉论真理居于支配地位的文化中和时期，总是存在对其中一种真理系统近乎完全的从属（譬如，在"信仰时代"，任何其他知识或学科都是启示、信仰的婢女；而在实证科学占优势的时代，信仰趋于边缘化，甚至被解构）。另外，信仰性真理与感觉论真理往往处于一种难以相容的状态，如果两者中任意一个原本处于弱势，后来却逐渐

---

① Max Weber, 1949, *The Methodology of the Social Sciences*, p. 110, New York: Free Press.

兴起、强大，那么这两种真理系统，即信仰性真理系统与感觉论真理系统之间将会发生某种潜在的或实际的对抗。这突出地表现为近现代社会中宗教与科学的冲突。因为信仰的真理通常融于所谓的宗教之中（在现代还融于世俗乌托邦信仰之中），感觉论真理则融于所谓的经验科学之中。当然，即使在这样的文化情形下，宗教与科学有时也会彼此吸引，但无论如何，总体上两者都很难紧密合作。然而，在理想的心智和文化中或时期，情况便不同了。此时三种主要的真理系统相互完美和谐共存是有指望的，如中世纪盛期的情况（或近现代某些大科学家的行为）便是如此。因此，只有这种文化和此一时期才是以宗教、哲学和科学三者真正的"热诚联姻"（cordial alliance）为标志的。

（4）科学的真理及其知识主要体现的是基于（或源于）我们感官证据的经验感觉的真理系统，尤其是不仅根据个人经验证据而且更基于共同体的证据（集体感觉经验）的经验感觉的真理系统。也就是说，真理的获取主要与"科学共同体"及其"范式"或专业"词典"（lexicon）有关①。因此，科学与其真理和发现不得不经历经验感觉的真理系统所经历的同样的上下波动。更具体而言：首先，在感觉论居于支配地位的文化和社会中，科学及其真理系统必然是占优势的系统，必定享有至高无上的权威和声誉；而在理念论居于支配地位的文化和社会中，这种真理系统一定比基于启示的信仰性真理系统具有更低的地位和声望（如历史上的某些"信仰时代"）。这意味着，在这个"尘世上"（mundane world），正如马基雅维利曾经所言，甚至科学及其真理系统也难免波动②。其次，由于具体科学的真理系统在感知性（感觉论）社会至高无上，在理念论的社会居于次要地位，因此，可指望的是，理念性文化占据强势的时期是以科学发现具有较少重要性为标志的；由于理念性文化的心智避开感觉世界而转向永恒存在的终极实在，因此这种心智既对这种经验世界的调研不感兴趣，也对与此相关的各种（经验－感知的）科学发现无很大兴趣。既然对这

① 托马斯·库恩：《科学革命的结构》，金吾伦等译，北京大学出版社，2003；托马斯·库恩：《必要的张力》，范岱年、纪树立等译，北京大学出版社，2004。

② 转引自 Pitirim A. Sorokin, 1937, *Social and Cultural Dynamics*, Volume Two, p. 12, New York：American Book Company.

种科学研究和发现既没有多大兴趣，也不十分欣赏，那么在科学上将会产生较小的进步，在涉及自然科学、科学发现、技术发明的物质现象领域尤其如此。在感知的（感觉论）文化居于优势的时期，出于同理，形势必将倒转过来。文化心智转向感觉的实在并热心研究这个实在，其既不承认任何其他实在，也对此不感兴趣。同理，以下情况是有指望的：这种时期和文化将以自然科学和技术科学、科学发现、技术发明的较大进步为标志的。最后，如果上述两个所指望的规则是有效的，那么，可以肯定，许多真理系统不得不随着文化特征的变化而改变（尤其随着"科学的真理系统"的相对地位和繁荣程度的变化而改变）。也就是说，当一个给定的文化从一个基本形式过渡到另一个形式之时，一些真理也不得不被期望改变。按照当代的话来说，这意味着，许多科学范式为了被接受和承认（为真）而依赖于它们现身于其中的文化种类。例如，在理念性文化中易于被接受并且被其思想家视为真而得到承认的东西，很可能遭遇来自感知性文化中的科学家或经验论者的严厉批评和反对。

如果以上推断是可行的，这意味着，甚至像真理及其知识这样的原始价值观，就它们的内容、标准和证明而言，在社会文化现实中（而不是在柏拉图的理念世界）也极大地依赖于它们是其中一部分的文化的类型。换言之，何为正确、何为科学、何为真理的有效标准，用统计数学语言说，在相当程度上是社会文化变量的"功能"。如果说这被认为是有效的，那么，在德国人称之为知识社会学的范围内——一个大的范围内，社会学家对认识论和逻辑的问题便具有决定权。可以充分理解，知识社会学构成了文化社会学最重要的一部分。

以上情况表明，一个社会的文化精神不同，其有效性的标准相应不同，从而流行的真理及其知识系统自然也不会相同。

2. 真理及其知识系统的波动

在西方历史中，自古希腊以来——如果我们从文化源泉而非文明的角度把古希腊和古罗马与西方历史连接起来的话，真理及其知识系统曾发生过多次较大的波动、变化，甚至逆转。这反映了文化类型的转变。

首先，我们看一下真理及其知识系统在古代的波动。

在古希腊，已知文明时代最早居于支配地位的文化心智是公元前 6 世纪以前的理念性文化心智，与之相应的便是理念性真理及其知识系统①，亦即宇宙论神话宗教的信仰性真理及其知识系统。其代表就是《荷马史诗》和赫西俄德的神谱文化（主要是奥林匹斯诸神崇拜文化）。在这个文化时期，希腊的主要真理来自神话宗教，而屈从的理性（reason）真理和感觉论真理只起到补充或辅助作用。也就是说，真理是神谕（如出自德尔斐神庙的神谕）或来自神的灵感，其决定权在先知、预言家和祭司手中，这种宗教和魔法（法术）实践以及中介活动尽管暗含一定的理性，但与感官和真正的经验证据没有什么直接关系。

　　大约在公元前 6 到公元前 4 世纪，希腊在社会文化上，尤其在认识论上发生了巨大的飞跃和变化（轴心时代出现）。与此相应，以（已知第一个哲学家兼科学家）泰勒斯（Thales，约前 624 ~ 前 546）的出现为标志，理想性文化和真理知识系统开始形成。人们看到了理性主义之光开始普照希腊大地。在这一时期，从泰勒斯开始，先后涌现出一大批著名的学者（同泰勒斯一样，仍然与宗教有着千丝万缕联系的哲学家或科学家），如阿那克西曼德（Anaximandros，约前 610 ~ 前 546）、毕达哥拉斯、塞诺芬尼、赫拉克利特、巴门尼德 Parmenides（约前 515 ~ 前 5 世纪中叶以后）、希帕索斯（Hippasos，约公元前 5 世纪）、芝诺、阿那克萨戈拉、阿基塔斯（Archytas，约前 428 ~ 前 347）、阿基劳斯（Archelaos）、菲洛劳斯（Philolaos，前 470 ~ 前 385）、苏格拉底、柏拉图、亚里士多德等。其中尤以毕达哥拉斯、赫拉克利特、苏格拉底、柏拉图和亚里士多德为代表，而柏拉图又是代表中之代表。他们的思想是一种综合的理性主义的（rationalistic），其真理和知识系统是理想性的。我们之所以这样讲，是因为它们既不是纯粹感觉经验的真理、也非纯粹理性（reason）或逻辑（logic）的真理，更不是唯一的信仰性真理，而是囊括了以上三者的综合性真理和知识系统。柏拉图主义便是理想性（或理想的理性主义）真理和知识系统的典型。尽管柏拉图后来越发受到俄耳普斯教影响而或多或少带有某种神秘主义的倾向，但其思想并没

---

① 参见 Pitirim A. Sorokin，1937，*Social and Cultural Dynamics*，Volume two，p. 61，New York：American Book Company.

有发生本质的变化，即他的思想仍属哲学范围而非启示宗教。

在希腊理想的或理想的理性主义文化阶段，柏拉图的真理和知识系统当然也是由上述三个方面构成的。首先，柏拉图承认通过外部感官可以获得不断变化的经验世界和现象世界的知识，但同时认为这些知识是非常不确定的真理，柏拉图轻蔑地把这种知识或真理称为"意见"（opinion）。因为在他看来，基于感官观察的所有经验科学真理都是低级的、变化不定和不可持久的。其次，柏拉图的真理和知识系统包含强烈的理性主义（属于前述第二种真理类型，即"理性真理"）。它基于感觉材料，但更多依据人类智力的逻辑推理，后者按照逻辑本身的定律应用和塑造感官的原材料（后来康德称之为"知性为自然立法"，后现代理论家发挥为"建构主义"）。其典型便是数学、几何学和逻辑本身。这些知识的真实性或真理性被认为主要来自人的内在心智。其确定性比感觉性真理的确定性要高。最后，柏拉图的真理和知识与其理念论（相论）有关，被认为是顶级的真理及其知识（前述第一种真理类型——"信仰的真理"）。它通过"神性直觉""神性沉思"或"神性迷狂"获得，并且与"可思"或"可知"的对象或世界而不是"可见"的对象或世界相关。它在纯粹的升华的沉思、神圣灵感、神秘的经验和神启中，超越了经验表面现象，甚至人类的逻辑，而到达持久、终极的实在——永恒的存在（Being）。它不仅从外部而且从内部同永恒存在（神，上帝）认同并融为一体，因此获得彻底、永恒、确定的知识——至高无上的绝对真理①（这虽是柏拉图的哲学语言的表达，但实际上人们在现实中却是如此行动的，比如某种信仰有意无意的形成便是典型）。这种顶级、神圣或神秘形式的真理，不是通过教学或培训能够传授的，因为它是神的礼物（天赋），只有享有这种思想火花的人才能抓住它。因此，对于柏拉图而言，存在三种范畴的科学及知识：其一，作为最高级别的神学，涉及永恒、终极、不变的实在（相/理念）；其二，经验与智力（逻辑推理）混合形式的知识，如数学，涉及永恒与易变相混合这一层面的实在；其三，最低级形式的知识或"意见"，即经验科学，在感觉基础上涉及易毁灭的、持续变化的、不断腐烂与生成的经

---

① 柏拉图：《理想国》，郭斌和、张竹明译，第六章和第七章，商务印书馆，2002。

验世界。柏拉图的真理及其知识系统把以上三者联合成一个连贯一致的整体，使它们各得其所。其中，经验主义被给予了一个不重要但却是真实的地位，理性的逻辑思维则处于中间地位，而升华的神圣的沉思则被给予了最高的地位。所有这些都是通过人类心智最精巧的辩证法形成的。它们构成了理想的理性主义文化。

一般认为，亚里士多德与柏拉图存在一定区别。感知性真理的成分在亚里士多德的真理理论系统中比在其老师柏拉图那里发挥着更大的作用，这反映出，到了亚里士多德时代，伴随着科学发现和发明的不断增加，希腊文化也日益"感性化"（sensualization）①。然而尽管如此，总体而言，亚里士多德的真理理论仍是柏拉图或理想性理性主义的变体。它仍然包括上述三种真理要素，只不过其系统更加具有有机性，因此没有超出柏拉图理论的基本范围。在亚里士多德的真理及其知识系统中，感觉性真理被给予了比在柏拉图那里更大的重要性。理性（reason）或逻辑（"努斯"②）真理不是来自感觉经验，而是把感觉经验组织成知识（如后来康德所说的那样）。至于与上帝相关的形而上学或信仰性真理，亚里士多德虽然把柏拉图思想的一部分从天上降到地上（经验实体上），但他仍然保留了这一真理并把它置于最高的、终极的和超越性的地位。类似的，这个系统同样被认为是最卓越的、理想的、理性主义的。这倒是应了亚里士多德本人的名言："没有一个杰出的人物不是一个疯狂的混合体"。它既不是纯粹的经验主义、纯粹的信仰性真理，甚至不是纯粹的智力性（逻辑）真理，而是这三者的结合。其中信仰性真理仍然存在，但它以如此的方式与其他真理混合在一起，以至于它完全不同于前个时期的纯粹宗教和魔法的信条。区别凸显了两个不同文化形式和时代的差异。

亚里士多德以后，希腊的知识和学科系统更加相对分化和专门化，希腊的文化更加感性化（或感觉论化）。与此相应，自然科学方面的发

---

① 参见 Pitirim A. Sorokin, 1937, *Social and Cultural Dynamics*, Volume Two, p. 64, New York：American Book Company.

② "努斯"（Noûs）一词最早来自希腊哲学家阿那克萨戈拉（Anaxagoras），本意为"智慧"，后主要指"心灵""思维"或思想的功能。

展也达到了空前繁荣的程度。然而，这种现象并没有一直保持下来。在公元前 4 世纪，自然科学重要的基本发现和发明创造达到顶峰后（有 52 项重要发现和发明），尽管在公元前 3 世纪还保持较高纪录（降为 42 项重要发现和发明），但此后（公元前 2 世纪和公元前 1 世纪以后）便迅速衰落了（分别降为 14 和 12 项发现和发明）①。人们不禁要问，为什么会发生这种情况？应当说，这主要与希腊社会、政治和文化的变迁密切相关。

希腊社会（城邦共同体），尤其是雅典城邦社会，在伯利克里以后随着雅典帝国（联盟）的产生，财富向雅典集中，从而经济（尤其是工商贸易）获得了很大的发展。与此相应，社会也日益两极分化，这导致平民、贫民大量增加。到了公元前 5 世纪末和公元前 4 世纪，政治体制实质上已从梭伦改革后形成的有财产限制的等级民主制逐步过渡到大众平民民主制（不论出身、地位、经济状况如何，所有公民理论上都享有选举和参政的平等权利，公职事实上向所有本地出生的各阶层自由民成年男子开放）。雅典社会比以往任何时候都更加民主。在这种情况下，以雅典为代表的希腊城邦社会的文化越来越感性化，经验的感觉性真理精神成为占优势的精神谱系。如果说在柏拉图时代（公元前 4 世纪上半叶）这种文化状态才初露端倪，那么亚里士多德以后，尤其是从公元前 3 世纪开始，其便变得日益成熟并向深度和广度扩展，同时也不时露出其在不远的将来将走向终结的征兆——因为原有的保驾护航的价值理性趋于衰落了。

文化上的感觉－经验论精神日益居于支配地位的结果是：它使民主的希腊（雅典）社会充满怀疑论（skepticism）和相对主义，这导致传统的（或者说荷马向度的）宗教、理念文化和信仰性真理的衰落，人们在精神上的不确定性和不安全感增加，最终导致在公元前 5 世纪和公元前 4 世纪（柏拉图和亚里士多德时代）一度出现的理想的理性主义文化（一种由不同形式文化对立面之间张力形成的和谐局面）消失了（最佳的创新性文

---

① Pitirim A. Sorokin, 1937, *Social and Cultural Dynamics*, Volume Two, p. 39, TABLE3 (No. of Scientific Discoveries and Inventions), New York：American Book Company.

化环境消失了）。在这种情况下，希腊人从公元前 4 世纪初开始，尤其在亚里士多德之后，亦即希腊化时期日益变得物欲横流、专横跋扈和自私（"个人主义逐渐兴起"[①]），而这又毁坏了公民之间慷慨的合作（共同体性的合作）。松弛、懈怠和不负责任的道德基调导致了过多的派别纷争和内讧。一般史书认为这与伯罗奔尼撒战争有关，但实际上这场内战只不过加速了这一进程。因为这种精神状态在战前就已存在（例如，在各城邦的争斗中，在信仰败落的趋势下，包括民主制度在内的政治体制正在变成利益分肥制度），只不过不像战后这么明显罢了。

伯罗奔尼撒战争之后，以雅典为代表的希腊城邦日益陷入阶级冲突和党派之争的混乱局面，衰落之势日趋明显。一大批像柏拉图那样的有教养的绅士选择不参与政治便是这种乱世的证明（在前一个世纪，家境殷实的男子一般都会选择担任他们认为与自己身份相符的高官要职。如今，越来越多具有这种身份的男子宁愿选择放弃）。在这种情况下，尽管科学和技术（尤其是实用科学和技术）还在进步，但总体而言，由于确定性和安全性趋于减少，表面坚固的基础实际上是脆弱的。随着繁荣、荣誉、传统宗教基础和道德基础的坍塌，从公元前 4 世纪末开始，尤其是公元前 3 世纪以后，文化中心转移，希腊本土城邦社会变得日益平庸，成为一种"费拉民族"（fellah-peoples），希腊社会的创造力着实地趋于下降了。面对这种状况，希腊社会出现了两种不同（甚至对立），但同属于一种形势所致的思想倾向，即"及时行乐"（*Carpe diem*）与修内。前者既是希腊传统之一，又是对伊壁鸠鲁思想歪曲和滥用的结果；后者主要表现为表面似乎不同，但实质却基本类似的四种社会思潮或学派，即犬儒主义（cynicism）、怀疑主义（skepticism）、斯多葛主义（stoicism）、伊壁鸠鲁主义（epicureanism）。

犬儒主义是对当时晚期希腊文明模式表示愤世嫉俗的一种精神或心理情绪，怀疑主义是对追求幸福的公众生活和终极真理感到幻灭的表现，斯多葛主义是对从外部改变世界感到愈来愈无望而不得不采取内修的适应性

[①] 萨拉·B. 波默罗伊等著《古希腊政治、社会和文化史》，周平等译，上海三联书店，2010，第 387 页。

心理，伊壁鸠鲁主义提出幸福是人生的目的，因而被认为是"享乐主义"的代名词，然而这只是一般民众和后人的误解。实际上，伊壁鸠鲁主义追求的幸福是一种既无过度快乐又无过度痛苦的无忧无虑的状态（"ataraxia"，或既避免身体痛苦，又避免内心干扰的状态）。其核心仍然是节制。所有这些思想流派都有一个共同的特征，即避开感觉实在，在动乱不安的世界中追求内心宁静（peace of mind）和均衡（或和谐），即使是伊壁鸠鲁主义学派也是如此。它们的区别只是追求内心宁静的方式不同罢了。这些思潮离开感觉性真理，转向道德伦理领域。尽管它们尚未达到理念论的信仰或信仰性真理的程度，但从它们对感觉实在的消极态度来看，它们露出了这一趋向。在熟透的感觉论文化中，它们为僧侣主义（fideism①）和神秘主义（mysticism）文化日后的迅猛成长提供了社会文化环境。

希腊衰落以后，就创造性而言，古典世界凭借罗马的崛起，在从公元前1世纪到公元1世纪（200年间）又出现了一次较有力量的文明或文化复兴［公元前1世纪重要的科学发现和发明数量是：希腊为12项，罗马为20项；公元1世纪希腊为25项，罗马为35项。两者相加（60项）在数量上超过希腊古典时期的峰值，但深度远不及那时的希腊②］。罗马时代之所以能够取得这样的成就（包括带动希腊化世界科学和文化复兴），就在于罗马在共和国后期和帝国初期尚处于发展的高峰时期。蒸蒸日上的罗马虽然于公元前2世纪前半期之后在政治和军事上控制了希腊，但在文化上却成了后者的俘虏。罗马在相当程度上模仿希腊文化，这使得罗马沿着希腊感觉论文化道路继续前行了一段路程，并与希腊化世界一起在发明创造上达到前所未有的数量优势。然而，罗马实际模仿和吸收的只是晚期希腊或希腊化世界的一种文化———一种过于成熟的感觉论文化。这最终不能使它在创新、超越上走得更远。罗马进入帝国阶段以后，在初期凭借共和

---

① fideism，也可译为绝望的"信仰主义"，与神秘主义在逻辑上相关，认为真理不是通过经验的或理性的认知（知识）获得，而仅仅来源于意志、本能的直觉或自然的暗示等。

② 见 Pitirim A. Sorokin，1937，*Social and Cultural Dynamics*，Volume Two，p. 39，New York：American Book Company.

国的余晖还能在创造性上继续表现（公元 1 世纪的成就证明了这一点），但此后（从公元 2 世纪开始）随着对外战争、内部政治争斗和社会动乱的加剧，便逐渐江河日下。内患外扰是一个重要原因，但接受晚期希腊化文化精神谱系则具有深远的负面影响。因为这种文化是一种虽然一时突出感觉经验但却是一种避开确定性的、厌倦的（疲态的）、幻灭的文化。它在过于追求感官和物质效应中使道德逐渐沦丧。其结果便是一方面，感官享受的及时行乐（*Carpe diem*）观念、犬儒主义和虚无主义的怀疑主义在罗马的兴起；另一方面则是各种修内的文化（如斯多葛主义）更加深入的发展。如同前述的晚期希腊一样，这使罗马本来趋于平衡的理想性文化状态（理性、感觉论、信仰三者达于有机的统一）逐渐丧失，从而在精神上（在道德、追求真理和知识上）日趋转向理念世界。接着便是无奈的虚无主义、犬儒性的怀疑主义、恶劣的伊壁鸠鲁主义等幻灭的思想和失望情绪的盛行（甚至是悲观主义，如皇帝马可·奥勒留的晚期斯多葛主义）。在这种情况下，所有领域的创新性活动都开始下降。而内患外扰不过是加剧和加速了这一进程。人们既然无力改变动乱的外部世界，那么必然转向内心世界的修炼。本来在罗马知识界和上层社会流行的是仍属于哲学范围的斯多葛主义和新柏拉图主义（尽管它们与后来的基督教只有一纸之隔），但在一系列天灾人祸导致的绝望状态下，精神转型不可能停留在这种镇静、安详的观念理性主义上，而会自然向纯粹启示宗教（信仰主义和神秘主义）发展，因为与理性的斯多葛主义和新柏拉图主义相比，启示宗教更有震撼力和慰藉效能。因此，罗马帝国时代，"世界末日"观念的流行①和基督教的兴起绝非巧合。这种趋势既是盛行于希腊 - 罗马的感觉论文化衰落的征兆，也是作为启示宗教的基督教在古典世界登上历史舞台的预示。

基督教的兴起和逐渐占据优势意味着公元最初 300 多年间在古典世界（西方）发生了一场旷日持久的"最伟大的精神革命"（the greatest mental revolutions②）。早期（古典时期）基督徒成为日益兴起的理念性文化和信

---

① 在古代，这种观念在西方一直持续到公元 5 世纪蛮族入侵和西罗马帝国的崩溃，在东方则持续到公元 6 世纪中叶查士丁尼大帝对东罗马帝国（拜占庭）的复兴。

② Pitirim A. Sorokin, 1937, *Social and Cultural Dynamics*, Volume Two, p. 78, New York：American Book Company.

仰性真理的主要载体与感觉论真理和纯粹理性（reason）真理的主要摧毁者。在基督教文化日渐强大的潮流冲击下，原本就越发倾向于神秘主义和僧侣主义的斯多葛主义、新柏拉图主义、诺斯替主义（灵知主义）、伊壁鸠鲁主义等的信徒（"异教徒"）先后皈依了基督教。在这种情况下，尽管 4 世纪罗马在创造性上出现过一次较小的中兴，但这只是古代经验主义和科学的一种回光返照。此后，经验主义文化迅速退潮并于 6 世纪近乎消失了。西方完成从居支配地位的感觉论真理系统到信仰性真理系统的转变，以及从怀疑主义和其他疲态和幻灭的精神系统到具有确定性、安全性和乐观性的信仰系统的转变。起初（基督教兴起的最初几个世纪），由于生活和文化条件以及生存和成长斗争的需要，这种转变采取了不顾一切的神秘主义和僧侣主义形式，极度排斥包括希腊理性主义在内所有其他真理知识。"雅典与耶路撒冷有何相干"这句德尔图良的名言充分体现了这一点。然而，随着基督教的胜利和获得安全保障，尤其是此时基督教由希腊 – 罗马的基督教开始转向西方的基督教（日耳曼 – 拉丁基督教），其神秘主义和僧侣主义则更多地逐渐让位于作为信仰和知识体系的理念的理性主义（ideational rationalism），并趋于向理想性的真理及知识系统过渡〔特别是在 12 世纪以后。在这个意义上讲，海德格尔关于中世纪基督教文明表现为存在撤离自然而成为超自然存在的说法并不准确，因为西方在中世纪并没有使存在完全撤离自然，反倒是从中期开始有加快这方面研究的迹象。例如，13 世纪的科学发现和发明数量（53 项）已超过古希腊鼎盛时期的数量（52 项），14 世纪的数量（65 项）则超过罗马帝国盛期希腊 – 罗马两者相加的数量（60 项）①。当然，所有这些都是在基督教母体中实现的，自然的希腊文化传统披上了超自然的宗教外衣，或者说是在假晶状态中进行的〕。

其次，接下来我们分析真理及其知识系统从中世纪到现代的波动。

大约从 6 世纪开始的此后六七百年时间，信仰性真理系统在西方占据

---

① Pitirim A. Sorokin, 1937, *Social and Cultural Dynamics*, Volume Two, p. 39, New York：American Book Company.

绝对的支配地位。说这一时期的文化主要是神学中心论（或"神本主义"）一点不为过。中世纪神学被认为是最高的"科学"（"圣科学"）①，正所谓有不是哲学家或科学家的神学家，而没有不是神学家的哲学家，或不信教的科学家。所有基本原则都打上了信仰性真理和知识系统的烙印。自由七艺（the liberal arts）和哲学被认为是为神学做准备的，成了神学婢女。在这种情况下，不仅经验论被排除了，而且怀疑主义以及与此相关的绝望的僧侣主义也被消灭了。

在西欧"12世纪文艺复兴"②（尤其是阿拉伯-希腊科学和学术传入）以前，拉丁基督教世界的真理系统和精神世界的突出特征就是其整体一致性（也就是前面所说的一切都包容在基督教母体之中）。整个社会可以说处于一个不可动摇、不容置疑、绝对确信的信仰时代。不存在不确定性，没有内部的不和谐③，也没有尖锐的精神冲突。宗教、哲学、科学三者合流而尚未分化，不存在分化的二元性或多元性。大约从11世纪末开始，如前所述，随着阿拉伯-希腊科学和哲学的传入，以及由此引发的希腊文化（尤其是亚里士多德学术）的复兴，西欧社会的文化氛围和精神气质开始悄然发生变化。其特征就是以罗马法复兴和大学的设立为标志的理性主义文化的深入发展（理性的权威和合法性慢慢在人们的头脑中日益占有更多的分量）和经验论文化有所重新抬升（东方的科技和亚里士多德的影响）。在这种情况下，再加上商业和城市兴起的推动，人们的探索精神和创新性开始显山露水，并在12世纪和13世纪迅速跃升。由此，西方文化从纯理念论文化精神（the purely ideational culture mentality）阶段和信仰性真理系统阶段向相对均衡、协调的理想的心智

---

① Thomas Aquinas, 1948, *Introduction to Saint Thomas Aquinas*, Anton C. Pegis, ed., pp. 5 - 6, New York：Modern Library.

② 查尔斯·霍默·哈斯金斯：《12世纪文艺复兴》，夏继国译，上海人民出版社，2005。

③ "在中世纪，统治本身从来没有出过问题，充其量只是针对那些个别的、不公正的领主，这是很具特点的。当然也有紧张的状态，但是没有阶级的斗争（因为根本就不存在今天意义的'阶级'）。"中世纪前半期发生的极少数农民骚乱都是因领主违反或没有尊重习惯法所致。"只是到了中世纪晚期，由于农业出现了危机，农奴和农民的处境明显地在恶化，才发生了大规模农民起义。"（参见汉斯-维尔纳·格茨《欧洲中世纪生活》，王亚平译，东方出版社，2002，第133～135页。）

文化（the idealistic mentality and culture）及其相应的真理－知识系统阶段过渡。

从11世纪末到14世纪（中世纪盛期）是理想性文化心智在西方占优势的阶段。如上所述，与纯理念论文化或信仰性文化不同，理想性文化的核心特征就是，一方面它把主要角色给予了理性（reason）、智识和逻辑，尽管常常与当时某些神学思想家（如阿奎那）宣称的相反；另一方面在一定程度上它还把更加显著的角色给予感觉－经验性文化和真理。因此，理想的文化，如索罗金所言①，就是"信仰的真理""理性的真理"和"感觉的真理"三者有机的结合——在形式上有些类似于古典时期柏拉图，尤其是亚里士多德的真理文化（尽管柏拉图后期的真理体系更接近宗教理性主义和神秘主义）。其中，每一种都被赋予重要的角色，它们共同发挥作用，尽管最高的文化地位仍被留给了信仰性真理。在中世纪前期（公元6世纪到11世纪）基督教母体中，信仰性真理扮演了几乎所有重要的，甚至是垄断的角色，而在此后基督教的理想性文化中，以上三种真理和谐地统一于一个系统。尽管信仰性真理仍被宣布拥有至高无上的地位，但真实的权力日益向理性真理及知识系统倾斜。因为辩证法和逻辑愈来愈被用来证明相关真理的可能性和有效性。在这种情况下，信仰性真理有点像立宪体制中的君主，统而不治。或者说，信仰性真理的统治地位有被暗中虚化的倾向（名实不符，愈往后愈是如此）。人类心智中的逻辑、定律、范畴和概念成了理想性文化中的主要尺度。虽然我们现在懂得这些都是人类头脑对现实存在的反映，但当时人们就是这么认为的。不过，它反映出在认识论上，真理的权威和合法性开始部分地由上帝（纯粹宗教信仰）转向人的理性心智。

理性主义和经验论的兴起与信仰性文化的衰落基本上是同步的。两者反方向运动达到一定程度（即上升与下降的交叉点，或均衡点），便出现理想的真理文化阶段。也就是说，当感觉经验论的文化开始兴起，但其力量又不足以超过理念论的信仰性文化和理性文化的时候，而信仰性文化的

---

① Pitirim A. Sorokin, 1937, *Social and Cultural Dynamics*, Volume Two, pp. 25, 96, New York: American Book Company.

力量又不能像以往那样垄断精神世界的时候，便会出现理想的真理文化。其盛期持续了大约一个半世纪（因此在西方文明历史的长河中是相对短暂的）。中世纪盛期亚里士多德主义化的经院哲学便是典型。这种经院哲学并不是5世纪到12世纪（阿拉伯－希腊哲学和亚里士多德著作引进以前）这段时间（中世纪前半期）哲学的简单升华，而是一种新型的文化体系和真理范式的成长（真理和知识的发展，不是线性累进的，而是多线交错发展的）。在这种"哲学"体系中，三种形式的真理和知识体系和谐（协调）统一。此时中世纪思想家已隐约懂得，认识大多源于感知（与亚里士多德观点相同），而其要想成为公认的真理，就必须通过智力（尤其是能动的智力）对感觉材料进行转换，把物质客体转变为非物质形式，也就是在所感知客体或物中产生的、普遍的、只为智力理解的内容，用中世纪认识论格言来说，则是 "*Veritas est adaequatio rei et intellectus*"① （Truth is the adequation of things and intellect，意即真理在于客观事物与心智相符），在此质料与形式结合在一起。然而，世界上被认为还有很多超验的或不能通过人类理性和逻辑所能理解的现象，因此就必须借助神的启示和恩泽来知晓和获得真理，这种真理形式是最高的，它升华所有形式的知识并使三种形式的真理统一起来。在此，只有真伪之分，而没有这些真理体系之间的冲突、对立或对抗。信仰的真理具有最高的地位，但并不与感觉－智性（sensory-intellectual）真理相矛盾，而是它们的补充和保障。信仰的真理需要其他两种形式的真理凭借自身力量对其证明，但同时又引导它们走向更高的神性或神圣智慧的水平。这种经院哲学体系"是柏拉图－亚里士多德理想的理性主义在欧洲的变种"②。

---

① 该格言的基本观点源自柏拉图和亚里士多德，可能经伊斯兰－波斯学者传至西方，阿奎那等学者使用过，意思是心物（心智与实在）相应（the correspondence of the mind and reality），当心与实在同形时，便被认为是真理（When the mind has the same form as reality, we think truth）［参见 Arthur N. Prior, 1969, "Correspondence Theory of Truth", in Paul Edwards, ed., *Encyclopedia of Philosophy*, Vol. 2, p. 224, London：Macmillan；"Correspondence Theory of Truth", in Stanford Encyclopedia of Philosophy；"adaequatio rei et intellectus", in Dictionary of Spiritual Terms；Thomas Aquinas, 1964 - 1980, *Summa Theologiae*, Ⅰ, Q. 16, A. 2, London：Eyre & Spottiswoode；Seyyed Hossein Nasr, 1979, "Intellect and Intuition：Their Relationship from the Islamic Perspective", *Studies in Comparative Religion*, Vol. 13, No. 1 & 2（Winter-Spring）］。

② Pitirim A. Sorokin, 1937, *Social and Cultural Dynamics*, Volume Two, p. 99, New York：American Book Company.

也就是说，对于中世纪后期经院哲学家而言，其本性是柏拉图式的、基督教化的，而在所有基本原理方面却是亚里士多德的（他们从亚里士多德那里获得武装，但却有柏拉图和基督教的灵魂）。因此，总体而言，在这种理想性的文化中不存在不确定性，事情在心理上变得是可预期的。不过，与前一个时代不同，这种确定性不是没有疑问和不加询问的确定性，而是受到质疑和询问的确定性，然而，其通过引入含有一定感觉论的理性主义，依靠全面论证和明确的回答，在相当长的时间内经受住了考验（幸运的是，当时思想家们没有碰上后来现代出现的批判哲学、康德和新康德主义、怀疑论、不可知论、实证主义、相对主义、条件论、实用主义、虚构论、建构论、解构主义……）。

在理想性的真理文化体系中，与以前的体系相比，信仰性真理体系开始在量上萎缩，在质上变得"软化"（softening），因而具有相对宽容性和弹性。这种信仰体系实际上趋于统而不治，仿佛由绝对君主制慢慢向君主开明专制，甚至君主立宪制转变。由于此时人们认为信仰性真理文化需要人类感觉论真理和智识的理性真理的支持，因此，前者愈来愈成为名义上的统治者，而后两者则越来越成为实际的支配者，是真正强大的力量。这在大阿尔伯特及其学生阿奎那那里（某种意义上可与柏拉图及其学生亚里士多德相比）已表露无遗。在西方，大约从大阿尔伯特开始，学者们开始懂得对真理文化进行分类，承认其具有结构性，分属不同领域，每一个都是正确的或具有正当性，它们分别是对不同世界现象之问题的回答。信仰性文化（神圣智慧的启示）虽然至高无上，但一个人要想真正懂得应当信仰什么，则"属于［感觉－智力］知识的礼物"①。也就是说，在对待信仰问题上，人们归根结底需要求助自然理性（natural reason），通过逻辑推理和分析更好地理解启示（这是希腊方式而不同于纯粹犹太方式的地方）。由此，三种真理文化得到有机统一。在这种状况下，感觉论真理和理性主义的真理文化在中世纪后半期得到了越来越大的特许权，有了自己相对独立的空间（相对自治），从而能够不断向纵深发展。

---

① Pitirim A. Sorokin, 1937, *Social and Cultural Dynamics*, Volume Two, p. 100, New York：American Book Company.

如前所述，这种理想的文化（三种形式的真理体系有机协调或平衡在一起的文化）的出现是一种相对暂时现象，它在欧洲历史上只出现过两次：一次发生在古希腊公元前5世纪到公元前4世纪（以及罗马帝国初期的回光返照），另一次则出现在刚刚论述过的西方中世纪盛期（约1000～1300），或者稍长一些。由于理想性文化系统使得信仰体系变得软化或富有弹性，使感觉论文化和理性主义文化获得相对自主性，因此，中世纪后期，随着后两种文化的兴起以及社会文化的分化（它们逐渐从基督教母体中分化出来），这种理想性文化相对和谐和均衡的状态便被打破，原有体系开始崩溃。当然，这种崩溃在西方是一个逐渐加速的漫长过程：从15世纪开始直至20世纪初，持续了500多年之久。其中虽有波动和反复，如15世纪神秘主义大潮横扫整个欧洲文化时期，以及禁欲的宗教改革时期，但总体而言，这是一个信仰的文化日益衰落、精神危机不断加深、理性主义和感觉论文化先后崛起，感觉论文化最终占据支配地位的过程。

在科学发现和技术发明迅速增加，从而经验主义的感觉论文化取得了决定性的绝对优势和胜利的时代，科学（尤其是经验和技术科学）的真理体系逐渐上升为具有支配性的地位，甚至成为唯一的真理体系，而宗教信仰则日益被认为是"迷信"的东西，形而上学的理性主义在人们眼里也成为"无根据的玄想"（或尚未得到验证的假设）。也就是说，"上帝死了"（尼采语），因为它和形而上学都遭到了不同程度的解构。在这种情况下，如马克思和恩格斯在《共产党宣言》中所说的那样，渐渐地一切等级和固定的东西都烟消云散了。先是作为信仰文化（或理念文化）核心的宗教（基督教）失去了确定性，然后人类的"纯粹理性"（形而上学或玄学的推理）也被认为是"缺乏实据的"，因而也是不确定的。于是，剩下的能够被认为是确定的东西就只有（实验）科学了。从伽利略，尤其是牛顿定律的发表到19世纪末期或20世纪之初，科学真理体系逐渐取代了信仰体系和形而上学理性主义真理体系而登上至上宝座，并且受到宗教般的崇拜和神话般的敬仰。然而，在西方，从20世纪初期开始，这种状况发生微妙变化。曾经被作为信仰来对待的科学真理体系同样变得模糊起来，曾经被看作是确定性的因素也变得不确定了，因为科学的范式是有条件的和被认为是共同体约定的——科学真理的成立被认为是由科家学共同体成员认定的（库恩的科学哲学）。尽管西方在康德以前，怀疑论（skepticism）在诸如蒙田（Michel de Montaigne）、帕斯卡（Pascal）那样的思想家身上已显山露水，但康德无疑是这方面的划时代的潜在推动者。康德关于"自在之物"（thing-in-self，又译"物自体"）的看法（真正的实在本身是不确定和不可知的）以及"知性为自然立法"的观点（被称为"哥白尼式的革命"），为后来在西方盛行的不可知论、实证主义、虚构论（fictitionism）、约定论（conventionalism）、相对主义以及实用主义、幻想说（illusionism）、建构论奠定了基础。20世纪以来西方的精神世界在某种意义上讲就是建立在这一基础上的①。

从以上西方文化类型、真理及知识系统的构成和波动的情况来看，理想的文化和真理-知识系统具有重要意义。中世纪盛期，尤其是阿拉伯-希腊哲学和科学引入之后，基督教母体通过大学以其宽广的胸怀最终还是囊括了三种文化类型（"纯理念的文化心智""理想的心智和文化"和"感觉论的社会文化"）以及以此为基础的三种真理和知识系统（"信仰的真理""理性的真理"和"感觉论的真理"），并尽可能地使它们和谐统一。在这方面，阿奎那可视为具体的典型。这就为后两种文化类型和真理-知识系统在对上帝的信仰的引领下成长奠定了基础。尽管其道路艰难曲折，但成长本身已经开始（当然，所谓艰难曲折不是信仰上帝本身的问题，而是教会及其上层的利益问题）。这是西方周边国家或文明，如拜占庭和穆斯林世界所没有的。在它们那里，后两种文化类型和真理系统长期处于弱势状态，几乎难以出现理想的文化和真理系统。在此我们必须分清对上帝

---

① 康德观点的积极意义在于，它一方面指出了心灵需要得到经验证据才能获取知识，另一方面同时又认定认识本身也是心灵对感觉和材料主动整理、组织和构造的过程。心—物之间不存在照相式的简单对应关系，因为人们在认识活动中是通过心中已有的某种参照系进行的，培根那种完全摆脱"预知"的经验论只是理想。因此，认识既与经验证据有关，又受这个参照系限制，二者缺一不可。康德的错误在于，除了"自在之物"的观点外，主要是他把这个参照系视为人类绝对"先天的"和主观的，而实际上正如此后马克思、涂尔干等知识社会学的奠基者们所指出的，它只是人类长期文化积淀的产物，是人一出生"社会事物""强加"于他的结果。在这种情况下，知识，尤其是社会科学知识的获取，必然受马克思所发现的集体无意识（阶级意识、群体或党派意识，等等）、"文化意义"（韦伯，社会传统、习俗、民族历史、价值取向，等等）以及个人无意识（弗洛伊德）的影响。

的信仰、基督教伦理与教会的区别。在西方中世纪，哲学家和科学家未必都对教会（尤其是教会上层或教廷）有好感，有的甚至对其持鄙视态度，但他们几乎都是虔诚的基督徒。他们本人在进行哲学或（自然）科学研究的时候，往往都是"理想的心智和文化"的载体，也就是持有上述三种真理和知识系统（至少持有前两种真理及知识系统）。对上帝的信仰以及前面阐述的希腊和希伯来－基督教的一些基本原则（见第八章），如对于秩序、理性、无限性、完美性、动力学等因素的神圣信仰以及它们含有的某种超越性，都给他们带来新的文化取向和极大的精神支持。不仅大阿尔伯特、阿奎那那样的"保守者"（实际上就当时历史阶段而言并非真正保守），而且罗杰·培根、邓·司各脱、奥卡姆这样的激进者也是从对上帝的信仰中吸取精神力量和增强想象力和创新性的。至于后来近代的学者，如哥白尼、笛卡尔、帕斯卡、牛顿、莱布尼茨等也是如此。即使像伏尔泰那样的与教会斗争了一辈子的启蒙运动斗士也始终是上帝的信徒（自然神论者），而现代的爱因斯坦似乎也有某种宗教情怀[①]。对于他们而言，在从事目标理性的工作的时候，上帝、信仰和价值理性始终是最重要的。以下哥白尼在《天体运行论》（卷一，"引言"）中一段极富情感的话语表明了这一点：

> 尽管一切高尚学术的目的都是诱导人们的心灵戒除邪恶，并把它引向更美好的事物，但天文学更能充分地完成这一使命。这门学科还能提供非凡的心灵愉悦。当一个人致力于他认为安排得最妥当和受神灵支配的事情时，对它们的深思熟虑会不会激励他追求最美好的事物并赞美万物的创造者？一切幸福和每一种美德都属于上帝。难道《旧约·诗篇》的虔诚作者不是徒然宣称上帝的工作使他欢欣鼓舞？难道这不会像一辆马车一样把我们拉向对至善至美的祈祷？[②]

---

① 爱因斯坦说："有一位当代的人说得不错，他说，在我们这个唯物主义时代，只有严肃的科学工作者才是深信宗教的人。"（爱因斯坦：《爱因斯坦文集》第一卷，许良英等编译，商务印书馆，2012，第407页。）爱因斯坦还说："科学没有宗教就像瘸子，宗教没有科学就像瞎子。"（爱因斯坦：《爱因斯坦文集》第三卷，许良英等编译，商务印书馆，2012，第217页。）

② Nicolaus Copernicus, 1995 (reprint), *On the Revolutions of the Heavenly Spheres*, C. G. Wallis, trans., Book One, Introduction, Amherst: Prometheus Books.

柏拉图在《蒂迈欧篇》末尾把充满魅力的苍穹称为"看得见的上帝",哥白尼何尝不是如此。他是带着虔诚信仰、高尚伦理和"审美的动机"(伯特兰·罗素语)从事天文学研究的。一个人在困境中之所以能够利用业余时间无功利性地长期坚持研究,想必有某种强大的精神力量在支撑着他。不容置疑,这种力量就源自上帝:"我这样做是由于上帝的感召,而如果没有上帝,我们就会一事无成。"① 这虽是哥白尼的肺腑之言,但却表达出当时和后世许多哲学家和科学家的心声。罗素说:"哥白尼是一位波兰教士,抱着真纯无暇的正统信仰……他的正统信仰很真诚,他不认为他的学说与圣经相抵触。"② 中世纪和近代,宗教与哲学和科学冲突,实质上是教会,尤其是教廷和教会上层(部分主教)与哲学家和科学家的冲突(凸显教廷和部分主教的一己之私)。但后者中许多人并不反对上帝和宗教本身,相反,他们不少人是虔诚的基督徒,发自内心地认同基督教的原则(如自由、平等和圣爱的原则)。他们把宗教与科学事业分开,以前者的精神和情感支撑后者却又并行不悖。用韦伯的话说,就是以价值理性支持和引领目标理性。只有这样,西方自中世纪后期以来才有超越性、才有文化和人们内心的张力,才能打破旧传统,才有新的文化取向和创新,才有不断进取和惩恶扬善的"浮士德精神",才有自主形成的现代性。

三　文化张力与西方文明的创新发展

西方现代文明是在文化张力中自主形成的。在此关键是文化模式的特质。这种特质是几种文化长期冲突和融合的结果。那么这种文化都有哪些特质呢?它们是如何促进西方文明向现代性转变的?下面就将回答这些问题。

1. 文化系统的生命特征

每一种文化,像有机体一样,都有其生命特征。要想了解西方文化的特质,我们就必须首先了解文化的一般生命特征,然后借此认识西方文化的特质。一般而言,文化系统的生命特征主要表现为以下若干方面。

---

① Nicolaus Copernicus, 1995 (reprint), *On the Revolutions of the Heavenly Spheres*, C. G. Wallis, trans, Book One, Introduction, Amherst: Prometheus Books.

② 罗素:《西方哲学史》下卷,马元德译,商务印书馆,1981,第44~45页。

其一，每一种文明都是某种文化心灵或观念的投影和表现。

文明是文化心灵的投影和表现。一般而言，每一种文明都只能是其自身心灵观念的投影和表现，并且一定要在外部表现出来。这是奥斯瓦尔德·斯宾格勒的基本文化观念之一。譬如，对数字世界和几何图形的极度关注，甚至崇拜（如古典时代的毕达哥拉斯、柏拉图，近代的帕斯卡、笛卡尔、莱布尼茨等）便是"一种心灵的风格"①，"不自由，毋宁死"也是一种心灵特征；同样，重文轻理（工），强调人伦关系和"大一统"也是另一种心灵表现。心灵转变，文化也紧随其变（这虽与经济变化有关，但也存在相对独立性）。当"古典心灵"逐渐接受基督教并向后者转变的时候，古典理性主义文化自然隐退而让位于"麻葛文化"（Magian culture，波斯－犹太－古代基督教文化和波斯－犹太－阿拉伯伊斯兰文化）。尽管理性主义仍然存在，但受到压抑且处于潜隐或边缘状态。中国元代以后，先是在波斯－阿拉伯科学文化，后是在西方科学文化的影响下，部分士大夫（甚至康熙皇帝）已经接触到并开始学习先后从西域或西方传入的先进的数学和科学知识，如果沿着这一方向广泛深入扩展下去，我们的科学文化说不定很早便能与西方比肩而行。然而，由于心灵建构的巨大和一般差异（人家崇拜的某些东西，我们却普遍视之为奇技淫巧），在心灵没有因故而改变之前，这只能是后人遗憾的假设或想象。当然，当我们认同文化是心灵的特有表现这一观点的时候，我们并不排斥心灵的建构与人们的实践活动相关这样的唯物主义观点，而只是想强调精神的作用。硬件再好，也受软件支配。一种文化心灵一旦形成，从内部讲，其自我表现，自有其自身的相对独立性、内在逻辑以及必然性或命运。这在世界若干受"轴心文明"影响的文化中表现得再明显不过了。以"和合"为核心的儒家文化心灵，在外在表现上，肯定不同于以"种姓制度"为基础的印度教（新婆罗门教）文化心灵。同样，印度文化中的"非历史的心灵"也不同于麻葛式文化心灵中的世界历史观。对于古典文化（希腊－罗马文化）心灵而言，世界是静态的、有限的，而西方的心灵则着眼于未来，对未来有

---

① 奥斯瓦尔德·斯宾格勒：《西方的没落》第一卷，吴琼译，上海三联书店，2006，第5，56页。

着强烈的意志，因此对它而言，世界是动态的、无限的。正是存在多个不同的文化心灵，世界文明才变得五彩缤纷，具有多元性。

其二，文化系统是有机的而主要不是机械因果关系。

在把"有机的"概念或观念引入对文化及其历史的研究以前，这方面的研究主要是模仿近代物理学的认识方法，把人类文化发展主要视为一种客观因果联系。这就是机械因果律（Causality）或索罗金所说的"因果功能公式"（Causal-functional formulas）。除此之外，持这种认识方式者甚至从未想到过，在有意识的作为主体的人类认知力（心灵）与外部世界之间可能还存在其他关系。被称为在认识论上进行"哥白尼式革命"的康德，以"人的理性为自然界立法"的方式奠定了认识的形式法则（尽管康德认为这种人的认识形式是先天形式。后来马克思和涂尔干都对此给予修正）。黑格尔和马克思把辩证法引入认识论，带来了认识上的新视角。不过，他们同样从未思考过，在这之外，还存在另外一种全然不同的认识文化及其历史的机制。这就是斯宾格勒所说的"有机的逻辑"，亦即一种从"生命的有机的必然性、命运的必然性"来看世界的视角或方式①。从这种视角看问题，文化则是"活生生的"，受着生命意志支配的，因而是不可逆的，是只此一次地、独特地发生的，整个过程不只是因果关系决定的（对于文化和社会问题的研究，韦伯在其方法论著作中对为何必须采取将因果分析与意义理解两种进路结合起来的方法，而不能一味应用机械因果分析，给予了系统而充分说明）。例如，中世纪末期，欧洲的"文艺复兴"也只能复兴古典文化（主要是古希腊文化）的外在形式，而对于与古典心灵相关的古典文化的内在本质和意义，中世纪后期的人是无法真正理解和复制的。"文艺复兴"实际上是一千多年后西方人借助古典文化表达自己的文化思想或文化心灵的方式。其原因就在于，按照诠释学观点，人们永远都是在自己所处的特定文化和社会环境中，作为某种文化载体进行文化理解和解释的。

其三，文化在正常条件下都有其自足的周期。

如果从文化的"有机的逻辑"或文化"生命的有机的必然性"来观

---

① 奥斯瓦尔德·斯宾格勒：《西方的没落》第一卷，吴琼译，上海三联书店，2006，第6页。

察，那么就会很容易看到，每一种文化，在正常条件下，都有其自身产生、成长、进入青春期、成熟和没落的不可逆的周期历史。也就是说，文化，尤其是轴心文化在主体上应当被视为独立自足的文化。它的存在或主要本质存在是有生命期限的，是一个有机的过程。不论古埃及文化、巴比伦文化、中国儒家文化、印度婆罗门教或佛教文化，抑或古典文化（希腊－罗马文化）、伊斯兰文化、西方文化都是如此。只不过由于每一种文化内在构造不同，遇到的外部环境不同，其形成、生长和衰落的时间、方式各不相同。例如，以轴心时代形成的主要文化为例，印度的轴心文化（新婆罗门教或印度教文化）定型于古婆罗门教文化与在"沙门思潮"（公元前 6 世纪）中产生的佛教和耆那教文化部分融合的时期，并在笈多（Gupta）王朝（320～540）前期的繁荣时代达于巅峰之后，缓缓衰落。中国的轴心文化（儒家文化）经过孔子奠基和在汉武帝时期被"定于一尊"之后便日趋繁荣昌盛。其中虽历经道、佛两家猛烈冲击，但也能消化、包容，合流共进。不过，中国儒家文化最终还是在宋代到达顶峰之后便逐渐趋于"老衰"和僵化，这里不是说它后来没有变化，而是说在近代之前没有根本性变化（只有量的增加，缺乏新的文化取向和质的飞跃），文化失去创造性和活力（元、明两代，虽然开始吸纳波斯－伊斯兰和西方科学文化，但对当时中国文化心灵本身影响不大。进入近代以后，中国文化在外部冲击下开始焕发生机，但这已不是纯粹的中国儒家文化或文明了）。类似的，古典文化（尤其以雅典城邦为例）从荷马诗史经伯利克里时代到柏拉图和亚里士多德，整整经历了一个从创生到基本终结的过程。亚里士多德之后，尽管古典文化于希腊化时代在以亚历山大里亚为代表的某些城市尽力维持，并且后来又以罗马化形式出现某种程度的中兴，但本质上看，除了罗马法外，其他大体上仍是对古希腊文化的消化、吸收和精致化，创造性自然是明显下降的［当然，个别发明或发现还是有的，如阿利斯塔克（Aristarchus of Samos）的"日心说"①，但在当时其影响甚微］。阿拉伯伊斯兰文化，若从科学和哲学的角度看，凭借吸纳古典文化从 9 世

---

① 参见爱德华·格兰特《科学与宗教——从亚里士多德到哥白尼（400B.C.～A.D. 1550）》，常春兰等译，山东人民出版社，2009，第 13 页。

纪开始便渐入佳境并一度在广大的地中海地区处于领先地位。不过，经过几个世纪领跑后，它也于13、14世纪渐渐停滞下来，没能摆脱文化生命特有的逻辑。西方从含有古典文化的那部分伊斯兰文化手中接过领跑的火炬。这是一种迟来的文化。欧洲中世纪后期，当世界上其他伟大文明的文化开始步入年老体衰阶段的时候，西方文化还处于年轻、幼稚、好奇的阶段。它那由多元文化因子（甚至是对立的文化因子）构造而成的心灵，即"浮士德式的心灵"（斯宾格勒语），充满了活力、躁动情绪、创造性和爆发性。从中世纪后期罗马法复兴（12世纪），尤其是稍后的文艺复兴和宗教改革，到19世纪末和20世纪初，世俗主义逐渐占有优势，它创造出巨大文明成果（关于创造性这方面的资料可见索罗金的《社会和文化的动力》）的同时，也把世界"拖入"现代文明之中，或者说将人类历史从"古代"带到"现代"——在斯宾格勒眼里，这种划分是一种自觉不自觉地对西方中心论的认可（凡是这样划分历史的，在斯宾格勒看来都落入了这种观点的陷阱）。然而，正当西方人傲慢、欢欣鼓舞之时，先有尼采的"上帝死了"和"末人"（"最后之人"）时代来临的敏感反应和启示，后有先知或巫师般的人物斯宾格勒（"先知"表示对他的认同，"巫师"反映憎恶）通过"文明形态学"的探讨，发出了"西方的没落"的咒语（似乎只有西方人才会有这种公开的自我反思和批判之举）。西方是否没落？如果说一个世纪左右以前他们的言论还有很多争议，但在"历史终结"的论调在西方不绝于耳的今天，在人们基本上还是在消化19世纪后期和20世纪前期的种种理论的今天，西方似乎是"没落"了。"没落"不是说文化不再有某些发展，而是指文化创新性本质上在降低，总体上不能超越前辈而只能在原有理论框架内花样翻新，到处都是挪用、无望、无创新、平庸畏葸、浅陋渺小之作，缺乏颠覆性的真正突破（质的飞跃，"存在的飞跃"）。这也是文化成长进入成熟的发展的高原区的反映以及学术大师不现的根本原因。当然，技术科学还在突飞猛进，但理论创造已经减缓下来。这恰恰是一种文明没落的征兆（对比古典文化和古典时代似乎更易明白），一种也许即将来临的"费拉状态"（见下文阐述）。这种状态恐怕要持续相当长的时间（按照尼采的观点，从目前算起至少还有一个世纪。当然这只是一种推测而已）。文化之所以具有这种特征，就在于文化——特别是其精神方面——本质上是艺术特性，而艺术则是有其自己的风格和风格期的。当然，需要指出的是，所谓文化的"周期性"不等于悲观的历史宿命论。因为文化是多元和多线发展的，任何文化或文明在衰落之时还有接种他者文化的可能（文化冲突与融合的可能）。假如它愿意和能够与更强、更优秀的文化有选择地融合，就会有中兴或转型的机会，否则，一味封闭自守，没落不可避免。

其四，文化是多元的，其发展是多线的。

早在近一个世纪之前，斯宾格勒就发现，我们今天习惯于把世界历史或人类历史分为"古代史""中古史"和"近、现代史"的思维方式或划分方法，是一种"简单的直线发展观"①，隐含西方中心论的影响。这种观念长期左右了我们的思维和史学研究。在这种观念的主导下，西方被当作"坚实的一极"或中心，而其他伟大的文化和历史都只能自卑地围绕这一极或中心旋转，简直类似一个太阳系。于是，西方的历史比其他文明的历史，或雅典、佛罗伦萨、巴黎的存在远比长安、华世城（Pataliputra）或麦加重要。如果从有机的角度，即文化形态的角度看问题，我们就会发现，人类的文化不是一元或单线而是多线发展的②。因为，如斯宾格勒所言，在其他文化历史学家建立的世界历史框架中，十字军、宗教改革或启蒙运动也可能同样是无足轻重的，只需一笔或几笔带过。从人类历史长河来看，很难说这一元或这条线就比那一元或那条线重要。从形态学和创造性上看，每一个文化都有其自己的青春期与成熟期，都有自己纯粹的古代与"现代"。也就是说，不仅西方有古代（所谓的"中世纪"就是西方的古代，因为希腊和罗马属于另外的文化或文明）与现代，同样，儒家文化或印度（教）文化等也有自己独立自足的古代与"现代"。中国明代的人

---

① 奥斯瓦尔德·斯宾格勒：《西方的没落》第一卷，吴琼译，上海三联书店，2006，第15页。

② 马克斯·韦伯通过其"价值论"和"价值参照"概念也同样看到了世界文明的多元性和多线发展的态势，看到了每一文化的独特性。尽管他不是"轴心时代"文明或"轴心文明"概念的发明者，但在《经济与社会》（第五章"宗教社会学"）中已经表达了这一观念。当然，在这之前，新康德主义学派的亨里希·李凯尔特在《文化科学和自然科学》中对价值与文化的关系以及文化发展的独特性问题已经给予了深刻的分析。

与孔子时代的人，或笈多王朝时代的印度人与吠陀（Veda）时代的印度人肯定大不一样（存在古代与"现代"的差异）。西方文化的"轴心时代"尽管是在12世纪至17世纪，但从文化成长阶段和生命周期上看与一千多年以前的非西方的文化轴心时代是对等的、"同时代的"。正是在这个意义上，汤因比才说："我的另一个观点是，所有被称为文明社会的历史，在某种意义上，都是平行和同时代的。"① 因此，在文化上（或从文明的角度看）不存在世界意义的古代史、中古史和现代史，因为文化是多元的，其发展是多线的。对全球文化进行古代、中古和现代的统一划分是西方中心论作祟的结果。西方的现代文化本质上是西方（12世纪开始的）"轴心文化"的延续，而东方的"现代"文化大多不是其轴心文化的直接延续，或者说，我们的轴心文化许多没有延续下来。我们的"现代"文化本质上和在相当程度上是西方文化的某些变种（马克思主义也是西方文化，只不过是另外一种西方文化），只不过人们不能接受"西方"二字，却无奈地或自欺欺人地接受"现代"二字。我们不承认西方文化的某些内容在本质上的普世性（或普遍主义），但却以"现代"的名义承认了它的普世性或普遍主义，而我们非西方人之所以接受它，是因为其具有价值，或有效性。接受它就如同接受牛顿定理一样。实际上，不管人们是否承认，在东方或非西方的文化中如今已经融入相当多的——尽管是多少有些变异的西方文化，只不过为了避免自尊心受到伤害，我们不称其为西方文化而说它是"现代"文化、"人类的"文化。在此人们再一次找到变通的方式。自西方资本主义向全球扩展以来，西方文化便遍布全球，非西方国家为此受尽苦难，但也因此而觉醒，受到启发并通过学习和借鉴从中获益颇丰。西方文化的许多成分之所以被看成是现代的（而承认其现代性就是承认其普遍性），是因为它在目前具有效用和价值（尼采早就说过，价值以效用为基础）。而任何其他文化脉络上（或文化圈内）的人们对于有效的强势文化是无法置之不理的。为了生存和竞争，不管是否愿意，都必须以可接受的形式或名义接受它（至少是有选择的接受，但接受本身是难以避免的），这也是文化曲折发展

① 汤因比：《文明经受着考验》，沈辉等译，浙江人民出版社，1988，第10页。

的逻辑。昔日西方是这样（指西方引入、吸收东方的基督教文化、阿拉伯科学和古典文化），现在非西方也是如此。文化发展的这种曲折性，是文化多元性和多线发展的体现。

其五，文化是一个有机的不可分割的整体。

文化是活生生的，而活生生的文化本质上是不可分割的整体。由于每一种文化心灵的建构都有其独特之处，这个独特之处，斯宾格勒称之为"核心本质"，索罗金称为"文化主题"，雅斯贝尔斯称为文化"轴心"，因此文化发展基本上是围绕这个核心本质展开的。它是一个有机的不可分割的整体。核心本质所允许的界限，就是文化的边界，否则，便会存在巨大的内部张力和矛盾。例如，古典文化心灵在神秘主义宗教兴起以前主要被认为是"阿波罗式的心灵"（尼采、斯宾格勒语)[1]，其核心本质是把感觉上"在场的"个别实体作为其理想的表现或象征。围绕这一心灵的外化和展开，古希腊文化显现为：机械静力学，对奥林匹斯诸神（尤其是太阳神阿波罗）的感性崇拜，分散的自治城邦政制（constitution，该词有"宪政"的意思），俄狄浦斯（Oedipus）宿命，菲勒斯象征（symbol of Phallus，指源于印欧人的、隐喻和象征父权崇拜的勃起的男性生殖器图腾），以轮廓线界定的单个形体绘画或雕塑（个体裸体塑像），以具体、有限、在场（此时此地）的可感知的度量为基础的"古典数学"以及简单、单声的主要诉诸外部感官（耳朵）而缺乏内部（心灵）感受、想象和幻象的音乐。与此不同，西方文化心灵被认为是"浮士德式心灵"。这种心灵，按照斯宾格勒的说法[2]，以纯粹（抽象）的和无限的空间为原始象征。其具体表现为：动力学（至少兴于伽利略），自由（从共同体的自由到个人的自由），西方基督教（天主教和新教）教义，巴洛克（Baroque）时代的王

---

① 需要指出的是，如前所述，古典心灵实际上是一种由"阿波罗式的心灵"与"俄耳普斯（奥尔弗斯）式心灵"共同构成的矛盾体。就希腊而言，在苏格拉底以前，前者处于主导地位，后者处于边缘地位。从柏拉图开始，尤其是希腊化时代，后者有逐渐兴起之势；就罗马而言，随着基督教的兴起，俄耳普斯教逐渐被取而代之，并使得阿波罗式的心灵式微。

② 奥斯瓦尔德·斯宾格勒：《西方的没落》第一卷，吴琼译，上海三联书店，2006，第175页。

朝及其内阁外交，李尔王（King Lear）的命运，对圣母的理想，透视法和明暗对比的绘画，以解析几何、函数和微积分为代表的具有无限性和抽象性的非感性数学以及抽象的、更多诉诸内在（心灵）感受的、易于引起幻象的复调及和声交响乐（贝多芬在失聪之后仍能写出他最后的伟大作品，原因在此）。显然，这是两种十分不同的心灵表达的文化系统（学术界把古希腊文明与西方文明视为不同的文明，原因在此），它们各有不同的主题和不可分开的延展部分——古典的"阿波罗心灵"取向于感性、在场的个别实体，西方的"浮士德心灵"取向于抽象、无限、动态的空间，它们各自的延展部分都与各自的文化主题相关，都是各自主题或核心价值的展开和体现。一旦心灵意向变化，其他方面也随之变化。例如，在古典时代后期，随着"麻葛式心灵"（波斯－犹太－基督教心灵）的出现，"阿波罗心灵"便很快销声匿迹，与此相关的延展部分也相应衰落。同样，当 19 世纪末西方的"浮士德心灵"开始向相对主义和虚无主义心灵转变的时候，浮士德文化（哲学、宗教、艺术、经典科学思想等）也随之趋于没落。

不仅古典世界和西方如此，东方也一样。中国（儒家）文化心灵亲近大自然、向往"和合"或"太和"①——本质上或许是一种"徜徉（wanders）"心态的表现（斯宾格勒语），具有人文精神、包容的心态（中国人信仰各路神仙）以及内向和圆滑的取向（这是中国式的实用主义的基础）。这是其原始的基本方面。具体而言，"天人合一"、人与自然和谐、人伦关系和谐、"协和万邦"、四世同堂是其理想，基于天下观的帝国朝廷、对称完整的四合院、曲径通幽的园林和云气缭绕的山水画是其象征。所有这一切。与其适应自然、强调和谐的原始的基本心理层面密切相关，并且都是相互配合，彼此相通的。离开了这一基本方面，所有理想、象征都将发生变化。近代以来，在外来文化的影响下，中国文化主要面对的问题，就是如何进行文化心灵重建的问题。这是一个充满张力和矛盾的过程。

---

① "太和"指由自然的和谐、人与自然的和谐、人与人的和谐、人自我身心内外的和谐构成的普遍和谐（参见汤一介《世纪之交看中国哲学中的和谐观念》，载季羡林等《大国方略》，红旗出版社，1996，第 200 页）。

同样，大约从罗马帝国初期开始，在西亚－近东地区出现了一种以古老闪族和波斯文化为主的"麻葛式心灵"（波斯－犹太－阿拉伯心灵）。"洞穴式的世界"（world-as-cavern）感和绝对的光－暗、善－恶二元论是其核心本质。启示和救赎宗教、占星学和炼金术、阿拉伯代数学（一种部分摆脱在场感觉，但尚未有未知量深度思考的数学。这种数学表面上一度被称为古典数学或希腊数学，但实际上是闪族代数学，因为代数起初是由讲阿拉米语/亚兰语的东方人发明的，且本质上也不同于古典算数，后者认为数是有形事物的度量和本质）、哈里发政权（"上帝即皇帝"）以及"覆盖式"屋顶（不论圆拱抑或筒拱）的清真寺（包括某些基督教教堂）、阿拉伯风格的镶嵌工艺和图案是其象征。这是一个明显不同于古典心灵（取向于有限个体实体的心灵）的心灵，由于它已经开始摆脱感觉和在场的束缚，因而是一种具有新的空间感的心灵。不论其宗教、代数学，还是清真寺/教堂、图案都是以"洞穴式的世界"感为轴而有机地联系在一起的。不过，这种心灵一度受到古典文化的窒息（出现假晶现象）而无法进一步向深层发展。因此它的抽象程度和无限性远没有达到后来西方心灵的那种深度。人们说从古典文化到西方文化之间存在借助波斯－阿拉伯－犹太文化的曲折过渡，似乎是很有道理的。

其六，在未与外来文化融合的情况下，成熟文化最终会进入"费拉"状态。

"费拉"（fellah），源自阿拉伯语，系方言 Fallāh 的变种，意指埃及和其他某些阿拉伯国家的农夫。由于自古代至近现代一千多年中，这种农夫的生活方式和行为方式几乎没有什么实质的变化，故斯宾格勒以此作为那种长期停滞和无实质变化的文化之典型或象征。因此，所谓费拉状态，是指某一文化历史中的"后文明"状态，即某一文化因自身的没落、刻板、僵化而形成的"非历史"（ahistorical）阶段。如前所述，文化是有周期性的。每一种文化，本质而言，只有一次完满而伟大的绽放。当它的内在精神的多样性和深度被穷尽的时候，它便进入僵化和停滞状态，即所谓费拉状态或非历史阶段（没有质的变化，只有量的缓慢增加或减少）。如沙门思潮之后的印度文化和佛教文化、宋代以后的中国儒家文化（三教合流的儒释道文化）、（希腊）古典时代终结以后（即亚里士多德以后）的希腊文化、9世纪以后的阿拉伯伊斯兰文化，等等。应当说，斯宾格勒这一比喻是生动的，其观点是很有道理的，以至于汤因比不得不说这样的话："当我读着这些充满历史洞见之光的篇章［《西方的没落》］时，我首次怀疑，我的整个探讨，在问题提出之前（更不用说找到答案了）就早已被斯宾格勒处理过了。"① 类似的，雅斯贝尔斯也坚定地说："斯宾格勒的理论具有无法反驳的说服力。"② 不过，笔者认为，斯宾格勒的这一观点尽管具有一定的真理性，但却是悲观和宿命论的，对此应当加以限定。也就是说，这个观点是有条件的。历史上看，那些古老而过度成熟的文化本身确实都曾无一例外地难以摆脱这种衰落的命运，然而，这只是从纯粹、单线论的角度而言的，从某一文化没有与其他文化嫁接或融合来看的。当我们把视线转向多线发展的理论或从文化融合的可能性来看问题的时候，便会发现，许多文化会有另外一番新的天地。在外来文化影响、冲击下，它们存在伟大复兴的可能性。当然，这样一来，这些文化便会变得不那么纯粹和原汁原味了。在这种情况下，文化系统内部变得多元化，原有的本土文化会大为减弱，甚至处于边缘状态，出现"假晶现象"，而本质上被引入和吸纳的文化因子会处于强势地位。例如，当今世界正处于"现代化"的国家的文化便是如此。当然，由于自尊的需要，人们不说"西化"，而是自觉不自觉加以掩饰地说"现代化"；不说吸收西方文化，而说符合"人类共性"或"人类普遍主义"。其实，人类历史上每一时期的"人类共性""普遍主义"或"现代性"，不过是强势文化的使然、结果和特征而已。接受它的多了，它就变成普遍或现代性了。或者说习惯了，自然也就成为"自己的"文化了。例如，外来的佛教文化在中国就是如此（甚至成为民俗，如"做七"等这样的殡葬习俗③）。不仅昔日在一定程度上曾被认为是普遍主义的（至少是广泛性的）中华文化（尤其是儒家文化）、印度文化、希腊－罗马文化、伊斯兰文化、基督教文化是如此，而且当代的西方文化也是这样。只不过由于西方文化释放出更强的效用，其在一定时期享有更大的权力，带有更大的"虚

---

① 汤因比：《文明经受着考验》，沈辉等译，浙江人民出版社，1988，第10页。
② 雅斯贝斯：《历史的起源与目标》，魏楚雄等译，华夏出版社，1989，第247页。
③ 江新建：《佛教与中国丧葬文化》，湖南人民出版社，2008。

假意识"——"普遍主义"意识形态。因此，说来说去，斯宾格勒的理论还是有道理的，只不过需要加以限定和设定条件（汤因比也认为斯宾格勒的观点过于悲观和宿命，但他对后者多少有些误解。斯宾格勒的观点实际上可以理解为那些没有或不愿意融合其他文化的文化必将没落，就这一点而言，他是正确的，但他本人没能就此说清楚。似乎他对文化融合不感兴趣）。

其七，文化存在"假晶现象"。

在文化的碰撞、传播和涵化中常常出现某种文化"假晶现象"（Pseudomorphosis）。"假晶现象"一词，如前所述，原为地质学用语，意思是火山爆发，山体爆裂，熔岩流入空壳内结晶，形成岩石内部结构与外表形状相抵触的结晶体假象。斯宾格勒借以用于历史社会学方面，提出了"历史的假晶现象"术语[1]，意指一种外来的文化在某个地区是如此强大，以至于被覆盖地区其自身文化受到挤压而不得不采取许多外来的伪装形式，从而不能充分发展其自己的自我意识，如希腊化时代受希腊文化覆盖和压制的广大波斯－闪族人居住地区的文化是典型（强势的希腊文化的外壳包裹着东方麻葛文化内核）。类似的，文艺复兴时期受古典文化影响较深的某些西欧国家或地区（特别是意大利）的文化也呈现某种程度的假晶现象（正在兴起的但仍显模糊的西方文化不得不采取重新引入的古典文化的伪装形式或假象）。此外天主教文化下的北方条顿文化，甚至中世纪整个基督教母体中的日耳曼文化似乎也存在类似现象。当然，近代殖民主义时期的一些东方文化也是如此。一般而言，在假晶现象中，社会文化会出现特有的两重性：一方面，强大的外来文化覆盖和压迫于当地本土文化（或是已经衰老僵化的文化，或是正在成长的年轻文化）之上，使之喘不过气来而不得不进行某种或消极或积极的涵化；另一方面，后者又竭力挣扎，坚持自身的传统，力图摆脱前者的束缚和压迫而实现自我的自主发展。如果后者是一种差异巨大且有着古老宗教传统的文化，那么社会文化的冲突和斗争往往十分激烈。如闪族人、希伯来人同希腊人和罗马人

---

[1] 奥斯瓦尔德·斯宾格勒：《西方的没落》第二卷，吴琼译，上海三联书店，2006，第167页。

的斗争。然而，对于文化差异虽大但心灵单纯和文明程度较低的民族，如日耳曼"蛮族"而言，情况则明显不同。在古典时代末期和中世纪，当从文明发展阶段的角度看尚属年轻的蛮族撞上希腊－罗马文化残余和崛起的基督教文化的时候，虽然以征服者的身份高高在上，但还是在一定程度上被同化和教化。这有两种情况：一方面，在原来的罗马帝国境内，尤其在意大利、法国南部（南高卢）和西班牙，入侵的日耳曼人被罗马文化残余同化得较多一些，这也就是作为日耳曼族群分支的伦巴第人、哥特人等的拉丁化，越往欧洲南部越是如此；另一方面，在北部（阿尔卑斯山以北）和不列颠，日耳曼人（条顿人、盎格鲁撒克逊人等）、凯尔特人、维金人（Viking，维京人）则更多保持了自己的文化特色。至于基督教的教化，这是一个逐渐扩展的过程，欧洲北部（斯堪的纳维亚）直到12世纪晚期才基本完成基督教化①。起初，抗拒教化还是存在的（出现许多传教士被杀，教堂被毁的事件），但最终都无一例外地皈依了基督教。而一旦被教化，相对而言北部的基督徒更加纯真和虔诚。对于南部的日耳曼人来说，由于被同化和拉丁化得多一些，因而文化张力和反思能力较弱。而北部各民族因保持更多自己的社会文化特色，则在文化上呈现出更强的张力、矛盾性和反思能力。后来的宗教改革、新教徒或清教徒（puritans）的言行（既虔诚、自律又强调自由，更善于以浮士德的心灵理解希腊和希伯来－基督教文化）充分说明了这一点。因此，中世纪后期开始的文化与社会重建或变革虽然起源于西欧南部，但成事于北部便是自然的（马克斯·韦伯和伯特兰·罗素都看到了南北之间，或拉丁与日耳曼之间的文化差异。这种文化差异后来以宗教——天主教与新教的差别凸显出来）。西方的文化假晶现象以宗教改革为突破口在近代之初开始了消逝的过程。当别的主要文明开始老化或成熟的时候，年轻的西方诸民族正处于文化的觉醒状态，能够以一种十分不同的文化视角或心灵——"浮士德精神"（歌德）或"浮士德心灵"（斯宾格勒），审视和对待希腊－罗马与希伯来－基督教两种文化，在把这两者以新的观念联系在一起后迸发出新的文化或

---

① 佩里·安德森：《从古代到封建主义的过渡》，郭方等译，上海人民出版社，2001，第187～189页。

文明火花。也就是说，在西方人（以日耳曼人为主）受基督教教化，接受希腊－罗马文化的同时，也在改变这些文化（不是基督教和希腊－罗马文化改变了浮士德式的人，而是浮士德式的人改变了基督教和希腊－罗马文化），使它们变成新的宗教和文化（这也是西方与拜占庭及其文化继承者俄罗斯的宗教和文化区别）。

其八，多元文化模式具有巨大的内在张力和动力。

事实上，一般而言和从长期来看，人类呈现多线或多元发展的诸文化大多是相互影响和部分融合的结果。即使是带有强烈排他性的一神论（或准一神论）宗教文化也不例外。例如，基督教脱胎于古犹太宗教文化，并且有意无意受到希腊文化（主要是柏拉图主义）和罗马文化（主要是政制、法文化和后期斯多葛主义）影响，而犹太文化（希伯来圣典或旧约文化）在很大程度上又吸收了巴比伦宗教文化（主要是苏美尔以来的恶根性文化）和波斯（末世论）宗教文化（尤其是琐罗亚斯德教/祆教）。由于古代东伊朗人与印度婆罗门种姓有着血缘和文化联系（都是印欧人的分支），因而波斯文化与印度文化在一定程度上也是彼此相关的（如两者的神话宗教故事虽名称不同，但内容相近，有些像希腊神话与罗马神话的关系）。这表明文化传播和融合具有广泛性。可以说，入乡随俗是文化传播的一般法则（当他者也是强文化时尤其如此）。基督教在不同地区的扩张，自然也不可避免地打上地方化的烙印。它在拜占庭和俄罗斯受到哈里发政制及阿拉伯文化影响，向西受到希腊－罗马文化影响，向北则逐渐日耳曼化（新教是典型）。类似的，佛教文化部分融入中国文化，西方文化逐渐形成的多元建构模式，诸"轴心"文化与现代西方文化部分融合，都是如此。

当一个文化系统呈现多元建构的模式时，其或多或少存在内在张力。这种张力的大小与内部诸文化因子的异质程度和性质密切相关。性质迥异而且各自实力均较强，则文化张力也大（如希腊理性主义与希伯来宗教启示之间的关系），反之亦然。一般而言，文化张力大，若处理得当的话，其动力和活力也强，反之则动力和活力较弱。西方文化在最近 500 年间之所以具有极大的动力和活力，就在于其文化建构是一个多元模式——当然这是在历史中偶然造成的。其中各个建构部分，如基督教文化因子与希腊－罗马文化（古典文化）因子、南部拉丁文化因子与北方日耳曼或条顿人文化因子（表现为天主教文化与新教文化），不仅旗鼓相当，而且较为异质，两者既在某种程度上兼容，又你死我活地相互斗争，其结果双方互有强弱、胜负，并有时达于和谐（作为对立面张力之结果的和谐），从而导致西方文化充满活力和动力，能够辩证曲折地发展和升华。与此不同，不论前现代中国儒家文化与佛教文化的部分融合，抑或伊斯兰阿拉伯文化与希腊文化的较小部分融合，其内在张力是较弱的。而弱小之原因，不是因为文化内部双方或多方（儒家、道家与佛家）本质接近，就是由于文化双方（伊斯兰文化与希腊文化）力量对比过于悬殊（后者尽管与前者十分异质，但最终遭到极度排斥，没有从深度和广度被吸纳），其结果便是文化发展的动力不足，活力有限。随着西方以"现代性"的名义向非西方扩张，非西方与西方文化开始冲突、互动。由于前者曾经长期处于弱势，而后者处于强势，受文化传播一般法则左右，自然是前者被迫进行"价值重估"和文化重建，而后者则受到较少影响（西方受到东方强烈影响主要是在 15 世纪以前，主要是通过中国—伊斯兰—西方、中国—蒙古汗国—西方、印度—伊朗—阿拉伯—西方这样的渠道实现的）。由于非西方国家是被迫进行文化重建的，在原有文化系统中大量引入西方文化（后来称为"现代"文化），且后者与前者处于明显异质状态（甚至是尖锐对立），因此，在系统内部便出现了史无前例的文化张力。它不断扰动几乎所有人的文化心灵。由于对待的方式不同，这种扰动的力度和时间也大不相同。有时，它带来动力和活力，有时又带来混乱和无序。可以说，这种扰动至今尚未完全终结。当西方文化正在步入成熟，甚至"没落"阶段之时，非西方文明的文化重建仍处于进行过程中。我们在文化上最终将走向何方？这是一个需要认真思考的难题。

2. 西方社会文化建构的特质与创新发展

众所周知，近几百年来，西方社会文化的变迁是一种创新发展的过程。从哲学、科学到人文学科、社会科学，或从经济、政治到社会制度无不如此。其他任何一个文明，到目前为止就创新性而言，某种程度上讲仍难以与之比肩。究其原因是多方面的，但从文化心灵建构方面来看，文化模式肯定是一个极其重要的原因。因为文化心灵或精神血气决定方向，没有文化心灵转变，只有社会、经济和政治斗争，其最终结局往往只能是改朝换代式的周期性循环往复。这在世界几大文明的演变过程中清晰可见。当然，社会秩序的建构也是极其重要的方面。不过，在此我们先来分析和说明前一个方面。

西方文化模式的独特性究竟在什么方面？如前所述，西方文化主要由古希腊文化、古罗马文化、基督教中的希伯来/犹太文化以及日耳曼文化这四种文化因子构成。除了最后一种（日耳曼文化）外，其余三种都不是西方自己原创的（即外来的），而且所有这些文化因子之间本身又是充满对立和冲突的。例如，"希伯来文化本来与希腊哲学和罗马法不兼容，希腊文化本来与罗马法或希伯来神学不兼容，罗马文化本来与希伯来神学不兼容，它与希腊哲学的大部分相抵触"①，而日耳曼文化与其他三种文化又有相当多的冲突。然而，令人惊异的是，西方从 11 世纪后期开始能够逐渐把这些不同的文化较好地融合在一起而发挥作用，这实在是一个奇迹。这也是西方文化模式的最突出的特点。从中人们能够隐隐约约体会到西方会在世界史的后轴心时代最先获得现代意义上的成功的原因。多元文化的成功融合远比单一或一元文化的发展要富有活力和创造性。这一点已为历史所证明。

从前面的论述中可知，早在古典时代人们对世界（宇宙）的有序性和理性就有着坚定的信念（柏拉图的相/理念论充分说明了这一点）。在中世纪和近代早期，这种观念通过基督教进一步得到肯定并成为一种信仰（大阿尔伯特和阿奎那对此给予了充分阐述，包括罗杰·培根、哥白尼在内的许多教士/修士兼科学家以实际行动诠释了这一点）。也就是说，西方在这方面具有悠久的文化传统，甚至在现代仍然受到影响（例如，爱因斯坦就说过"上帝不会任意掷骰子"这样的话）。

下面就此展开具体的分析（其中部分参考了斯宾格勒的研究成果）。

西方文化明显有突出有序性"形式"的特点。不论绘画、雕刻、作曲，抑或社会建构、政治体制或法治，都表明创造者有一种强烈的有序的形式感。在西方，中世纪后期（尤其是近代）以来那些伟大的艺术作品

---

① 哈罗德·J. 伯尔曼：《法律与革命》，贺卫方等译，中国大百科全书出版社，1993，第 4 页。

和社会设计既是一种神来之物，又是不同方面形式的意象（有序的形式是在对上帝的思考中创造出来的①）。其本质"都是数学的"（斯宾格勒本意指艺术②，笔者对此有所扩大）、逻辑的、秩序化的——韦伯称之为"理性化的"。这种理性形式表现在近代以来的数学和科学分析中，表现在音乐的对位和绘画的透视中，表现在市场经济的契约和法治中，表现在政治的分权与制衡、立法和司法程序中以及社会文化的张力与和谐（赫拉克利特意义上的和谐）之中。总之，有序和理性化，如韦伯所言，是一个文明的整体现象。

抽象性是西方文化的另一个明显特点。譬如，对数的理解，西方文化显然不同于古希腊文化和阿拉伯文化。对于希腊人而言，"数是一切可为感官所感知的事物的本质"③。这种总是把数与某种实物（实体）联系起来的思维，即度量的思维，是一种热情投身于"此时""此地"在场的（非抽象的）心灵建构的体现④。与希腊不同，阿拉伯代数学（在古典时代称为"希腊代数学"，但这是一种文化"假晶现象"，名义上属于希腊或古典文化范畴，实质上是波斯－巴比伦－阿拉伯心灵建构）已体现出半抽象半在场的性质（开始摆脱感觉的束缚，"数"不再是有形物的度量和本质），但抽象性和非在场性又远低于后来西方的数学，特别是高等数学（如微积分）。从希腊数学到阿拉伯－伊斯兰数学，再到西方数学，经历过一个从实体到半抽象再到抽象的过程，这表面上看是数学的累进演化过程，但实质上反映的是三种不同独立文化（或文明）对数的不同的思维和理解〔代数学起源于希腊化之地，其名声是"希腊的"，但本质上应属阿拉伯数学范畴，因为它是由希腊化的波斯－巴比伦人——其中许多重要

①　雅斯贝尔斯认为"信仰人类是以信仰上帝为前提的"（雅斯贝斯：《历史的起源与目标》，魏楚雄等译，华夏出版社，1989，第251页）。
②　奥斯瓦尔德·斯宾格勒：《西方的没落》第一卷，吴琼译，上海三联书店，2006，第59页。
③　奥斯瓦尔德·斯宾格勒：《西方的没落》第一卷，2006，吴琼译，上海三联书店，第61页。
④　作为希腊文化的另一面，柏拉图哲学（同时也是受俄耳普斯教和毕达哥拉斯教影响的哲学）是形而上学的、抽象的、非在场的，但由于其属于"黄昏起飞的猫头鹰"，因此对盛期的希腊的本土文化、社会影响不大。其主要影响在希腊化，尤其是基督教时代，并且是与东方文化混合在一起发生影响的。

人物，如丢番图（Diophantus，约生于 200 ～ 214，死于 284 ～ 298）等，都是阿拉米/亚兰人发明的，是阿拉伯文化或文明的产物]，本质上是三种范式或文化模式。数学更接近艺术，不同的文化，产生（或原创出）不同的数学。数学是一种心灵的风格。或者说，数学类型的转换反映的是心灵建构的转换，文化模式的转换。公元前 2 世纪完成的古典数学，随着古典时代的转换而沉淀下来，让位于阿拉伯数学。不过，如同希腊式文化模式和思维方式本身不能产生代数学一样，波斯 – 巴比伦或阿拉伯式文化模式和思维方式在产生初步的代数学后便也无法有更大的作为或发展。此后在经历了漫长的间断之后，随着一种新的文化或文明——西方文化或文明的兴起，才产生了一种全新的数学——近现代数学，或西方人（发明）的数学，作为西方文化模式产物的数学。没有新的文化心灵建构和文化模式的出现，微积分是不可能产生的。不仅数学如此，透视绘画和复调音乐也是一样。斯宾格勒说"根本就不存在单一的数学，而只存在不同的数学"，这句话用在整个文化上也是一样。本土希腊人没有发明代数学和阿拉伯人没有发明函数和微积分，不是因为相关人类（希腊人或阿拉伯人）心智不健全、知识的不足或不完善，或存在缺陷，而是每一种文化或文明都有自己的极限，超越这种极限实际上意味着要毁坏（起码是部分毁坏）原有的文化系统（如现代世界的情况）。不仅希腊人和阿拉伯人这样，西方人也如此。

与高等数学、透视绘画和对位音乐一样，西方在经济、政治和社会方面也展现出抽象性和理性化特点。这在经济方面，表现在价值、市场（交换）、货币和资本、信用体系、法人（法人的概念据说由阿拉伯人发明的，它至少是半离场半抽象文化的产物）、契约、劳动力商品、虚拟经济等观念和行动上；在政治方面，表现在权力的分化、自由民主观念和结构、官僚制以及法治上；在社会方面，表现在社会系统和阶级分化、公民社会、普遍主义的抽象秩序、非情感性（非人格化）上以及宗教的理性化上。

西方文化中与此种形式化和抽象性相伴随的是"对无限的信仰"①。

---

① 奥斯瓦尔德·斯宾格勒：《西方的没落》第一卷，吴琼译，上海三联书店，2006，第 66 页。

该信仰是超视觉的。按照斯宾格勒的说法，这不仅表现在从布列克森主教尼古拉·库萨（Nicholas Cusanus，1401－1464）（微积分原理最早的想象者）到笛卡儿、帕斯卡尔，再到莱布尼茨和牛顿的数学想象以及哥白尼之后对宇宙空间的思维上，而且反映在西方基督徒对上帝和宇宙的想象上——上帝和宇宙本身就是无限。宗教强化了这种观念①。据说哥特式大教堂耸入云霄的塔尖是这种想象的反映和象征。关于"无限"的思想，在荷马文化向度的注重实体和在场的希腊人（或未受到东方宗教影响的纯粹希腊文化）那里是不存在的。它起源于波斯－巴比伦－阿拉伯（或闪族）人的想象。例如，来自萨摩斯的阿里斯塔库斯（Aristarchus of samos，前310～前230）——名义上是希腊科学家，但却是与迦勒底－波斯学派有着很深渊源的来自东方的科学家，他提出了已知世界最早的日心说体系（假说）就是证明（去希腊城市学习和研究的东方人带来了自身文化的特点或优势）。但是由于这一类型的学者在自身文化和希腊文化影响下无法完全摆脱在场的和实体性的观念，因此不能把已出现的日心说火花发扬光大。他们在这方面超越了纯粹的本土希腊人，但远不及后来的西方人（主要是日耳曼蛮族的后代）。西方文化心灵摆脱了在场和感觉，其结果是，才智不再是眼睛的仆人，而成为其主人（在希腊的"阿波罗式的心灵"中，才智是眼睛的仆人，这与近代西方人的"浮士德式心灵"相反）。不同文化和宗教具有不同的数的观念，并以此为媒介直觉地领会到各自神圣的世界（宇宙）秩序的本质。也就是说，古希腊（古典世界）有古希腊式的限度感（在场的、实体的限度感），波斯－巴比伦－阿拉伯有"麻葛式"的限度感（半在场的、半抽象的、更大的限度感），而西方的感觉则是非在场的、抽象的无限感。这直接影响了西方的观念、知识的建构，使之在许多方面趋于普遍主义（康德的普遍历史观念是典型②）。

---

① 关于宗教与科学的关系，爱因斯坦曾有如下见解："科学没有宗教就像瘸子，宗教没有科学就像瞎子"，"尽管宗教领域和科学领域本身彼此界线分明，可是两者之间还是存在着牢固的相互关系和依存关系"。（爱因斯坦：《爱因斯坦文集》第三卷，许良英等编译，商务印书馆，2012，第216、217页。）

② Kant, 1970/1991, "Idea for a Universal History with a Cosmopolitan Purpose", in *Political Writings*, S. H. Reiss, ed., H. B. Nisbet, trans., Cambridge: Cambridge University Press.

与这种文化类型变化相适应，社会类型也不同，两者相互作用。希腊的在场的、具体的、有限的文化心灵对应的是小而具体的城邦共同体和实体性的拟人的奥林匹斯众神；巴比伦－波斯麻葛文化心灵对应的是晚期罗马帝国———一种名为（古典文化意义的）罗马国家，实为逐渐向准哈里发体制性质转变的半抽象的政教合一体制（从奥古斯都到戴克里先，再到君士坦丁，罗马逐渐由古典心灵国家向哈里发性质体制演变，这在后来的拜占庭帝国尤为明显），斯多葛主义和古代基督教（尤其是希腊正教）；西方文化心灵对应的是逐渐走向无限和抽象秩序的开明专制国家、西方基督教、新教以及各种相应的世俗意识形态。这一点在新教反对天主教的"天界等级制"和教会等级制以及破坏圣像方面已经表现出来。上帝本身即是永恒、大全（All）和无限。无尽的空间是西北欧人的原始象征。

抽象性和无限性的感觉再加上上帝（或西方基督教）的作用，带来了"幻象"，它诉诸"内在感官"（心）而不主要是外部感官。或者说，在西方教堂音乐（包括灵歌）、管弦乐、绘画、雕塑、哲学、数学、科学、莎士比亚类型文学作品、种种乌托邦中总是有一种力量把人们从外部感官引到"内在感官"，引到超凡的想象力中（这自然也是贝多芬为何在失聪后仍能完成其最后的伟大作品的原因）。它使身处此种文化中的人们在感觉印象的背后体验到别样的丰富和深度的世界。此时，心不再是（外部）感官的仆人，而成为其主人。总体上诉诸外部感官与诉诸"内在感官"（心）的作品是有本质区别的，在不同人的感受上也是不同的。这种无限的幻象既是对上帝的崇拜，也是浮士德式的渴念。其中充满意志（方向、动力和历史性）与理性思维（无限性）的复杂结合。超越性也出自于此。

与对无限和上帝的信仰相应，西方文化自然有一种动力学的思维（北方近代数学和物理学的发展克服了南方物理学的静力学观念）。如前所述，希腊文化心灵是静力学的，它处理的是小而具体的个案，产生的是一个一劳永逸的构成。而西方心灵处理的是不断变化的、种种可能性的问题，如函数问题，也就是说，它着眼的不是最终结果，而是方式和进程①。仅从

---

① 以上参阅奥斯瓦尔德·斯宾格勒《西方的没落》第一卷，吴琼译，上海三联书店，2006，第226~229页。

这一点来看，西方心灵也显露出某种历史性或历史意识（当然与犹太－基督教观念的影响有关）。它深刻地感受到时间（如精确钟表的发明），意识到运动、方向、目的和命运，设法克服眼前利益而追求长远功效，因而具有强烈的克服和打破"可见的世界"一切阻力的意志和使命感。这与古典的阿波罗式的心灵屈从于当下时刻，屈从于偶然性，屈从于"及时行乐"（carpe diem）显然不同。因此，浮士德式文化也是一种"意志文化"（叔本华、尼采后来把这种观念发挥到极致）。

以上我们看到，西方不仅与波斯－巴比伦－阿拉伯心灵具有明显区别，而且与古典心灵（主要是希腊文化心灵）有着基本对立。然而，在西方心灵与古典心灵分歧的背后却潜隐着某种深刻的共同源头，即共同的种族和原始文化心灵。当中世纪后期，这两者借助波斯－阿拉伯文化中介开始再次相遇和碰撞的时候，西方人才在自己的浮士德式的心灵中找到了对阿波罗式的理想如此热烈的向往之情。一般认为，古希腊文化是西方文化的源头（希腊文化是二元的，作为西方文化源头的希腊文化只是古希腊文化的一部分），然而，西方人所热爱的其实是一个全然相异的理想。在此充满张力和矛盾的是，西方人虽然崇拜上帝，但所倾慕的恰恰是这一理想所强调的炽烈地活在纯粹感觉的当下的那种伟力。

3. 西方心灵在与古典心灵和麻葛心灵的张力中成长

古典心灵、麻葛心灵（巴比伦－波斯－犹太或波斯－阿拉伯心灵）、西方心灵是三种不同但又有较大相关性的文化心灵。作为一种后起之秀，西方心灵自然从前两者中吸收很多养分，但同时也颇受它们的影响。然而尽管如此，当时处于青春期的西方并没有完全淹没于前两者当中，而是经过复杂的斗争和挣扎找到了自己的方向，走出了自己的独特发展道路。

作为一种文明，西方文化始于中世纪，并在中世纪盛期（1000～1300年）处于一种被基督教母体包裹着的"理想的文化"及其真理－知识系统之中，颇有"历史的假晶现象"。西方在中世纪后期开始的发展道路是从此种真理－知识系统的分化，摆脱这种假晶现象开始的。其中经历复杂曲折，艰险而富有戏剧性。关于真理和知识系统的分化，前文已有论及，此处不再赘述。以下主要解释西方是如何从假晶现象中走出来和发展的。

如上所述，文化或历史的假晶现象在人类历史上曾多次发生。古典时代被希腊文化覆盖的闪族－波斯地区的文化就是一种典型的假晶现象。这些地区自亚历山大大帝东征以来先是被老化的希腊文化（巅峰时期已过的希腊文化）所覆盖（所谓"希腊化"即此），后又为更加强势的但已处于古典文明后期的希腊－罗马文化所覆盖。类似的，拜占庭的情况也是如此。通过与这两种文化假晶现象比较，人们能够更好地理解西方的历史假晶现象。我们先来看看拜占庭的情况。

拜占庭①即东罗马帝国。它虽然名为"罗马"国家，但实际上却主要是说希腊语的（从查士丁尼一世开始，官方用语也改成希腊语）、有某种麻葛特色的（东方各省只是"半希腊化的"）希腊－罗马国家。在文化上，其本质表现为古老的希腊精神与复兴的东方闪族－阿拉伯－波斯精神（"麻葛"文化精神）某种奇特的融合。此时的希腊－罗马文明巅峰时期已过，进入固化和衰落阶段，而东方的受希腊文化刺激而重新醒觉和兴起的朝气蓬勃的前伊斯兰的波斯－阿拉伯－犹太文化（其中阿拉伯文化起主导作用）又受到压抑，结果形成文化"假晶"现象，即希腊－罗马文化的外壳包裹着东方麻葛文化内核。因此，社会文化出现特有的两重性：一方面，古老、僵化但势力仍然强大的希腊－罗马文化覆盖和压迫着正在复兴的、"年轻的"（进入第二春的②）闪族－阿拉伯文化，使之难以喘息；另一方面，后者又竭力挣扎，坚持自身独具特色的传统，力图摆脱前者的束缚和压迫。由于后者的文化是一种不同的属灵的宗教文化，具有一种不同的人神关系和全新的世界感，因此两种类型文化的冲突和斗争十分激烈。譬如，如前所述，在空间广延性上，古典心灵的世界是有形物体之总和的世界（world-as-sum-of-bodil-things），而麻葛（波斯－阿拉伯－犹太）心灵的

---

① 直到 1453 年亡国，"拜占庭这个名字在当时从来没有被使用过"（亦即它从未成为过这个国家的正式或非正式国名），其皇帝和臣民从来都将自己视为罗马人而不称"拜占庭人"。"拜占庭帝国"（Imperium Byzantinum, Byzantine Empire）这个叫法是后来西方历史学家为了在文献上能够更好地区分所给予的（参见 Warren T. Treadgold, 1997, *A History of the Byzantine State and Society*, p. 3, Stanford, California: Stanford University Press）。

② 在公元前 700 年左右，亦即在轴心时代，古巴比伦费拉（僵化）世界的广阔领域里出现了一些正在觉醒的民族，如犹太人、波斯人、迦勒底人、前伊斯兰阿拉伯人。它们虽与古巴比伦文化有密切联系但又有很大区别，因而被认为是新兴的"年轻的"的民族。

则是"洞穴式的"世界（斯宾格勒语）；在时间上，前者主张命定的循环论，而后者持有麻葛式的与救赎相联系的动态历史观；在宗教上，前者是多神偶像崇拜，后者是抽象的一神论；在真理上，前者主要诉诸哲学，后者源于启示（表现为古典学园与教会的对立）；在对人的看法上，前者强调众多实体中个体的人，后者突出作为"法人"团体一部分的、共享一个神性和精神（Spirit，灵性）并因此达于共识（因上帝而达于共识）的人（也就是说，前者承认个体的有限自由，而后者则强调精神上的"我们"，而不知有精神上的"我"或个体－自我）；在政治上，前者推崇城邦公民民主体制或共和体制，后者习惯于政教合一的哈里发体制。这种对立和斗争导致在假晶现象地区出现两种结局。一方面，在希腊化较为深入和强势的罗马帝国东部地区（拜占庭），麻葛文化不得不更多地采取许多外来的希腊－罗马化的伪装形式。也就是说，拜占庭尽管是一个主要说希腊语的罗马国家，但由于地方传统的作用在精神气质和文化心灵上与传统的希腊－罗马有很大区别。它愈来愈像一个麻葛文化国家或"麻葛式的希腊民族"（斯宾格勒语）。不过，由于传统古典文化仍然较为强大，因此麻葛文化在其中难以得到自由而充分的表现（或者说古典文化越来越麻葛文化化）。其结果，在拜占庭形成一种既非西方也非东方的半希腊半麻葛文化，不同于西方的希腊正教（东正教）是其集中体现。另一方面，在希腊化相对薄弱的地区（即波斯、阿拉伯、希伯来文化传统较强的地区——通用语曾为阿拉米/亚兰语的地区），受压迫的麻葛文化，先是以不同于西方基督教和东正教的闪族（犹太）－基督教的形式（所谓基督教"波斯教会"形式或"南方"基督教形式①）以及波斯宗教、摩尼教等东方宗教形式，后又以闪族（犹太）－阿拉伯伊斯兰教的形式（突厥人来了以后，又分出突厥－伊斯兰教形式），与外来的强势文化进行了艰苦卓绝的斗争，最终冲破希腊－罗马文化的古老躯壳而独立兴盛起来。伊斯兰文明的崛起把拜占庭（东罗马）逐渐压缩到希腊文化的核心地区。于是出现了拜

---

① 罗马帝国时期，基督教大体上分为东方、南方和西方三种形式。它们之间的冲突和斗争本质上反映的是不同地域、民族或文化心灵的冲突和斗争。在这个基础上，基督教逐渐演化为西方天主教、东方东正教（希腊正教）以及其他流派（如一性论、聂斯脱利、阿里乌等教派）残余。

占庭、伊斯兰、西方三者对峙的局面。希腊正教的拜占庭文化既与伊斯兰文化对立，也与西方基督教文化矛盾，成为既非西方也非东方的一种折中文化。

在这种情况下，在拜占庭，希腊精神已经变成毫无生气的躯壳——"阿波罗式的心灵意象在麻葛式的心灵出现的时候立刻就销声匿迹了"①，统治者多少有些接近哈里发或苏丹类型，社会日益麻葛化或东方化——诚如阿尔弗雷德·韦伯所言："不仅西方的宗教东方化了，而且西方是全部社会生活在戴克里先'拯救'罗马帝国以后也东方化了。"② 于是，市镇飞地消失，人民（公民）沦落为实际的臣民而缺乏自由。在这种状态下，人们除了对希腊文化进行修修补补之外，很难有创新性的或接受他者文化的眼光（无法超越自我以不同的视角审视自身），从而处于自我中心的封闭状态（虽然查士丁尼一世时代有过短暂的中兴）。而本来正在复兴的闪族文化③在不能冲破这个外壳的情况下，无法达成其纯粹而独特的表现形式，从而不能充分地发展自我意识。于是，"年轻的"心灵深处喷涌出来的一切都注入了古老的躯壳中，僵化在那里，无法发展自己的创造力。逐渐地，两种文化折中在一起，都老化和僵化了，其表征就是希腊正教。人们既不能以新的视角审视希腊文化，也不能超越传统的基督教，文化心灵的老化是其衰落的根本原因之一。

随着东罗马文化日益东方化（非拉丁化和非西方化）④ ——不同于西

---

① 奥斯瓦尔德·斯宾格勒：《西方的没落》第一卷，吴琼译，上海三联书店，2006，第293页。

② 阿尔弗雷德·韦伯：《文化社会学视域中的文化史》，姚燕译，上海人民出版社，2006，第166页。罗马帝国在基督教成为国教前，从戴克里先开始统治者就已经像后来的伊斯兰哈里发（皇权与最高祭司合一），国家、教会、民族合为一体。君士坦丁以后，这得到更充分的发挥。因此首都（社会中心）东迁是必然的。这似乎是后期罗马官方为什么最终要接受基督教，而西罗马不接受这种（类似哈里发体制的）模式必然要衰亡的原因之一。

③ 罗马帝国的首都由罗马迁往君士坦丁堡，并非表明希腊－罗马文化的兴盛，而恰恰相反，是希腊－罗马文化的衰落，麻葛文化心灵的觉醒和此种文明崛起的反映，尽管这种麻葛文化还处于希腊文化外壳的包裹之内。也就是说，此时的拜占庭希腊文化越来越受麻葛文化影响，两者折中在一起。

④ 这个地区官方的拉丁语在6世纪后为希腊语取代。文化上该地区表层上接受希腊文化，深层则更多地受西亚－近东的东方传统影响。

欧的日耳曼－拉丁传统，拜占庭越发像一个没落的半麻葛国家①，实行"政教合一制度"（caesaropapism）：皇权高于教权，教会屈从于世俗统治者；皇帝是最高的司法裁判者和宗教的最高主宰。如果说后来的伊斯兰教世界是僧俗不分而浑然一体的话，那么西方基督教世界则是宗教与世俗两者相对分明的社会，而希腊正教或东正教世界则处于这两者之间。由于日益受地方传统影响，东派基督教（希腊正教）便趋向于东方神秘主义和禁欲主义，要求修士退居远方过严苛的自我克制的生活②。在这种情况下，该地区尽管地处东西方交汇之处，且具有文化多样性，但却缺少文化张力，不仅知识/理性与信仰/启示之间的天平过于向后者倾斜，没有形成前文所说的那种理想的文化及其真理－知识系统，没能摆脱假晶现象，而且文化和精神更多地屈从于绝对权力，不利于文化变革的出现。这一点是十分不同于西方基督教社会的。

当拜占庭日趋僵化和萎缩，西方还处于发展的萌动阶段之时，伊斯兰文明则兴盛起来。伊斯兰文明的核心价值是伊斯兰教。起初，伊斯兰教是作为麻葛宗教系列中的"清教派"而出现的③。它给东方的麻葛文化－社

---

① 当1453年土耳其人大兵压境，拜占庭最终灭亡之时，作为希腊正教教徒的国民"激烈地拒绝了"投向西方基督教的怀抱，而选择了穆斯林土耳其的统治，"他们'宁可在君士坦丁堡拥有穆罕默德的头巾，而不愿拥有教皇的皇冠或主教的帽子'"（汤因比：《文明经受着考验》，沈辉等译，浙江人民出版社，1988，第150页）。这一情况佐证了上述观点。此外想一想沙皇治下的俄罗斯，也应对拜占庭的特质有所认识。

② 神秘主义和禁欲主义现象，在许多宗教中都存在。就东西方基督教相比，东正教比天主教要更加强烈。东派教会认为救赎就是神化，因而更强调内心的祈祷、沉思和修道的重要性。例如，在拜占庭，有"庭柱圣徒"（一些男女教徒从埃及、美索不达米亚和波斯的早期基督教苦行主义者那里获得灵感，在一些高柱顶部栖息数年，以显示对苦行和禁欲主义生活的坚守。他们被称为"庭柱圣徒"），而以严厉闻名的圣山区修道院，为了灭绝修士的肉欲思想，禁止任何女性/雌性（无论人或动物）进入圣山。东派教会的权威使普通信徒对修道的默想者和神秘主义者十分敬重，而西派教会机构对他们采取保留态度。

③ 犹太教和基督教"这两个'有经典的宗教'不知道如何保存它们最初的纯洁。这就是为什么天神派遣了最后一位使者，这就是为什么伊斯兰教注定要继基督教而起，正如基督教继犹太教而起一样"（米恰尔·伊利亚德：《宗教思想史》，晏可佳等译，上海社会科学出版社，2004，第1005页）。作为"清教派"式的新兴宗教，伊斯兰教在基督教南方教派和塔木德犹太教区域一出现便迅速得到当地居民的欢迎和响应，成千上万的基督徒和其他信徒毫不犹豫地投奔和皈依了它。这并非仅仅是诉诸好战嗜杀的武力能够解释的，它有其更深刻的文化－社会意义。

会世界带来了一股生机勃勃的春风，一扫过去因受日趋没落的古典文化压抑而出现的颓废之气。布罗代尔认为，伊斯兰文明在前现代是世界上"最灿烂辉煌的文明"。它出现过阿拉伯世界与希腊文化联系的文化复兴和"人文主义"热潮，汇集了几种文化的哲学、科学和医学①，对欧洲中世纪大学课程具有变革性的作用，"对13世纪以后的基督教哲学产生了革命性的影响"②，中世纪西方大学中的一些知识分子甚至多年崇拜阿威罗伊主义（阿威罗伊系伊本·鲁西德的拉丁化名称）。现代资本主义的许多制度，如早期股份公司、信贷及支付、复式簿记、信托、商业协会等制度，往往被认为是由意大利人发明的，但中世纪埃及犹太商人的书信表明，在这之前这些制度已经在阿拉伯商人中存在了③。当时甚至出现了市场经济及商业资本主义雏形，被称为"伊斯兰资本主义"④。伊斯兰文明在中世纪取得的成就是巨大的，对西方的影响是"革命性的"，这不仅仅是文化输入的中介作用的问题，而是送来了新的解释和新的思想的问题（中古后期的阿威罗伊对亚里士多德的大量的评注，使西方摆脱了翻译和解释造成的新柏拉图主义观念和框架。亚里士多德的极个别著作，如《逻辑学》，在很早以前就有拉丁文译本，但人们一直是透过新柏拉图主义的有色眼镜来看待亚里士多德的。几个世纪以来亚里士多德始终被认为是新柏拉图主义世界观的一部分）。正如美国社会学者柯林斯所说："我们应当反对一个习惯的认识，即把这个时期看做不过是古代知识的转运站。这里存在着移译与理解的社会学，不能把这种时代的学术史简化为一种经验主义的缓慢移动，借此，文本而不是事物成为逐渐被认识的客体。"⑤

① "从8世纪到14世纪末，阿拉伯科学很可能是世界上最先进的科学，远远超过了西方和中国。"（托比·胡佛：《近代科学为什么诞生在西方》，周程、于霞译，北京大学出版社，2010，第44页。）

② R. 柯林斯：《哲学的社会学》（上），吴琼等译，新华出版社，2004，第476页。

③ 费尔南·布罗代尔：《文明史纲》，肖昶等译，广西师范大学出版社，2003，第83页；Jairus Banaji, 2007, "Islam, the Mediterranean and the Rise of Capitalism", *Historical Materialism*, 15 (1): 47–74, Brill Publishers.

④ Subhi Y. Labib, 1969, "Capitalism in Medieval Islam", *The Journal of Economic History*, 29 (1): 79–96, Brill Publishers.

⑤ R. 柯林斯：《哲学的社会学》（上），吴琼等译，新华出版社，2004，第35页。

　　然而，中古时期伊斯兰文明的成就尽管给西方送去了变革的动能和好运，但却没有使自己进一步走上与希腊文化精华融合的道路，发生革命性的文化变迁。就在西方接走熊熊燃烧的希腊文化火炬的时候，伊斯兰文明，从文化发展的角度看，却开始渐渐老化和停滞了，尽管它摆脱了假晶现象，充分发展了自我意识和精神，但同样没有形成持续的、理想的文化和真理系统。也就是说，起初以"清教"面目出现的伊斯兰教尽管在一定程度上促进文化－社会发展，但最终难以抗拒和挣脱麻葛文化－社会传统束缚而趋于复原。为什么会出现这种现象？原因是复杂多样的。笔者认为最重要的应当是伊斯兰文明的去地中海文化化，以及苏菲（suf，sūfī）派神秘主义的兴起和在伊斯兰世界的广泛传播①。

　　柯林斯说，中世纪穆斯林哲学与基督教哲学建构在"相同的要素之上"，"中世纪伊斯兰教与基督教之间最重要的区别在于量上而不是质上，在于知识的分量与时机而不在于知识的实质内容。伊斯兰教和基督教都不注重东西方的差异，两者都同等地是西方的"②。应当说，某种意义上讲这段话的观点在 12 或 13 世纪前是对的。因为那时，伊斯兰文明的地中海和希腊理性因素甚至比欧洲基督教文明还要多。然而，在此之后，仍然持有这种观点就有问题了，因为随着时间的推移，两者的差异逐渐扩大。伊斯兰文明在失去了地中海——"阿拉伯湖"的控制权后，其中心离开了地中海，逐渐向东转移。在开辟中亚和东方世界的过程中借助苏菲派宗教使团的力量，吸收了许多当地传统文化因素（如瑜伽、魔术等），神秘主义占据优势。伊斯兰文明虽然以一种不同文化的创新眼光看待希腊文化，但却走向了伊斯兰教神秘主义③。与此同时，地中海文化因素虽然仍然得

---

①　M. E. Kiliç, 1996, "*Mysticism*" in History of Islamic Philosophy, Part I, S. H. Nasr and O. Leaman, eds., pp. 947 - 958, London：Routledge Press；A. Schimmel, 1975, *Mystical Dimensions of Islam*, Chapel Hill：University of North Carolina Press.

②　R. 柯林斯：《哲学的社会学》（上），吴琼等译，新华出版社，2004，第 509 页。

③　这种伊斯兰教神秘主义与日耳曼神秘主义不同。前者与两种神秘实体，即精神和心灵的二元论相关，并逐渐远离希腊文化（只吸收了希腊文化中的心灵实体观念），最终主要促进了宗教神学和神秘主义的发展。后者借用希腊文化某些概念或术语名称，以及加入了日耳曼人看待基督教神学的方式（作为想象单位的抽象的心灵空间和作为过程的空间——无限与动力学的根源），最终使宗教理性化，在促进神学和神秘主义发展的同时，也促进了科学的发展。

到保持，但在相当程度上已流于形式，而且除了留存了新柏拉图主义某些内容外，其他希腊哲学因素已被放弃了（选择信仰，放弃理性，文化多元性和张力渐渐消失，社会自由度明显下降，穆斯林的"文艺复兴"成果丧失了）。在去地中海和希腊文化的过程中，原本在中古世界最理性化的文明渐渐离开了理性化之路。如韦伯所说："在东方地区……随着他们摧毁希腊教育，理性信条的形成也在东方地区结束了。"[1] 尤其是其政教合一的哈里发或苏丹体制以及僧俗两界浑然一体的社会世界，难以容忍一个多元文化和"开放社会"的存在。这导致在政教合一的伊斯兰世界，由于以神启及戒律或无所不包的社会命令严格规定人们所有的公私生活，一开始便排除了理性可以从中独立发挥作用的活动余地，因此本来已有所发展的哲学、科学和民间自主性最终被窒息在摇篮里。

与此相反，在西方基督教世界，社会统治和管理上的二元性结构不仅导致"文化领导与政治权力之间的相互独立性"，而且给社会带来新的活力，并最终成为近现代西方产生文化、经济、政治和社会自由的"主要因素之一"[2]。它把西方社会从自由因素的成长逐渐引向法治下保护和规训自由的现代性的秩序建构。西方学者（如列奥·施特劳斯等）认为，当时，西方与穆斯林世界的突出区别在于，西方的二元管理模式能够给予世俗管理更大的相对独立性。而基督教社会由于通过两种不同的权力和两种不同的法律体系来管理，广大信徒才有可能在许多方面按照并非基督教教会特有的原则或标准来相对自由地组织他们的社会和政治生活[3]。在这种相对宽松的社会条件下，中世纪西方教士－学者不断大量引进阿拉伯传递的希腊文化。这导致西方基督教文明逐渐减少传统基督教的神秘主义，增加了日耳曼神秘主义因素，从而意外和间接地增加了理性和科学想象并使得西方逐渐拉开了与对手的距离。因此，伊斯兰文明虽然在经济和军事上一时还能保持强势（特别是借助突厥－伊斯兰文明力量以后），但从文化建构上看终究是要落伍的。实际上，13 世纪以后，伊斯兰文明尽管仍然

① 马克斯·韦伯：《经济与社会》上卷，林荣远译，商务印书馆，1997，第 522 页。
② 克里斯托弗·道森：《宗教与西方文化的兴起》，长川某译，第一章"导言"，四川人民出版社，1989。
③ 列奥·施特劳斯等：《政治哲学史》，李洪润等译，法律出版社，2009，第 235 页。

强大，但如柯林斯所言，接过并繁荣古典学问的穆斯林哲学却真的死去了，一同死去的还有穆斯林科学。西方接过了穆斯林的"文艺复兴"火炬。

一般认为，"西方"和"西方心灵"浮现于 9 或 10 世纪，中世纪盛期希腊文化（尤其是亚里士多德的著作）的引入和罗马法复兴加速了西方的觉醒，而西方的崛起则是从文艺复兴开始的。这种崛起的主要担纲者或载体是日耳曼人和拉丁化的日耳曼人。当西方开始此种崛起或者说当西方文化开始兴起的时候，它们起初也处于一种文化的假晶现象之中。这种假晶现象就是日耳曼文化（心灵）被包裹在麻葛文化，或犹太－基督教文化（基督教母体）之中。纵观历史，基督教从其产生至近代曾出现过两个伟大的思想运动和发展的时代，它们分别为公元 0～500 年和 1000～1500 年。前者反映基督教的重心主要在东方（古代基督教重心随着罗马帝国中心的东移而转向东方），后者则呈现基督教在西方的成长和繁盛（"教皇革命"以后尤其如此）。作为基督教，两种思想运动当然具有宗教文化渊源关系，但又有明显的本质区别。它们是两种不同文化心灵的反映。古代基督教大体上是麻葛文化心灵——巴比伦－波斯－犹太－阿拉伯文化心灵的反映，而中世纪盛期开始的西方基督教基本上是日耳曼文化心灵的体现（尽管其圣史是犹太的）。那么何谓"日耳曼文化心灵"？如前所述，西方文化中存在突出理性、形式化、抽象性、"对无限的信仰"、对世界有序性和完美性的信仰、动力学和历史性的特点。今天，只要对西方或现代性文化稍加了解的人大概都能懂得这一点。然而，这只是已经世俗化的成熟的西方文化心灵，即所谓现代性（西方）文化心灵的特点。当这种文化心灵还处于萌芽状态的时候，它起初是以基督教文化（包括部分被吸纳的希腊文化）来表现的（以理想的文化和真理系统表现的）。这与希腊化时期波斯－阿拉伯心灵不得不以某种变异的希腊文化来表现一样（例如，最早的代数学表面和名义上是希腊数学，但本质上是波斯－阿拉伯文化心灵的表现）。也就是说，西方文化心灵起初是通过基督教母体抚育成长的，或者反过来说，现代西方文化的关键要素在某种意义上讲原本就暗含在西方基督教文化预设之中（三种文化及其真理和知识的预设之中），这就是典型的文化假晶现象。

不过，需要指出的是，此基督教（12世纪以后的西方基督教）并非古典时期的基督教（0～500年的基督教）。西方自11世纪70年代"教皇革命"和12、13世纪"大翻译运动"或"12世纪文艺复兴"（即西方引入阿拉伯版的、经过修订和增补的希腊科学和学术的运动）以后，西方基督教及其所教化的世界便逐渐发生深刻变化，这就是政教相对分离、知识人的相对独立和西方基督教世界的开始理性化。关于"教皇革命"或"教会自由"，如前所述，其带来的政教相对分离的深层意义是，文化的领导权（尤其是知识和真理的判定权力）与（世俗）政治（统治）权力的相对分离，一个西方世界出现两个中心：世俗权力中心与精神或文化权力中心。这种"精神的权力和世俗的权力之间的二元化"或"文化领导与政治权力之间的二元化"①，打破了西方中世纪以来曾存在过的加洛林帝国神权君主政体（政教合一）模式。即使在教会强迫实现的宗教统一的西方也从未造就出一个真正的神权政治（若不考虑后来加尔文新教派那样的体制的话）。这把西方文化-社会模式不仅与东方，而且同拜占庭模式区别开来。因为在后者，政治中心仍然是文化的中心，而文化中心和真理-知识系统也总是为政治权力马首是瞻。由于知识中心和文化领导权在西方获得了相对独立性，西方世界便出现一定程度的"文化自由"（即精神自由，它始于主教叙任权之争的"教会自由"，兴于宗教改革后基督徒的良知自由），从而理性的运用得到较好的维护和发挥。这使得知识研究和文化生产充满活力和创新性。这种知识中心和文化领导权基本上日趋具有不为政治统治权所左右的相对独立性并在西方逐渐形成传统。当权力、私利和欲望日趋增长的教会（尤其是教廷或教会上层）试图妨碍这种独立性和自由的时候，这种原本作为知识和文化中心出现的共同体（在中世纪，教会和修会同时也是唯一的文化-知识中心）便发生分化：分为起初模糊但后来越发清晰的信仰与知识载体两部分，即教会-修会与大学（包括某些科研机构），尽管起初两者尚未完全分离。于是，知识和文化中心越来越向原本是教会创办的日益世俗化的教育和学术机构（大学和

---

① 克里斯托弗·道森：《宗教与西方文化的兴起》，长川某译，四川人民出版社，1989，第10、14页。

科学研究部门）转移，并且通过它们使文化自由延续下来。这加速了真理系统的分化和转型。

知识中心和文化领导权在西方为什么能够获得相对独立性？或者说在西方为何会出现文化（精神）自由？（没有这种自由就不会有许多原创性。）

不容置疑，这自然同精神权力和世俗权力之间的二元化（统治与管理权的二元性）以及西方 10 世纪以后随着商贸活动发展而来的城市的兴起和市民阶层（早期布尔乔亚）的崛起有关。不过，这只是外部条件。从内在因素看，它主要还是西方基督教及其所教化的世界逐渐理性化和"良知（良心）自由"观念发展的结果。我们先看理性化方面（良知问题下面另章论述）。理性化是西方文化－社会系统自中世纪后期以来持续演进的趋势，对此，韦伯有深刻的研究和阐释。韦伯不仅重视西方与古希腊理性主义亲和的结果，而且更强调理性宗教取向对形塑现代西方人与社会（西方文明）的意义[1]。当时中世纪后期的情况是，理性主义形而上的理念起初被披上宗教信仰的外衣，或者说是以宗教（基督教）形式表现的。如前所述，古希腊文化具有两重性，即理性与非理性两个方面。希腊理性主义的一个突出之处，在于它含蓄地说明宇宙、自然是一个有序的完整的统一体。关于这一点，柏拉图在《蒂迈欧篇》中有较为明确的阐述[2]。尽管柏拉图在其著作中谈到神和世界灵魂（world-soul）的创世作用，但他的思想本质上还是属于哲学而非启示宗教范围。基督教起源于希腊化世界，当然受包括理性主义在内的希腊文化影响。基督教在其兴盛过程中与柏拉图理论融合在一起便是自然的，其中包括希腊理性主义（伯特兰·罗素说，基督教在理论上是希腊的，这一点很说明问题）。这一点在西方基督教尤为明显。中世纪西方文化起初主要是基督教宗教文化，人们是在接受（西方）基督教（更多地融合了理性主义的基督教）中不知

---

① Max Weber, 1948, "Religious Rejections of the World and Their Direction", in *Essays from Max Weber*, Hans H. Gerth and Charles W. Mills, eds. and trans., pp. 323 - 359, New York: Oxford University Press.

② 柏拉图：《蒂迈欧篇》，载《柏拉图全集》第 3 卷，30A - 37A，31B，王晓朝译，人民出版社，2003。

不觉地接受希腊理性主义的。不过，这种经过在基督教中洗礼的希腊理性主义，已不是原有的理性主义，而是加进了波斯－希伯来文化元素和日耳曼精神的理性主义。它不仅是理性和有序的，而且还是抽象的、无限的、动力学的和历史性的。因此，在这个意义上讲，说现代西方文化的某些关键要素原本就暗含在西方基督教文化预设之中，是有道理的。它的一部分质料是希腊式的，形式则是日耳曼化的基督教的，因此存在假晶现象。

西方基督教文化和社会世界的这种理性化是随着阿拉伯评注的亚里士多德学术的引入和罗马法的复兴而强化的。其标志就是经院哲学的兴起和作为西方最早近代法律体系的教会法的形成。经院哲学的代表是托马斯·阿奎那。阿奎那生长在一个大学（知识共同体）、基督教新社团（著名托钵修会，如多明我会与方济各会）和西方自然科学刚刚开始勃兴的时代。他既是一名神学家和修士（多明我会成员），同时也是著名的经院哲学家（和社会理论家）。身兼多重角色，这是那个时代大多数学者的特点，甚至在近代早期也是如此，比如，哥白尼就既是教士又是科学家（数学家和天文学家）。尽管当时的主流意识形态仍然认为神学是"科学的女王"，而包括自然科学在内的哲学则是其不可或缺的婢女，但在当时新兴文化氛围和科学精神气质下，西方基督教及其神学思想不断受到理性主义的影响和熏陶。把哲学和科学融入基督教思想，形成一种"混合体系"（即理想的文化和真理－知识体系），是这一时期神学和经院哲学建构的核心和目的。对于阿奎那而言，尤其如此①。在这个建构过程中，理性（科学）与信仰（启示）逐渐清晰分离开来。如同《圣经·新约》中所说的基督的当归基督，恺撒的当归恺撒一样，神学家兼学者们，典型的如大阿尔伯特和阿奎那，开始划分信仰与理性的作用范围。也就是说，他们虽然往往是天堂上的柏拉图主义者，但在人世间却是亚里士多德主义者②。在他们看来，人是理性的拥有者。这种理性能力使人能够破译上帝

---

① Roger E. 奥尔森：《基督教神学思想史》，吴瑞诚、徐成德译，北京大学出版社，2003，第356页。

② 安东尼·肯尼：《牛津西方哲学史》第二卷，袁宪军译，吉林出版集团有限公司，2010，第88页。

创造物这一最神秘的谜题，即能够理解和说明自然、社会和人本身。不过，此时的西方人还远非后来康德所说的那种经受过启蒙运动洗礼、从监护状态下解放出来的"成熟人"。其原因如康德所言，不在于缺乏理性，而在于没有上帝（和教会）的引导，人就没有能力运用理性，即人们尚未有独立应用自己理性的勇气，他们还未成熟到敢于将一切交给理性审视（尽管后来如恩格斯所言，人们发现理性也有局限性①）。因此，人们还需要上帝和教会引导，需要它们告诉他们做什么以及如何去做②。于是，其当然的逻辑便是理性要在启示的照耀下才能发挥作用，理性真理和感觉经验的真理尚未独立而脱颖而出。

然而，无论如何，随着亚里士多德思想在西方深入人心，当时在教会、知识界和大学（著名的如巴黎大学）就启示与理性的问题出现激烈争论，这一争论又进一步演化为两种真理（信仰性真理与理性的真理），甚至三种真理（再加上感觉经验的真理）之间关系的辩论。而这种辩论同时也是同唯实论与唯名论之争以及对教会性质的看法联系在一起的。应当说，在中世纪盛期和教会正统思想居于近乎绝对支配地位的时代，以上争论和辩论基本上还是在经院哲学框架内展开的。经院哲学家们力图在宗教和神学基础上协调信仰与理性、启示与哲学、宗教与科学之间的关系（实际上也是在神学基础上协调柏拉图主义与亚里士多德主义之间的关系），其代表就是阿奎那。关于信仰与理性的关系，远在教父时代末期或中世纪前夜，奥古斯丁就已给中世纪基督教世界思想奠定了基调。奥古斯丁否认那种将信仰与理性截然分开的虔敬，认为信仰与理性属于一体，两者在获取知识方面都扮演它们的角色。奥古斯丁说，正是理性，把人类与动物区别开来。我们必须合乎理性地信仰，没有合理的心灵，就根本无法信仰。不过，理性与启示及信仰密切相关，因为理性被视为上帝赐予的一种能力。奥古斯丁强调，我们"既在信仰中思考，又在

---

① 恩格斯：《社会主义从空想到科学的发展》，载中央编译局《马克思恩格斯选集》第三卷，人民出版社，1972，第406～408页。

② Kant, 1991, "An Answer to the Question: 'What is Enlightenment?'", in *Kant: Political Writings*, S. H. Reiss, ed., H. B. Nisbet, trans., Cambridge: Cambridge University Press.

思考中信仰"①。在涉及人类得救问题时，由于其超越理性把握的范围，因此在这种情况下，使信仰先于理性是合理的。也就是说"我们首先要信，以便能够理解我们所信仰的一切"②。奥古斯丁的这一思想后来为中世纪基督教思想家安瑟伦的"我信是为了理解"（credo ut intelligam）的著名公式所承继和简化。阿奎那在前人的基础上把这种辩论大大地向前推进了一步并显示出其与众不同的开放性和创新性。由于受时代和文化多样性的影响，阿奎那将一切思想（主要是基督教、希腊、阿拉伯－犹太思想）置于他详细考查的范围，对不同思想的真理予以应有的承认。阿奎那承认信仰与理性（启示与哲学）、超自然与自然的区别，但同时强调后者与前者没有根本冲突。也就是说，他既反对那种认为哲学会提供某种自主的视角，从而人们能够远离启示达到终极真理的主张，也反对否定异教徒（如亚里士多德）具有真正的洞见或真知的说法。他的目的是要将这两者协调起来，即把古典文化（尤其是亚里士多德思想）与基督教协调起来。因此，把阿奎那比作一个百川流入其中，又从中流出许多河流的湖泊③，再恰当不过了。这符合时代发展的潮流，也预示了西方思想和社会巨大变迁即将来临。总之，无论如何，阿奎那在当时社会－文化允许的条件和背景下以一种独特的形式，把三种真理——信仰性真理、理性真理和感觉经验的真理凸现在人们面前，尤其是强调在获取知识时观察和经验的重要性。其暗示了宗教（基督教）启示、柏拉图主义和亚里士多德主义在当时西方文化中的合理地位。与启蒙运动以来，人们一直把基督教与古典文化对立起来的观念不同，在阿奎那经院哲学那里，这些文化都是协调地融合在一起。这种融合某种意义上在古典时代晚期（罗马帝国后期）曾经出现过，但那种融合的最终取向是宗教性的④，而

① Saint Augustine, 2010, *On the Predestination of the Saints*, *A Select Library of the Nicene and Post-Nicene Fathers of the Christian Church*, First Series, Vol. 5, p. 499, Philip Schaff, ed., New York: BiblioBazaar.

② Saint Augustine, 1953, *Letters*, Volume 2 (83–130), Sister Wilfrid Parsons, trans., p. 302, New York: Fathers of the Church, Inc.

③ James Denney, 1959, *The Christian Doctrine of Reconciliation*, p. 84, London: James Clarke, reprint ed.

④ R. L. Wilken, 1984, *The Christians as the Romans Saw Them*, pp. 200–201, New Haven: Yale University Press.

第九章　文化张力与西方社会文化的创新发展

433

现在融合的潜在取向是哲学性的。文化的哲学和科学取向在基督教母体中躁动，知识中心和文化领导权随着大学和其他学术机构与教会日渐分离而转向前者。尽管在中世纪末期和近代早期它们仍受到教会力不从心的控制，但独立成长的趋势伴随理性化的广泛深入和科学实验初步展开而渐进形成。

亚里士多德学术和思想在西方的传播，预示了古典文化在西方的某种复兴。当然，就中世纪盛期及其稍后一段时间而言，尽管随着城市的兴起和罗马法的复兴，涌现出一批诸如罗伯特·格罗斯特斯（Robert Grosseteste，约1168~1253）和罗杰·培根①那样的超越经院哲学并在一定程度上诉诸经验观察和科学实验的基督徒学者，但多数出现理性躁动的学者（如阿奎那）还是在经院哲学范围内阐述其思想的。也就是说，借助古典文化反思自己——朦朦胧胧初显文化自觉——的西方仍然是在基督教文化框架内进行的，呈现出一种文化假晶现象。人们虽然开始不知不觉地做一些从长期看，最终会慢慢杀死上帝的事情，但仍然认为在为上帝服务，而且是非常虔诚地做这些事情（包括后来的哥白尼等人）。这是中世纪人们长期虔诚养成的习惯的结果。

一般而言，在一个文明之内存在多元文化的条件下，或者说一个社会在文化张力的作用下，最容易找到和形成新的社会和文化变迁方向。这是西方基督教（文明）世界特有的，东方文明，不论东亚儒家文明、印度教文明，抑或伊斯兰文明等，都不具备这些文化（张力）特性（伊斯兰阿拉伯文明曾经在一定程度上具有这种文化张力条件，但最终没能保持下去）。当然，西方文明的这种独特性具有某种历史偶然性，并非其人性特点所致。本来，作为后来"西方人"主体的日耳曼人起初只是"蛮族"之人。他们于5世纪初跨过莱茵河向西和南下后在迁移的大浪潮中先是受罗马帝国文明影响，后又大规模和深度接受基督教文化（起初皈依基督教

---

① 关于格罗斯特斯，参阅 R. W. Southern, 1986, *Robert Grosseteste: The Growth of English Mind in Medieval Europe*, Oxford: Clarendon Press；关于培根，参阅 Stewart C. Easton, 1970, *Roger Bacon and His Search for a Universal Science: A Reconsideration of the Life and Work of Roger Bacon in the Light of his own Stated Purposes* (reprint ed.), Westport Conn.: Greenwood Press。

阿里乌派，西罗马帝国崩溃后又转向罗马天主教）。某种程度上讲基督教（宗教故事是希伯来的、理论是柏拉图的、组织架构是罗马的基督教）是蛮族最早的文明教化者。它使桀骜不驯的日耳曼人逐渐变得相对文明、有序、理性和有知识起来——尽管是在基督教化的形式下（在基督教母体中）完成的。不过，这只是西方文明建构的一种文化层面。随着人们对基督教文化中的希腊－罗马因素的深入理解和发掘、对重新传入的古典文化的深度接触以及在阿拉伯－犹太的希腊文化学者观点的刺激下，对古典文化原本就"有亲和性的"（马克斯·韦伯语）西方人渐渐向西方文明中的希腊－罗马文化因子靠近便是自然的。经院哲学中的亚里士多德哲学和科学文化因子的兴起以及罗马法的复兴就是最初的例证。此后 14～16 世纪的西方文艺复兴更说明了这一点。

文艺复兴被认为是近代的起点。其核心在于它开始打破中世纪文化传统范式，在经院哲学之外另辟蹊径：开始强调经验和实验科学（尽管是在从事艺术活动中进行某些实验的）。这是当时西欧经贸发展、城市兴起和市民阶层崛起的结果，更是心灵和文化转型的产物。伴随着新兴城市和资本主义的发展，日益崛起的市民阶级（包括某些受此影响而不断布尔乔亚化的贵族）自然在基督教母体和封建制中逐渐感到不自在了。他们有意无意地在新的经济和社会活动中迫切需要寻找到新的文化范式，以便形成和发展（培育）一种与过去基督教传统不同的、适应新阶级发展需要的生活方式、思维方式和活动方式。我们今天知道，这就是现代理性化和世俗化的范式和方式。然而，在新时代来临之际，人们起初并不十分懂得如何去做。他们必然要借助已有的文化资本和符号开辟道路，这个资本和符号当时可以信手拈来的就是古典文化遗产。这样，人们便（首先在意大利）开始把注意力由基督教文化转向对希腊－罗马文化的发掘。所谓文艺复兴便是如此。复古意在兴今，虽然人们并非完全意识到这一点。人类在文化创新上起初不是借助外来因素就是依赖或利用现存的任何文化资本，这种旧瓶装新酒的举动是变革之初通常的做法。从解释学看，在此关键之点是现存文化和社会建构模式恰巧能够接受什么样的（新）文化范式。同样是古典文化（希腊－罗马文化），在不同的文化－社会（如拜占庭、波斯－阿拉伯、西方）中对此有不同的解读、态度和处理方式。当然，反过来看，这也取决于输入或创新的文化具有何种性质——与原有宗教和文化正统处于正相关还是对立关系。

中世纪穆斯林（尤其是阿拉伯人和伊朗人）以及生活在伊斯兰文明中的犹太人，在伊斯兰文明的扩张中不断接触和吸收古典学问（相当部分是希腊理性主义文化）。这一点在哈里发玛蒙（al-Ma'mun, caliph）于830年在首都巴格达成立"智慧之家"（House of Wisdom，受官方支持的翻译机构）以后日益得到加强①。当时在伊斯兰文明中涌现出多个著名翻译家和注释家群体，尽管起初其中有许多是非穆斯林，如基督教景教（基督教聂斯脱里派）教徒、作为一性论异端分支的雅各布派、古代拜占庭星象崇拜的萨比派以及琐罗亚斯德派（祆教派）。在接下来长达300年（差不多9代人）当中，这些群体积极翻译希腊科学、数学、医学、逻辑学和哲学方面的著作（包括亚里士多德、欧几里得、阿基米德、丢番图、盖伦、普鲁塔克等人的著作），不仅介绍著名的希腊文本及其阿拉伯学者的评注，而且引入相关的印度知识（如数学、天文学等）。伴随着理性主义希腊文化影响的扩大，在穆斯林世界也出现了一批试图把伊斯兰文明与希腊等文明融合在一起的著名学者和文化创新人物，如铿迭（al-Kindi, 801~873）、法拉比（al-Farabi, 874~950）、伊本·西那 ［ibn-Sina, 980~1037，拉丁名阿维森纳（Avicenna）］、伊本·鲁西德 ［ibn-Rushd, 1126~1198，拉丁名阿威罗伊（Averroës）］、迈蒙尼德（Mosheh ben-Maimon, 1135~1204，犹太学者，中世纪西欧人称之为 Maimonides）等。应当说，这些学者的研究取得了丰硕的成果。他们在伊斯兰世界总体呈现浓厚宗教氛围的情况下不仅推动自然哲学或科学（主要是医学、药学、天文学、数学）向前创造性地跨越了一大步，而且促进理性主义哲学深入发展。甚至连类似《鲁滨逊漂流记》那样的哲理小说也出现了②。他们既推崇信仰的真理（启示的真理），也承认理性的真理，并且认为二者应当是一致的、兼容的③。这样，对于他们而言（尤其是伊本·鲁西德），救赎不仅通过

---

① R. 柯林斯：《哲学的社会学》（上），吴琼等译，新华出版社，2004，第439页。

② R. 柯林斯：《哲学的社会学》（上），吴琼等译，新华出版社，2004，第495页。

③ 参见 Averroës（阿威罗伊），1961, *On the Harmony Religion and Philosoph*, G. Hourani, trans. and introd., London：Luzac.

信仰，而且通过理智获得，没有理性知识，人不可能得救。在这个意义上讲，他们更倾向于宗教的理性化。他们捍卫理性的尊严，回击以伽萨里[al-Ghazali，1058～1111；拉丁名阿尔加惹尔（Algazel）]为代表的保守派想粉碎哲学的企图。最值得注意，也更重要的是，他们在当时宗教虔诚的氛围中和新柏拉图主义流行的时代，最先开始批评柏拉图主义，突出亚里士多德思想的重要性，力图把学术界和社会思想由前者转向后者（对亚里士多德的重视始于穆斯林）。这意味着，在穆斯林世界，存在着一种创新力量，作为这一力量载体的一批学者（特别在融合了希腊科学和亚里士多德哲学思想以后）已经在理论上认识到，除了信仰的真理、理性的真理之外，还存在感觉经验的真理。这实际上是力图把人们的认识从沉思冥想转向经验研究。这比中世纪西方要早许多年，是"伊斯兰的黄金时代"（8～13世纪）。

然而，令人遗憾的是，这种创新力量在穆斯林世界仍显得微弱。伊斯兰文化及波斯文化与希腊文化缺乏亲和性。希腊理性主义在此缺乏生长的文化和社会土壤。在浓厚的神秘主义（如苏菲派观念）盛行的条件下，新兴的力量显得势单力薄，缺乏普遍的文化响应和动员力。它们在伊斯兰的东方（以巴格达为中心）于11世纪中期达到高峰后随着不宽容的保守气氛上升便迅速衰落，文化创新的重心也由伊斯兰的东方向其西方（西班牙穆斯林地区）转移。尽管此后在穆斯林西班牙地区随着伊本·鲁西德和迈蒙尼德的出现，创造性又一次脉冲式地出现高潮，但他们所处之地不是穆斯林世界的中心，而是边缘。他们是黄昏时才起飞的密纳发的猫头鹰。这些智慧的猫头鹰对穆斯林影响甚微，但却给基督徒带来了福音。以伟大的哲学家称号为人所知的不是阿拉伯名字伊本·鲁西德，而是其拉丁名字阿威罗伊，也就是说，他们在穆斯林世界缺乏广泛的信徒，其影响在穆斯林世界像流星一样转瞬即逝，其著作的大部分源头实际上已被遗忘①，而拉丁译本在西方却风风火火。1236年科尔多瓦（Córdoba）陷落，此后随着基督徒逐渐在西班牙收复失地，穆斯林世界能与希腊理性主义相融合的

———————————
① Majid Fakhry，1983，*A Hisrory of Islamic Philosophy*，pp. 275，292，New York：Columbia University Press；William Montgomery Watt，1985，*Islamic Philosoph and Theology*，p. 119，Edinburgh：Edinburgh University Press.

最后的科学家和哲学家网络逐渐消失了。当然自然科学，尤其是天文学，在伊斯兰世界衰落得要稍晚一些。甚至 13 世纪中叶及其以后，波斯穆斯林学者纳西尔·丁的图斯 [Nasir al-Din al-Tusi, 1201-1274, 原名卡瓦贾穆罕默德·伊本·穆罕默德·伊本·哈桑的图斯 (Khawaja Muhammad ibn Muhammad ibn Hasan Tusi)] 及其弟子和再传弟子通过修正托勒密体系，还接近和预示了哥白尼的体系（他们的创新导致了 13、14 世纪波斯 – 阿拉伯人在数学上等价于哥白尼体系的行星体系)①，这是"马拉盖革命"(Maragha revolution) 的一部分②。可惜的是，由于缺乏概念，缺乏宇宙观和形而上学方面的突破（有经验观测，但缺乏哲学的突破和指导），他们没有走到最后一步。随着时间的推移，科学的主题在伊斯兰知识生活中日益边缘化，从关注的空间中消失了。然而，墙里开花墙外香，穆斯林和犹太学者及其拉丁译本和评注尽管在自己的世界没能产生深刻而广泛的影响，但一代人之后却在西方基督教世界引起巨大的冲击和反响，从 13 世纪开始在基督教哲学中产生了"革命性的影响"③（西方从新柏拉图主义到透过新柏拉图主义有色眼镜看待亚里士多德，再到推崇本真的亚里士多德主义经历一个过程，这种转变明显受到穆斯林和犹太学者的影响）。

中古时代穆斯林世界的情况表明，伊斯兰文化与希腊理性主义文化具有明显差异。后者虽然一度最早在前者的世界复兴，但终因水土不服而难以长大成林。现代性起初是以希腊理性主义文化为轴心（以希腊科学和哲学为种子文化），经过多元文化碰撞、融合和创新形成的。穆斯林世界最终将希腊理性主义文化排斥出去，自然也谈不上现代性的自主

---

① Charles C. Gillispie (editor in chief), 1981, "Ṭūsī, Muḥammad Ibn Muḥammad Ibn al-Ḥasan", in *Dictionary of Scientific Biography*, Volume 13, p. 508, New York：Charles Scribner's Sons；还参见 Faiz Jamil Ragep, 1993, *Nasir al-Din al-Tusi's Memoir on Astronomy*, Volume Ⅱ, New York：Springer-Verlag。

② 波斯伊斯兰马拉盖学派（Maragheh school）反对托勒密天文学的革命。该学派有着始于著名马拉盖天文台的天文学传统，基于天文台观测数据，在预测行星位置数值方面创造出比托勒密模型更精确的非托勒密的构型（George Saliba, 1994, *A History of Arabic Astronomy：Planetary Theories During the Golden Age of Islam*, pp. 233 – 234, 240, New York：New York University Press)。

③ R. 柯林斯：《哲学的社会学》（上），吴琼等译，新华出版社，2004，第 467 页。

兴起。相比之下，希腊理性主义文化在西方基督教世界的遭遇却有很大不同。中世纪西方人在从穆斯林和犹太学者手中接过科学和哲学理性主义的火炬之后，尽管也出现教会（尤其在西欧北部）、巴黎大学和牛津大学保守派对拉丁阿威罗伊主义者和亚里士多德思想进行谴责和压制的现象（如1277年的"大定罪"），甚至连阿奎那这样的折中人物也一度难逃批判的厄运①，但是包括亚里士多德学问在内的、经过阿拉伯和犹太学者重新解释和创新的希腊科学和哲学在西方却顽强地生存下来，并在文化融合中不断获得创新性的成长。理性主义的科学和哲学能够在中世纪后期西方茁壮成长，除了文化上的亲和性缘由外，还可以从以下两方面得到解释。

首先，基督教的理性化。从中世纪基督教系统的建构上看，其主要由教廷（教会）、修道院（包括教会领）、修会（基督教社团）和学校（尤其是大学）构成。教廷或教会自11世纪70年代进行"教皇革命"——教廷取得"主教叙任权之争"（the Investiture Struggle）的某种胜利以来逐渐建立起类似世俗罗马帝国那样的官僚体制和司法体系，遍及西欧的修道院不仅是教徒苦修的场所，更是一系列庞大的经济–社会组织，各个修会在传教和督促教徒修道的过程中兴办了许多学校（包括大学）、医院和慈善机构，而大学不仅教授神学，而且还讲授自然科学和人文学科，即"自由七艺"（算术、音乐、天文学、几何学、文法、修辞学和论辩或逻辑）。这样，我们看到，基督教实际上与世俗世界有着非常紧密的联系，并在这种联系中不断地受其影响而被理性化、世俗化②。这种理性化和世俗化相对而言在基督教母体内部比在其他宗教系统（如伊斯兰教）中能够使科学和哲学获得更大的生存空间，有利于其成长壮大，只要它们在一定程度上保持婢女的身份，表面上认可基督教神学的"科学女王"地位即可。在这种情况下，某些身为基督徒（教皇、主教、神学家、修士或教士）

---

① James A. Weisheipl, 1983, *Friar Thomas D'Aquino: His Life, Thought, and Works* (updated reprint), pp. 333 – 344, Washington, D. C.: Cathlic University of American Press.

② 爱德华·格兰特：《科学与宗教——从亚里士多德到哥白尼（400B. C. ~ A. D. 1550)》，常春兰等译，山东人民出版社，2009，第134页。

的西方学者，如约翰·斯考特·埃里金纳（John Scotus Eriugena，约 815 ~ 877，神学家和哲学家）、奥里亚的热贝尔（Gerbert of Aurillac，946 ~ 1003）、后来的教皇西尔维斯特二世（Pope Sylvester Ⅱ，999 ~ 1003 年在位，因在教会学校教授七艺而获得很高的声望）、图尔的贝伦格（神学家兼逻辑学家）、坎特布雷的安瑟伦（大主教和哲学家）、于格·德·圣维克多［Hugh of St. Victor，约 1096 ~ 1141，著名《论教学》（*Didascalicon*）的作者］、彼得·阿伯拉尔（Peter Abelard，1079 ~ 1142，修士、中世纪最著名的逻辑学家）、彼得·隆巴德（Peter Lombard，约 1096 ~ 1164，神学家并精通自然哲学和逻辑学）、索尔兹伯里的约翰（神学家、主教，精通七艺）、托马斯·阿奎那、罗伯特·格罗斯特斯（主教、科学实验家）、罗杰·培根（修士、科学发明家）、约翰·邓·司各脱［修士、"精细博士"（Subtle Doctor）］、奥卡姆（修士、哲学家、"现代路线"早期的主要代表①），等等，不仅研究神学，而且还付出大量精力研究哲学和科学。他们都是一身二任，甚至数任的基督徒学者。在后世的哥白尼、笛卡儿、帕斯卡、莱布尼茨、牛顿等人身上仍可见到这种特点。尽管他们中的多数尚未直接触及信仰领域，没有公开向启示权威挑战（向传统挑战），但在以理性证明上帝存在的过程中或名义下却做了大量的哲学和科学的研究工作。应当说，基督教（或者说"新神学"的基督教，即受阿拉伯－希腊科学和哲学深深影响的理性的基督教）与世俗科学和哲学的进展有着某种密切关系。其中最重要的是，这些基督徒学者坚信上帝创造的宇宙是一个合理性的宇宙（有序的宇宙），了解这个宇宙在有规律地运行。这实际上是把希腊理性主义，把对哲学和科学的研究奠定在基督教信仰之上，使发现和探索包括宇宙运行的原因在内的许多认识论和科学秘密成为这些作为基督徒的哲学家和科学家（自然哲学家）

---

① 西方思想史上往往把主要从奥卡姆开始的、不同于经院哲学的新思潮称为"现代路线"（*via moderna*），以区别于以大阿尔伯特和阿奎那为代表的、基本上仍保持在经院哲学范围内的"古代路线"（*via antiqua*）［参见科林·布朗《基督教与西方思想》卷一，查常平译，北京大学出版社，2005，第 111 页；Heiko A. Oberman, 1987，"Via Antiqua and Via Moderna: Late Medieval Prolegomena to Early Reformation Thought"，*Journal of the History of Ideas*，Vol 48，No 1.（Jan. – Mar.），pp. 23 – 40，University of Pennsylvania Press］。

的使命——神圣的使命。这自然迸发出种种无法阻挡的强大力量和想象。尽管起初理性的应用止步于启示真理（信仰性真理）面前，但在此之外理性日益审视一切，推动哲学和科学事业不断发展壮大。而这最终又会导致经院哲学逐渐衰落以及中世纪教会建立起来的神学与哲学、科学的相对和谐的关系发生深刻变化。

其次，社会的理性化和世俗化。随着中世纪后期城市的发展和市民等级（阶级）的崛起，在日渐瓦解的统一的基督教母体之外，理性主义和人文主义以古典文化（希腊－罗马因素）复兴的形式开始兴起。这有两个方面，一是罗马法复兴和大学的兴起，二是文艺复兴。我们知道，在发端于 14 世纪的欧洲文艺复兴之前，社会的理性化和世俗化已经初露端倪。其中最重要的标志性事件是前文提到的"教皇革命"（政教合一的弱化）和以亚里士多德学问和阿威罗伊评注为代表的阿拉伯－希腊科学和哲学的引入。除此之外，罗马法复兴和大学的兴起也对社会的理性化和世俗化起到了十分重要的作用。

罗马法复兴始于 11 世纪末和 12 世纪初，这同时也是西方（现代）法律传统借以形成的起点①（当然这也与大学的兴起密切相关）。其带来的重大变化是：（1）随着大学的建立〔西方最早成立的大学便是法学院②——意大利的博洛尼亚（Bologna）法学院③〕，西方第一次将法律作为一种独特的和系统化的知识来教授，法律成为一门科学。（2）法律在高级专门机构交由专业法律专家、立法者、法官、律师和法学者们培植，实现专业化和职业化。（3）随着法律专家和相关学术机构以及有关专著

---

① 哈罗德·J. 伯尔曼：《法律与革命》，贺卫方等译，中国大百科全书出版社，1993，第 146 页。

② 大学最先以法学院的形式出现，似乎是当时（中世纪中后期）随着商贸快速发展和宗教朝圣活动频繁，世俗统治者和教廷最迫切需要以阐释和应用罗马法来维护社会秩序的结果。

③ 一般认为博洛尼亚大学成立于 1088 年，其标志是这一年出现了独立于博洛尼亚教会学校的自由的法律教学组织或社团〔大学一词源于拉丁语 universitas，意思是社团或行会，即"中世纪的大学是受教育的协会"（约翰·巴克勒等：《西方社会史》第一卷，霍文利等译，广西师范大学出版社，2005，第 505 页）〕。不过，对于博洛尼亚大学成立的时间仍有争议（见希尔德·德·里德－西蒙斯主编《欧洲大学史》第一卷《中世纪大学》，张斌贤等译，河北大学出版社，2008，第 5 页）。

和文章的出现，法律制度变得概念化和系统化。法律不仅包括法律制度、法律命令、法律判决等，而且还取自法律学者对法律制度、法律命令和法律判决所做的分析和阐述。法律因此成为一种科学。这意味着，法律与"超然法"（meta-law，元法律）①、实际运用的法律与作为构想出来的法律被区分开来，从而作为一种科学，法律能够不断得到分析和评价。（4）随着一代又一代来自西欧各国（当时博洛尼亚法学院是国际学院，学院至少有20个同乡会②）在法学方面训练有素的毕业生进入西欧各国的法律部门和其他官僚机构担任顾问、法官、律师、行政官、立法起草人，新型法律系统得以从以前几乎完全与社会习俗、一般政治和宗教制度混为一体的各种旧法律秩序中脱胎出来，法律不仅在学科上而且在制度上与政治、宗教、道德和其他社会领域逐渐区别开来，获得相对自治，尽管它仍然受这些社会－文化因素的强烈影响。（5）虽然直到美国革命时才出现"宪政"（Constitutionalism）概念，但自12世纪起，几乎在所有西方国家，甚至在君主专制制度下，就某些重要方面而言，"法律高于政治"这种思想一直被广泛讲述和经常得到承认。西方法律的这种至高无上的地位特征是西方社会－政治体系多元化的结果。它促进了社会的法治化（不同于法制），有助于尊重程序和契约原则、突出权利观念的文化传统的形成。除了这些之外，更重要的是，这种新法律，如伯尔曼所言，是"近代西方科学的先驱"③，也就是说，在近代科学获得突破性发展以前，西方通过法律研究已经获得了科学方法论。在方法论上，社会科学的突破走在自然科学的前面（这种情况在19世纪末期再一次出现：新康德哲学和马赫哲学中的相对观念走在爱因斯坦相对论和量子力学的前面并对它们的产生给予间接影响——爱因斯坦多次谈到马赫的某些相关观念对他的影响，证明了这一点）。

伯尔曼为何会这样说？其理由是什么？伯尔曼在《法律与革命》中

---

① 哈罗德·J. 伯尔曼：《法律与革命》，贺卫方等译，中国大百科全书出版社，1993，第148页。

② 参见 Hastings Rashdall, 1936/1987, *The Universities of Europe in the Middle Ages*, Vol. I , pp. 87 – 267, Oxford：The Clarendon Press。

③ 哈罗德·J. 伯尔曼：《法律与革命》，贺卫方等译，中国大百科全书出版社，1993，第11、187页。

认为，一门学问是否具有近代西方意义的科学性质，可以依据方法论、价值取向和社会学因素三方面的标准予以界定。从方法论上看，近代意义的科学性必须满足如下条件：（1）具有一种较为完整的知识体系，这里的知识是通过观察、调查、假设以及尽最大限度的实验证明或经验证据获得的；（2）相关的各种具体现象通过知识体系能够得以系统解释，而且这种解释要依据一般原则或真理（定律）；（3）科学存在共性，但每一种具体的科学必须与其所考察的现象的具体性质相适应。在此，最重要的是，近代科学不仅重视逻辑证明（这一点在中世纪经院哲学中已经存在），而且强调实验和经验验证。其中既有对于与证据相一致的一般原则（定理）的建构，也有将这些原则用于解释证据和从证据中推出新知的过程。12世纪的新兴法学家们基本上是按照上述方法去发展法学和法律事业的。他们不仅对一般原则的有效性进行经验证明，而且对这些原则予以经验的应用，是第一批做出这种发现和发展的西方学者。他们对法律的分析、反思、评价、修订，甚至建议宣布无效或搁置不用，不仅建立在推理上，而且是以"社会实验"为基础的。这种"社会实验"与近代科学的"自然实验"本质相近。尽管由于在现实中法律科学难免受到政治的支配和影响，统治者常常无视法学家的研究成果而使逻辑和验证成为权力、偏见和贪欲的牺牲品，但在有良知的法学家的不懈努力下，法学作为一门科学及其蕴含的科学方法还是获得长足的发展。不仅如此，这种科学方法论还对其他科学的形成产生一定的影响。伯尔曼甚至认为："如果没有由12世纪法学家首先发展出来的科学方法，无论是17世纪的科学还是19世纪的科学都是不可能产生的。"[①] 伯尔曼的话似乎有夸大之嫌，因为没有法学家首先发现近代科学方法论，后来的其他科学家也会做到这一点，不过，法学家的最先发现是有头功的，他们比罗伯特·格罗斯特和罗杰·培根在这方面的发现还要早一些，比文艺复兴时期艺术家们在科学方法论上发现则更早。

除了方法论的发现外，西方科学的存在和发展还与坚持科学价值取向

---

① 哈罗德·J. 伯尔曼：《法律与革命》，贺卫方等译，中国大百科全书出版社，1993，第192页。

及其相关社会学因素密切相关。按照伯尔曼的观点，科学的价值取向也可以说是科学精神，其涉及从事科学事业的人的态度、信念和根本目标，主要包括：科学家有义务以客观与诚实的原则指导其科学研究，并将科学方法作为评价其工作或其他人工作的唯一依据；科学家必须以一种"有机的"怀疑态度对待自己或他人的前提与结论的精确性，对于新观点直到被反证前要宽容，有公开承认错误的勇气；科学家要认定科学是一个"开放的系统"，懂得真理的获得是一个不断深入的过程，而不去提出终极的永恒的答案。在中世纪中后期，法学家和自然哲学家（即科学家兼哲学家）们能够拥有上述科学价值取向或精神吗？他们在运用科学方法的同时不断遭到来自自身内部和外部的压力，尤其是来自宗教和意识形态的压力。那么他们最终是如何化解这些压力的呢？这个问题不得不涉及社会学因素，也就是作为社团（共同体）的大学的兴起的重大作用。一般说来，西方的学者在这一时期尽管冒着被当作异端而受到处罚的危险（这种危险主要是在哥白尼死后50多年才开始剧增的），但是还是坚持了科学价值的取向——客观性、真实性、真诚、普遍性、怀疑主义、容忍错误、对新知识及真理的开放态度和理性主义。而他们能够坚持这种价值取向，除了个人作为学者的素质外，关键是他们找到了强有力的依靠，即社团（科学家共同体），这个社团或共同体的主要形式就是大学。科学家共同体对于研究活动、年轻学者的培训、科学知识的分享以及本学科内外的科学成果的鉴定负有共同责任，在这个基础上它们享有某种特权的社会地位（大学当时具有某些特许权），包括科研活动的相对高度自由，而这种自由又是与科学家服务于科学事业本身的高度责任，其方法、价值和功能相关的①。包括法学家和自然哲学家在内的科学家共同体之所以能够更好地开展活动，显然与大学的兴起密切相关。大学是科学家共同体赖以生存的主要母体。

西方大学的诞生本身就是一种伟大的创举（处于青春期的西方文明生命力和创造力的具体表现）——尽管其起初从教会学校脱胎而来（正因为如此，西方最古老大学诞生的确切日期总是模糊不清）。这些大学养

---

① 参见 Robert K. Merton, 1957, "Science and the Democratic Social Structure", in Robert K. Merton, *Social Theory and Social Structure*, pp. 550 – 561, reprint ed., New York: Free Press。

育了知识分子的世俗社团组织或共同体，而这些社团或共同体又使得知识中心和文化领导权力逐渐从教会向世俗的大学转移（从牧师那里接受教育转向接受世俗学校老师教育，知识的生产中心也由教会和修道院转向世俗学校，尤其是大学）。过去是以教廷为代表的文化（精神）领导权与世俗政治领导权形成二元结构和对立，现在正逐渐演化成以大学为代表的文化权力与宗教和世俗统治者权力之间的张力。起初，西方大学在保证一定程度上为教会服务的前提下被教廷或教会授予某些特权（liberties，特许权即某种自由。在中世纪，自由是一种特权），以免受到地方世俗当局的限制和侵犯①，后来，随着教育事业、科学事业和社会法治化的发展，这些大学开始了与宗教和世俗统治者既有合作，更有冲突和张力的过程。久而久之，在西方，大学逐渐拥有一种相对自治、自由、独立和创新的精神和取向（当然这经历一个漫长的斗争过程，其中有学生和教师付出极大的代价），而这种精神或取向之所以能够形成传统，就在于大学里存在相对自由、自治和独立的社团或共同体以及它们之间的联盟。在西方中世纪，社团（某种公民社会）逐渐成为一个重要的法律概念。伴随着城市的兴起和市民阶层的崛起，教会或帝国和公国日益允许从事同一行业的人们组建社团，以保障成员的各种合法权益。社团内部往往实行有序的民主制度（或有限的民主制度）。大学不仅从这种社团的形式中受益良多，而且一般来说使它们比在其他领域更具自由、法治和创新精神（大学与自由市的文化本质一致）。在这种情况下，西方大学自然逐渐成为保持和弘扬民主、自由、法治和创新精神的重要阵地。最为重要的是，由于享有更大的自治权，大学就能够在教育和科研活动方面充分掌控自己的命运。当然在中世纪，教会和世俗统治者也会干预大学的活动，但在"爱知识"及其特有的价值观和方法论的作用下，大学还是把其精神（相对自治、自由、独立、民主和创新）保持下来并形成强大的传统（应当说，大学兴起的初期，教会的干预在某些方面也有积极意义，尤其对规训大学纪律方面作用显著）②。

---

① 希尔德·德·里德 – 西蒙斯主编《欧洲大学史》第一卷《中世纪大学》，张斌贤等译，河北大学出版社，2008，第 18 页。

② 参阅 A. B. Cobban, 1975, *The Medieval Universities: Their Development and Organization*, London: Methuen.

如果说以新型自由市的兴起和商业化的发展为基础的罗马法复兴是西方社会理性化的先锋标志，那么大学的成长便是社会理性化深入和升华的突出典型。西方大学的兴起，从根本上讲，是当时西方社会开始转型（"教皇革命"后教会官僚系统和新型官僚国家的形成、新兴市镇和工商业活动的发展等）对受过教育的专业管理人才迫切需要的结果。而大学首先以法学院形式出现（如意大利博洛尼亚法学院），只能说明当时面对社会转型带来的混乱和秩序重建，对法律专业人才的需求更加迫切而已。罗马法，尤其是在西方复兴的罗马法，是西方理性化的最先体现，因为其更加突出程序和权利观念，不仅注重逻辑推理而且强调经验或实验验证，具有明显的理性主义和现代科学方法。这种法律蕴含的科学性和理性价值观首先随着一届又一届法学毕业生（然后又随着其他学科的毕业生）走上管理工作岗位而被播撒到教会、世俗国家和社会的诸多领域。在这种情况下，欧洲文化精英中最敏感的一部分人首先在心态上开始发生变化，他们在新兴市民社会、大学和受此熏陶的宗教和世俗统治者的有力支持下促成了文艺复兴。

当然，西方的创新性是复杂的。这种创新性尽管在罗马法复兴、阿拉伯－希腊哲学和科学的引入和大学兴起的中世纪盛期便已崭露头角，但真正具有划时代意义的创新则始于文艺复兴。西方文艺复兴始于具有浓厚地中海文化风情的意大利（佛罗伦萨获得另眼看待，被认为是复兴的中心）。意大利文艺复兴对整个欧洲文化的发展具有广泛影响，不过，后来的事态表明，西方（西欧）最具创新的地方虽然始于意大利（文艺复兴），但最终获得更大进展和成功的地方则是在相对后发的西北欧，这究竟是怎么一回事呢？

西方文艺复兴是欧洲知识分子精神躁动不安的表现。它意味着西方文化资本开始急剧增长。不过，这种增长主要不是在原有宗教文化脉络上展开的（不是经院哲学向度的累加），而是沿着一种显然不同于旧范式的新的文化路线进行的，尽管它不可能不利用原有基督教文化资本中的某些合理要素（文艺复兴，尤其是启蒙运动的领袖往往把此前的中世纪一味视为"黑暗"的说法，现在已被学术界有所纠偏，因为没有11世纪以来的文化－社会变化，后来的变革是难以想象的）。也就是说，从文艺复兴开始，西方文化资本的增长是在深刻转型中实现的（思想和知识的新生）。它走的是一条基本上不同于经院哲学的文化路线，或者说西方文化精英从文艺复兴开始在经院哲学之外寻求新的出路（当然，新路线并非完全取代经院哲学旧路线，后者直到 17 世纪科学革命以前仍然并行存在和发挥作用，甚至对哥白尼和伽利略的科学思想形成也有一定贡献——有学者认为比文艺复兴时期人文主义在这方面的贡献要大①）。因此，文艺复兴的精英们倡导人文主义（humanism，源于拉丁文 humanitas），重视科学实验方法（尽管在这之前复兴和发展罗马法的法学家以及罗伯特·格罗斯特斯、罗杰·培根等人已开始应用这种方法），而这背后又是以萌动之中的个人独立和自由（个人主义产生以前的个人自由）作为支撑的，是"个体的出现"的反映（见前面第 7 章）。文艺复兴时期，人们（主要是文化精英）已经自觉地认识到自己生活在一个十分不同的新时代的开端（因此说文艺复兴具有划时代意义是非常合理的）。这种意识的关键之点就是要把思想的重心从超自然（超宇宙）的模式拉回到注重人的经验的模式。这种以人为中心而不是以神为中心的思想模式，与古希腊智者的"人是万物的尺度"以及苏格拉底的人文哲学（尤其是亚里士多德的思想）具有某种共同之处。因为它们都致力于把学问从天上带回到人间地上，要求学问要解决人类的现实问题，而不能像经院哲学那样只是醉心于抽象的逻辑范畴和形而上学问题。以彼特拉克（Francesco Petrarca）为代表的文艺复兴的精英对中世纪和经院哲学的攻击也主要出于这一点（彼特拉克最先创造了文艺复兴之前的世纪为"黑暗世纪"的概念）。

文艺复兴与中世纪盛期的主要区别是。

其一，个人主义随着"个体的出现"开始萌发（仅仅是萌发）。自我关注和特立独行的个性鲜明的人物，在中世纪中期已经出现，如以爱情悲剧扬名（西方）天下的彼得·阿伯拉尔就是如此〔阿伯拉尔是中世纪最伟大的逻辑学家和哲学家，但对于西方普通大众来说，他的名声不是来自哲学，而是在于他与爱洛依丝（Héloïse）的富有个性的爱情悲剧〕。然

---

① 阿伦·布洛克：《西方人文主义传统》，董乐山译，三联书店，2003，第 7～9 页。

而，像阿伯拉尔这种看到自己作为个体独特性（追求个人独立）的人毕竟是极少数，因为当时基督教精神和熟人社会（共同体）的主流观念总体上对于人们表现出的自我关注和个体独立性是十分贬抑的。不过到了文艺复兴时期，随着城市和市民社会的兴起，经贸交往的急剧增加，主观上强调认识和表现个人自我的人日益多了起来，"人成了精神的个体"，"自由人格"获得发展。正如布克哈特所言，人们在穿着打扮和立身行事上不再害怕与众不同①。他们竭尽全力发挥个人潜能和个人才智并且渴望成功和荣耀（出彩），正是出于对人（人性）的发现、对个体的发现，强调人的创造力、个性的发展和对命运的把握，布克哈特认为这是意大利文艺复兴的明显标志（当然，严格地讲，作为一种主流文化观念和社会主体的个人主义在文艺复兴时代尚未形成。这种个人主义，如托克维尔所言，是在法国大革命后形成的，因为大革命后旧式传统共同体逐渐瓦解，社会世俗化、原子化和大众化来临了）。

其二，人文主义的兴起。人文主义的本质是现实主义（阿尔弗雷德·韦伯认为，这也是文艺复兴的本质②），而"个体的觉醒"，或朦朦胧胧的个人主义是人文主义的基础。由于强调人的个性、天赋、独特性以及能力和才华的充分发展，人生的目的便不再是死后"永生"，而是现世的享受或出彩。于是，神的主宰地位悄然下降，人对自身的天然欲望的罪感程度趋弱，正当的要求，如性爱等，应不再受到压抑而得到满足，甚至被歌颂。"得欢乐时且欢乐吧"，人们向往古希腊那种"活在当下"的生活方式。不容置疑，这是一场思想和文化的革命，它把许多善男信女的思想从宗教神学的桎梏中解放出来。当然，这种解放只是刚刚开始，人们尚未达到与正统信仰公开斗争和决裂的地步。但无论如何，人们，尤其是意大利人已开始采取两面的策略："表面上尊奉宗教教旨，但思想上没有任何真正的服从"③。如果说中世纪是使古典思想适应基督教（对此从基督教立

---

① 雅各布·布克哈特：《意大利文艺复兴时期的文化》，何新译，商务印书馆，1982，第139、140页。

② 阿尔弗雷德·韦伯：《文化社会学视域中的文化史》，姚燕译，上海人民出版社，2006，第260页。

③ J. B. 伯里：《思想自由史》，周颖如译，商务印书馆，2012，第43页。

场出发进行诠释），那么与此相反，文艺复兴则是使基督教适应新思想、新生活（当然，由此也带来教会世俗化和腐败问题——似乎与现代世界的某些情况有些类似）。

　　文艺复兴始于意大利（北部和中部），意大利是这一文化躁动的中心。不过，由于文化和社会差异，文艺复兴的状态和影响在西欧南北两地（以阿尔卑斯山为界）颇为不同。在南部，特别是意大利，复兴充满了相对"轻松的社会气氛"，其取向是世俗化和人文主义，甚至影响到罗马教廷（教会）；而在北部，主要是日耳曼诸国，复兴是在"紧张和分化气氛"中进行的，并且具有浓厚的宗教色彩（北部日耳曼人当时要纯洁和朴素得多，后来的新教徒证明了这一点）。意大利是罗马帝国的故乡，不仅残留着古希腊–罗马文化的底蕴，而且因特殊的地理位置，其人民时而带有拜占庭文化色彩（如威尼斯，"堪称半个小拜占庭"），受阿拉伯影响（十字军曾因此大开眼界），时而"又被诺曼底人感染"（受杀到和占领意大利南部的北欧海盗–商人影响），因此有着灵活变通，甚至散漫、油滑的性格，同时也更能享受生活（这是拉丁人或拉丁化的日耳曼人的特点）。随着文艺复兴达到高峰和政治衰败，意大利人的道德堕落也开始了。马基雅维利曾说过，"我们意大利人较之其他国家的人更不信奉宗教，更腐败"；"意大利人较其他所有国家更堕落，其次是法兰西人和西班牙人"；"教会和它的代表们给我们树立了最坏的榜样"①（难怪马丁·路德两次到罗马办差，该城市的情况给他留下极不好的印象，反对教廷腐败的种子大概就是此时埋下的）。这无疑刻画出不同于日耳曼人的拉丁人性格。与南部或拉丁人不同，北部日耳曼人相对而言朴实无华、虔诚，甚至有些鲁莽。当文艺复兴的春风吹来之时，他们受到的影响大不一样。其人民不仅受封建主压迫，而且与其主人一起受教廷盘剥，因此他们借春风掀起的"自由运动"首先是与宗教改革联系起来的。或者说，文艺复兴向北部传播，不是使人们的精神生活世俗化，而是"充满了被唤起的宗教意识"（阿尔弗雷德·韦伯语），复兴、改革与对基督教的重新理解结合在一起。

---

　　① 转引自雅各布·布克哈特《意大利文艺复兴时期的文化》，何新译，商务印书馆，1982，第496页及注释①。

多元文化模式与文化张力

这虽然不会直接带来理性的资本主义和现代性，但却为它们后来的成长提供了间接的且又是不可或缺的条件①。

"在某种意义上，宗教改革是文艺复兴的一个结果。"② 然而，如果没有宗教改革家们强调良心观念，追求基督徒的良知自由，便不会有改革和西方现代性的顺利发展。

---

① 参见 Wallace K. Ferguson, 1961, *The Renaissance*, reprint ed., New York：Holt Rinehart & Winston.

② 科林·布朗：《基督教与西方思想》卷一，查常平译，北京大学出版社，2005，第119页。

第十章
良知自由与创造性

与理性一样，良知或良心（现代汉语中两词同义）也是现代西方文明形成的基本精神支柱。现代西方文明的产生与突出的创造性密不可分，创造性又与人的良知的建构特征有内在联系，而自由则是良知的保护神。国内一般人往往更关注理性的力量对现代文明成长的意义，很少将良知在这方面的作用纳入自己的视野。然而，要知道良知的作用绝不亚于理性，而且两者是相互关联，彼此作用的。在西方历史上，每每在文明成长的关键时刻，理性都是在良知的助力下才发挥了很好的作用。例如，中古时期（13、14世纪）阿拉伯科学曾经大大优于西方，其中阿拉伯人在天文学上的造诣离哥白尼的成就仅有一步之遥［如阿尔·图斯（al-Tusi）的双圆模型，许多西方科学史家甚至"相信哥白尼一定看过包含图斯双圆图的阿拉伯手稿"①］。然而遗憾的是，他们毕竟没有把其科学转变为近代科学，而海纳百川的西方人却做到了这一点。这带动西方文明向前跨越了关键的一大步。两者差异之大，这固然有政治、社会和宗教方面的原因，但在某种意义上讲更有潜在的文化价值取向的缘由，即某种良知的根源。再比如，宗教改革和新教的兴起"重塑了西方世界"（伯尔曼语），这虽是西方中世纪后期个体意识成长和精神自由萌动的表现，但也透露出"良知的火花"（scintilla conscientiae，spark of

---

① 托比·胡弗：《近代科学为什么诞生在西方》，周程等译，北京大学出版社，2010，第56页图4。

conscience）① 的力量。没有良知的作用或良知自由，这种改革不知道要推后到什么时候。因为"良知自由是所有各种自由的先锋"（阿克顿勋爵语），而这在那个时代是一种珍贵的特殊文化，不是所有民族都能具有的。可以说，西方中世纪中期以来的历史，某种意义上讲也是良知不断走向自由的历史。

一 良知的建构及其文化源泉

良知的观念在任何文明中都占有重要的地位。人类在文明的发展中需要以一定的伦理道德规范作为路标，以便给人以明确的方向。然而，只有这种路标是不够的，因为迷雾之中的人们往往看不到那种路标，因此需要建构一种近乎本能的东西（直观能力）或实践理性（practical reason）的习性，以帮助人们看到那种路标，辨别善恶是非，尤其是在没有路标的地方援助他们。这种符合伦理的近乎本能的东西、直观能力或实践理性的习性，就是人的良知或良心（在现代汉语词典中，良知与良心同义），即天赋的道德观念。它通过直观领悟人类行动的普遍的首要原则（the universal first principles of human action），内在地告诉人们什么是善与恶，人有哪些基本责任和义务。

因此，良知涉及人的善恶感或是非观。一个人有良知就会在伦理道德上意识到自身的行动的对与错，属于善还是恶。从哲学上看，良知关乎一个人所认同的道德原则和价值观。这意味着一个人的举动一旦有悖于其基本道德信念，也就违背了良知并有可能因此内心受到折磨。在某些宗教方面，良知被视为一种天赋或特权（faculty，能力）。这种天赋或特权被描述为种种神圣因素，如"上帝之声"（the voice of God，圣声）、"理性之声"（the voice of reason），或某种特定的"道德感"（moral sense），人们就是凭借这些因素逐渐认识基本道德真理（moral truths）并指导自身行动的。在日常生活中，良心涉及人对自己欲望和行为的自省或自查，而这种

---

① Robert A. Greene, 1991, "Synderesis, the Spark of Conscience, in the English Renaissance", *Journal of the History of Ideas*, Vol. 52, No. 2 (Apr. – Jun.), pp. 195 – 219, University of Pennsylvania Press.

自省或自查往往又是同自我评价的情感，如罪、耻、内疚、悔恨和自责等联系在一起的。对于多数人而言，行善会使人得到良心安慰，反之，作恶要受到良心谴责。因此，良知是一种体现了最高形式伦理道德的自控能力。

每一种文明都有自己的良知观念。中国自古是礼仪之邦，在这方面自然有着深厚的文化积淀。例如，早在战国时期，孟子就说过，"虽存乎人者，岂无仁义之心哉？其所以放其良心者，亦犹斧斤之於木也……"（《孟子·告子上》，这被认为是中国有关良心问题阐释的最早记载）。类似的，朱熹亦言："良心者，本然之善心，即所谓仁义之心也。"（《孟子集注告子章句上》）这是中国有关这方面的两段较著名的古语，其他论述可谓汗牛充栋，大体上都与孔孟之道（仁义礼智信）相关，它们对培养古人的"君子"气质，有着积极的意义，在此不再赘述。至于西方，用以表示良知或良心的术语，英语为 conscience（良知/良心），它源于拉丁语 conscientia（其他西方语言的这一术语亦然）。除此之外，在历史上，中世纪经院哲学中还有一个意义相近的术语，即 synderesis，其源自希腊语 syneidesis（或其拉丁文的转写体 synteresis）——教父时代的圣哲罗姆（St. Jerome），用以喻指上帝在人的理智中点燃的"良知的火花"（意思是良知像光一样既照亮了人们行动所应遵循的基本伦理路标，同时又如火一般促使他们趋善避恶），中文也翻译为"良知"/"良心"，或"本原良知"/"本原良心"（original conscience，后一种译法更为贴切）。于是我们看到，在西方，曾存在两个有关良知或良心的拉丁语术语，即 synderesis 与 conscientia。前者是中世纪经院神学家（scholastic theologians）用以表示道德行动的普遍实践原则以及对这种原则习惯性认知的术语，也就是指人直觉善恶、是非的基本道德之心（对伦理行为的基本原则的直觉与把握）；后者则指将直觉和把握到的伦理基本原则于具体情境中的落实与运用。

不难看出，synderesis，是指更高更具普遍意义的良知，这种普遍意义的良知由于被认为是上帝赋予人的、先天即存在于每一个人的心中的，因而是不会出错和明白无误的，它无须经过学习和训练就能得到［类似的，中国古人早就认识到这一点，如孟子言："人之所不学而能者，其良能也；

所不虑而知者，其良知也。"（《孟子·尽心上·十五》）王守仁也说："吾心之良知，即所谓天理也。致吾心良知之天理於事事物物，则事事物物皆得其理矣。"（《传习录》卷中）]。换言之，（在西方）人只要是上帝的信徒，就会有这种良知，它是"作为伦理本能的良知"（就此而言，这多少有些类似朱熹所说的"良心者，本然之善心"，只不过在朱熹那里良心是天然的，或者说是与"天"相关的、自然的，而经院哲学或神学家们则认为它来自上帝，是"圣声"的体现）。因此它呈现出特定的宗教性，带有某种神秘主义色彩（古人的任何自然，包括希腊哲人眼里的自然都是无意识地与神意相关的，这一点与现代人不同）；而 conscientia 则指具体应用的良知，或实用伦理判断的良知，这种良知可能出错①，需要通过后天的学习、训练和培养，才能使之趋于健全和正确。这意味着，此种良知是有意识习得的，属于有意建构的"第二天性"。在中世纪，西方学者，如托马斯·阿奎那，特别注重 synderesis 与 conscientia（即本原良知与实用伦理判断的良知）的区分。在他们看来，前者是被赋予人的实践理性（practical reason）的第一原理［与思辨理性（speculative reason）的第一原理相对］，它具有最高的伦理指示作用；后者是将这种抽象的伦理第一原理或价值观落实到具体行动中去的运作功夫，是具体的实践过程。换言之，前者（synderesis，抽象的本原良知）要通过后者（conscientia，具体的伦理实践）来完成——这也是为什么经院神学家认为前者不会出错，后者有可能出错的缘由。因此两者不仅有区分，而且还有内在联系。这种内在联系则是一种潜能—实现的关系②［阿奎那有形而上学方面的潜能—实现说，但在伦理学这一方面则受巴黎大学校长菲利普（Philip the Chancellor，约 1160 ~ 1236）的影响］③。而这种关系归根结底又与人的理性状态（理性的正确与否，如多明我会的阿奎那观点）和意志的倾向及程度［如方济各会的波那文图（Bonaventure，或 San Bonaventura）的观

---

① 卡尔·白舍客：《基督宗教伦理学》第一卷，静也、常宏等译，上海三联书店，2003，第 231 页。

② 参阅董尚文《托马斯伦理学中的柏拉图主义因素——论托马斯对 synderesis 与 conscientia 的区分》，《哲学动态》2005 年第 10 期。

③ Rollen Edward Houser ed., 2004, *The Cardinal Virtues: Aquinas, Albert, and Philip the Chancellor*, Toronto: Pontifical Institute of Mediaeval Studies.

点〕有关①。

在西方，良知观念的产生和发展有着一个长期的文化积淀过程。在古希腊古典时代，尽管贤哲们（如柏拉图、亚里士多德）讨论了"善心"、"正义感"、"灵魂秩序"（心序）、"美德"、"德行"（合德行）、"恶"、"诚实"、"自爱"、"羞耻"、"实践理性"（"实践的逻各斯"）、"神是万物的尺度"、"俄耳普斯教"（自省和净化）等概念或观念，但无论如何没有良心的概念和理论②。当然，这并不是说古希腊人没有深刻感受到良心这样一种统一的道德意识的存在。事实上，他们有关美德、实践理性、"认识自己"和意志薄弱的观点为中世纪学者对良心的讨论提供了伦理方面的背景材料和文化资本。柏拉图笔下的苏格拉底（《申辩篇》《克里托篇》），在欧洲后世人眼里俨如一个为追求真理而死的"圣徒"（殉道者）。作为"一位神的仆人"，苏格拉底听从"灵异"（the spirits）之声（发自神灵和自己内心深处的声音——似乎有些接近于《圣经·旧约》中所说的上帝耶和华的声音）的召唤，认为道德只能听凭心灵和神的安排，道德教育就是使人认识心灵和神，听从神灵的训示，以便点燃人们内心"善的火花"（明显带有某种神启的味道）。这种灵异之声实际上就是自称"愚童"的苏格拉底的"良知"，难怪他坚守无悔。在《克里托篇》中，苏格拉底还被柏拉图描写为一位听从"法律之声"的守信者，因为在他眼里法律就是城邦公民共同制定的"协议和合约"，带有权威性（尽管不能同希伯来人与上帝的"圣约"相比，但也体现了一种契约精神）。践踏法律，就是伤害"最不应伤害"之处。因此，当苏格拉底的老朋友克里托提出营救他出狱的谋划时，被苏格拉底断然拒绝了。苏格拉底说，他仿佛真的听到了"法律的论证声在我心中嘹亮地回响，使我一点儿也听不到其

① Timothy C. Potts, 1980, *Conscience in Medieval Philosophy*, Cambridge：Cambridge University Press.

② 苏格拉底认为，"美德即知识"，没有人故意犯错误（或者反过来说犯错误是出于无知），因此希腊人只有苏格拉底的如何以最佳方式使用个人拥有之物或分辨好坏的知识概念，即"明智"（phronesis），这一作为"科学或真知"的概念，被视为"与德行是同一的"（参见安东尼·肯尼《牛津西方哲学史》第一卷，王柯平译，吉林出版集团有限责任公司，2010，第311页）。

他声音"，又说"让我们顺其自然吧，因为神已经指明了道路"①（这与源于基督教《圣经》所确立的同时服从人法与上帝之声的双重良心义务是接近的②）。苏格拉底的这一举动，再次呈现了一种良心活动，他不是用概念，而是以行动诠释良知意义的。此外，苏格拉底还强调知识（理性）的重要性，认为伦理道德（包括良心活动）要由理智或理性来决定和引领（柏拉图和亚里士多德继承了这一传统），这种理性主义的思想，对以后基督教和西方哲学有关良知观念的发展起到了一种积极作用。

在希腊化和罗马时期（前 3 世纪 ~ 2 世纪），由希腊化外族人创立的斯多葛派的崛起，带来了良知观念和理论的真正发展（斯多葛学派始于希腊，最后却得到了一些最优秀的罗马人的信奉）。斯多葛主义被恩格斯戏称为"基督教的叔父"，其创始人芝诺死后，接替该学园主持位置的克莱安塞（Cleanthes）为芝诺写了一首赞美诗，其语句"非常适用于犹太 – 基督徒一神论"（后来圣保罗在雅典布道时也引用过）③。这一派以伦理学著称，自然也同基督教一样关涉良知或良心问题。其思想家详细阐述了良知的思想，"对于他们而言，它包含了对自然的道德律的觉醒以及对自身行为与该律法是否一致的觉醒"。因而，后期斯多葛学派代表人物塞涅卡（Seneca）"把良知看作是人们心中的一位神圣守护者"④。不过，在斯多葛派著作中，仍然没有后来所谓的良知或良心（conscientia，conscience）术语，而只有希腊语"syneidesis"一词⑤（伊壁鸠鲁学派著作中也使用过这一词）。该词起初意指与某人共同知晓某事，这意味着可能共享他的秘密，从而使你处于充当他的见证人的地位。因此该词逐渐便有了司法的用

---

① 柏拉图：《柏拉图全集》第一卷，王晓朝译，人民出版社，2002，第 33 ~ 34 页。

② 和合本《新约》言"你应当顺从［人定的国法］，不仅因为惧怕惩罚，更是为了良心的缘故"（《罗马书》，13：5）；又言"我们必须接受上帝的统治，服从上帝而不是服从人"（《使徒行传》，5：29）。

③ 安东尼·肯尼：《牛津西方哲学史》第一卷，王柯平译，吉林出版集团有限责任公司，2010，第 113 页。

④ Michael G. Baylor, 1977, *Action and Person: Conscience in Late Scholasticism and the Younr Luther*, p. 25, Leiden: E. J. Brill.

⑤ Don E. Marietta Jr., 1970, "Conscience in Greek Stoicism", *Numen: International Review for the History of Religions*, Vol. 17, Fasc. 3 (Dec.), pp. 176 – 187, Leiden: E. J. Brill.

意——为某某见证（bear witness）。顺着这一脉络，"syneidesis"一词又逐渐演变为意指一个人与自己共同知晓的状态（state of knowing in common with oneself），因而也就是自我见证的状态，即新柏拉图主义者普罗提诺所说的"思想后弯"［"反省"（Reflexion）］和"自觉意识"①，或希腊斯多葛派所说的良心（syneidesis，一种接近但尚未达到后来基督教中那种自省和自查的状态）。按照斯多葛主义的观念，当一个人按着伦理原则行事（或者说其行为具有合德行）之时，这种自我见证就是一种良知（良心）作用的体现。西塞罗和塞涅卡把良知解释为内心深处的声音［按照斯多葛派的观念也就是"理性"（逻各斯）或神的声音］，它会对我们的行为从伦理上加以评判。人们会因此自责，或自我辩护。一个有良知的人能够自我见证这种声音在心灵中的存在和功用。

此种观点为后来的基督徒所认可和神圣化。例如，圣保罗就沿用和深化了斯多葛派的良知（syneidesis）一词，他说："没有律法的外邦人，若顺着本性行律法上的事，他们虽然没有律法，自己就是自己的律法"，"良知（是非之心）见证了律法的功用"，是"刻在他们心里"的（《罗马书》，2：14~15）；又说："我们所夸的，是自己的良心，见证我们凭着神的圣洁和诚实，在世为人，不靠人的聪明，乃靠神的恩惠，向你们更是这样。"（《哥林多后书》，1：12）也就是说，保罗将良知描述为对"刻"在人心中的神法的"见证"。对于保罗来说，良心与对已发生的行为和动机的内省与判断有关，它"成为慰藉或自责的一种来源"②。保罗之后，教父时代的圣·安布罗斯、巴希尔（Basil）、奥利金（Origen）以及哲罗姆都对良心观念有所阐述。尤其是，哲罗姆将 syneidesis 一词转写为"synteresis"，并通过对以西结（Ezekiel，"巴比伦之囚"时期的犹太先知和祭司）的幻觉的全新解释，给予该词以新意。按照他的解释（明显追随旧约的柏拉图学派解释者），《旧约·以西结书》（1：4~14）中所说

① 文德尔班认为，普罗提诺的这种"反省"或"自觉意识"（即对心灵自身状态、功能和内容的主动观察）已有"良知"意义，它后来在基督教教父理论中获得进一步发展（如罪孽与忏悔观念）（参见文德尔班《哲学史教程》上卷，罗达仁译，商务印书馆，1997，第316~317页）。

② Eric D'Arcy, 1961, *Conscience and Its Right to Freedom*, p. 8, New York: Sheed and Ward.

的神秘"活物的形象"（活物有四个脸面，前面是人脸，右侧是狮子脸，左侧是牛脸，后脑勺是鹰脸）：人、狮子、公牛和鹰，前三者分别与理性（rationality）、精神（spirit，灵）/情感（emotion）、欲望（appetite）相对应，而在它们之上并超越它们的鹰，则是希腊人称之为 synteresis 的第四种元素，即"良知的火花"，"它不会熄灭，甚至在被逐出天国的该隐（Cain，亚当之子）的心中也是如此"①。这样，哲罗姆就在柏拉图所说的灵魂三分法（理性、精神/灵、欲望）或西方有关人性的三分法（理性、情感、欲望）的基础上又加进第四个元素——"良知"（synteresis，后人又转写为 synderesis），并认为它是最为根本的或最高的元素（尽管它与理性有着密切关联）。哲罗姆的注释成为中世纪学者们探讨良知概念和理论的一个最重要来源。

应当说，在西方，正是在基督教文化中，良知观念和理论才首次被系统化和完善。关于这一点，西方的文献同样汗牛充栋，积淀深厚。简而论之，它始于圣经《新约》（《旧约》和犹太传统中似乎没有规范的良知或良心一词②）③。除了上述引用的圣保罗的话外，《罗马书》（9：1）中还有如下话语："我在基督里说真话：我不是撒谎，我的良心通过圣灵已经见证了这一点"。该书还劝导人们："你应当顺从〔符合上帝旨意的世俗统治者

---

① Douglas Kreis, 2002, "Origen, Plato, and Conscience (Synderesis) in Jerome's Ezekiel Commentary", *Traditio*, Volume 57, pp. 67–83; Eric D'Arcy, 1961, *Conscience and Its Right to Freedom*, pp. 16f., 26.

② C. A. Pierce, 1955, *Conscience in the New Testament*, pp. 52–54, London: SCM Press.

③ 传统（正统）希伯来正典（或希伯来圣经，基督教称为《旧约》）中没有"良心"一词。该词只在《旧约》的《智慧篇》（17：10）中出现过。然而，《智慧篇》是在基督降生前一个多世纪里用希腊文写成的，被认为是侨居希腊文化世界的犹太侨民的作品，属于《旧约》"次经"的范围，而"次经"从未被认为是希伯来正典的一部分。该篇受到希腊哲学的一定影响，其中出现良心一词很可能就是希腊哲学（斯多葛派伦理学）影响的结果。当然，希伯来/犹太传统虽然没有这一术语，但不等于犹太人不知良心现象。他们更愿意用"心灵"（mind）、"心"（heart）这样的词汇，描写良知现象。例如，《诗篇》（17：3；26：2；139：23）中就有"耶和华试验我，熬炼我的肺腑心肠"这样的话。当犹太人感到违背上帝意志时就说有一种罪感，要"心中自责"（《撒母耳记下》，24：10）；而做了符合上帝旨意的事情时，又说"问心无愧"（《约伯记》，27：6），他们的罪感和良心审判总是与上帝之声联系在一起的（参见卡尔·白舍客《基督宗教伦理学》第一卷，静也、常宏等译，上海三联书店，2003，第232页）。

和法律]，不仅因为惧怕惩罚，更是为了良心的缘故。"（《罗马书》，13：5）此外，人们在《哥林多后书》（4：2）中还可以看到这样的言论，"不行诡诈，不谬讲神的道理。只将真理表明出来，好在神面前按照良心把自己推荐给众人"。《提摩太前书》（4：1～2）则指出，"圣灵明说，在末世阶段，必有人被伪善者和说谎者所迷惑，而放弃信仰，且听从那邪灵和鬼魔的谬理。这等人的良心，如同被热铁烙惯了一般"；又指出，"常存信心，和无亏的良心。有人丢弃良心，就在真道上如同船破坏了一般"（《提摩太前书》，1：19）。有关良知/良心的话，《新约》中还有很多，如"软弱良心"（《哥林多前书》，8：7～13；10：20～30）、"好良心"或"良心清白"（《使徒行传》，23：1；《希伯来书》，13：18；《彼得前书》，3：16，21）、"纯洁的良心"（《使徒行传》，24：16；《提摩太前书》，3：9；《提摩太后书》，1：3）的提法，等等，在此不再一一列举。这些话被认为是基督教文化中最早关于良知观念的论述。它们的意义在于指出，良知的判断不仅仅是自然本性上的灵感和见解（如斯多葛主义的内心之声，或朱熹所言的"本然之善心"），而且更多是受信仰的光照和神的启示。正如教父奥利金所言："我坚信，良心是一种神灵（spirit），正如使徒所言，祂居于灵魂（soul）之中，作为其导师、伴侣和指明灯。其功能是向一个人提出最佳的行动方案，并且对犯有罪孽的人进行谴责。"[1] 在《新约》和教父时代，对于使徒或教父们来说，信仰对于良知是重要的，人的良知的整体性判断是"由他的信仰决定的"[2]。由于良知与对上帝的信仰相关，良知在人性中便具有最根本最高的权威性，它使得自柏拉图以来的灵魂或人性的三分法（理性、精神/血气、欲望；或理性、情感、欲望）变成四分法（良知、理性、情感、欲望）。这对于西方后世精神发展具有深远的影响。

在中世纪盛期，良知的概念和理论得到经院哲学和神学家的热烈讨论和争论。中世纪有关这方面的讨论，一般认为是从经院神学家彼得·隆巴德开始的。他在其名为《语录四卷》（*Four Books of Sentences*）的书中介绍

---

① 转引自 Eric D'Arcy, 1961, *Conscience and Its Right to Freedom*, p. 15, New York: Sheed and Ward。

② Rudolf Schnackenburg, 1967, *The Moral Teaching of the New Tastament*, p. 294, New York: Herder and Herder.

了哲罗姆的良知观点（上述哲罗姆对以西结之幻觉的评论）。此后，菲利普又较为系统地延续和深化了这一良知问题的论述。除了上述有关 synderesis 与 conscientia（本原良知与实用伦理判断的良知）的区分并认为 conscientia 晚于 synderesis 出现之外，他对良知观念的看法还呈现出一种两重性的解释。有时他把本原良知（synderesis）看作无错的理智特质的潜能，该潜能为具体伦理判断的良知（conscientia）提供一般真理；另一时候他又将本原良知视为对善的渴望，并认为当一个人从恶而非善之时，这相当于情感反应，而不涉及理智方面①。也就是说，对于菲利普来说，良知既与理智相关，又属情感或意志范畴。那么，良知更倾向于哪一方面呢？这是一个西方中世纪思想家争论不休的问题。围绕这一问题的争论，当时形成两大对立思想派别：一为以波那文图（Bonaventura，1221－1274，又译波那文都）为代表的方济各派（Franciscan School）思想家，其受到奥古斯丁主义的影响，强调唯意志论观点（voluntaristic view），也就是延续菲利普的后一种观点；另一是以托马斯·阿奎那为代表的多明我会（Dominican Order）思想家，这一派受亚里士多德主义影响，突出唯理智论观点（intellectualistic view）（或理性主义观点），亦即菲利普的前一种观点。应当说，这种理论分歧与当时哲学理论和伦理思想的两大基本分野是一致的，或者说前者（良知理论）是以后者（哲学和伦理学）为基础的。

从西方哲学上看，当时两派争论的焦点是意志优先还是理智优先的问题。具体而言，这就是在灵魂的种种能力中，更崇高的地位属于意志还是理智，或者说，在心灵活动中，意志判断依赖观念，还是观念活动依赖意志（讨论的动力隐含在宗教形而上学之中）。对于奥古斯丁主义来说，特别是在奥古斯丁本人的认识论里，意志被当作推动力并且具有毫不动摇的中心地位，不论对于经验事实的重要性而言，还是把柏拉图主义对神的静观当作发展的最终目标都是如此。相反，在多明我会思想家，尤其是在阿奎那那里，亚里士多德体系的唯理智论是完全不可怀疑的。阿奎那认为，

---

① Timothy C. Potts, 1980, *Conscience in Medieval Philosophy*, pp. 1－12, 12－31, 79－81, 94－109, Cambridge: Cambridge University Press.

意志由对善的认识来决定。理智不仅一般地认识善的观念，而且在每一个具体情况下，辨认出什么是善，从而决定意志。意志必然追求被认为是善的东西，因此意志依赖理智。"理智是心灵生活的最高动力。"对于阿奎那的这一思想，方济各派思想家（如波那文图、邓·司各脱、奥卡姆）当然不予认可。他们认为，理智对意志没有约束力。尽管对于意志的每一种活动，理智的协助是不可少的，而且它还给意志提供种种对象和选择的可能性，但是这种协助只是仆人去完成的，抉择仍是主人的事。意志是"自身运动"（*movens per se*），它拥有绝对的自决。意志就它自身而言决定理智活动的发展。当两派的讨论转到伦理学上来的时候，争论更显尖锐。唯理智论宣扬善的合理性，认为善行是神的智慧的必然结果和表现。道德学的原则得用"自然之光"来认识。相反，在邓·司各脱和奥卡姆那里，善不可能是自然知识的对象，因为善的过去可能与现在不同；善不决定于理性，而决定于无根据的意志，甚至何为罪恶也只是上帝的指令和禁令（如被认为是人类始祖的亚当、夏娃的罪——"原罪"便是如此）。也就是说，对于方济各派思想家来说，与上帝相关的伦理学不是"思辨"而是"实践"科学，它具有主导的情感和意志特性。正如罗杰·培根所说，所有其他的科学以理性或经验为基础，而只有神学以神的意志权威为基础；在此种基础上邓·司各脱完成并加强了神学与哲学之间的分离，他使这种分离成为他的意志形而上学的必然结果①。

明白了那时西方哲学和伦理学的争论，再谈中世纪的良知观念就较为易懂了。方济各派思想家波那文图在《语录评注》卷二（*Commentary on the Sentences*，Book II，distinction 39）中讨论了本原良知（synderesis）与具体伦理判断的良知（conscientia，conscience）的区别。如同中世纪多数学者一样，一方面，他把本原良知视为支配伦理推理的第一原则或正式（formal，形式）规则（该思想源于奥古斯丁②），是发现一般性实践原则，

① 参见文德尔班《哲学史教程》上卷，罗达仁译，商务印书馆，1997，第 440～446 页。
② Terry L. Miethe, 1980, "Natural Law, the Synderesis Rule, and St. Augustine", in *Augustinian Studies* (The Journal of the Augustinian Institute at Villanova University), Volume 11, pp. 91–97.

如"顺服上帝""孝敬父母""从善避恶"等之真理的动力（所以哲罗姆说它是"火花"），因此，这种良知是先天固有的和无误的，任何人在心底都存有，不论他的道德实际上会怎样败坏。另一方面，他又把具体伦理判断的良知看作实践理性的一部分，因为它与人的行动的执行密切相关，涉及一般原则的应用。这第二种良知可能会犯错，错误源于本原良知的一般原则因无知或推理错误而被误用。在某种程度上，这种误用解释了向善的良知缘何会卷入恶行之中。良知的这两部分之间的区别形成一种张力，它通过经验，即不为本原良知的内容所直接限定的行为实践原则，为良知的发展提供了可能性。对于波那文图而言，良知似乎是一种动态的能力。良知的决定能力与伦理美德的发展息息相关：良知促进美德发展，美德反过来改善良知的功能。在两种良知的区分方面，多明我会的阿奎那与波那文图相近。他在《神学大全》（*Summa Theologiae*，I－II，I）中将本原良知视为无须询问基本行为准则就可意识到的人类心智的自然特质，而具体伦理判断的良知（conscientia）则被看作来自本原良知的知识在具体行动中的运用。前者是"第一原则"，后者是"第二原则"。良知的功能就是这两种原则的应用。

除了上述相同点外，两个来自不同学派的思想家在良知问题上还存在尖锐分歧。波那文图认为，良知（尤其指本原良知）不仅是一种理性能力，而且更是一种意志性能力。这种意志性的能力来自人们对最内在的自我的感知以及同时对人的存在与救赎（上帝）的意识。由于人们对于善与神圣的完全而彻底的投入"取决于爱而不是认识"，因此良知主要同意志和情感（the enotions，affective）相关，理性或理智只起辅助作用①。也就是说，向善不主要是理性认识的结果，而更多是对善的渴望，即意志和情感的产物，正是良知中的意志和情感因素才刺激我们向善。反过来讲，如果一个人没有爱的情感及其所体现的意志，良知就会被埋没而无法发挥作用。与波那文图不同，在良知问题上，阿奎那强调唯理智主义（或主智主义）观点。在他看来，人的意志是薄弱的，不能成为良知主导因素。阿奎那在《〈尼各马可伦理学〉评注》卷七（*Commentary on the Nicomachean*

---

① Clarke W. Norris, 1971, "The Mature Conscience in Philosophical Perspective", in William C. Bier, ed., *Conscience: Its Freedom and Limitations*, p. 361, New York: Fordham Universty Press.

Ethics，Book 7，lecture 3，paragraph，1352）中举例说，一个不能自制的人本来具有他应当做什么的基本知识，但是在其特有的激情和欲望的驱使下，做了习惯上懂得不应做的事情。其人之所以犯错误，是因为他没有培养出能够使他正确审时度势的适当美德，他的"知识不是普遍知识，而只是某种对自己感受的不良判断，以至于该判断为激情所拖累"。因此，阿奎那认为，人的意志通常是薄弱的。作为一种消极的潜能，意志总是需要理智的判断来指引①。它与审慎、理智和美德相关。

波那文图与阿奎那的争论为后世的研究提供了丰富的理论和知识。邓·司各脱在良知问题上利用了这两种资源。一方面，他同意阿奎那的观点，将良知置于理智的层面；另一方面，他又深受波那文图的影响，在人格中给予良知更多的动力角色，反对机械地应用一般原则（同时也否定奥古斯丁的宿命论）。阿奎那认为，意志基本上是一个合乎理性的欲望，其自由源自理性实际运用的灵活性，这导致其良知观念偏于理性特点；而邓·司各脱由于把意志视为"自身运动"或拥有绝对的自决和至高无上的能力，因而良知被看作一种受理性辅助的意志因素。奥卡姆大体同意邓·司各脱的观点。不过，他从未提及本原良知（synderesis）一词，而更愿意使用"内部行为"（internal acts）的术语。在他看来，只有内在行为才有道德价值。外在行为在道德上只有通过来自内在行为的外赋定名（denominatio extrinseca；extrinsic denomination）才有重要意义。奥卡姆对路德和加尔文关于良知的观念产生了相当的影响②。

二　宗教改革与良知自由

西方的宗教改革固然有其经济、政治和社会原因，但更深层地讲，它

① Timothy C. Potts，1980，*Conscience in Medieval Philosophy*，pp. 32 – 44，45 – 60，110 – 121，122 – 135，Cambridge：Cambridge University Press.

② Joseph V. Dolan，1971，"Conscien in the Catholic Theological Tradition"，in William C. Bier，ed.，*Conscience：Its Freedom and Limitations*，New York：Fordham University Press；Michael G. Baylor，1977，*Action and Person：Conscience in Late Scholasticism and the Young Luther*，pp. 70 – 90，Leiden：E. J. Brill；Marilyn McCord Adams，1987，*William Ockham*，Two Volumes，See especially chapters 30 – 31，Notre Dame，Ind.：University of Notre Dame Press.

是与人的内在要求即精神世界的发展密切关联的。具体而言，这一改革是建立在"良知自由"（freedom of conscience）的主张基础上的。文艺复兴以降，当一统天下的教会危机四伏与现代的曙光初现之际，敏感的思想家已经捕捉到这一点。马丁·路德便是其中的杰出者之一。我们知道，在路德以前，奥卡姆、威克里夫（John Wyclif，1329－1384）、胡斯（John Hus，1369－1415）和伊拉斯谟（Desiderius Erasmus，1466－1536）作为中世纪经院哲学与新教主义之间的桥梁，对宗教改革的产生已经做出了某种理论和实践的铺垫，如奥卡姆的唯名论、意志论和教会学上的"公会议主义"［conciliarism，一种主张教会应由全体基督徒大会而不是教宗（教皇）或少数人的教廷来管理的理论］；威克里夫对教会腐败和滥用权力的批判（包括对救恩补赎系统、赎罪券的做法的激烈批评①）、关于神甫要由教区人民选举产生和废除可见的教宗制的主张（甚至认为教宗是敌基督），以及对圣经的最高权威性和自我诠释之重要性的强调；胡斯把威克里夫的理论付诸实践的壮举和殉道；伊拉斯谟的自由的基督教人文主义；等等，都对新教改革家，尤其是路德，产生了深刻影响。路德曾被称为"萨克森的胡斯"，"路德孵出伊拉斯谟所生的蛋"的格言在改革中也颇为流行。当时人们普遍认为，路德是站在胡斯与威克里夫的肩膀上震天动地地唤醒欧洲和进行宗教改革的。当然，路德之前的思想家和改革家的行动虽已触及后来宗教改革的部分内容，但毕竟是改革的前奏曲，其规模和深度远不及后来的主旋律。正是血气方刚的壮汉路德勇敢地站出来要掀翻天主教教廷的统治。路德受到巨大的压力和威胁，但他毫无退缩之意，即使在教宗将其逐出教会后也是如此。那么，路德何以如此坚强和富有力量？1521 年，在沃尔姆斯会议（Diet of Worms）上，路德面对皇帝和教宗代表的质问和恫吓所发表的宣言，再清楚不过地回答了这一问题，这就是良知——作为其内心世界强大支撑力量的良知。路德斩钉截铁地说道：

> 除非圣经的证据或确定的理由证明我有罪［我既不信任教宗也不

---

① 威克里夫在此已先于路德提出因信称义的思想（见布鲁斯·雪莱《基督教会史》，刘平译，北京大学出版社，2004，第 254 页）。

信任（议会）会议，因为大家知道，他们经常犯错误和自相矛盾]，否则，我必须遵守我所引证的圣经经文。我的良知只顺服神道（Word of God，圣言）。我不可能也不会有任何放弃，因为违背良知既不正确也是不安全的。这就是我的立场，我别无选择。愿神助我，阿门。①

路德这一被认为是名垂千古的宣言，几乎为所有论及路德宗教改革的书籍或相关论文所引用。它昭示了西方在创造现代文明的过程中良知观念的重要意义。也就是说，在西方，推动现代文明形成的精神力量除了理性和自然法以外，还有良知观念。后者在某种意义上讲是更为基本的，或者说是精神的最高形式和支柱。上文提到的犹太先知及祭司以西结把鹰的脸置于神秘活物的脑后（后脑壳为鹰脸），而教父哲罗姆又将鹰比作或释为良知，大体上也是这个意思。如前所述，在西方，良知概念和观念主要源于希腊斯多葛学派，后在新约和教父时代获得一定新的解释（如与上帝相关的"见证""良知的火花"），再往后，在经院哲学和神学中又获得系统全面的发展，形成西方的良知观念和学说。这些对后来的路德和其他宗教改革家都产生深远的影响。良知成为改革最具支撑力的强大精神力量——信念的保证。不过，新教改革家，如路德等人的良知观念，虽然源自古代或中世纪经院哲学，但毕竟已有某些明显的区别。那么，他们在这方面的观念究竟有何不同呢？这就是下面要阐述的内容。

1. 路德的良知观念和良知自由

路德的良知观念在西方伦理思想中享有盛誉。就良知而言他一直被称为"信仰世界的哥伦布"——因为他在所谓的深渊之处发现了新的沃土（good lannd，良善之地）②；类似的，还有一些人给他贴上"良知的发现者"的标签③。甚至有学者，如德国教会史学家卡尔·霍尔（Karl Holl，

① Michael G. Baylor, 1977, *Action and Person: Conscience in Late Scholasticism and the Young Luther*, p. 1, Leiden: E. J. Brill; Heiko Oberman, 1992, *Luther: Man Between God and the Devil*, Eileen Walliser-Scharzbart, trans., p. 203, New York: Doubleday.

② Krister Stendahl, 1963. "The Apostle Paul and the Introspective Conscience of the West", *Harvard Theological Review* 56, July, p. 203.

③ William R. Russell, 2005, "Martin Luther's Understanding of the Conscience, 'Coram Deo'", *Journal of Lutheran Ethics*, July, Volume 5, Issue 7.

1866－1926）认为"最形象地说，路德的宗教就是良知宗教"①。当然，对于路德的良知观念，学界是有争议的。有的学者认为路德关于良知的观点是中世纪晚期的残余，有的则刚好相反，把路德的言行视为现代气息的一种初现②。

应当说，这一争议反映了路德思想具有承前启后的特点。作为中世纪末期的教士，路德受到基督教神学思想的系统教化，这使得他对上帝或神道有着虔诚而坚定的信仰。与此同时，他也接受了中世纪经院哲学或其之外的某些社会思潮，尤其是阿伯拉尔（Peter Abelard）、彼得·隆巴德、奥卡姆、加布里埃尔·比尔（Gabriel Biel，约 1420～1495，奥卡姆最重要的德国追随者）的哲学以及威克里夫、胡斯等的社会政治思想。就此而言，说他具有一定的中世纪精神气质也合情合理。然而，当他将著名的 95 条论纲贴在维腾堡城堡教堂大门上的时候，当他在沃尔姆斯会议上诉诸良知而自我申辩之时，他的言行显然不是中世纪的。路德的良知观念透露出新时代的曙光。特别是他的良知自由的观点，不仅是宗教改革最强有力的精神武器，而且还是西方后世宗教自由、政治自由和公民自由的思想源泉之一。在这方面，其作用甚至胜于人们常说的理性化。

路德的良知观念是建立在他的这样一种宗教和神学理论基础上的：（1）人的得救不凭善功，唯凭信心（信仰），即只有真正信仰上帝才能得救；（2）宗教（基督教）的权威性不在被称为罗马教会的这个有形机构里，即权威不在教宗/教皇、教廷及其教义里，而在圣经中的神道里（圣言中），圣经是唯一的宗教权威；（3）教会是整个基督徒的团契，即教会是无形的，由全体基督徒组成，人人皆是祭司（反对教廷特权和专权）；（4）基督徒生活的真谛是在一切有用的职业中侍奉神，无所谓神圣、世俗之分。所有这些最终成为公认的新教经典的核心真理（四个核心信条）。此外，在神学方面，路德还表现出一些不同于传统经院神学或哲学的特点。其中最重要的是，路德受奥卡姆和德国奥卡姆主义者比尔的影

---

① Karl Holl, 1977, *What Did Luther Understand by Religion*? James Luther Adams and Walter F. Bense, trans. , p. 48, Philadelphia: Fortress Press.

② Todd W. Nichol, 1992, "The Lutheran Venture and the American Experiment", *Word and World*, 12: 2, spring, p. 155.

响，很早就接受了唯名论（nominalism）观点，特别是其对共相问题（problem of universals）的某些看法（路德对彼得·隆巴德《语录》零散的注释表明他熟悉奥卡姆的评论并十分认同其思想）。这使得路德与实在论者（realist）（包括以托马斯·阿奎那为代表的温和派实在论者）区别开来。当然，尽管路德一般被认为属于唯名论者阵营，但他对唯名论中的某些古代路线（*via antiqua*）则予以拒绝（如路德反对把恩典视为一种超自然注入的习惯的观点。这表明路德在年轻时就是一个具有批评和独立精神的思想家）。在此基础上，他主张将神学与纯理性区别开来，反感对神学问题进行亚里士多德式的哲学推理，因而也厌恶逻辑和哲学。这导致他主张意志自由，即形而上的与精神的，因而也是与绝对简单的实在（substance）相关的意志自由，强调深层的个人经验，即与个人良心折磨直接相关的经验。这样，他就突破了传统经院哲学的观念，发挥了奥卡姆观念中的"现代路线"（*via moderna*）。路德认为这是他在神学上的决定性的转变。这种转变，如路德晚年所回忆的那样，使得他有一种重生的感觉，对圣经也有了不同的理解（"圣经向他展示了不同的一面"）。"义人因信而生"，路德就是要做这种义人①。所有这些对路德本人的良知观念都有深刻的影响。

那么，路德的良知观念有什么特点呢？

总的来讲，路德的良知观念最耀眼的地方就是他所倡导的"良知自由"（liberty/freedom of conscience）或良知的自治/自主（the autonomous human conscience）。如前所述，中世纪经院哲学家，尤其是阿奎那，把良知概念区分为 synteresis 与 conscientia 两种类型，即基本的或本原的良知（the basic or original conscience）与通过实践理性应用的良知（the conscience as applied through practical reason）。前者由作为人类行动的"第一原则"的自然法规（关于善恶的知识和律法）构成，是理性（reason）的自然习惯和人性中固有的倾向（synteresis 有天然的善行取向②）——明显受亚里士多德影响，

---

① Michael G. Baylor, 1977, *Action and Person：Conscience in Late Scholasticism and the Young Luther*, p. 120–122, Leiden：E. J. Brill.

② Thomas Aquinas, 1948, *Summa Theologica*，Ⅰ，question 79, art. 12, the Fathers of the English Dominican Province, trans. , New York：Benziger Brothers.

因此是不会出错的；后者，即行动的良知，被认为只是前者（本原良知）的功能，或者说是基本道德原则知识和律法的应用①，因而会出现错误（错误的良知）——源于无知（对基本道德知识和原则的无知）、误判（环境因素造成）或推理错误（从正确前提得出错误结论）。简言之，前者提供自然的道德原则，后者则运用这种道德原则。在阿奎那看来，作为与知识相关的行动，良知是心灵的理性层面（rational aspect），而不是其情感方面；而且，它位于心灵内的理性/理智（*ratio*，reason）的功能之中，而不是意志的功能之中。意志受制于理性，与理性矛盾的意志"总是邪恶的"②。由于阿奎那强调理性在良知方面的作用，并有时把理性与良知概念等同使用，因而理性与良知一样具有权威性。对此，路德（尤其是 1517 年提出 95条论纲后的路德）则持部分反对态度。他追随奥卡姆，强调意志自由，不承认任何像 synteresis（本原良知）这样的自然习惯的存在，因为这必然会束缚意志。对于路德而言，如果说涉及良知的审慎思考就是利用"知识"，那么此种知识只能从经验和圣经中获得，而不是来自内含于 synteresis 中的第一原则的自然知识。因此，路德否弃了 synteresis 这一概念，并认为良知不是阿奎那所说的那种法律和知识的应用（*applicatio legis vel scientiae*），而是心灵充分发展的自主（autonomous）或自治（self-governing）的能力。在这一基础上，路德倡导基督徒的自由和良知自由。

当然，路德主张基督徒的自由和良知自由，只是在宗教和神学意义上讲的，并且是有条件和受到限制的。这个条件和限制就是上帝的声音，良知之声是通过上帝之声发挥作用的。路德深受圣经罪感文化和当时德国神秘主义传统的影响，坚持把对良知的理解建立在人类"在神面前"（*coram Deo*；in the sight of God）存在这一信念基础上的。"在神面前"存在是路德的思想方式的基础。正是基于这一点，路德认为良知发挥作用时神是在场的，良知的角色就是传达上帝对罪人的审判。也就是说，良知是这样一种神秘的领域，在该领域发生着拯救灵魂的激烈斗争，判罪的法律（*lex*

---

① Thomas Aquinas, 1948, *Summa Theologica*, Ⅰ, q. 79, a. 13, the Fathers of the English Dominican Province, trans. , New York : Benziger Brothers.

② Thomas Aquinas, 1948, *Summa Theologica*, Ia IIae, q. 19, a. 5, the Fathers of the English Dominican Province, trans. , New York : Benziger Brothers.

mortis；condemning law)、神的愤怒（*ira Dei*；wrath of God）和试探的神灵都怒斥罪人。因此良知就是最终的考验，即上帝之声借以传布恐惧的神学监狱（*carcer theologicus*；theological prison）。正如路德所言：

> ……这源于神的拒绝，如马践踏。这的确是可怕的事情。因此，对主（天主）的恐惧是智慧的开始。因为从那一点看，神在忏悔的心中震怒；于是，神使审判显而易见，从中并伴随着良知的严厉指责，人们颤栗了，不再作恶。①

由此可见，对于路德来说，良知不仅是谴责性的内心审判的源泉，而且还与完善的神法相关。这种审判反过来又驱使罪人完全依赖神的开释的恩典，即在福音中揭示的、可见于基督的"义"中的、依据路德唯有信心才能获得的恩典。路德说："法律通过罪压迫良知，但福音通过对基督的信仰解放和抚慰良知。"② 当借助信仰获得上帝开释的（使人称义的）仁慈的审判时，良知便从它根据神法来传达的判罪和恐惧中解放出来。在此路德强调的不是"罪"与法律而是信仰与"福音"，这与当时的教廷明显不同。路德与教廷或经院神学的观念最大的不同在于，路德认为，"自然人"已成为上帝谴责的罪人，离开信仰，人是无法正确自我判断的。由于路德将对整个人的审判作为良知活动的中心，因此罪人的良知只能通过信仰的恩赐来救治。在此，善功是不管用的，唯有信仰才能称义。只有义人才能得救，才是自由的（基督徒的自由），才能实现良知自由。

尽管路德坚持认为，基督徒的良知需要恰当的形成和指导，但这不是说其良知没有自由。当路德在奥格斯堡，特别是在沃尔姆斯会议被质询时，他在教会权威面前充分展示了他对良知的诉求。教廷官员让路德搁置被认为是错误的良知，路德则回答说（见前面楷体字引文），他不想被迫

---

① Martin Luther，1976，*Lectures on the Psalms* II（Chapters 76－126），78：11－12，in *Luther's Works*，Volume 11，Hilton C. Oswald，ed.，St Louis，Missouri：Concordia Publishing House.

② Martin Luther，1961，*Lectures on Romans*（Library of Christian Classics），Wilhelm Pauck，trans. & ed.，p. 10：15，Philadelphia：Westminster John Knox Press.

多元文化模式与文化张力

承认违背自己良知的事情，也不想放弃什么，除非圣经经文证实他的良知出了问题。这个事件表明，路德承认良知也会出错，违背正确良知和顺从错误的良知都是不正确的，他随时准备纠正被证明是错误的良知。然而，路德毫不动摇地认为，他的良知没有错误，因为在他看来他的良知是受最高权威——圣经指导的（除非圣经有错，否则良知不会有错误）。无论怎样，路德还是把他的良知观念建立在由天主教神学家所长期给予良知的权威上，而不是仅仅出自主观的确定性。这是路德同其前辈神学家们的共同点（表明他的一只脚仍停留在中世纪）。不过，与后者不同的是，路德虽然承认圣经的权威，但却不承认罗马教廷和会议的权威。在路德看来，唯有圣经才是最高权威（因为在路德看来，圣经比任何其他东西都更清晰、更简单、更确定），教廷的许多做法，通过他本人审慎而仔细的检查和验证，不符合圣经的说法，也不符合他那个时代包括他本人在内的许多神学家凭经验对圣经的理解。路德有充分的理由相信他的观点是成立的，因为他在这方面不是孤立的，当时许多神学家已开始沿着后来所谓的新教路线系统阐述神学了（重新理解基督教）①。这样，我们看到，路德在宗教改革中一方面强调圣经经文的权威作用（这反映出他有传统的一面），另一方面又诉诸个人的理解和经验（这含有现代取向）。尽管路德本人在良知问题上是严肃和有条件限制的，但却对教会生活产生了相当大的意想不到的后果，这就是教会权威的相对化和衰落，以及对圣经经文和宗教经验的个人主观解释的不断突出。当然，应当说，这种情况并非完全远离路德自己有关称义和良知自由的神学观念。既然按照路德的说法唯有信心而非事功才能称义，那么教会规定的清规戒律和繁文缛节便不仅不能充当神义（上帝面前的义）的基础，反而成为受上帝谴责的坏良心的来源。换言之，不是路德不合法，而是教廷背离了圣经和忽视新的宗教经验，因而丧失了权威性。路德把他在沃尔姆斯会议上的言行视为基督徒的自由，即已经因信称义的良知正以如此方式经历这种自由，以至于它将会自发和愉悦地履行上帝之法。路德这种摆脱传统教会和教义，将个人与上帝和圣经直接挂钩的做法，就是基督徒的自由和良知自由，它成为新教信仰本身的核心，既极大地推动

---

① Daniel Olivier, 1978, *The Trial of Luther*, St. Louis: Concordia Publishing.

了宗教改革，也预示了后来的风险——一旦路德的概念被误解和挪用的话。

2. 加尔文的良知观念和良知自由

作为欧洲宗教改革第三大阵营或派别（另外两大派别为路德宗与再洗礼派）的加尔文宗的首领，加尔文基本上认同路德提出的新教的四个核心信条（见上文）。路德的核心教义是因信称义（加尔文予以认同），加尔文的核心教义则是神的主权（the sovereignty of God）。在神具有绝对主权这一基础上，加尔文比路德（以及保罗和奥古斯丁）更强调预定论教义，将它视为虔诚的奉献精神的源泉，他认为唯有神圣的拣选才是信心、谦卑和正直道德生活的深层支撑力量。因此他比路德更多在世上宣扬神的国度，努力建构一个具有现代宪政因素的宗教共和国。在这个国度里，除了顺服至高无上之神的（民主）教会外，包括教宗和国王在内没有人可以要求绝对的权力和权利。所有这些构成了加尔文良知观念的思想基础。

加尔文基本上重申了路德的良知的教义或观点，这包括：（1）纯粹个人的良知判断是在神法的判罪中或因信称义中进行的（"良心占据着神与人中间的位子"，"当我们的良心在神面前思考如何蒙神悦纳，思考当神呼召我们受审时，我们应当如何答复祂和在祂面前拥有确据，在这事上我们不可倚靠律法，而要惟独靠基督称义，因基督远超过任何律法上的义"）[①]；（2）倡导基督徒的自由和良知自由（"基督徒的自由这教义是必须的"，"在一切人的法律下我们的良心是自由的"）；（3）如何正当地使用和避免滥用基督徒的自由[②]；（4）上帝和圣经具有绝对权威，反对教皇（教宗）和天主教会的权威及野蛮专制（"我们的目的是要勒住这无止尽和野蛮的专制制度""我在这里目的是要攻击那些捆绑人心，并压制人的法规""教会无权设立独立的教会行政来约束人的良心""天主教的行政都应当被我们拒绝"）[③]。当然，在

① John Calvin, 1986, *Institutes of the Christian Religion*, 4.10：3-4；3.19：2-6, John T. McNeill, ed. and trans., Philadelphia：Westminster Press.（中文版见约翰·加尔文，《基督教要义》，第四卷，第十章：3~4；第三卷，第十九章：2~6，钱曜诚等译，三联书店，2010。）

② John Calvin, 1986, *Institutes of the Christian Religion*, 3.19：1, 2-6, 12, 14, John T. McNeill, ed. and trans., Philadelphia：Westminster Press.

③ John Calvin, 1986, *Institutes of the Christian Religion*, 4.10：1-2, 6-19, John T. McNeill, ed. and trans., Philadelphia：Westminster Press.

良知问题上加尔文也有同路德不相同的地方。这表现在：首先，加尔文的观点保留了传统经院哲学有关自然法原则的知识在良知功能上的核心地位。他说："我们的良知不容我们昏睡，以免无法内在地见证和监测我们对神的亏欠。这良知也将是非陈明在我们的面前，在我们不尽本分时责备我们"；又说："因人的愚妄和傲慢，神给我们书面的律法，旨在更清楚见证自然律较模糊的启示，并除去我们的惰性，以及使我们印象深刻。"①因此，加尔文把自然法界定为"良知的领悟"，这种领悟可充分明辨是非，并植根于"与生俱来的对善恶的判断力"。尽管加尔文从未明确使用过经院哲学的"*synteresis*"（本原良知）一词，但其论述似乎具有这一方面的意思。当然，尽管如此，加尔文否认，离开信心良知真能指导正确的行为，因为良知作为善的良心只能凭信心恰当形成②。

其次，加尔文厘清了良知自由与教会权威之间的关系。在良知自由问题上，加尔文比路德要慎重许多并给予较全面的思考。他一方面狂热地坚持基督徒良知的基本自由，另一方面又将此种自由置于一定的限度之内，强调基督徒对上帝所授予的教会权威要给予应有的服从。在这一条件下，加尔文认为良知自由包括三个方面：一是信徒的良知不再受律法的谴责（因为因信称义"远超过任何律法上的义"，远离律法上被诅咒之行为的义人是自由的："信徒的良心已得释放了，以致于在神直接的吩咐之外不被人约束"）；二是良知自由是心甘情愿地顺服上帝的自由〔"人的良心遵守律法，并不是因受律法的约束，而是因从律法的轭下得释放（不再过分在乎肉体的私欲），就甘心乐意地顺服神的旨意"〕；三是基督徒被免除与中性事物（things indifferent）相关的宗教义务（"'中性之事'，在神面前我们没有任何信仰上的限制性拦阻我们随意使用它们"，这"给了我们使用万物的自由，只要我们在心里确信这自由是来自神"，"我们应当毫不自责地照神自己的意思使用祂所赐给我们的恩赐"）③。其中，第三方面特别值得注意，它实际上是说，人有权做一些神或自然法没

---

① John Calvin, 1986, *Institutes of the Christian Religion*, 3. 19：15, John T. McNeill, ed. and trans. , Philadelphia：Westminster Press.

② John Calvin, 1986, *Institutes of the Christian Religion*, 2. 2：22；3. 14：18 – 19, 19：4 – 5, John T. McNeill, ed. and trans. , Philadelphia：Westminster Press.

③ John Calvin, 1986, *Institutes of the Christian Religion*, 3. 19：2 – 8, John T. McNeill, ed. and trans. , Philadelphia：Westminster Press.

有明确规定的有用的合法之事。在这个意义上讲，外在的教会或世俗的权威存在一定的必要和合理性，基督徒应当有条件地服从这些权威。在加尔文看来，其基本原则就是：我们的良知不会为这些外在的必要服从所限制，但应牢记只有依靠上帝的恩泽，它们才可能有利于人。

显然，加尔文并没有给予人们以完全忽视教会权威的自由（因为与路德不同，加尔文还是主张建立有形教会的）。就教会的教化权威而言，加尔文虽然否定最高宗教会议在教诲上总是一贯正确的观念，但又认为上帝任命的教会教师确实拥有必要的牧师职位和来自上帝的重要权威，以便单独地或在会议上制定某些信条和解释它们。他说他崇敬古代的宗教会议，希望它们能够为所有人所仰慕①。当然，加尔文所说的教会和教会权威不是传统天主教那样的教会和权威，而是一种新型的教会和权威。他反对教皇（教宗）和天主教会的专制，谴责教会滥用权威和败坏神纯洁的教义，痛斥教士的腐败和放荡行为，倡导若信徒对教义有任何不同意见，最好和最正确的方式就是举行监督会议，通过基督徒的民主共议和充分的讨论（"教会要共同做决定"）来解决分歧。一旦形成教会的共同决议，便要坚决执行（加尔文和其所在的教会对待异端的做法明显带有多数人暴政的色彩，往往受到后人的批评）②。当然，加尔文在反对天主教会专制的同时，也反对滥用基督徒的自由和良知自由，在教义问题上，他不允许将良知自由转变为个人主义的主观主义（individualist subjectivism），而是将此种自由置于这样一种环境之中，在此思想要虔诚和尽责地服从民主制教会的教诲权威③。

总之，不论路德，还是加尔文都认为，在良知自由问题上，基督徒应当遵循两点原则：一是人有不受强迫违背自己良心行事的权利，这种权利是不受限制的；二是人在依自己良心行事时其权利是有限的，它受到神道

---

① John Calvin, 1986, *Institutes of the Christian Religion*, 4. 8: 1, 10 – 16, 4. 9: 1, John T. McNeill, ed. and trans. , Philadelphia: Westminster Press.

② John Calvin, 1986, *Institutes of the Christian Religion*, 4. 9: 13, John T. McNeill, ed. and trans. , Philadelphia: Westminster Press.

③ 参阅 John L. Van Til, 1972, *Liberty of Conscience: History of a Puritan Idea*, Nutley, NJ: Craig Press; William C. Bier, S. J. , ed. , 1969, *Conscience: Its Freedom and Limitations*, New York: Fordham University Press; O. Hallesby, 1933, *Conscience*, Minneapolis: Augsburg Publishing House。

第十章 良知自由与创造性

473

（圣言）以及受神道指导的律法限制。若人法（成文法或制定法）符合神道和自然法（即人法符合正义和善的原则的时候），它还要受到此法的约束。当个人的良知与教会或世俗权威发生冲突的时候，解决方式就是诉诸圣经和基督徒民主公意。这两者才是唯一和最高的权威。

三 良知自由与现代文化－社会的创新发展

在良知问题上，新教改革家，尤其是路德和加尔文，对后世影响颇深［路德的影响似乎更大，其《论基督徒的自由》（ *On the Freedom of a Christian* ）的小册子 1520 年发表后仅两年就印刷了 12 次，到 1524 年已再版 5 次①］。路德在沃尔姆斯会议上诉诸良知的惊世举动，不仅在当时而且在路德正统观念时代之后仍不断得到再现和发挥。当然，后人在这方面的许多行动远远超出了以路德为代表的新教改革家。这种突破，在相当长的时间内，不能不说与人们对路德最有影响力的观念，即"基督徒的自由"和"良知自由"观念的误读、误解和挪用有关，启蒙运动时期及其以后尤其如此。本来，路德（包括加尔文在内）所说的基督徒的自由和良知自由是严格地被限制在神学和宗教范围内的。按照路德的说法，在上帝面前人人平等（before God all are equal），无论教皇还是诸侯，贵族还是贫民，僧侣还是俗人，男人还是女人，自由人还是奴仆，在基督教世界都同样分享一种双重的、吊诡的（自相矛盾的）天性（nature），即每一个基督徒按天性既是圣人又是罪人，既是有义的又是堕落的，既是得救的又是失落的；而按职位他们"既是最自由的所有人的主人，不屈从于任何人，又是最尽责的所有人的奴仆，顺服于任何人"②。也就是说，每一个基督徒都有两重性，他们由灵与肉、圣与罪以及内在性与外在性构成。这两种元素相互矛盾，常常处于战争状态。一方面，作为肉体的生物，人们

① John Witte, Jr. , 2005, "The Freedom of a Christian: Martin Luther's Reformation of Law & Liberty", drawn from his Snuggs Lectures at the University of Tulsa, March 7 – 8.

② Martin Luther, 1957/1970, *A Treatise on Christian Liberty* , W. A. Lambert, trans. , Harold J. Grimm, rev. , p. 3, Philadelphia, PA: Fortress Press; Albrecht Beutel, 2003, "Luther's Life", Katharina Gustavs, trans. , in *The Cambridge Companion to Martin Luther* , Donald K. McKim, ed. , p. 11, New York: Cambridge University Press.

生在罪中，为罪所束缚，易于肉欲和堕落，即使是最优秀的人，如《圣经》中的亚伯拉罕（Abraham）、大卫（David）、彼得（Peter）和保罗（Paul）也是如此；另一方面，作为精神的（灵性的）生物，他们在信中重生，赦免于罪，趋向于爱、仁慈、善、和平和牺牲，甚至最差的人都可以从罪恶中获救。在路德看来，正是通过信心和神道（圣言）中的希望，人才能从罪人转变为圣人，从束缚到达自由。凭天性获罪，凭信心成圣。并非每一个行善的人都有信心，但每一个有信心的人必然都是行善者。由于因信称义，作为获得救赎的人和内在的人，基督徒最终从罪恶和律法中被拯救出来，在良心上得到自由——内在的自由。这就是路德的唯凭信心称义的信条的本质，基督徒的自由和良知自由的真义。路德从未想到把这一点扩大到神学和宗教之外。正因为如此，从社会学观点看，路德对近代新社会的形成和发展只有间接的贡献。

然而，尽管如此，一旦良知自由的幽灵——虽然是神学意义的幽灵在人间徘徊，它便会在西方世俗世界引发联想、模仿和发挥，形成多米诺骨牌的连锁效应。这不仅表现在哥白尼、布鲁诺、伽利略追求科学真理的言行中（尽管哥白尼的良知观念并非来自路德，关于布鲁诺的思想和判罪的原因学界仍有所争议），而且表现在宗教改革以后西方社会的种种改革和革命之中。在西方近代，人们在改革中不仅诉诸理性，而且更诉诸良知，或者说，改革不仅仅出于"理性的命令"（*dictamen rationis*；dictate of reason），而且更来自"良知的命令"（*dictamen conscientiae*；dictate of conscience）。例如，在尼德兰革命中群情激奋的新教徒（主要来自加尔文教派）就曾这样做过。此后，在近代英国革命初期，这种良知的命令又出现在 1647 年英国平等派（Levellers）的宪法草案中："在此，我们不可能有一丁点免除或超出我们的良知授命的、同时也是上帝心愿的东西。"[1]这种表达，反映出人们把良知的命令视为直接向信徒传达上帝的旨意。可以讲，自新的良知自由的观念产生开始，西方不仅经历了智力的迅速发展，而且还经历了以良知自由为核心的广泛的道德变化（进步），这种变

---

[1] Several hands, 1998, "An Agreement of the People for a Firm and Present Peace upon Grounds of Common Right and Freedom, 28 October 1647", in Andrew Sharp, ed., *The English Levellers*, p. 94, Cambridge：Cambridge University Press.

化在《美国独立宣言》和《法国人权和公民权宣言》中达到了高峰（集中体现了对良知自由和人权的保护）。

所有这些都受到了路德的基督徒的自由和良知自由观念的深刻影响。路德的观念是神学意义的，但却不同于阿奎那的"古代路线"（via antiqua），而表现出某种从奥卡姆及其追随者比尔继承来的"现代路线"（via moderna）：阿奎那由于将良知视为一种把道德原则的知识运用于特定情境的（人们必须在此行动的）判断行为，因而强调一个人只能在封闭有限的行动范围行事；而路德则诉诸个人自身的经验（按个人的良知和经验理解和遵从《圣经》），从而在思想和行动上较阿奎那更少受到限制。史学家贝勒（Michael G. Baylor）认为，这是"在良知观念上路德与阿奎那最重要的区别之一"①。因此，路德的良知观念还是透露出一些现代因素，这就是它明确倡导人的平等，隐含地强调人的尊严（Dignitatis Humanae）和自由，而不管其身份如何。尤其是路德明确指出，不论神职人员还是一般俗人在上帝面前的尊严和责任基本上是同等的。神职人员并不优于俗人，不该有种种特权和豁免权，所有信徒既是"世俗化的"（"laicized"）僧侣，又是"僧侣化的"（"clericized"）俗人。教会中的传教士和教师必须像所有其他人一样分担义务和纳税，应当像普通人一样参与诸如恋爱、结婚、过家庭生活这样的俗世活动。这简直就是倡导神职人员的世俗化，其影响非同凡响。当然，路德的神学观念对于西方社会－政治自由的性质究竟意味着什么，路德并没有明确表示。我们只是知道，这个来自德国无名小城的奥古斯丁派低级僧侣敢于以平等的姿态给教皇列奥十世陛下（Holiness Leo X）写信，告诉教廷是《圣经》而不是教会的教义和教规才是唯一的权威，基督徒拥有依据良知理解和遵守《圣经》的自由和义务，反对与《圣经》相冲突的观念和制度。因此，路德的良知自由观念非常具有震撼力和吸引力，极容易被弄得越出神学和宗教范围，在世俗的经济、政治和社会领域引发连锁反应——尽管在历史上人们常常对路德误读和误解。

基于路德的基督徒的自由和良知自由的观念，宗教改革家及其后世改

---

① Michael G. Baylor, 1977, *Action and Person: Conscience in Late Scholasticism and the Young Luther*, pp. 68–69, Leiden: E. J. Brill.

革者在如下方面进行了一系列社会变革。

（1）改革在新教地区带来了教会和精神生活的巨大变化。这包括简化圣礼，更新精神象征，使圣经和敬拜事宜本土化和通俗化，重新强调讲坛和布道的意义，扩大儿童的口头授课和成人教育，减少牧师的特权和教会财产，解散用于教会官僚机构本身的基金会和资助机构，取缔朝圣和对宗教器物的狂热崇拜，取消支付赎罪券和遗产布施，减少圣日天数，改革教规和教会管理并使之民主化，等等。所有这些精神生活和教会生活的变化，在很大程度上都是在良知自由的驱使下实现的，它使得基督徒摆脱了不必要的传统规则的束缚，避免了教士对会众宗教活动的垄断和控制，免除了法律对福音的干涉。

（2）改革导致教育理念和活动悄然发生变化。路德派的改革者以作为"公民温床"的公立学校逐渐取代教会的传统教育机构，以便为孩子们（包括女孩）未来的不同职业做好准备。正是在这一基础上，文职官员取代了作为教育主要统治者的教士，民法取代了作为教育主要法律的教会法，教育的主要目标不再是为了培养牧师，而是为所有基督徒的一般性职业服务，于是，现代公立学校和教育诞生了。这既来自于路德的基督徒自由和良知自由观念，又超出了这一观念的范围。

（3）改革导致婚姻观念和家庭生活出现质的变化。这主要指人们在恋爱和婚姻问题上变得越发自由和具有自主性。在新教地区包括牧师和修女在内所有成人都可以自愿结婚（42岁的路德也于1525年与修女凯瑟琳·冯·伯拉结婚），结婚不再像传统观念所认为的那样是圣事（婚礼也不再是圣礼）。与此相应，作为新的民法一部分的婚姻法在改革后诞生了。婚姻自由适用于夫妇双方，包括妇女在内的每一个已婚者都有因正当理由离婚和再婚的自由。中世纪阿伯拉尔与爱洛依丝那样的爱情和婚姻悲剧不会再重演。

（4）改革产生新的法律观念和活动。宗教改革后，借助基督徒法官的良知，法律与衡平法（equity）相结合的理论形成了。在这一基础上，改革者创造出新的实用法律推理和尽责的司法能动主义（judicial activism）理论，宣扬教会法与国家法合并的观点和法律程序与衡平的补救措施相结合的主张，采用新的市民或公民神学（theology of the civil），以及有关法律的神学和教育用途，发展出引人注目的神法、自然法、市民法的新理论，以及将法律及权威的惩罚和威慑功能与改造和自新功能整合在一起的理论。尽管与精神变迁一样，法律的变迁在中世纪末期已有某些先例并且在当时天主教的改革运动中也存在一定的类似情况，但正是路德发起宗教改革，使这种中世纪的法律遗产加入独特的新的法律大合唱之中。

（5）路德的基督徒的自由和良知自由为激进的新的民主理论奠定了一定的基础。路德之后的新教徒，尤其是秉承加尔文主义传统的新教徒经常论辩道：一方面，每一个人都是按照上帝的形象受造的和因信称义的；每一个人都被要求有一个独特的职业（天职），而且这个天职对于所有其他职业来说在尊严和神圣性上都处于平等地位。每一个人不仅是牧师和国王，而且还是先知，有责任劝诫、管理和统治共同体。因此，每一个人在上帝面前，在邻居和国人面前都是平等的，被赋予天然的爱和服务于上帝和邻居的自由，也就是爱的自由，信仰的自由。另一方面，每个人又都是有（原）罪的，倾向于利己，甚至邪恶，因此人人都需要法律的限制，以阻止他们滑向邪恶的深渊和迫使其悔改，需要将劝诫、管理和统治与法律和爱（伦理）结合起来。在新教徒看来，人就是固有的共同体（合群性）动物，本属于一家、一个教会、一个公社。17 世纪初，新教群体开始将这些神学教义或学说重塑成民主规范和制度形式。由于所有人在上帝面前都是平等的，因而在上帝的国家政治代理人面前也必须是平等的；由于上帝赋予所有个人以生活和信仰的天然自由权利，国家必须确保这种类似后来的公民自由的自由权利；由于上帝呼唤所有的个人都成为先知、牧师和国王，国家必须以宪政保护他们在共同体中的言论自由、布道自由以及管理和统治的自由；由于上帝将人类造成群体动物，因而国家有责任推进和保护社会多样性，尤其是宗教自由和教会的多样性。正是在这一认知的基础上，新教徒逐渐依据原罪的教义推进民主政治建构。鉴于人人都有人性的弱点（在某种条件下更是如此），必须想方设法使政治机构和官职免于官员犯罪的侵害。政治机构和官职，像新型教会权力一样，必须在自我核查的行政、立法和司法机构中进行分配。官员必须按照有限的任期制进行选举，法律必须清晰地法典化，自由裁量权必须严格加以保护，官员滥用职权时必须得到违抗、撤换，甚至以革命的手段予以清除。新教徒的这些教导或主张有助于开启美国著名历史学家帕尔默（Robert Roswell Palmer）所说的"民主革命的时代"①。它们既是 16 世纪后期和 17 世纪驱使法国胡格诺派教徒（Huguenots）、荷兰虔信派教徒（Pietists）和苏格兰长老派信徒（Presbyterians）进行反君主压迫起义的意识形态力量之一，也是英国、美国，甚至法国革命的关键武器。它们还是 18 世纪后期和 19 世纪西方（欧美）民主宪政时代的灵感和命令的重要源泉②。

不过需要指出的是，路德的观点（如基督徒的自由和良知自由的观点）本身并非民主自由的政治宣言（路德对政治较为冷漠，严格地将其观点限制在宗教和神学范围内），他甚至认为，心灵（精神）自由可以与政治枷锁和平共处〔路德的传记作家罗伦·培登（Roland H. Bainton）甚至认为这是"德国人的性格"〕，个人和天职在上帝面前的心灵平等绝不意味着人与人之间的社会平等。在目睹了 1525 年血腥的德国农民起义之后，他更加相信和认可这种不协调或不一致性。他反对人们从他喜欢的因信称义的教义和所有信徒皆祭司的观点中谋划出激进的平等实践和反对遵从法律的尝试，他甚至以社会的、经济的和政治的等级是尘世生活的必然特征为由为自己的观点辩护。在这种情况下（同时也是长期在政治上受压制的结果），晚年的路德"成了一个暴躁的老人，性急，易怒，无自制力，有时还很粗鲁"③。然而，尽管如此，路德的反抗和改革壮举及精神（虽然他本人将其限制在宗教范围内）还是在宗教和神学以外的领域，尤其是在社会政治领域日趋产生重大影响，并且"远远地超越了他自己的国界"（罗伦·培登语）。也就是说，尽管路德本人反对从他的有关人的尊严、平等和自由观念中获取激进的政治意义，但后来的新教徒不可能受此约束。他们必然从宗教走向政治，展开改革，甚至革命（如由清教徒推动

---

① Robert Roswell Palmer, 1964/1959, *The Age of the Democratic Revolution*, Princeton, NJ.: Princeton University Press.

② 以上五点参见 John Witte, Jr., 2005, "The Freedom of a Christian: Martin Luther's Reformation of Law & Liberty", Snuggs Lectures in Religion, University of Tulsa（March 8–9），from Center for the Study of Law and Religion（CSLR），at Emory University。

③ 罗伦·培登：《这是我的立场：马丁·路德传》，陆中石、古乐人译，译林出版社，1993，第 352、361 页。

的尼德兰和英国革命）。

那么，他们是如何做到这一点的呢？在此，最重要的还是源于后世新教徒对路德的基督徒的自由和良知自由之观念的挪用和发挥。众所周知，西方启蒙运动和近代社会革命所宣扬的一个著名观念就是人民主权论，它与自由、平等观念相关，并且受自然法（或自然权利观念）影响。然而，人民主权论并不是启蒙运动发明创造的，自然法理论也不能直接导致主权在民的思想，因为仅仅靠自然法理论形成不了实现自然权利观念的共同体（或相关社会群体）。从专制到民主，中间经历了一个基督徒的自由和基督徒公民共同体的过渡，而这种过渡之所以能够实现是与良知自由这一精神支柱分不开的。从社会学的观点看，路德的观念对新社会的形成和发展只有很小的直接作用，但他与众不同的良知观念却成为独立自主的良知（sovereign conscience，有主权的良知）观念"发展的关键原动力"。这种原动力极易推动宗教意义的良知自由向政治意义的良知自由转化。后人起初就是受路德宗教中的这种新因素（强调某种自由的现代性因素）启发并参照其象征实现转变的。不难看出，很可能是受到欧洲文艺复兴中刚刚冒头的个体独立观念的影响，路德的思想中隐含着一种"宗教个人主义"（religious individualism），它反对传统教会的权威，只承认一种权威，即上帝，以及一个人自己的良知（由于这同时也是上帝借以发话的良知，因此最终权威性仍在上帝或《圣经》。不过，对上帝和《圣经》如何解读则因人而异）。这种良知观念后来在尼德兰、英国、北美等地受浸信会（Baptist，浸礼会）影响的加尔文主义和相关教派中随处可见。与路德宗不同，加尔文教派形成了许多新型的民主自治的共同体，导致某些接近宪政的因素出现（路德主张一种人人皆祭司的无形的教会，而加尔文则认可有形的或有组织的教会，但坚持将它置于民主选举和监督制度之下）。在这些教派的神学中，预定论的教条和上帝启示的教义发生了重大的转变，人们从重视《圣经》中揭示的圣言/神道（the word of God）转向强调良知揭示的圣言/神道。德国学者海因里希·舍勒（Heinrich Scholler）认为，"这种转变，在马克斯·韦伯看来，便是加尔文主义对经济和商业事务影响的基础"。自由的企业以及由此导致的资本主义就是宗教个人主义在经济上的类推。当然，新教徒们并没有停留在经济上，他们把良知自由还应用于政治领域，将人民主权看作全体信仰者皆祭司在政治上的类推，而这种教会民主则是以良知自主为基础的。也就是说，加尔文派和浸信会信徒将基督徒的自由等同于公民权，将基督徒共同体等同于公民共同体（civil communities），这意味着后世改革者将信徒共同体的形而上学原则转向公民社会的现实（实践）。因此，新教徒共同体内的自治原则一旦转向政治领域，便会导致人民主权原则的产生。这种自治的教义源于所有信徒皆祭司的观念，是改革派教会反僧侣等级统治的基本信条内在固有的。它以良知的重要性为基础，而良知则是圣言或神道的直接讲坛，无须传统的祭拜机构作为中介调解。因此，新的良知观念在改革的教义中所起的作用是最为根本的，具有核心价值。它逐渐超越神学和宗教范围，而深入社会、政治和法律等领域，许多现代西方的宪政原则，如宗教自由、权力分割、政教分开、公民权利、人权保护等，都归于良知自由观念的发展（当然，由于新教教派复杂多样，其贡献也各不相同）①。

反对传统教会权威的过程经历路德的概念和观念的形成阶段、加尔文改革性教义的继承和修改阶段以及受加尔文主义影响的改革者的超越阶段（清教徒革命前后）。从社会学角度看，加尔文派的改革者的作用更为突出。因为正是加尔文本人及其继承者建立了民主的准宪政的教会或宗教共同体。它们为反对君主专制奠定了基础（当然，宗教共同体方面的宪政思想和基督徒人民主权论早在中世纪帕多瓦的马西利乌斯的《和平的保卫者》中已经初露端倪②）。起初，反君主运动者（monarchomachs）是出于宗教理由而与君主专制政权战斗的，前文提及的法国胡格诺派教徒、荷兰虔信派教徒和苏格兰长老派信徒的反抗和斗争就是如此。此后，这些反抗者及其后代便把反抗运动发展为非宗教的反对专制政府的社会政治斗争，并且逐渐使之与启蒙运动交织在一起。卢梭，作为人民主权论和反君主制政府的世俗思想家主角之一，便是典型。在其《社会契约论》中，他将

---

① Heinrich Scholler, 1981, "Martin Luther on Jurisprudence: Freedom, Conscience, Law", *Valparaiso University Law Review*, Vol. 15, No. 2, Art. 3, Produced by The Berkeley Electronic Press.

② 见列奥·施特劳斯等主编《政治哲学史》，李洪润等译，"帕多瓦的马西利乌斯"，法律出版社，2009。

传统国家与基于人民主权来行使所有政府权力的社会对立起来。显然，这种按照社会契约（Contrat Social）建立的社会与加尔文主义者的世俗化的教会或宗教共同体基本上是有同一性的。正如意大利哲学和政治学家拉吉罗（Guido De Ruggiero）所言，近代社会契约"与加尔文教派共同体中的自由契约有关，卢梭本人的日内瓦出身也证明了这种渊源"①。其背后都有良知自由作为其精神支柱（当然，此时上帝的圣言或神道已成为人们心中的一种无意识，而良知自由观念与圣经的关系从外在的表面上看也不那么明显了）。这种加尔文主义的政治模式最终在西欧和北美扩散。新教改革运动对近代社会政治的良性发展具有重大意义。康德在《答：什么是启蒙运动》一文中强调，若不能"在一切事情上都有公开运用自己理性的自由"，人类就不会脱离愚昧和野蛮，就不能从自己加给自己的监护状态（不成熟状态）下解放出来。这是一方面。然而另一方面，康德更懂得，要想公开自由运用自己的理性，就必须要先有良知自由，即"每个人在任何有关良心的事务上都能自由地运用自身所固有的理性"。后者比前者甚至更为重要②。

因此，可以讲，先有神学领域的良知自由和全体基督徒皆祭司（全体信仰者在宗教事务上当家做主）的民主宪政思想，后有世俗方面的良知自由和人民主权论。后者是从前者那里学来的（通过类比得来的）。换言之，没有路德以及后来加尔文所言及的基督徒的自由和良知自由，便难有后来世俗的公民自由、自然权利（人权）和人民主权的观念相对顺利的发展。事实上，影响启蒙运动以及尼德兰、英国、北美和法国革命的最深层精神因素（或者说，推动近代西方社会变革最重要的精神因素之一）便源于这种良知自由的精神驱力。人不能违背良知行事，否则要遭天谴。在某些历史时段上，它比理性的作用要强烈和大得多。近代西方出现的起义、革命和人权宣言所涉及的核心价值本质上讲就是良知自由观念，这些

---

① 圭多·德·拉吉罗：《欧洲自由主义史》，R. G. 科林伍德英译，杨军中译，吉林人民出版社，2011，第46页。

② Immanuel Kant, 1991 "An Answer to the Question: What is Enlightenment?", in Hans Reiss, H. B. Nisbet, ed. and trans., *Immanuel Kant Political Writings*, p. 54, Cambridge: Cambridge University Press.

起义、革命和宣言不仅出自理性的命令，而且更多地源于良知的命令（这可以看作理性主义与意志论对西方精神世界和社会世界交互产生的影响）。可以讲，在西方没有逐渐发展的良知自由，不仅不会有近代以来的一系列思想进步和社会政治变革，而且也难有哥白尼以来的科学革命和发展。没有良知自由，人在社会政治道德方面便会趋于沦丧。

显然，在西方现代化的进程中，韦伯所说的那种理性化只是其背后起作用的一个重要方面，而良知自由观念的形成和发展则是另一个在其背后起支撑作用的同样重要的精神因素。正是由于这两者的共同作用，西方现代性因素才逐渐发展起来。两者相辅相成，缺一不可。在我国学术界，人们往往关注和了解前者而对后者没有给予应有的重视。然而，殊不知，没有后者，前者不仅不能很好地成长和发挥作用，而且社会现代化的进程也难以顺利展开。阿克顿勋爵说："良知是人类必须坚守的不可或缺的堡垒，在这个堡垒里人们完成其性格的塑造并发展出抵御榜样和众多法律条文之影响的能力来"；又说："良知自由是所有各种自由中的首要先锋，因为它是人们得以避免邪恶的自由。"① 因此，没有良知自由，就不会有西方的法治和宪政的发展。软弱无力的良知是不能推动社会前进的。不容置疑，路德的基督徒的自由和良知自由的观念有着深远的影响。即使在今天的西方，它在人的尊严、自由、人权、法治方面仍有较大的潜移默化的作用。

最后需要指出的是，路德和加尔文的良知自由观念与后世某些唯灵论者（Spiritualists）所强调的那种脱离上帝之声的客观权威，只突出个人主观理解和经验的绝对主权权威的良知自由观念是有本质区别的。在超越（路德和加尔文）阶段（清教徒革命前后），良知自由，一方面，成为西方宪政理论和人权思想的根基；另一方面，也促成了唯灵论者的宗教无政府主义（religious anarchism）。唯灵论者割裂和片面理解路德和加尔文的良知自由的思想，只强调其自由的一面（个人理解和经验的一面），而忽视基督徒的良知应反映圣言/圣道的一面（圣经新约强调权利与义务两者，

① 约翰·埃默里克·爱德华·达尔伯格－阿克顿：《自由与权力》，侯健等译，译林出版社，2011，第280～281页。

个人自由与服从善的法律和政府两者的统一），从而使良知自由相对化和主观化（失去了基本信仰和伦理的根基）。在这种情况下，他们反对任何形式的政府，并一度形成颇有影响的宗教社会运动。西方 18 世纪和 19 世纪社会主义运动中的无政府主义便源于此。当然，此种思想后来受到社会理论的严肃批评。

第十一章
恶根性文化与法治

　　人有恶根性，即"原罪"（《创世记》，1～3），是闪族人的基本观念和主要文化特色之一（见本书第一部分）。它是巴比伦、希伯来/犹太、波斯宗教文化的基石——尽管它们三者之间也存在明显区别。基督教最深层的文化灵感也来自于此。《圣经》反复讲述的道理归根结底只有一个，这就是，人有弱点（"耶和华阿，求你可怜我。因为我软弱"——《诗篇》，6：2），唯有信靠上帝，因着上帝的帮助（恩典）才能得救。上帝是善和幸福的源泉。当基督教向西传播的时候，也把这种恶根性文化观念带到了西方。对此西方人深信不疑。它深深地影响了西方社会－政治文化心灵的建构，并成为其社会政治和法治建设的一个重要论据和深层根由。苏格拉底认为，"美德即知识"，人不会故意犯错，亦即人犯错是因为无知。然而，历史表明，事实并非如此。人类自古以来有许多伟大进步，但唯独在道德上的进展远不如意，而且更有甚者，在现代西方广泛存在的"末人"（last man）文化中，不少人越发深谙两面三刀之道，常以分裂的双重人格堂而皇之地在社会权力的舞台上表演。因此，自古以来没有多少人相信苏格拉底的话。秉持罪感文化的基督徒当然也不相信。他们宁肯要神治，也不愿意人治。那么何为"神治"？亚里士多德说，法治（不同于法制）就是神和理性的统治①，因为只有如此，才能免除一切情欲对权力

---

① 亚里士多德：《政治学》，1287a29，载《亚里士多德全集》第九卷，颜一、秦典华译，中国人民大学出版社，1994。

运用的影响（可见亚里士多德也不同意其师祖的观点）。亚里士多德的话可谓道出了法治的本质。这就是任何权力的运用和法律活动都必须受到外在正义力量的制约或制衡。这一外在力量在古人那里被给予了神或上帝。它反映出人们（包括亚里士多德在内）在公共事务方面对掌权者——不论个人还是集团的深深不安（因为凡人必有弱点："肉体的软弱"和意志的薄弱，在条件和环境变化的情况下尤其如此）。如果说古人把法治的保证（外在制约力量）投射和建立在神之上，那么在世俗化的现代，这个神则被转换为整体"社会"或"人民"（社会和人民就是上帝），它们是与神等价的外在制约力量。于是，在近现代西方，法治就从神治逐渐演变成世俗化的、制度化的和基于民主自由的法律至上（the supremacy of law）原则，如"宪政"、权力制衡、社会制约、多方面的民主监督等。当然，上帝的幽灵还在，只不过它只能可怜兮兮地发挥某种次要作用了。

一 西方法治思想源泉（上）：古希腊

乔治·萨拜因说："大多数现代政治理想——比如说，正义、自由、宪政和尊重法律等理想——或至少是对这些理想的定义，都起源于古希腊思想家对各种城邦制度的思考或反思。"① 这就是说，西方法治的第一个文化资本来自古希腊，尤其是民主的雅典城邦制度。亚里士多德为此曾写作《雅典政制》（*The Athenian Constitution*）一书。该书虽然仅有部分抄本和后来发现的（1880 年和 1890 年发现的）若干纸草残篇流传至今，但为后人具体展现了一个迄今为止已知世界上最早的"宪政"（英文译本使用的是"Constitution"一词，表明该"政制"确属宪政范畴）。事实上，雅典不仅是最早的法治宪法的制定者，而且也是最早创生非宗教性的世俗法系的国家之一（另一个世俗法系是中华法系）②。一般认为，在古典世界，雅典城邦以民主著称，尤其是伯利克里时代的平民大众民主（见本书第三

① 乔治·萨拜因：《政治学说史》上卷，邓正来译，上海人民出版社，2010，第30页。
② 约翰·H. 威格摩尔：《世界法系概览》（上），何勤华等译，上海人民出版社，2004，第219页。

章），而罗马才是法文化的佼佼者。然而殊不知，罗马在制定第一个成文的制定法《十二表法》的时候，是通过派代表团从雅典和大希腊城邦那里取经得来的（主要参考梭伦法典）①。因此，不能说希腊人不重视法律，而只能说罗马人在这方面更胜一筹。相比而言，希腊人远没有像罗马人那样将法律作为一门科学来对待，他们比后者在政治哲学和政治学方面有更大的想象力。这对于柏拉图和亚里士多德来说尤其如此。他们的思想脉络反映出希腊人对法治有一个曲折的认识过程。

1. 雅典：最早的法治和宪政国家

希腊雅典城邦自从梭伦改革开始便逐渐步入一种法治或宪政的轨道。梭伦创立了新宪法，按照这个宪法，公民依据财产数量自上而下被分为四个等级：五百斗者、骑士、双牛者（轭牛等级，能蓄养一对牛者）、日佣（雇工等级），其中前三者可根据其等级财产估价份额担任相应的官职，而最低等级只被允许成为民众大会成员和法庭成员（陪审员）。尽管这个改革仍保留了贵族的某些特权（如按财产多寡决定政治权力的大小），但它通过"解负令"（*seisachtheia*）也使得雅典本邦"债务奴"成为自由民，壮大了平民的力量。梭伦宪法规定，国家官员先由各部落分别投票预选候选人，然后就这些候选人抽签选举产生。此外，梭伦还建立了四百人议事会（Council），以监督宪法、法律和权力的执行。因此，其改革的创新点和实质是以有限的民主方式重新分配社会权力并把之置于初步宪政和法治之内。梭伦本人经常受到来自各方的压力，但仍力主维持阶级和权力的平衡，他曾赋诗一首宣明（那时能识文断字的人不多，听众远多于读者）观点：

> 我手执一个有力的盾牌，站在两个阶级的面前，
> 不允许他们任何一方不公平地占着优势。
> ……
> 自由不可太多，强迫也不可过分。

---

① 弗朗切斯科·德·马尔蒂诺：《罗马政制史》第一卷，薛军译，北京大学出版社，2009，第223页。

......

调整公理和强权，协和共处。

......

我制订法律，无贵无贱，一视同仁①。

显然，梭伦改革带有均衡论或中庸的文化色彩（亚里士多德后来沿袭了这一脉络），其政策核心是 *eunomia*，即"法律和秩序"或"依法治国"。基本原则就是"雅典城邦必须由全体公民共同治理"（不参与公共事务管理的公民要受到被剥夺公民权的惩罚）。目的在于通过尽可能的权力均衡（也就是后来罗马政治家西塞罗所说的那种均衡）来缓和当时阶级或等级（主要是贵族与平民）之间剑拔弩张的尖锐矛盾。由于措施得当（有些类似于近代初期英国的情况），雅典城邦开始了曲折的宪政和法治之路。

经过僭主专制的兴衰和克利斯提尼（Cleisthenes）的改革，雅典城邦在伯利克里时代终于迎来了平民大众的民主与法治。这种制度最值得注意的地方在于，它是西方最早的"宪政"。人们之所以这样讲，是因为，雅典城邦实行直接民主制，在这种制度中，包括宪法在内的主要法律由作为国家最高权力机构的"公民大会"民主设立，相当于政府行政部门的议事会只是公民大会的一个执行和程序委员会并对该大会负责。一切重大事项都要交给公民大会以获得民众的批准。对于雅典人来说，统治的基础和合法性是多数人的同意（被统治者的同意），他们是公民而不是臣民，更非奴仆〔包括亚里士多德在内的希腊人之所以对其周边的"蛮族"采取较为鄙视的态度，是由于在他们眼里后者（臣民）缺乏自由，天生奴性十足〕。政府最终依凭的，主要是说服（conviction），而非强力。此外，雅典还有一个由庞大的人民陪审团主导的法庭。它与公民大会有着某种同等的地位，不仅有审判和司法权，而且还有一定的行政权（如对候选人的审查）或立法权，其权力大大超过了当今世界任何国家法院的职责范围，

---

① 亚里士多德：《雅典政制》XII，日知等译，商务印书馆，1999，第14~15页；普鲁塔克：《梭伦传》，载普鲁诺克《希腊罗马名人传》，陆永庭等译，商务印书馆，1999，第185页。

其地位是这些法院无可比拟的。普通民众借此对地方行政官和法律本身进行控制。因此，它是雅典民主制的基础。雅典平民的真正权力主要在法庭（法院、陪审团）。这是雅典民主的特色，也是其"鲜明的宪政特征"①。这种宪政强调公民自由。当然，自由不是无法无天，而是有拘有束，并且是以屈从为前提的。不过，它不是屈从某个人的任意专断，而是尊重和服从民主制定的法律。在这个意义上，这种约束是"自我设定的"（萨拜因语）。法律高于统治者是这种公民政治自由体制的特色。为此，雅典人感到无比自豪和骄傲。伯利克里更是宣称"雅典是希腊的学校"。修昔底德通过伯利克里在阵亡将士葬礼上的演说词再现了雅典人（公民）的这种情感，表明了公民生活（civic life）的平等和共同参与意义，以及深藏于雅典模式，尤其是其民主制度、宪政、法治之中的理想、信念、价值和道德意义②。

应当说，雅典人（公民）的实践是人类进入文明以来在这方面的第一次尝试。他们以前所未有的勇气和智慧创新出一种社会政治模式。这种模式与众不同，具有很大的效用和意义，即享有非凡的价值，但在现实中却并非像伯利克里的葬礼演说词所讲的那么尽善尽美。实际上，演说词有某种夸张和理想化。因为在希腊民主城邦，存在以利益为基础的严重的党派之争，雅典也不例外，这在伯罗奔尼撒战争中更显突出，这是其一。其二，平民大众的直接民主极易受情绪左右，而缺乏专业知识的大众一旦受到蛊惑或情绪的左右，民主就会演变为多数人的暴政。苏格拉底和雅典五位将军在民主法庭上被判死刑就是最好的证明。所有这些导致民主国家在一些情况下变得十分无能。因此，正是看到了这种民主模式的缺陷，当时希腊顶级的思想家柏拉图及其弟子亚里士多德对此不但没有赞美之词，反而给予不同程度的批评，甚至是诘难（如柏拉图）。在他们看来，以雅典为代表的希腊城邦社会政治模式确实存在问题，因而需要认真探讨。他们并非绝对不相信民主制度，只是反对政治受大众舆论和情绪左右，反对在

① 约翰·H. 威格摩尔：《世界法系概论》（上），何勤华等译，上海人民出版社，2004，第244页。

② Thucydides, 1972, *History of the Peloponnesian War*, p. 145 – 149, New York：Penguin Group.

缺乏专业知识的情况下行使权力。下面我们就此展开进一步讨论。

2. 柏拉图：从理想国到法治国家

如前面部分所述，柏拉图通过经验和逻辑分析认识到，正义和善治是政治问题的核心，一个国家是否有希望，就在于它能否实行正义和善治。正义和善治决定着统治体制的选取，或者说理想体制的建构只能围绕正义和善治进行。至于是选取民主制抑或其他形式的制度，要看它是否符合正义和善治的要求。那么人们如何获得正义和善治呢？柏拉图认为，正义和善治来自具有正义的善人（尤其是善的统治者）和善生活，而善人和善生活归根结底又取决于"知识"，即苏格拉底所说的"美德即知识"的知识，它是执政者富有正义的善行的基础。因为作为正义的善治之统治是德治和专门知识的运用（或一种精湛的"技艺"运用），只有拥有美德和掌握此种知识的人，才能懂得什么工作是一个正义和善的国家不可或缺的，什么样的天赋和教育能够使公民胜任这些工作。因此，柏拉图在《理想国》中并不简单看好民主制，而是力主实行一种美德加智慧的统治。这就是人们熟悉的哲人王统治（或纯粹理性的统治）。他郑重宣布："只有正确的哲学才能为我们分辨什么东西对社会和个人是正义的。除非真正的哲学家获得政治权力，或者出于某种神迹，政治家成了真正的哲学家，否则人类就不会有好日子过。"①

不难看出，这也是一种有原则有理性的开明专制。柏拉图为何推崇哲人王之治？其根由就来自他对人性的特定看法。柏拉图认为，从人性上看，人们分成两类，即较高层次的少数人与较低层次的多数人。前者，尤其是其中最高者（如哲人王），几乎是真理的化身，因具有美德和睿智而成为引导者、拯救者；后者具有较大的人性弱点，因而只能是被指导、受教育和被统治。用柏拉图的话说就是："一类是优秀的，从事统治；另一类是低劣的，服从统治。"② 换言之，只有哲人王那样的人，才能"看到光"（上帝），洞识真理（永恒的真、善、美本身，即相/理念）。这大概

① 柏拉图：《第七封信》，载柏拉图《柏拉图全集》第四卷，326B，王晓朝译，人民出版社，2003。这段话重复了柏拉图《理想国》中的思想。
② 柏拉图：《法篇》，载柏拉图《柏拉图全集》第三卷，王晓朝译，人民出版社，2003，第726页。

是柏拉图对自身的一种投射。难怪后来的神父们把柏拉图几乎视作"基督徒"。人性有弱点（恶根性），这是巴比伦、波斯、犹太、基督教文化的共识，而且这里的人是指所有的人，包括教士或神父。对于他们而言，没有上帝和启示，人永远不能得到拯救。因此，闪族、波斯的恶根性文化决定了任何纯粹的人的统治都是不可靠的，因此需要外在力量的制约，也就是神治。然而与此不同，或许是受理想化的贵族思想影响，柏拉图非常奇怪地把人性有弱点的看法只用于大众身上，而对哲人王则给予了某种超越性的褒扬。这样，他便把这极少部分人（尤其是哲人王）摆在接近神的地位（或者说只有他们能够真正看到神）。于是，他的这种理论与其说是接近基督教，不如说倾向于诺斯替主义（灵知主义），或者说后来的诺斯替主义是从他那里得来的。这是一种希腊式的基督教异端。它对后世有着深远的影响。

因此，我们看到，柏拉图的理想国是建立在一种人性分化或区别的基础上的。其名义是"智识之治"（government by intelligence）或"纯粹理性之治"（the rule of pure reason）（萨拜因语），而实质则是少数人之治，甚至是一位哲人王之治，即人治。在这个理想国中，如萨拜因所言[1]，法律问题被略去了。当然，这是容易理解的。既然这些统治者是既有美德又有智慧（知识）的哲人和卫士（护卫者），那么法律对于他们来说确实是多余的。法律只是为不守法规的人准备的（法律针对小人而非君子）。柏拉图在《理想国》中避而不谈法治问题，不是疏忽或突发奇想，而是其政治哲理必然的逻辑结果。这表明，壮年期的柏拉图对希腊城邦的民主制度、公民身份和普遍参与的价值和意义以及自由、人（公民）的尊严持某种否定态度（至少是不重视）。他与雅典人的分歧不仅是政治的，更是道德的。因为理想国以义为基础，而雅典民主制则主要与人们的利益之争或博弈相关。两者体现的价值取向完全不同。一味地诉诸德化难免人治，平等之人的博弈则离不开法治。而服从法律与服从一个人的意志以及法治下的自由与人治的专制，在道德上有着深刻区别，即使那个人是明君，其

---

① 乔治·萨拜因：《政治学说史》上卷，邓正来译，上海人民出版社，2010，第97页。

统治是仁政。正是这种道德区别，这种将理想国与雅典政制区别开来的道德，障蔽了柏拉图的心灵，使他一时无法洞识雅典民主与法治的真正意义。

然而，理想国毕竟是一种乌托邦，它在现实中难有作为（尽管长期为人们所向往）。当柏拉图经历一番挫折和理想幻灭之后重新面对现实之时，法律自然进入了他的视线。晚年的柏拉图写了《政治家篇》和《法律篇》，其目的就是为了补上法治这一课，以便贴近希腊城邦的实际。关于柏拉图的社会政治思想后期的一些变化，根据其后期的著作和书信可以做出如下判断。

第一，柏拉图晚年确实将政治思想的重心由哲人王之治转到法治上（起码是加上了法治部分）。他引用赫西俄德《工作与时日》中的话说，"通向恶的道路是平坦的……；然而永生神灵在善和我们之间放置了汗水，通向它的道路既遥远又陡峭"。在柏拉图看来，作恶比行善要容易得多，不管什么人，他"那意志薄弱的人性总是在引诱他扩大自己的权力，寻求自己的利益，他必然会尽力避苦求乐，把这些东西作为目标置于公正和善良之前"，从而"使他的国家也和他一道堕落在毁灭的深渊中"。因此，"要生活，就要遵守法律，没有法律，人就不能生活"，或者说没有法治，人只能"过一种最野蛮的野兽般的生活"。①

第二，强调法律至高无上，法治优于人治。柏拉图在晚年终于认识到，在现实的善治中，统治者或权力是"法律的仆人"，而不是相反，"一个国家的兴亡取决于这一点"。他还认为，"在法律服从于其它某种权威，而它自己一无所有的地方，我看，这个国家的崩溃已为时不远了。但如果法律是政府的主人并且政府是它的奴仆，那么形势就充满了希望，人们能够享受众神赐给城邦的一切好处"（王晓朝的译文是"法律一旦被滥用或废除，共同体的毁灭也就不远了；但若法律支配着权力，权力成为法律驯服的奴仆，那么人类的拯救和上苍对社会的赐福也就到来了"）②。因

① 柏拉图：《法篇》，载柏拉图《柏拉图全集》第三卷，718E、875B－C，王晓朝译，人民出版社，2003。

② 柏拉图：《法律篇》，张智仁等译，上海人民出版社，2001，第123页；柏拉图：《法篇》，载柏拉图《柏拉图全集》第三卷，715C－D，王晓朝译，人民出版社，2003。

此，柏拉图呼吁"让西西里和任何地方的任何城邦不要再屈服于一个世俗的统治者——尽管这是我的学说——而要屈服于法律。屈服人无论对统治者还是对被统治者来说都是邪恶的，对他们本身、对他们的孩子和子孙后代都是这样"①。柏拉图始终认为，"'神是万物的尺度'这句话所包含的真理胜过他们所说的'人是万物的尺度'"。"一个共同体如果不是由神来统治，而是由人来统治，那么其成员就不可能摆脱邪恶和不幸。我们应当竭尽全力……规范我们的私人家庭和公共社会，使之服从我们中间的不朽成分，并把法律的名称给予这种理智的约定。但若一个人、一个寡头制，或一种民主制，用它自己的灵魂关注自己快乐、激情和欲望的满足，那么这样的灵魂就无法自持，而会处在长期的、贪得无厌的疾病控制下。当这样的人或体制把法律踩在脚下，对个人和社会发号施令，那么如我刚才所说，一切获救的希望都消失了。"② 在此，神的含义在包括柏拉图在内的古人的眼里就是宇宙的普遍永恒的法则、理性（逻各斯）和终极的善（相/理念的体现）。人的活动只有服从于此，或者说受这种外在力量的控制，才会有序和谐。这就是柏拉图所说的法治（后来亚里士多德秉承了类似的思想）。这大概是人类最早有关法治的理论阐述，它与理想国的思想有某种区别，或者说是对后者的一种补充。

第三，柏拉图即使在晚年写《政治家》和《法律篇》的时候，也未完全放弃他在《理想国》中的理想和信念。在他看来，治国须有哲人王那样的洞见和知识（他们"在神的怜悯下生来就有能力获得这种认识"），然而，由于"这种洞见在任何地方都找不到，因此我们只好退而求其次，诉诸于法规和法律"。从中我们可以看到，对于柏拉图而言，回避理想国的信念和原则，强调属于"二流"模式的法治，纯属是一种无奈之举（有点类似现代一些国家的做法）。在柏拉图心目中，以下原则永远是放在首位的："共同的利益使社会组合在一起，而个人则是社会的破坏因素，因此，公共的幸福生活应当优先于私人的幸福生活"。对于柏拉图而言，

① 柏拉图：《第七封信》，载柏拉图《柏拉图全集》第三卷，334C-D，王晓朝译（引文译文稍有不同），人民出版社，2003。
② 柏拉图：《法篇》，载柏拉图《柏拉图全集》第三卷，716C，713E-714，王晓朝译，人民出版社，2003。

理想国永远是最佳和最美好的社会政治模式。一旦条件允许并出现哲人王那样的统治者，人类也就无须"由法律来统治了"，"因为没有任何法律或法规有权统治知识"①。由于受立场、观点、知识向度和经验的影响，柏拉图永远不能理解潜隐于法治或宪政中人性同质的真正意义，即源于闪族－犹太－波斯文化中的那种深层含义：人，不管什么人，归根结底都是软弱的——当条件和环境变化时尤其如此。没有人性弱点的人是不存在的，不管他是什么人。当然，柏拉图不承认这一点。他总是渴望和幻想有神那样的人出现，这不过是一种被理想化、神化和美化的希腊远古〔所谓"黄金时代"或"克洛诺斯（Kronos）时代"〕之王在他脑海里出现的幻象所致（似乎有些类似于中国人对尧、舜的理想化的想象），以及由其灵与肉的等级划分的观念造成的（归根结底是其相/理念论所致）。

　　第四，柏拉图逐渐认识到理想与现实的区别，即萨拜因所言的理想国与一种次优国家（a second-best state）的区别。这种次优国家是他晚年在《政治家篇》和《法律篇》中研究的重点。在柏拉图看来，事物分为两种类型：一种是感官能够把握的事物；另一种是最高的、最重要的，因而也是最有价值的"存在"（在此指神或神圣性）。前者由于是可见的，因而是易于理解的，后者因为"没有可见的形体"，因而"只能用理性加以证明"②（这实际上是重复《理想国》中的观念，也是以现象世界与相/理念世界的区别为基础的）。根据这一划分原理，现实的国家属于前者，而理想国属于后者。在此，柏拉图把理想国列为"受上苍启迪"的一种体制（《政治家篇》）或"天上出生的东西"（《法篇》），其只供人"模仿"，但却难以达致。而柏拉图所说的法治国家虽无法与理想国相比，但较为贴近现实。柏拉图后期始终纠结于这两种模式之间。他曾多次说过，"判断一种政制的真正标准，一定不能是看其是由一个人统治，少数人统治还是多数人统治，是强制的还是自愿的，统治者是贫穷的还是富裕的"，以及"它是否定缺少法典"，而是看统治者是否具有政治（或统治）的"技艺"

---

①　柏拉图：《法篇》，载柏拉图《柏拉图全集》第三卷，875D，875A，875C，王晓朝译，人民出版社，2003。

②　柏拉图：《政治家篇》，载柏拉图《柏拉图全集》第三卷，285E－286，王晓朝译，人民出版社，2003。

（意指哲学洞见、理性知识以及善心和美德）。只有这种技艺是最重要的，其他标准都是次要的。他强调指出："如果统治者真的明白所谓统治就是运用他们的技艺作为一种比成文法更强大的力量去谋取幸福，那么一个真正的政治体制不就可以建立起来了吗？只要统治者具有这种健全的心灵，只要他们能够坚定地遵循这个伟大的原则，他们就不会犯什么错误。"①可见，柏拉图仍然坚持其老师苏格拉底的观点：美德即知识，人只有无知才会犯错误。理想国在柏拉图那里永远被用来与现实国家相比照，就如同后来奥古斯丁将天城与属地之城进行对比那样（现代人以共产主义与社会现实对比那样）。不过，在《政治家篇》的较后部分，柏拉图还是向现实做出让步，认为前者只是第一流的统治，一种难以实现的统治，因此需要第二流的统治，即法治统治。他说："我们承认这些东西是需要的，但并不是理想的。"这表明柏拉图认识到，城邦已经主要演变为利益共同体而非原来的血缘－道德或信仰共同体。而利益共同体归根结底是要靠法律来统治和管理的，它们无法像以前那样更多地诉诸信仰和传统道德（这也是古代中国《礼记·礼运》对"大同"与"小康"的区分）。

那么什么是次优国家呢？按照《法律篇》中的意思，次优国家就是君主制与民主制的一种努力结合。其基础是源于神的真义的法治。在此，柏拉图像往常一样并不看好纯粹的民主制，但对现实中的即使是善的君主制也心存戒心。按他的解释，一方面，君主制与僭主制相对，后者是前者缺乏法治的堕落结果和形式，一旦前者滑落为后者，就会导致国家衰亡，波斯就是典型；另一方面，雅典大众民主因过于自由和党派之争也常常致使国家陷入混乱状态。因此，最好的办法就是实现两者的优势互补。这样既可保留君主制的优点和一个国家在管理上必不可少的原则——强力的统治，又能含有同样不可或缺的民主原则——人民享有自由和权利。其中关键之点是两者无论如何必须统一在法治之下。没有法治，这两者都会变质，次优国家也无从谈起。由此可见，柏拉图晚年实际上暗示了一种均衡论体制的原则，一种法治下的混合式体制的原则。他虽然不是"均衡论"

---

① 柏拉图：《政治家篇》，载柏拉图《柏拉图全集》第三卷，292A－C，297，王晓朝译，人民出版社，2003。

或"混合式"国家概念的发现和发明者，但却为后世，如亚里士多德、西塞罗、阿奎那、孟德斯鸠等深化这方面的研究奠定了一定的理论基础。

3. 亚里士多德：对"理想国"的批判与对法治的经验研究

作为柏拉图的高徒，亚里士多德对社会政治问题的研究自然是从老师留下的文化资本开始的。他不仅对老师柏拉图的人格和思想境界怀有深深的敬意，而且对他的社会政治理论也给予很高的评价，认为它非常卓越，对后人颇具启示性。然而，与心系苍穹和具有某种强烈宗教取向的柏拉图①不同，亚里士多德脚踏实地和富有现实性。对他来说，始终有一个问题萦绕在心中，这就是，他老师的"理想国"虽然伸张正义，但究竟有多大的实际效用？或者说，其体现的理念和原则看上去很善、很美，但它们实用吗？大概正是由于这一疑问的缘故，亚里士多德远非像柏拉图那样富于玄想，而是注重实际和经验研究。如果说柏拉图是激进型的思想家，亚里士多德则强调"节制和适度"（其中庸之道观念使然）。因此，他认为在研究上要把纯科学或哲学与政治学区别开来，前者一般远离实际的日常生活，更多地运用演绎的、抽象的逻辑推理，后者则注重对常人的行为和城邦实际运行情况的考察，将研究植根于日常经验和实践之中。社会现实政治问题研究的重心在后者而非前者（前者是哲学的领域）。社会政治科学应当建立在经验上而不只是哲学理论上。它不能过于思辨或像智者那样推崇诡辩。当然，正如卡恩斯·劳德（Carnes Lord）所言，这不表明亚里士多德不重视"理论哲学"，而是说在亚里士多德看来，社会政治科学是一门实践性很强的学科（"为行动服务"的学科），它所针对的并非哲学家而是政治家、现实或潜在的掌权者。其目的在于使政治家懂得在行动上或政治领域更多的是经验总结，而难有可依靠的十分精确的知识，因为"人类事物天生易变，如果以探索普遍规律的物理学家或数学家的精神来研究人类事物，与这类事物相关的现象就会遭到根本的歪曲"②。由此可见，亚里士多德虽是古代思想家，但在这方面却有几分现代色彩。

---

① "柏拉图是最富宗教色彩的思想家之一"（见大卫·瑙尔斯《中世纪思想的演化》，杨选译，商务印书馆，2012，第34页）。

② 卡恩斯·劳德：《亚里士多德》，载列奥·施特劳斯等《政治哲学史》，李洪润等译，法律出版社，2009，第109页。

亚里士多德对柏拉图的正义理念充满崇仰之情，但对柏拉图的"理想国"却持有一种现实的批判态度。在他看来，理想国想要实行哲人王之治，实质上就是实行人治和专制——尽管这种人治和专制是与众不同的贤哲之治。对于《理想国》中的这一主张亚里士多德显然是不能接受的。他反对像柏拉图或色诺芬①所发挥的那样，把政治统治或治国之道实质上等同于王者之术、持家之道或主人对奴隶的统治。因为其《政治学》《雅典政制》等著作表明，他主张"宪政"。他认为，城邦是利益共同体，不同于家庭、部落或民族，其中所体现的关系是平等、自由之人的合作关系。这些人是公民，而公民在本质上是一致的（亦即都是公民，没有主奴，或君臣之分。这被认为是希腊，尤其是雅典城邦与所谓"蛮族"国家在社会政治上的主要区别）。因此，城邦的统治者不是家长，也别于酋长、首领或帝王，他应当是宪政统治者（the constitutional ruler）。这就是说，亚里士多德对柏拉图《理想国》的某些观点持一种反思和批判态度（《政治学》卷二），但接受其《法律篇》的某些观点。如上所述，后者是柏拉图主要谈及法治问题的著作，它在一定程度上反映了柏拉图晚年政治思想的某些变化，即由理想的哲人王之治转向现实的法治。这也是亚里士多德始终崇尚的统治形式，符合他的平等之人（公民）共同参与（或轮流参与）政治统治的理念。对他来说，在任何一个善的城邦，最高统治者只能是法律，而不是任何个人，不管他是谁。在此，我们看到，亚里士多德强调法治，不仅出于一种对人性弱点的考虑，而且更是将其视为善政的一个内在固有要素。它表示法治的本质是人（公民）的身份、地位、权利基本平等。正如他所言："依法统治便是由自由民和地位同等的人组成政府。"② 只有这样，政治统治才能同被统治者的尊严相一致。

　　不容置疑，亚里士多德受到柏拉图法治理念的启发，但他不同意柏拉图在《政治家篇》中表露的这样一种观念：法治是一种不幸的无奈之举，假如能够出现哲人王那样的贤明统治者，也就不需要法治了，因为法治有

---

① 参见色诺芬《回忆苏格拉底》，吴永泉译，商务印书馆，1984；色诺芬：《居鲁士的教育》，沉默译，华夏出版社，2007。

② 亚里士多德：《政治学》，1.7.1255b－20，载《亚里士多德全集》第九卷，颜一、秦典华译，中国人民大学出版社，1994。

时会束缚贤哲的手脚而相对低效。对于柏拉图而言，理想国永远是各个城邦所应模仿的榜样，一旦条件允许，城邦的统治方式是可以替换的。然而亚里士多德却不这么看，他认为宪政所体现的是一种公民自愿接受统治的模式（其本质是平等和同意），反映了公民自我统治的愿望，因而是一种理想的统治模式。由此，我们看到，亚里士多德与柏拉图虽然都主张法治，但分歧颇为明显。在柏拉图那里被看作次优方案的宪政，在亚里士多德那里则是一种现实的最优的统治形式。这实际上如亚里士多德所言，涉及由善人统治还是由法律统治这两者孰优孰劣的问题。不过，若探讨到此为止，那还只是看到了事情的表面。因为进一步思考，人们便会发现，这一问题实质上与对人的"自然"本性（天性）和习性（第二天性）的看法不同密切相关。大家知道，柏拉图在《理想国》中以古老的（"赫西俄德说过的"）"金银铜铁说"为喻，把人的资质和心灵构造按金银铜铁种类分成不同等级："有些人的身上加入了黄金，这些人因而是最可宝贵的，是统治者。在辅助者（军人）的身上加入了白银。在农民以及其它技工身上加入了铁和铜"。尽管柏拉图以任人唯贤为准则排除了等级的封闭性和统治权的世袭性（即允许社会等级纵向流动：若"金父"们的"孩子的心灵里混入了一些废铜烂铁，他们决不能稍存姑息，应把他们放到恰如其分的位置上去，安置于农民工人之间；如果农民工人的后辈中间发现其天赋中有金银者，他们就要重视他，把他提升到护卫者或辅助者中间去"），并强调防止社会中的"铜铁当道"①，但他骨子里还是向往圣贤之道和突出他们的作用，认为天下总有一部分人品学兼优，像神一样不会有人性的弱点，即使其环境发生变化也是如此。这种思想在他身上根深蒂固，晚年他虽然"弃德化而谈法治"，但仍旧念念不忘有朝一日实现理想国。这很可能导致他虽然转向法治，但在《法律篇》中仍以哲学思辨的方式泛泛地谈论法治，没有面向现实的具体的城邦。

对此，亚里士多德在《政治学》中提出了批评。批评的重点主要是指出柏拉图的社会政治思想缺乏具体经验和比较研究，而且也不实用。正

---

① 柏拉图：《理想国》第三卷，415A－C，547A，郭斌和等译，商务印书馆，2002。

如卡恩斯·劳德所言，亚里士多德认为柏拉图的"《法律篇》很少言及它当作最实用的政治秩序来描述的政治制度的现实特征（《政治学》，2.6.1264a42－65a1）。……虽说《法律篇》更关心实际可行的东西，却很少试图分析各种不同的城邦和制度。不管亚里士多德最终怎样看待柏拉图的政治哲学。但有一点似乎是清楚的：他认为它未能提供普遍可接受、实际的政治家最为需要的知识，因而它作为政治哲学是不充分的"①。实际上，由于将现实城邦视为利益共同体而非道义共同体，亚里士多德根本不相信天下存在没有弱点的人性（尤其是统治者的人性）。这是他与其老师的最大区别之一。他认为就人而言总是存在两种可能性："人一旦趋于完善就是最优良的动物，而一旦脱离了法律和公正就会堕落成最恶劣的动物"②。这表明他意识到了人之为恶的能力，也就是人有逾越神圣限制的能力，而保证人不成为"恶劣的动物"，保证统治者不越出神圣界限，唯一现实可行的做法就是实行"自由民和地位同等的人"的法治。没有宪政和法治，就难以抑制人性弱点引发的不良行为，公正也无法得到保证，从而作为政治共同体的城邦的基本秩序也无从谈起。

因此，对于亚里士多德而言，道义对于人们成为良善之人固然有着重要作用，但现实的城邦毕竟不是"理想国"，城邦的任何统治者也不会是那无处寻觅的贤哲（哲人王），没有法治做保证，道义究竟是不可靠的。因此，无论政治哲学还是政治学必须从天上降到地上（接地气），从理想降到现实，从玄学思辨降到经验研究。其必须为现实可行性的方案提供理论支持——这是亚里士多德在做学问上与柏拉图的根本区别。当然，这归根结底也是他能够尊重人类存在固有的局限和弱点的看法的体现。由于能够更加面向实际，亚里士多德对社会政治的研究更富有现实性和指导意义。这在法治思想方面也不例外。他的法治思想主要有以下内容。

第一，法治（the rule of law，不同于法制，即 Legal system）是一种建立在多数人"同意"基础上的宪政，多数决定是其主要的合法性（"多数

---

① 列奥·施特劳斯等：《政治哲学史》，李洪润等译，法律出版社，2009，第121～122页。

② 亚里士多德：《政治学》，1.2.1253a31，载《亚里士多德全集》第九卷，颜一、秦典华译，中国人民大学出版社，1994。

人的意见所认可的东西都具有决定性的权威")。因此，它是民主社会而非专制社会，或平等的公民的社会而非臣民社会特有的统治形式（当然，亚里士多德没有像后人那样想到少数人的权利和潜在有效观念的保护问题）。

第二，法治是民主社会的自然属性。亚里士多德说："在由彼此平等的人组成的城邦中，一人凌驾于全体公民之上，对某些人来说就显得有悖于自然。他们认为，天生平等的人按照其自然本性必然具有同等的权利和同等的价值。……所以法治比任何一位公民的统治更为可取。"在此，我们看到，法治的自然属性来自公民平等的自然属性或自然权利（这一点此后为斯多葛学派所深入阐述）。

第三，法治的本质是人民（公民）自我统治，而不是主要靠武力或仅凭强力的统治。因为它与"由大家轮流统治和被统治"（"轮流执政"）密切相关，主要诉诸民主制定的法律而非强权或暴力，因此某种意义上它是一种自愿服从的统治。

第四，法治是一种最现实可行的平衡体制。它虽然无法做得像"理想国"那样理想的"公正"，但符合城邦公众的利益或相对普遍的利益（广泛性的利益），并且排除了某一阶级、集团或个人为其利益而进行的宗派统治或专制。

第五，法治要恰到好处。亚里士多德说："即便制定了优良的法律，却得不到人们心甘情愿的遵守，也不能说是建立了优良的法制，因此优良法制的一层含义是公民扼守业已颁订的法律，另一层含义是公民们所遵从的法律是制定得优良得体的法律，因为人们也可能情愿遵从坏的法律。恪守法律可以分成两种情况：或是恪守在人们力所能及的范围内最优良的法律，或者是恪守在单纯的意义上最优良的法律。"① 对于亚里士多德而言，当然是前者。后者是柏拉图观念。

第六，崇尚法治就是只崇尚神和理智的统治，而崇尚人治则是在其中掺入了几分兽性。在此，按吴寿彭在其《政治学》译本（169 页注释①）中的解释，"'理智'归属'神祇'"，这是"希腊人的习尚"。由此可见，

---

① 亚里士多德：《政治学》，4.7.1294a4－10，载《亚里士多德全集》第九卷，颜一、秦典华译，中国人民大学出版社，1994。

在亚里士多德看来，法治就是神治，而神治又意指理智或理性之治。亚里士多德之所以强调以神和理智之治为本的法治，是因为他认识到，凡"欲望就带有兽性，而生命激情自会扭曲统治者甚至包括最优秀之人的心灵"，因此只有这种法治才能"摒绝欲望"和不受激情的影响①。也就是说，只有在法治中，统治的实施所依凭的才会是一般性法规而不是某种专断的命令。这反映出亚里士多德对人性的弱点有清晰的洞识，对哪怕是最优秀之人的统治也存有戒心。历史史实使他明白，一旦法治弱化，即使是具有杰出美德的统治者也往往最终难逃变成功魁祸首的命运。

值得一提的是，亚里士多德的社会政治理论是与其强调"节制和适度"的"中道"（中庸之道）观念密切相关的。其法治思想自然也是如此。在他看来，作为一种经验研究，社会政治科学应当为人们提供一个现实可行的最好的政体模式（"我们考虑的范围仅限于大多数人都有可能享受到的生活和大多数城邦都有可能实现的政体"），而不是迷恋于绝大多数城邦无法达到的政体模式，甚至激进的乌托邦方案。根据这一思路，他首创了一种中庸的政治之道，并以此为基础提出了"混合政体"的概念（卡恩斯·劳德在《政治哲学史》"亚里士多德"一章中认为，"这一概念对直至当代的政治思想和实践产生了重大影响"）。这种混合体制或政体以"中间分子"（中产阶级）为社会基础（因为这个阶层财富适中，比巨富者与赤贫者更趋于理性，易于克服社会政治和意识形态方面的差异，有利于社会稳定与和谐），既避免极端的寡头制，也抵制"极端的民主制"，是一种有节制的民主政体，或共和政体，即"寡头政体与平民政体的一种混合"（"共和政体简单说来是寡头政体与平民政体的一种混合"）。由于这种模式综合了"财富"与"自由"这两种被认为是寡头和平民体制中最有价值的东西（寡头政体的准则是财富，平民政体的准则是自由），因此它是一种切实可行的最优的平衡形式②。毫无疑问，亚里士多德的法治理论也是建立在这样一种中道体制基础上的。他认为，这种法治只能依法

① 亚里士多德：《政治学》，3. 16. 1287a10－34，载《亚里士多德》第九卷，颜一、秦典华译，中国人民大学出版社，1994。
② 亚里士多德：《政治学》，4. 7. 1293b35－1294a15，载《亚里士多德》第九卷，颜一、秦典华译，中国人民大学出版社，1994。

解决一般性的社会政治问题，它可能不如真正的纯洁的贵族之治那样杰出（意思是法治也会束缚优秀的统治者的手脚而缺乏灵活性和效率），但却能够防止专制与无序（两种极端）。也就是说，它是一种中道形式，无法把国家统治或管理得最好，但能避免最坏的结果。

当然，亚里士多德还是有其理想和向往的，这就是某种想象中的或者古老传说中的"贵族制"。这种贵族制在他看来由财富、自由和德行三种要素混合而成，因而优于由财富与自由两种要素混合而成的共和制。那么这种贵族制是否真实存在？亚里士多德承认在现实中似乎只有斯巴达和迦太基两者更为接近贵族制，但他在某种程度上又对此予以否认，觉得它们还很不够格，尤其在德行（美德）方面。于是，他便像人们传说的那样把这种体制的存在推向"原始"时代，似乎只有那时才有"真正"的充满美德的贵族制（古人对远古"黄金时代"的贵族制都有虚幻的想象）。这是否表明亚里士多德内心懂得即使城邦存在法治，也不应减少德化的努力？

二 西方法治思想源泉（下）：古罗马

德国著名法学家耶林（Rodolf von Ihering，1818－1892）在他所著《罗马法的精神》（*The Spirit of the Roman Law in the Various Stages of Its Development*）一书中说："罗马帝国曾三次征服世界，第一次以武力，第二次以宗教（指基督教），第三次以法律。武力因罗马帝国的灭亡而消失，宗教随着人民思想觉悟的提高、科学的发展而缩小了影响，唯有法律征服世界是最为持久的征服。"[1] 萨拜因也说："罗马法成了欧洲文明史上最伟大的知识力量之一，因为它为人们提供了他们据以思考各种论题乃至政治问题的各种原则和范畴。法律主义的论证方式（legalist argumentation）——亦即依据人们的权利和统治者的正当权力展开论证或进行推理——后来成了政治理论研究中一种为人们普遍认可的方法，而且至今如此。"[2] 这些话语表明，罗马的法文化对后世，尤其是西方的法治活动产生深远影响。众

---

① 转引自周枏《罗马法原论》，商务印书馆，2001，第12~13页。
② 乔治·萨拜因：《政治学说史》上卷，邓正来译，上海人民出版社，2010，第214页。

所周知，在前现代世界，法系或法文化复杂多样，蔚为大观，著名的有美索不达米亚法系（如《汉穆拉比法典》）、希伯来法系（《摩西十诫》及律法）、中华法系（儒家礼法和刑法）、印度法系、罗马法系、伊斯兰法系、日耳曼法系、（基督教）教会法系，等等，可以说历史上有多少主要文明，就有多少著名的法文化。那么在众多的法文化中为什么唯独罗马法对现代的影响最大呢？这自然同现代法的某些来自罗马法的重要渊源有关①。罗马法中蕴含的理性、自然法和自治精神（罗马法精神）深深地影响了后世西方法文化发展。不过，这多指私法（主要是民法）方面，而实际上，在公法方面，罗马共和时期的准宪政和法治才是人们更应关注的方面。它影响了孟德斯鸠与卢梭，并通过前者《论法的精神》中的某些公法思想和后者《社会契约论》中的人民主权思想影响了西方的法治建设。尤其是西塞罗所强调的罗马共和国的制衡原则值得深入思考。

1. 城邦文化的多元性与罗马法的兴起

前罗马时期，意大利半岛上主要生活着四个民族社群（或共同体）：凯尔特人、埃特鲁斯坎人（Etruscans，又译伊特鲁利亚人）、意大利人（拉丁人是其主要的一支）、希腊人，此外，在西西里岛西侧还有迦太基人。凯尔特人从多瑙河上游和中游越过阿尔卑斯山南下意大利，定居在半岛北端，主要从事传统的农牧业并沿袭北欧文化。虽然他们已经抵达地中海海岸，但并没有建立城邦和贸易中心，其农业也与以经济作物（葡萄和橄榄）为主的地中海农业（主要用于交换、贸易的农业）有根本区别，因此他们尽管处于意大利半岛，但不属于海洋文化的一部分。希腊人居住在半岛南部和西西里岛并在此建立了许多独立城邦，这是他们的拓殖地（殖民地，亦称"大希腊"）。他们虽然身处意大利，但总是趋于向东边（希腊）看齐，在经济和文化上属于希腊化世界的一部分。与希腊人类似，迦太基人在西西里岛也建立了许多发达的城邦，主要从事贸易活动，他们在政治上隶属隔海相望的迦太基，在文化上沿袭古老的闪族（腓尼基人）的习俗。埃特鲁斯坎人的居住地处于半岛中心，北临凯尔特人，属于

---

① 著名法学家陈朝璧说："罗马法，死法也，失其强制力久矣；今之学者何乃研究不懈耶？曰，罗马法，影响于现代各国法例最大，……为现代法最重要之渊源，各国法律无不受其影响。"（陈朝璧：《罗马法原理》，法律出版社，2006，第4页。）

地中海文化或文明的一部分,但起源却一直暧昧不明①。他们在半岛中部建立许多城邦,从事地中海式农业和贸易,并通过松散的城邦联盟形成祭司－君主国家②。罗马兴起以前,他们曾是这一地区(台伯河盆地)的统治者。除了埃特鲁斯坎人外,在半岛中部(中部偏南)还生活着意大利人,拉丁人是其重要的一支。他们像凯尔特人一样,从北欧翻越阿尔卑斯山而来到意大利,定居于富饶的台伯河谷地,从事传统农牧业。这样,半岛中部是一个多元文化和多种族(民族)聚集的地区,为文明或文化的冲突与融合提供了条件。以更具历史意义的拉丁族为代表的意大利人,处于希腊与埃特鲁斯坎两种先进发达文明或文化的包围之中,受其强烈影响。

罗马国家的发源地——罗马城邦就坐落于意大利半岛中心,如上所述,这是一个地理、文化或种族(民族)上南北对接的地带,一个文化差别极大而碰撞明显的地区。在这个地区活跃着两个民族:埃特鲁斯坎人和拉丁人。他们在种族和文化上明显不同,相互冲突,但又彼此融合,同时保持各自的独立性。复杂而多元文化的碰撞使得这个地区成为伟大斗争的场所。罗马城邦坐落于这个中部地区的拉丁姆(Latium)平原,属于拉丁文化范围。城中居民主要由属于拉丁人范畴的"罗马纳人"(Ramner)联合提替人(Titier)和卢克雷人(Lucerer)构成③。罗马城邦是罗马国家的发祥地,后来成为拉丁地区的政治中心,但在罗马崛起以前,它并没有什么重要地位。如蒙森所说,当时"拉丁民族是以拉丁姆而不以罗马为基础的"④。罗马城在自然条件方面(如在土地肥沃程度和淡水资源丰富程度上)不及大多数老拉丁城市,但在拉丁境内为何能够在政治上异军突起,这是一个值得深思的有趣的问题。罗马城之所以能够崛起,重要的一

---

① 关于埃特鲁斯坎人的起源,众说纷纭。据希腊史学之父希罗多德记载,他们大约是在特洛伊战争时期从故乡迁徙的吕底亚人。现在较多观点认为他们是源于东地中海向意大利迁徙的小亚细亚人(参见 Werner Keller, 1974, *The Etruscans*, New York: Knopf; 还参见 Ellen Macnamara, 1991, *The Etruscans*, Cambridge, Mass.: Harvard University Press; 科瓦略夫,《古代罗马史》,王以铸译,第三章,"关于埃特鲁里亚人起源的理论"一节,上海书店出版社,2007)。

② Werner Keller, 1974, *The Etruscans*, p. 93, New York: Knopf.

③ 参见特奥多尔·蒙森《罗马史》第一卷,李稼年等译,商务印书馆,2004,第40页。

④ 特奥多尔·蒙森:《罗马史》第一卷,李稼年等译,商务印书馆,2004,第42页。

点在于其独特的地理位置。罗马属于拉丁区域，但却处于该区域的边陲（实际上是拉丁姆的边防要塞），它与埃特鲁斯坎人的地盘以台伯河为界，隔河相望。因此，罗马人较少受拉丁区域中心——拉丁姆的控制而与文化程度更高的埃特鲁斯坎人交往密切，因而深受其影响。从人们在礼仪场合所穿的宽外袍和罗马数字到角斗活动和古罗马代表权力的束棒，这些过去曾被普遍认为是罗马标志性的东西，今天我们知道，实际上都是从埃特鲁斯坎人那里学来的。埃特鲁斯坎人还把自己对不朽艺术和建筑的热爱，修筑公路、建造桥梁和构筑宏伟水利工程的技术，制作陶器和金属制品的手艺以及占卜术都传给了罗马人。而且更重要的是，通过与埃特鲁斯坎人的交往、进行贸易活动和收取关税，罗马逐渐成为拉丁人地区的商业中心和坚固的堡塞，并在发展拉丁农业的同时奋力发展成为一种凌驾于农业经济和农村之上的新兴城市，其居民不仅学会了经商之道，而且获得城市生活模式和市民精神，最终奠定了与其相邻地区不同的特殊地位。因此我们说，某种意义上是罗马的特殊的地理位置和文化融合奠定了罗马崛起的基础。

传说中的罗马城是由具有阿尔巴（Albana）王室血统的拉丁人罗慕洛（Romolo）于公元前 8 世纪建立的①，并开启了罗马王国（the Roman Kingdom，前 753 ~ 前 509）阶段。不管这个传说可信与否，罗马城最初主要是由拉丁人建立的，其基本上是拉丁城市，应该是确定无疑的（包括蒙森在内的许多学者尽管不相信这个传说，但却同意罗马是拉丁人逐步建造的说法）。罗马城市建成后，曾遭到埃特鲁斯坎人的入侵并一度受其统治（前 616 ~ 前 509）。埃特鲁斯坎人的统治被推翻以后又有萨宾人（Sabinus；Sabine）一度在罗马城占有优势。大概这是两种或多元文化和民族加速融合的时期②。罗马城的特殊历史导致其最初"与其说是一个统一的城市，不如说是一种城市聚集地"③，也就是如索罗金所说的，它不是有机的文化系统，而是文化－社会聚集地，它最终需要文化融合和社会

---

① 参见普鲁塔克《希腊罗马名人传》，陆永庭等译，"二、罗慕洛传"，商务印书馆，1999。

② 传说罗马城邦居民最早分为三个部落：罗马纳人（Ramner）、提替人（Titier）和卢克雷人（Lucerer）。卢克雷人部落的名字取自埃特鲁斯坎人卢库莫内（Lucumone）的名字，因而该部落似乎是以埃特鲁斯坎人为主，但只是传说和推论。

③ 特奥多尔·蒙森：《罗马史》第一卷，李稼年等译，商务印书馆，2004，第52页。

整合，使混合民族（以拉丁人为主的混合民族①）形成统一的系统②。公元前509年，最后一个国王"高傲者"塔昆［Lucius Tarquinius Superbus（the Proud），前534～前509年在位③］被驱逐，罗马（城邦）摆脱埃特鲁斯坎人统治而获得独立，并在废除君王制度的革命中建立了共和国（前509～前27）。因此，"罗马是从伊特鲁里亚［埃特鲁斯坎］人范围内出来进入意大利的"④。罗马人是在同埃特鲁斯坎人的斗争中成长的。不过在这之中还穿插着罗马人与其他拉丁人的斗争。罗马人是通过征服拉丁姆地区来抗衡埃特鲁斯坎人的。罗马虽与拉丁人关系密切，但又是有区别的独立系统。罗马的独立性通过罗马法最初关于罗马人与拉丁人（古拉丁人）有别的规定而得到证明⑤。公元前6世纪末，为了遏制罗马的扩张，拉丁人组成联盟，将罗马排除在外并与它对峙。罗马的处境是险恶的，它既面临城邦内部整合的繁重任务，又受到拉丁联盟的排挤和外围埃特

---

① 罗马城邦居民早期先是由拉丁人、萨宾人以及来自其他各民族作为"门客"的移民混合而成，后来埃特鲁斯坎人又加入进来。"推翻埃特鲁斯的暴政并不意味着要驱逐所有的埃特鲁斯人［埃特鲁斯坎人］；仍有迹象表明（虽然材料不多）长期存在着被同化的埃特鲁斯人。……罗马人从埃特鲁斯人那里学到一些实在的文明要素，这些要素渗透进了城邦的结构之中"（朱塞佩·格罗索：《罗马法史》，黄风译，中国政法大学出版社，1994，第51页）。

② 罗马的起源以"七丘"著称（有"七山节"为证）。早期拉丁人、萨宾人、埃特鲁斯坎人分别居住在这些山与丘上，后来发生以拉丁人居住的帕拉蒂诺山丘为核心的"山"与"丘"的联盟过程，完成了由氏族部落公社到城市国家和阶级社会的过渡，罗马城邦由此逐渐形成。

③ 传说塔昆王具有埃特鲁斯坎人的血统，作为罗马王国的末代国王，他的被驱逐意味着埃特鲁斯坎人在罗马统治的终结。（参见费尔南·布罗代尔《地中海考古》，蒋明炜等译，社会科学文献出版社，2005，第246页；还见特奥多尔·蒙森《罗马史》第二卷，李稼年译，商务印书馆，2005，第4页。）

④ 杰弗里·帕克：《城邦》，石衡潭译，山东画报出版社，2007，第40页。

⑤ 早期，即使是古拉丁人或意大利拉丁人（甚至是拉丁姆地区其他拉丁人）也介乎罗马市民与外国人（自由民）之间，按罗马法，其法律地位优于外国人（自由民），但劣于罗马市民。古拉丁人与罗马人大多同族、同语言、同习惯，享受权利几乎与罗马市民相同，如各种私权，甚至移居罗马时享有有限的公权。然而，尽管如此，他们与罗马市民还是有区别的，这主要表现为他们无荣誉权（jus honorum），如没有被选举权，不得充任官吏、兵将等其他名誉职位。只是后来至公元前89年因《尤里亚法》颁布，罗马城邦内古拉丁人才全部获得市民（公民）资格，而这离《十二表法》颁布已有300多年（参见陈朝璧《罗马法原理》，法律出版社，2006，第53～54页）。

鲁斯坎人的威胁。然而，罗马毕竟一开始便是在暴力斗争中成长的（罗马自古就有部落械斗和劫掠的习惯），再加上具有文化融合和经贸的优势，它在加速内部社会整合和文化融合的同时先是打败拉丁联盟，称霸拉丁姆，后又借助该联盟征服邻近的埃特鲁斯坎人。征服后者标志着罗马人在意大利中心地带统治的开始，通过这个中心他们最终统一了意大利半岛（包括南部大希腊的主要部分），成为多元文化和民族融合的意大利罗马国。

罗马（城邦）国家就是在这样一种复杂的文化环境和地缘政治中形成和成长的。人们常说"法是罗马人民天才的最高体现"①，罗马人有"一种对法律秩序的激情和崇拜"②。那么罗马人为何有这种天赋，他们在法律创造方面为什么与众不同，人们似乎鲜有谈及。查阅有关资料，我们没有看到有关这个问题的明确解答。马克斯·韦伯在其法律社会学中也未提及这个问题，同他对文明的看法一样，他似乎认为这是当然的。笔者认为，罗马人的这个特点，是否可以说与上述的环境与背景密切相关？罗马法模式（或者说罗马法系）产生的条件应当是：一要有城市文化（这种法律本质上是城邦文化的反映），二要有阶级（等级）斗争关系的均势，三要有文化和民族的多样性及其融合。中国古代法律模式自轴心时代以降便日趋儒家化③（当然，儒家化虽然是较晚的事情，但却是中国远古文化脉络的反映④），它是在一种同构型文化上形成的，本质上是乡土家族（或乡族之制）文化模式的放大。印度《摩奴法典》的本质是婆罗门宗教文化和种姓制度（即"婆罗门教祭司根据吠陀经典、累世传承和古来习惯编成的教律与法律结合为一的作品"），虽然它是建立在多元文化和民族基础上的，但却是以雅利安人绝对统治（某种意义的殖民统治）为前

---

① 朱塞佩·格罗索：《罗马法史》，黄风译，中国政法大学出版社，1994，第2页。
② 约翰·H. 威格摩尔：《世界法系概览》（上），何勤华等译，上海人民出版社，2004，第298页。
③ 参见瞿同祖《中国法律之儒家化》，载瞿同祖《中国法律与中国社会》，中华书局，1981，第328页。
④ "儒家思想或有殷文化之背景。孔子为殷之遗民，人所共知，而亦孔子所自认。……儒学之渊源于周前"（参见萧公权《中国政治思想史》，新星出版社，2005，第16页及其相关注释）。

提的，而且不是城市文明的结果，因此它难以出现类似罗马法那样的法文化模式。《摩奴法典》本质上是宗教法典，"把宇宙创造论；……关于宗教义务，敬神仪式，苦行，赎罪等许多规定，斋祓和断食的戒律；……死后赏罚，以及人们灵魂的各种轮回和达到解脱的方法的论述都网罗进去"①。巴比伦法典（如《汉穆拉比法典》）是建立在城邦基础上的，但它不是在多元文化中形成的（苏美尔人虽与闪族人不同，但在被征服后早已被同化，没有独立的文化流传后世），而且是君王统治下的与神法融合在一起的法律模式，朕即国家和君权神授的色彩浓厚。希伯来人的《摩西十诫》产生于一个单一部族和一神论宗教文化色彩浓烈的环境之中，除了宗教性的社会秩序之外，他们从不知道其他管理社会的方式（世俗方式），因此其法律主要是宗教伦理规范和制度，而不是世俗法典。希腊城邦（尤其是雅典）虽然是城市文明，且有时阶级关系（如平民与贵族之间的斗争）又处于均势，但它们毕竟是建立在文化和民族同构型（一致性）的基础上的，因此，尽管它们的法律是既不同于礼法（礼与法的结合），也别于建立在宗教基础上的法律的世俗之法，且具有宪政精神，但他们对法律专门性不是十分敏感，而更多只是适应习惯，缺乏反思性和法律的创造性。正如约翰·H. 威格摩尔（John Henry Wigmore）所言："古希腊人虽然有一个司法制度，但就法律一词在罗马和现代的意义上而言，很难说他们有一个法律制度。他们没有制定法典，没有推理缜密的判决，没有写出富有学理的［法学］论著。"② 这与他们缺乏元老院和专业司法官的大众政府形式密切相关。由于缺乏司法专业化，即缺乏向裁定事实的人宣布法律的职业法官团体；陪审团基本上等同于市民立法团体；缺乏其他独立团体以维护既定的法律，以及对陪审员或立法者的监管；司法审判由普通的（通过抽签完成的）非专业人士来进行。因此，司法审判过程易于受其他因素影响（公民大众陪审法庭易于为一时冲动所左右，这种形式本质上与法律科学不兼容），导致对现有规则不尊重，妨碍一种真正和长

---

① 迭郎善译《摩奴法典》，马香雪转译，商务印书馆，1996，"译序"第 i 页，"序言"第 1 页。

② 约翰·H. 威格摩尔：《世界法系概览》（上），何勤华等译，上海人民出版社，2004，第 286 页。

久的法律制度的发展。希腊有许多著名的哲学家、政治家、艺术家、雄辩家，但缺乏有名望的法官和法律家，这与罗马有明显的区别。

罗马人对法律的敏感、激情与崇拜，不仅产生于城市文明，出于阶级关系的均势（小农－平民与贵族斗争导致的相对均衡结果），而且最重要的是在这两者的基础上它们还源于文化、民族的多样性以及文化的融合和社会的整合。如前所述，罗马城邦原本是拉丁姆地区边缘的一个文化聚集地而非统一的同质的文化系统，罗马城邦国家是在这样一种文化多元和民族成分复杂的背景中形成的。罗马人虽以拉丁成分为主，但又不等同于拉丁人，他们在建立、统一城邦国家中不断地碰到不同的文化习俗——这与希腊城邦国家明显不同，这些文化习俗或传统在碰撞中必然会发生冲突，而在这种冲突过程中若不能以一种文化习俗取代其他一切文化（文化张力中的均衡导致没有一方占有绝对优势），在此种情况下罗马国家势必要打破任何一种单一习俗的传统，进行文化融合和社会整合。而要做到这一点，最好的方式就是通过"制定法"来实现（在均势中只能用法律手段实现）：以制定新法律的命令方式打断各个传统的脉络，使多样习俗发生某种相对而言的"断裂"，让它们服从统一的城邦国法，从而实现文化融合、社会整合以及城邦系统的统一（这多少有些类似近代欧洲通过绝对主义国家对诸多封建领地的整合）。罗马国家越是从意大利中心地带向全境扩展，越是遇到和需要解决这个问题。共和国初期作为制定法而出现的《十二表法》（*Twelve Tables*，公元前 450 年）①——罗马国家第一部成文法，就是这一过程的反映②。它完成了从习惯法到成文法的转变。《十二表法》尽管有许多内容渊源于习俗（习惯法），甚至保留了许多相当原

---

① 依据罗马史学家李维（Titus Livius，前 59～17）在《罗马史》中的记载，公元前454 年，罗马元老院被迫承认人民大会制定法典的决议，设置法典编纂委员 10 人，并派人赴希腊考察法制，至公元前 451 年制定法律十表，第二年又补充二表。这就是著名的《十二表法》。该表系由青铜铸成，后经会议批准，公布于罗马广场。公元前 390 年，高卢人入侵罗马，在战火中铜表全部被毁，原文散佚，现在只能从其他古代著作中略见梗概。

② 参见：Alan. Watson, 1975, *Rome of the XII Tables*, Princeton, NJ: Princeton University Press; W. Kunkel, 1966, *An Introduction to Roman Legal and Constitutional History*, J. M. Kelly, trans., Oxford: Clarendon Press; John A. Crook, 1967/1984, *Law and Life of Rome*, New York: Cornell University Press。

始、落后的习惯，如对于最终未能还债而又无人代为清偿和担保的债务人，债权人有权进行拘捕、扣押，甚至卖之为奴或处死（第三表）；家长对家属有殴打、使之做苦役，甚至出卖或杀死之权力（第四表）；同态复仇（第八表）；平民和贵族不得通婚（第十一表）；等等，但它毕竟不是习惯法，而是制定法，其所用术语——古罗马《十二表法》（Lex XII Tubularum）中的法律用词是 Lex（指人定法或曰制定法），而不是 ius（指习惯法，自然权利），亦充分证明了这一点①。法律被信仰，在古代罗马不仅是一种观念，也是一种实践。作为罗马第一个成文法的《十二表法》的意义，就在于它以相对理性的制定法形式开辟了罗马依法治国的道路（法治之路）。也就是说，环顾罗马国家（尤其是共和国）中的诸多部分，你会发现一切都依照规则和法律的规定而运转。因此，起初弱小的罗马的成功不仅是因为军事的不断胜利，而且还在于通过法律规范和整合其边界不断扩大的社会的秩序，具体而言，就是"巧妙地安排战败民族。它尽力使自己有耐性和一定的善良。对血统和语言接近它的民族，最终向他们完全开放获得罗马公民资格。……对血统和语言不太接近它的民族，往往给予拉丁法律的一种半公民资格"。此外，罗马还充分利用其他法规，即所谓同盟者或"合伙人"的法规——"有的同盟者从平等条约得到实惠，有的从不平等条约得到实惠"，保证国家发展中的外部秩序②。罗马人重视法律，就出自这个过程之中。这与希腊人那种过于强调种族和血统纯洁而屈从于习俗的做法明显不同。（爱德华·吉本

---

① 在古代罗马，指称"法"的词汇有两个：ius 和 Lex。ius 指自然形成的法与习俗或习惯法（包括自然权利），而 lex 则专指由世俗权力机构制定、认可的人定法或制定法。前者 ius 本身被认为含有潜在的完善性，是所有人定法 Lex 的正当性源泉（"大自然是正义的来源""大自然是法律的标准"——西塞罗语）；而后者 Lex 的含义比 ius 要狭窄，Lex 的中心意义是命令，含有理性，"即运用于指令和禁令的正确理性"（见西塞罗，《法律篇》第一卷，12：33，载西塞罗《国家篇 法律篇》，沈叔平等译，商务印书馆，2002，第 165 页）。制定法（Lex）要尽可能地遵循符合自然的固有的法与习俗（ius）。罗马法的这一观念明显带有"自然法观念"色彩。关于罗马法术语，参见朱塞佩·格罗索《罗马法史》，黄风译，中国政法大学出版社，1994，第 104~107 页；还参见 Adolf Berger, ed., 1953, *Encyclopedic Dictionary of Roman Law*, Philadelphia: The American Philosophical Society。

② 费尔南·布罗代尔：《地中海考古》，蒋明炜等译，社会科学文献出版社，2005，第 249 页。

认为："保存古代公民的纯粹血统，不容任何外族血统掺入的偏狭政策，阻止了雅典与斯巴达的繁荣并加速了它们的灭亡。"①）它导致了与众不同的罗马法系。这蕴含了后来影响了西方文明秩序发展的那种法治或法律至上的精神。

2. 罗马国家的进程与法治的发展

《十二表法》制定后，尤其是从公元前 4 世纪中叶开始，罗马的力量逐渐由弱到强，成为意大利半岛上的强国并最终统一了整个半岛。它的发展是通过以下模式实现的：联盟（尤其是与拉丁人联盟）和与相邻民族建立关系网，大面积蚕食相邻地区，增加殖民地和定居地，不断扩大罗马的公民数目。军事斗争与法律措施相结合是其重要的手段。尽管人们常说，罗马的拓展是间或通过战争实现的，因为它不时地要应付叛乱和外部同样强大的对手的军事威胁，但总的来说，罗马在意大利半岛的推进和成功并不像人们所认为或想象的那样完全是依靠军事获得的（完全是通过武力征服实现的），其中，罗马的法律政策，即罗马在给予公民权上施行的慷慨政策以及内部的权力制衡措施（尤其是对动用权力来保障军事安全的严格限制）也起到了非常关键的作用，它与军事手段共同促成了意大利半岛的和谐稳定，创造了一个有着自己的通用语言、共同情感及人民忠诚的罗马世界。

罗马的法制和法治是伴随国家体制的进程而发展的。罗马君主制被废除以后，前期的罗马国家成为一个共和国。它既不同于巅峰时期（伯利克里时期）的雅典城邦民主制度，也非类似现代世界平等主义的民主共和制度，而是处于贵族制与民主制之间的一种准民主共和制度，即贵族统治之下的民主共和制度。换言之，它类似于西塞罗所言的那种"混合体制"或"均衡类型"。在罗马城邦成为共和国之前，也就是王政时代，罗马的王权是建立在凌驾于氏族首领权力（诸多小权力）之上的，但它"必定受到这种组织的限制"，因为伴随着城邦的形成，氏族最高权力由推选到固定于某家族个人手中在习俗上需要一定的适应过程（从王权到民主平

---

① 爱德华·吉本：《罗马帝国衰亡史》上册，黄宜思等译，商务印书馆，2004，第 32 页。

等也需要适应过程,反之亦然)。因此,在罗马,王权时代长期保留了元老院和民众会议(如"库里亚"民众会议①)制度。元老院在某种意义上讲源于原始部落的长老会议,或者说从该长老会议演变而来。同样,元老也出于古老的长老、氏族首领或家父②。本来,原始社会的长老是不固定的,即是推选的,后来该职位日趋固定化,由一些同时形成的望族或贵族成员担任(类似于前述的早期苏美尔城邦的情况)。他们形成一种社会力量,反映了阶级的形成和社会变迁。元老院的产生是长老与王双方力量平衡的结果③,王的权力必定受到元老们的某种限制④。不过,城邦王权鼎盛时期随着王的权力和力量日趋强大,元老院成员的独立性逐渐弱化,其逐渐由王挑选并成为王的咨询机构(在王暂时告缺时,城邦采取元老院摄政制度)。

城邦民众会议或人民大会最古老的形式是库里亚民众会议(comitia curiata,又称"宗联或胞族会议"⑤),它源于在共同定居地联合在一起的氏族的民众大会或村落大会,并在相当长时期内与氏族保持联系。传说在前王政时代的氏族原始社会,库里亚民众大会有类似选举、立法和司法的职能,在城邦时代早期还保留着某种自主性和某些神圣痕迹,但这只是传说,罗马没有可靠的早期信史文献或数据流传下来。王政时期的罗马城邦,没有资料显示库里亚民众会议有选举元首的职能,而只有资料——《库里亚治权约法》(Lex curiata de imperio)表明民众会议只有对被指定的王(先王指定的或摄政王指定的王权继承人)加以确认的职能⑥。这表明王取得了支配和指挥权,库里亚民众会议已经流于形式,《库里亚治权约法》蜕变为一种手续或流于形式。在立法和司法方面,

---

① "库里亚"(curiae),拉丁语,指胞族集会,基本上定期举行,是罗马原始氏族、胞族、部落社会的"政治"习俗和基本秩序之一。

② 长老、元老、氏族首领、家父在拉丁语中都是同一个词:patres。

③ 朱塞佩·格罗索:《罗马法史》,黄风译,中国政法大学出版社,1994,第28、33页。

④ 罗马城邦最后一个国王被逐出,据可信传说,直接起因就是国王应与元老洽商而不洽商,应补缺额而不补,不与顾问商议便宣判极刑造成的(特奥多尔·蒙森:《罗马史》第二卷,李稼年译,商务印书馆,2005,第4页)。

⑤ 参阅周枏《罗马法原论》,商务印书馆,2001,第28页及注释②。

⑥ 朱塞佩·格罗索:《罗马法史》,黄风译,中国政法大学出版社,1994,第36页。

由于王权与祭司当道，库里亚民众会议的职能很有可能趋于弱化，并且是被动的。

随着罗马国家向共和国演进，罗马城邦的政治和法律制度发生了相对而言的革命性质变（由王制向法制和法治转变）。首先是王权的消失。不过，王权并非直接消失，而是一步步退出历史舞台的，从王政向共和国转变是一个渐进的历史过程。罗马共和国早期，"'王'仍然存在着，只是其作用被限制于宗教领域，叫'圣王'或宗教王。早期的日历和罗马广场的柱子证明在共和国初期保留着'王'的单纯名称"①。这与古希腊的进程（由王政向民主体制转变的进程）是有些近似的，说明在雅利安人中，如意大利学者朱塞佩·格罗索（Giuseppe Grosso）所言，过渡时期这种"并驾齐驱的现象是广泛存在的"②。当然，这种所谓的"王"只是名义上的，"王"的军事权力和民事治理权力不仅因军事指挥官的作用而被架空，而且国家的一些最重要的祭祀活动慢慢也变得不再由其负责。最后，随着社会的发展，王和王权的概念也消失了，罗马人甚至最终产生了对"王"这一称号的厌恶心理③。后来罗马帝国的首任独裁者不敢称王或皇帝，而只叫作"奥古斯都"（Augustus，神圣、至尊之意），证明了这一点。

这是一种或多或少革命性的转变。类似的事情在古希腊发生过，在西方中世纪的独立或自由市发生过，在近代西欧国家发生过。而在东方（小亚细亚以东）诸文明中，直至现代以前从未发生过。最可能与西方较为接近的印度吠陀时期早期（《梨俱吠陀》时代，约前1500～前1000），在到达印度的雅利安人中仍然保存着类似希腊、罗马早期王政时期的社会－政治秩序。比如，元老会议或氏族酋长会议"萨帕"（sabhā）与公民大会

---

① 朱塞佩·格罗索：《罗马法史》，黄风译，中国政法大学出版社，1994，第49页。共和国初期保留的"王"也叫"献祭王"，此王不可充任其他职务，在罗马官吏之中，虽然地位最高，但权力却最小。罗马人保留这样一个王，是为避免诸神失去他们常有的居间人（参阅特奥多尔·蒙森《罗马史》第二卷，李稼年译，商务印书馆，2005，第4页）。

② 朱塞佩·格罗索：《罗马法史》，黄风译，中国政法大学出版社，1994，第49页。

③ 特奥多尔·蒙森：《罗马史》第二卷，李稼年译，商务印书馆，2005，第4页。

"萨密底"（*samiti*）制度在王政时期保存下来①，尽管"国"王的权力日益增大，但仍受上述两个机构的制约，甚至在民众或元老们对君王明显不满时，还可在王族中进行重新挑选和更换（有些类似西方中世纪前期法兰克人的情况）。当然，在吠陀时期的后期（约前 1000～前 600），随着王权势力的扩大，这两种机构的权威日趋江河日下，"萨帕"的政治职能日益丧失，逐渐变成只管诉讼的司法机构，而"萨密底"在文献中被提到得越来越少。已经与当地文化融合的雅利安血统的印度人（印度半岛的印欧民族）没有使他们的传统保持下来，发展成共和国（入乡随俗，明显受东方传统影响）②。离西方最远的中国，在远古王政时代，也就是史前原始时代末期，被现代史学家（尤其是部分受被教条化的马克思主义影响的史学家）说成是也存在类似西方那种民众大会和长老会议制度和秩序，它们对部落首领（王）的权力构成限制。然而，这不是根据无法考证的传说，便是借助国外史料，尤其是西方诸民族史料做出的推论，至今没有这方面的信史可证③。我们对自身远古的社会－政治秩序的认识实际上是十分模糊的。至于作为"最早的民主"而备受推崇的禅让古制一说（有关尧、舜、禹的禅让故事），同样是根据没有信史的传说而成（即使是湖北荆门郭店楚简《唐虞之道》那里的说法，也均系后世回溯性的描述，缺乏可信的直接证据，当属于传说的性质④）。这些似乎是战国时代儒、墨等诸家的理想。笔者同意蒙森的说法：古代制度的变迁多是一个自发、自然的缓慢过程。因此文化传统的穿透力，导致一种制度即使出

---

① 传说这两种机构是主神的孪生女，因而带有神圣性，并且在理论上不下于君权神授之王的神圣性（参见刘建等《印度文明》，中国社会科学出版社，2004，第 61 页）。

② 参见 A. S. Altekar, 1992, *State and Government in Ancient India*, Delhi：Motilal Banarsidass Publishers；John Keay, 2000, *India：A History*, New York：Grove Press。

③ 秦代"焚书"，是否毁掉许多有价值的史书数据，不得而知。考古至今尚未有相关发现。

④ 历史上不仅有讲述禅让故事的，而且否定其存在的说法也不少。如荀子的《荀子·正论》、法家著作《韩非子·外储说右上》、古本《竹书纪年》都有对禅让说持否定态度的言论。现代史学家顾颉刚先生曾指出，"禅让之说乃是战国学者受了时势的刺激，在想象中构成的乌托邦"［顾颉刚：《禅让传说起于墨家考》，《史学集刊》第一期，1936 年 4 月；还参阅顾颉刚等编著《古史辨》（第一、七册），上海古籍出版社，1981］。顾先生之言虽显激进且又是一家之言，但不能说没有一定道理（尽管争论不断）。

现显性剧变，也会在接下来的历史中留下潜隐或变形的痕迹（如宪政制度文化在西方古代消亡后，以稍微变化的形态在中世纪和近代反复出现，甚至在基督教中出现），而中国自上古王政时期以来却没有留下类似西方或印度那样的一点痕迹（民众大会与长老会议的痕迹①），这确实让人怀疑已有定论的真实性。退一步讲，即使中国上古存在民众制约制度，很可能也是非常微弱和十分短暂的。总之，中国远古的社会－政治秩序肯定与众不同，就好比现代西方与众不同一样（历史是存在多样性或特殊性的）。

那么，罗马国家为什么会发生由王政向共和制的转变？一般而言，发生这种转变的条件至少有两个：一是存在作为国家的城市或城市文明的兴起，二是形成社会阶级之间的力量平衡或均衡。我们知道，在阶级社会，共和制度（宪政）一定产生于城市或城邦，因为这种文化的主要载体（主要担纲者）不是君王，不是贵族或地主/领主，不是农民，也不是奴隶，而是城市平民，没有城市，没有城市工商贸易和手工业（自由营业的工商业），当然也就没有城市平民（尤其是中、下层市民），因此在这个意义上讲，城市，尤其是发达的工商业城市，是共和制产生的基本条件。但这只是基本条件，而要产生这种制度，还需充分条件，这就是要有自治的"市民共同体"（现在称市民社会），有强大而具有"市民"观念（市民权利义务观念）和资格并能与贵族抗衡的城市平民阶级或阶层，有由此而带来的阶级之间力量的基本平衡（因自由工商业的存在而导致的平衡）。因此，并不是说，有发达的城市或城市文明，就一定有共和制度或宪政。古代中国、巴比伦、印度都有发达的城市和城市文明，但并没有产生这种制度。这是东西方从古代开始便已存在的巨大差异（市民与贵族近乎势均力敌）。

中国古代（如商、周时期）城市与多数其他文明的古代城市一样，按韦伯的看法，基本上是"消费城市"（或"君侯城市""坐食

---

① 中国古代大一统的官僚制时期，在城乡二元结构中存在相对的乡族自治制度，乡村在解决重要问题时会举行族长主持的乡族会议，族长也受会议和望族大户家长的制约，但面对官府和官僚权力，这种乡族自治组织没有多少约束力，尽管前者行权时往往要顾及后者。城市中的商会或行会组织也是如此。

者城市"①）。在这种城市中，有君主、贵族、封建官吏作为坐食者②，还有主要是为此服务的庶民或平民（周代为士民、工和商者）。由于这一时期的城市主要靠周围农村的农牧业供养，农村基本上是自足社会，农民是自足者（衣、食、住、用自我生产，不必假手于人），以及"工商食官"③（"工商属于官，食于官"④），亦即工商主要是为贵族服务的。如钱穆云："工商皆世袭食于官，盖为贵族御用，非民间之自由营业。"⑤ 因此，直至春秋时期，工商业非自由经营且用处较少，工商业与农牧业相比十分不发达，不成比例。此种城市本质上是农业文明的一个特殊部分，不是"生产城市"或"商业城市"，即大体上不是工商业文明的表现。没有较为发达和相对自由的贸易和工商业，且工商业者主要食于和依赖贵族和官府，在城市便没有强有力的以自由工商者为中坚力量的平民阶层的崛起，更不要说市民（公民）社会了。因此，在这种城市中，只有与家族和乡党相联系的网络形式或关系网（即所谓的"差序格局"），不能形成市民共同体或市民社会（主要表现为法定的民众大会或市参政会以及种种相对独立的民间社团组织），缺乏"市民"资格和观念（只有臣民资格和观念），因为这种共同体和市民观念是建立在日益崛起的市民阶级的载体（主要担纲者）基础上的。这种市况导致王公贵族在城市中具有压倒优势的主导力量，而平民只是非常弱小的依附者（战国时代开始，传统宗法封建制度逐渐崩溃，出现自由经营的工商业，但此时家天下的王权政治与家族制度传统已根深蒂固，工商业虽可自由经营，但在政治上已无所作为）。这从古代中国平民（庶民）的义务与权利极度不匹配和城市平民参政的缺乏

---

① 参见马克斯·韦伯《韦伯作品集Ⅵ：非正当性的支配——城市的类型学》，康乐、简惠美译，广西师范大学出版社，2005，第3～6页。

② 周代的"坐食者"是天子、诸侯、卿大夫、士。关于士，其等级处于卿大夫与庶民之间是肯定的，但其究竟是统治者抑或被统治者，是食人者，还是食于人者，按瞿同祖的研究，要根据具体情况而定。一般而言，士者分为两类：一类"是有官禄的小吏，居于卿大夫之下，以佐治政事"，另一类"称为'士民'，无官禄，与农工商三民同列……"（瞿同祖：《中国封建社会》，上海人民出版社，2003，第142页）。士民因为有擢为小官吏——士的希望，故为庶民之尊，在士农工商的排序中居首位。

③ 见《晋语》四。

④ 瞿同祖：《中国封建社会》，上海人民出版社，2003，第147页。

⑤ 钱穆：《国史大纲》（修订本上册），商务印书馆，1996，第八九页。

中体现得十分清楚。在中国古代社会和文化中，对于主要以"力役事上"的平民或庶民阶级（尤其是下层）而言，实际上得到的权利很少，远远不能与义务成比例，除了被给予基本的最低生存权利和从业权利外，真没有什么其他权利了。在此，其基本上是只有义务而不谈权利的。因此，根本不存在制度化的参政议政因素（虽有"道统"，但"有体无用"）。"民可使由之，不可使知之。"[①] 庶民连知道的权利都没有，更遑论参政议政了。当然，在这个社会中，还有士民（非官吏的知识人）和非贵族的（平民的）殷富巨室，他们总是要有不满甚至抗议情绪表现出来，但形成不了市民社会，也形成不了公民观念，他们最多也就是消极地议论而已。这种议论往往是非正式和非制度化的，对其是否干涉及取缔，完全视统治者的态度而定，或者说视执政者贤明与否而定。著名的子产不毁乡校的事例毕竟是少数。在中国古代（与多数东方社会相近）由于缺乏正式的制度化的表达管道和合法的抗议程序，不出事则已，一出事便是巨大的暴力行动，并且最终结果往往是在治乱中循环。

同样，在古代印度，城市大体上也是消费城市或君侯城市。如前所述，印度城邦本来存在类似希腊－罗马那样的元老会议和民众大会制度，但随着王政和种姓制度的形成和发展，这种制度日趋式微。尽管印度古代的城市有较为发达的工商贸易、商人行会和职业团体，但世袭的种姓制度、宗教隔离文化和轮回命运观念，如韦伯所言，"妨碍了'市民'与'城市共同体'的出现"[②]，因为种姓的藩篱妨碍了任何种姓间存在西方那种兄弟盟约关系（亦即兄弟身份契约关系）和社会流动。当然，主张平等的救赎宗教——佛教产生后，印度的某些城邦也出现由长老（地位类似西方中古城市参政会主席）来领导的现象，但随着佛教被视为异端并在印度衰落（佛教的社会政治文化取向与婆罗门教有本质冲突，因而受到排挤），这种城邦带有市民共同体色彩的萌芽被君主官僚与婆罗门联合势力一扫而空，只在北部被压缩的小部分佛教地区还有少数残余。雅利安人在印度没有延续其传统而日益东方化。

---

① 《论语·泰伯》。

② 马克斯·韦伯：《韦伯作品集Ⅵ：非正当性的支配——城市的类型学》，康乐、简惠美译，广西师范大学出版社，2005，第28页。

在美索不达米亚，曾经出现许多相对独立的城邦。在这些城邦中逐渐发展出较为发达的商贸经济，而且在从原始社会向阶级社会（王政统治）转变过程中还存有原始民主制的残余，保留下来的半象形文字的泥板上面刻有"长老"与"议事会"的标记充分证明了这一点①。韦伯也指出早期巴比伦也存在通过国王特许状而取得豁免管辖权的城市。然而，如前所述，美索不达米亚（苏美尔、巴比伦）城邦毕竟起初是以神庙为中心形成的社会聚落，是通过宗教文化发展起来的城市文明，具有特殊的、浓厚的宗教氛围。随着王权的扩张和被神化，城市拥有的特权也就随之消失。如韦伯所言，"稍后，在美索不达米亚再也找不到具有政治自律性的城市、西方式的市民身份团体以及一个与王法并行的特殊的城市法"②。当然，处于地中海沿岸的同属闪族文化圈的腓尼基，尤其是新兴的迦太基（作为腓尼基人的拓殖地而发展起来的城邦），因受地中海文化和贸易的影响具有更加发达的航海活动和商贸经济，同时也存在人民大会制度，最高统治者权力似乎受到平民的制约③。但是，尽管如此，由于文化传统——强烈的闪族宗教文化传统影响，迦太基与希腊－罗马虽然在社会－政治秩序上有形似之处，但在本质上却存在深刻分歧，它们在文化深层上，即在文化价值取向上是根本不同的（文化心灵的不同）。这在以下事例上表现得十分明显：迦太基即使在工商业发达时期仍保留了人祭习俗（不仅用大批俘虏作为祭品，而且用许多本族孩童，甚至是大户人家的孩童作为祭品），而罗马则对此深恶痛绝。迦太基狂热的宗教阻塞了其社会－政治秩序进一步向宪政发展的道路（同是闪族的另一个分支犹太人的城邦，出于同理，最终也是处于祭司的教权制支配之下）。这个地区后来的发展——伊斯兰文化化，是远古文化的内在的自

---

① 参见 Thorkild Jacobusen, 1943, " Primitive Democracy in Ancient Mesopotamia", *Journal of Near Eastern Studies*, Vol. Ⅱ, （July）No. 3, pp. 159 - 172, Chicago: University of Chicago Press.

② 马克斯·韦伯：《韦伯作品集Ⅵ：非正当性的支配——城市的类型学》，康乐、简惠美译，广西师范大学出版社，2005，第 30 页。

③ 关于迦太基的社会－政治秩序，只有零星片段的间接材料。亚里士多德在《政治学》中为我们提供了一些情况。迦太基人采纳贵族民主制度，全民从大户望族公选出执政官（两名执政官），并同时存在长老院（元老院）会议，其对行政权力形成制约。布罗代尔认为："这是一种尚未定型的威尼斯做法。"（费尔南·布罗代尔：《地中海考古》，蒋明炜等译，社会科学文献出版社，2005，第 168 页。）

然的延续，充分展现了一条不同于西方的独特文化道路。

与上述东方城市不同，罗马城邦不仅具有城市文明的特点，不仅有古代较为发达的手工业和商贸经济，而且存在满足向共和制转变的重要条件，这就是罗马城邦的工商业是自由经营的（与民主的希腊城邦相近，但与中国战国时期以前封建制度下"工商食官"的工商业不同），出现阶级力量的相对平衡或均衡态势，公民的平民队伍的成长是促成这种均势的主要力量（大量平民一方面来自进城的小土地所有者以及城市手工业和商业对小农的吸收，另一方面来自伴随早期氏族门客制度的衰落而汇入平民行列的门客）。与希腊相似，罗马贵族和平民的力量是强大的，这种力量强大到最终足以把国王赶跑的地步（贵族借助平民的力量推翻王政），而这在东方城市是十分罕见的。推翻王权统治，实现初步的混合式的共和宪政（贵族民主政治），贵族成为统治者。为了避免王权复辟或贵族专权，平民又与贵族展开斗争和较量。起初，在推翻王权的斗争中，平民与贵族结成同盟，后来，王权被推翻后，贵族得势，于是，同盟分裂（约公元前494年），平民独自形成自主的共同体并以此与贵族展开斗争，罗马城邦处于一体二元状态。"这种斗争对于城邦宪制的发展起着决定性的作用"，并且"这一斗争随着平民的完全胜利而告终"①。代表平民利益的护民官（保民官）的出现便是其显著标志。

护民官（Tribune）是神圣的（有"神圣约法"保证）。它与执政官"相对立"②，由平民选举产生且早期只限于平民担任，因此，亦叫平民护民官（Tribunis Plebis）③。护民官有权否决和抵制执政官、监察官等官员采取的不利于平民的措施，以维护平民的利益，也就是保护平民的权利免受贵族和行政官专横行为的侵害。他们执行职务时人身不受侵犯，元老院不能对他们拘禁、判罪。经过护民官所领导的平民斗争，平民逐渐获得了担任执政官等高级官吏甚至大祭司的权利。大约公元前366年，所有的贵

---

① 朱塞佩·格罗索：《罗马法史》，黄风译，中国政法大学出版社，1998，第64、67页。

② 西塞罗：《国家篇　法律篇》，沈叔平译，商务印书馆，2002，第231页。

③ Andrew Lintott, 2003, *The Constitution of the Roman Republic*, "Tribunis Plebis", p. 121, New York: Oxford University Press.

族官员职位都向平民开放。这就打破了共和国早期贵族对国家权力的垄断（共和国早期国家官员职位是由被称为 Patricians 的贵族垄断的），并且被认为是罗马共和国所谓公平的"均衡体制"的一种体现①。

可以说，罗马共和国宪制的进化就是由平民（*Plebeians*；the ordinary citizens）与贵族（Patricians）之间的斗争驱动的。罗马国家在王制之后经过平民与贵族的不断斗争，于公元前 4 世纪末期逐渐走上较为稳定的带有某种民主性质的"共和国宪制"之路。公元前 3 世纪至公元前 2 世纪是这种宪制的隆盛时期，它由官制（行政系统）、元老院、民众会议三部分组成，当然护民官也是它的重要组成部分。其本质上是一种相对均衡的体制，这种均衡促使各种力量在一种"以其功能的有机性著称的制度"中相互作用，彼此制约。具体而言，这主要表现为：（1）其官制具有"暂时性"（执政官的任期有时间限制，一般为一年）、"集体性"（执政官一般为两人）以及"任职结束后究责制和无偿性"的特点。（2）作为"愈发成为罗马政治生活轴心"的元老院，逐渐从贵族元老院过渡到贵族 – 平民元老院。（3）各种民众会议仍在发挥着选举、立法和司法职能的重要作用，如最高级别的执法官（执政官、裁判官、监察官）由百人团民众会议（comitia centuriata）选举产生；下级执法官由部落民众会议（comitia tributa）选举；平民执法官（护民官等）由平民会议（concilium plebis）选举，尽管此时古老的库里亚民众会议已日益名存实亡，真正起作用的百人团民众会议是按财富和资历划分等级的，部落民众会议是由护民官或贵族官员召集和主持的②。应当说，罗马共和国从来没有达到希腊雅典伯利克里时代那种大众民主的程度。它在允许市民参政、扩大官职选举，拓宽民众会议基础的同时仍保留了不少贵族制成分。这表明罗马只是一个有限的民主宪制国家。然而，即便如此，罗马人也未能把这种均衡体制的传统长期维系下去。随着罗马国家的迅速扩张和扩张的停止，国内社会矛盾和政治权力斗争的激化（前者如斯巴达克斯奴隶起义，后者表现为罗马共和国晚期前三

---

① Andrew Lintott, 2003, *The Constitution of the Roman Republic*, XI "The Palance of the Constitution", p. 191, New York: Oxford University Press.

② 参见朱塞佩·格罗索《罗马法史》，黄风译，中国政法大学出版社，1998，第 142 ~ 204 页。

雄和后三雄的激烈斗争），再加上受以往帝国（波斯和亚历山大帝国）观念的影响，从公元前 27 年开始罗马国家由共和制转变为帝制。帝国的开国君主屋大维（Gaius Julius Caesar Octavius），被元老院授予"奥古斯都"和"祖国之父"（*Pater Partriae*）的称号以及终身保民官的权力（*tribunicia potestas*；perpetual tribunicial powers）。不过，起初，他慑于民众的力量和共和习俗不敢称帝而称为元首或"第一公民"（*Princeps*），并且在名义上与元老院分权，而实际上却掌握一切军政大权并加封为"大祭司"（*Pontifex Maximus*）。这是所谓的元首制——"君主隐蔽在共和国的外衣之中"①，也就是帝国前期一种名为共和实为帝制的政治模式。帝国后期，随着戴克里先（Gaius Aurelius Valerius Diocletianus，245 – 312）剥夺元老院的权力（使之降为市议会的地位），自称为君主和神（*Dominus et Deus*），罗马帝国中最后一点共和制残余便被一扫而光，其确实与后来的伊斯兰哈里发制或苏丹制没有什么本质区别了。在帝国时代，私法（民法）随着经济的发展获得辉煌的成就，但公法中的民主和宪政成分则丧失殆尽。

3. 罗马宪制和法治的精神

由于罗马国家有着一个由王制，经共和制再到帝制的发展过程，因此其法制的发展在不同的时期（或阶段）有着不同的重点和意义，其中最值得关注的是后两个阶段。前者是公法发达，后者是私法兴盛。如果从宪政（公法）的角度看，共和国时期最有价值，因为只有这一时期罗马国家才有真正的公法法治（不同于法制），这也是我们关注的重点。至于私法（主要是民法），其不属于或超出了我们研究的范围，不是我们研究的重点，尽管其中所体现的某些精神值得称道。

罗马人不擅长理论，对政治哲学也不像希腊人那么感兴趣，他们的长处在法律制度方面。"经过《十二表法》之后 4 个世纪的法律实践，罗马人用他们对宪政和法律思想的天赋，创造了一个非常发达的体系。"② 应当说，共和时期的这个体系是一种法治精神的体现。那么何为法治？按照

---

① B. H. 狄雅可夫、C. И. 科瓦略夫主编《古代世界史》，吉林师大世界古代史教研室、祝璜、文运译，高等教育出版社，1959，第 209 页。

② 约翰·H. 威格摩尔：《世界法系概览》（上），何勤华等译，上海人民出版社，2004，第 298 页。

伯尔曼在《法律与革命》中的说法，法治本质上是法律至上原则（the principle of legal supremacy）的体现，它要求：（1）法律由自由的人民通过合规的民主方式制定；（2）"法高于政治"，包括掌权者在内的所有人都必须无条件地接受法律的统治；（3）法律具有相对独立性或自治性，即它与政治、宗教等领域存在明显区别；（4）法律活动具有职业化和专业性特征；（5）法律制度根源于一种正义的信仰，或者说它体现了这种信仰的精神（在后来西方其源于自然法理论和基督教思想）；（6）因此，在这种意义上，法律学问构成一种超法律（或元法律）的因素，通过这种因素可以评估和解释法律制度和规则。伯尔曼的这一看法可以说是现代西方法治文化的精髓。古罗马的法治特征虽然难以与之比肩，但作为现代法治的一种文化来源或资本，仍然具有重要的意义。其中最重要的是这种法治呈现出一种追求（公民）自由、民主和平等的精神。

我们知道，古罗马是一个奴隶制国家（奴隶多为被征服者），就这一点而言，它谈不上真正的（或普遍的）自由、民主和平等，因为奴隶没有被当作人来对待，人的权利不属于他们。然而，这只是事情的一方面。另一方面，当我们把视线转向共和时期的平民"罗马人"（公民），便会发现这些平民在社会政治活动中竭尽全力通过民众会议和法律争取公民身份（地位）和权利。他们在协同推翻王制后，又经过与贵族长达200多年的不懈斗争，终于在公元前367年和公元前287年由民众会议通过了有利于平民的《李奇尼法》（Lex Licinia Sextia）和《霍尔滕西法》（Lex Hortensia）。此后又分别于公元前232年和公元前209年将事实上已存在的设立保民官和平民市政官的做法以法律形式固定下来①。这一系列法律确保每届至少有一个执政官和一个监察官（censor）由平民担任，认定平民会议或部落会议通过的所有立法都具有法律约束的性质（会议决议不经元老院批准就有法律效力），取消了债务奴隶制。这不仅使平民在政治生活中获得了充分的平等地位，而且还使他们能够获得最高执法官的职位和终生进入元老院（除非被弹劾）。正是由于这一点，罗马贵族或元老院中

---

① 弗朗切斯科·德·马尔蒂诺：《罗马政制史》，薛军译，北京大学出版社，2009，第195页。

出现一批新贵，即"平民 - 贵族"（*patricio-plebeian aristocracy*），他们不仅富有而且享有贵族的地位，并在人数上日趋占有优势。在这种情况下，到共和国中期（the Middle Republic），平民与贵族的旧有冲突基本上趋于弱化，与此同时一种富有罗马共和国特色的行之有效的宪政结构（a working constitutional structure）形成了（尽管罗马从未产生过自己的成文宪章或宪法）。这种宪制既有充分的弹性，又有对职级与其责任的清晰确认。不难看出，这种宪制有些近似希腊雅典梭伦时代的法治，但不同于伯利克里时代的大众民主制度。其特点是它突出一种"均衡体制"（西塞罗语）或政治哲学中常说的"制衡原则"[principle of check and balance，柏拉图、亚里士多德已有这种理论思考，波利比阿（Polybius）对此给予进一步的总结①]，也就是执政官、元老院、各种民众会议、保民官之间的制衡②。正是基于这种体制，罗马才能够在当时地中海世界应付各种各样的挑战。

实际上，罗马共和国的制衡体制显露出一种独特的"二元政体"（Dual Polity）的特点（同时运作两个政府）。一方面，按财产划分等级的百人团会议选举与治权（*Imperium*）、军事、司法和财政相关的最高执法官（如执政官、监察官等），这种选举有利于富人，并且对罗马国家（政府）具有约束力；另一方面，平民会议或部落会议利用更民主的组织方式选举平民执法官（如保民官和市政官），并通过任何其认为必要的立法议案，这同样对国家（政府）有约束力。由此可见，同一政体受两种不同会议（assembly）的投票约束，这表明罗马共和国本质上享有两个同时起作用的政府职能。这种宪制的发展被视为二元政体，是十分有道理的。这种二元政体能够统一起来并防止陷入政治僵局风险的关键因素便是具有中介影响的元老院。因此在罗马政治生活中元老院发挥着举足轻重的稳定性作用③（"元老院是罗马的议事会，罗马这个体制的关键不是公民大会，

---

① T. R. Glover, 1930, "Polybius", in S. A. Cook, et al., eds., *Cambridge Ancient History*, Vol. Ⅷ, Ch. 1, New York: Cambridge University Press.

② 威廉·邓宁：《政治学说史》（上卷），谢义伟译，吉林出版集团有限责任公司，2009，第 54~61 页。

③ Robert C. Byrd, 1995, *The Senate of the Roman Republic*, Ch. 3 "The Senate Supreme", p. 29, Washington, D. C.: Government Printing Office.

多元文化模式与文化张力

而是元老院，它可以恰当地被称为罗马的政府"①）。这是一种有着独特想法的制衡体制。尽管在现代人看来（或与雅典民主制相比），此种体制仍显得保守并有某种寡头统治之嫌，但它毕竟在相当长一段时期既避免了个人（如王或君主）的专制，也防止了贵族对权力全面垄断，同时还抑制了极端民主，甚至暴民政治的产生。这对后世，如孟德斯鸠等人，产生了深远的影响（《论法的精神》表明了这一点）。

那么，罗马人为什么会有此种宪政和法治观念？它所体现的某种自由、民主和平等精神究竟源自何种文化？不容置疑，它受到古老的自然法思想深深的影响。梅因（Henry Maine）说："我找不出任何理由，为什么罗马法律会优于印度法律，假使不是有'自然法'理论给了它一种与众不同的优秀典型。在这个稀有的事例中，这个由于其它原因而注定了对人类发生巨大影响的社会，把单纯和匀称作为其心目中一个理想的和绝对的完美法律的特证。"② 一般认为，自然法学说源于古希腊哲学，从赫拉克利特、著名智者普罗泰戈拉到苏格拉底、柏拉图和亚里士多德，对此都有不同程度的论述（尤其是亚里士多德在其《政治学》中有更多的尽管是不系统的阐述），此后在斯多葛主义和西塞罗的政治思想（《国家篇 法律篇》）中又呈现出某些更为全面和带有某种普遍主义的看法。这种思想认为，作为一种秩序，自然法既"是与本性（nature）相合的正确的理性"，又是上帝之神意的体现："只有一种永恒不变并将对一切民族和一切时代都有效的法律；对于我们一切人来说，将只有一位主人或统治者，这就是上帝，因为他是这种法律的创造者、宣告者和执行法官"。在此我们看到，本性或自然与上帝同质，是自然法的共同来源，因此自然法"是普遍适用的、不变的和永恒的"，是"法律的标准"，与此相应，人法要与自然法，亦即与大自然和上帝相一致③（按照自然而生活，是斯多葛派哲学哲理的总和）。正是基于这一点，斯多葛学派、西塞罗提出了比亚里士多德更为广泛，甚至是普遍主义的平等观。尽管对自然和平等的看法因

① M. I. 芬利：《古代世界的政治》，晏绍祥等译，商务印书馆，2013，第112页。
② 梅因：《古代法》，沈景一译，商务印书馆，1996，第45页。
③ 西塞罗：《国家篇 法律篇》，沈叔平等译，商务印书馆，2002，第104、219页。

人而异或因时代变化而不同（比如，亚里士多德就认为希腊人统治蛮族，奴隶制的存在是"自然的"；而奥古斯丁、阿奎那，近代启蒙运动思想家又另外有看法），但自斯多葛主义诞生以来，有一点则是共同和不变的，这就是自然法思想都承认这样一种"不言而喻的真理"：人生而平等，每个人都有追求生命、自由、财产和幸福的自然权利，而所有法律的制定都必须以此为最高原则。这就是统治了西方长达两千多年（直到19世纪下半叶才逐渐衰落）的自然法文化。它不仅影响了古罗马的法治，而且还以斯多葛主义为媒介影响了基督教，并通过所有这些最终影响了近现代西方的法治（借助法律理性主义、天赋人权论、社会契约论、民权论、法律至上主义等思想发挥影响）。

应该指出，现代普遍的看法是，"自然法从实际效果讲，是属于现代的产物"[①]，或者如威廉·邓宁（William A. Dunning）所说，西塞罗的"主张——不合于自然法的法案没有法律的拘束力——之被施之于实用，还在他写那书［《国家篇》和《法律篇》］后一千五百年"[②]。可以说，这些看法是有道理的，因为自然法所包含的自由、平等观念直到近代，特别是在《美国独立宣言》和《法国人权宣言》发表之后才逐步付诸实现，而在古罗马其实践难以与之相比，尤其是一些著名思想家的著作当时缺乏现实的影响力。不过，尽管如此，我们不应因这些思想家的著作缺乏影响，就断定自然法观念在当时公法方面没有起到某些作用，因为共和国的法治实践体现了其精神。正如梅因所言："按照自然而生活，是著名的斯多葛派哲学哲理的总和。在希腊被征服后，这种哲学在罗马社会中立刻有了长足的发展。……纵使我们不能从历史上来加以证实，但我们仍可以断定，出现于这些新希腊学派门徒的前列的，一定是罗马法学家。我们有大量证据，证明在罗马共和国中，实质上只有两种职业，军人一般地就是行动的一派，而法学家则普遍地站在反抗派的前列。"[③] 历史表明，在整个共和时期，以平民为中坚力量的民主派始终在自觉不自觉地努力实践着平

---

① 梅因：《古代法》，沈景一译，商务印书馆，1996，第42页。

② 威廉·邓宁：《政治学说史》（上卷），谢义伟译，吉林出版集团有限责任公司，2009，第64页。

③ 梅因：《古代法》，沈景一译，商务印书馆，1996，第32页。

第十一章 恶根性文化与法治

525

等和自由的自然法则。平民会议和保民官制度的诞生，包括上面提到的《李奇尼法》和《霍尔滕西法》在内的一系列反映平民利益的法律的颁布，以及共和国既富有特色，又行之有效的宪政结构的形成，都充分说明了这一点。共和国后期（前133～前121）发生的格拉古兄弟（Tiberius Gracchus、Gaius Gracchus）改革（尤其是土地改革和扩大公民权的改革）的事件更是具有典型意义。

可惜的是，在古代世界，由于受经济、政治和社会条件的限制，人们很难把这种具有一定民主性质的宪政模式延续下去。正当罗马共和国有可能向更有利于普通平民的民主制度挺进之时，随着阶级结构的变化，社会矛盾的激化以及利益冲突和权力斗争的加剧，原有的相互制衡的宪政失灵了。格拉古兄弟改革的失败暴露了罗马社会和政治体制的深层矛盾和问题，同时也表明罗马的民主化道路难以为继，它拉开了社会动荡和变迁的序幕。从公元前130年代至公元前30年代（至屋大维独裁为止），罗马共和国陷入长达一个世纪的内乱和内战。其中，既有奴隶起义（如西西里奴隶起义）、"同盟者战争"（意大利人争取公民权的起义）、斯巴达克斯起义①、破产农民与土地贵族的斗争、无产者民众与当权者的斗争，也有骑士派（新富阶层）与元老派的斗争和军阀混战。在这种情况下，罗马除了走向独裁，别无他法。因为很明显，罗马制衡的宪政、法治和微弱的民主，是等级斗争（struggle of the orders）的产物，即由平民竭力争取充分的政治地位所导致的社会冲突的结果。换言之，该宪政和民主的存在与否，归根结底同一种叫作"平民"（plebeians）的阶层兴衰有关。这种平民绝大多数不是无产者，而是或多或少都有一定财产的中等阶层（其中一部分类似西方中世纪后期市民阶层），并且在人口中一度占据多数（共和国前期奴隶的数量不占人口优势）。他们是争取平等、自由和民主等自然权利和推动宪政的中坚力量。不过，在共和国后期，随着战争和疆域的扩大、经济的迅速发展、破产农民和无产者游民的大量增加以及大庄园制的形成，原有的平民大规模减少和衰落了，这导致阶级结构由原有的中间大

① 科瓦略夫：《古代罗马史》，王以铸译，上海书店出版社，2007，第400、446、463、493页。

两头小的梭形（shuttle shape）或纺锤形，向中间小两头大的非对称的沙漏形（sandglass shape）转变。阶级的分化和冲突（大量的奴隶、无产者游民与新贵对峙）使原有的制衡的宪政失去了经济和社会基础。当时的罗马要么实现均贫富的民主变革，要么出现强人的武力控制。结果，正如人们所知的那样，格拉古兄弟的改革（平民和民主派所做的最后努力）在流血中失败，社会的动乱为军阀独裁和帝国的建立提供了条件和理由①。

除了上述经济－社会（阶级结构）原因外，罗马宪政和法治的衰落还与道义的逐渐丧失有关。孟德斯鸠言："维持或支撑君主政体或是专制政体并不需要很多的道义。……但是在一个平民政治的国家，便需要另一种动力，那就是品德。""因为一个君主国里执行法律的人，显然自己认为是超乎法律之上的，所以需要的品德少于平民政治的国家。平民政治的国家里执行法律的人觉得本身也要服从法律，并负担责任。"在此，孟德斯鸠道出了自由、民主、宪政和法治生存的精神因素（或文化秘密），这就是与此相关的社会的德化。经济和社会阶级因素只是共和国存在的基本条件，缺乏或丧失德化，其迟早会消失或名存实亡的。共和国后期的罗马，物欲横流，"品德天天在减少"。贵族不再有传统的"以品德为基础的节制"（"节制是贵族政治的灵魂"），也缺乏以往那种贵族集团内部"平等"和等级之间制衡的观念，有的只是对权力和物质的极度贪婪，"共和国成了强取豪夺的物件"。这使得罗马即使有机会也难以再接受自由。"一切的攻击，全都是对着暴君，却没有一次是对着暴政的。"② 罗马丧失宪政和法治的道德支撑力量或精神文化因素。

罗马共和国后期的长期内乱和内战不仅加大了社会精英（尤其是贵族）在道德上趋于败坏，而且也使整个社会不再信奉传统的制衡原则，亦即对宪政和法治失去原有的信仰。共和制得不到一般道义和相关信仰的支持，这是问题的关键所在。哈罗德·伯尔曼说："法律必须被信仰，否则

---

① Tom Holland, 2004, *Rubicon: The Last Years of the Roman Republic*, New York: Random House Books；科瓦略夫，《古代罗马史》，王以铸译，第二十章"格拉古运动"，上海书店出版社，2007。

② 以上引文参阅孟德斯鸠《论法的精神》（上册），张雁深译，商务印书馆，1982，第19～20、23页。

它将形同虚设。它不仅包含有人的理性和意志，而且还包含了他的情感、他的直觉和献身，以及他的信仰。"① 伯尔曼的话告诉我们，法律与信仰（或宗教）相关联，其价值不仅在于纯粹的功利主义因素，而且更在于其隐含的信仰和情感因素，正是后者赋予法律以某种神圣性。这种神圣性使得人们愿意为此献身。显然，在罗马共和国后期，由于利益所致，这些因素起码在权力精英中已荡然无存。一旦人们丧失信仰，相关的法律和法治便会失效，国家的危机和逆转不可避免②。

因此，罗马给后世留下的重要社会政治启示便是，宪政和法治除了需要经济和社会阶级结构作为基础外，还要有道义和信仰支撑。没有对法律和法治中的信仰或宗教要素予以充分注意，人们"就消除了它施行正义的能力，可能甚至夺取了它生存的能力"③。这恰巧也是后来西方所竭力避免的。那么，它是如何做到这一点的呢？

三　信仰与现代法治的兴起

社会完善的法治需要有一定的经济和社会阶级结构作为基础，但这并不等于有了这一基础，便会自动形成法治。除此之外，法治还要有相关精神因素的支持和引导。说到底，它是一种文化，一种特殊的文化（从古至今在世界上只有少数文明和人民享有此种福气）。如前所述，它始于古希腊（如雅典城邦）和罗马（共和国时期），后来在崩溃中迎来了已注入斯多葛主义的基督教的教化和德化。通过这种教化和德化，法治被注入了信仰因素（或者说，法治被信仰化）④，它们与日耳曼人传统的自由精神合流形成近代西方法治文化习俗。当然，在这一过程中充满了冲突和斗争，因此，法治发展的道路是曲折的，它必须不断地摆脱人的恶根性的不断干

---

① 伯尔曼：《法律与宗教》，梁治平译，中国政法大学出版社，2003，第3页。
② 科瓦略夫：《古代罗马史》，王以铸译，第二十五章"共和国的倾覆"，上海书店出版社，2007。
③ 伯尔曼：《法律与宗教》，梁治平译，中国政法大学出版社，2003，第14页。
④ Harold J. Berman, 2000, *Faith and Order*, Ch. 3 "The Religious Foundations of Western Law", p. 35; Ch. 5 "Law and Belief in Three Revolutions", p. 83, Grand Rapids, Michigan: William B. Eerdmans Publishing Co.

扰，而最能抗干扰的力量则来自基督教及其在世俗中的化身。

1. 基督教精神与法治

基督教对西方法治的形成和发展具有重大作用，这是不容置疑的。不过，在阐述这一论点之前，把基督教的某些思想与合法教会（尤其是教会的一些做法）区别开来，则是必要的，这就好比在研究现代某些理想观念和思想时把它们同某些相关政党本身及其做法区别开来是一样的。蕴含于基督教之中的许多善念是伟大的，它们对人类的正义事业的影响是巨大而深远的。这些观念同合法后的教会有某种联系，但在相当程度上没有绝对关联性。两者在一定的历史阶段往往是两码事。前者的积极意义不应因后者（教会上层）的某些所作所为而遭到抹杀。我们甚至认为，没有基督教的某些正义观念的传播和教化（社会学意义的社会化或文化化），西方的法治建设能否顺利进行，还是一个疑问。因为作为一种文化，法治归根结底是一种信仰或价值观的体现。

宪政和法治在古典世界（希腊与罗马）崩溃的一个重要原因，就在于当时人们对此缺乏一种信仰，或者说没有把法治建立在一种超验的价值基础上（亦即将其神圣化），形成一种稳固的文化习俗。当然，斯多葛主义，特别是其自然法或自然权利观念，对希腊－罗马人已经产生或多或少的影响，然而，这种影响相对而言是微弱的，此种观念远没有成为古典人普遍的信仰。使自然权利成为一种普遍的信仰是从基督教文化开始的。如前所述，对基督教产生影响的古典思想（"异教"），主要有两个学派思想，一是柏拉图主义（尤其是新柏拉图主义），另一是斯多葛主义。前者的影响主要在神学（宗教理论）方面，后者则更多地涉及社会政治方面。基督教很早在反抗压迫中就产生了一条具有法学性质的准则，即"公民不服从原则"：凡"与基督教信仰冲突的法律在良心上没有拘束力"[①]。本来这是犹太教徒抵制其他宗教崇拜（包括抵制对马其顿－希腊王或罗马皇帝的崇拜）的传统，后来基督教继承了这一传统并把它用于国家内部，甚至教会内部。特别是，当基督教吸收了自然法（自然权利）观念以后，这一原则变得更有力量。

---

　① 伯尔曼：《法律与宗教》，梁治平译，中国政法大学出版社，2003，第43页。

中世纪中后期的西方，除了基督教这一主导意识形态外，当时还因罗马法的复兴和阿拉伯－希腊哲学的引入而流行自然法观念和亚里士多德主义。古典思想和罗马法中的自然权利观念、准宪政观念和人民主权论（起初是以宗教形式表现的）在大学和社会精英中掀起波澜，深深地扰动着人们的心绪（人们一方面笃信耶稣基督，另一方面又为新颖的古典思想所吸引）。关于自然法，古典思想中早已有之。罗马法受此影响，在人法部分体现了这一思想。即使在罗马帝国时代，也是如此。例如，（东罗马或拜占庭）皇帝查士丁尼在《法学总论》中曾说："奴役是违背自然法的（因为根据自然法，一切人都是生而自由的）"；"自由是每个人，除了受到物质力量或法律阻碍外，可以任意作为的自然能力。"① 罗马帝国虽说已实行君主专制，但至少在名义上仍承认和肯定自然法的积极意义，甚至谈及平民会议决议和元老院决议的法律效力。这当然是政治文化习俗的惯性所致，却为中古时代保留了重要的信息，特别是基督教合法化以后，作为基督徒的罗马人已经在查士丁尼法中把自然法的源头归结到上帝的神意上，奥古斯丁早在这之前更是富有深意地论述了这一联系②。所有这些为后世在罗马法复兴和信仰时代将自然法与上帝的意志系统地联系起来，奠定了坚实的基础。作为中世纪中后期西方思想界的巨擘，阿奎那顺应了历史潮流。他把亚里士多德、斯多葛派、西塞罗，罗马法学家等诸家观点创造性地融入基督教思想体系（或者说使上述古典思想和法学观点基督教化），并以此为基础把"法治"与"正义"紧密联系在一起。按照阿奎那的说法，法律分为四类：永恒法（*Lex aeterna*；Eternal law）、自然法（*Lex naturalis*；Natural law）、人法（*Lex humana*；Human law）和神法（*Lex divina*；Divine law）。永恒法是上帝按其目的安排和支配宇宙秩序的计划（"宇宙整体皆受天主之理性的掌管。故此，掌管万物的天主之理……具有法律之意义。但因了天主的理性不是在时间内思想什么，……所以该说这种法律是永恒的"），自然法是人类因有理智而分有的永恒法的一部分（"有理性之受造物所分有之永恒法律，即称为自然

① 查士丁尼：《法学总论》，张企泰译，商务印书馆，1997，第7、12页。
② 韦恩·莫里森：《法理学》，李桂林等译，武汉大学出版社，2003，第64页。

法"），人法是人类理智将自然法应用于特定事项的法律实践（世俗国家的制定法），神法是从超越性和救赎方面（终极目的和"永久幸福"方面）指导人们活动的宗教法律，即"旧法"（Old law）和"新法"（New law），也就是旧约律法和新约"恩宠的法律"或"福音法律"①。（"自然法之分有永恒之法，是按人性的能力范围。但人为了能达到超越性的目的，需要有高一级的指导。故另有天主给的法律，以更高的方式分有永恒之法律"②。）

这是西方有史以来第一次对法律之间的关系给予整合性的解释。其意义在于强调：第一，永恒法，作为上帝的理性、善和智慧的体现，高于其他一切法律，天地万物皆受它规制（"一切法律就其分有正理而言，皆是源自永恒之法律"）。第二，永恒法是上帝的计划和安排，其最终目的是使万物有序，使人向善（"实践理性的第一条原理是以善为基础，即'善是一切所追求者'。所以，法律的第一条指令是'该行善、追求善而避恶'"）。第三，自然法源于受造物通过理性对永恒法的部分分有，它具有趋利避害之功能，因此人法（制定法）必须与此相适应（"高级标准或尺度有两个，即天主的法律和自然法律"）。第四，"人为的法律只在合于正理的范围内，才有法律之意义；故从这方面看，它显然是源自永恒之法律。若离开正理，则是恶的法律，没有法律之意义，而是一种强暴。"第五，法律的目的是公善/公共利益（bonum commune）（"法律必然是主要地指向公共的幸福。法律皆是指向公共利益"），因此，法律的制定"乃是全体人民或代表全体人民者的任务"。第六，法律必须体现正义（"不合于正义的法律，不能视为法律"——阿奎那引证奥古斯丁语），而基本的正义除了公善之外，就是自然法中与"自然正义"（iustitia naturalis）相一致的人的自然权利，如生命权利、倾向于社群生活和平等——实质是基于人性（"理性秩序"）、能力及当地风俗习惯的公平（显然源于亚里士多德）。第七，掌权者必须守法（"针对天主的判断来说，元首也不能逃

---

① 圣保罗在《罗马书》第三章第 27 节，将信德之恩宠称为"法律"，阿奎那在《神学大全》中将福音称为"法律"。

② 圣多玛斯·阿奎那：《神学大全》（第六册《论法律与恩宠》），刘俊余译，第二集，第一部，第九十一题（I－II，Q 91），中华道明会/碧岳学社联合出版，2008。

避法律的指导作用，他该自动地，不须人强制地去守法"；"谁为他人订了法律，自己也该遵守")①。

在此，阿奎那特别强调永恒法和自然法是两个"高级标准或尺度"，而且后者低于和分有前者。本来，在古典派那里，自然法或者说其中的自然权利是最优的（最正义和最善的），如柏拉图在《理想国》中所言的那种有序性（每一个人都根据自身的天分和才能在适合的位置上干好分内的事情，所谓"金银铜铁"观是也）。后来随着基督教的产生，自然法和自然权利变成次优的（当然，正如列奥·施特劳斯所言，这一修正"以某种方式已为古典学派预见到"，比如，按古典派的看法，"政治生活本身就其尊严而言，本质上低于哲学生活"②）。就概念而言，自然是哲学发现的，希伯来圣经（《旧约》）暗中拒斥哲学，不知何为"自然"（也未有希伯来语的"自然"）③，因此，基督教原本也是反自然的或贬低自然的（正因为如此，在希伯来-基督教文化中，人类与自然之间古老的纽带才趋于被割断，才能一反过去的习性，才会出现与上帝的紧密关系——圣约）。它容纳自然法观念是古典思想和罗马法影响的结果。不过，与古典文化不同，在基督教中，自然本身不再是最高权威和至善，上帝的神意（永恒法，《摩西十诫》）才是最高权威和至善。自然法是对永恒法的分有，它不能离开永恒法的规制。于是自然法成为基督教文化意义的自然法（失去了原本的独立地位）。这反映了，在圣保罗、奥古斯丁和阿奎那等基督徒看来，人的行为只靠天性或自然法是远远不够的，在天性之上还要加上上帝的恩宠，也就是基督教意义的德化或教化（现代乌托邦理想的想法和推论与此相近）。自然法使人们懂得如何趋利避害，而恩宠"不只告诉人该做什么，而且助他完成"，尤其是做善事。正是在这个基础上，阿奎那以基督教的名义强调君王的权力要受到法律（四种法律）和社会（全体基督徒人民或人民的代表）的限制，要求统

---

① 圣多玛斯·阿奎那：《神学大全》（第六册《论法律与恩宠》），第二集，第一部，第九十，九十二至九十六题（I-II, Q 90, 92-96），刘俊余译，中华道明会/碧岳学社联合出版，2008。

② 列奥·施特劳斯：《自然权利与历史》，彭刚译，三联书店，2003，第147页；还参见 Leo Strauss, 1964, *The City and Man*, Chicago：The University of Chicago Press。

③ 列奥·施特劳斯：《自然权利与历史》，彭刚译，三联书店，2003，第82页。

治者不仅要守法，而且必须向善有德，否则人民有权推翻暴政或暴君的统治。由此他还进一步论述了基督教意义的法治、宪政和公民社会，认为最好的政体是混合政体（来自亚里士多德和西塞罗），当然，是上帝治下的混合政体。

由于将自然法与圣经启示联系在一起，前者借助基督教便传布到（西方）每一个人，成为人们的基本良知，因而具有比以往更为普遍的神圣性和约束力。因为它不再是从外在约束人，而是从内部以德化人，人们得到神圣化的自然法的教化（"自然理性之光明使我们能够知道什么是善，什么是恶，因为自然理性之光明，无非就是天主之光明在我们内的印记"）。在这方面，基督教的"福音法律"不仅被认为高于自然法，而且甚至胜过旧约律法，因为"功行之法律是写在石版上的，信德的法律则是写在信徒的心上的"，而"天主写在心上的天主之法律……岂不就是圣神之临在吗？"（奥古斯丁语）阿奎那引证彼得·隆巴德的话说"旧法律［旧约］约束人的手，新法律［新约］约束人的心"①，真可谓一语道破了基督教不同以往的统治的天机（新约比旧约高明之处），这是它的精神之核心，也是其力量所在。对于基督教而言，善与权利，教化（或德化）与法治永远是难解难分的。

作为宗教改革家的新教徒，在某种意义上讲，延续了中世纪这一传统。不过，与以往不同的是，他们所要限制的主要不是世俗政权和君主（尽管包括暴君和暴政），而是天主教教廷和教皇。因为教会的掌权者也是由人组成的，而是人就有弱点，随着教会权力达于顶峰，它也像其他朝廷一样随即腐化堕落（尽管比世俗政权要好一些），尤其是文艺复兴加速了这一进程。在这种情况下，无论路德还是加尔文都坚信人（包括教廷）更加堕落及与上帝异化疏远，因此以"因信称义"（Justification by Faith）为号拉开宗教改革的大幕。这一次新教徒们动用的还是教父时代在反抗罗马当局暴政中曾使用过的基督教法学的第一条原则："公民不服从原则"。在他们看来，基督徒公民绝对拥有反抗与上帝意志相悖之法律

---

① 圣多玛斯·阿奎那：《神学大全》（第六册《论法律与恩宠》）第一零六题，九十一题，刘俊余译，中华道明会/碧岳学社联合出版，2008。

的道德权利和义务。这是基督教和自然法长期内化的结果，因而也是良知的体现。

宗教改革家们提出因信称义，实质上就是强调称义于上帝只靠信仰和信念（*sola fide*）而非功行（works）或赎罪之功绩，人只有承认自身的软弱和上帝评判的正当性，并且真正为耶稣基督的救赎所感化，才能蒙受神恩和耶稣基督本人的"异己的神圣性"①。也就是说，人只有称义才会把上帝和邻人作为目的本身，而不是把他们视为救赎或获益的工具。这是来自恩典的道德。从这一观念出发，他们一反中世纪教会和教义的传统（特别是托马斯主义或基督教化的亚里士多德主义），回到圣保罗和奥古斯丁的观点上，主张《圣经》的权威性，强调对人的恶根性（原罪）和堕落境况应认真思考，反对给予理性过分信赖，呼吁重建未受腐蚀的情境。在新教思想家们看来，人的本性决定了"他本人想成为上帝，而不是想上帝成为上帝"②。然而，历史证明，人不会成为上帝（人就是人而不是神）。人凭借理性自认为能够自立和自主，但实际上常常误入歧途。因此人不能离开启示和信仰的指引。但这种启示和信仰的指引不能来自国家，也不能来自传统教会，而只能源于基督徒以其良知和理性对《圣经》的了悟，以及在信仰指导下对世界的经验观察。因此对于路德而言，"有形的教会"（Church Visible）和教阶制没有存在的意义（相应的，隐修或修道院制度也没有存在的意义）。教会本质上是无形的（invisible），属于全体平信徒，权威也应当来源于此（当然，加尔文持有不同的看法，主张"教会的有形性"，但必须是民主的③）。

关于世俗政府，路德因对抗教廷而不得不委身于和支持君主政体统治（主要是同样与教廷有矛盾的世俗统治者），但这是有条件的，即政治权力的实施必须受宗教道德和自然法的限制。若君主违反拘束他的法律而为

① Martin Luther, 1953, *Commentary on Galatians*, P. S. Watson, ed., pp. 39, etc. London: James Clarke & Co..

② Luther, 1970, *Disputation Against Scholastic Theology*, Clauses 6, 10, 17, In Jaroslav Pelikan and Helmut T. Lehman, eds., *American Edition of Luther's Works*, Vol. 31: 4ff, St. Louis: Concordia Publishing House.

③ Calvin, 1949, *Institutes of the Christian Religion*, IV, i. 7, London: James Clarke & Co.

非作歹，基督徒有权自卫，人民有不服从的义务和反抗的权利①。这与前文提到的保罗的观念相近：一方面，"你应当顺从［合法世俗政府］，不仅因为惧怕惩罚，更是为了良心的缘故"（《罗马书》，13：5）；另一方面，"我们必须接受上帝的统治，顺从上帝而不是顺从人"（《使徒行传》，5：29）。加尔文从人的恶根性（"原罪"）原理中引申出一条基本结论：统治者必须受到统治。这是对西方古老的"制衡"说的又一次阐发。只不过这种阐发在此加上了上帝的因素。在加尔文看来，对政府的政治权力实施制衡是必要的。这是对悖逆上帝的自命不凡的统治者的永恒控制，也是防止君主专制暴政的有效手段。与更为保守的路德不同，加尔文赞赏自由与共和宪政制度，高度评价公民普选（教会同样由选举产生，这是他为何主张有形教会的理由），认为这是受到上帝恩典的善举。然而，同那个时代流行的观念类似，加尔文并不特别崇拜民主政治，也未想过人民主权概念。对他这样的基督徒而言，权力和权威的终极来源不是选举，而是上帝。在他看来，如果某人获选，那一定是人们认识到他符合上帝的旨意，而悖逆于上帝者即使当选也终会遭到严厉的惩罚。对于广大基督徒来说，永远都是"顺从上帝，不顺从人，是应当的"（《使徒行传》，5：29）。人民之所以服从政府和世俗统治者，那是因为后者的行为符合上帝的律法和自然法（符合终极善的原则），否则不服从就是正当的。自中世纪中期以降，此种观念在西方传布甚广，深入人心。

圣爱、自由和平等（尤其是前两者）是基督教给予世人最具价值的精神文化（不一定是教会上层的精神，基督教精神与教会上层有区别）。在教父时代，基督徒就是以此反抗罗马当局迫害的（尽管主要采取非暴力抵抗形式）；在中世纪中期，教皇也是以此争取教会自由和自治权利（反对王权专制）的；在宗教改革时期，平信徒还是以此反抗教廷或教会上层压迫的。同样，近代中产阶级和广大平民在同专制君权的斗争中仍是诉诸这一精神。这种抗拒是西方社会法治形成和发展的基本条件之一。尤其是其中不断被争取和提升的自由，是良知的基础，而良知又是法治不可或缺

① Luther, 1932, *On Secular Authority*, In Adolph Spaeth, et al., eds. and trans., *Philadelphia Edition of The Works of Martin Luther*, III, p. 237, Philadelphia：A. J. Holman Company.

的精神支柱。正如阿克顿勋爵所言："宗教自由是世俗自由的源泉，……这种使自由成为神圣、将之归于上帝的伟大政治思想，教导人们尊重他人的自由如同自己的自由，保护自由要出于对正义和仁慈的热爱，而不是出于仅仅把它当做一种权利要求。这种思想在过去［指1877年以前］两个世纪的进步中，一直是那些伟大、美好的事物的灵魂。即使处在世俗激情的不利影响之下，宗教事业为使这个国家［英国］成为自由的先驱而做出的贡献，并不少于任何一种明确的政治思想。它曾是1641年运动的最深层的潜流……"① 阿克顿的这段话，很好地诠释了那个时代自由、宪政、法治与基督教精神的关系，这就是自然权利通过基督教被神圣化，日益走向自立的国民为国家的行为向上帝负责。

现代西方学者总是陷入"善"与"权利"何者为先的争论之中，比如自由主义者罗尔斯主张"权利优先于善"，而保守主义者列奥·施特劳斯则反其道而行之，强调"善先于权利"。后者甚至认为西方在这方面的历史就是一种从古代的"善先于权利"向现代的"权利优先于善"的转变过程（这种转变被认为始于霍布斯的"自然权利"或"天赋人权"）②。应当说，就大趋势而言，该说法没有问题，但在时间上应当看到这主要发生在19世纪下半叶，尤其是尼采所言的"上帝死了"以后。在这之前，善就是权利，反之亦然。例如，霍布斯就说道："自然法（如我前面讲的）也是善的"，自然法"无疑是永恒的上帝的律法"（接近阿奎那的说法）。在霍布斯看来，一方面，不论统治者还是平民百姓都有按照自己意愿做事情的自由权利，另一方面，作为上帝的臣民，他们"也要遵守自然法"。"不论人们是否愿意，他们都永远服从神的权力。"在此我们看到，这似乎不符合"权利优先于善"的说法。霍布斯在《利维坦》中一方面对自然权利和国家权力做了详细分析，但另一方面也用差不多同样多的笔墨论及上帝、正义和道德的意义，对于他而言，两者永远都是重要的③。

---

① 约翰·埃默里克·爱德华·达尔伯格 - 阿克顿：《自由与权力》，侯健等译，译林出版社，2011，第67~68页。

② 关于这方面的争论，参见甘阳《政治哲人施特劳斯：古典保守主义政治哲学的复兴》，载列奥·施特劳斯《自然权利与历史》，彭刚译，三联书店，2003。

③ 霍布斯：《利维坦》（英汉对照全译本），刘胜军等译，中国社会科学出版社，2007，第253、343、571、827页。

类似的，洛克为自由权利而辩护，呼吁宗教宽容（见其《论宗教宽容》的书信），但也是虔诚的信仰者。他"显然相信上帝"（尽管这个上帝是基督教的还是自然神论的，学界无法定论），他死后问世的《基督教的合理性》（*The Reasonableness of Christianity*）一书对此予以充分的证明。洛克认为，基督信仰不仅是一个知识体系，而且是生活中期盼、更新和意义的来源。在这种情况下，善与权利不是先后的问题，而具有同等的意义。洛克生活在理性资本主义、新教和商品经济正在兴起的时代，他不能不受此种文化的影响，然而尽管如此，他还是在此种环境中努力调和信仰与理性的关系。在他看来，耶稣这一启示仍然有其积极的甚至不可替代的作用，因为理性容易误入歧途，缺乏权威；理性不足以认知一切深刻的真理（信仰性真理）；启示强调心灵的信仰、带来鼓励、援助和支撑（"仍有一部分真理隐藏在极为深奥的地方，远非我们的自然理性能力所能轻易到达，所以若是没有天上的光明的指引，它根本不会清楚明白地显示给世人"[1]）。这反映出基督教（尤其是新教）长期教化和内化的影响（尽管洛克远没有路德和加尔文那样虔诚，且个人内在的灵修似乎所剩无几）。当然，理性与信仰是难以真正调和的。由于文化上的和而不同，两者存在较强的文化张力并预示了此后的危机。

因此，不容置疑，作为准一神论宗教，西方的基督教在这个问题上曾长期处于悖论状态。在古典时期，基督徒为自由而抗争，但在得势之后又残酷迫害异教徒［公元415年女科学家和哲学家希帕蒂亚（Hypatia）被一群狂热的基督徒用蛤蜊片残杀的令人发指的事件具有典型性。当然还有十字军的一些恶行］。诚如布克哈特所言："基督教所获得的胜利说起来是良知战胜了暴力，但是现在，这样的一个宗教竟然用火和剑蹂躏良知。……殉道者一旦能熬过折磨而不死，那么他肯定成为一个坚定的迫害者。他这样做其实不完全是出于报复的心理，而是因为信仰对他来说高于一切。"[2] 这种矛盾的现象在中世纪和近代又不断重现，"天主教以自由原

---

① 约翰·洛克：《基督教的合理性》，王爱菊译，武汉大学出版社，2006，第138页，还参阅序言以及第11、14章等。

② 雅各布·布克哈特：《世界历史沉思录》，金寿福译，北京大学出版社，2007，第47～48页。

则开始，自由不仅是它的权利要求，而且是它的准则；在它成功地建立起统一的精神世界之后，外部的环境使它变得不宽容了，尽管它曾经宣称过自由，曾经遭受过迫害。而新教则将不宽容视为一条强制性的律令，使它成为其教义的一部分，在它施加的严厉惩罚没能阻止内部分裂的进程之后，为自己的处境所迫，它才不得不承认了宽容"① （当然这更多地应当看成教会所为，而不是基督教某些思想错误）。这几乎成为一种普遍的铁律。现代某些人和组织的一些做法何尝不是如此？这表明基督教的圣爱、自由和平等观念可以成为世俗自由的文化源泉或文化资本，但本身无法自动导致世俗自由，而缺乏世俗自由，宗教自由不会持久，更不要说法治了。因此，宗教改革之后，西方所面临的任务和难题，便是如何将"基督徒的自由"和"良知自由"转换为世俗自由（公民自由），从而形成国家的法治（包括宪政）。

2. 基督教自由观念的世俗化和法治的形成

关于基督教意义的"自由"，黑格尔说："只有在基督教的教义里，个人的人格和精神才第一次被认作有无限的绝对的价值。一切人都能得救是上帝的旨意。基督教里有这样的教义：在上帝面前所有的人都是自由的，所有的人都是平等的，耶稣基督解救了世人，使他们得到基督教的自由。这些原则使人的自由不依赖于出身、地位和文化程度。"② 黑格尔在这段话里讲的"自由"和"平等"实质上指基督徒的救赎自由和平等，也就是人们在出世的基督教共同体内作为上帝的子民是自由和平等的（所有基督徒皆祭司，既是圣徒也是罪人，既是主人也是奴仆）。救赎只分善恶，不分贵贱。然而，这只是就人们作为教徒（基督徒）的身份而言的，实际上作为世俗的臣民或公民，他们并不自由和平等。他们不仅受到世俗统治者的压迫，而且还受到日趋世俗化和腐败的教会（包括教会领）的盘剥。也就是说，基督教弘扬圣爱、自由和平等精神，但教会（尤其是教廷或教会上层）则越来越背离这种精神。因为几乎同许多信仰

---

① 约翰·埃默里克·爱德华·达尔伯格－阿克顿：《自由与权力》，侯健等译，译林出版社，2011，第97页。
② 黑格尔：《哲学史讲演录》第一卷，贺麟、王太庆译，商务印书馆，1981，第51～52页。

性组织一样，它最终也难以克服人性的弱点（越是世俗化越是如此）。对权力和财富等的贪欲腐蚀了主教们的灵魂，使"教会地位自陷险境"。在这种情况下，西方宗教改革已是必然。宗教改革的目的是推翻罗马教会的暴政，其实质是西方世界（西欧基督教国家）公共秩序和人们社会关系的转变。宗教改革者诉诸"基督徒的自由"，亦即"精神自由"或"良知自由"。这主要指《圣经》而不是教廷被视为"唯一的权威"，但对它的解释可以是多样的。其标准是良知和基督徒的经验，而不再是教廷的"教导"。由于主张"因信称义"（"灵魂称义显然单是因信，而不是因任何其他行为"——路德语），天主教传统的戒律（如善功、布施、什一税、赎罪券、禁欲等）和制度（教阶制和修道院制等）不分好坏全都被废除，这导致"历史传统的普遍断裂"。改革后"新教国家后来成了'精神自由'之地"①。

宗教改革被认为是一种"解放"，它导致了天主教教会纲纪废弛，权威不在，以及"基督徒的自由"。这种"自由"，按路德的观点，就是"心灵自由"或"精神自由"。它来自上帝和自然法。作为上帝的子民，一方面，基督徒只信奉和践行上帝之道（圣言），并因此不受任何世俗之人管辖而获得全然自由；另一方面，他们又像耶稣一样是全然顺服的众人之仆，因而受任何人管辖。也就是说，基督徒"一面有上帝的形象，一面又有奴仆的样式"，他们既是自由的，也是奴仆②。在此，信仰是关键。只有信，才能称义，有义才有真正的自由（"律法不是为义人设立的"），而自由就是行上帝之道，行上帝之道又是做众人的奴仆，为人民的救赎而担当。因此，信上帝与做民众的奴仆是一致的，或者说，人民的意愿就是上帝的道（"人民的声音，就是上帝的声音"）。据此不难看出，改教者所说的自由，就是这两者的有机结合。其实质是倡导个人首先对上帝负责，对民众的救赎负责，而不是首先对任何其他权力——不论是教会还是世俗统治者的权力负责，后者只能位于前者之后，而且还必须以后者与前者相适应为条件。换言之，基督徒只服从与永恒法和自然法相应的法律，否则

---

① 雅各布·布克哈特：《历史讲稿》，刘北成等译，三联书店，2009，第112～116页。

② 马丁·路德：《论基督徒的自由》，载马丁·路德、约翰·加尔文《论政府》，吴玲玲编译，贵州人民出版社，2004，第67～68页。

人们有不服从的权利。这实际上意味着在宗教、社会和政治问题上主张有条件的个人自由。宗教改革派试图以此改革基督教，改造教会，改变基督教世界（"改造世界"①或改革"一切"②是清教特有的口号）。尽管在那个时代，宗教改革不断地为各种权力机构利用、歪曲或阻挠，甚至不为普通百姓所理解，但在经过长期的社会动荡和混战之后还是把新的自由的种子播撒在西方大地——不仅是北欧的新教地区，南方天主教地区也是如此。

然而，这种自由毕竟是基督徒的自由，要想实现公民自由还须经过一种世俗化的转换。这种转换的基础是随着经济发展而来的城市的兴起和市民社会（阶层）的崛起，其动力是文化张力和社会矛盾引发的启蒙运动和革命，而新兴的知识分子（尤其是现代知识精英）则是其最重要的纽带。以前，比如在中世纪，唯有在教会里才能找到知识分子（加洛林王朝时代，只有教士才有知识。后来有了大学，出现了知识分子，然而直到近代以前他们仍受教会及宗教社团和学校的双重管理，其中许多人至少是修士）。现在，亦即宗教改革后，随着教廷不再一统天下和"教随国定"（Cuius regio，illius et religio），越来越多的知识分子游离于教会之外，甚至是君主体制之外（如"理性时代"的某些启蒙运动斗士）。他们以理性和科学为武器，抨击传统教会和王权专制，传播自然法或自然权利观念，希望建立法治的制衡体制，但不反对上帝和宗教道德本身（从霍布斯、洛克、斯密到伏尔泰和康德无不如此）。最重要的是他们要推动一种新的文明（现代文明）的形成。那么如何建构这种文明呢？作为文化人并从基督教中获得启发，他们非常懂得信仰、道德、价值系统在这方面的意义，懂得新文明的建构不仅是功利性的（以及工具理性的），而且还有价值理性取向（韦伯语），了解教会和传统宗教虽已开始衰落，但人的内心却需求依旧，因此需要以一种新的精神因素来

---

① 温斯坦来（Gerrard Winstanley）语，引自 Eugen Rosenstock-Huessy, 1938, *Out of Revolution: The Autobiography of Western Man*, p. 291, New York: William Morrow & Company。

② Michael Walzer, 1965, *The Revolution of the Saints: A Study in the Origins of Radical Politics*, pp. 10－11, Cambridge, Mass: Harvard University Press.

满足和支撑人们的行动。而能胜任这项工作的非新兴知识分子莫属，只有他们才能够发明和宣传一种为现代人所接受的旧信条的替代物。这个替代物就是一种能够表达社会契约和公意之神圣性，但又祛除传统宗教神祇的"公民宗教"（civil religion）或"世俗宗教"（secular religion）。我们知道，公民宗教概念源自卢梭（《社会契约论》第四卷第八章）。按卢梭的讲法，这有两层意思：一是如《社会契约论》中译者何兆武所言的，它主要指"政治宗教"（中译本第 177 页注释②）；二是它专指卢梭的政治理想和信仰。卢梭言："人们进入政治社会之后，就要靠宗教来维持。没有宗教，一个民族就不会、也不可能长久存在"；又说："公民的宗教……是写在某一个国家的典册之内的，它规定了这个国家自己的神、这个国家特有的守护者。它有自己的教条、自己的教仪、自己法定的崇拜表现。"① 因此，公民宗教也就是世俗的国家宗教。有多少公民国家就有多少公民宗教。就这一点而言，它与后来的涂尔干和贝拉的公民宗教思想或概念存在较大差别，因为后两者表达的更多是社会（或共同体）神圣性和对社会本身的崇拜，但由于卢梭所具体主张的公民宗教是建立在社会契约、人民主权、公善和公意基础上的，是对这些共和理念与法治原则的信仰和崇拜，因此在这种意义上它又同涂尔干，尤其是贝拉的公民宗教思想存在一定程度的合流②。

　　不难理解，公民宗教实际上是一种没有神祇，但仍保留某种神圣性（或超越性）的宗教，也就是一种世俗信仰，一种世俗意识形态崇拜，它们是随着社会日趋世俗化而来的既有宗教的世俗替代物，因此有西方学者称之为世俗宗教，也未尝不可（尽管此概念有些矛盾和模糊）。根据雷蒙·阿隆的说法，"世俗宗教"一词最早见于 1944 年 6 至 7 月发表于《自由法兰西》上的两篇文章③，主要指对现代国家的政治、法律和经济活动起精神支撑作用并被神圣化的世俗意识形态、价值观或信仰体系（包括相关的活动和仪式）。该术语一经出现，便在西方学术界广为流行。一般认

---

① 卢梭：《社会契约论》，何兆武译，商务印书馆，1982，第 170 页注释③，第 177～178 页。
② 参阅汲喆《论公民宗教》，《社会学研究》2011 年第 1 期。
③ 雷蒙·阿隆：《知识分子的鸦片》，吕一民等译，译林出版社，2012，第 249 页。

为，世俗宗教这种社会现象已有 200 多年历史。如阿隆所言，近代以来，"一切曾经震撼了现代欧洲的政治活动都具有宗教特点"①。伯尔曼也说："正是美国和法国的革命，开创了新的世俗宗教的时代，是它们将宗教心理以及许多以前一直是借各种形式的天主教和新教教义表达的宗教理想，注入到世俗的政治和社会运动中去。……发自启蒙运动的政治哲学和社会哲学就是宗教"；又说："自由民主主义乃是西方历史上头一个伟大的世俗宗教——是与传统基督教相分离，同时又吸收了传统基督教的神圣观念和它的一些主要价值的第一个思想体系。"② 阿隆和伯尔曼的话表明，现代西方价值取向和思想同传统西方基督教有着某种共同的文化渊源。当然，这不是简单的直接联系，而是一种内在的文化转换——以启蒙运动和革命为先导的从宗教向世俗的转换。经过此种转换，上帝变成了"人民"，与此相应，上帝至高无上的权力和权威变成神圣的人民主权；基督徒的自由变成公民自由；上帝面前人人平等（救赎平等）变成法律面前人人平等；基督教的圣爱（灵爱、大爱）变成所谓普世的人道主义和人性论的博爱；分有永恒法的自然权利（"天赋人权"）变成"人权"；上帝的福音（千禧年，追求永恒的幸福）变成人间的理想社会（乌托邦），而且"来世"变成遥远的"未来"；末世论变成"这是最后的斗争"。所有这些思想和价值观的转换在《美国独立宣言》和《法国人权和公民权宣言》中得到最集中的体现。这使得它们既像政治宣言，又像宗教布道，当然也像一种教义——西方的现代性教义。它们是西方新的"圣经"和"福音书"，可以说，现代西方的宪政和法治就是以此为价值取向、文化心灵和精神基础的。没有这些，就不会有现代性的法治建构。

美国知名宪法史家麦基文（Chales Howard McIlwain）在其《宪政古今》（*Constitutionalism: Ancient and Modern*）一书中从法律活动的角度检视了西方，尤其是英格兰法治的传统，指出若无这一与众不同的自古（罗马共和国）以来的传统（特别是"古代英格兰普通法本身无与伦比的牢

---

① 雷蒙·阿隆：《知识分子的鸦片》，吕一民等译，译林出版社，2012，第 250 页。
② 伯尔曼：《法律与宗教》，梁治平译，中国政法大学出版社，2003，第 61、62 页。

固性"以及审判权的力量"没有被治权抵消"①），西方的宪政和法治不可能磕磕绊绊地一路走来，在近现代逐渐获得彻底的成功和定型化。应当说，麦基文的这一说法无疑是正确的，但不全面。因为他只谈及希腊－罗马和日耳曼以来的法文化传统，而较少涉及基督教文化传统。在前现代西方，国王拥有最高的世俗权力，这是常识。然而，中世纪英格兰民谚：国王和政府可以在任何人之上，但必须在上帝和法律之下，表明国王的权力不是绝对的，它至少要受到上帝或教会的制约。此外，在英国至少从1215 年开始，国王还要受到自由《大宪章》的制约（受到贵族和某些社会精英的制约），尽管制约与反制约的斗争一直持续到 17 世纪的革命。当然，在东方，比如说中国，自孔子时代起就有"政统"与"道统"之分②（似乎分别与西方的政与教相对应），理论上讲，道统"高于政统"，"政统附属于士统［道统］"，官僚们行政统，应兼及道统③。民间也流行这样的话：皇帝的权力要符合"天意"，他要做仁义之君，否则要遭到天谴和反抗。不容置疑，在这方面东、西方是接近的。不过，两者也存在明显的区别，古代中国在社会政治上由于"有体无用"（空有儒家关于制约的学说，没有行之有效的制约制度），道统的制约最终只是儒家的理想（如费孝通所言，士大夫的身份、地位和取向决定了道统终归"屈服"政统。例如，屈服者，如公孙弘，官至宰相；不屈者，如辕固生、董仲舒，被放逐。利弊权衡，无人不晓）。与此不同，西方由于存在结构分化和制度的实体，如教权与俗权之分（"两权论"或"双剑论"），在许多国家或地区又存在对王权（或皇权）的有效抗衡力量，因而制约是有一定的结构、

---

① C. H. 麦基文：《宪政古今》，翟小波译，贵州人民出版社，2004，第 80 页。一般认为，相比而言，"［英国］习惯法体系是依靠人民不断变化的经验来发展的，而罗马法的传统则倾向于专制独裁"。例如，在英美法系的一些国家，如加拿大和美国，"法庭是向公众开放的"，具有陪审团制度，"而在罗马法传统的国家里，像法国和拉美国家，法庭则不需要群众。依照习惯法，刑事案件的被告有权查看对自己不利的证据，而在其他体系下是不可能的。习惯法迫使法官要公平，而在罗马法下，法官却可以自由介入案件的审理之中"（参见巴克勒·约翰等著《西方社会史》第一卷，霍文利等译，广西师范大学出版社，2005，第 486 页）。法律制度与实践的差异反映了统治的民主程度以及对个人权利保护程度的差异。

② 吴晗、费孝通等：《皇权与绅权》，天津人民出版社，1988，第 26～39 页。

③ 钱穆：《中国史学发微》，三联书店，2009，第 101 页；钱穆：《国史新论》，三联书店，2008，第 175 页。

制度、权力和实体保障的。尽管两权也有同流合污或教权屈从俗权的时候，但总体情况要好得多。教权对王权的反抗和制约作用是世界上其他地区所没有的（其他地区有神权政治和教权制，但没有这种体制）。由于这种享有一定"教会自由"的基督教的存在，在人们心中，至高无上者是上帝，而不是世俗统治者，后者没有绝对的权力（尤其没有神圣权力）。从历史上看，西方自中世纪中期以来的政治趋势，就是不断强化的对王权的限制（包括对贵族的限制，王权、教权、贵族、城市平民四者关系十分复杂）和对公民权利的保护——在这方面，英国走在前面，过渡相对平稳（渐变）。除了日耳曼自由文化因素之外（典型的是英国从 1215 年开始的大宪章运动），其最重要的缘由便是基督教的教化作用。基督教不仅像尼采所说的那样是柏拉图主义的通俗化，而且还是斯多葛主义的通俗化，它通过这种优势（以人民易懂的方式）把自然权利观念和基督徒人民主权观念长期内化于广大的基督徒心中，这导致一种文化张力的不断加强（路德和加尔文是典型），而这种张力与伴随着中产阶级崛起而来的社会矛盾一起最终推动革命的爆发。狭义上看，其实质就是把对教廷的平教徒制约、对世俗王权和政府的宗教制约和习俗制约，转换成实实在在的政治制度性限制和法治控制，也就是自由民主的宪政和制衡。

因此，说到底，宪政和法治是一种文明，西方的文明（包括古希腊－罗马的某些文化资本）；一种文化，西方市民社会（包括古典世界某些城邦社会）特有的文化（非西方有法制，但缺乏法治，两者本质不同，前者自古以来是任何国家都存在的）。它是西方资产阶级（古代城邦是有产的平民阶级，中世纪是新兴市民或中产阶级）的价值观、文化心灵、习性和要求，与一般抽象意义的资产阶级没有必然联系。换言之，世界上有资产阶级的地方很多，而且他们的经济实力也很强大，但不一定存在宪政、自由和法治。因为其他民族或地区的资产阶级出于种种原因不一定创造或接受这种文化，有这种生活方式（活法）和文化心灵。因此，就宪政是一种文化而言，它不一定是普世的（当然，随着西方现代性文化的深入传播，其他地区随着自身社会现代化的发展在某种程度上也会出现相应的文化涵化）。一种政治类型（即使被认为是从"普遍"人性出发的正义和善的类型）是否为普世的，关键要看全球对它接受的程度如何，而是否接受则归根结底取决于它对接受者是否有价值，即是否实际有效。由于各个民族国家的历史、文化，人们的习性、心灵、发展状态大不相同，很难在社会－政治方面出现事实上的真正普世价值的东西，相反，倒是常常存在许多表面趋同，但实质却是文化"假晶现象"（古老的文化传统为现代文化所覆盖，在缺乏创新的情况下，结果形成一种不伦不类的东西）。比如，"民主"被现代世界广为接受（极少有统治者在现代敢于公开否定民主），但与其说它是普世的，不如说它在许多地区是一种文化假晶现象。这种假晶现象往往掩盖真相。这是由文化的差异和冲突造成的。文化的残酷特点就是以强压弱（虽然人们竭力抵抗和反对），强者因其"价值"（实为效能或有效性①）而具有传播力，有传播力的文化是强势文化，反之则本质上是弱势文化。在现代信息发达的世界，能传播的社会政治文化是存在保障和安全的文化，而没有（或鲜有）传播能力的社会政治文化则永远处于实际或潜在的不安全和不稳定之中，甚至出现深层恐惧的现象。例如，专制主义或极权主义文化就是如此。此种文化昔日极具传播力，但在现代则日渐式微——起码到目前为止是如此。

最后，需要指出的是，即使在西方，自由、民主和法治的发展也并非一帆风顺。近代革命虽然为其深入展开铺平了道路，但作为一种文化或文明，它在西方的成长却曾经是阻力重重，对于欧陆国家来说尤其如此（当然荷兰除外）。革命中凸显的现代性价值在革命后往往走样。人们反对旧制度的统治者（国王）或传统的权威，但起初并不深入反对制度和传统本身，或者说表面上建立了一种新制度，但实质上却是新瓶装旧酒。其原因主要在于现代初期社会力量对比悬殊，艾森斯塔德所说的那种"自由资源"（free resources）② 和文化张力较弱，新的价值取向难以顺利成长，从而无法有效建立起与以往传统有着实质区别的新制度，或者说新的文化理念和制度萌芽一开始缺乏韦伯所说的那种不断理性化的生活或秩序的支

① "价值的实质在于它的有效性（Geltung）"，它"附着于它们［事物或现实对象］之上，并由此使之变为财富"（亨里希·李凯尔特：《李凯尔特的历史哲学》，涂纪亮译，北京大学出版社，2007，第83页）。

② S. N. 艾森斯塔德：《大革命与现代文明》，刘圣中译，上海人民出版社，2012，第44页。

持。在这种情况下，卡里斯玛性价值理性在革命后的常规化过程中面临两种选择：向传统回归，还是继续法治和宪政化？欧陆（主要以法国和德国为例）起初有些回归的倾向，对旧制度的实质妥协强于表面的进展。好在西方不是铁板一块，英美（尤其是后者）的榜样引领西方向现代自由、民主和法治方向前行（托克维尔曾给予深刻阐述）。按照马克斯·韦伯的说法，这是一个"理性化"，即"价值理性"与"目标理性"互动的过程。通过新兴阶级或阶层的行动，价值理性行动凭借其革命性为"进步"开辟道路，目标理性则借助"功利性"制度使前进中释放出来的价值理性的卡里斯玛能量不断"世俗化""常规化"和秩序化。两者形成西方社会理性化的内在矛盾和张力，最终推动体现了新价值取向的西方社会制度的实际演进。

当然，这是西方的情况。就某些非西方国家而言，情况则相当不同。在这些国家，不管出于何种缘由，卡里斯玛的价值理性行动带来的起义、革命或变革，往往最终"深陷于卡里斯玛与传统的永恒轮回而难以脱身。传统化成了卡里斯玛日常化的唯一出路"①。于是，精英向传统妥协并逐渐被同化，社会结构和制度则在经历不同程度的表面变化之后又照旧延续。借用伯尔曼的话说，就是"经过两代人之后，每一次革命都最终以乌托邦图景和传统之间的和解而告终"②。

---

① 李猛：《理性化及其传统：对韦伯的中国观察》，《社会学研究》2010 年第 5 期。
② 哈罗德·J. 伯尔曼：《法律与革命》（第二卷），袁瑜琤等译，法律出版社，2008，第 29 页。

现代西方文明的兴起，按照雅斯贝尔斯的说法，本质上似乎是"又一种轴心期"或"第二轴心世界"的出现（雅斯贝尔斯在此打了问号，说明他拿不定主意）。这种所谓的第二轴心期与昔日轴心时代最大的区别在于，它起初"完全是欧洲的现象"①，而后者是多元或多轴心的现象。此外，如果说在以往遥远的轴心时代，宗教和伦理占据文化优势的话（即使是古希腊－罗马也不完全例外），那么在现代，如索罗金所言，世俗的感觉经验的文化（感觉论意义的真理和知识）已经稳居统治地位。科学（尤其是自然科学）便是其代表。

不容置疑，西方文化模式曾经是一种充满张力和矛盾的多元文化模式。凭借这种模式中的内在张力，西方在近现代独创出许多优秀成果，并通过强力把整个世界都拖入所谓的"现代文明"之中（这就好比古代中国凭借自身的优势把日本、朝鲜等周边国家或地区拖入当时的"现代"文明——泛儒家文明之中一样）。在此，文化的多元性和张力起到了关键作用。一旦这些因素发生变化，想象力和创造性也将随之相对改变。早在近一个世纪之前（1918 年），斯宾格勒就发出巫师般的咒语："西方的没落"。斯宾格勒所说的没落实际上是指西方在文化创造方面从本质上看趋缓，有走下坡路的趋势（且不说社会科学，即使是自然科学，除了技术或

①　卡尔·雅斯贝斯：《历史的起源与目标》，魏楚雄、俞新天译，华夏出版社，1989，第 89～90 页。

技术科学外，西方在基础科学或科学理论上已经有很长时间没能像昔日那样获得较大实质进展或突破了。总体而言，人们在这方面仍在消化 20 世纪上半叶的基本理论和知识，实现的主要是技术方面的延伸或突破，但缺乏重大的基础科学原创性），这在西欧尤其如此。一个在近现代曾经占尽上风并有着辉煌成就和溢美之词的西方（文明）为什么会出现这种苗头？这是一个值得深思的问题。

我们知道，在现代，科学取得了决定性的胜利。科学的发展在中世纪后期和近代之初曾经得力于西方基督教。雅斯贝尔斯认为，"如果没有源于基督教历史精神的阐述和冲动，现代科学的诞生也许是不可想象的"，因为"基督教的精神要求不惜代价的真实"，上帝把希腊人认为的"宇宙完美秩序"神圣化、动态化并呈现历史性和无限性，这导致"认识好比对上帝思想的再思考"，从而推动西方科学家带着基督徒的种种美妙幻想推动科学研究发展①（关于这一点，见本书第九章）。西方基督教对于现代科学的发展曾有过积极的推动作用这一点，并非为许多现代人所了解和理解，对于非西方文明中的人们而言尤其如此。当然，这只是过去的事情。在现代，随着科学的发展，科学与宗教（西方基督教）便内在地分道扬镳了（尽管像爱因斯坦这样的科学家不一定认同这一点）。应当说，此种情况的发生，对于西方来说不一定都是福音。其缘由是，自科学从神学和形而上学中解放出来以后，便释放出巨大的能量，它渗透到经济、政治、文化、社会各个方面，导致生产力获得极大的发展。然而，尽管我们今天在物质方面获得了以往难以想象的极大丰富，但在人们的精神和道德方面却变得相对贫乏。如果我们以科学和生产力为一方，以精神、道德为另一方，画两条运行曲线的话，那么可以看到，在西方，自近代以来，这两条曲线的运行轨迹是反方向运动的（在古希腊和罗马文明的某一时期也发生过类似的现象——参阅索罗金的相关论述和图表）。这是一种矛盾着的文化取向。诚如卡尔·曼海姆所言，科学和生产力的发展并没有带来人类某些精神和道德的同步或紧随其后的发展。这是"人类的能力不

———————————

① 卡尔·雅斯贝斯：《历史的起源与目标》，魏楚雄、俞新天译，华夏出版社，1989，第 106 页。

均衡发展的现象"①。实际上，西方的演化和变化比曼海姆的看法要严重得多。近代以来，在西方，人们在科学和生产力方面扩展的过程，同时也是精神（包括灵性）与道德发生危机和衰落的过程。过去人们认为，这后一个过程只是"迷信"的传统宗教的危机和衰落，但是随着时间的推移，人们更清楚地认识到，传统宗教（西方基督教）的危机和衰落，只是表面现象或形式上的表现，真正的实质问题是人们精神和道德在本质和内容上的危机和衰落：伴随着工具理性的成长，价值理性日趋弱化。它源于韦伯所言的"世界的祛魅"（disenchantment of the world）或世俗化，真正的元凶是上帝、形而上学和乌托邦被相继解构。自近代以来，人类（主要是西方）不断为科学的兴盛、社会的去宗教化（实质是去信仰化和理想化）和形而上学衰落的胜利所冲昏头脑，因而对这一问题长期缺乏十分清醒的认识。如今，在西方，人们生活的这个世界太倾向于感觉和经验论文化，以至于忽视心灵文化的实质性发展。前者的过度和片面的发展（趋于单向度的技术文明的发展）致使西方处于深深的文明的偏颇和危机之中，从而导致其想象力和创造性也在相对降低［西方，尤其是欧洲，相比过去辉煌时期其创造性确实是明显下降了。或者按照海德格尔的观点，由于西方基督教本身作为一种存在遭到破坏，存在便失去了其神秘的魅力，因而也失去了唤起惊异和思想的能力（神秘性具有重要意义，然而"惟当我们把神秘当作神秘来守护，我们才能知道神秘"②）。在这种情况下，随着所谓存在问题的真相大白，即存在不再成为一种"不忘"的问题，本起源于存在之启示的西方文明也就走到了尽头③。海德格尔批评斯宾格勒的思想浅薄和粗糙，但还是从中受到某种启发，并以"存在"哲学的形式重新阐释了其某些观点④］。

---

① 卡尔·曼海姆：《重建时代的人与社会》，张旅平译，三联书店，2002，第35页。
② 海德格尔：《荷尔德林诗的阐释》，孙周兴译，商务印书馆，2000，第25页。
③ 参阅海德格尔《形而上学导论》，熊伟、王庆节译，商务印书馆，1996；M. Heidegger, 1993，"'Only a God can Save Us'：*Der Spiegel*'s Interview with Martin Heidegger"，M. O. Alter and J. D. Caputo, trans., in R. Wolin, ed., *The Heidegger Controversy：a Critical Reader*, pp. 91–116, Cambridge, Mass.：MTT Press。
④ C. 巴姆巴赫：《海德格尔的根》，张志和译，上海书店出版社，2007，第220~225页。

一般而言，西方启蒙运动只看到近代的人类"进步"，而没有认识到它的另一面问题，即这种进步同时也是一种危机的过程——精神文化危机或人类灵性衰落的过程。沃格林说"孔德是论述西方［精神］危机的第一人"①。这个危机如果从法国大革命结束以后开始算起至今已有 200 多年的历史，而如果从大革命前的"理性时代"（17 世纪中叶至 18 世纪末）算起，时间还要更长（19 世纪末期以降危机步步加深）。可以说，直到现在也没有什么人敢预言它何时结束。当然，马克思是个例外，因为他有着另外一种观念、预言和理想社会的设计（战略）。作为乐观主义的先知，他似乎认为这一危机过程不会太久。不过，就像早期基督教圣徒对待"千禧年"的预言问题一样，现代的理论家和世俗祭司们（当代只有浅薄的祭司而缺乏先知）因那种理想社会（"自由人的联合体"）没有得到应验，而不得不通过某种托词或修正的方式对此无限延长（推向遥远的未来）。这倒是应了伯特兰·罗素所说过的话："必须承认，他［尼采］关于未来的种种预言至今证实比自由主义者或社会主义者的预言要接近正确。假如他的思想只是一种疾病的症候，这疾病在现代世界里一定流行得很。"②应当说，罗素的说法是有道理的，因为尼采的预言直至目前为止得到了现实经验的证实。我们今天看到，西方出现的所谓"后现代症状"或"后现代现象"，本质上恰恰就是尼采一百多年前所预言的东西。这是一个"末人"（最后之人）的时代，由于利益远比灵魂重要，感官享受远超过精神审美，世界上更多的是受利益和欲望驱动的末人，"粗俗的功利主义将是生活的主要类型"（瑞士历史学家布克哈特 144 年前说过的话）③——尽管人们自认为"创造了幸福"④，"幻想着自己已经攀上了人类前所未至的文明高峰"⑤。

---

① 沃格林（E. Voegelin）：《危机和人的启示》，刘景联译，华东师范大学出版社，2011，第 151 页。
② 伯特兰·罗素：《西方哲学史》下册，马元德译，商务印书馆，1981，第 319 页。
③ 转引自卡尔·雅斯贝斯《历史的起源与目标》，魏楚雄、俞新天译，华夏出版社，1989，第 164 页。
④ 弗里德里希·尼采：《查拉图斯特拉如是说》，杨恒达译，中国人民大学出版社（引文译文略有不同），2011，第 10 页。
⑤ 马克斯·韦伯：《新教伦理与资本主义精神》，苏国勋等译，"宗教社会学论文集·绪论"，社会科学文献出版社，2010，第 118 页。

尼采的预言为什么被认为是"接近正确"？这是因为他认识到这种危机的真正性质，深刻理解和懂得这是一种什么样的危机。那么，这是一种什么性质的危机呢？世事沧桑，经过长期的经验积累，人们逐渐认识到，它主要不是政治危机、经济危机，甚至主要不是社会危机，而更深层地讲是一种文化危机，或者说"本质上是一种精神的危机"①。与此相关，它当然也是一种信仰与道德危机——信仰弱化了，维持道德水平是困难的。用卡尔·曼海姆的话说，则是实质性道德发展缓慢，存在的更多是"功能性道德"（曼海姆的这句话与他的"实质合理性"与"功能合理性"，或韦伯的"价值理性"与"目标理性"之间关系的现状是相对应的）。今天，也只有在今天——现代性自 16 世纪产生以来已有500 多年历史的今天，人们才能对此有较为清醒的认识。遥想当初（法国大革命前），作为敏锐的思想家和观察家，启蒙运动的斗士们，如伏尔泰、狄德罗等，都看到了欧洲，尤其是法国，"正处在人类的一场伟大革命的边缘"（孔多塞语），或者如伏尔泰所言人类已进入"一个革命的世纪"②。他们认识到这场革命不仅是"国家革命"或政治革命，而且也是"人类思想的革命"。然而，启蒙运动的勇士们没有看到，（由于时间太短）也不可能看到，在这样一场伟大的革命，甚至是思想革命的背后，还隐藏着深刻的精神危机，而且是持续的精神危机。这种危机在西方一直延续至今。

其实，现在看来，早在牛顿身上人们便可看出一些矛盾问题。牛顿是经典力学理论的集大成者，同时也是 150 多万字的神学著作的作者（作为一个自然神论者，牛顿不到 50 岁便着手《圣经》的研究和解释工作③）。这表明，尽管其学说在相当长的时间内（以爱因斯坦相对论为代表的现代物理学出现以前）被认为是普遍绝对的科学知识，但他有关"神的第一推动力"的说法还是为这个世界的精神本体论实在留下空间。他临终前的

---

① 沃格林（E. Voegelin）：《危机和人的启示》，刘景联译，华东师范大学出版社，2011，第 152 页。

② 转引自美国时代－生活图书公司编著《理性时代：法兰西》，王克明译，山东画报出版社，2003，第 91 页。

③ Sir David Brewster, 2010/1855, *Memoirs of the Life*, *Writings*, *and Discoveries of Sir Isaac Newton*, （Volume II）, Ch. 24, New York：Cambridge University Press.

名言——"我不过就像是一个在海滨玩耍的小孩，为不时发现比寻常更为光滑的一块卵石或比寻常更为美丽的一片贝壳而沾沾自喜，而对于展现在我面前的浩瀚的真理海洋，却全然没有发现"①——这不一定只是谦逊之词，在牛顿心中，统治万物的上帝安排的秩序最终是不可能完全认识的。类似的，作为近代启蒙运动最后一位主要哲学家，笃信牛顿经典科学的康德，尽管在哲学认识论上实现了所谓"哥白尼式的革命"：不是让人们的认识向外部事物看齐，而是颠倒一下，让事物向我们的认识看齐，或者说把知识的可靠性和确定性由建立在上帝的基础上转向建立在人的基础上（用康德的著名论断来说，就是知性为自然立法②；用现代科学哲学的话语而言，就是科学知识是人类解释结构的产物），但他同时还认为，我们其实根本不可能认识到事物的真性（"物自体"），而只能认识其表象。尽管在《答：什么是启蒙运动?》一文中康德认为启蒙运动就"是人类从自己加给自己的监护状态［不成熟状态］下解放出来"③，但他还是信仰上帝，"赞美《圣经》是对公众进行宗教训导的最佳现有向导"④。康德的这种思想与他既相信牛顿又相信上帝（自然神）是一致的。他在重新评价基督教时，甚至认为，如果要真正能做到有道德，他就必须假设有全能圣洁的上帝存在⑤。可见牛顿和康德（实际上那个时代的许多学术大师如笛卡儿、帕斯卡、莱布尼茨等都是如此，后来的爱因斯坦是否也是如此?），一方面在认识论上极力给予知识以可靠的确定的科学基础，另一方面他们又尽力避免已经初露端倪的精神（信仰）和道德危机。对于他们而言，精神和伦理文化不指向某种上帝或宗教是不可接受的（人总是要在精神

---

① Sir David Brewster, 2010/1855, *Memoirs of the Life, Writings, and Discoveries of Sir Isaac Newton*, (Volume II), Ch. 27, New York: Cambridge University Press.

② 康德的这一论断被认为与现代量子力学有着共同之处：事物的特性与观察者有关。

③ Kant, 1991, "An Answer to the Question: 'What is Enlightenment?'", in Kant, *Kant: Political Writings*, Cambridge: Cambridge University Press.

④ 伊曼努尔·康德：《康德论上帝与宗教》，李秋零编译，中国人民大学出版社，2004，第515页。

⑤ 康德的原话是"为了使尘世的至善成为可能，我们必须假定一个更高的、道德的、最圣洁的和全能的存在者。惟有这个存在者，才能把至善的两种因素（即责任与幸福）结合起来"（见科林·布朗《基督教与西方思想》卷一，查常平译，北京大学出版社，2005，第286页）。

和道德上有所敬仰和敬畏），因为那意味着灵性的衰退和精神危机。然而，无可奈何的是，随着科学的发展和功利主义的流行，再加上无所不在的物欲横流，这种危机真的来了。

孔德最先明确认识到了这种危机。他的认识是建立在其著名的"三阶段定律"（The law of the three stages）基础上的。起初，孔德以提出三阶段论为自豪，认为这是一个他的"重大发现"。后来，随着西欧社会的急剧变化及其阅历的增加和研究的深入，其思想逐渐发生变化，转而研究人类的信仰和道德问题。孔德的三阶段论，即人类历史发展的神学、形而上学和科学/实证三阶段（与之相应的社会组织形式是神权政体/社会、王权政体/社会和共和政体/工业社会）学说，尽管把人类社会历史发展完全归结为人类理智的演变（心灵的历史过程），归结为文化和思想的运动，从而使其社会学说过于抽象和空泛——缺乏经济－社会阶级的分析内容，但其"光辉不容置疑"①，因为它道出了西方文明发展的阶段特征（其实某种意义上古希腊已经显现过这样的特征），反映了不同时代或阶段哪种文化功能能够占优势的特点。也就是说，孔德完全是从另一个维度看问题的（对社会的研究应该是多维度或多元的，真理是多维度的），其类似于我们今天有关农业社会—工业社会—信息或后工业社会的思考维度。孔德关于现代社会的真正统治者是实业家（包括产业经理人）和科学家的观点——前者掌握世俗（社会）力量，后者掌握精神权力，在现代西方尚未过时。不过，尽管孔德通过三阶段论对理论做出贡献，但如沃格林所指出，其也反映出"孔德完全不清楚宗教、形而上学、科学的意义"，因而"也无法认识它们自主的、不能彼此取代的功能。形而上学不能代替宗教、科学也不能代替宗教和形而上学"。沃格林进一步指出："孔德可以把这三种功能排列成进步的一系列，因为他误以为宗教和形而上学是不完满的科学类别，而更完满的类别在历史进程中位于较不完满的类别之后。"②

---

① 沃格林（E. Voegelin）：《危机和人的启示》，刘景联译，华东师范大学出版社，2011，第232页。
② 沃格林（E. Voegelin）：《危机和人的启示》，刘景联译，华东师范大学出版社，2011，第235页。

当然，这只是孔德早期的思想。随着西方精神危机的步步深入，正如沃格林所言，后期的孔德敏锐地认识到，"无论多么大量的科学知识在行为指导上都没有丝毫用处"（指人的精神方面），"这种指导作用一定来自别的地方"，即心灵的建构。他要建构一种作为心之奴仆的心灵（The mind as a servant of the heart），即"由心不断的支配"（"continuous dominance of the heart"）的观念。因此，孔德在晚年的著作《实证政治体系或论创建人性宗教的社会学》（*System of Positive Polity*，*Treatise on Sociology Instituting the Religion of Humanity*，1851 – 1854）中认识到实证阶段科学的兴起导致本质思维下降和精神危机的问题（后来的索罗金有此同感），并力图以其"心灵"理论来填充这一鸿沟。孔德认为，人性具有心与智两个方面，两者对立和冲突，人性无法统一，社会无序。要想实现"人性统一"，即心与智的和谐，以及人的智性与社会性的和谐，就必须确立心高于智，智从属于心，心允许智发展，又作为智的指导的思想原则（教条）①。而这又是通过建立一种以普遍的爱（"大爱"、博爱）为基础的新型的人性或人道主义"世俗"宗教（企求人类友爱和社会团结的宗教）来实现的②，女性的神圣化和崇拜则是其源泉。孔德认为，中世纪（神学阶段）曾经实现过这种和谐（也就是后来索罗金所说的"理想的真理形式"，或基督教母体中的经院哲学），但其缺陷是有神论的压迫，智的不充分发展。近代以来，随着智的解放、扩展和成熟，智与心两者冲突加剧，其结果（窘境）就是宗教和信仰的衰落，而智虽富有革命性但缺乏指导。因此，孔德要建立一种不同于传统神学宗教的实证主义的世俗宗教，以使现代社会摆脱这种窘境。如上所述，这种宗教以爱为基础，但这种爱不是把灵魂指向超越实在的"爱上帝"，而是指向爱他者（人间的利他主义之爱），于是，上帝的位置被家庭、民族国家、人类，尤其是作为

---

① Auguste Comte, 1875 – 1877, *System of Positive Polity*, Carilian-Goeury, trans. , London：Longmans, Green and co. ；还参阅沃格林（E. Voegelin）《危机和人的启示》，刘景联译，华东师范大学出版社，2011，第176页。

② 雷蒙·阿隆认为："奥古斯特·孔德（的宗教）要我们爱的既不是今天的法国社会，又不是明天的俄国社会，也不是后天的非洲社会，而是某些人已经具有的、所有的人都应当努力具有的美德。"（雷蒙·阿隆：《社会学主要思潮》，葛智强等译，上海译文出版社，1988，第123页。）

纯洁、神圣、凝聚、和谐之典型的女性所占据。它克服传统那种有神论宗教的压迫，但在赋予智性以自由的同时又把其置于心的指导之下。"人以及他的生命被降低至功利存在的水平上，是西方文明通过人本质的'灵智退化'而出现的严重垮塌的症状。"这种症状始于18世纪中叶以来出现的理性进步论和实证论运动，并于其后继者那里不断加深。其实质是在西方，由于"人"逐渐失去传统基督教文化，减少灵智性（灵性的智）特征，因此它不再指代人文主义的人，"而仅仅指向跛足的功利性碎片"①。孔德的"利他主义"的世俗实证主义宗教是一种解决问题的想象，但还是没有从根本上认识问题的实质——灵智退化带来的问题。孔德开辟了试图解决问题的思路和模式，但正如我们后来看到的，沿着这一模式前进的后来的许多模式并没有取得良好的效果（包括索罗金在哈佛大学从事的"爱能"研究和实验②）。

孔德之后，在经典社会理论家或思想家中，除了卡尔·马克思那样的伟大社会理论家外，其余大多数思想家或理论家或多或少都感觉或认识到西方文化中由于"灵智退化"带来的精神危机问题。例如，涂尔干和韦伯就是强烈地意识到西方现代社会精神和道德危机的理论家。涂尔干在《社会劳动分工论》第二版序言中总结性地指出了现代工业社会活动方式的无节制状态与宗教职能日益衰退和道德全面败坏的关系。韦伯看到并进一步想象了现代思想对世界的祛魅所带来的不可避免的后果：在这种文明长期发展的最后"麻木僵化"阶段，即尼采所言的"末人"（"最后之人"）的阶段，"专家没有精神，感觉论者（寻欢作乐者）没有灵魂；这个虚无者幻想着自己已经攀上了人类前所未至的文明高峰"③（这显然是《查拉图斯特拉如是说》的主旨所阐明的观点和思想，尽管西方学者一般

---

① 沃格林（E. Voegelin）：《危机和人的启示》，刘景联译，华东师范大学出版社，2011，第106页。

② Pitirim A. Sorokin, 1954/2002, *The Ways and Power of Love: Types, Factors, and Techniques of Moral Transformation*, West Conshohocken: Templeton Foundation Press.

③ 见 Max Weber, 1958, *The Protestant Ethic and the Spirit of Capitalism*, Talcott Parsons, trans., p. 182, New York: Charles Scribner's Son；还参见马克斯·韦伯《新教伦理与资本主义精神》，苏国勋等译，"宗教社会学论文集·绪论"，社会科学文献出版社，2010，第118页。

认为韦伯的这段引文并非直接出自尼采①）。然而，与孔德不同，涂尔干和韦伯毕竟生活在"上帝死了"的时代。他们不可能像孔德那样幻想着用复兴宗教文化——尽管是所谓的实证主义的"世俗"宗教的方法来解决问题。作为一个更倾向于解释的学者，韦伯对现代西方文明的前景采取不可知论的态度。对于在未来的有着钢铁般坚硬外壳的"铁笼"中，亦即"在这惊人的大发展的终点"，"究竟是否会有全新的先知出现"，还是"会有古代观念和理想的伟大再生"，抑或两者都没有而只是"产生一种机械的麻木僵化"状态，韦伯似乎更倾向于最后一种走向②。这是一种略带悲观的态度。涂尔干由于持有宗教崇拜对象的本质是社会这样一种观点③，因此把解决问题的核心聚焦于社会本身。这有两个方面。其一，当他采取现实主义态度的时候，他把解决精神、道德、社会危机的方案集中于以前叫作行会的职业团体的重建上，认为这种作为中介的职业团体（实际上是一种公民社会），既能够对个人产生影响，又能够调节经济生活，使之具有道德精神④。因为作为宗教灵魂的社会本质（集体良知，集体情感）具有必要的社会道德力量（只有集体意识或良知的不可抗拒的要求能够限制人类无限的欲望），从而可以"提升"人，甚至"改造"人⑤。这本质上就是一种"基尔特社会主义"（行会社会主义）。涂尔干认为，现代社会的问题主要不是经济问题，而是道德问题⑥。今天看来，这虽与

---

① 参见马克斯·韦伯《新教伦理与资本主义精神》，苏国勋等译，第五章，注释132，社会科学文献出版社，2010。

② 参见马克斯·韦伯《新教伦理与资本主义精神》，苏国勋等译，社会科学文献出版社，2010，第118页。

③ 涂尔干说："宗教明显是社会性的。宗教表现是表达集体实在的集体表现"；又说："构成宗教经验的各种自成一类的感觉的绝对而永恒的客观原因，其实就是社会"；还说："如果说宗教产生了社会所有最本质的方面，那是因为社会的观念正是宗教的灵魂。"（涂尔干：《宗教生活的基本形式》，渠东、汲喆译，上海人民出版社，1999，第11、51~52页。）

④ 参阅雷蒙·阿隆《社会学主要思潮》，葛智强等译，上海译文出版社，1988，第409页。

⑤ 涂尔干：《宗教生活的基本形式》，渠东、汲喆译，上海人民出版社，1999，第552页。

⑥ 涂尔干：《笔记：社会主义的定义》，载涂尔干《孟德斯鸠与卢梭》，李鲁宁等译，上海人民出版社，2003，第490~498页。

马克思不同，但却充满了真知灼见。其二，当涂尔干把社会抽象化、一般化、概念化、理想化和神圣化，以便使其成为类似宗教崇拜对象那样的东西的时候，这种完美社会更像一种宗教乌托邦①。这样涂尔干又把我们模模糊糊地带到类似孔德的人性（人道主义）宗教那里去了（与孔德不同，涂尔干并不承认对社会本质的崇拜就是一种宗教）。实际上，作为孔德之后的社会学家和某些思想的继承者，涂尔干明白，在科学发达的今天，要想恢复以前的宗教生活几乎是不可能的。但人类存续不能没有社会道德。以往，道德禁律主要是与宗教信仰联系在一起的，在这个意义上讲，没有宗教信仰及其相关道德禁律，人类就不可能走到今天（弗洛伊德也是这样认为的②）。然而，在社会系统分化的今天，道德不仅与宗教相关，更与社会相关（在现代"社会是道德所依附的惟一有价值的东西"③）。因此，道德的建构，不仅与可见的、具体的、现实的行会（职业团体）相关，也与抽象的、概念化的、不可见的、理想神圣的社会观念及其乌托邦相关（这与柏拉图的"理念"／"相"以及理想国是一脉相承的）。这样，沿着孔德的传统并稍加改造，涂尔干便开启了没有宗教名称的社会或集体崇拜之先河。但是，人类失去了以往的灵性（或灵智），社会作为崇拜物对道德影响的深度、广度和持续性都难以与以往匹敌。

随着西方文化中灵智性的衰落以及创造力的相对降低，在对文明演变的严密考察中还产生了斯宾格勒－汤因比类型的历史－文化理论（见斯宾格勒的《西方的没落》和汤因比的《历史研究》）。这种理论（尤其是斯宾格勒的理论）认为，人类主要文明的演变，如同生物有机体一样都有一个从形成到青春期，再到成熟和衰老的历史过程。其中，最辉煌而伟大的精神之花的绽放只有一次，然后，随之而来的便是巅峰之后的或慢或

---

① 涂尔干说："无论社会是由大众借助宗教符号构想出来的，还是由像柏拉图这样的哲学家通过最理性的形式构想出来的，在人们的心目中，它的出现总带有一种神圣不可侵犯的特征。……因为社会被赋予的首要职责就是追求社会性的目的，而且这些目的被认为应该上升到理想的境地，高于人类的目标，所以，社会本身也被授予了宗教尊严。"（涂尔干：《孟德斯鸠与卢梭》，上海人民出版社，李鲁宁等译，2003，第 171 页。）

② Sigmund Freud, 1957, *Future of an Illusion*, W. D. Robson-Scott, trans., p. 54, Garden City, N. Y.: Doubleday.

③ 涂尔干：《孟德斯鸠与卢梭》，李鲁宁等译，上海人民出版社，2003，第 171 页。

快、或长或短的衰落。尤其是，对于某些曾经伟大的文明而言，当文明的文化生命力被耗尽的时候，它们便变得干瘪，从此堕入一种相对漫长的"费拉"（fellah，僵化）时期，也就是一种缺少实质变化的所谓"非历史的"（ahistorical）阶段。如果说历史上古希腊等轴心文明曾经是这样的话，现在这种命运正降临到西方世界，由此引出"西方没落"的论述。就其理论体系和模拟方法而言，现在学术界当然不予认同。因为这多少有些模拟不当和带有神秘主义的色彩。然而，就其指出的事实而言，无人能够否认（雅斯贝尔斯就曾认为："斯宾格勒的理论具有无法反驳的说服力。"[①]），因而对斯宾格勒的理论也难以完全推翻。历史表明，从古至今，尚没有一个文明在自身文化不肯大规模接种他者文化的情况下能够超越衰落和僵化的历史命运的。曾经辉煌的埃及、印度、中国、古希腊－罗马、阿拉伯等文明是如此，现在西方文明似乎也一样。如果说现代某些非西方文明有了伟大的发展或巨大变迁的话，那也是在大规模文化嫁接（融合）的基础上实现的。可是，这样一来，名义上还是原有文明的文化，但实质上现实文明的文化在相当程度上已离开了原有的价值取向和道德实质（因此这种现象仍然不能作为否定上述理论的例证）。不过，其他文明尚有参照系（不管这个参照系来自西方还是披着人类"普遍性"外衣而实质仍是西方内瓤的现代性），但正在"没落"的西方文明，作为现代性的"先发"者，到哪里去进行文化模仿和嫁接呢？因此，西方目前正在堕入一种"费拉"（僵化）状态，似乎是难以避免的。应当说，斯宾格勒和汤因比的观点是悲观的（尤其是前者），因为根据这种观点，当一种文明在其原有文化动力被耗尽而处于长期衰落阶段之时（斯宾格勒意义的没落或衰落，意指一种文化或文明在达到高峰后本质上在原有的状态上持续无方向波动），如果不能在文化上与其他有生命力的文明或文化进行实质性的融合或嫁接的话，那么它就会长期停留在无实质变化的"非历史"阶段。在这个意义上讲，斯宾格勒等人的理论并非历史"循环论"。换言之，他们不会同意西方素有"史学之父"之称的古希腊历史学家希罗多德所持的那种"历史循环论"观点。也

---

① 卡尔·雅斯贝斯：《历史的起源与目标》，魏楚雄、俞新天译，华夏出版社，1989，第247页。

就是说，斯宾格勒－汤因比类型的理论不承认历史内容的循环（如中国过去的"治乱"循环论），但他们主张文明演变方式的循环。在这个意义上讲，他们的理论又是乐观的，因为他们想象着会有新的文明生成，重新开始他们所阐述的那一过程。因此，"西方的没落"的意义就在于它为新文明的诞生创造了条件。我们人类今天正处于一种新旧文明转换的酝酿阶段。这个酝酿阶段的时间有多长，内容如何，不得而知（老的先知的预言不准确，新的先知尚未诞生，现存者至多是一般祭司）。不过，有一点似乎是清楚的，这就是新文明一定是多元文化冲突、张力和融合的产物，它们与目前存在的决定论的预测似乎是不一样的。

对于现代西方的精神危机，并非所有思想家都像上述人物那样多少有些悲观的态度。例如弗洛伊德和马克思就是如此。弗洛伊德擅长所谓的"精神分析"，其基本发现揭示了深藏于人心底的"无意识"①，即由遗忘的经验以及基本冲动和内驱力形成的、左右人的行为，但人的意识对此又觉察不到的巨大潜在心理能量②。弗洛伊德认为，我们经验到的有意识思考和觉知，其实是人的精神生活的一部分，甚至是很小一部分。这一部分，按其比喻，好比露出海面的冰山一角，而无意识则像水面下看不见的巨大冰块。这样，弗洛伊德就彻底地颠覆了人是以理性为主的动物这一旧的传统观念③（颠覆了西方，尤其是启蒙运动以来的观念）。在这种理论的指导下，弗洛伊德认为，宗教就是一种错觉，一种无意识，甚至是一种文化神经官能症。宗教使人共患所处社会的文化神经官能症，免于自身患上个人神经官能症，从而帮助人们反抗大自然的压迫、约束或疏导个人非理性

---

① 严格地讲，人类的"无意识"不是弗洛伊德最早发现的。其无意识理论源于与其早期共事的同事约瑟夫·布鲁尔（Josef Breuer）的无意识理论（参见史蒂夫·威尔肯斯等《基督教与西方思想》卷二，刘平译，北京大学出版社，2005，第342页）。除此之外，尼采和叔本华较早时候就认识到盲目的非理性力量是我们人类构成的一部分，这对后人都有深远影响。

② 参阅 Sigmund Freud, 1962, *The Ego and the Id*, London：Hogarth Press；Sigmund Freud, 1965, *New Introductory Lectures on Psychoanalysis*, New York：W. W. Norton & Company。

③ 尽管"热烈倡导科学是人类未来最美好和唯一希望"的弗洛伊德，"是19世纪的产儿"，但"他所描绘的人性服从于非理性的本能，更具有20世纪的特征"（参见史蒂夫·威尔肯斯等《基督教与西方思想》卷二，刘平译，北京大学出版社，2005，第341页）。

的冲动力量。他甚至认为，没有宗教信仰和相关禁律，人类早就灭亡了。然而，尽管如此，他还是认为，宗教固然在前科学阶段对人类的生存和发展做出过贡献，但在现代科学发展的今天（他在《图腾与禁忌》一书中采取了非常接近实证主义有关人类发展三阶段论的观点并认为人类今天已经进入科学阶段），人类没有必要再接受宗教教义了，因为在科学知识的指导下，人类能够有意识地、理智地改善其精神生活，使之协调一致，即心灵的结构或三部分——"自我"（ego）、"本我"（Id）和"超我"（superego），达于和谐相处状态。弗洛伊德断言，这样一个时代即将来临。由此，我们看到，弗洛伊德便回到苏格拉底的"德行即知识"的老路上去了。面对西方文化中灵智衰退的现象，弗洛伊德认为没有必要悲观，他相信科学可以解决人类精神危机问题——尽管其精神分析工作被某些人认为离纯粹科学（实验科学）还有较大距离。那么，如何做到这一点呢？他相信运用理性可以解决这一问题。弗洛伊德认为，理性是人与人之间起协调统一作用的一个最强的联结力量。未来美好的理想状况是："理智——科学精神、理性——随时间的进展终究会统制人类的心灵。理性的性质即一个保证，以后理性会使人的情绪冲动及其所决定的事物得到应有的地位。但这种理性统治所给大家的公共压力将可为人类联合的最大力量，且可为进一步的联合做好准备"①。这表明，弗洛伊德在倡导一种既适用于个人也适用于文明本身的精神健康的规范。他相信，在科学的指导下，只要人了解自己实际是什么样子，那么人类将能够构建一个消除宗教错觉及文化超我的不合理要求的世界观，实现以理性而不是非理性的道德和宗教对人的控制，从而建立一个个人在其中能够获得较多幸福，同时又可以满足其隶属的文明之需要和对其有贡献的差强人意的世界（弗洛伊德不认为将来会有乌托邦式的永恒美好的世界②）。这是典型的苏格拉底（美德即知识）的观点：人只要有自知之明，便可建立适当的道德。然

---

① Sigmund Freud, 1965, *New Introductory Lectures on Psychoanalysis*, p. 171, New York: W. W. Norton.

② 弗洛伊德比许多世俗意识形态家还是清醒得多，没有受末世论影响。尽管他想象着科学可以取代宗教拯救世界，但他承认这最终只是一种有限的拯救形式："我们的神祇逻各斯可能不是全能的，他可能只能实现其祖辈们所承诺的一小部分"（参见 Sigmund Freud, 1957, *Future of an Illusion*, p. 54, Garden City, N. Y.: Doubleday）。

而，苏格拉底可能并不清楚，支撑他的不仅有他所说的"知识"，而且还有他没有意识到的（或者没有说出来的）俄耳普斯教（奥尔弗斯教）。否则他在狱中最后时刻不会有那种表现（变成一个没有基督教的基督"圣徒"，一个基督教出现之前的"耶稣"）。因此，苏格拉底认为人因为无知才犯错误（或者反过来讲，人不会故意犯错误）的说法并不成立。看来后来产生的基督教（与早先的俄耳普斯教具有部分相同构型）要精明得多。其懂得"恶根性"：人在被引诱偷吃禁果以后便会故意犯错误，因而需要超人的力量（上帝）的启示与帮助（恩典）。启蒙运动以后，随着康德所说的"人类从自己加给自己的监护状态下解放出来"，上帝也死了。在这种情况下，权威，如尼采所言自然落到科学的身上。

然而，当代公认的或者说风险社会的认识论认为，由于科学只是相对真理（作为现代占统治地位的元假设的"科学世界观"，至少部分地不断被证伪），再加上科学也易于受到政治、经济和社会的影响，因此，理性的最后的基础现在是不牢靠的，现实世界的科学也会犯错误。特别是科学真理一旦成为信仰的教条，问题就会更多。在对待心灵和道德的问题上尤其如此。因为人的心灵需要是多方面的。差不多与弗洛伊德同时代的人涂尔干就笃信科学（起码老年之前是如此），但他同时也认识到科学本身不能满足人性的需要。此后，卡尔·荣格和阿尔弗雷德·阿德勒都发现，如果没有（广义的）宗教（或者说人类失去灵智）而只剩下科学，人类也就会面临后者把人性和人类需要中的基本要素排除掉的危险。即韦伯、曼海姆等人反复阐明的理性化和唯科学主义的风险（后来哈耶克对此给予了更加简单明了的阐述，他把曾经盛极一时的唯科学主义斥之为科学理性"致命的自负"[①]）。科学与宗教、理性与灵智是一对矛盾，它们形成张力。任何一方的绝对胜利，对人类（至少是西方人）自身而言，都不一定是最大利益。当代西方的现状似乎说明了这一点。现代西方，甚至人类世界的现实情况并没有证实弗洛伊德等人的乐观想象，反倒是让后现代的先知尼采说对了。科学和技术的发展，一方面带来物质的极大丰富，另一方面

---

① 弗里德里希·奥古斯特·哈耶克：《致命的自负》，冯克利等译，中国社会科学出版社，2000；弗里德里希·A. 哈耶克：《科学的反革命：理性滥用之研究》，冯克利译，译林出版社，2012。

也间接地使人的精神发生危机，道德滑坡（涂尔干认为这是"工业社会""无节制"的"活动方式"带来的结果）。启蒙运动的最终结果，或者说理性化的极端化竟然是文化"虚无"，其源于"以往价值的贬黜"①。在这种所谓"末人"/"最后之人"或"历史终结"的当代，按照斯宾格勒观点，西方世界已进入"文化的更年期"②，创造性的衰退难以避免（从一种纯粹的文化本身的角度来看，斯宾格勒的以下断言尽管悲观但似乎是有道理的：处于文化更年期的文明"永久失去精神的生育能力"——假如没有质的文化融合的话。然而，若从文化嫁接或融合的视角看，文化的发展还是乐观的。不过这样一来，文化的本质便会有不同程度的质变。例如，当代某些非西方国家就是如此）。

相比而言，马克思和恩格斯是思想家中最乐观的。其乐观的态度来自他们对社会发展的预测和对未来社会的美好设想。按马克思和恩格斯的想象，在未来的理想社会，由于私有财产和剥削制度的废除以及阶级和社会分工被消灭，社会成员在共同体中不仅实现了"各尽所能，按需分配"，而且获得了精神和道德的真正自由。因此，在这种使每个人的身心都得到很好配合或协调的社会里，不可能出现精神危机现象。恩格斯在《反杜林论》中甚至认为，在这种社会，只有精神病才会偷盗，如果有人"庄严地宣布一条永恒真理：切勿偷盗"，那他将会遭到世人的嘲笑。不仅如此，恩格斯还进一步阐述道："社会生产内部的无政府状态将为有计划的自觉的组织所代替。个体生存斗争停止了。于是，人在一定意义上才最终地脱离了动物界，从动物的生存条件进入真正人的生存条件。人们周围的、至今统治着人们的生活条件，现在受人们的支配和控制，人们第一次成为自然界的自觉的和真正的主人，因为他们已经成为自身的社会结合的主人了。人们自己的社会行动的规律，这些一直作为异己的、支配着人们的自然规律而同人们相对立的规律，那时就将被人们熟练地运用，因而将听从人们的支配。人们自身的社会结合一直是作为自然界和历史强加于他们的东西而同他们相对立的，现在则变成他们自己的自由行动了。至今一直统

---

① 尼采：《权力意志》上卷，孙周兴译，商务印书馆，2007，第154页。
② 奥斯瓦尔德·斯宾格勒：《西方的没落》卷一，吴琼译，上海三联书店，2006，第343页。

治着历史的客观的异己的力量，现在处于人们自己的控制之下了。只是从这时起，人们才完全自觉地自己创造自己的历史；只是从这时起，由人们使之起作用的社会原因才大部分并且越来越多地达到他们所预期的结果。这是人类从必然王国进入自由王国的飞跃。"① 显然，这是一个条件和标准极高的人间乐园。其若不是乌托邦的话，对现在的我们也是遥不可及之事。它本质上也是一种想象的"历史终结"，或另一种积极的"最后之人"的世界（现代西方是消极的最后之人的世界）。从认识论上讲，它是否反映出马克思、恩格斯的思想既潜隐地受到他们所生存于其中的某些文化（或无意识）——波斯－犹太－基督教末世论的影响，也无意识地受到近代经典科学方法论和思维方式的影响，而过于乐观？② 对此，人们无法定论。这种情况的出现，是否是由深藏于他们心底的无意识——西方文化无意识决定的？对此人们仍难以定论。他们自己对此似乎是难以觉察的：马克思是"社会无意识"（或集体无意识）的发现者，但他似乎也同一般人一样难以意识到自己本人也受社会或个人无意识的影响（不能完全摆脱所处历史、文化、环境的局限性）。此外，从实质上看，其理论不仅有科学成分，也具有启示的意义，因为他们对理想社会那部分的分析大体上还是建立在形而上推理或"价值参照"的基础上的，仍属信仰和假设范畴，目前难以证伪（目前人们只是知道作为科学社会主义理论和真理成立条件之一的"剩余价值学说"，现在已没有什么人讲了，而这可是马克思主义两大基石之一）。

20 世纪的历史表明，整个世界在经历了激烈的阶级斗争和意识形态斗争之后，最终又回到古老的文明和文化差异上来。也就是说，除了以利益为基础的文明或文化的差异和冲突外，其他方面的对立实质上都弱化下来，因为世界各国在阶级结构、资本的功能、剩余价值榨取（剥削）、私有财产制度（事实上的制度）、官僚的财产积累等方面已是半斤八两，无

---

① 参见恩格斯《社会主义从空想到科学的发展》，载中央编译局编译《马克思恩格斯文集》第三卷，人民出版社，2009，第 564~565 页。

② 伯特兰·罗素认为"马克思宣称自己是无神论者，但依然保留了只有有神论可以合理解释的普世观观主义"（见伯特兰·罗素《西方哲学史》下卷，马元德译，商务印书馆，1981，第 344 页）。

其本质区别（不仅马克思所说的通过剩余价值进行剥削或占有他人劳动的现象没有被消灭，而且通过税收和财富的再分配进行占有他人劳动的现象也始终存在，更不用说韦伯所阐述的那种利用权力和特权直接或间接地占有财富了）。人们终于明白除了利益和文化价值之外，其他都是表面现象。当今世界，利益远比灵魂重要，民族或文明价值取向具有突出地位，便是反映。与此相应，人们的道德水准也从革命后的高度降低了，甚至降到了某些国家有史以来的最低点。当然，成就也是巨大的，主要是在经济方面。以市场和商品为基础的现代化取得了重大的进展（至少到目前为止普遍公有制和计划没有显示出比现代性私有产权制度和市场更有创造性和优势），但在文化上（信仰、价值观、德行、象征等方面）也付出了较大代价。所有这些在西方归根结底反映出：（1）迄今为止，人性仍是有弱点的（自私的：人有时是圣人，有时又是"罪人"）。尽管它可能是一定社会发展阶段的产物，但生物本能的一般作用是不能忽视的，有时候它具有相当重要的作用。因此，恩格斯所说的那种脱离动物界的现象似乎只是一种理想状态，一种信仰，在现实中科学起码至今还不能证实脱离动物界的人类会比不完全脱离动物界的人类有更大的创造动能。（2）人的多样性和极大的发展不仅是集体主义的结果，也是个人作用的产物。两者是协调关系，不是你死我活的关系。（3）创造一系列条件以便消除人性弱点，这在目前只是设想和理想。现实中除极少数"圣徒"外，包括许多伟人在内多数人都不同程度地屈服于自身人性的弱点。这也是任何按照某种理想观念进行革命，在革命后，尤其是两代人以后，其理想不得不长期与之妥协的根本原因。（4）理想社会的实现，归根结底，不是物质的问题，而是信仰的问题。借路德的话说，它只是"因信称义"的事情。"义"来自"信"，而不是其他。它与物质的极大丰富与否没有必然唯一的联系，因为人的欲望是无止境的。因此，如未找到必要的教化和德化的有效方法，对人类精神文化发展的未来过于盲目乐观是不可取的。

不容置疑，科学技术对人类的发展具有巨大的推动作用，但也应当承认，它们也有某种（至少是间接的）负面作用。当科学技术为利益、欲望所绑架之时，或出现与此相关的单向度的文化发展现象时，尤其如此。理查德·塔纳斯在《西方思想史》中说："早在 19 世纪，埃默森就曾告诫世人，人类的技术成就未必一定就是其自身的最大利益。"① 尽管这里说的是技术，但科学也一样。在西方，科学使人们的灵智衰退，对形而上学进行了解构，最终则是对已有信仰，甚至信仰本身予以解构。其结果，导致人文精神和超越性文化衰落，从而反过来使"存在"失去其神秘的魅力，因而也失去了唤起惊异和思想的能力以及神圣性，并最终影响人的想象力和创造性（尤其是哥白尼等那种在研究中的神秘感和神圣性，没有神圣性，何来神圣的作品和原创②）。在这种情况下，"存在"问题不再为人们所追问或者说逐渐被"忘却"。于是，人变成只关心保护和享乐的工于计算的动物，堕落为尼采所言的"末人"或"最后之人"。所有这些才是当代大师不现的根本原因。

在今天所谓后现代的西方（当然不只是西方），相对主义和功利主义当道，人们认可"价值的多神论"，即真、善、美不再统一而发生分化。韦伯如下言论对此给予了恰当的诠释：

> 今天，我们充其量不过是又重新认识到：一件事物之为神圣的，非但不为其不美所碍，并且正是因为其为不美、同时惟在其为不美的条件下，这事物才成其神圣。……至于说，一件事物，非但其为不善之处无碍于其为美，并且正是在其不善之处，方见其美；……再至于说，一件事物，非但其为不美、不神圣、不善，皆无碍于其为真，并且正是因为其为不美、不神圣、不善，所以才为真；这实在是一项日常的智能。各个领域、各种价值的主宰神互相争斗；以上所言，都不过是这种斗争最原本的形式。……我们文化的命运已经注定，我们将再度清楚地意识到多神才是日常生活的现实。③

以上韦伯的概括告诉我们，在现代社会，真、善、美诸种价值多元分立而各有自己的评判标准。在此关键是拜哪路神仙的问题，是选择善的上帝、美

---

① 理查德·塔纳斯：《西方思想史》，吴象婴等译，上海社会科学院出版社，2007，第398页。

② 海德格尔言，"神之'缺失'是'神圣的名字'付诸阙如的原因"（海德格尔：《荷尔德林诗的阐释》，孙周兴译，商务印书馆，2000，第30页）。

③ 马克斯·韦伯：《韦伯作品集I：学术与政治》，钱永祥等译，广西师范大学出版社，2004，第179~181页。

的上帝，还是真的上帝的问题，或者是折中选择的问题。在现代世界，真、善、美已不再统一而分化。是善是美的，不一定为真，反之亦然，真的东西不一定就是善的美的。信仰要求我们把某种善的社会作为理想，而科学则要求我们把它作为"事实"来对待。于是，是否真善美的问题，便从以往形而上学式的推理转向现实的分析。因为康德早就发现和证明，形而上学的问题是无解的。实际上，当代许多人在相当程度上已认识到这一点并不再如此行动。

随着科技成为世界的主宰并以此为标志的世俗文明达到辉煌，以及灵智衰退和形而上学被解构，西方人不再像以前那样信仰上帝，对任何社会的乌托邦也不像以前那样确信和感兴趣。作为"最后之人"（"末人"），他们"越来越像一种受利益和环境驱动的功利主义动物，在伟大的思想和文化事业领域频繁地干着解构的工作，以至于在西方，神学的终结、哲学的终结、科学［理论］的终结、文学的终结、艺术的终结、文化本身的终结"① 之声不绝于耳。起初，这是由尼采首先以文学和哲学思想的形式呐喊出来的，然后斯宾格勒和汤因比又从历史－文化哲学角度予以说明，再后便是索罗金所做的标准的社会学分析与阐述（《社会与文化的动力学》）。过去人们宁愿把这种论调看成神经病式的话语或巫师般的咒语，现在他们似乎越来越倾向于认为这是真的。而且，最令人担忧的，则是这种思想和文化潮流已经渗透到非西方。甚至在一些社会主义国度里也不同程度地出现这种文化现象（或者说引起共鸣）。在现代性和社会主义的名义下，由于对人类心灵的需求具有多面性（包括对宗教需求）的无知②，因此传统文化、信仰和形而上学和乌托邦一并遭到无情的解构（在中国还有以"孝道"为核心的情智性文化遭到不同程度的解构），于是相对主义和虚无主义开始抬头，再加上功利主义的影响，文化生产可能会有巨大的量的增加和表面的丰富性，但其中却缺乏真正的、内在的、虔敬的灵魂（或神圣性）。因此原创性也相应下降。有形无魂，肉与灵的偏颇，似乎是西方这一时代的广泛特征。

---

① 理查德·塔纳斯：《西方思想史》，吴象婴等译，上海社会科学院出版社，2007，第432页。

② "从根本上承认我们没有能力克服外在自然和我们的内在本性，这是许多宗教的根基"（史蒂夫·威尔肯斯等著《基督教与西方思想》卷二，刘平译，北京大学出版社，2005，第312页）。因此，即使在科学十分发达的今天，宗教也不会消亡，因为人类有这方面的需求。

参考文献

C. 爱德华兹：《汉穆拉比法典》，沈大銈译，中国政法大学出版社，2005（再版）。

C. 巴姆巴赫：《海德格尔的根》，张志和译，上海书店出版社，2007。

J. B. 伯里：《思想自由史》，周颖如译，商务印书馆，2012。

J. F. 塔尔蒙：《极权主义民主的起源》，孙传钊译，吉林人民出版社，2004。

J. H. 伯恩斯主编《剑桥中世纪政治思想史》上，程志敏等译，三联书店，2009。

J. H. 伯恩斯主编《剑桥中世纪政治思想史》下，郭正东等译，三联书店，2009。

L. J. 宾克莱：《理想的冲突》，马元德等译，商务印书馆，1983。

M. I. 芬利：《古代世界的政治》，晏绍祥等译，商务印书馆，2013。

R. H. 巴洛：《罗马人》，黄韬译，上海人民出版社，2000。

R. 柯林斯：《哲学的社会学》（上），吴琼等译，新华出版社，2004。

S. N. 艾森斯塔德：《大革命与现代文明》，刘圣中译，上海人民出版社，2012。

W. E. 佩顿：《阐释神圣》，许泽民译，贵州人民出版社，2006。

《后汉书·陈宠传》（卷七十六）。

《论语·卫灵公》。

《孟子·告子》上。

568

多元文化模式与文化张力

《尚书·吕刑》。

阿尔弗雷德·韦伯：《文化社会学视域中的文化史》，姚燕译，上海人民
    出版社，2006。

阿格尼丝·赫勒：《现代性理论》，李瑞华译，商务印书馆，2005。

阿伦·布洛克：《西方人文主义传统》，董乐山译，三联书店，2003。

阿马蒂亚·森：《惯于争鸣的印度人》，刘建译，上海三联书店，2007。

阿诺德·汤因比：《文明经受着考验》，沈辉等译，浙江人民出版社，
    1988。

阿诺德·汤因比：《历史研究》，刘北成、郭小凌译，上海人民出版社，
    2005。

埃德加·莫兰：《复杂性思想导论》，陈一壮译，华东师范大学出版社，
    2008。

埃里克·沃格林：《以色列与启示》（《历史与秩序》卷一），霍伟岸等译，
    译林出版社，2009。

埃里克·沃格林：《城邦的世界》（《秩序与历史》卷二），陈周旺译，译
    林出版社，2009。

埃利斯·桑多兹：《沃格林革命》，徐志跃译，上海三联书店，2012。

爱德华·吉本：《罗马帝国衰亡史》上册，黄宜思等译，商务印书馆，
    2004。

爱德华·格兰等著，《科学与宗教——从亚里士多德到哥白尼（400 B.
    C. ~ A. D. 1550)》，常春兰等译，山东人民出版社，2009。

爱因斯坦：《爱因斯坦文集》第一卷，许良英等编译，商务印书馆，2012。

爱因斯坦：《爱因斯坦文集》第三卷，许良英等编译，商务印书馆，2012。

安德烈·比尔基埃等主编《家庭史》（1），袁树仁等译，三联书店，
    2003。

安东尼·肯尼：《牛津西方哲学史》第一卷，王柯平译，吉林出版集团有
    限责任公司，2010。

安东尼·肯尼：《牛津西方哲学史》第二卷，袁宪军译，吉林出版集团有
    限责任公司，2010。

奥古斯丁：《上帝之城》上卷，王晓朝译，人民出版社，2006。

奥斯瓦尔德·斯宾格勒：《西方的没落》第一卷，吴琼译，上海三联书店，2006。

奥斯瓦尔德·斯宾格勒：《西方的没落》第二卷，吴琼译，上海三联书店，2006。

奥斯温·默里：《早期希腊》，晏绍祥译，上海人民出版社，2008。

奥托·基弗：《古罗马风化史》，姜瑞璋译，辽宁教育出版社，2000。

柏拉图：《法律篇》，张智仁等译，上海人民出版社，2001。

柏拉图：《高尔吉亚篇》，载《柏拉图全集》第一卷，王晓朝译，人民出版社，2002。

柏拉图：《普罗泰戈拉篇），载《柏拉图全集》第一卷，王晓朝译，人民出版社，2002。

柏拉图：《会饮篇》，载《柏拉图全集》第二卷，王晓朝译，人民出版社，2003。

柏拉图：《蒂迈欧篇》，载《柏拉图全集》第三卷，王晓朝译，人民出版社，2003。

柏拉图：《政治家篇》，载《柏拉图全集》第三卷，王晓朝译，人民出版社，2003。

柏拉图：《第七封信》，载《柏拉图全集》第四卷，王晓朝译，人民出版社，2003。

柏拉图：《理想国》，郭斌和等译，商务印书馆，2002。

邦雅曼·贡斯当：《古代人的自由与现代人的自由》，阎克文、刘满贵译，上海人民出版社，2003。

保罗·肯尼迪：《大国的兴衰》，蒋葆英等译，中国经济出版社，1989。

保罗·梅尔编译《约瑟夫著作精选》，王志勇中译，北京大学出版社，2004。

贝奈戴托·克罗齐：《历史学的理论与实际》，傅任敢译，商务印书馆，1982。

彼得·伯克：《什么是文化史》，蔡玉辉译，北京大学出版社，2009。

彼得·李伯庚：《欧洲文化史》（下），赵复三译，上海社会科学院出版社，2004。

伯尔曼：《法律与宗教》，梁治平译，中国政法大学出版社，2003。

布鲁斯·雪莱：《基督教会史》，刘平译，北京大学出版社，2005。

查尔斯·霍默·哈斯金斯：《12世纪文艺复兴》，夏继果译，上海人民出版社，2005。

查士丁尼：《法学总论》，张企泰译，商务印书馆，1997。

陈朝璧：《罗马法原理》，法律出版社，2006。

崔大华：《儒学引论》，人民出版社，2001。

达尔：《民主理论的前言》，顾昕等译，三联书店，1999。

大卫·瑙尔斯：《中世纪思想的演化》，杨选译，商务印书馆，2012。

戴维·赫尔德：《民主的模式》，燕继荣等译，中央编译出版社，2004。

丹尼尔·贝尔：《资本主义文化矛盾》，严蓓雯译，江苏人民出版社，2007。

狄金森：《希腊的生活观》，彭基相译，华东师范大学出版社，2006。

迭郎善译《摩奴法典》，马香雪转译，商务印书馆，1996。

董尚文：《托马斯伦理学中的柏拉图主义因素——论托马斯对 synderesis 与 conscientia 的区分》，《哲学动态》2005年第10期。

恩格斯：《反杜林论》，中央编译局编译《马克思恩格斯文集》第九卷，人民出版社，2009。

恩格斯：《家庭、私有制和国家的起源》，中央编译局编译《马克思恩格斯文集》第四卷，人民出版社，2009。

恩格斯：《社会主义从空想到科学的发展》，中央编译局编译《马克思恩格斯文集》第三卷，人民出版社，2009。

菲利浦·阿利埃斯、乔治·杜比主编《私人生活史Ⅱ》，洪庆明等译，北方文艺出版社，2009。

菲利普·尼摩：《什么是西方》，阎雪梅译，广西师范大学出版社，2009。

斐迪南·滕尼斯：《新时代的精神》，林荣远译，北京大学出版社，2006。

斐迪南·滕尼斯：《共同体与社会》，林荣远译，北京大学出版社，2010。

费尔南·布罗代尔：《文明史纲》，肖昶等译，广西师范大学出版社，2003。

费尔南·布罗代尔：《地中海考古》，蒋明炜等译，社会科学文献出版社，

2005。

费孝通:《乡土中国》,三联书店,1985。

冯承钧:《景教碑考》,商务印书馆,1935。

冯友兰:《中国哲学简史》,赵复三译,天津社会科学院出版社,2005。

弗兰克·威廉·沃尔班克:《希腊化世界》,陈恒等译,上海人民出版社,
　　2009。

弗朗切斯科·德·马尔蒂诺:《罗马政制史》第一卷,薛军译,北京大学
　　出版社,2009。

弗朗西斯·福山:《历史的终结及最后之人》,黄胜强、许铭原译,中国
　　社会科学出版社,2003。

弗朗西斯·麦克唐纳·康福德:《苏格拉底前后》,孙艳萍等译,格致出
　　版社、上海人民出版社,2009。

弗里德里希·冯·哈耶克:《法律、立法与自由》第一卷,邓正来等译,
　　中国大百科全书出版社,2000。

弗里德里希·冯·哈耶克:《法律、立法与自由》(第二、三卷),邓正来
　　等译,中国大百科全书出版社,2000。

弗里德里希·奥古斯特·哈耶克:《致命的自负》,冯克利等译,中国社
　　会科学出版社,2000。

弗里德里希·A. 哈耶克:《科学的反革命:理性滥用之研究》,冯克利译,
　　译林出版社,2012。

弗里德里希·奥古斯特·哈耶克:《通往奴役之路》,王明毅等译,中国
　　社会科学出版社,2012。

弗里德里希·尼采:《悲剧的诞生》,周国平译,译林出版社,2011。

弗里德里希·尼采:《查拉图斯特拉如是说》,杨恒达译,中国人民大学
　　出版社,2011。

弗里德里希·希尔:《欧洲思想史》,赵复三译,广西师范大学出版社,2007。

伏尔泰:《风俗论》上册,梁守锵译,商务印书馆,2006。

格雷戈里:《法兰克人史》,寿纪瑜等译,商务印书馆,1981。

葛兆光:《中国思想史》[上],复旦大学出版社,2009。

顾颉刚:《禅让传说起于墨家考》,载《史学集刊》第一期,1936 年 4 月。

顾颉刚等编著《古史辨》（第一、七册），上海古籍出版社，1981。

圭多·德·拉吉罗：《欧洲自由主义史》，杨军译，吉林人民出版社，2011。

哈罗德·J. 伯尔曼：《法律与革命》，贺卫方等译，中国大百科出版社，1993。

哈罗德·J. 伯尔曼：《法律与革命》（第二卷），袁瑜琤等译，法律出版社，2008。

海德格尔：《形而上学导论》，熊伟，王庆节译，商务印书馆，1996。

海德格尔：《尼采》下卷，孙周兴译，商务印书馆，2012。

汉斯－维尔纳·格茨：《欧洲中世纪生活》，王亚平译，东方出版社，2002。

荷马：《荷马史诗·伊利亚特》，罗念生、王焕生译，人民文学出版社，1994。

赫西俄德：《工作与时日 & 神谱》，张竹明、蒋平译，商务印书馆，1996。

黑格尔：《法哲学原理》，范扬等译，商务印书馆，1979。

黑格尔：《哲学史讲演录》第一卷，贺麟、王太庆译，商务印书馆，1981。

黑格尔：《哲学史讲演录》第二卷，贺麟、王太庆译，商务印书馆，1981。

黑格尔：《哲学史讲演录》第三卷，贺麟、王太庆译，商务印书馆，1981。

亨里希·李凯尔特：《李凯尔特的历史哲学》，涂纪亮译，北京大学出版社，2007。

亨利·富兰克弗特：《古代埃及宗教》，郭子林、李凤伟译，上海三联书店，2005。

亨利·富兰克弗特：《王权与神祇》上，郭子林等译，上海三联书店，2007。

亨利·富兰克弗特：《王权与神祇》下，郭子林等译，上海三联书店，2007。

亨利·富兰克弗特：《近东文明的起源》，子林译，格致出版社、上海人民出版社，2009。

亨利·梅因：《古代法》，沈景一译，商务印书馆，1996。

亨利·皮雷纳：《中世纪的城市》，陈国樑译，商务印书馆，1985。

胡斯都·L.冈察雷斯：《基督教思想史》第1卷，陈泽民等译，译林出版社，2010。

霍布斯：《利维坦》（英汉对照全译本），刘胜军等译，中国社会科学出版社，2007。

基佐：《欧洲文明史》，程洪逵等译，商务印书馆，1998。

简·艾伦·赫丽生：《希腊宗教研究导论》，谢世坚译，广西师范大学出版社，2006。

江新建：《佛教与中国丧葬文化》，湖南人民出版社，2008。

杰弗里·帕克：《城邦》，石衡潭译，山东画报出版社，2007。

杰里·本特利、赫伯特·齐格勒：《新全球史》（上），魏凤莲等译，北京大学出版社，2007。

卡尔·白舍客：《基督宗教伦理学》第一卷，静也、常宏等译，上海三联书店，2003。

卡尔·洛维特：《世界历史与救赎历史》，李秋零等译，上海世纪出版集团，2006。

卡尔·曼海姆：《重建时代的人与社会》，张旅平译，三联书店，2002。

卡尔·雅斯贝斯：《历史的起源与目标》，魏楚雄、俞新天译，华夏出版社，1989。

卡尔·雅斯贝尔斯：《大哲学家》，李雪涛主译，社会科学文献出版社，2005。

科林·布朗：《基督教与西方思想》卷一，查常平译，北京大学出版社，2005。

科瓦略夫：《古代罗马史》，王以铸译，上海书店出版社，2007。

克里斯托弗·道森：《宗教与西方文化的兴起》，长川某译，四川人民出版社，1989。

库朗热：《古代城邦》，谭立铸等译，华东师范大学出版社，2006。

昆廷·斯金纳：《自由主义之前的自由主义》，李宏图译，上海三联书店，2003。

拉尔夫·达仁道夫：《现代社会冲突》，林荣远译，中国社会科学出版社，2000。

雷蒙·阿隆：《社会学主要思潮》，葛智强等译，上海译文出版社，1988。

雷蒙·阿隆:《知识分子的鸦片》,吕一民等译,译林出版社,2012。

李猛:《理性化及其传统:对韦伯的中国观察》,《社会学研究》2010 年第 5 期。

理查德·斯威德伯格:《马克斯·韦伯与经济社会学思想》,何蓉译,商务印书馆,2007。

理查德·塔纳斯:《西方思想史》,吴象婴等译,上海社会科学院出版社,2007。

列奥·施特劳斯:《自然权利与历史》,彭刚译,三联书店,2003。

列奥·施特劳斯等主编《政治哲学史》,李洪润等译,法律出版社,2009。

列夫·舍斯托夫:《雅典与耶路撒冷》,张冰译,上海人民出版社,2004。

刘建等:《印度文明》,中国社会科学出版社,2004。

卢梭:《社会契约论》,何兆武译,商务印书馆,1982。

吕大吉、牟钟鉴:《概说中国宗教与传统文化》,载余敦康等《中国宗教与中国文化》卷一,中国社会科学出版社,2005。

罗伯特·N. 贝拉等:《心灵的习性》,翟宏彪等译,三联书店,1991。

罗德尼·斯塔克:《基督教的兴起》,黄剑波等译,上海古籍出版社,2005。

罗格·奥尔森:《基督教神学思想史》,吴瑞诚等译,北京大学出版社,2003。

罗伦·培登:《这是我的立场:马丁·路德传》,陆中石、古乐人译,译林出版社,1993。

罗讷尔德·威廉逊:《希腊化世界中的犹太人:斐洛思想引论》,徐开来等译,华夏出版社,2003。

罗素:《如何阅读历史》,载田汝康、金重远选编《现代西方史学流派文选》,上海人民出版社,1982。

罗素:《西方哲学史》上卷,何兆武、李约瑟译,商务印书馆,1981。

罗素:《西方哲学史》下卷,马元德译,商务印书馆,1981。

马克·布洛赫:《封建社会》上卷,张绪山译,商务印书馆,2004。

马克·布洛赫:《封建社会》下卷,李增洪等译,商务印书馆,2004。

马克思：《〈政治经济学批判〉导言》，载中央编译局编《马克思恩格斯选集》第二卷，人民出版社，1972。

马克思：《1857～1858 经济学手稿》，载中央编译局译《马克思恩格斯全集》第 46 卷（上），人民出版社，1979。

马克思：《给〈祖国纪事〉杂志编辑部的信》，载中央编译局编译《马克思恩格斯文集》第三卷，人民出版社，2009。

马克斯·韦伯：《社会科学方法论》，李秋零、田薇译，中国人民大学出版社，1999。

马克斯·韦伯：《经济与社会》上卷，林荣远译，商务印书馆，2004。

马克斯·韦伯：《韦伯作品集 I：学术与政治》，钱永祥等译，广西师范大学出版社，2004。

马克斯·韦伯：《韦伯作品集 II：经济与历史·支配的类型》，康乐等译，广西师范大学出版社，2004。

马克斯·韦伯：《韦伯作品集 V：中国的宗教 宗教与世界》，康乐、简惠美译，广西师范大学出版社，2004。

马克斯·韦伯：《韦伯作品集 VI：非正当性的支配——城市的类型学》，康乐、简惠美译，广西师范大学出版社，2005。

马克斯·韦伯：《韦伯作品集 VIII：宗教社会学》，康乐、简惠美译，广西师范大学出版社，2005。

马克斯·韦伯：《韦伯作品集 X：印度的宗教——印度教与佛教》，康乐、简惠美译，广西师范大学出版社，2005。

马克斯·韦伯：《韦伯作品集 XI：古犹太教》，康乐、简惠美译，广西师范大学出版社，2007。

马克斯·韦伯：《新教伦理与资本主义精神》，斯蒂芬·卡尔伯格英译，苏国勋等中译，社会科学文献出版社，2010。

马修·阿诺德：《文化与无政府状态》，韩敏中译，三联书店，2002。

迈克尔·莱斯诺夫等：《社会契约论》，刘训练等译，江苏人民出版社，2006。

迈克尔·曼：《社会权力的来源》第一卷，刘北成、李少军译，上海人民出版社，2002。

麦格拉斯：《基督教概论》，马树林等译，北京大学出版社，2003。

孟德斯鸠：《论法的精神》上册，张雁深译，商务印书馆，1982。

米尔恰·伊利亚德：《宗教思想史》，晏可佳等译，上海社会科学院出版社，2004。

米歇尔·福柯：《疯癫与文明》，刘北成等译，三联书店，1999。

尼采：《权力意志：重估一切价值的尝试》，张念东等译，商务印书馆，1998。

尼采：《权力意志》上卷，孙周兴译，商务印书馆，2007。

尼尼安·斯马特：《世界宗教》，高师宁译，北京大学出版社，2004。

潘光、金应忠主编《以色列·犹太学研究》，上海社会科学院出版社，1991。

潘光等：《犹太文明》，中国社会科学出版社，1999。

佩里·安德森：《从古代到封建主义的过渡》，郭方等译，上海人民出版社，2001。

普鲁塔克：《希腊罗马名人传》，陆永庭等译，商务印书馆，1999。

普罗提诺：《论自然、凝思和太一》（《九章集》选译本），石敏敏译，中国社会科学出版社，2004。

齐格蒙特·鲍曼：《共同体》，欧阳景根译，江苏人民出版社，2007。

钱穆：《国史大纲》上册，商务印书馆，1996。

钱穆：《现代中国学术论衡》，三联书店，2001。

乔纳森·德瓦尔德：《欧洲贵族》，姜德福译，商务印书馆，2008。

乔治·萨拜因：《政治学说史》上卷，邓正来译，上海人民出版社，2008。

瞿同祖：《中国法律与中国社会》，中华书局，1981。

瞿同祖：《中国封建社会》，上海人民出版社，2003。

让－皮埃尔·维尔南：《希腊人的神话和思想》，黄艳红译，中国人民大学出版社，2007。

让－皮埃尔·韦尔南：《希腊思想的起源》，秦海鹰译，北京大学出版社，2012。

任继愈主编《宗教词典》，上海辞书出版社，1981。

萨拉·B. 波默罗伊等：《古希腊政治、社会和文化史》，付洁莹等译，上海三联书店，2010。

塞缪尔·亨廷顿：《文明的冲突与世界秩序的重建》，周琪等译，新华出
版社，2002。

色诺芬：《回忆苏格拉底》，吴永泉译，商务印书馆，1984。

色诺芬：《居鲁士的教育》，沉默译，华夏出版社，2007。

斯蒂芬·米勒、罗伯特·休伯：《圣经的历史》，黄剑波等译，中央编译
出版社，2008。

苏国勋：《社会理论与当代现实》，北京大学出版社，2005。

苏维托尼乌斯：《罗马十二帝王传》，张竹明等译，商务印书馆，1995。

汤普逊：《中世纪经济社会史》上册，耿淡如译，商务印书馆，1997。

汤普逊：《中世纪经济社会史》下册，耿淡如译，商务印书馆，1997。

汤一介：《世纪之交看中国哲学中的和谐观念》，载季羡林等《大国方
略》，红旗出版社，1996。

特奥多尔·蒙森：《罗马史》第二卷，李稼年译，商务印书馆，2005。

特奥多尔·蒙森：《罗马史》第三卷，李稼年译，商务印书馆，2005。

涂尔干：《宗教生活的基本形式》，渠东、汲喆译，上海人民出版社，
1999。

涂尔干：《笔记：社会主义的定义》，载涂尔干《孟德斯鸠与卢梭》，李鲁
宁等译，上海人民出版社，2003。

托比·胡弗：《近代科学为什么诞生在西方》，周程、于霞译，北京大学
出版社，2010。

托克维尔：《旧制度与大革命》，冯棠译，商务印书馆，1992。

托利弗·伯曼：《希伯来与希腊思想比较》，吴勇译，上海书店出版社，
2007。

托马斯·A. 斯勒扎克：《读柏拉图》，程炜译，译林出版社，2009。

托马斯·库恩：《科学革命的结构》，金吾伦等译，北京大学出版社，
2003。

托马斯·库恩：《必要的张力》，范岱年、纪树立等译，北京大学出版社，
2004。

王美秀等：《基督教史》，江苏人民出版社，2008。

威廉·邓宁：《政治学说史》（上卷），谢义伟译，吉林出版集团有限责任公司，2009。

韦恩·莫里森：《法理学》，李桂林等译，武汉大学出版社，2003。

维克多·李·伯克：《文明的冲突》，王晋新译，上海三联书店，2006。

文德尔班：《哲学史教程》，罗达仁译，商务印书馆，1997。

翁贝托·梅洛蒂：《马克思与第三世界》，高铦等译，商务印书馆，1981。

沃格林（E. Voegelin）：《希腊化、罗马和早期基督教》，谢华育译，华东师范大学出版社，2007。

沃格林（E. Voegelin）：《中世纪（至阿奎那）》，叶颖译，华东师范大学出版社，2009。

沃格林（E. Voegelin）：《宗教与现代性的兴起》，霍伟岸译，华东师范大学出版社，2009。

沃格林（E. Voegelin）：《危机和人的启示》，刘景联译，华东师范大学出版社，2011。

吴晗、费孝通等：《皇权与绅权》，天津人民出版社，1988。

西塞罗：《国家篇　法律篇》，沈叔平等译，商务印书馆，2002。

希尔德·德·里德－西蒙斯主编《欧洲大学史》第一卷《中世纪大学》，张斌贤等译，河北大学出版社，2008。

希罗多德：《历史》第二卷，王以铸译，商务印书馆，2005。

谢尔登·S. 沃林：《政治与构想》，辛亨复译，上海人民出版社，2009。

雅各布·布克哈特：《历史讲稿》，刘北成等译，三联书店，2009。

雅各布·布克哈特：《世界历史沉思录》，金寿福译，北京大学出版社，2007。

雅各布·布克哈特：《意大利文艺复兴时期的文化》，何新译，商务印书馆，2007。

雅各布·布克哈特：《希腊人和希腊文明》，王大庆译，上海人民出版社，2008。

亚里士多德：《形而上学》，吴寿彭译，商务印书馆，1981。

亚里士多德：《政治学》卷三，吴寿彭译，商务印书馆，1981。

亚里士多德：《雅典政制》，日知、力野译，商务印书馆，1999。

亚历山大·莫瑞、G. 戴维：《从部落到帝国》，郭子林译，大象出版社，2010。

亚奇伯德·亨利·萨伊斯：《古巴比伦宗教十讲》，陈超等译，时代出版传媒股份有限公司，黄山书社，2010。

姚介厚：《古代希腊与罗马哲学》（叶秀山、王树人总主编《西方哲学史》第二卷，下），凤凰出版社、江苏人民出版社，2005。

伊曼努尔·康德：《康德论上帝与宗教》，李秋零编译，中国人民大学出版社，2004。

以赛亚·柏林：《自由论》，胡传胜译，译林出版社，2003。

以赛亚·柏林：《浪漫主义的根源》，吕梁等译，译林出版社，2008。

优西比乌：《教会史》，保罗·L. 梅尔英译、评注，瞿旭彤中译，三联书店，2009。

约翰·艾默里克·爱德华·达尔伯格－阿克顿：《自由与权力》，侯健等译，译林出版社，2011。

约翰·H. 威格摩尔：《世界法系概览》（上），何勤华等译，上海人民出版社，2004。

约翰·巴克勒等：《西方社会史》第二卷，霍文利等译，广西师范大学出版社，2005。

约翰·德雷恩：《旧约概论》，许一新译，北京大学出版社，2004。

约翰·哥特弗雷德·赫尔德：《反纯粹理性——论宗教、语言和历史文选》，张晓梅译，商务印书馆，2010。

约翰·加尔文：《基督教要义》第四卷，钱曜诚等译，三联书店，2010。

约翰·洛克：《基督教的合理性》，王爱菊译，武汉大学出版社，2006。

约翰·希克：《宗教之解释》，王志成译，四川人民出版社，1998。

张践、牟钟鉴：《中国宗教通史》上，社会科学文献出版社，2003。

周枏：《罗马法原论》，商务印书馆，2001。

朱迪斯·M. 本内特、C·沃伦·霍利斯特：《欧洲中世纪史》，杨宁等译，上海社会科学院出版社，2007。

朱塞佩·格罗索：《罗马法史》，黄风译，中国政法大学出版社，1994。

Adams, Marilyn McCord., 1987, *William Ockham*, Two volumes, See especially

多元文化模式与文化张力

chapters 30 – 31, Notre Dame, Ind.: University of Notre Dame Press.

Albright, W. F., 1949, *The Archaeology of Palestine*, Middlesex: Pelican Books.

Altekar, A. S., 1992, *State and Government in Ancient India*, Delhi: Motilal Banarsidass Publishers.

Aquinas, Thomas, 1948, *Introduction to Saint Thomas Aquinas*, pp. 5 – 6, 9, Anton C. Pegis, ed., New York: Modern Library.

Aquinas, Thomas, 1964 – 1980, *Summa Theologiae* (《神学大全》), London: Eyre & Spottiswoode.

Aquinas, Thomas, 1979, *On Kingship*, Westport, Conn.: Hyperion Press.

Aquinas, Thomas, 1991, *Summa Contra Gentiles* (《反异教大全》), Notre Dame: University of Notre Dame Press.

Arnason, J. P., S. N. Eisenstadt and B. Witrock, eds., 2005, *Axial Civilizations and World History*, Leiden, and Boston: Brill Academic Publishers.

Attwate, Donald and Catherine Rachel John, 1993, *The Penguin Dictionary of Saints*, 3rd edition, New York: Penguin Books.

Augustine, 1953, *Letters*, Volume 2 (83 – 130), Sister Wilfed Parsons, trans., p. 302, New York: Fathers of the Church, Inc.

Augustine, 1955, *Concerning the Nature of Good*, Washington, DC: Catholic University of America Press.

Augustine, 2010, "On the Predestination of the Saints", in *A Select Library of the Nicene and Post-Nicene Fathers of the Christian Church*, First Series, Vol. 5, p. 499, Philip Schaff, ed., New York: Biblio Bazaar.

Averroës (阿威罗伊), 1961, *On the Harmony Religion and Philosophy*, G. Hourani, introd. and trans., London: Luzac.

Baechler, Jean, 1975, *The Origins of Capitalism*, p. 77, Oxford: Blackwell.

Banaji, Jairus, 2007, "Islam, the Mediterranean and the Rise of Capitalism", in *Historical Materialism*, 15 (1): 47 – 74, Brill Publishers.

Barker, Ernest, ed., 1947, *Social Contract*, pp. ⅶ – ⅷ, London: Oxford University Press.

Baylor, Michael G. , 1977, *Action and Person: Conscience in Late Scholasticism and Young Luther*, p. 25, Leiden: E. J. Brill.

Bellah, Robert N. , 1970, *Beyond Belief: Essays on Religion in a Post-Traditional World*, p. 33, New York and London: Haper & Row.

Bellah, Robert N. , 2011, *Religion in Human Evolution: From the Paleolithic to the Axial Age*, p. 271, Cambridge, Massachusetts: Harvard University Press.

Bentham, Jeremy, 1843/1962, "Anarchical Fallacies: Being An Examination of The Declarations of Rights Issued During The French Revolution", in John Bowring, ed. , *The Works of Jeremy Bentham* , Vol. II, pp. 489 – 534, London: William Tait.

Berger, Adolf, ed. , 1953/1991, *Encyclopedic Dictionary of Roman Law*, Philad elphia: The American Philosophical Society.

Berman, Harold J. , 1993/2000, *Faith and Order*, Ch. 3: "The Religious Foundations of Western Law", Grand Rapids, Michigan: William B. Eerdmans Publishing Co.

Beutel, Albrecht, 2003, "Luther's Life", Katharina Gustavs, trans. , in *The Cambridge Companion to Martin Luther*, Donald K. McKim, ed. , p. 11, New York: Cambridge University Press.

Bier, William C. , S. J. , ed. , 1969, *Conscience: Its Freedom and Limitations*, New York: Fordham University Press.

Boardman, Johne and N. G. L. Hammond, eds. , 1982, *The Cambridge Ancient History*, Volume 3, Part 3: "The Expansion of the Greek World, Eighth to Sixth Centuries BC", Cambridge: Cambridge University Press.

Bolgar, R. R. , 1958/1973, *The Classical Heritage and Its Beneficiaries* , pp. 240 – 244, Cambridge: Cambridge University Press.

Boyce, Mary, 1975, *A History of Zoroastrianism*, Vol. 1: *The Early Period*, Leiden and Cologne: E. J. Brill.

Boyce, Mary, 1984, *Zoloastrians: Their Beliefs and Pratices*, London and Boston: Routledge.

多元文化模式与文化张力

Brewster, Sir David, 2010/1855, *Memoirs of the Life, Writings, and Discoveries of Sir Isaac Newton*, Volume II, Ch. 24, New York: Cambridge University Press.

Burkert, Walter, 1985, *Greek Religion: Archaic and Classical*, Cambridge, MA: Harvard University Press.

Burns, E. M. & P. L. Ralph, 1974, *Burns World Civilizations: Their History and Their Culture*, Vol. I, pp. 82 – 83, New York: W. W. Norton.

Byrd, Robert C., 1995, *The Senate of the Roman Republic*, Ch. 3 "The Senate Supreme", p. 29, Washington, DC: Government Printing Office.

Calvin, John, 1986/1559, *Institutes of the Christian Religion*, 4.10: 3 – 4; 3.19: 2 – 6, John T. McNeill, ed. and trans., Philadelphia: Westminster Press.

Canning, Joseph, 1996, *A History of Medieval Political Thought, 300 – 1450*, London and New York: Routledge.

Carlyle, R. W. and A. J., 1903 – 1936 (repr., 1970), *A History of Medieval Political Theory In the West*, 6 Vols., Vol. V., pp. 254, 255, Edinburgh and London: William Blackwood and Sons.

Chadwick, John, ed., 1967, *The Decipherment of Linear B*, 2nd ed, Cambridge: Cambridge University Press.

Chadwick, John, 1976, *The Mycenaean World*, Cambridge: Cambridge University Press.

Cobban, A. B., 1975, *The Medieval Universities: Their Development and Organization*, London: Methuen.

Cohen, Edward E., 2002, *The Athenian Nation*, Princeton, N. J.: Princeton University Press.

Comte, Auguste, 1965 (1875 – 1877), *System of Positive Polity*, Carilian-Goeury, trans., London: Longmans, Green and Co.

Connor, W. Robert, 1996, "Civil Society, Dionysiac Festival, and the Athenian Democracy", in Josiah Ober and Charles W. Hedrick, eds., *Dēmokratia: A Conversation on Democracies, Ancient and Modern*, pp. 217 –

226, Princeton, N. J. : Princeton University Press.

Copernicus, Nicolaus, 1995 (reprint), *On the Revolutions of the Heavenly Spheres*, C. G. Wallis, trans. , Book One, Introduction, Amherst: Prometheus Books.

Copleston, F. C. , 1947, *A History of Philosophy*, I: *Greece and Rome*, London: Burns, Oates & Washbourne.

Corcoran, P. E. , 1983, "The Limits of Democracy", in G. Duncan, ed. , *Democratic Theory and Practice*, p. 15, Cambridge: Cambridge Univeristy Press.

Cornford, F. M. , 1912/1991, *From Religion to Philosophy: A Study in the Origins of Western Speculation* , Princeton, NJ: Princeton University Press.

Cornford, F. M. , 1952, *Principium Sapientiae : The Origins of Greek Philosophical Thought*, W. K. C. Guthrie, ed. , Cambridge: Cambridge University Press.

Cough, J. W. , 1957, *The Social Contract*, 2nd ed. , p. 24, Oxford: Clarendon Press.

Crook, John A. , 1967/1984, *Law and Life of Rome*, New York: Cornell University Press.

D'Arcy, Eric, 1961, *Conscience and Its Right to Freedom*, p. 8, New York: Sheed and Ward.

Dawson, Christopher, 1956, *The Dynamics of World History*, p. 128, New York: Sheed and Ward.

Denney, James, 1959, *The Christian Doctrine of Reconciliation*, p. 84, London: James Clarke, reprinted.

D'Entrèves, Alexander Passerin, 1959, *The Medieval Contribution to Political Thought*, p. 11, Oxford: Oxford University Press.

Dolan, Joseph V. , 1971, "Conscience in the Catholic Theological Tradition", in William C. Bier, ed. , *Conscience: Its Freedom and Limitations*, New York: Fordham University Press.

Dodds, Eric Robertson, 1970, *Pagan and Christian in an Age of Anxiety*,

多元文化模式与文化张力

pp. 136 – 137, New York: Norton.

Dodds, Eric Robertson, 1973, *The Greeks and the Irrational*, p. 276, Berkeley: University of California Press.

Duchesne-Guillemin, Jacques, 1958, *The Western Response to Zoroaster*, Oxford: Oxford University Press.

Easterling, P. E. and J. V. Muir, eds. , 1985, *Greek Religion and Society*, Cambridge: Cambridge University Press.

Easton, Stewart C. , 1970, *Roger Bacon and his Search for a Universal Science: A Reconsideration of the Life and Work of Roger Bacon in the Light of his own Stated Purposes* (reprint ed.), Westport Conn. : Greenwood Press.

Ehrenberg, Victor, 1973, *From Solon to Socrates*, 2nd ed. , London: Methuen.

Eisenstadt, S. N. , 1986, *The Origins and Diversity of Axial-Age Civilizations.* Albany: State University of New York Press.

Eisenstadt, S. N. , 1992, *Jewish Civilization: The Jewish Historical Experience in a Comparative Perspective*, p. 6, Albany: SUNY Press.

Euripides, 1920, *Euripidean Fragments*, Richard Johnson Walker, ed. , p. 293, London: Burns, Oates & Washbourne.

Eusebius, 1850/1991, *The Ecclesiastical History of Eusebius Pamphilus, Bishop of Cesarea, in Palestine*, Ch. 2, Christian Frederick Cruse, trans. , Grand Rapids, MI: Baker Book House.

Fairbanks, Arthur, ed. and trans. , 1898 /2001, *Xenophanes: Fragments and Commentary*, 67: 6, London: K. Paul, Trench, Trubner.

Fakhry, Majid, 1983, *A History of Islamic Philosophy*, pp. 275, 292, New York: Columbia University Press.

Feldman, Stephen M. , 1997, *Please Don't Wish Me a Merry Christmas: A Critical History of the Separation of Church and State*, New York: New York University Press.

Ferguson, Wallace K. , 1961, *The Renaissance* (reprint ed.), New York: Holt Rinehart & Winston.

Finley, Moses I. , 1978, *The World of Odysseus*, 2nd ed, New York: Virking Press.

Filoramo, Giovanni, 1992, *A History of Gnosticism*, Anthony Alcock, trans. , Oxford, UK; Cambridge, Mass. : B. Blackwell.

Frankort, Henri, et al. , 1977, *The Intellectual Adventure of Ancient Man: An Essay on Speculative Thought in the Ancient Near East*, p. 215, Chicago: University of Chicago Press.

Freud, Sigmund, 1957, *Future of an Illusion*, p. 54, W. D. Robson-Scott, trans. , Garden City, N. Y. : Doubleday.

Freud, Sigmund, 1962, *The Ego and the Id*, London: Hogarth Press.

Freud, Sigmund, 1965, *New Introductory Lectures on Psychoanalysis*, New york: W. W. Norton & Company.

Friedman, Richard E. , 1987, *Who Wrote the Bible?* New York: Summit.

Fumurescu, Alin, 2013, *Compromise: A Plitical and Philosophical History*, Chap. 4. "The Dialectic of the Individual", Cambridge: Cambridge.

Gaster, Theodor H. , 1969, *Myth, Legend, and Custom in the Old Testament*, New York: Harper & Row.

Gerson, Lloyd P. , 1996, *The Cambridge Companion to Plotinus*, Cambridge University Press.

Gerth, H. H. and C. Wright Mills, 1946, " Political Concern ", in H. H. Gerth and C. Wright Mills, trans. & ed. , *From Max Weber: Essays in Sociology*, pp. 32 – 44, New York: Oxford University Press.

Gillispie, Charles C. (editor in chief), 1981, "Ṭūsī, Muḥammad Ibn Muḥammad Ibn al-Ḥasan", in *Dictionary of Scientific Biography*, Volume 13, p. 508, New York: Charles Scribner's Sons.

Goldstein, Jonathan A. , 1976, *I Maccabees*, Garden City, New York: Doubleday & Company.

Goldstein, Jonathan A. , 1995, *II Maccabees*, New Haven: Yale University Press.

Glover, T. R. , 1930, "Polybius", in S. A. Cook, et al. , eds. , *Cambridge*

Ancient History, Vol. Ⅷ, Ch. 1, New York: Cambridge University Press.

Glover, T. R., 1965, *The Conflict of Religions in the Early Roman Empire*, London: Methuen.

Grayson, A. K., 1976, *Assyrian Royal Inscriptions*, 2 vols., Wiesbaden: Harrassowitz.

Granovetter, Mark, 1985, "Economic Action and Social Structure: A Theory of Embeddedness", *American Journal of Sociology*, Vol. 91, No. 3 (Nov.), pp. 481 – 510, University of Chicago Press.

Greene, Robert A., 1991, "Synderesis, the Spark of Conscience, in the English Renaissance", *Journal of the History of Ideas*, Vol. 52, No. 2 (Apr. – Jun.), pp. 195 – 219, University of Pennsylvania Press.

Guthrie, W. K. C., 1935/1952, *Orpheus and Greek Religion*, 2nd ed., pp. 59 ff., 137, London: Methuen.

Guthrie, W. K. C., 1971, *The Sophists*, Cambridge: Cambridge University Press.

Hallesby, O., 1933, *Conscience*, Minneapolis: Augsburg Publishing House.

Harding, A., 1980, "Political Liberty in the Middle Ages", *Speculum*, 55: 423 – 443.

Heer, Friedrich, 1961, *The Medieval World: Europe, 1100 – 1350*, p. 37, Translated from German by Janet Sondheimer, New York: New American Library.

Heidegger, Martin, 1976, "On the Being and Conception of Physics in Aristotle's Physics B, 1", T. Sheehan, trans., *Man and World*, Vol. Ⅸ, No. 3 (August): 219 – 270.

Heidegger, Martin, 1993, " 'Only a God can Save Us': *Der Spiegel's* Interview with Martin Heidegger ", M. O. Alter and J. D. Caputo, trans., in R. Wolin, ed., *The Heidegger Controversy: a Critical Reader*, pp. 91 – 116, Cambridge, Mass.: MTT Press.

Heidel, Alexsander, 1951, *Babylonian Genesis*, Chicago: University of Chicago Press.

Held, D. , et al. , eds. , 1983, *States and Societies.* Oxford: Martin Robertson.

Herlihy, David J. , ed. , 1970, *The History of Feudalism*, p. 79, New York: Harper and Row.

Hignett, Charcles, 1952, *A History of the Athenian Constitution to the End of the Fifth Century B. C.* , Oxford: Clarendon Press.

Holl, Karl, 1977, *What Did Luther Understand by Religion* ? James Luther Adams and Walter F. Bense, trans. , p. 48, Philadelphia: Fortress Press.

Holland, Tom, 2004, *Rubicon: The Last Years of the Roman Republic*, New York: Random House Books.

Horne, Charles F. , 1915/1950, *The Code of Hammurabi*, Law No. 128 – 143, Charleston, SC: Forgotten Books.

Houser, Rollen Edward, ed. , 2004, *The Cardinal Virtues: Aquinas, Albert, and Philip the Chancellor*, Toronto: Pontifical Institute of Mediaeval Studies.

Rosenstock-Huessy, Eugen, 1938, *Out of Revolution: The Autobiography of Western Man*, P. 291, New York: William Morrow & Company.

Jacobsen, Thorkild, 1943, "Primitive Democracy in Ancient Mesopot-amia", *Journal of Near Eastern Studies*, Vol. II, (July) No. 3, pp. 159 – 172. Chicago: University of Chicago Press.

Jacobsen, Thorkild, 1970, *Towards the Image of Tammuz and Other Essays in Mesopotamian History and Culture*, Ch. 8, Cambridge, Mass: Harvard University Press.

Jacobsen, Thorkild, 1976, *The Treasures of Darkness*, pp. 110 – 116, New Haven, Conn. : Yale University Press.

Jaspers, Karl, 1949/1953, *The Origin and Goal of History*, Ch. 1, New Haven: Yale University Press.

Johnson, Paul, 1995, *A History of Christianity*, Charlotte, N C: Baker & Taylor Books.

Jonas, H. , 1970, *A History of Rome Through the Fifth Century*, *Selected Documents.* II, pp. 244 – 245, London: Macmillan.

Kant, Immanuel, 1991, "An Answer to the Question: 'What is Enlightenment?'",

参考文献

in Immanuel Kant, *Kant: Political Writings*, Hans Reiss, ed. , H. B. Nisbet, trans. , Cambridge: Cambridge University.

Kant, Immanuel, 1991, "Idea for a Universal History with a Cosmopolitan Purpose", in *Political Writings*, S. H. Reiss, ed. , H. B. Nisbet, trans. , Cambridge: Cambridge University Press.

Kaufmann, Yechezkel, 1960, *The Religion of Israel*, Moshe Greenberg, trans. , Chicago: University of Chicago Press.

Keay, John, 2000, *India: A History* , New York: Grove Press.

Keller, Werner, 1974, *The Etruscans*, p. 93, New York: Knopf.

Kent, Roland G. , 1975, *Old Persian: Grammer, Texts, Lexicon*, 2nd ed. , p. 138, New Haven, Conn: American Oriental Society.

Kenyon, Kathleen, 1957, *Digging Up Jericho* , London: Ernest Benn.

Kenny, Anthony John Patrick, 2004, *Ancient Philosophy*, Oxford: Clarendon Press.

Kiliç, M. E. , 1996, "Mysticism" in *History of Islamic Philosophy*, Part I, S. H. Nasr and O. Leaman, eds. , pp. 947 – 958, London: Routledge Press.

Knowles, David, 1962, *The Evolution of Medieval Thought*, London: Longmans.

Kramer, Samuel Noah, 1959, *History Begins at Sumer*, New York: Doubleday Anchor Books.

Kramer, Samuel Noah, 1961, ed. , *Sumerian Mythology*, Philadelphia: University of Pennsylvania Press.

Kramer, Samuel Noah, 1963, *The Sumerians: Their History, Culture, and Character*, p. 145, Chicago: University of Chicago Press.

Kreis, Douglas, 2002, "Origen, Plato, and Conscience (Synderesis) in Jerome's Ezekiel Commentary", *Traditio*, Volume 57, pp 67 – 83.

Kunkel, W. , 1966, *An Introduction to Roman Legal and Constitutional History* , J. M. Kelly, trans. , Oxford: Clarendon Press.

Labib, Subhi Y. , 1969, "Capitalism in Medieval Islam", in *The Journal of*

Economic History, 29 (1): 79 – 96, Brill Publishers.

Lintott, Andrew, 2003, *The Constitution of the Roman Republic*, "Tribunis Plebis", p. 121, New York: Oxford University Press.

Luther, Martin, 1932, "On Secular Authority", In Adolph Spaeth, et al. , eds. and trans. , *Philadelphia Edition of The Works of Martin Luther*, III, p. 237. Philadelphia: A. J. Holman Company.

Luther, Martin, *Commentary on Galatians*, P. S. Watson, ed. , pp. 39, etc. London: James Clarke & Co.

Luther, Martin, 1957/1970, *A Treatise on Christian Liberty*, W. A. Lambert, trans. , Harold J. Grimm, rev. , p. 3, Philadelphia, PA: Fortress Press.

Luther, Martin, 1961, *Lectures on Romans* (Library of Christian Classics), Wilhelm Pauck, trans. & ed. , ch. 10: 15, Philadelphia: Westminster John Knox Press.

Luther, Martin, 1970, Disputation against Scholastic Theology, Clauses 6, 10, 17, In Jaroslav Pelikan and Helmut T. Lehman, eds. , *American Edition of Luther's Works*, Vol. 31: 4ff. , St. Louis: Concordia Publishing House.

Luther, Martin, 1976, Lectures on the Psalms II (Chapters 76 – 126), 78: 11 – 12, in *Luther's Works*, Volume 11, Hilton C. Oswald. St. Louis, ed. , Missouri: Concordia Publishing House.

Macchioro, Vittorio D. , 2003, *From Orpheus to Paul: a History of Orphism*, Whitefish, Montana: Kessinger Publishing.

MacMullen, Ramsey, 1984, *The Christians as the Romans Saw Them*, pp. 200 – 201, New Haven: Yale University Press.

Macnamara, Ellen, 1991, *The Etruscans*, Cambridge, Mass. : Harvard University Press.

Marietta Jr. , Don E. , 1970, "Conscience in Greek Stoicism", *Numen: International Review for the History of Religions*, Vol. 17, Fasc. 3 (Dec.), pp. 176 – 187, Published by: Brill.

Martines, Lauro, 1979, *Power and Imagination: City-States in Renaissance Italy*, p. 108, New York: Alfred A. Knopf.

McGrade, Arthur S. , 1974, *The Political Thought of William of Ockham*: *Personal and Instittutional Principles* (Cambridge Studies in Medieval Life and Thought), Third Series, 7, Cambridge: Cambridge University Press.

McGrade, Arthur S. , 1980, "Ockham and Birth of Individual Rights", in B. Tierney and P. Linehan, eds. , *Authority and Power*, Cambridge: Cambridge University Press.

McGrade, Arthur S. , 1982, "Rights, Natural Rights and The Philosophy of Law", in N. Kretzmann, A. Kenny and J. Pinborg, eds. , *Cambridge History of Later Medieval Philosophy*, pp. 738 – 756, Cambridge: Cambridge University Press.

Mendenhall, C. E. , 1955, *Law and Covenant in Israel and Ancient East*, Pittsburgh: Presbyterian Board of Colportage.

Merton, Robert K. , 1957, "Science and the Democratic Social Structure", in Robert K. Merton, *Soial Theory and Social Structure*, pp. 550 – 561, reprint ed. , New York: Free Press.

Miethe, Terry L. , 1980, "Natural Law, the Synderesis Rule, and St. Augustine", in *Augustinian Studies* (The Journal of the Augustinian Institute at Villanova University), Volume 11, pp. 91 – 97.

Mitchell, Lynette G. and P. J. Rhodes, eds. , 1997, *The Development of the Polis in Archaic Greece*, London and New York: Routledge.

Momigliano, Arnaldo, 1975, *Alien Wisdom*: *Limits of Hellenization*, pp. 8 – 9, Cambridge: Cambridge University Press.

Morris, Clarke W. , 1972, *The Discovery of Individual 1050 – 1200* (Society for the Promotion of Christian Knowledge), p. 10, Toronto: Toronto University Press.

Morris, Clarke W. , 1971, "The Mature Conscience in Philosophical Perspective", in *Conscience*: *Its Freedom and Limitations*, Willian C. Bier, ed. , p. 361, New York: Fordham Universty Press.

Mumford, Lewis, 1961, *The City in History*: *Its Origins, Its Transformations, and Its Prospects*, p. 253, New York: Harcourt, Brace & World.

Nasr, Seyyed Hossein,1979, "Intellect and Intuition: Their Relationship from the Islamic Perspective", *Studies in Comparative Religion*, Vol. 13, No. 1 & 2 (Winter-Spring).

Needham, Joseph, 1969, *The Grand Titration: Science and Society in East and West*, pp. 310 – 311, London: Routledge.

Nichol, Todd W., 1992, "The Lutheran Venture and the American Experiment", *Word and World*, 12: 2, spring, p. 155.

Nicholson, R. A., 1963, *The Mystics of Islam*, p. 19, London and Boston: Routledge & Kegan Paul.

Nilsson, M. P., 1949, *A History of Greek Religion*, Oxford: Clarendon Press.

Nisbet, Robert A., 1986, *Conservatism: Dream and Reality*, pp. 35 – 36, Buckingham: Open University Press.

Norris, Clarke W., 1971, "The Mature Conscience in Philosophical Perspective", in William C. Bier, ed., *Conscience: Its Freedom and Limitations*, p. 361, New York: Fordham Universty Press.

Oberman, Heiko A., 1987, "Via Antiqua and Via Moderna: Late Medieval Prolegomena to Early Reformation Thought", *Journal of the History of Ideas*, Vol 48, No 1. [Jan. – Mar.], pp. 23 – 40, University of Pennsylvania Press.

Oberman, Heiko A., 1992, *Luther: Man Between God and the Devil*, Eileen Walliser-Scharzbart, trans., p, 203, New York: Doubleday.

Olivier, Daniel,1978, *The Trial of Luther*, St. Louis: Concordia Publishing.

Ómeara, Dominic J., 1995, *Plotinus: An Introduction to the Enneads*, Oxford: Oxford University Press.

Oppenhim, A. Leo, 1976, *Ancient Mesopotamia: Portrait of a Dead Civilization*. P. 176, Chicago: University of Chicago Press.

Palmer, Robert Roswell, 1964/1959, *The Age of the Democratic Revolution*, Princeton, NJ. : Princeton University Press.

Parsons, Talcott, 1951, *The Social System*, New York: The Free Press.

Parsons, T. , 1937/1968, *The Structure of Social Action*, New York: Free Press.

592

多元文化模式与文化张力

Pelczynski, Z. A. , ed. , 1985, *The State and Civil Society*, Cambridge: Cambridge University Press.

Peters, E. M. , 1977, "Pars Parte: Dante and an Urban Contribution to Political Thought", in H. Miskimin, D. Herlihy and A. Udovitch, eds. , *The Medieval City*, New Haven: Yale University Press.

Pierce, C. A. , 1955, *Conscience in the New Testament*, pp. 52 – 54, London: SCM Press.

Plato, 1980, *Laws of Plato*, 854b, Thomas L. Pangle, trans. , Chicago: University of Chicago Press.

Plato, 2009, *Plato's Protagoras*, Benjamin Jowett, trans. , p. 74, Rock-ville, Maryland: Serenity Publishers, Arc Manor Co.

Postan, M. , 1975, *The Medieva Economy and Society*, Harmondsworth, England: Penguin Books.

Potts, Timothy C. , 1980, *Conscience in Medieval Philosophy*, pp. 1 – 12, 12 – 31, 79 – 81, 94 – 109, Cambridge: Cambridge University Press.

Prichard, J. B. , 1955, *Ancient Near Eastern Text Relating to the Old Testament*, Princeton, NJ: Princeton University Press.

Prior, Arthur N. , 1969, "Correspondence Theory of Truth", in Paul Edwards ed. , *Encyclopedia of Philosophy*, Vol. 2, p. 224, London: Macmillan.

Ragep, Faiz Jamil, 1993, *Nasir al-Din al-Tusi's Memoir on Astronomy*, Volume II , New York: Springer-Verlag.

Rashdall, Hastings, 1936/1987, *The Universities of Europe in the Middle Ages* , Vol. I , pp. 87 – 267, Oxford: The Clarendon Press.

Rawson, Elizabeth, 1969/1991, *The Sparta Tradition in European Thought*, New York: Oxford University Press.

Redfield, Robert, 1971, *The Little Community, and Peasant Society and Culture*, pp. 4ff. , Chicago: University of Chicago Press.

Renfrew, C. , 1972. *The Emergence of Civilization: The Cyclades and the Aegean in the Third Millennium B. C.* , p. 13, London: Methuen.

Riddle, Donald W., 1931, *The Martyrs: A Study in Social Control*, p. 64, Chicago: University of Chicago Press.

Ringer, Fritz K. Ringer, 1969, *The Decline of the German Mandarins: The German Academic Community, 1890 – 1933*, p. 238, Cambridge, Massachusetts: Harvard University Press.

Rose, H. J., 1948, *Ancient Roman Religion*, New York: Hillary House.

Rowley, Harold Henry, ed., 1951, *The Old Testament and Modern Study: A Generation of Discovery and Research*, Oxford: Oxford University Press.

Russell, William R., 2005, "Martin Luther's Understanding of the Conscience, 'Coram Deo'", in *Journal of Lutheran Ethics*, July, Volume 5, Issue 7.

Sachar, Abram, 1968, *A History of the Jews*, pp. 9 – 12, New York: Alfred A. Knopf.

Saliba, George, 1994, *A History of Arabic Astronomy: Planetary Theories During the Golden Age of Islam*, pp. 233 – 234, 240, New York: New York University Press.

Schaeffer, Francis, 1968, *Escape from Reason*, pp. 11 – 12, Downers Grove, Ill.: Inter Varsity Press.

Schimmel, A., 1975, *Mystical Dimensions of Islam*, Chapel Hill: University of North Carolina Press.

Shils, E., 1975, *Center and Periphery: Essays in Macrosociology*, p. 61, Chicago: University of Chicago Press.

Schnackenburg, Rudolf, 1967, *The Moral Teaching of the New Testament*, p. 294, New York: Herder and Herder.

Schmandt-Besserat, D., ed., 1976, *The Legacy of Sumer*, Malibu, Calif.: Undena.

Several hands, 1998, "An Agreement of the People for a Firm and Present Peace upon Grounds of Common Right and Freedom, 28 October 1647", in Andrew Sharp, ed., *The English Levellers*, p. 94, Cambridge: Cambridge University Press.

Scholler, Heinrich, 1981, "Martin Luther on Jurisprudence: Freedom, Consci-

多元文化模式与文化张力

ence, Law", *Valparaiso University Law Review*, Vol. 15, No. 2, Art. 3, produced by The Berkeley Electronic Press.

Sorokin, Pitirim A. , 1937, *Social and Cultural Dynamics*, Volume One: Part one, New York: American Book Company.

Sorokin, Pitirim A. , 1937, *Social and Cultural Dynamics*, Volume Two, pp. 78, 79, New York: American Book Company.

Sorokin, Pitirim A. , 1937, *Social and Cultural Dynamics*, Volume Three, p. 43. New York: American Book Company.

Sorokin, Pitirim A. , 1937, *Social and Cultural Dynamics*, Volume Four, New York: American Book Company.

Sorokin, Pitirim A. , 1954/2002, *The Ways and Power of Love: Types, Factors, and Techniques of Moral Transformation*, West Conshohocken: Templeton Foundation Press.

Sorokin, Pitirim A. , 1966, *Sociological Theories of Today*, pp. 27 – 28, New York: Harper & Row.

Southern, R. W. , 1986, *Robert Grosseteste: The Growth of Englishi Mind in Medieval Europe*, Oxford: Clarendon Press.

Stanton, G. R. , 1990, *Athenian Politics c. 800 – 500 BC. A Sourcebook*, London and New york: Rouledge.

Stendahl, Krister, 1963, "The Apostle Paul and the Introspective Conscience of the West", *Harvard Theological Review* 56, July, p. 203.

Strauss, Leo, 1964, *The City and Man*, Chicago: The University of Chicago Press.

Strayer, J. R. ,1971, "The Two Levels of Feudalism" in J. R. Strayer, *Medieval Statecraft and the Perspectives of History* , pp. 64 – 65, Princeton: Princeton University Press.

Tarn, W. W. , 1952, *Hellenistic Civilisation*, 3d ed. , G. T. Griffith, rev. , ch. x, p. 79, London: Arnold.

Tertullian, 1950, "On the Proscription of Heretics", Chap. 7, in Alexander Roberts and Sir James Donaldson, eds. , *The Ante-Nicene Fathers*, Vol. 3:

246, Grand Rapids, Michigan: W. B. Eerdmans Publishing Company.

Thucydides, 1972/1954, *The History of the Peloponnesian War*, Book 2: 38, Rex Warner, trans. , New York: Penguin Books.

Tierney, Brian, 1964, *The Crisis of Church & State, 1050 – 1300, with Sselected Documents* , pp. 13 – 14, Englewood, Cliffs, N. J. : Prentice-Hall.

Tierney, Brian and Sidney Painter, 1978, *Western Europe in the Middle Ages, 300 – 1475*, New York: McGraw-Hill.

Til, John L. Van, 1972, *Liberty of Conscience: History of a Puritan Idea*, Nutley, NJ: Craig Press.

Toynbee, Arnold J. , 1947, *A Study of History: Abridgement* , 2 Vols, Oxford: Oxford University Press.

Treadgold, Warren T. , 1997, *A History of the Byzantine State and Society*, p. 3, Stanford, California: Stanford University Press.

Trinkaus, C. , 1970, *In our Image and Likeness: Humanity and Divinity in Italian Humanist Thought*, 2 vols. , Vol. I , pp. X X – XXI, Chicago: Chicago University Press.

Tuck R. , 1979, *Natural Rights Theories: Their Origin and Development*, pp. 13 – 14, Cambridge: Cambridge University Press.

Ullmann, Walter, 1967, *The Individual and Society in the Middle Ages*, p. 64, London: Methuen.

Ullmann, Walter, 1970, *The Growth of Papal Government in the Middle Ages*, London: Methuen Publishing Ltd.

Ullmann, Walter, 1975, *Law and Politics in the Middle Ages*, pp. 216, 219, New York: Cambridge University Press.

Ullmann, Walter, 1979, *Medieval Political Thought*, Harmoundsworth: Penguin Books Ltd.

Uzdavinys, Algis, 2011, *Orpheus and the Roots of Platonism*, London: The Matheson Trust.

Vaux, Roland de, 1961, *Ancient Israel: Its Life and Institution*, John McHugh,

多元文化模式与文化张力

trans. , London: Darton, Longman & Todd.

Voegelin, Eric, 2000, *Plato and Aristotle*, *Order and History*, Vol. III, pp. 60 – 61, Columbia, Missouri: University of Missouri Press.

Voegelin, Eric, 2001, *Israel and Revelation* (*Order and History*, Vol. I), p. 48, Columbia, Missouri: University of Missouri Press.

Voegelin, Eric, 2001, *The World of the Polis* (*Order and History*, Vol. II), p. 66, Columbia, Missouri: University of Missouri Press.

Walbank, F. W. , 1978/1992, *The Hellenistic World*, p. 209, Cambridge, Mass. : Harvard University Press.

Walzer, Michael, 1965, *The Revolution of the Saints: A Study in the Origins of Radical Politics*, pp. 10 – 11, Cambridge, Mass: Harvard University Press.

Watson, Alan. , 1975, *Rome of the XII Tables*, Princeton, NJ: Princeton University Press.

Watt, William Montgomery, 1985, *Islamic Philosoph and Theology*, p. 119, Edinburgh: Edinburgh University Press.

Weber, Max, 1946, "The Social Psychology of the World Religions", H. H. Gerth & C. W. Mills eds. & trans. , *From Max Weber: Essays in Sociology*, P. 280, Oxford: Oxford University Press.

Weber, Max, 1948, "Religious Rejections of the World and their Direction", in *Essays from Max Weber*, Hans H. Gerth and Charles W. Mills, eds. and trans. , pp. 323 – 359, New York: Oxford University Press.

Weber, Max, 1949, *The Methodology of the Social Sciences*, p. 110, New York: Free Press.

Weber, Max, 1958, *The Protestant Ethic and the Spirit of Capitalism*, Talcott Parsons, trans. , p. 182, New york: Charles Scribner's Son.

Weisheipl, James A. , 1983, *Friar Thomas D' Aquino: His Life, Thought, and Works*, updated reprint, pp. 333 – 344, Washington, D. C. : Cathlic University of American Press.

Werveke, H. van, 1963, "The Rise of the Towns", in M. Postan, E. Rich and E. Miller eds. , *Cambridge Economic History of Europe*, Vol. Ⅲ , pp. 3 – 41, New York: Cambridge University Press.

Widengren, Geo, 1965, *Mani and Manichaeism*, New York: Holt, Rinehart and Winston.

Wilken, R. L. , 1984, *The Christians as the Romans Saw Them*, pp. 200 – 201, New Haven: Yale University Press.

Witte, John, Jr. , 2005, " The Freedom of a Christian: Martin Luther's Reformation of Law & Liberty", drawn from his Snuggs Lectures at the University of Tulsa, March 7 – 8.

Xenophon, 1994, *Oeconomicus*, Ⅳ. 3. , Sarah B. Pomeroy, ed. and trans. , Oxford: Clarendon Press.

索 引

多元文化模式与文化张力

D

E

多元文化模式与文化张力

141，146，162，164，167，168，171，172，178，347，353，360，362，400，412，430，550，563，574

卢梭　34，162，167～171，173，174，176，264，481，482，503，541，556，557，574，577

M

麻葛　46，61，62，65，68，125，130，401，411，418～424，426，428

麻葛式心灵　408，409

马克思　31，33，36，105～109，126，129，162，164，170，171，173，187，189，197，235，244～246，293，294，299，397，398，402，406，432，514，550，555，557，559，562～564，570，574，575

马克斯·韦伯　2～5，10，17，18，21～23，43，44，50，54，62，64，65，67，82，85～87，91，96，110，112，143，150，153，172，220，223，236，242，245，246，249，262～264，271，272，278，283，284，287，289～291，293，304，308，318，344，366，377，379，405，427，435，480，507，515，517，518，546，550，555，556，565，574，575

孟德斯鸠　34，154，267，271，278，496，503，524，527，556，557，576，577

弥赛亚　14，91，92，182，200，203，350，357

末人　35，36，321，404，485，550，555，562，565，566

末世论　7，30，44，59，61，64，65，72，73，82，91，93，98，112，121，123，139，144，146，194，226，227，251，264，326，360，413，542，560，563

摩西　14，23，44，63～65，76，77，82，86，87，89，92，94，187，503，508，532

N

拿撒勒派　6，46，199

涅槃　13，14，20，44，103，263

尼采　33，35，36，38，39，121，130，144，171，172，178，179，191，246，252，325，329，345，349～351，355，361，367，379，397，404，406，407，420，536，544，550，551，555，559，561，562，565，566，571，572，576

诺斯替主义　37，182，190，192～194，197，201，202，204，362，392，491

T

W

X

图书在版编目（CIP）数据

多元文化模式与文化张力：西方社会的创造性源泉/张旅平著.
—北京：社会科学文献出版社，2014.3
ISBN 978 - 7 - 5097 - 5771 - 0

Ⅰ.①多…　Ⅱ.①张…　Ⅲ.①西方文化－研究　Ⅳ.①G11

中国版本图书馆 CIP 数据核字（2014）第 044275 号

多元文化模式与文化张力
—— 西方社会的创造性源泉

著　　者／张旅平

出 版 人／谢寿光
出 版 者／社会科学文献出版社
地　　址／北京市西城区北三环中路甲 29 号院 3 号楼华龙大厦
邮政编码／100029

责任部门／社会政法分社（010）59367156　　责任编辑／任晓霞　谢蕊芬
电子信箱／shekebu@ ssap. cn　　　　　　　责任校对／刘玉清　白秀红
项目统筹／童根兴　　　　　　　　　　　　　责任印制／岳　阳
经　　销／社会科学文献出版社市场营销中心（010）59367081　59367089
读者服务／读者服务中心（010）59367028

印　　装／北京鹏润伟业印刷有限公司
开　　本／787mm×1092mm　1/16　　　　印　　张／38.75
版　　次／2014 年 3 月第 1 版　　　　　　字　　数／614 千字
印　　次／2014 年 3 月第 1 次印刷
书　　号／ISBN 978 - 7 - 5097 - 5771 - 0
定　　价／128.00 元